בכניסתו לבית־הכנסת אומר:

מַה טֹּבוּ

אֹהָלֶיךָ יַעֲקֹב מִשְׁכְּנֹתֶיךָ יִשְׂרָאֵל.
וַאֲנִי בְּרֹב חַסְדְּךָ אָבוֹא בֵיתֶךָ
אֶשְׁתַּחֲוֶה אֶל הֵיכַל קָדְשְׁךָ
בְּיִרְאָתֶךָ.
יי אָהַבְתִּי מְעוֹן בֵּיתֶךָ
וּמְקוֹם מִשְׁכַּן כְּבוֹדֶךָ.

וַאֲנִי אֶשְׁתַּחֲוֶה

וְאֶכְרָעָה
אֶבְרְכָה לִפְנֵי יי עֹשִׂי.

וַאֲנִי תְפִלָּתִי לְךָ יי

עֵת רָצוֹן
אֱלֹהִים בְּרָב חַסְדֶּךָ
עֲנֵנִי בֶּאֱמֶת יִשְׁעֶךָ.

מחזור לראש השנה • נוסח ספרד

מחזור
לראש השנה

מוגה ומבואר

בידי

דניאל גולדשמידט

הוצאת קורן ירושלים

תשס״ח • 2007

הוצאת קוֹרֶן ירושלים בע״מ

ת.ד. 8720, ירושלים 91086

טל׳: 02-5660188 פקס: 02-5666658

סדר־צילום: הוצאת קוֹרֶן ירושלים בע״מ

עימוד: הוצאת קוֹרֶן ירושלים בע״מ

הדפסה: דורות, ירושלים

Printed in Israel

ISBN 978 965 301 089 5

במהדורה זאת של המחזור לימים הנוראים

השתדלנו לחדש כמה דברים שהמתפלל צריך להם מאד:

נוסח תפילות הקבע הוא כנוסח התפילות בסידור התפילה "דע לפני מי אתה עומד" שבהוצאתנו. נוסח זה סודר מתוך יחס מיוחד לתפילה ולתכניה בעזרתו ובהדרכתו של ר' מאיר מדן ז"ל. ידיעותיו המרובות בענייני תפילה ולשונותיה עשו את הנוסח למושלם, עד כמה שהיד מגעת.

הפיוטים ופירושם במחזור זה סודרו מחדש בהתאם למחזור המדעי שיצא לאור בהוצאתנו עבור מכון ליאו בק בניו־יורק בעריכת ד' גולדשמידט ז"ל. נוסח זה נקבע, כידוע, לאחר בדיקה בעשרות כתבי יד ודפוסים עתיקים. ד' גולדשמידט ז"ל פירש פירוש ממצה את כל פיוטי הימים הנוראים במהדורתו הנ"ל ואנו הבאנו פירוש זה לפיוטים שבמהדורתנו.

ניקוד הפיוטים עבר הגהה נוספת בידי ש' בהט. אברהם פרנקל בדק את הפירוש כדי להתאימו למהדורה זאת.

בעריכת המחזור לפי הנהוג היום בקהילות ישראל השתתף יונה פרנקל.

תודתנו נתונה להם על עבודתם הרבה.

המחזור סודר באות קוֹרֶן, הידועה במקוריותה, אשר בה נדפס התנ"ך במהדורת קוֹרֶן.

עניין מיוחד הראוי להדגשה הוא דרך הדפסתם של הפיוטים:

יש פיוטים, אשר יש בהם שני חלקים בכל בית. פיוטים כאלה מתאימים להאמר ע״י החזן והציבור בחילופין — החזן פותח בטור הראשון והקהל עונה בטור השני, כגון: החזן פותח ״אתה הוא אלהינו״ והקהל עונה את סוף המשפט ״בשמים ובארץ״, וכן צריך להיות בכל שאר בתי הפיוט.

בגלל ענייני ניגון וסבות אחרות נשתבשה צורת אמירה זאת ונהגו היום, כמעט בכל בתי הכנסת, שהקהל אומר את סופו של הבית עם תחילתו של הבית הבא (כגון ״בשמים ובארץ גיבור ונערץ״), דבר שמנוגד להגיון, כי כך מצרפים את הטעון הפרדה ומפרידים את הטעון צירוף (וכן קרה, לדאבוננו, גם בפיוטים אחרים כגון, ״לאל עורך דין״ או ״האוחז ביד מדת משפט״). כדי לתקן פגמים אלה ערכנו את הפיוטים כשסדר הדפסתם יבהיר כיצד על הציבור והחזן לאומרם.

פיוטים רבים אינם נאמרים היום בשלמותם. יש פיוטים שפגעה בהם הצנזורה הנוצרית (או שפחד מפני מלשינים גרם לקהילות להשמיט קטעים המדברים על הגויים) ויש פיוטים שקוצרו מטעמים אחרים. במהדורה זאת הבאנו פיוטים אלה בשלמותם (על פי מהדורת גולדשמידט, כאמור לעיל). כדי לא לבלבל את המתפלל, הדפסנו על רקע אפור את הקטעים שנהגו להשמיטם, וכך יוכל המתפלל לדלג ולמצוא בקלות את הנאמר על פי המנהג המקובל בבתי הכנסת בימינו.

א. קוֹרֵן

התרת נדרים
עירוב תבשילין
הדלקת נרות

תפילת מנחה

לערב ראש השנה

התרת נדרים

שִׁמְעוּ נָא רַבּוֹתַי (דַּיָּנִים מֻמְחִים), כָּל נֶדֶר אוֹ שְׁבוּעָה אוֹ אִסָּר אוֹ קוֹנָם אוֹ חֵרֶם שֶׁנָּדַרְתִּי אוֹ נִשְׁבַּעְתִּי בְּהָקִיץ אוֹ בַחֲלוֹם אוֹ נִשְׁבַּעְתִּי בְּשֵׁמוֹת הַקְּדוֹשִׁים שֶׁאֵינָם נִמְחָקִים וּבְשֵׁם הוי"ה בָּרוּךְ הוּא, וְכָל מִינֵי נְזִירוּת שֶׁקִּבַּלְתִּי עָלַי וַאֲפִלּוּ נְזִירוּת שִׁמְשׁוֹן, וְכָל שׁוּם אִסּוּר וַאֲפִלּוּ אִסּוּר הֲנָאָה שֶׁאָסַרְתִּי עָלַי אוֹ עַל אֲחֵרִים בְּכָל לָשׁוֹן שֶׁל אִסּוּר בֵּין בִּלְשׁוֹן אִסּוּר אוֹ חֵרֶם אוֹ קוֹנָם, וְכָל שׁוּם קַבָּלָה אֲפִלּוּ שֶׁל מִצְוָה שֶׁקִּבַּלְתִּי עָלַי בֵּין בִּלְשׁוֹן נֶדֶר בֵּין בִּלְשׁוֹן נְדָבָה בֵּין בִּלְשׁוֹן שְׁבוּעָה בֵּין בִּלְשׁוֹן נְזִירוּת בֵּין בְּכָל לָשׁוֹן. וְגַם הַנַּעֲשֶׂה בִּתְקִיעַת כָּף, בֵּין כָּל נֶדֶר וּבֵין כָּל נְדָבָה וּבֵין שׁוּם מִנְהָג שֶׁל מִצְוָה שֶׁנָּהַגְתִּי אֶת עַצְמִי, וְכָל מוֹצָא שְׂפָתַי שֶׁיָּצָא מִפִּי אוֹ שֶׁנָּדַרְתִּי וְגָמַרְתִּי בְלִבִּי לַעֲשׂוֹת שׁוּם מִצְוָה מֵהַמִּצְוֹת אוֹ אֵיזוֹ הַנְהָגָה טוֹבָה אוֹ אֵיזֶה דָבָר טוֹב שֶׁנָּהַגְתִּי שָׁלֹשׁ פְּעָמִים, וְלֹא הִתְנֵיתִי שֶׁיְּהֵא בְּלִי נֶדֶר. הֵן דָּבָר שֶׁעָשִׂיתִי, הֵן עַל עַצְמִי הֵן עַל אֲחֵרִים. הֵן אוֹתָן הַיְּדוּעִים לִי, הֵן אוֹתָן שֶׁכְּבָר שָׁכַחְתִּי. בְּכֻלְּהוֹן אִתְחֲרַטְנָא בְהוֹן מֵעִקָּרָא, וְשׁוֹאֵל וּמְבַקֵּשׁ אֲנִי מִמַּעֲלַתְכֶם הַתָּרָה עֲלֵיהֶם, כִּי יָרֵאתִי פֶּן אֶכָּשֵׁל וְנִלְכַּדְתִּי, חַס וְשָׁלוֹם, בַּעֲוֹן נְדָרִים וּשְׁבוּעוֹת וּנְזִירוֹת וַחֲרָמוֹת וְאִסּוּרִין וְקוֹנָמוֹת וְהַסְכָּמוֹת. וְאֵין אֲנִי תוֹהֵא, חַס וְשָׁלוֹם, עַל קִיּוּם הַמַּעֲשִׂים הַטּוֹבִים הָהֵם שֶׁעָשִׂיתִי. רַק אֲנִי מִתְחָרֵט עַל קַבָּלַת הָעִנְיָנִים בִּלְשׁוֹן נֶדֶר אוֹ שְׁבוּעָה אוֹ נְזִירוּת אוֹ אִסּוּר אוֹ חֵרֶם אוֹ קוֹנָם אוֹ הַסְכָּמָה אוֹ קַבָּלָה בְלֵב וּמִתְחָרֵט אֲנִי עַל זֶה שֶׁלֹּא אָמַרְתִּי הִנְנִי עוֹשֶׂה דָבָר זֶה בְּלִי נֶדֶר וּשְׁבוּעָה וּנְזִירוּת וְחֵרֶם וְאִסּוּר וְקוֹנָם וְקַבָּלָה בְלֵב.

לָכֵן אֲנִי שׁוֹאֵל הַתָּרָה בְּכֻלְּהוֹן.

אֲנִי מִתְחָרֵט עַל כָּל הַנִּזְכָּר, בֵּין אִם הָיוּ הַמַּעֲשִׂים מִדְּבָרִים הַנּוֹגְעִים בְּמָמוֹן, בֵּין מֵהַדְּבָרִים הַנּוֹגְעִים בְּגוּף, בֵּין מֵהַדְּבָרִים הַנּוֹגְעִים אֶל הַנְּשָׁמָה.

בְּכֻלְּהוֹן אֲנִי מִתְחָרֵט עַל לְשׁוֹן נֶדֶר וּשְׁבוּעָה וּנְזִירוּת וְאִסּוּר וְחֵרֶם וְקוֹנָם וְקַבָּלָה בְלֵב.

וְהִנֵּה מִצַּד הַדִּין הַמִּתְחָרֵט וְהַמְבַקֵּשׁ הַתָּרָה צָרִיךְ לִפְרוֹט הַנֶּדֶר, אַךְ דְּעוּ נָא, רַבּוֹתַי, כִּי אִי אֶפְשָׁר לְפָרְטָם, כִּי רַבִּים הֵם. וְאֵין אֲנִי מְבַקֵּשׁ הַתָּרָה עַל אוֹתָם הַנְּדָרִים שֶׁאֵין לְהַתִּיר אוֹתָם; עַל כֵּן יִהְיוּ נָא בְעֵינֵיכֶם כְּאִלּוּ הָיִיתִי פוֹרְטָם.

והמתירים משיבין לו שלוש פעמים.

הַכֹּל יִהְיוּ מֻתָּרִים לָךְ, הַכֹּל מְחוּלִים לָךְ, הַכֹּל שְׁרוּיִים לָךְ. אֵין כָּאן לֹא נֶדֶר וְלֹא שְׁבוּעָה וְלֹא נְזִירוּת וְלֹא חֵרֶם וְלֹא אִסּוּר וְלֹא קוֹנָם וְלֹא נִדּוּי וְלֹא שַׁמְתָּא וְלֹא אָרוּר.

אֲבָל יֵשׁ כָּאן מְחִילָה וּסְלִיחָה וְכַפָּרָה.

וּכְשֵׁם שֶׁמַּתִּירִים בְּבֵית דִּין שֶׁל מַטָּה, כָּךְ יִהְיוּ מֻתָּרִים מִבֵּית דִּין שֶׁל מַעְלָה.

ומוסר מודעה לפניהם ויאמר:

הֲרֵי אֲנִי מוֹסֵר מוֹדָעָה לִפְנֵיכֶם, וַאֲנִי מְבַטֵּל מִכָּאן וּלְהַבָּא כָּל הַנְּדָרִים וְכָל שְׁבוּעוֹת וּנְזִירוֹת וְאִסּוּרִין וְקוֹנָמוֹת וַחֲרָמוֹת וְהַסְכָּמוֹת וְקַבָּלָה בְלֵב שֶׁאֲקַבֵּל עָלַי בְּעַצְמִי, הֵן בְּהָקִיץ, הֵן בַּחֲלוֹם, חוּץ מִנִּדְרֵי תַעֲנִית בִּשְׁעַת מִנְחָה. וּבְאִם אֶשְׁכַּח לִתְנַאי מוֹדָעָה הַזֹּאת וְאֶדֹּר מֵהַיּוֹם עוֹד, מֵעַתָּה אֲנִי מִתְחָרֵט עֲלֵיהֶם וּמַתְנֶה עֲלֵיהֶם שֶׁיִּהְיוּ כֻלָּן בְּטֵלִין וּמְבֻטָּלִין, לָא שְׁרִירִין וְלָא קַיָּמִין וְלָא יְהוֹן חָלִין כְּלָל וּכְלָל. בְּכֻלָּן אִתְחֲרַטְנָא בְהוֹן מֵעַתָּה וְעַד עוֹלָם.

עירוב תבשילין

אם חל ערב ראש השנה ביום רביעי, מכינים מערב ראש השנה עירוב תבשילין (פת עם תבשיל), כדי להתיר אפיה, בישול והעברת אש להדלקת נרות מראש השנה לשבת, ומברכים:

בָּרוּךְ אַתָּה יי אֱלֹהֵינוּ מֶלֶךְ הָעוֹלָם
אֲשֶׁר קִדְּשָׁנוּ בְּמִצְוֹתָיו וְצִוָּנוּ עַל מִצְוַת עֵרוּב.

ואומרים:

בְּעֵרוּב זֶה יְהֵא מֻתָּר לָנוּ לֶאֱפוֹת וּלְבַשֵּׁל וּלְהַטְמִין הַחַמִּין וּלְהַדְלִיק נֵר וּלְהָכִין כָּל צְרָכֵנוּ מִיּוֹם טוֹב לְשַׁבָּת לָנוּ וּלְכָל יִשְׂרָאֵל הַדָּרִים בָּעִיר הַזֹּאת.

(בארמית) **בְּדֵין עֵרוּבָא יְהֵא שְׁרֵא לָנָא לְמֵיפָא וּלְבַשָּׁלָא וּלְאַטְמָנָא וּלְאַדְלָקָא שְׁרָגָא וּלְמֶעְבַּד כָּל צָרְכָּנָא מִיּוֹמָא טָבָא לְשַׁבְּתָא לָנוּ וּלְכָל יִשְׂרָאֵל הַדָּרִים בָּעִיר הַזֹּאת.**

★

הדלקת נרות

בָּרוּךְ אַתָּה יי אֱלֹהֵינוּ מֶלֶךְ הָעוֹלָם,
אֲשֶׁר קִדְּשָׁנוּ בְּמִצְוֹתָיו
וְצִוָּנוּ לְהַדְלִיק נֵר שֶׁל (שַׁבָּת וְשֶׁל) יוֹם טוֹב.

גם בליל שני מברכים "שהחיינו".

בָּרוּךְ אַתָּה יי אֱלֹהֵינוּ מֶלֶךְ הָעוֹלָם,
שֶׁהֶחֱיָנוּ וְקִיְּמָנוּ וְהִגִּיעָנוּ לַזְּמַן הַזֶּה.

אם יום ראשון של ראש השנה חל בשבת, יש נוהגים לומר "הודו".

קז הֹדוּ לַיהוה כִּי־טוֹב כִּי לְעוֹלָם חַסְדּוֹ: יֹאמְרוּ גְּאוּלֵי יְהוָה אֲשֶׁר
גְּאָלָם מִיַּד־צָר: וּמֵאֲרָצוֹת קִבְּצָם מִמִּזְרָח וּמִמַּעֲרָב מִצָּפוֹן
וּמִיָּם: תָּעוּ בַמִּדְבָּר בִּישִׁימוֹן דָּרֶךְ עִיר מוֹשָׁב לֹא מָצָאוּ:
רְעֵבִים גַּם־צְמֵאִים נַפְשָׁם בָּהֶם תִּתְעַטָּף: וַיִּצְעֲקוּ אֶל־יהוה
בַּצַּר לָהֶם מִמְּצוּקוֹתֵיהֶם יַצִּילֵם: וַיַּדְרִיכֵם בְּדֶרֶךְ יְשָׁרָה לָלֶכֶת
אֶל־עִיר מוֹשָׁב: יוֹדוּ לַיהוה חַסְדּוֹ וְנִפְלְאוֹתָיו לִבְנֵי אָדָם: כִּי־
הִשְׂבִּיעַ נֶפֶשׁ שֹׁקֵקָה וְנֶפֶשׁ רְעֵבָה מִלֵּא־טוֹב: יֹשְׁבֵי חֹשֶׁךְ
וְצַלְמָוֶת אֲסִירֵי עֳנִי וּבַרְזֶל: כִּי־הִמְרוּ אִמְרֵי־אֵל וַעֲצַת עֶלְיוֹן
נָאָצוּ: וַיַּכְנַע בֶּעָמָל לִבָּם כָּשְׁלוּ וְאֵין עֹזֵר: וַיִּזְעֲקוּ אֶל־יהוה
בַּצַּר לָהֶם מִמְּצֻקוֹתֵיהֶם יוֹשִׁיעֵם: יוֹצִיאֵם מֵחֹשֶׁךְ וְצַלְמָוֶת
וּמוֹסְרוֹתֵיהֶם יְנַתֵּק: יוֹדוּ לַיהוה חַסְדּוֹ וְנִפְלְאוֹתָיו לִבְנֵי אָדָם:
כִּי־שִׁבַּר דַּלְתוֹת נְחֹשֶׁת וּבְרִיחֵי בַרְזֶל גִּדֵּעַ: אֱוִלִים מִדֶּרֶךְ
פִּשְׁעָם וּמֵעֲוֹנֹתֵיהֶם יִתְעַנּוּ: כָּל־אֹכֶל תְּתַעֵב נַפְשָׁם וַיַּגִּיעוּ
עַד־שַׁעֲרֵי מָוֶת: וַיִּזְעֲקוּ אֶל־יהוה בַּצַּר לָהֶם מִמְּצֻקוֹתֵיהֶם
יוֹשִׁיעֵם: יִשְׁלַח דְּבָרוֹ וְיִרְפָּאֵם וִימַלֵּט מִשְּׁחִיתוֹתָם: יוֹדוּ לַיהוה
חַסְדּוֹ וְנִפְלְאוֹתָיו לִבְנֵי אָדָם: וְיִזְבְּחוּ זִבְחֵי תוֹדָה וִיסַפְּרוּ
מַעֲשָׂיו בְּרִנָּה: יוֹרְדֵי הַיָּם בָּאֳנִיּוֹת עֹשֵׂי מְלָאכָה
בְּמַיִם רַבִּים: הֵמָּה רָאוּ מַעֲשֵׂי יהוה וְנִפְלְאוֹתָיו
בִּמְצוּלָה: וַיֹּאמֶר וַיַּעֲמֵד רוּחַ סְעָרָה וַתְּרוֹמֵם גַּלָּיו:
יַעֲלוּ שָׁמַיִם יֵרְדוּ תְהוֹמוֹת נַפְשָׁם בְּרָעָה תִתְמוֹגָג: יָחוֹגּוּ
וְיָנוּעוּ כַּשִּׁכּוֹר וְכָל־חָכְמָתָם תִּתְבַּלָּע: וַיִּצְעֲקוּ אֶל־
יהוה בַּצַּר לָהֶם וּמִמְּצוּקֹתֵיהֶם יוֹצִיאֵם: יָקֵם סְעָרָה לִדְמָמָה

וַיֶּחֱשׁוּ גַּלֵּיהֶם: וַיִּשְׂמְחוּ כִי־יִשְׁתֹּקוּ וַיַּנְחֵם אֶל־מְחוֹז חֶפְצָם:
יוֹדוּ לַיהוה חַסְדּוֹ וְנִפְלְאוֹתָיו לִבְנֵי אָדָם: וִירוֹמְמוּהוּ בִּקְהַל־עָם
וּבְמוֹשַׁב זְקֵנִים יְהַלְלוּהוּ: יָשֵׂם נְהָרוֹת לְמִדְבָּר וּמֹצָאֵי מַיִם
לְצִמָּאוֹן: אֶרֶץ פְּרִי לִמְלֵחָה מֵרָעַת יוֹשְׁבֵי בָהּ: יָשֵׂם מִדְבָּר
לַאֲגַם־מַיִם וְאֶרֶץ צִיָּה לְמֹצָאֵי מָיִם: וַיּוֹשֶׁב שָׁם רְעֵבִים וַיְכוֹנְנוּ
עִיר מוֹשָׁב: וַיִּזְרְעוּ שָׂדוֹת וַיִּטְּעוּ כְרָמִים וַיַּעֲשׂוּ פְּרִי תְבוּאָה:
וַיְבָרְכֵם וַיִּרְבּוּ מְאֹד וּבְהֶמְתָּם לֹא יַמְעִיט: וַיִּמְעֲטוּ וַיָּשֹׁחוּ
מֵעֹצֶר רָעָה וְיָגוֹן: שֹׁפֵךְ בּוּז עַל־נְדִיבִים וַיַּתְעֵם בְּתֹהוּ
לֹא־דָרֶךְ: וַיְשַׂגֵּב אֶבְיוֹן מֵעוֹנִי וַיָּשֶׂם כַּצֹּאן מִשְׁפָּחוֹת: יִרְאוּ
יְשָׁרִים וְיִשְׂמָחוּ וְכָל־עַוְלָה קָפְצָה פִּיהָ: מִי־חָכָם וְיִשְׁמָר־אֵלֶּה
וְיִתְבּוֹנְנוּ חַסְדֵי יהוה:

סדר מנחה

נוהגים לומר לפני תפילת מנחה סדר הקרבנות ופרשת הכיור, פרשת התמיד,
סדר הקטרת עד אחרי אנא בכח]

אַשְׁרֵי יוֹשְׁבֵי בֵיתֶךָ עוֹד יְהַלְלוּךָ סֶּלָה:
אַשְׁרֵי הָעָם שֶׁכָּכָה לוֹ אַשְׁרֵי הָעָם שֶׁיהוה אֱלֹהָיו:
קמה תְּהִלָּה לְדָוִד אֲרוֹמִמְךָ אֱלוֹהַי הַמֶּלֶךְ וַאֲבָרְכָה שִׁמְךָ לְעוֹלָם וָעֶד:
בְּכָל־יוֹם אֲבָרְכֶךָּ וַאֲהַלְלָה שִׁמְךָ לְעוֹלָם וָעֶד:
גָּדוֹל יהוה וּמְהֻלָּל מְאֹד וְלִגְדֻלָּתוֹ אֵין חֵקֶר:
דּוֹר לְדוֹר יְשַׁבַּח מַעֲשֶׂיךָ וּגְבוּרֹתֶיךָ יַגִּידוּ:
הֲדַר כְּבוֹד הוֹדֶךָ וְדִבְרֵי נִפְלְאֹתֶיךָ אָשִׂיחָה:
וֶעֱזוּז נוֹרְאֹתֶיךָ יֹאמֵרוּ וּגְדוּלָּתְךָ אֲסַפְּרֶנָּה:
זֵכֶר רַב־טוּבְךָ יַבִּיעוּ וְצִדְקָתְךָ יְרַנֵּנוּ:
חַנּוּן וְרַחוּם יהוה אֶרֶךְ אַפַּיִם וּגְדָל־חָסֶד:
טוֹב־יהוה לַכֹּל וְרַחֲמָיו עַל־כָּל־מַעֲשָׂיו:
יוֹדוּךָ יהוה כָּל־מַעֲשֶׂיךָ וַחֲסִידֶיךָ יְבָרְכוּכָה:
כְּבוֹד מַלְכוּתְךָ יֹאמֵרוּ וּגְבוּרָתְךָ יְדַבֵּרוּ:
לְהוֹדִיעַ לִבְנֵי הָאָדָם גְּבוּרֹתָיו וּכְבוֹד הֲדַר מַלְכוּתוֹ:
מַלְכוּתְךָ מַלְכוּת כָּל־עֹלָמִים וּמֶמְשַׁלְתְּךָ בְּכָל־דּוֹר וָדֹר:
סוֹמֵךְ יהוה לְכָל־הַנֹּפְלִים וְזוֹקֵף לְכָל־הַכְּפוּפִים:
עֵינֵי־כֹל אֵלֶיךָ יְשַׂבֵּרוּ וְאַתָּה נוֹתֵן־לָהֶם אֶת־אָכְלָם בְּעִתּוֹ:
פּוֹתֵחַ אֶת־יָדֶךָ וּמַשְׂבִּיעַ לְכָל־חַי רָצוֹן:
צַדִּיק יהוה בְּכָל־דְּרָכָיו וְחָסִיד בְּכָל־מַעֲשָׂיו:
קָרוֹב יהוה לְכָל־קֹרְאָיו לְכֹל אֲשֶׁר יִקְרָאֻהוּ בֶאֱמֶת:
רְצוֹן־יְרֵאָיו יַעֲשֶׂה וְאֶת־שַׁוְעָתָם יִשְׁמַע וְיוֹשִׁיעֵם:
שׁוֹמֵר יהוה אֶת־כָּל־אֹהֲבָיו וְאֵת כָּל־הָרְשָׁעִים יַשְׁמִיד:
תְּהִלַּת יהוה יְדַבֶּר פִּי וִיבָרֵךְ כָּל־בָּשָׂר שֵׁם קָדְשׁוֹ לְעוֹלָם וָעֶד:
וַאֲנַחְנוּ נְבָרֵךְ יָהּ מֵעַתָּה וְעַד־עוֹלָם הַלְלוּיָהּ:

הש"ץ אומר: יִתְגַּדַּל וְיִתְקַדַּשׁ שְׁמֵהּ רַבָּא בְּעָלְמָא דִּי בְרָא כִרְעוּתֵהּ
וְיַמְלִיךְ מַלְכוּתֵהּ וְיַצְמַח פֻּרְקָנֵהּ וִיקָרֵב מְשִׁיחֵהּ
בְּחַיֵּיכוֹן וּבְיוֹמֵיכוֹן וּבְחַיֵּי דְכָל בֵּית יִשְׂרָאֵל
בַּעֲגָלָא וּבִזְמַן קָרִיב
וְאִמְרוּ אָמֵן.
יְהֵא שְׁמֵהּ רַבָּא מְבָרַךְ לְעָלַם וּלְעָלְמֵי עָלְמַיָּא.
יִתְבָּרַךְ וְיִשְׁתַּבַּח וְיִתְפָּאַר וְיִתְרוֹמַם וְיִתְנַשֵּׂא
וְיִתְהַדָּר וְיִתְעַלֶּה וְיִתְהַלָּל שְׁמֵהּ דְּקֻדְשָׁא בְּרִיךְ הוּא
לְעֵלָּא מִן כָּל בִּרְכָתָא וְשִׁירָתָא
תֻּשְׁבְּחָתָא וְנֶחֱמָתָא דַּאֲמִירָן בְּעָלְמָא
וְאִמְרוּ אָמֵן.

כִּי שֵׁם יי אֶקְרָא הָבוּ גֹדֶל לֵאלֹהֵינוּ
אֲדֹנָי, שְׂפָתַי תִּפְתָּח וּפִי יַגִּיד תְּהִלָּתֶךָ

בָּרוּךְ אַתָּה יי, אֱלֹהֵינוּ וֵאלֹהֵי אֲבוֹתֵינוּ, אֱלֹהֵי אַבְרָהָם, אֱלֹהֵי יִצְחָק, וֵאלֹהֵי יַעֲקֹב, הָאֵל הַגָּדוֹל הַגִּבּוֹר וְהַנּוֹרָא, אֵל עֶלְיוֹן, גּוֹמֵל חֲסָדִים טוֹבִים, קוֹנֵה הַכֹּל, וְזוֹכֵר חַסְדֵי אָבוֹת וּמֵבִיא גוֹאֵל לִבְנֵי בְנֵיהֶם לְמַעַן שְׁמוֹ בְּאַהֲבָה.
מֶלֶךְ עוֹזֵר וּמוֹשִׁיעַ וּמָגֵן. בָּרוּךְ אַתָּה יי, מָגֵן אַבְרָהָם.

אַתָּה גִבּוֹר לְעוֹלָם אֲדֹנָי, מְחַיֵּה מֵתִים אַתָּה, רַב לְהוֹשִׁיעַ, מוֹרִיד הַטָּל. מְכַלְכֵּל חַיִּים בְּחֶסֶד, מְחַיֵּה מֵתִים בְּרַחֲמִים רַבִּים, סוֹמֵךְ נוֹפְלִים, וְרוֹפֵא חוֹלִים, וּמַתִּיר אֲסוּרִים, וּמְקַיֵּם אֱמוּנָתוֹ לִישֵׁנֵי עָפָר. מִי כָמוֹךָ בַּעַל גְּבוּרוֹת וּמִי דוֹמֶה לָּךְ, מֶלֶךְ מֵמִית וּמְחַיֶּה וּמַצְמִיחַ יְשׁוּעָה.
וְנֶאֱמָן אַתָּה לְהַחֲיוֹת מֵתִים. בָּרוּךְ אַתָּה יי, מְחַיֵּה הַמֵּתִים.

קדושה

נַקְדִּישְׁךָ וְנַעֲרִיצְךָ כְּנֹעַם שִׂיחַ סוֹד שַׂרְפֵי קֹדֶשׁ, הַמְשַׁלְּשִׁים לְךָ קְדֻשָּׁה,
כַּכָּתוּב עַל יַד נְבִיאֶךָ, וְקָרָא זֶה אֶל זֶה וְאָמַר

קָדוֹשׁ, קָדוֹשׁ, קָדוֹשׁ יי צְבָאוֹת מְלֹא כָל הָאָרֶץ כְּבוֹדוֹ.

לְעֻמָּתָם מְשַׁבְּחִים וְאוֹמְרִים

בָּרוּךְ כְּבוֹד יי מִמְּקוֹמוֹ.

וּבְדִבְרֵי קָדְשְׁךָ כָּתוּב לֵאמֹר

יִמְלֹךְ יי לְעוֹלָם, אֱלֹהַיִךְ צִיּוֹן לְדֹר וָדֹר, הַלְלוּיָהּ.

אַתָּה קָדוֹשׁ וְשִׁמְךָ קָדוֹשׁ, וּקְדוֹשִׁים בְּכָל יוֹם יְהַלְלוּךָ סֶּלָה, כִּי אֵל מֶלֶךְ גָּדוֹל וְקָדוֹשׁ אָתָּה. בָּרוּךְ אַתָּה יי, הָאֵל הַקָּדוֹשׁ.

אַתָּה חוֹנֵן לְאָדָם דַּעַת וּמְלַמֵּד לֶאֱנוֹשׁ בִּינָה. חָנֵּנוּ מֵאִתְּךָ חָכְמָה בִּינָה וָדָעַת. בָּרוּךְ אַתָּה יי, חוֹנֵן הַדָּעַת.

הֲשִׁיבֵנוּ אָבִינוּ לְתוֹרָתֶךָ, וְקָרְבֵנוּ מַלְכֵּנוּ לַעֲבוֹדָתֶךָ, וְהַחֲזִירֵנוּ בִּתְשׁוּבָה שְׁלֵמָה לְפָנֶיךָ. בָּרוּךְ אַתָּה יי, הָרוֹצֶה בִּתְשׁוּבָה.

סְלַח לָנוּ אָבִינוּ כִּי חָטָאנוּ, מְחַל לָנוּ מַלְכֵּנוּ כִּי פָשָׁעְנוּ, כִּי אֵל טוֹב וְסַלָּח אָתָּה. בָּרוּךְ אַתָּה יי, חַנּוּן הַמַּרְבֶּה לִסְלֹחַ.

רְאֵה נָא בְעָנְיֵנוּ, וְרִיבָה רִיבֵנוּ, וּגְאָלֵנוּ גְּאֻלָּה שְׁלֵמָה מְהֵרָה לְמַעַן שְׁמֶךָ, כִּי אֵל גּוֹאֵל חָזָק אָתָּה. בָּרוּךְ אַתָּה יי, גּוֹאֵל יִשְׂרָאֵל.

רְפָאֵנוּ יי וְנֵרָפֵא, הוֹשִׁיעֵנוּ וְנִוָּשֵׁעָה, כִּי תְהִלָּתֵנוּ אָתָּה, וְהַעֲלֵה אֲרוּכָה וּמַרְפֵּא לְכָל תַּחֲלוּאֵינוּ וּלְכָל מַכְאוֹבֵינוּ, רְפוּאָה שְׁלֵמָה לְכָל מַכּוֹתֵינוּ, כִּי אֵל מֶלֶךְ רוֹפֵא נֶאֱמָן וְרַחֲמָן אָתָּה. בָּרוּךְ אַתָּה יי, רוֹפֵא חוֹלֵי עַמּוֹ יִשְׂרָאֵל.

בָּרֵךְ עָלֵינוּ יי אֱלֹהֵינוּ אֶת הַשָּׁנָה הַזֹּאת וְאֶת כָּל מִינֵי תְבוּאָתָהּ לְטוֹבָה, וְתֵן בְּרָכָה עַל פְּנֵי הָאֲדָמָה וְשַׂבְּעֵנוּ מִטּוּבָהּ, וּבָרֵךְ שְׁנָתֵנוּ כַּשָּׁנִים הַטּוֹבוֹת לִבְרָכָה, כִּי אֵל טוֹב וּמֵטִיב אַתָּה וּמְבָרֵךְ הַשָּׁנִים. בָּרוּךְ אַתָּה יי, מְבָרֵךְ הַשָּׁנִים.

תְּקַע בְּשׁוֹפָר גָּדוֹל לְחֵרוּתֵנוּ, וְשָׂא נֵס לְקַבֵּץ גָּלֻיּוֹתֵינוּ, וְקַבְּצֵנוּ יַחַד מְהֵרָה מֵאַרְבַּע כַּנְפוֹת הָאָרֶץ לְאַרְצֵנוּ. בָּרוּךְ אַתָּה יי, מְקַבֵּץ נִדְחֵי עַמּוֹ יִשְׂרָאֵל.

הָשִׁיבָה שׁוֹפְטֵינוּ כְּבָרִאשׁוֹנָה, וְיוֹעֲצֵינוּ כְּבַתְּחִלָּה, וְהָסֵר מִמֶּנּוּ יָגוֹן וַאֲנָחָה, וּמְלֹךְ עָלֵינוּ מְהֵרָה אַתָּה יי לְבַדְּךָ בְּחֶסֶד וּבְרַחֲמִים, בְּצֶדֶק וּבְמִשְׁפָּט. בָּרוּךְ אַתָּה יי, מֶלֶךְ אוֹהֵב צְדָקָה וּמִשְׁפָּט.

וְלַמַּלְשִׁינִים אַל תְּהִי תִקְוָה, וְכָל הַמִּינִים כְּרֶגַע יֹאבֵדוּ, וְכָל אוֹיְבֵי עַמְּךָ מְהֵרָה יִכָּרֵתוּ, וְהַזֵּדִים מְהֵרָה תְעַקֵּר וּתְשַׁבֵּר וּתְמַגֵּר וּתְכַלֵּם וְתַשְׁפִּילֵם וְתַכְנִיעֵם בִּמְהֵרָה בְיָמֵינוּ. בָּרוּךְ אַתָּה יי, שׁוֹבֵר אוֹיְבִים וּמַכְנִיעַ זֵדִים.

עַל הַצַּדִּיקִים וְעַל הַחֲסִידִים, וְעַל זִקְנֵי שְׁאֵרִית עַמְּךָ בֵּית יִשְׂרָאֵל, וְעַל פְּלֵיטַת בֵּית סוֹפְרֵיהֶם, וְעַל גֵּרֵי הַצֶּדֶק וְעָלֵינוּ, יֶהֱמוּ נָא רַחֲמֶיךָ יי אֱלֹהֵינוּ, וְתֵן שָׂכָר טוֹב לְכָל הַבּוֹטְחִים בְּשִׁמְךָ בֶּאֱמֶת, וְשִׂים חֶלְקֵנוּ עִמָּהֶם, וּלְעוֹלָם לֹא נֵבוֹשׁ כִּי בְךָ בָטָחְנוּ וְעַל חַסְדְּךָ הַגָּדוֹל בֶּאֱמֶת נִשְׁעָנְנוּ. בָּרוּךְ אַתָּה יי, מִשְׁעָן וּמִבְטָח לַצַּדִּיקִים.

וְלִירוּשָׁלַיִם עִירְךָ בְּרַחֲמִים תָּשׁוּב, וְתִשְׁכֹּן בְּתוֹכָהּ כַּאֲשֶׁר דִּבַּרְתָּ, וּבְנֵה אוֹתָהּ בְּקָרוֹב בְּיָמֵינוּ בִּנְיַן עוֹלָם, וְכִסֵּא דָוִד עַבְדְּךָ מְהֵרָה לְתוֹכָהּ תָּכִין. בָּרוּךְ אַתָּה יי, בּוֹנֵה יְרוּשָׁלָיִם.

אֶת צֶמַח דָּוִד עַבְדְּךָ מְהֵרָה תַצְמִיחַ, וְקַרְנוֹ תָּרוּם בִּישׁוּעָתֶךָ, כִּי לִישׁוּעָתְךָ קִוִּינוּ כָּל הַיּוֹם. בָּרוּךְ אַתָּה יי, מַצְמִיחַ קֶרֶן יְשׁוּעָה.

אָב הָרַחֲמָן, שְׁמַע קוֹלֵנוּ יי אֱלֹהֵינוּ, חוּס וְרַחֵם עָלֵינוּ, וְקַבֵּל בְּרַחֲמִים וּבְרָצוֹן אֶת תְּפִלָּתֵנוּ, כִּי אֵל שׁוֹמֵעַ תְּפִלּוֹת וְתַחֲנוּנִים אָתָּה, וּמִלְּפָנֶיךָ מַלְכֵּנוּ רֵיקָם אַל תְּשִׁיבֵנוּ, חָנֵּנוּ וַעֲנֵנוּ וּשְׁמַע תְּפִלָּתֵנוּ, כִּי אַתָּה שׁוֹמֵעַ תְּפִלַּת כָּל פֶּה. בָּרוּךְ אַתָּה יי, שׁוֹמֵעַ תְּפִלָּה.

רְצֵה יי אֱלֹהֵינוּ בְּעַמְּךָ יִשְׂרָאֵל וְלִתְפִלָּתָם שְׁעֵה, וְהָשֵׁב אֶת הָעֲבוֹדָה לִדְבִיר בֵּיתֶךָ, וְאִשֵּׁי יִשְׂרָאֵל וּתְפִלָּתָם מְהֵרָה בְּאַהֲבָה תְקַבֵּל בְּרָצוֹן, וּתְהִי לְרָצוֹן תָּמִיד עֲבוֹדַת יִשְׂרָאֵל עַמֶּךָ.

וְתֶחֱזֶינָה עֵינֵינוּ בְּשׁוּבְךָ לְצִיּוֹן בְּרַחֲמִים. בָּרוּךְ אַתָּה יי, הַמַּחֲזִיר שְׁכִינָתוֹ לְצִיּוֹן.

מוֹדִים אֲנַחְנוּ לָךְ שָׁאַתָּה הוּא יי אֱלֹהֵינוּ וֵאלֹהֵי אֲבוֹתֵינוּ לְעוֹלָם וָעֶד, צוּר חַיֵּינוּ, מָגֵן יִשְׁעֵנוּ אַתָּה הוּא לְדוֹר וָדוֹר. נוֹדֶה לְּךָ וּנְסַפֵּר תְּהִלָּתֶךָ עַל חַיֵּינוּ הַמְּסוּרִים בְּיָדֶךָ וְעַל נִשְׁמוֹתֵינוּ הַפְּקוּדוֹת לָךְ, וְעַל נִסֶּיךָ שֶׁבְּכָל יוֹם עִמָּנוּ, וְעַל נִפְלְאוֹתֶיךָ וְטוֹבוֹתֶיךָ שֶׁבְּכָל עֵת, עֶרֶב וָבֹקֶר וְצָהֳרָיִם.

מודים דרבנן

מוֹדִים אֲנַחְנוּ לָךְ שָׁאַתָּה הוּא יי אֱלֹהֵינוּ וֵאלֹהֵי אֲבוֹתֵינוּ, אֱלֹהֵי כָל בָּשָׂר, יוֹצְרֵנוּ יוֹצֵר בְּרֵאשִׁית. בְּרָכוֹת וְהוֹדָאוֹת לְשִׁמְךָ הַגָּדוֹל וְהַקָּדוֹשׁ עַל שֶׁהֶחֱיִיתָנוּ וְקִיַּמְתָּנוּ. כֵּן תְּחַיֵּנוּ וּתְקַיְּמֵנוּ וְתֶאֱסֹף גָּלֻיּוֹתֵינוּ לְחַצְרוֹת קָדְשֶׁךָ לִשְׁמֹר חֻקֶּיךָ וְלַעֲשׂוֹת רְצוֹנֶךָ וּלְעָבְדְּךָ בְּלֵבָב שָׁלֵם, עַל שֶׁאָנוּ מוֹדִים לָךְ, בָּרוּךְ אֵל הַהוֹדָאוֹת.

הַטּוֹב כִּי לֹא כָלוּ רַחֲמֶיךָ, וְהַמְרַחֵם כִּי לֹא תַמּוּ חֲסָדֶיךָ, כִּי מֵעוֹלָם קִוִּינוּ לָךְ.

וְעַל כֻּלָּם יִתְבָּרַךְ וְיִתְרוֹמַם וְיִתְנַשֵּׂא שִׁמְךָ מַלְכֵּנוּ תָּמִיד לְעוֹלָם וָעֶד.

וְכֹל הַחַיִּים יוֹדוּךָ סֶּלָה, וִיהַלְלוּ וִיבָרְכוּ אֶת שִׁמְךָ הַגָּדוֹל בֶּאֱמֶת לְעוֹלָם כִּי טוֹב, הָאֵל יְשׁוּעָתֵנוּ וְעֶזְרָתֵנוּ סֶלָה, הָאֵל הַטּוֹב. בָּרוּךְ אַתָּה יי, הַטּוֹב שִׁמְךָ וּלְךָ נָאֶה לְהוֹדוֹת.

שִׂים שָׁלוֹם טוֹבָה וּבְרָכָה, חַיִּים חֵן וָחֶסֶד וְרַחֲמִים עָלֵינוּ וְעַל כָּל יִשְׂרָאֵל עַמֶּךָ. בָּרְכֵנוּ אָבִינוּ כֻּלָּנוּ כְּאֶחָד בְּאוֹר פָּנֶיךָ, כִּי בְאוֹר פָּנֶיךָ נָתַתָּ לָּנוּ יי אֱלֹהֵינוּ תּוֹרַת חַיִּים וְאַהֲבַת חֶסֶד,

וּצְדָקָה וּבְרָכָה וְרַחֲמִים וְחַיִּים וְשָׁלוֹם. וְטוֹב יִהְיֶה בְּעֵינֶיךָ לְבָרְכֵנוּ וּלְבָרֵךְ אֶת כָּל עַמְּךָ יִשְׂרָאֵל בְּכָל עֵת וּבְכָל שָׁעָה בִּשְׁלוֹמֶךָ. בָּרוּךְ אַתָּה יי, הַמְבָרֵךְ אֶת עַמּוֹ יִשְׂרָאֵל בַּשָּׁלוֹם.

עד כאן חזרת הש״ץ.

יִהְיוּ לְרָצוֹן אִמְרֵי פִי וְהֶגְיוֹן לִבִּי לְפָנֶיךָ, יי צוּרִי וְגֹאֲלִי.
אֱלֹהַי, נְצֹר לְשׁוֹנִי מֵרָע וּשְׂפָתַי מִדַּבֵּר מִרְמָה, וְלִמְקַלְלַי נַפְשִׁי תִדֹּם, וְנַפְשִׁי כֶּעָפָר לַכֹּל תִּהְיֶה. פְּתַח לִבִּי בְּתוֹרָתֶךָ, וְאַחֲרֵי מִצְוֹתֶיךָ תִּרְדֹּף נַפְשִׁי. וְכָל הַקָּמִים וְהַחוֹשְׁבִים עָלַי רָעָה, מְהֵרָה הָפֵר עֲצָתָם וְקַלְקֵל מַחֲשַׁבְתָּם.

יְהִי רָצוֹן מִלְּפָנֶיךָ יי אֱלֹהַי וֵאלֹהֵי אֲבוֹתַי, שֶׁלֹּא תַעֲלֶה קִנְאַת אָדָם עָלַי וְלֹא קִנְאָתִי עַל אֲחֵרִים, וְשֶׁלֹּא אֶכְעוֹס הַיּוֹם וְשֶׁלֹּא אַכְעִיסֶךָ, וְתַצִּילֵנִי מִיֵּצֶר הָרָע, וְתֵן בְּלִבִּי הַכְנָעָה וַעֲנָוָה. מַלְכֵּנוּ וֵאלֹהֵינוּ יַחֵד שִׁמְךָ בְּעוֹלָמֶךָ, בְּנֵה עִירֶךָ, יַסֵּד בֵּיתֶךָ וְשַׁכְלֵל הֵיכָלֶךָ, וְקַבֵּץ קִבּוּץ גָּלֻיּוֹת, וּפְדֵה צֹאנֶךָ וְשַׂמַּח עֲדָתֶךָ.

עֲשֵׂה לְמַעַן שְׁמֶךָ, עֲשֵׂה לְמַעַן יְמִינֶךָ, עֲשֵׂה לְמַעַן תּוֹרָתֶךָ, עֲשֵׂה לְמַעַן קְדֻשָּׁתֶךָ. לְמַעַן יֵחָלְצוּן יְדִידֶיךָ הוֹשִׁיעָה יְמִינְךָ וַעֲנֵנִי. יִהְיוּ לְרָצוֹן אִמְרֵי פִי וְהֶגְיוֹן לִבִּי לְפָנֶיךָ, יי צוּרִי וְגֹאֲלִי. עֹשֶׂה שָׁלוֹם בִּמְרוֹמָיו, הוּא יַעֲשֶׂה שָׁלוֹם עָלֵינוּ וְעַל כָּל יִשְׂרָאֵל, וְאִמְרוּ אָמֵן.

יְהִי רָצוֹן מִלְּפָנֶיךָ יי אֱלֹהֵינוּ וֵאלֹהֵי אֲבוֹתֵינוּ, שֶׁיִּבָּנֶה בֵּית הַמִּקְדָּשׁ בִּמְהֵרָה בְיָמֵינוּ, וְתֵן חֶלְקֵנוּ בְּתוֹרָתֶךָ. וְשָׁם נַעֲבָדְךָ בְּיִרְאָה כִּימֵי עוֹלָם וּכְשָׁנִים קַדְמֹנִיּוֹת. וְעָרְבָה לַיי מִנְחַת יְהוּדָה וִירוּשָׁלָיִם כִּימֵי עוֹלָם וּכְשָׁנִים קַדְמֹנִיּוֹת.

קדיש שלם: יִתְגַּדַּל וְיִתְקַדַּשׁ שְׁמֵהּ רַבָּא
בְּעָלְמָא דִּי בְרָא כִרְעוּתֵהּ
וְיַמְלִיךְ מַלְכוּתֵהּ וְיַצְמַח פֻּרְקָנֵהּ וִיקָרֵב מְשִׁיחֵהּ
בְּחַיֵּיכוֹן וּבְיוֹמֵיכוֹן וּבְחַיֵּי דְכָל בֵּית יִשְׂרָאֵל
בַּעֲגָלָא וּבִזְמַן קָרִיב
וְאִמְרוּ אָמֵן.

יְהֵא שְׁמֵהּ רַבָּא מְבָרַךְ לְעָלַם וּלְעָלְמֵי עָלְמַיָּא.

יִתְבָּרַךְ וְיִשְׁתַּבַּח וְיִתְפָּאַר וְיִתְרוֹמַם וְיִתְנַשֵּׂא
וְיִתְהַדָּר וְיִתְעַלֶּה וְיִתְהַלָּל שְׁמֵהּ דְּקֻדְשָׁא בְּרִיךְ הוּא
לְעֵלָּא מִן כָּל בִּרְכָתָא וְשִׁירָתָא
תֻּשְׁבְּחָתָא וְנֶחֱמָתָא דַּאֲמִירָן בְּעָלְמָא
וְאִמְרוּ אָמֵן.

תִּתְקַבַּל צְלוֹתְהוֹן וּבָעוּתְהוֹן דְּכָל בֵּית יִשְׂרָאֵל
קֳדָם אֲבוּהוֹן דִּי בִשְׁמַיָּא וְאִמְרוּ אָמֵן.

יְהֵא שְׁלָמָא רַבָּא מִן שְׁמַיָּא
וְחַיִּים טוֹבִים עָלֵינוּ וְעַל כָּל יִשְׂרָאֵל
וְאִמְרוּ אָמֵן.

עֹשֶׂה שָׁלוֹם בִּמְרוֹמָיו
הוּא יַעֲשֶׂה שָׁלוֹם עָלֵינוּ וְעַל כָּל יִשְׂרָאֵל
וְאִמְרוּ אָמֵן.

עָלֵינוּ לְשַׁבֵּחַ לַאֲדוֹן הַכֹּל, לָתֵת גְּדֻלָּה לְיוֹצֵר בְּרֵאשִׁית
שֶׁלֹּא עָשָׂנוּ כְּגוֹיֵי הָאֲרָצוֹת, וְלֹא שָׂמָנוּ כְּמִשְׁפְּחוֹת הָאֲדָמָה
שֶׁלֹּא שָׂם חֶלְקֵנוּ כָּהֶם וְגוֹרָלֵנוּ כְּכָל הֲמוֹנָם.
שֶׁהֵם מִשְׁתַּחֲוִים לְהֶבֶל וָרִיק וּמִתְפַּלְלִים אֶל אֵל לֹא יוֹשִׁיעַ.
וַאֲנַחְנוּ כּוֹרְעִים וּמִשְׁתַּחֲוִים וּמוֹדִים לִפְנֵי מֶלֶךְ מַלְכֵי הַמְּלָכִים
הַקָּדוֹשׁ בָּרוּךְ הוּא
שֶׁהוּא נוֹטֶה שָׁמַיִם וְיוֹסֵד אָרֶץ וּמוֹשַׁב יְקָרוֹ בַּשָּׁמַיִם מִמַּעַל
וּשְׁכִינַת עֻזּוֹ בְּגָבְהֵי מְרוֹמִים.
הוּא אֱלֹהֵינוּ, אֵין עוֹד.
אֱמֶת מַלְכֵּנוּ, אֶפֶס זוּלָתוֹ, כַּכָּתוּב בְּתוֹרָתוֹ
וְיָדַעְתָּ הַיּוֹם וַהֲשֵׁבֹתָ אֶל לְבָבֶךָ
כִּי יי הוּא הָאֱלֹהִים בַּשָּׁמַיִם מִמַּעַל וְעַל הָאָרֶץ מִתָּחַת, אֵין עוֹד.

וְעַל כֵּן נְקַוֶּה לְךָ יי אֱלֹהֵינוּ
לִרְאוֹת מְהֵרָה בְּתִפְאֶרֶת עֻזֶּךָ, לְהַעֲבִיר גִּלּוּלִים מִן הָאָרֶץ
וְהָאֱלִילִים כָּרוֹת יִכָּרֵתוּן לְתַקֵּן עוֹלָם בְּמַלְכוּת שַׁדַּי.
וְכָל בְּנֵי בָשָׂר יִקְרְאוּ בִשְׁמֶךָ לְהַפְנוֹת אֵלֶיךָ כָּל רִשְׁעֵי אָרֶץ.
יַכִּירוּ וְיֵדְעוּ כָּל יוֹשְׁבֵי תֵבֵל כִּי לְךָ תִּכְרַע כָּל בֶּרֶךְ, תִּשָּׁבַע כָּל לָשׁוֹן.
לְפָנֶיךָ יי אֱלֹהֵינוּ יִכְרְעוּ וְיִפֹּלוּ וְלִכְבוֹד שִׁמְךָ יְקָר יִתֵּנוּ
וִיקַבְּלוּ כֻלָּם אֶת עֹל מַלְכוּתֶךָ וְתִמְלֹךְ עֲלֵיהֶם מְהֵרָה לְעוֹלָם וָעֶד.
כִּי הַמַּלְכוּת שֶׁלְּךָ הִיא וּלְעוֹלְמֵי עַד תִּמְלוֹךְ בְּכָבוֹד
כַּכָּתוּב בְּתוֹרָתֶךָ, יי יִמְלֹךְ לְעֹלָם וָעֶד.
וְנֶאֱמַר, וְהָיָה יי לְמֶלֶךְ עַל כָּל הָאָרֶץ
בַּיּוֹם הַהוּא יִהְיֶה יי אֶחָד וּשְׁמוֹ אֶחָד.

יש נוהגים לומר אחרי "עלינו" פסוקים אלה:

אַל תִּירָא מִפַּחַד פִּתְאֹם וּמִשֹּׁאַת רְשָׁעִים כִּי תָבֹא.
עֻצוּ עֵצָה וְתֻפָר, דַּבְּרוּ דָבָר וְלֹא יָקוּם, כִּי עִמָּנוּ אֵל.
וְעַד זִקְנָה אֲנִי הוּא, וְעַד שֵׂיבָה אֲנִי אֶסְבֹּל, אֲנִי עָשִׂיתִי וַאֲנִי אֶשָּׂא וַאֲנִי אֶסְבֹּל וַאֲמַלֵּט.

קדיש יתום: יִתְגַּדַּל וְיִתְקַדַּשׁ שְׁמֵהּ רַבָּא
בְּעָלְמָא דִּי בְרָא כִרְעוּתֵהּ
וְיַמְלִיךְ מַלְכוּתֵהּ
וְיַצְמַח פֻּרְקָנֵהּ וִיקָרֵב מְשִׁיחֵהּ
בְּחַיֵּיכוֹן וּבְיוֹמֵיכוֹן
וּבְחַיֵּי דְכָל בֵּית יִשְׂרָאֵל
בַּעֲגָלָא וּבִזְמַן קָרִיב
וְאִמְרוּ אָמֵן.

יְהֵא שְׁמֵהּ רַבָּא מְבָרַךְ
לְעָלַם וּלְעָלְמֵי עָלְמַיָּא.

יִתְבָּרַךְ וְיִשְׁתַּבַּח וְיִתְפָּאַר
וְיִתְרוֹמַם וְיִתְנַשֵּׂא וְיִתְהַדָּר וְיִתְעַלֶּה
וְיִתְהַלָּל שְׁמֵהּ דְּקֻדְשָׁא בְּרִיךְ הוּא
לְעֵלָּא מִן כָּל בִּרְכָתָא
וְשִׁירָתָא תֻּשְׁבְּחָתָא וְנֶחֱמָתָא
דַּאֲמִירָן בְּעָלְמָא
וְאִמְרוּ אָמֵן.

יְהֵא שְׁלָמָא רַבָּא מִן שְׁמַיָּא
וְחַיִּים טוֹבִים עָלֵינוּ וְעַל כָּל יִשְׂרָאֵל
וְאִמְרוּ אָמֵן.

עֹשֶׂה שָׁלוֹם בִּמְרוֹמָיו
הוּא יַעֲשֶׂה שָׁלוֹם עָלֵינוּ וְעַל כָּל יִשְׂרָאֵל
וְאִמְרוּ אָמֵן.

כז לְדָוִד יהוה אוֹרִי וְיִשְׁעִי מִמִּי אִירָא יהוה מָעוֹז־חַיַּי מִמִּי אֶפְחָד: בִּקְרֹב עָלַי מְרֵעִים לֶאֱכֹל אֶת־בְּשָׂרִי צָרַי וְאֹיְבַי לִי הֵמָּה כָשְׁלוּ וְנָפָלוּ: אִם־תַּחֲנֶה עָלַי מַחֲנֶה לֹא־יִירָא לִבִּי אִם־תָּקוּם עָלַי מִלְחָמָה בְּזֹאת אֲנִי בוֹטֵחַ: אַחַת שָׁאַלְתִּי מֵאֵת־יהוה אוֹתָהּ אֲבַקֵּשׁ שִׁבְתִּי בְּבֵית־יהוה כָּל־יְמֵי חַיַּי לַחֲזוֹת בְּנֹעַם־יהוה וּלְבַקֵּר בְּהֵיכָלוֹ: כִּי יִצְפְּנֵנִי בְּסֻכֹּה בְּיוֹם רָעָה יַסְתִּרֵנִי בְּסֵתֶר אָהֳלוֹ בְּצוּר יְרוֹמְמֵנִי: וְעַתָּה יָרוּם רֹאשִׁי עַל אֹיְבַי סְבִיבוֹתַי וְאֶזְבְּחָה בְאָהֳלוֹ זִבְחֵי תְרוּעָה אָשִׁירָה וַאֲזַמְּרָה לַיהוה: שְׁמַע־יהוה קוֹלִי אֶקְרָא וְחָנֵּנִי וַעֲנֵנִי: לְךָ אָמַר לִבִּי בַּקְּשׁוּ פָנָי אֶת־פָּנֶיךָ יהוה אֲבַקֵּשׁ: אַל־תַּסְתֵּר פָּנֶיךָ מִמֶּנִּי אַל תַּט־בְּאַף עַבְדֶּךָ עֶזְרָתִי הָיִיתָ אַל־תִּטְּשֵׁנִי וְאַל־תַּעַזְבֵנִי אֱלֹהֵי יִשְׁעִי: כִּי־אָבִי וְאִמִּי עֲזָבוּנִי וַיהוה יַאַסְפֵנִי: הוֹרֵנִי יהוה דַּרְכֶּךָ וּנְחֵנִי בְּאֹרַח מִישׁוֹר לְמַעַן שׁוֹרְרָי: אַל־תִּתְּנֵנִי בְּנֶפֶשׁ צָרָי כִּי קָמוּ־בִי עֵדֵי־שֶׁקֶר וִיפֵחַ חָמָס: לוּלֵא הֶאֱמַנְתִּי לִרְאוֹת בְּטוּב־יהוה בְּאֶרֶץ חַיִּים: קַוֵּה אֶל־יהוה חֲזַק וְיַאֲמֵץ לִבֶּךָ וְקַוֵּה אֶל־יהוה:

קדיש יתום (בעמוד הקודם)

ובחדש השביעי
באחד לחדש
מקרא־קדש יהיה לכם
כל־מלאכת עבדה
לא תעשו
יום תרועה
יהיה לכם

במדבר כט

תקעו בחדש שופר בכסה ליום חגנו
כי חק לישראל הוא משפט לאלהי יעקב

תהלים פא

יש נוהגים לומר פיוט זה לפני תפילת ערבית:

אָחוֹת קְטַנָּה תְּפִלּוֹתֶיהָ / עוֹרְכָה וְעוֹנָה תְּהִלּוֹתֶיהָ
אֵל נָא רְפָא נָא לְמַחֲלוֹתֶיהָ / תִּכְלֶה שָׁנָה וְקִלְלוֹתֶיהָ.

בִּנְעֹם מִלִּים לְךָ תִּקְרָאֶה / וְשִׁיר וְהִלּוּלִים כִּי לְךָ נָאֶה
עַל מָה תַּעְלִים עֵינְךָ וְתִרְאֶה / זָרִים אוֹכְלִים נַחֲלוֹתֶיהָ.
תִּכְלֶה שָׁנָה וְקִלְלוֹתֶיהָ.

רְעֵה אֶת צֹאנְךָ אֲרָיוֹת זֵרוּ / וּשְׁפֹךְ חֲרוֹנְךָ בְּאוֹמְרִים עָרוּ
וְכַנַּת יְמִינְךָ פָּרְצוּ וְאָרוּ / לֹא הִשְׁאִירוּ עוֹלְלוֹתֶיהָ.
תִּכְלֶה שָׁנָה וְקִלְלוֹתֶיהָ.

הָקֵם מִשְׁפְּלוּת לְרֹאשׁ מַמְלֶכֶת / כִּי בְּבוֹר גָּלוּת נַפְשָׁהּ נִתֶּכֶת
וּכְרוּם זֻלּוּת לִבָּהּ שׁוֹפֶכֶת / בְּדַלֵּי דַלּוּת מִשְׁכְּנוֹתֶיהָ.
תִּכְלֶה שָׁנָה וְקִלְלוֹתֶיהָ.

מָתַי תַּעֲלֶה בְּתֹךְ מִבּוֹר / מְבִית כֶּלֶא עֻלָּהּ תִּשְׁבֹּר
וְהַפְלֵא פֶלֶא בְּצֵאתְךָ כְּגִבּוֹר / לְהָתֵם וְכַלֵּה מְכַלּוֹתֶיהָ.
תִּכְלֶה שָׁנָה וְקִלְלוֹתֶיהָ.

חֵילָהּ קָבְעוּ הַגּוֹי כֻּלּוֹ / וְטוּבָהּ שָׁבְעוּ וּבָזְזוּ אִישׁ לוֹ
וְלִבָּהּ קָרְעוּ וּבְכָל זֹאת לֹא / מִמְּךָ נָעוּ מַעְגְּלוֹתֶיהָ.
תִּכְלֶה שָׁנָה וְקִלְלוֹתֶיהָ.

זְמִירָהּ שָׁבַת וְחֶשְׁקָהּ תַּגְבִּיר / לַחְפֹּץ קִרְבַת דּוֹדָהּ וְתַעֲבִיר
מִלֵּב דַּאֲבַת נַפְשָׁהּ וְתָסִיר / לְבַקֵּשׁ אַהֲבַת כְּלוּלוֹתֶיהָ.
תִּכְלֶה שָׁנָה וְקִלְלוֹתֶיהָ.

נְחֵה בְנַחַת לִנְוֵה רִבְצָהּ / רַב נִזְנַחַת מִדּוֹד חֶפְצָהּ
וְהִיא כְפוֹרַחַת עָלְתָה נִצָּהּ / לֹא הִבְשִׁילוּ אַשְׁכְּלוֹתֶיהָ.
תִּכְלֶה שָׁנָה וְקִלְלוֹתֶיהָ.

חִזְקוּ וְגִילוּ כִּי שׁוֹד גָּמַר / לְצוּר הוֹחִילוּ בְּרִיתוֹ שָׁמַר
לָכֶם וְתַעֲלוּ לְצִיּוֹן וְאָמַר / סֹלּוּ סֹלּוּ מְסִלּוֹתֶיהָ.
תָּחֵל שָׁנָה וּבִרְכוֹתֶיהָ.

יש אומרים שיר השירים

אם חל ראש השנה בשבת יש נוהגים לומר "ידיד נפש".

יְדִיד נֶפֶשׁ, אָב הָרַחֲמָן, מְשׁוֹךְ עַבְדְּךָ אֶל רְצוֹנֶךָ
יָרוּץ עַבְדְּךָ כְּמוֹ אַיָּל, יִשְׁתַּחֲוֶה מוּל הֲדָרֶךָ
כִּי יֶעֱרַב לוֹ יְדִידוּתֶךָ, מִנֹּפֶת צוּף וְכָל טָעַם.

הָדוּר, נָאֶה, זִיו הָעוֹלָם, נַפְשִׁי חוֹלַת אַהֲבָתֶךָ
אָנָּא, אֵל נָא, רְפָא נָא לָהּ, בְּהַרְאוֹת לָהּ נֹעַם זִיוֶךָ
אָז תִּתְחַזֵּק וְתִתְרַפֵּא, וְהָיְתָה לָךְ שִׁפְחַת עוֹלָם.

וָתִיק, יֶהֱמוּ רַחֲמֶיךָ, וְחוּס נָא עַל בֵּן אוֹהֲבָךְ
כִּי זֶה כַּמֶּה נִכְסֹף נִכְסַף, לִרְאוֹת בְּתִפְאֶרֶת עֻזָּךְ
אָנָּא, אֵלִי, מַחְמַד לִבִּי, חוּשָׁה נָּא, וְאַל תִּתְעַלָּם.

הִגָּלֶה נָא וּפְרֹשׂ, חָבִיב, עָלַי אֶת סֻכַּת שְׁלוֹמָךְ
תָּאִיר אֶרֶץ מִכְּבוֹדָךְ, נָגִילָה וְנִשְׂמְחָה בָּךְ.
מַהֵר, אָהוּב, כִּי בָא מוֹעֵד, וְחָנֵּנִי כִּימֵי עוֹלָם.

בראש השנה שחל בשבת מתחילים כאן:

כט מִזְמוֹר לְדָוִד הָבוּ לַיהוה בְּנֵי אֵלִים הָבוּ לַיהוה כָּבוֹד וָעֹז: הָבוּ
לַיהוה כְּבוֹד שְׁמוֹ הִשְׁתַּחֲווּ לַיהוה בְּהַדְרַת־קֹדֶשׁ: קוֹל יהוה
עַל־הַמָּיִם אֵל־הַכָּבוֹד הִרְעִים יהוה עַל־מַיִם רַבִּים: קוֹל־יהוה
בַּכֹּחַ קוֹל יהוה בֶּהָדָר: קוֹל יהוה שֹׁבֵר אֲרָזִים וַיְשַׁבֵּר יהוה
אֶת־אַרְזֵי הַלְּבָנוֹן: וַיַּרְקִידֵם כְּמוֹ־עֵגֶל לְבָנוֹן וְשִׂרְיוֹן כְּמוֹ בֶן־
רְאֵמִים: קוֹל־יהוה חֹצֵב לַהֲבוֹת אֵשׁ: קוֹל יהוה יָחִיל מִדְבָּר
יָחִיל יהוה מִדְבַּר קָדֵשׁ: קוֹל יהוה יְחוֹלֵל אַיָּלוֹת וַיֶּחֱשֹׂף
יְעָרוֹת וּבְהֵיכָלוֹ כֻּלּוֹ אֹמֵר כָּבוֹד: יהוה לַמַּבּוּל יָשָׁב וַיֵּשֶׁב
יהוה מֶלֶךְ לְעוֹלָם: יהוה עֹז לְעַמּוֹ יִתֵּן יהוה יְבָרֵךְ אֶת־
עַמּוֹ בַשָּׁלוֹם:

אָנָּא, בְּכֹחַ גְּדֻלַּת יְמִינְךָ, תַּתִּיר צְרוּרָה.
קַבֵּל רִנַּת עַמְּךָ, שַׂגְּבֵנוּ, טַהֲרֵנוּ, נוֹרָא.
נָא גִבּוֹר, דּוֹרְשֵׁי יִחוּדְךָ כְּבָבַת שָׁמְרֵם.
בָּרְכֵם, טַהֲרֵם, רַחֲמֵי צִדְקָתְךָ תָּמִיד גָּמְלֵם.
חֲסִין קָדוֹשׁ, בְּרֹב טוּבְךָ נַהֵל עֲדָתֶךָ.
יָחִיד גֵּאֶה, לְעַמְּךָ פְּנֵה, זוֹכְרֵי קְדֻשָּׁתֶךָ.
שַׁוְעָתֵנוּ קַבֵּל וּשְׁמַע צַעֲקָתֵנוּ, יוֹדֵעַ תַּעֲלוּמוֹת.

בָּרוּךְ שֵׁם כְּבוֹד מַלְכוּתוֹ לְעוֹלָם וָעֶד.

לְכָה דוֹדִי לִקְרַאת כַּלָּה, פְּנֵי שַׁבָּת נְקַבְּלָה.

לְכָה דוֹדִי לִקְרַאת כַּלָּה, פְּנֵי שַׁבָּת נְקַבְּלָה.

שָׁמוֹר וְזָכוֹר בְּדִבּוּר אֶחָד
הִשְׁמִיעָנוּ אֵל הַמְיֻחָד
יי אֶחָד וּשְׁמוֹ אֶחָד
לְשֵׁם וּלְתִפְאֶרֶת וְלִתְהִלָּה.

לְכָה דוֹדִי לִקְרַאת כַּלָּה, פְּנֵי שַׁבָּת נְקַבְּלָה.

לִקְרַאת שַׁבָּת לְכוּ וְנֵלְכָה
כִּי הִיא מְקוֹר הַבְּרָכָה
מֵרֹאשׁ מִקֶּדֶם נְסוּכָה
סוֹף מַעֲשֶׂה בְּמַחֲשָׁבָה תְּחִלָּה.

לְכָה דוֹדִי לִקְרַאת כַּלָּה, פְּנֵי שַׁבָּת נְקַבְּלָה.

יָמִין וּשְׂמֹאל תִּפְרֹצִי
וְאֶת יי תַּעֲרִיצִי
עַל יַד אִישׁ בֶּן פַּרְצִי
וְנִשְׂמְחָה וְנָגִילָה.

לְכָה דוֹדִי לִקְרַאת כַּלָּה, פְּנֵי שַׁבָּת נְקַבְּלָה.

בּוֹאִי בְשָׁלוֹם עֲטֶרֶת בַּעְלָהּ
גַּם בְּרִנָּה וּבְצָהֳלָה
תּוֹךְ אֱמוּנֵי עַם סְגֻלָּה
בּוֹאִי כַלָּה, בּוֹאִי כַלָּה
בּוֹאִי כַלָּה, שַׁבָּת מַלְכְּתָא.

לְכָה דוֹדִי לִקְרַאת כַּלָּה, פְּנֵי שַׁבָּת נְקַבְּלָה.

צב מִזְמוֹר שִׁיר לְיוֹם הַשַּׁבָּת: טוֹב לְהֹדוֹת לַיהוָה וּלְזַמֵּר לְשִׁמְךָ
עֶלְיוֹן: לְהַגִּיד בַּבֹּקֶר חַסְדֶּךָ וֶאֱמוּנָתְךָ בַּלֵּילוֹת: עֲלֵי־עָשׂוֹר
וַעֲלֵי־נָבֶל עֲלֵי הִגָּיוֹן בְּכִנּוֹר: כִּי שִׂמַּחְתַּנִי יהוה בְּפָעֳלֶךָ בְּמַעֲשֵׂי
יָדֶיךָ אֲרַנֵּן: מַה־גָּדְלוּ מַעֲשֶׂיךָ יהוָה מְאֹד עָמְקוּ מַחְשְׁבֹתֶיךָ:
אִישׁ־בַּעַר לֹא יֵדָע וּכְסִיל לֹא־יָבִין אֶת־זֹאת: בִּפְרֹחַ רְשָׁעִים
כְּמוֹ עֵשֶׂב וַיָּצִיצוּ כָּל־פֹּעֲלֵי אָוֶן לְהִשָּׁמְדָם עֲדֵי־עַד: וְאַתָּה
מָרוֹם לְעֹלָם יהוה: כִּי הִנֵּה אֹיְבֶיךָ יהוה כִּי־הִנֵּה אֹיְבֶיךָ יֹאבֵדוּ
יִתְפָּרְדוּ כָּל־פֹּעֲלֵי אָוֶן: וַתָּרֶם כִּרְאֵים קַרְנִי בַּלֹּתִי בְּשֶׁמֶן רַעֲנָן:
וַתַּבֵּט עֵינִי בְּשׁוּרָי בַּקָּמִים עָלַי מְרֵעִים תִּשְׁמַעְנָה אָזְנָי: צַדִּיק
כַּתָּמָר יִפְרָח כְּאֶרֶז בַּלְּבָנוֹן יִשְׂגֶּה: שְׁתוּלִים בְּבֵית יהוָה
בְּחַצְרוֹת אֱלֹהֵינוּ יַפְרִיחוּ: עוֹד יְנוּבוּן בְּשֵׂיבָה דְּשֵׁנִים וְרַעֲנַנִּים
יִהְיוּ: לְהַגִּיד כִּי־יָשָׁר יהוָה צוּרִי וְלֹא־עַוְלָתָה בּוֹ:

צג יהוה מָלָךְ גֵּאוּת לָבֵשׁ לָבֵשׁ יהוה עֹז הִתְאַזָּר אַף־תִּכּוֹן תֵּבֵל
בַּל־תִּמּוֹט: נָכוֹן כִּסְאֲךָ מֵאָז מֵעוֹלָם אָתָּה: נָשְׂאוּ נְהָרוֹת יהוה
נָשְׂאוּ נְהָרוֹת קוֹלָם יִשְׂאוּ נְהָרוֹת דָּכְיָם: מִקֹּלוֹת מַיִם רַבִּים
אַדִּירִים מִשְׁבְּרֵי־יָם אַדִּיר בַּמָּרוֹם יהוה: עֵדֹתֶיךָ נֶאֶמְנוּ מְאֹד
לְבֵיתְךָ נַאֲוָה־קֹדֶשׁ יהוה לְאֹרֶךְ יָמִים:

קדיש יתום:

יִתְגַּדַּל וְיִתְקַדַּשׁ שְׁמֵהּ רַבָּא
בְּעָלְמָא דִּי בְרָא כִרְעוּתֵהּ
וְיַמְלִיךְ מַלְכוּתֵהּ וְיַצְמַח פֻּרְקָנֵהּ
וִיקָרֵב מְשִׁיחֵהּ
בְּחַיֵּיכוֹן וּבְיוֹמֵיכוֹן וּבְחַיֵּי דְכָל בֵּית יִשְׂרָאֵל
בַּעֲגָלָא וּבִזְמַן קָרִיב
וְאִמְרוּ אָמֵן.
יְהֵא שְׁמֵהּ רַבָּא מְבָרַךְ לְעָלַם וּלְעָלְמֵי עָלְמַיָּא
יִתְבָּרַךְ וְיִשְׁתַּבַּח וְיִתְפָּאַר וְיִתְרוֹמַם וְיִתְנַשֵּׂא
וְיִתְהַדַּר וְיִתְעַלֶּה וְיִתְהַלָּל שְׁמֵהּ דְּקֻדְשָׁא
בְּרִיךְ הוּא

לְעֵלָּא לְעֵלָּא מִכָּל בִּרְכָתָא וְשִׁירָתָא
תֻּשְׁבְּחָתָא וְנֶחֱמָתָא
דַּאֲמִירָן בְּעָלְמָא
וְאִמְרוּ אָמֵן.
יְהֵא שְׁלָמָא רַבָּא מִן שְׁמַיָּא
וְחַיִּים טוֹבִים עָלֵינוּ וְעַל כָּל יִשְׂרָאֵל
וְאִמְרוּ אָמֵן.
עֹשֶׂה הַשָּׁלוֹם בִּמְרוֹמָיו
הוּא יַעֲשֶׂה שָׁלוֹם עָלֵינוּ
וְעַל כָּל יִשְׂרָאֵל
וְאִמְרוּ אָמֵן.

שליח הציבור: **בָּרְכוּ**

אֶת יי הַמְבֹרָךְ.

הקהל: **בָּרוּךְ יי הַמְבֹרָךְ לְעוֹלָם וָעֶד.**

שליח הציבור: **בָּרוּךְ יי הַמְבֹרָךְ לְעוֹלָם וָעֶד.**

בָּרוּךְ אַתָּה יי אֱלֹהֵינוּ מֶלֶךְ הָעוֹלָם
אֲשֶׁר בִּדְבָרוֹ מַעֲרִיב עֲרָבִים
בְּחָכְמָה פּוֹתֵחַ שְׁעָרִים וּבִתְבוּנָה מְשַׁנֶּה עִתִּים וּמַחֲלִיף אֶת הַזְּמַנִּים
וּמְסַדֵּר אֶת הַכּוֹכָבִים בְּמִשְׁמְרוֹתֵיהֶם בָּרָקִיעַ כִּרְצוֹנוֹ.
בּוֹרֵא יוֹם וָלָיְלָה, גּוֹלֵל אוֹר מִפְּנֵי חֹשֶׁךְ וְחֹשֶׁךְ מִפְּנֵי אוֹר
וּמַעֲבִיר יוֹם וּמֵבִיא לָיְלָה
וּמַבְדִּיל בֵּין יוֹם וּבֵין לָיְלָה
יי צְבָאוֹת שְׁמוֹ.
אֵל חַי וְקַיָּם תָּמִיד יִמְלֹךְ עָלֵינוּ לְעוֹלָם וָעֶד.
בָּרוּךְ אַתָּה יי, הַמַּעֲרִיב עֲרָבִים.

אַהֲבַת עוֹלָם בֵּית יִשְׂרָאֵל עַמְּךָ אָהָבְתָּ
תּוֹרָה וּמִצְוֹת חֻקִּים וּמִשְׁפָּטִים אוֹתָנוּ לִמַּדְתָּ
עַל כֵּן יי אֱלֹהֵינוּ בְּשָׁכְבֵנוּ וּבְקוּמֵנוּ נָשִׂיחַ בְּחֻקֶּיךָ
וְנִשְׂמַח בְּדִבְרֵי תַלְמוּד תּוֹרָתֶךָ וּבְמִצְוֹתֶיךָ לְעוֹלָם וָעֶד
כִּי הֵם חַיֵּינוּ וְאֹרֶךְ יָמֵינוּ וּבָהֶם נֶהְגֶּה יוֹמָם וָלָיְלָה.
וְאַהֲבָתְךָ אַל תָּסִיר מִמֶּנּוּ לְעוֹלָמִים.
בָּרוּךְ אַתָּה יי, אוֹהֵב עַמּוֹ יִשְׂרָאֵל.

(יחיד אומר: אֵל מֶלֶךְ נֶאֱמָן)

דברים ו שְׁמַע יִשְׂרָאֵל יהוה אֱלֹהֵינוּ יהוה ׀ אֶחָד:

(בלחש:) בָּרוּךְ שֵׁם כְּבוֹד מַלְכוּתוֹ לְעוֹלָם וָעֶד

וְאָהַבְתָּ אֵת יהוה אֱלֹהֶיךָ בְּכָל־לְבָבְךָ וּבְכָל־נַפְשְׁךָ וּבְכָל־
מְאֹדֶךָ: וְהָיוּ הַדְּבָרִים הָאֵלֶּה אֲשֶׁר אָנֹכִי מְצַוְּךָ הַיּוֹם עַל־לְבָבֶךָ:
וְשִׁנַּנְתָּם לְבָנֶיךָ וְדִבַּרְתָּ בָּם בְּשִׁבְתְּךָ בְּבֵיתֶךָ וּבְלֶכְתְּךָ בַדֶּרֶךְ
וּבְשָׁכְבְּךָ וּבְקוּמֶךָ: וּקְשַׁרְתָּם לְאוֹת עַל־יָדֶךָ וְהָיוּ לְטֹטָפֹת בֵּין
עֵינֶיךָ: וּכְתַבְתָּם עַל־מְזֻזוֹת בֵּיתֶךָ וּבִשְׁעָרֶיךָ:

דברים יא וְהָיָה אִם־שָׁמֹעַ תִּשְׁמְעוּ אֶל־מִצְוֹתַי אֲשֶׁר אָנֹכִי מְצַוֶּה אֶתְכֶם
הַיּוֹם לְאַהֲבָה אֶת־יהוה אֱלֹהֵיכֶם וּלְעָבְדוֹ בְּכָל־לְבַבְכֶם וּבְכָל־
נַפְשְׁכֶם: וְנָתַתִּי מְטַר־אַרְצְכֶם בְּעִתּוֹ יוֹרֶה וּמַלְקוֹשׁ וְאָסַפְתָּ
דְגָנֶךָ וְתִירֹשְׁךָ וְיִצְהָרֶךָ: וְנָתַתִּי עֵשֶׂב בְּשָׂדְךָ לִבְהֶמְתֶּךָ וְאָכַלְתָּ
וְשָׂבָעְתָּ: הִשָּׁמְרוּ לָכֶם פֶּן־יִפְתֶּה לְבַבְכֶם וְסַרְתֶּם וַעֲבַדְתֶּם
אֱלֹהִים אֲחֵרִים וְהִשְׁתַּחֲוִיתֶם לָהֶם: וְחָרָה אַף־יהוה בָּכֶם וְעָצַר
אֶת־הַשָּׁמַיִם וְלֹא־יִהְיֶה מָטָר וְהָאֲדָמָה לֹא תִתֵּן אֶת־יְבוּלָהּ
וַאֲבַדְתֶּם מְהֵרָה מֵעַל הָאָרֶץ הַטֹּבָה אֲשֶׁר יהוה נֹתֵן לָכֶם:
וְשַׂמְתֶּם אֶת־דְּבָרַי אֵלֶּה עַל־לְבַבְכֶם וְעַל־נַפְשְׁכֶם וּקְשַׁרְתֶּם
אֹתָם לְאוֹת עַל־יֶדְכֶם וְהָיוּ לְטוֹטָפֹת בֵּין עֵינֵיכֶם: וְלִמַּדְתֶּם
אֹתָם אֶת־בְּנֵיכֶם לְדַבֵּר בָּם בְּשִׁבְתְּךָ בְּבֵיתֶךָ וּבְלֶכְתְּךָ בַדֶּרֶךְ
וּבְשָׁכְבְּךָ וּבְקוּמֶךָ: וּכְתַבְתָּם עַל־מְזוּזוֹת בֵּיתֶךָ וּבִשְׁעָרֶיךָ:
לְמַעַן יִרְבּוּ יְמֵיכֶם וִימֵי בְנֵיכֶם עַל הָאֲדָמָה אֲשֶׁר נִשְׁבַּע יהוה
לַאֲבֹתֵיכֶם לָתֵת לָהֶם כִּימֵי הַשָּׁמַיִם עַל־הָאָרֶץ:

במדבר טו וַיֹּאמֶר יהוה אֶל־מֹשֶׁה לֵּאמֹר: דַּבֵּר אֶל־בְּנֵי יִשְׂרָאֵל וְאָמַרְתָּ
אֲלֵהֶם וְעָשׂוּ לָהֶם צִיצִת עַל־כַּנְפֵי בִגְדֵיהֶם לְדֹרֹתָם וְנָתְנוּ עַל־
צִיצִת הַכָּנָף פְּתִיל תְּכֵלֶת: וְהָיָה לָכֶם לְצִיצִת וּרְאִיתֶם אֹתוֹ
וּזְכַרְתֶּם אֶת־כָּל־מִצְוֹת יהוה וַעֲשִׂיתֶם אֹתָם וְלֹא תָתוּרוּ אַחֲרֵי
לְבַבְכֶם וְאַחֲרֵי עֵינֵיכֶם אֲשֶׁר־אַתֶּם זֹנִים אַחֲרֵיהֶם: לְמַעַן תִּזְכְּרוּ
וַעֲשִׂיתֶם אֶת־כָּל־מִצְוֹתָי וִהְיִיתֶם קְדֹשִׁים לֵאלֹהֵיכֶם: אֲנִי יהוה
אֱלֹהֵיכֶם אֲשֶׁר הוֹצֵאתִי אֶתְכֶם מֵאֶרֶץ מִצְרַיִם לִהְיוֹת לָכֶם
לֵאלֹהִים אֲנִי יהוה אֱלֹהֵיכֶם אֱמֶת

וֶאֱמוּנָה כָּל זֹאת וְקַיָּם עָלֵינוּ
כִּי הוּא יי אֱלֹהֵינוּ וְאֵין זוּלָתוֹ וַאֲנַחְנוּ יִשְׂרָאֵל עַמּוֹ.
הַפּוֹדֵנוּ מִיַּד מְלָכִים, מַלְכֵּנוּ הַגּוֹאֲלֵנוּ מִכַּף כָּל הֶעָרִיצִים
הָאֵל הַנִּפְרָע לָנוּ מִצָּרֵינוּ, וְהַמְשַׁלֵּם גְּמוּל לְכָל אוֹיְבֵי נַפְשֵׁנוּ.
הָעוֹשֶׂה גְדוֹלוֹת עַד אֵין חֵקֶר, נִסִּים וְנִפְלָאוֹת עַד אֵין מִסְפָּר.
הַשָּׂם נַפְשֵׁנוּ בַּחַיִּים, וְלֹא נָתַן לַמּוֹט רַגְלֵנוּ.
הַמַּדְרִיכֵנוּ עַל בָּמוֹת אוֹיְבֵינוּ, וַיָּרֶם קַרְנֵנוּ עַל כָּל שׂוֹנְאֵינוּ.
הָעוֹשֶׂה לָּנוּ נִסִּים וּנְקָמָה בְּפַרְעֹה
אוֹתוֹת וּמוֹפְתִים בְּאַדְמַת בְּנֵי חָם.
הַמַּכֶּה בְעֶבְרָתוֹ כָּל בְּכוֹרֵי מִצְרָיִם
וַיּוֹצֵא אֶת עַמּוֹ יִשְׂרָאֵל מִתּוֹכָם לְחֵרוּת עוֹלָם.
הַמַּעֲבִיר בָּנָיו בֵּין גִּזְרֵי יַם סוּף
אֶת רוֹדְפֵיהֶם וְאֶת שׂוֹנְאֵיהֶם בִּתְהוֹמוֹת טִבַּע
וְרָאוּ בָנָיו גְּבוּרָתוֹ, שִׁבְּחוּ וְהוֹדוּ לִשְׁמוֹ
וּמַלְכוּתוֹ בְּרָצוֹן קִבְּלוּ עֲלֵיהֶם

מֹשֶׁה וּבְנֵי יִשְׂרָאֵל לְךָ עָנוּ שִׁירָה בְּשִׂמְחָה רַבָּה
וְאָמְרוּ כֻלָּם

מִי כָמֹכָה בָּאֵלִם יי
מִי כָּמֹכָה נֶאְדָּר בַּקֹּדֶשׁ
נוֹרָא תְהִלֹּת עֹשֵׂה פֶלֶא.

מַלְכוּתְךָ רָאוּ בָנֶיךָ, בּוֹקֵעַ יָם לִפְנֵי מֹשֶׁה
זֶה אֵלִי עָנוּ וְאָמְרוּ

יי יִמְלֹךְ לְעֹלָם וָעֶד.

וְנֶאֱמַר, כִּי פָדָה יי אֶת יַעֲקֹב וּגְאָלוֹ מִיַּד חָזָק מִמֶּנּוּ.
בָּרוּךְ אַתָּה יי, גָּאַל יִשְׂרָאֵל.

הַשְׁכִּיבֵנוּ יי אֱלֹהֵינוּ לְשָׁלוֹם
וְהַעֲמִידֵנוּ מַלְכֵּנוּ לְחַיִּים טוֹבִים וּלְשָׁלוֹם
וּפְרֹשׂ עָלֵינוּ סֻכַּת שְׁלוֹמֶךָ, וְתַקְּנֵנוּ בְּעֵצָה טוֹבָה מִלְּפָנֶיךָ
וְהוֹשִׁיעֵנוּ מְהֵרָה לְמַעַן שְׁמֶךָ.
וְהָגֵן בַּעֲדֵנוּ וְהָסֵר מֵעָלֵינוּ אוֹיֵב, דֶּבֶר וְחֶרֶב וְרָעָב וְיָגוֹן
וְהָסֵר שָׂטָן מִלְּפָנֵינוּ וּמֵאַחֲרֵינוּ, וּבְצֵל כְּנָפֶיךָ תַּסְתִּירֵנוּ.
כִּי אֵל שׁוֹמְרֵנוּ וּמַצִּילֵנוּ אָתָּה
כִּי אֵל מֶלֶךְ חַנּוּן וְרַחוּם אָתָּה.
וּשְׁמֹר צֵאתֵנוּ וּבוֹאֵנוּ לְחַיִּים וּלְשָׁלוֹם מֵעַתָּה וְעַד עוֹלָם.
וּפְרֹשׂ עָלֵינוּ סֻכַּת רַחֲמִים וְחַיִּים וְשָׁלוֹם.
בָּרוּךְ אַתָּה יי
הַפּוֹרֵשׂ סֻכַּת שָׁלוֹם עָלֵינוּ וְעַל כָּל עַמּוֹ יִשְׂרָאֵל וְעַל יְרוּשָׁלָיִם.

בשבת:

וְשָׁמְרוּ בְנֵי־יִשְׂרָאֵל אֶת־הַשַּׁבָּת לַעֲשׂוֹת אֶת־הַשַּׁבָּת לְדֹרֹתָם
בְּרִית עוֹלָם: בֵּינִי וּבֵין בְּנֵי יִשְׂרָאֵל אוֹת הִוא לְעֹלָם כִּי־שֵׁשֶׁת
יָמִים עָשָׂה יהוה אֶת־הַשָּׁמַיִם וְאֶת־הָאָרֶץ וּבַיּוֹם הַשְּׁבִיעִי
שָׁבַת וַיִּנָּפַשׁ:

תִּקְעוּ בַחֹדֶשׁ שׁוֹפָר בַּכֶּסֶה לְיוֹם חַגֵּנוּ
כִּי חֹק לְיִשְׂרָאֵל הוּא מִשְׁפָּט לֵאלֹהֵי יַעֲקֹב:

הש״ץ אומר:

יִתְגַּדַּל וְיִתְקַדַּשׁ שְׁמֵהּ רַבָּא, בְּעָלְמָא דִּי בְרָא כִרְעוּתֵהּ
וְיַמְלִיךְ מַלְכוּתֵהּ וְיַצְמַח פֻּרְקָנֵהּ וִיקָרֵב מְשִׁיחֵהּ
בְּחַיֵּיכוֹן וּבְיוֹמֵיכוֹן וּבְחַיֵּי דְכָל בֵּית יִשְׂרָאֵל
בַּעֲגָלָא וּבִזְמַן קָרִיב
וְאִמְרוּ אָמֵן.
יְהֵא שְׁמֵהּ רַבָּא מְבָרַךְ לְעָלַם וּלְעָלְמֵי עָלְמַיָּא.
יִתְבָּרַךְ וְיִשְׁתַּבַּח וְיִתְפָּאַר וְיִתְרוֹמַם וְיִתְנַשֵּׂא
וְיִתְהַדָּר וְיִתְעַלֶּה וְיִתְהַלָּל שְׁמֵהּ דְּקֻדְשָׁא בְּרִיךְ הוּא
לְעֵלָּא לְעֵלָּא מִכָּל בִּרְכָתָא וְשִׁירָתָא
תֻּשְׁבְּחָתָא וְנֶחֱמָתָא דַּאֲמִירָן בְּעָלְמָא
וְאִמְרוּ אָמֵן.

אֲדֹנָי, שְׂפָתַי תִּפְתָּח וּפִי יַגִּיד תְּהִלָּתֶךָ

בָּרוּךְ אַתָּה יי, אֱלֹהֵינוּ וֵאלֹהֵי אֲבוֹתֵינוּ
אֱלֹהֵי אַבְרָהָם, אֱלֹהֵי יִצְחָק, וֵאלֹהֵי יַעֲקֹב
הָאֵל הַגָּדוֹל הַגִּבּוֹר וְהַנּוֹרָא, אֵל עֶלְיוֹן
גּוֹמֵל חֲסָדִים טוֹבִים, קוֹנֵה הַכֹּל
וְזוֹכֵר חַסְדֵי אָבוֹת וּמֵבִיא גוֹאֵל לִבְנֵי בְנֵיהֶם
לְמַעַן שְׁמוֹ בְּאַהֲבָה.
זָכְרֵנוּ לְחַיִּים, מֶלֶךְ חָפֵץ בַּחַיִּים
וְכָתְבֵנוּ בְּסֵפֶר הַחַיִּים, לְמַעַנְךָ אֱלֹהִים חַיִּים.
מֶלֶךְ עוֹזֵר וּמוֹשִׁיעַ וּמָגֵן.
בָּרוּךְ אַתָּה יי, מָגֵן אַבְרָהָם.

אַתָּה גִּבּוֹר לְעוֹלָם אֲדֹנָי
מְחַיֵּה מֵתִים אַתָּה, רַב לְהוֹשִׁיעַ
מוֹרִיד הַטָּל.
מְכַלְכֵּל חַיִּים בְּחֶסֶד
מְחַיֵּה מֵתִים בְּרַחֲמִים רַבִּים
סוֹמֵךְ נוֹפְלִים, וְרוֹפֵא חוֹלִים
וּמַתִּיר אֲסוּרִים, וּמְקַיֵּם אֱמוּנָתוֹ לִישֵׁנֵי עָפָר.

מִי כָמוֹךָ בַּעַל גְּבוּרוֹת וּמִי דּוֹמֶה לָּךְ
מֶלֶךְ מֵמִית וּמְחַיֶּה וּמַצְמִיחַ יְשׁוּעָה.
מִי כָמוֹךָ אָב הָרַחֲמָן, זוֹכֵר יְצוּרָיו לְחַיִּים בְּרַחֲמִים.
וְנֶאֱמָן אַתָּה לְהַחֲיוֹת מֵתִים.
בָּרוּךְ אַתָּה יי, מְחַיֵּה הַמֵּתִים.

אַתָּה קָדוֹשׁ וְשִׁמְךָ קָדוֹשׁ
וּקְדוֹשִׁים בְּכָל יוֹם יְהַלְלוּךָ סֶּלָה
כִּי אֵל מֶלֶךְ גָּדוֹל וְקָדוֹשׁ אָתָּה.

לְדוֹר וָדוֹר הַמְלִיכוּ לָאֵל
כִּי הוּא לְבַדּוֹ מָרוֹם וְקָדוֹשׁ.

וּבְכֵן יִתְקַדַּשׁ שִׁמְךָ יי אֱלֹהֵינוּ עַל יִשְׂרָאֵל עַמֶּךָ
וְעַל יְרוּשָׁלַיִם עִירֶךָ, וְעַל צִיּוֹן מִשְׁכַּן כְּבוֹדֶךָ
וְעַל מַלְכוּת בֵּית דָּוִד מְשִׁיחֶךָ, וְעַל מְכוֹנְךָ וְהֵיכָלֶךָ.

וּבְכֵן תֵּן פַּחְדְּךָ יי אֱלֹהֵינוּ עַל כָּל מַעֲשֶׂיךָ
וְאֵימָתְךָ עַל כָּל מַה שֶּׁבָּרָאתָ
וְיִירָאוּךָ כָּל הַמַּעֲשִׂים, וְיִשְׁתַּחֲווּ לְפָנֶיךָ כָּל הַבְּרוּאִים
וְיֵעָשׂוּ כֻלָּם אֲגֻדָּה אַחַת לַעֲשׂוֹת רְצוֹנְךָ בְּלֵבָב שָׁלֵם
כְּמוֹ שֶׁיָּדַעְנוּ יי אֱלֹהֵינוּ שֶׁהַשִּׁלְטָן לְפָנֶיךָ
עֹז בְּיָדְךָ וּגְבוּרָה בִּימִינֶךָ
וְשִׁמְךָ נוֹרָא עַל כָּל מַה שֶּׁבָּרָאתָ.

וּבְכֵן תֵּן כָּבוֹד יי לְעַמֶּךָ
תְּהִלָּה לִירֵאֶיךָ וְתִקְוָה טוֹבָה לְדוֹרְשֶׁיךָ
וּפִתְחוֹן פֶּה לַמְיַחֲלִים לָךְ
שִׂמְחָה לְאַרְצֶךָ, וְשָׂשׂוֹן לְעִירֶךָ
וּצְמִיחַת קֶרֶן לְדָוִד עַבְדֶּךָ
וַעֲרִיכַת נֵר לְבֶן יִשַׁי מְשִׁיחֶךָ
בִּמְהֵרָה בְיָמֵינוּ.

וּבְכֵן צַדִּיקִים יִרְאוּ וְיִשְׂמָחוּ, וִישָׁרִים יַעֲלֹזוּ
וַחֲסִידִים בְּרִנָּה יָגִילוּ, וְעוֹלָתָה תִּקְפָּץ פִּיהָ
וְכָל הָרִשְׁעָה כֻּלָּהּ כְּעָשָׁן תִּכְלֶה
כִּי תַעֲבִיר מֶמְשֶׁלֶת זָדוֹן מִן הָאָרֶץ.

וְתִמְלֹךְ אַתָּה הוּא יי אֱלֹהֵינוּ
מְהֵרָה לְבַדֶּךָ עַל כָּל מַעֲשֶׂיךָ
בְּהַר צִיּוֹן מִשְׁכַּן כְּבוֹדֶךָ
וּבִירוּשָׁלַיִם עִיר קָדְשֶׁךָ
כַּכָּתוּב בְּדִבְרֵי קָדְשֶׁךָ
יִמְלֹךְ יי לְעוֹלָם, אֱלֹהַיִךְ צִיּוֹן לְדֹר וָדֹר, הַלְלוּיָהּ.

קָדוֹשׁ אַתָּה וְנוֹרָא שְׁמֶךָ, וְאֵין אֱלוֹהַּ מִבַּלְעָדֶיךָ
כַּכָּתוּב
וַיִּגְבַּהּ יי צְבָאוֹת בַּמִּשְׁפָּט
וְהָאֵל הַקָּדוֹשׁ נִקְדַּשׁ בִּצְדָקָה.
בָּרוּךְ אַתָּה יי, הַמֶּלֶךְ הַקָּדוֹשׁ.

אַתָּה בְחַרְתָּנוּ מִכָּל הָעַמִּים
אָהַבְתָּ אוֹתָנוּ וְרָצִיתָ בָּנוּ, וְרוֹמַמְתָּנוּ מִכָּל הַלְּשׁוֹנוֹת
וְקִדַּשְׁתָּנוּ בְּמִצְוֹתֶיךָ, וְקֵרַבְתָּנוּ מַלְכֵּנוּ לַעֲבוֹדָתֶךָ
וְשִׁמְךָ הַגָּדוֹל וְהַקָּדוֹשׁ עָלֵינוּ קָרָאתָ.

במוצאי שבת אומרים:

וַתּוֹדִיעֵנוּ יי אֱלֹהֵינוּ אֶת מִשְׁפְּטֵי צִדְקֶךָ, וַתְּלַמְּדֵנוּ לַעֲשׂוֹת חֻקֵּי רְצוֹנֶךָ
וַתִּתֶּן לָנוּ יי אֱלֹהֵינוּ מִשְׁפָּטִים יְשָׁרִים וְתוֹרוֹת אֱמֶת, חֻקִּים וּמִצְוֹת טוֹבִים
וַתַּנְחִילֵנוּ זְמַנֵּי שָׂשׂוֹן וּמוֹעֲדֵי קֹדֶשׁ וְחַגֵּי נְדָבָה
וַתּוֹרִישֵׁנוּ קְדֻשַּׁת שַׁבָּת, וּכְבוֹד מוֹעֵד וַחֲגִיגַת הָרֶגֶל.
וַתַּבְדֵּל יי אֱלֹהֵינוּ בֵּין קֹדֶשׁ לְחוֹל, בֵּין אוֹר לְחֹשֶׁךְ
בֵּין יִשְׂרָאֵל לָעַמִּים, בֵּין יוֹם הַשְּׁבִיעִי לְשֵׁשֶׁת יְמֵי הַמַּעֲשֶׂה.
בֵּין קְדֻשַּׁת שַׁבָּת לִקְדֻשַּׁת יוֹם טוֹב הִבְדַּלְתָּ
וְאֶת יוֹם הַשְּׁבִיעִי מִשֵּׁשֶׁת יְמֵי הַמַּעֲשֶׂה קִדַּשְׁתָּ
הִבְדַּלְתָּ וְקִדַּשְׁתָּ אֶת עַמְּךָ יִשְׂרָאֵל בִּקְדֻשָּׁתֶךָ.

וַתִּתֶּן לָנוּ יי אֱלֹהֵינוּ בְּאַהֲבָה אֶת יוֹם /בשבת: הַשַּׁבָּת הַזֶּה וְאֶת יוֹם/
הַזִּכָּרוֹן הַזֶּה, יוֹם /בשבת: זִכְרוֹן/
תְּרוּעָה /בשבת: בְּאַהֲבָה/
מִקְרָא קֹדֶשׁ, זֵכֶר לִיצִיאַת מִצְרָיִם.

אֱלֹהֵינוּ וֵאלֹהֵי אֲבוֹתֵינוּ
יַעֲלֶה וְיָבוֹא וְיַגִּיעַ, וְיֵרָאֶה וְיֵרָצֶה וְיִשָּׁמַע
וְיִפָּקֵד וְיִזָּכֵר זִכְרוֹנֵנוּ וּפִקְדוֹנֵנוּ וְזִכְרוֹן אֲבוֹתֵינוּ
וְזִכְרוֹן מָשִׁיחַ בֶּן דָּוִד עַבְדֶּךָ, וְזִכְרוֹן יְרוּשָׁלַיִם עִיר קָדְשֶׁךָ
וְזִכְרוֹן כָּל עַמְּךָ בֵּית יִשְׂרָאֵל, לְפָנֶיךָ

לִפְלֵיטָה לְטוֹבָה, לְחֵן וּלְחֶסֶד וּלְרַחֲמִים, לְחַיִּים וּלְשָׁלוֹם
בְּיוֹם הַזִּכָּרוֹן הַזֶּה.
זָכְרֵנוּ יי אֱלֹהֵינוּ בּוֹ לְטוֹבָה, וּפָקְדֵנוּ בוֹ לִבְרָכָה
וְהוֹשִׁיעֵנוּ בוֹ לְחַיִּים טוֹבִים.
וּבִדְבַר יְשׁוּעָה וְרַחֲמִים
חוּס וְחָנֵּנוּ וְרַחֵם עָלֵינוּ וְהוֹשִׁיעֵנוּ, כִּי אֵלֶיךָ עֵינֵינוּ
כִּי אֵל מֶלֶךְ חַנּוּן וְרַחוּם אָתָּה.

אֱלֹהֵינוּ וֵאלֹהֵי אֲבוֹתֵינוּ
מְלֹךְ עַל כָּל הָעוֹלָם כֻּלּוֹ בִּכְבוֹדֶךָ
וְהִנָּשֵׂא עַל כָּל הָאָרֶץ בִּיקָרֶךָ
וְהוֹפַע בַּהֲדַר גְּאוֹן עֻזֶּךָ עַל כָּל יוֹשְׁבֵי תֵבֵל אַרְצֶךָ.
וְיֵדַע כָּל פָּעוּל כִּי אַתָּה פְעַלְתּוֹ, וְיָבִין כָּל יָצוּר כִּי אַתָּה יְצַרְתּוֹ
וְיֹאמַר כֹּל אֲשֶׁר נְשָׁמָה בְאַפּוֹ
יי אֱלֹהֵי יִשְׂרָאֵל מֶלֶךְ וּמַלְכוּתוֹ בַּכֹּל מָשָׁלָה.

בשבת: אֱלֹהֵינוּ וֵאלֹהֵי אֲבוֹתֵינוּ, רְצֵה נָא בִמְנוּחָתֵנוּ

קַדְּשֵׁנוּ בְּמִצְוֹתֶיךָ וְתֵן חֶלְקֵנוּ בְּתוֹרָתֶךָ
שַׂבְּעֵנוּ מִטּוּבֶךָ וְשַׂמַּח נַפְשֵׁנוּ בִּישׁוּעָתֶךָ

בשבת: וְהַנְחִילֵנוּ יי אֱלֹהֵינוּ בְּאַהֲבָה וּבְרָצוֹן שַׁבַּת קָדְשֶׁךָ
וְיָנוּחוּ בָהּ כָּל יִשְׂרָאֵל מְקַדְּשֵׁי שְׁמֶךָ

וְטַהֵר לִבֵּנוּ לְעָבְדְּךָ בֶּאֱמֶת
כִּי אַתָּה אֱלֹהִים אֱמֶת וּדְבָרְךָ אֱמֶת וְקַיָּם לָעַד.
בָּרוּךְ אַתָּה יי, מֶלֶךְ עַל כָּל הָאָרֶץ
מְקַדֵּשׁ /בשבת: הַשַּׁבָּת וְ/ יִשְׂרָאֵל וְיוֹם הַזִּכָּרוֹן.

רְצֵה יי אֱלֹהֵינוּ בְּעַמְּךָ יִשְׂרָאֵל וְלִתְפִלָּתָם שְׁעֵה
וְהָשֵׁב אֶת הָעֲבוֹדָה לִדְבִיר בֵּיתֶךָ
וְאִשֵּׁי יִשְׂרָאֵל וּתְפִלָּתָם מְהֵרָה בְּאַהֲבָה תְקַבֵּל בְּרָצוֹן
וּתְהִי לְרָצוֹן תָּמִיד עֲבוֹדַת יִשְׂרָאֵל עַמֶּךָ.
וְתֶחֱזֶינָה עֵינֵינוּ בְּשׁוּבְךָ לְצִיּוֹן בְּרַחֲמִים.
בָּרוּךְ אַתָּה יי, הַמַּחֲזִיר שְׁכִינָתוֹ לְצִיּוֹן.

מוֹדִים אֲנַחְנוּ לָךְ
שָׁאַתָּה הוּא יי אֱלֹהֵינוּ וֵאלֹהֵי אֲבוֹתֵינוּ לְעוֹלָם וָעֶד
צוּר חַיֵּינוּ, מָגֵן יִשְׁעֵנוּ אַתָּה הוּא לְדוֹר וָדוֹר.
נוֹדֶה לְּךָ וּנְסַפֵּר תְּהִלָּתֶךָ עַל חַיֵּינוּ הַמְּסוּרִים בְּיָדֶךָ
וְעַל נִשְׁמוֹתֵינוּ הַפְּקוּדוֹת לָךְ
וְעַל נִסֶּיךָ שֶׁבְּכָל יוֹם עִמָּנוּ
וְעַל נִפְלְאוֹתֶיךָ וְטוֹבוֹתֶיךָ שֶׁבְּכָל עֵת, עֶרֶב וָבֹקֶר וְצָהֳרָיִם.
הַטּוֹב כִּי לֹא כָלוּ רַחֲמֶיךָ, וְהַמְרַחֵם כִּי לֹא תַמּוּ חֲסָדֶיךָ
כִּי מֵעוֹלָם קִוִּינוּ לָךְ.
וְעַל כֻּלָּם יִתְבָּרַךְ וְיִתְרוֹמַם וְיִתְנַשֵּׂא שִׁמְךָ מַלְכֵּנוּ
תָּמִיד לְעוֹלָם וָעֶד.
וּכְתֹב לְחַיִּים טוֹבִים כָּל בְּנֵי בְרִיתֶךָ.
וְכֹל הַחַיִּים יוֹדוּךָ סֶּלָה
וִיהַלְלוּ וִיבָרְכוּ אֶת שִׁמְךָ הַגָּדוֹל בֶּאֱמֶת לְעוֹלָם כִּי טוֹב
הָאֵל יְשׁוּעָתֵנוּ וְעֶזְרָתֵנוּ סֶלָה, הָאֵל הַטּוֹב.
בָּרוּךְ אַתָּה יי, הַטּוֹב שִׁמְךָ וּלְךָ נָאֶה לְהוֹדוֹת.

שָׁלוֹם רָב עַל יִשְׂרָאֵל עַמְּךָ תָּשִׂים לְעוֹלָם
כִּי אַתָּה הוּא מֶלֶךְ אָדוֹן לְכָל הַשָּׁלוֹם.
וְטוֹב יִהְיֶה בְעֵינֶיךָ לְבָרְכֵנוּ וּלְבָרֵךְ אֶת כָּל עַמְּךָ יִשְׂרָאֵל
בְּכָל עֵת וּבְכָל שָׁעָה בִּשְׁלוֹמֶךָ.
בְּסֵפֶר חַיִּים, בְּרָכָה וְשָׁלוֹם, וּפַרְנָסָה טוֹבָה
וּגְזֵרוֹת טוֹבוֹת, יְשׁוּעוֹת וְנֶחָמוֹת, נִזָּכֵר וְנִכָּתֵב לְפָנֶיךָ
אֲנַחְנוּ וְכָל עַמְּךָ בֵּית יִשְׂרָאֵל, לְחַיִּים טוֹבִים וּלְשָׁלוֹם.
בָּרוּךְ אַתָּה יי, הַמְבָרֵךְ אֶת עַמּוֹ יִשְׂרָאֵל בַּשָּׁלוֹם.

יִהְיוּ לְרָצוֹן אִמְרֵי פִי וְהֶגְיוֹן לִבִּי לְפָנֶיךָ, יי צוּרִי וְגוֹאֲלִי.

אֱלֹהַי, נְצֹר לְשׁוֹנִי מֵרָע וּשְׂפָתַי מִדַּבֵּר מִרְמָה, וְלִמְקַלְלַי נַפְשִׁי תִדֹּם, וְנַפְשִׁי כֶּעָפָר לַכֹּל תִּהְיֶה. פְּתַח לִבִּי בְּתוֹרָתֶךָ, וְאַחֲרֵי מִצְוֹתֶיךָ תִּרְדֹּף נַפְשִׁי. וְכָל הַקָּמִים וְהַחוֹשְׁבִים עָלַי רָעָה, מְהֵרָה הָפֵר עֲצָתָם וְקַלְקֵל מַחֲשַׁבְתָּם.
יְהִי רָצוֹן מִלְּפָנֶיךָ יי אֱלֹהַי וֵאלֹהֵי אֲבוֹתַי, שֶׁלֹּא תַעֲלֶה קִנְאַת אָדָם עָלַי וְלֹא קִנְאָתִי עַל אֲחֵרִים, וְשֶׁלֹּא אֶכְעוֹס הַיּוֹם וְשֶׁלֹּא אַכְעִיסֶךָ, וְתַצִּילֵנִי מִיֵּצֶר הָרָע, וְתֵן בְּלִבִּי הַכְנָעָה וַעֲנָוָה. מַלְכֵּנוּ וֵאלֹהֵינוּ יַחֵד שִׁמְךָ בְּעוֹלָמֶךָ, בְּנֵה עִירֶךָ, יַסֵּד בֵּיתֶךָ וְשַׁכְלֵל הֵיכָלֶךָ, וְקַבֵּץ קִבּוּץ גָּלֻיּוֹת, וּפְדֵה צֹאנֶךָ וְשַׂמַּח עֲדָתֶךָ.

עֲשֵׂה לְמַעַן שְׁמֶךָ, עֲשֵׂה לְמַעַן יְמִינֶךָ, עֲשֵׂה לְמַעַן תּוֹרָתֶךָ, עֲשֵׂה לְמַעַן קְדֻשָּׁתֶךָ. לְמַעַן יֵחָלְצוּן יְדִידֶיךָ הוֹשִׁיעָה יְמִינְךָ וַעֲנֵנִי. יִהְיוּ לְרָצוֹן אִמְרֵי פִי וְהֶגְיוֹן לִבִּי לְפָנֶיךָ, יי צוּרִי וְגוֹאֲלִי. עֹשֶׂה הַשָּׁלוֹם בִּמְרוֹמָיו, הוּא יַעֲשֶׂה שָׁלוֹם עָלֵינוּ וְעַל כָּל יִשְׂרָאֵל, וְאִמְרוּ אָמֵן.

יְהִי רָצוֹן מִלְּפָנֶיךָ יי אֱלֹהֵינוּ וֵאלֹהֵי אֲבוֹתֵינוּ, שֶׁיִּבָּנֶה בֵּית הַמִּקְדָּשׁ בִּמְהֵרָה בְיָמֵינוּ, וְתֵן חֶלְקֵנוּ בְּתוֹרָתֶךָ. וְשָׁם נַעֲבָדְךָ בְּיִרְאָה כִּימֵי עוֹלָם וּכְשָׁנִים קַדְמֹנִיּוֹת. וְעָרְבָה לַיי מִנְחַת יְהוּדָה וִירוּשָׁלָיִם כִּימֵי עוֹלָם וּכְשָׁנִים קַדְמֹנִיּוֹת.

כשחל ראש השנה בשבת ממשיכים "ויכולו" (בעמוד ממול)
ואם אינו חל בשבת ממשיכים "לדוד מזמור" (עמוד 42).

כשחל ראש השנה בשבת אומרים:

וַיְכֻלּוּ הַשָּׁמַיִם וְהָאָרֶץ וְכָל־צְבָאָם:
וַיְכַל אֱלֹהִים בַּיּוֹם הַשְּׁבִיעִי מְלַאכְתּוֹ אֲשֶׁר עָשָׂה
וַיִּשְׁבֹּת בַּיּוֹם הַשְּׁבִיעִי מִכָּל־מְלַאכְתּוֹ אֲשֶׁר עָשָׂה:
וַיְבָרֶךְ אֱלֹהִים אֶת־יוֹם הַשְּׁבִיעִי וַיְקַדֵּשׁ אֹתוֹ
כִּי בוֹ שָׁבַת מִכָּל־מְלַאכְתּוֹ אֲשֶׁר־בָּרָא אֱלֹהִים לַעֲשׂוֹת:

שליח הציבור:

בָּרוּךְ אַתָּה יי, אֱלֹהֵינוּ וֵאלֹהֵי אֲבוֹתֵינוּ, אֱלֹהֵי אַבְרָהָם, אֱלֹהֵי יִצְחָק, וֵאלֹהֵי יַעֲקֹב, הָאֵל הַגָּדוֹל הַגִּבּוֹר וְהַנּוֹרָא, אֵל עֶלְיוֹן, קוֹנֵה שָׁמַיִם וָאָרֶץ.

שליח הציבור והקהל:

מָגֵן אָבוֹת בִּדְבָרוֹ, מְחַיֵּה מֵתִים בְּמַאֲמָרוֹ
הַמֶּלֶךְ הַקָּדוֹשׁ שֶׁאֵין כָּמוֹהוּ
הַמֵּנִיחַ לְעַמּוֹ בְּיוֹם שַׁבַּת קָדְשׁוֹ
כִּי בָם רָצָה לְהָנִיחַ לָהֶם
לְפָנָיו נַעֲבֹד בְּיִרְאָה וָפַחַד
וְנוֹדֶה לִשְׁמוֹ בְּכָל יוֹם תָּמִיד מֵעֵין הַבְּרָכוֹת
אֵל הַהוֹדָאוֹת, אֲדוֹן הַשָּׁלוֹם
מְקַדֵּשׁ הַשַּׁבָּת וּמְבָרֵךְ שְׁבִיעִי
וּמֵנִיחַ בִּקְדֻשָּׁה לְעַם מְדֻשְּׁנֵי עֹנֶג
זֵכֶר לְמַעֲשֵׂה בְרֵאשִׁית.

שליח הציבור ממשיך:

אֱלֹהֵינוּ וֵאלֹהֵי אֲבוֹתֵינוּ, רְצֵה נָא בִמְנוּחָתֵנוּ. קַדְּשֵׁנוּ בְּמִצְוֹתֶיךָ וְתֵן חֶלְקֵנוּ בְּתוֹרָתֶךָ, שַׂבְּעֵנוּ מִטּוּבֶךָ וְשַׂמַּח נַפְשֵׁנוּ בִּישׁוּעָתֶךָ, וְטַהֵר לִבֵּנוּ לְעָבְדְּךָ בֶּאֱמֶת. וְהַנְחִילֵנוּ יי אֱלֹהֵינוּ בְּאַהֲבָה וּבְרָצוֹן שַׁבַּת קָדְשֶׁךָ, וְיָנוּחוּ בָהּ כָּל יִשְׂרָאֵל מְקַדְּשֵׁי שְׁמֶךָ. בָּרוּךְ אַתָּה יי, מְקַדֵּשׁ הַשַּׁבָּת.

לדוד מזמור ליהוה הארץ ומלואה תבל וישבי בה:
כי־הוא על ימים יסדה ועל־נהרות יכוננה:
מי־יעלה בהר־יהוה ומי־יקום במקום קדשו:
נקי כפים ובר־לבב אשר לא־נשא לשוא נפשי ולא נשבע למרמה:
ישא ברכה מאת יהוה וצדקה מאלהי ישעו:
זה דור דרשו מבקשי פניך יעקב סלה:
שאו שערים ראשיכם והנשאו פתחי עולם ויבא מלך הכבוד:
מי זה מלך הכבוד יהוה עזוז וגבור יהוה גבור מלחמה:
שאו שערים ראשיכם ושאו פתחי עולם ויבא מלך הכבוד:
מי הוא זה מלך הכבוד יהוה צבאות הוא מלך הכבוד סלה:

קדיש שלם:

יתגדל ויתקדש שמה רבא, בעלמא די ברא כרעותה, וימליך מלכותה ויצמח פרקנה ויקרב משיחה, בחייכון וביומיכון ובחיי דכל בית ישראל, בעגלא ובזמן קריב, ואמרו אמן. יהא שמה רבא מברך לעלם ולעלמי עלמיא. יתברך וישתבח ויתפאר ויתרומם ויתנשא, ויתהדר ויתעלה ויתהלל שמה דקדשא בריך הוא, לעלא לעלא מכל ברכתא ושירתא, תשבחתא ונחמתא דאמירן בעלמא, ואמרו אמן. תתקבל צלותהון ובעותהון דכל בית ישראל, קדם אבוהון די בשמיא, ואמרו אמן. יהא שלמא רבא מן שמיא, וחיים טובים עלינו ועל כל ישראל, ואמרו אמן. עשה השלום במרומיו, הוא יעשה שלום עלינו ועל כל ישראל, ואמרו אמן.

עלינו לשבח לאדון הכל, לתת גדלה ליוצר בראשית
שלא עשנו כגויי הארצות, ולא שמנו כמשפחות האדמה
שלא שם חלקנו כהם וגורלנו ככל המונם.
שהם משתחוים להבל וריק ומתפללים אל אל לא יושיע.
ואנחנו כורעים ומשתחוים ומודים לפני מלך מלכי המלכים
הקדוש ברוך הוא, שהוא נוטה שמים ויוסד ארץ

וּמוֹשַׁב יְקָרוֹ בַּשָּׁמַיִם מִמַּעַל, וּשְׁכִינַת עֻזּוֹ בְּגָבְהֵי מְרוֹמִים.
הוּא אֱלֹהֵינוּ, אֵין עוֹד.
אֱמֶת מַלְכֵּנוּ, אֶפֶס זוּלָתוֹ, כַּכָּתוּב בְּתוֹרָתוֹ
וְיָדַעְתָּ הַיּוֹם וַהֲשֵׁבֹתָ אֶל לְבָבֶךָ
כִּי יי הוּא הָאֱלֹהִים בַּשָּׁמַיִם מִמַּעַל וְעַל הָאָרֶץ מִתָּחַת, אֵין עוֹד.
וְעַל כֵּן נְקַוֶּה לְךָ יי אֱלֹהֵינוּ, לִרְאוֹת מְהֵרָה בְּתִפְאֶרֶת עֻזֶּךָ
לְהַעֲבִיר גִּלּוּלִים מִן הָאָרֶץ, וְהָאֱלִילִים כָּרוֹת יִכָּרֵתוּן
לְתַקֵּן עוֹלָם בְּמַלְכוּת שַׁדַּי.
וְכָל בְּנֵי בָשָׂר יִקְרְאוּ בִשְׁמֶךָ לְהַפְנוֹת אֵלֶיךָ כָּל רִשְׁעֵי אָרֶץ.
יַכִּירוּ וְיֵדְעוּ כָּל יוֹשְׁבֵי תֵבֵל, כִּי לְךָ תִּכְרַע כָּל בֶּרֶךְ, תִּשָּׁבַע כָּל לָשׁוֹן.
לְפָנֶיךָ יי אֱלֹהֵינוּ יִכְרְעוּ וְיִפֹּלוּ, וְלִכְבוֹד שִׁמְךָ יְקָר יִתֵּנוּ
וִיקַבְּלוּ כֻלָּם אֶת עֹל מַלְכוּתֶךָ, וְתִמְלֹךְ עֲלֵיהֶם מְהֵרָה לְעוֹלָם וָעֶד.
כִּי הַמַּלְכוּת שֶׁלְּךָ הִיא וּלְעוֹלְמֵי עַד תִּמְלֹךְ בְּכָבוֹד
כַּכָּתוּב בְּתוֹרָתֶךָ, יי יִמְלֹךְ לְעֹלָם וָעֶד.
וְנֶאֱמַר, וְהָיָה יי לְמֶלֶךְ עַל כָּל הָאָרֶץ, בַּיּוֹם הַהוּא יִהְיֶה יי אֶחָד וּשְׁמוֹ אֶחָד.

קדיש יתום:

יִתְגַּדַּל וְיִתְקַדַּשׁ שְׁמֵהּ רַבָּא
בְּעָלְמָא דִּי בְרָא כִרְעוּתֵהּ
וְיַמְלִיךְ מַלְכוּתֵהּ וְיַצְמַח פֻּרְקָנֵהּ
וִיקָרֵב מְשִׁיחֵהּ
בְּחַיֵּיכוֹן וּבְיוֹמֵיכוֹן וּבְחַיֵּי דְכָל בֵּית יִשְׂרָאֵל
בַּעֲגָלָא וּבִזְמַן קָרִיב
וְאִמְרוּ אָמֵן.
יְהֵא שְׁמֵהּ רַבָּא מְבָרַךְ לְעָלַם וּלְעָלְמֵי עָלְמַיָּא.
יִתְבָּרַךְ וְיִשְׁתַּבַּח וְיִתְפָּאַר וְיִתְרוֹמַם וְיִתְנַשֵּׂא
וְיִתְהַדַּר וְיִתְעַלֶּה וְיִתְהַלַּל שְׁמֵהּ דְּקֻדְשָׁא
בְּרִיךְ הוּא

לְעֵלָּא לְעֵלָּא מִכָּל בִּרְכָתָא וְשִׁירָתָא
תֻּשְׁבְּחָתָא וְנֶחֱמָתָא
דַּאֲמִירָן בְּעָלְמָא
וְאִמְרוּ אָמֵן.
יְהֵא שְׁלָמָא רַבָּא מִן שְׁמַיָּא
וְחַיִּים טוֹבִים עָלֵינוּ וְעַל כָּל יִשְׂרָאֵל
וְאִמְרוּ אָמֵן.
עֹשֶׂה הַשָּׁלוֹם בִּמְרוֹמָיו
הוּא יַעֲשֶׂה שָׁלוֹם עָלֵינוּ
וְעַל כָּל יִשְׂרָאֵל
וְאִמְרוּ אָמֵן.

אֲדוֹן עוֹלָם

אֲשֶׁר מָלַךְ בְּטֶרֶם כָּל יְצִיר נִבְרָא.
לְעֵת נַעֲשָׂה בְחֶפְצוֹ כֹּל אֲזַי מֶלֶךְ שְׁמוֹ נִקְרָא.
וְאַחֲרֵי כִּכְלוֹת הַכֹּל לְבַדּוֹ יִמְלֹךְ נוֹרָא.
וְהוּא הָיָה וְהוּא הֹוֶה וְהוּא יִהְיֶה בְּתִפְאָרָה.
וְהוּא אֶחָד וְאֵין שֵׁנִי לְהַמְשִׁיל לוֹ לְהַחְבִּירָה.
בְּלִי רֵאשִׁית בְּלִי תַכְלִית וְלוֹ הָעֹז וְהַמִּשְׂרָה.
וְהוּא אֵלִי וְחַי גֹּאֲלִי וְצוּר חֶבְלִי בְּעֵת צָרָה.
וְהוּא נִסִּי וּמָנוֹס לִי מְנָת כּוֹסִי בְּיוֹם אֶקְרָא.
בְּיָדוֹ אַפְקִיד רוּחִי בְּעֵת אִישַׁן וְאָעִירָה.
וְעִם רוּחִי גְּוִיָּתִי יי לִי וְלֹא אִירָא.

בליל ראש השנה נוהגים לברך:

לזכר: לְשָׁנָה טוֹבָה תִּכָּתֵב וְתֵחָתֵם.
לנקבה: לְשָׁנָה טוֹבָה תִּכָּתְבִי וְתֵחָתֵמִי.
לזכרים: לְשָׁנָה טוֹבָה תִּכָּתְבוּ וְתֵחָתֵמוּ.
לנקבות: לְשָׁנָה טוֹבָה תִּכָּתַבְנָה וְתֵחָתַמְנָה.

בשבת: (בלחש) וַיְהִי־עֶרֶב וַיְהִי־בֹקֶר

יוֹם הַשִּׁשִּׁי: וַיְכֻלּוּ הַשָּׁמַיִם וְהָאָרֶץ וְכָל־צְבָאָם: וַיְכַל אֱלֹהִים בַּיּוֹם הַשְּׁבִיעִי מְלַאכְתּוֹ אֲשֶׁר עָשָׂה וַיִּשְׁבֹּת בַּיּוֹם הַשְּׁבִיעִי מִכָּל־מְלַאכְתּוֹ אֲשֶׁר עָשָׂה: וַיְבָרֶךְ אֱלֹהִים אֶת־יוֹם הַשְּׁבִיעִי וַיְקַדֵּשׁ אֹתוֹ כִּי בוֹ שָׁבַת מִכָּל־מְלַאכְתּוֹ אֲשֶׁר־בָּרָא אֱלֹהִים לַעֲשׂוֹת:

סַבְרִי מָרָנָן

בָּרוּךְ אַתָּה יי אֱלֹהֵינוּ מֶלֶךְ הָעוֹלָם, בּוֹרֵא פְּרִי הַגָּפֶן.

בָּרוּךְ אַתָּה יי אֱלֹהֵינוּ מֶלֶךְ הָעוֹלָם

אֲשֶׁר בָּחַר בָּנוּ מִכָּל עָם, וְרוֹמְמָנוּ מִכָּל לָשׁוֹן, וְקִדְּשָׁנוּ בְּמִצְוֹתָיו.

וַתִּתֶּן לָנוּ יי אֱלֹהֵינוּ בְּאַהֲבָה אֶת יוֹם /בשבת: הַשַּׁבָּת הַזֶּה וְאֶת יוֹם/

הַזִּכָּרוֹן הַזֶּה, יוֹם /בשבת: זִכְרוֹן/

תְּרוּעָה /בשבת: בְּאַהֲבָה/

מִקְרָא קֹדֶשׁ, זֵכֶר לִיצִיאַת מִצְרָיִם.

כִּי בָנוּ בָחַרְתָּ וְאוֹתָנוּ קִדַּשְׁתָּ מִכָּל הָעַמִּים, וּדְבָרְךָ אֱמֶת וְקַיָּם לָעַד.

בָּרוּךְ אַתָּה יי, מֶלֶךְ עַל כָּל הָאָרֶץ

מְקַדֵּשׁ /בשבת: הַשַּׁבָּת וְ/ יִשְׂרָאֵל וְיוֹם הַזִּכָּרוֹן.

כשחל ראש השנה במוצאי שבת מוסיפים:

בָּרוּךְ אַתָּה יי אֱלֹהֵינוּ מֶלֶךְ הָעוֹלָם, בּוֹרֵא מְאוֹרֵי הָאֵשׁ.

בָּרוּךְ אַתָּה יי אֱלֹהֵינוּ מֶלֶךְ הָעוֹלָם, הַמַּבְדִּיל בֵּין קֹדֶשׁ לְחוֹל, בֵּין אוֹר לְחֹשֶׁךְ, בֵּין יִשְׂרָאֵל לָעַמִּים, בֵּין יוֹם הַשְּׁבִיעִי לְשֵׁשֶׁת יְמֵי הַמַּעֲשֶׂה. בֵּין קְדֻשַּׁת שַׁבָּת לִקְדֻשַּׁת יוֹם טוֹב הִבְדַּלְתָּ, וְאֶת יוֹם הַשְּׁבִיעִי מִשֵּׁשֶׁת יְמֵי הַמַּעֲשֶׂה קִדַּשְׁתָּ, הִבְדַּלְתָּ וְקִדַּשְׁתָּ אֶת עַמְּךָ יִשְׂרָאֵל בִּקְדֻשָּׁתֶךָ. בָּרוּךְ אַתָּה יי, הַמַּבְדִּיל בֵּין קֹדֶשׁ לְקֹדֶשׁ.

בָּרוּךְ אַתָּה יי אֱלֹהֵינוּ מֶלֶךְ הָעוֹלָם, שֶׁהֶחֱיָנוּ וְקִיְּמָנוּ וְהִגִּיעָנוּ לַזְּמַן הַזֶּה.

בליל שני נוהגים להניח על השולחן פרי חדש, ובעת הקידוש מכוונים "שהחיינו" גם על הפרי החדש.

נוהגים לאכול תפוח טבול בדבש ומברכים:

בָּרוּךְ אַתָּה יי אֱלֹהֵינוּ מֶלֶךְ הָעוֹלָם, בּוֹרֵא פְּרִי הָעֵץ.

יְהִי רָצוֹן מִלְּפָנֶיךָ יי אֱלֹהֵינוּ וֵאלֹהֵי אֲבוֹתֵינוּ

שֶׁתְּחַדֵּשׁ עָלֵינוּ שָׁנָה טוֹבָה וּמְתוּקָה.

לפני שלובש טלית קטן מברך:

בָּרוּךְ אַתָּה יי אֱלֹהֵינוּ מֶלֶךְ הָעוֹלָם
אֲשֶׁר קִדְּשָׁנוּ בְּמִצְוֹתָיו וְצִוָּנוּ עַל מִצְוַת צִיצִית.

אחרי שלבש אומר:

יְהִי רָצוֹן מִלְּפָנֶיךָ, יי אֱלֹהַי וֵאלֹהֵי אֲבוֹתַי, שֶׁתְּהֵא חֲשׁוּבָה מִצְוַת צִיצִית לְפָנֶיךָ כְּאִלּוּ קִיַּמְתִּיהָ בְּכָל פְּרָטֶיהָ וְדִקְדּוּקֶיהָ וְכַוָּנוֹתֶיהָ, וְתַרְיַ״ג מִצְוֹת הַתְּלוּיוֹת בָּהּ, אָמֵן סֶלָה.

עטיפת טלית

בָּרְכִי נַפְשִׁי אֶת יי, יי אֱלֹהַי גָּדַלְתָּ מְאֹד, הוֹד וְהָדָר לָבָשְׁתָּ. עֹטֶה אוֹר כַּשַּׂלְמָה, נוֹטֶה שָׁמַיִם כַּיְרִיעָה.

לְשֵׁם יִחוּד קֻדְשָׁא בְּרִיךְ הוּא וּשְׁכִינְתֵּיהּ, בִּדְחִילוּ וּרְחִימוּ, לְיַחֵד שֵׁם י״ה בו״ה בְּיִחוּדָא שְׁלִים בְּשֵׁם כָּל יִשְׂרָאֵל.

הֲרֵינִי מִתְעַטֵּף בְּצִיצִית. כֵּן תִּתְעַטֵּף נִשְׁמָתִי וּרְמ״ח אֵבָרַי וּשְׁסָ״ה גִּידַי בְּאוֹר הַצִּיצִית הָעוֹלָה תַּרְיַ״ג. וּכְשֵׁם שֶׁאֲנִי מִתְכַּסֶּה בְּטַלִּית בָּעוֹלָם הַזֶּה, כָּךְ אֶזְכֶּה לַחֲלוּקָא דְרַבָּנָן וּלְטַלִּית נָאָה לָעוֹלָם הַבָּא בְּגַן עֵדֶן. וְעַל יְדֵי מִצְוַת צִיצִית תִּנָּצֵל נַפְשִׁי רוּחִי וְנִשְׁמָתִי וּתְפִלָּתִי מִן הַחִיצוֹנִים. וְהַטַּלִּית תִּפְרֹשׂ כְּנָפֶיהָ עֲלֵיהֶם וְתַצִּילֵם, כְּנֶשֶׁר יָעִיר קִנּוֹ עַל גּוֹזָלָיו יְרַחֵף. וּתְהֵא חֲשׁוּבָה מִצְוַת צִיצִית לִפְנֵי הַקָּדוֹשׁ בָּרוּךְ הוּא, כְּאִלּוּ קִיַּמְתִּיהָ בְּכָל פְּרָטֶיהָ וְדִקְדּוּקֶיהָ וְכַוָּנוֹתֶיהָ וְתַרְיַ״ג מִצְוֹת הַתְּלוּיוֹת בָּהּ, אָמֵן סֶלָה.

לפני העטיפה מברך:

בָּרוּךְ אַתָּה יי אֱלֹהֵינוּ מֶלֶךְ הָעוֹלָם
אֲשֶׁר קִדְּשָׁנוּ בְּמִצְוֹתָיו וְצִוָּנוּ לְהִתְעַטֵּף בַּצִּיצִית.

מתעטף בטלית ואומר:

מַה יָּקָר חַסְדְּךָ אֱלֹהִים וּבְנֵי אָדָם בְּצֵל כְּנָפֶיךָ יֶחֱסָיוּן.
יִרְוְיֻן מִדֶּשֶׁן בֵּיתֶךָ וְנַחַל עֲדָנֶיךָ תַשְׁקֵם.
כִּי עִמְּךָ מְקוֹר חַיִּים, בְּאוֹרְךָ נִרְאֶה אוֹר.
מְשֹׁךְ חַסְדְּךָ לְיֹדְעֶיךָ וְצִדְקָתְךָ לְיִשְׁרֵי לֵב.

אֲדוֹן עוֹלָם

אֲשֶׁר מָלַךְ בְּטֶרֶם כָּל יְצִיר נִבְרָא.

לְעֵת נַעֲשָׂה בְחֶפְצוֹ כֹּל אֲזַי מֶלֶךְ שְׁמוֹ נִקְרָא.

וְאַחֲרֵי כִּכְלוֹת הַכֹּל לְבַדּוֹ יִמְלֹךְ נוֹרָא.

וְהוּא הָיָה וְהוּא הֹוֶה וְהוּא יִהְיֶה בְּתִפְאָרָה.

וְהוּא אֶחָד וְאֵין שֵׁנִי לְהַמְשִׁיל לוֹ לְהַחְבִּירָה.

בְּלִי רֵאשִׁית בְּלִי תַכְלִית וְלוֹ הָעֹז וְהַמִּשְׂרָה.

וְהוּא אֵלִי וְחַי גֹּאֲלִי וְצוּר חֶבְלִי בְּעֵת צָרָה.

וְהוּא נִסִּי וּמָנוֹס לִי מְנָת כּוֹסִי בְּיוֹם אֶקְרָא.

בְּיָדוֹ אַפְקִיד רוּחִי בְּעֵת אִישַׁן וְאָעִירָה.

וְעִם רוּחִי גְּוִיָּתִי יי לִי וְלֹא אִירָא.

יִגְדַּל

אֱלֹהִים חַי וְיִשְׁתַּבַּח, נִמְצָא וְאֵין עֵת אֶל מְצִיאוּתוֹ.

אֶחָד וְאֵין יָחִיד כְּיִחוּדוֹ, נֶעְלָם וְגַם אֵין סוֹף לְאַחְדוּתוֹ.

אֵין לוֹ דְּמוּת הַגּוּף וְאֵינוֹ גוּף, לֹא נַעֲרֹךְ אֵלָיו קְדֻשָּׁתוֹ.

קַדְמוֹן לְכָל דָּבָר אֲשֶׁר נִבְרָא, רִאשׁוֹן וְאֵין רֵאשִׁית לְרֵאשִׁיתוֹ.

הִנּוֹ אֲדוֹן עוֹלָם, וְכָל נוֹצָר יוֹרֶה גְדֻלָּתוֹ וּמַלְכוּתוֹ.

שֶׁפַע נְבוּאָתוֹ נְתָנוֹ אֶל אַנְשֵׁי סְגֻלָּתוֹ וְתִפְאַרְתּוֹ.

לֹא קָם בְּיִשְׂרָאֵל כְּמֹשֶׁה עוֹד נָבִיא וּמַבִּיט אֶת תְּמוּנָתוֹ.

תּוֹרַת אֱמֶת נָתַן לְעַמּוֹ אֵל עַל יַד נְבִיאוֹ נֶאֱמַן בֵּיתוֹ.

לֹא יַחֲלִיף הָאֵל וְלֹא יָמִיר דָּתוֹ לְעוֹלָמִים לְזוּלָתוֹ.

צוֹפֶה וְיוֹדֵעַ סְתָרֵינוּ, מַבִּיט לְסוֹף דָּבָר בְּקַדְמָתוֹ.

גּוֹמֵל לְאִישׁ חֶסֶד כְּמִפְעָלוֹ, נוֹתֵן לְרָשָׁע רָע כְּרִשְׁעָתוֹ.

יִשְׁלַח לְקֵץ יָמִין מְשִׁיחֵנוּ לִפְדּוֹת מְחַכֵּי קֵץ יְשׁוּעָתוֹ.

מֵתִים יְחַיֶּה אֵל בְּרֹב חַסְדּוֹ, בָּרוּךְ עֲדֵי עַד שֵׁם תְּהִלָּתוֹ.

בָּרוּךְ אַתָּה יי אֱלֹהֵינוּ מֶלֶךְ הָעוֹלָם
אֲשֶׁר קִדְּשָׁנוּ בְּמִצְוֹתָיו וְצִוָּנוּ לַעֲסֹק בְּדִבְרֵי תוֹרָה.

וְהַעֲרֶב נָא יי אֱלֹהֵינוּ אֶת דִּבְרֵי תוֹרָתְךָ
בְּפִינוּ וּבְפִיּוֹת עַמְּךָ בֵּית יִשְׂרָאֵל
וְנִהְיֶה אֲנַחְנוּ וְצֶאֱצָאֵינוּ וְצֶאֱצָאֵי צֶאֱצָאֵינוּ
וְצֶאֱצָאֵי עַמְּךָ בֵּית יִשְׂרָאֵל
כֻּלָּנוּ יוֹדְעֵי שְׁמֶךָ וְלוֹמְדֵי תוֹרָתְךָ לִשְׁמָהּ.
בָּרוּךְ אַתָּה יי, הַמְלַמֵּד תּוֹרָה לְעַמּוֹ יִשְׂרָאֵל.

בָּרוּךְ אַתָּה יי אֱלֹהֵינוּ מֶלֶךְ הָעוֹלָם
אֲשֶׁר בָּחַר בָּנוּ מִכָּל הָעַמִּים וְנָתַן לָנוּ אֶת תּוֹרָתוֹ.
בָּרוּךְ אַתָּה יי, נוֹתֵן הַתּוֹרָה.

וַיְדַבֵּר יי אֶל מֹשֶׁה לֵּאמֹר. דַּבֵּר אֶל אַהֲרֹן וְאֶל בָּנָיו לֵאמֹר
כֹּה תְבָרְכוּ אֶת בְּנֵי יִשְׂרָאֵל, אָמוֹר לָהֶם
יְבָרֶכְךָ יי וְיִשְׁמְרֶךָ.
יָאֵר יי פָּנָיו אֵלֶיךָ וִיחֻנֶּךָּ.
יִשָּׂא יי פָּנָיו אֵלֶיךָ וְיָשֵׂם לְךָ שָׁלוֹם.
וְשָׂמוּ אֶת שְׁמִי עַל בְּנֵי יִשְׂרָאֵל וַאֲנִי אֲבָרְכֵם.

אֵלּוּ דְבָרִים שֶׁאֵין לָהֶם שִׁעוּר
הַפֵּאָה וְהַבִּכּוּרִים וְהָרֵאָיוֹן וּגְמִילוּת חֲסָדִים וְתַלְמוּד תּוֹרָה.
אֵלּוּ דְבָרִים שֶׁאָדָם אוֹכֵל פֵּרוֹתֵיהֶם בָּעוֹלָם הַזֶּה
וְהַקֶּרֶן קַיֶּמֶת לוֹ לָעוֹלָם הַבָּא. וְאֵלּוּ הֵן, כִּבּוּד אָב וָאֵם
וּגְמִילוּת חֲסָדִים וְהַשְׁכָּמַת בֵּית הַמִּדְרָשׁ שַׁחֲרִית וְעַרְבִית
וְהַכְנָסַת אוֹרְחִים, וּבִקּוּר חוֹלִים וְהַכְנָסַת כַּלָּה, וּלְוָיַת הַמֵּת
וְעִיּוּן תְּפִלָּה, וַהֲבָאַת שָׁלוֹם בֵּין אָדָם לַחֲבֵרוֹ וּבֵין אִישׁ לְאִשְׁתּוֹ
וְתַלְמוּד תּוֹרָה כְּנֶגֶד כֻּלָּם.

בָּרוּךְ אַתָּה יי אֱלֹהֵינוּ מֶלֶךְ הָעוֹלָם
אֲשֶׁר נָתַן לַשֶּׂכְוִי בִינָה לְהַבְחִין בֵּין יוֹם וּבֵין לָיְלָה.

בָּרוּךְ אַתָּה יי אֱלֹהֵינוּ מֶלֶךְ הָעוֹלָם
שֶׁלֹּא עָשַׂנִי גּוֹי.

בָּרוּךְ אַתָּה יי אֱלֹהֵינוּ מֶלֶךְ הָעוֹלָם
שֶׁלֹּא עָשַׂנִי עָבֶד.

בָּרוּךְ אַתָּה יי אֱלֹהֵינוּ מֶלֶךְ הָעוֹלָם
לאנשים שֶׁלֹּא עָשַׂנִי אִשָּׁה. /לנשים שֶׁעָשַׂנִי כִּרְצוֹנוֹ/.

בָּרוּךְ אַתָּה יי אֱלֹהֵינוּ מֶלֶךְ הָעוֹלָם
פּוֹקֵחַ עִוְרִים.

בָּרוּךְ אַתָּה יי אֱלֹהֵינוּ מֶלֶךְ הָעוֹלָם
מַלְבִּישׁ עֲרֻמִּים.

בָּרוּךְ אַתָּה יי אֱלֹהֵינוּ מֶלֶךְ הָעוֹלָם
מַתִּיר אֲסוּרִים.

בָּרוּךְ אַתָּה יי אֱלֹהֵינוּ מֶלֶךְ הָעוֹלָם
זוֹקֵף כְּפוּפִים.

בָּרוּךְ אַתָּה יי אֱלֹהֵינוּ מֶלֶךְ הָעוֹלָם
רוֹקַע הָאָרֶץ עַל הַמָּיִם.

בָּרוּךְ אַתָּה יי אֱלֹהֵינוּ מֶלֶךְ הָעוֹלָם
הַמֵּכִין מִצְעֲדֵי גָבֶר.

בָּרוּךְ אַתָּה יי אֱלֹהֵינוּ מֶלֶךְ הָעוֹלָם
שֶׁעָשָׂה לִי כָּל צָרְכִּי.

בָּרוּךְ אַתָּה יי אֱלֹהֵינוּ מֶלֶךְ הָעוֹלָם
אוֹזֵר יִשְׂרָאֵל בִּגְבוּרָה.

בָּרוּךְ אַתָּה יי אֱלֹהֵינוּ מֶלֶךְ הָעוֹלָם
עוֹטֵר יִשְׂרָאֵל בְּתִפְאָרָה.
בָּרוּךְ אַתָּה יי אֱלֹהֵינוּ מֶלֶךְ הָעוֹלָם
הַנּוֹתֵן לַיָּעֵף כֹּחַ.

בָּרוּךְ אַתָּה יי אֱלֹהֵינוּ מֶלֶךְ הָעוֹלָם, הַמַּעֲבִיר שֵׁנָה מֵעֵינַי וּתְנוּמָה מֵעַפְעַפָּי. וִיהִי רָצוֹן מִלְּפָנֶיךָ יי אֱלֹהֵינוּ וֵאלֹהֵי אֲבוֹתֵינוּ, שֶׁתַּרְגִּילֵנוּ בְּתוֹרָתֶךָ, וְדַבְּקֵנוּ בְּמִצְוֹתֶיךָ, וְאַל תְּבִיאֵנוּ לֹא לִידֵי חֵטְא וְלֹא לִידֵי עֲבֵרָה וְעָוֹן, וְלֹא לִידֵי נִסָּיוֹן וְלֹא לִידֵי בִזָּיוֹן, וְאַל תַּשְׁלֶט בָּנוּ יֵצֶר הָרָע, וְהַרְחִיקֵנוּ מֵאָדָם רָע וּמֵחָבֵר רָע, וְדַבְּקֵנוּ בְּיֵצֶר הַטּוֹב וּבְמַעֲשִׂים טוֹבִים, וְכֹף אֶת יִצְרֵנוּ לְהִשְׁתַּעְבֶּד לָךְ, וּתְנֵנוּ הַיּוֹם וּבְכָל יוֹם לְחֵן וּלְחֶסֶד וּלְרַחֲמִים בְּעֵינֶיךָ וּבְעֵינֵי כָל רוֹאֵינוּ, וְתִגְמְלֵנוּ חֲסָדִים טוֹבִים. בָּרוּךְ אַתָּה יי, גּוֹמֵל חֲסָדִים טוֹבִים לְעַמּוֹ יִשְׂרָאֵל.

יְהִי רָצוֹן מִלְּפָנֶיךָ יי אֱלֹהַי וֵאלֹהֵי אֲבוֹתַי, שֶׁתַּצִּילֵנִי הַיּוֹם וּבְכָל יוֹם מֵעַזֵּי פָנִים וּמֵעַזּוּת פָּנִים, מֵאָדָם רָע, מִיֵּצֶר רָע, וּמֵחָבֵר רָע, וּמִשָּׁכֵן רָע, וּמִפֶּגַע רָע, מֵעַיִן הָרָע, מִלָּשׁוֹן הָרָע, מִמַּלְשִׁינוּת, מֵעֵדוּת שֶׁקֶר, מִשִּׂנְאַת הַבְּרִיּוֹת, מֵעֲלִילָה, מִמִּיתָה מְשֻׁנָּה, מֵחֳלָיִים רָעִים, מִמִּקְרִים רָעִים, וּמִשָּׂטָן הַמַּשְׁחִית, מִדִּין קָשֶׁה, וּמִבַּעַל דִּין קָשֶׁה בֵּין שֶׁהוּא בֶן בְּרִית וּבֵין שֶׁאֵינוֹ בֶּן בְּרִית, וּמִדִּינָהּ שֶׁל גֵּיהִנֹּם.

יש מדלגים:

אֱלֹהֵינוּ וֵאלֹהֵי אֲבוֹתֵינוּ, זָכְרֵנוּ בְּזִכָּרוֹן טוֹב לְפָנֶיךָ, וּפָקְדֵנוּ בִּפְקֻדַּת יְשׁוּעָה וְרַחֲמִים מִשְּׁמֵי שְׁמֵי קֶדֶם, וּזְכָר לָנוּ יי אֱלֹהֵינוּ אַהֲבַת הַקַּדְמוֹנִים, אַבְרָהָם יִצְחָק וְיִשְׂרָאֵל עֲבָדֶיךָ, אֶת הַבְּרִית וְאֶת הַחֶסֶד וְאֶת הַשְּׁבוּעָה, שֶׁנִּשְׁבַּעְתָּ לְאַבְרָהָם אָבִינוּ בְּהַר הַמּוֹרִיָּה, וְאֶת הָעֲקֵדָה שֶׁעָקַד אֶת יִצְחָק בְּנוֹ עַל גַּבֵּי הַמִּזְבֵּחַ, כַּכָּתוּב בְּתוֹרָתֶךָ:

וַיְהִ֗י אַחַר֙ הַדְּבָרִ֣ים הָאֵ֔לֶּה וְהָ֣אֱלֹהִ֔ים נִסָּ֖ה אֶת־אַבְרָהָ֑ם וַיֹּ֣אמֶר בראשית כב
אֵלָ֔יו אַבְרָהָ֖ם וַיֹּ֥אמֶר הִנֵּֽנִי׃ וַיֹּ֡אמֶר קַח־נָ֠א אֶת־בִּנְךָ֨ אֶת־
יְחִֽידְךָ֤ אֲשֶׁר־אָהַ֙בְתָּ֙ אֶת־יִצְחָ֔ק וְלֶךְ־לְךָ֔ אֶל־אֶ֖רֶץ הַמֹּרִיָּ֑ה
וְהַעֲלֵ֤הוּ שָׁם֙ לְעֹלָ֔ה עַ֚ל אַחַ֣ד הֶֽהָרִ֔ים אֲשֶׁ֖ר אֹמַ֥ר אֵלֶֽיךָ׃ וַיַּשְׁכֵּ֨ם
אַבְרָהָ֜ם בַּבֹּ֗קֶר וַֽיַּחֲבֹשׁ֙ אֶת־חֲמֹר֔וֹ וַיִּקַּ֞ח אֶת־שְׁנֵ֤י נְעָרָיו֙ אִתּ֔וֹ
וְאֵ֖ת יִצְחָ֣ק בְּנ֑וֹ וַיְבַקַּע֙ עֲצֵ֣י עֹלָ֔ה וַיָּ֣קָם וַיֵּ֔לֶךְ אֶל־הַמָּק֖וֹם אֲשֶׁר־
אָֽמַר־ל֥וֹ הָאֱלֹהִֽים׃ בַּיּ֣וֹם הַשְּׁלִישִׁ֗י וַיִּשָּׂ֨א אַבְרָהָ֧ם אֶת־עֵינָ֛יו
וַיַּ֥רְא אֶת־הַמָּק֖וֹם מֵרָחֹֽק׃ וַיֹּ֨אמֶר אַבְרָהָ֜ם אֶל־נְעָרָ֗יו שְׁבוּ־לָכֶ֥ם

פֹּה עִם־הַחֲמוֹר וַאֲנִי וְהַנַּעַר נֵלְכָה עַד־כֹּה וְנִשְׁתַּחֲוֶה וְנָשׁוּבָה
אֲלֵיכֶם: וַיִּקַּח אַבְרָהָם אֶת־עֲצֵי הָעֹלָה וַיָּשֶׂם עַל־יִצְחָק בְּנוֹ
וַיִּקַּח בְּיָדוֹ אֶת־הָאֵשׁ וְאֶת־הַמַּאֲכֶלֶת וַיֵּלְכוּ שְׁנֵיהֶם יַחְדָּו:
וַיֹּאמֶר יִצְחָק אֶל־אַבְרָהָם אָבִיו וַיֹּאמֶר אָבִי וַיֹּאמֶר הִנֶּנִּי בְנִי
וַיֹּאמֶר הִנֵּה הָאֵשׁ וְהָעֵצִים וְאַיֵּה הַשֶּׂה לְעֹלָה: וַיֹּאמֶר אַבְרָהָם
אֱלֹהִים יִרְאֶה־לּוֹ הַשֶּׂה לְעֹלָה בְּנִי וַיֵּלְכוּ שְׁנֵיהֶם יַחְדָּו: וַיָּבֹאוּ
אֶל־הַמָּקוֹם אֲשֶׁר אָמַר־לוֹ הָאֱלֹהִים וַיִּבֶן שָׁם אַבְרָהָם אֶת־
הַמִּזְבֵּחַ וַיַּעֲרֹךְ אֶת־הָעֵצִים וַיַּעֲקֹד אֶת־יִצְחָק בְּנוֹ וַיָּשֶׂם אֹתוֹ
עַל־הַמִּזְבֵּחַ מִמַּעַל לָעֵצִים: וַיִּשְׁלַח אַבְרָהָם אֶת־יָדוֹ וַיִּקַּח
אֶת־הַמַּאֲכֶלֶת לִשְׁחֹט אֶת־בְּנוֹ: וַיִּקְרָא אֵלָיו מַלְאַךְ יהוה
מִן־הַשָּׁמַיִם וַיֹּאמֶר אַבְרָהָם אַבְרָהָם וַיֹּאמֶר הִנֵּנִי: וַיֹּאמֶר אַל־
תִּשְׁלַח יָדְךָ אֶל־הַנַּעַר וְאַל־תַּעַשׂ לוֹ מְאוּמָה כִּי עַתָּה יָדַעְתִּי
כִּי־יְרֵא אֱלֹהִים אַתָּה וְלֹא חָשַׂכְתָּ אֶת־בִּנְךָ אֶת־יְחִידְךָ מִמֶּנִּי:
וַיִּשָּׂא אַבְרָהָם אֶת־עֵינָיו וַיַּרְא וְהִנֵּה־אַיִל אַחַר נֶאֱחַז בַּסְּבַךְ
בְּקַרְנָיו וַיֵּלֶךְ אַבְרָהָם וַיִּקַּח אֶת־הָאַיִל וַיַּעֲלֵהוּ לְעֹלָה תַּחַת
בְּנוֹ: וַיִּקְרָא אַבְרָהָם שֵׁם־הַמָּקוֹם הַהוּא יהוה יִרְאֶה אֲשֶׁר
יֵאָמֵר הַיּוֹם בְּהַר יהוה יֵרָאֶה: וַיִּקְרָא מַלְאַךְ יהוה אֶל־אַבְרָהָם
שֵׁנִית מִן־הַשָּׁמָיִם: וַיֹּאמֶר בִּי נִשְׁבַּעְתִּי נְאֻם־יהוה כִּי יַעַן אֲשֶׁר
עָשִׂיתָ אֶת־הַדָּבָר הַזֶּה וְלֹא חָשַׂכְתָּ אֶת־בִּנְךָ אֶת־יְחִידֶךָ: כִּי־
בָרֵךְ אֲבָרֶכְךָ וְהַרְבָּה אַרְבֶּה אֶת־זַרְעֲךָ כְּכוֹכְבֵי הַשָּׁמַיִם וְכַחוֹל
אֲשֶׁר עַל־שְׂפַת הַיָּם וְיִרַשׁ זַרְעֲךָ אֵת שַׁעַר אֹיְבָיו: וְהִתְבָּרְכוּ
בְזַרְעֲךָ כֹּל גּוֹיֵי הָאָרֶץ עֵקֶב אֲשֶׁר שָׁמַעְתָּ בְּקֹלִי: וַיָּשָׁב אַבְרָהָם
אֶל־נְעָרָיו וַיָּקֻמוּ וַיֵּלְכוּ יַחְדָּו אֶל־בְּאֵר שָׁבַע וַיֵּשֶׁב אַבְרָהָם
בִּבְאֵר שָׁבַע:

יש מדלגים:

רִבּוֹנוֹ שֶׁל עוֹלָם, כְּמוֹ שֶׁכָּבַשׁ אַבְרָהָם אָבִינוּ אֶת רַחֲמָיו לַעֲשׂוֹת רְצוֹנְךָ בְּלֵבָב שָׁלֵם, כֵּן יִכְבְּשׁוּ רַחֲמֶיךָ אֶת כַּעַסְךָ מֵעָלֵינוּ וְיִגֹּלּוּ רַחֲמֶיךָ עַל מִדּוֹתֶיךָ. וְתִתְנַהֵג עִמָּנוּ יי אֱלֹהֵינוּ בְּמִדַּת הַחֶסֶד וּבְמִדַּת הָרַחֲמִים, וּבְטוּבְךָ הַגָּדוֹל יָשׁוּב חֲרוֹן אַפְּךָ מֵעַמְּךָ וּמֵעִירְךָ וּמֵאַרְצְךָ וּמִנַּחֲלָתֶךָ. וְקַיֶּם לָנוּ יי אֱלֹהֵינוּ אֶת הַדָּבָר שֶׁהִבְטַחְתָּנוּ בְּתוֹרָתֶךָ עַל יְדֵי מֹשֶׁה עַבְדֶּךָ, כָּאָמוּר, וְזָכַרְתִּי אֶת בְּרִיתִי יַעֲקוֹב וְאַף אֶת בְּרִיתִי יִצְחָק, וְאַף אֶת בְּרִיתִי אַבְרָהָם אֶזְכֹּר, וְהָאָרֶץ אֶזְכֹּר. וְנֶאֱמַר, וְאַף גַּם זֹאת בִּהְיוֹתָם בְּאֶרֶץ אֹיְבֵיהֶם,

לֹא מְאַסְתִּים וְלֹא גְעַלְתִּים לְכַלֹּתָם לְהָפֵר בְּרִיתִי אִתָּם, כִּי אֲנִי יי אֱלֹהֵיהֶם. וְנֶאֱמַר, וְזָכַרְתִּי לָהֶם בְּרִית רִאשֹׁנִים אֲשֶׁר הוֹצֵאתִי אֹתָם מֵאֶרֶץ מִצְרַיִם לְעֵינֵי הַגּוֹיִם, לִהְיוֹת לָהֶם לֵאלֹהִים, אֲנִי יי. וְנֶאֱמַר, וְשָׁב יי אֱלֹהֶיךָ אֶת שְׁבוּתְךָ וְרִחֲמֶךָ, וְשָׁב וְקִבֶּצְךָ מִכָּל הָעַמִּים אֲשֶׁר הֱפִיצְךָ יי אֱלֹהֶיךָ שָׁמָּה. אִם יִהְיֶה נִדַּחֲךָ בִּקְצֵה הַשָּׁמָיִם, מִשָּׁם יְקַבֶּצְךָ יי אֱלֹהֶיךָ וּמִשָּׁם יִקָּחֶךָ. וְנֶאֱמַר, וֶהֱבִיאֲךָ יי אֱלֹהֶיךָ אֶל הָאָרֶץ אֲשֶׁר יָרְשׁוּ אֲבֹתֶיךָ וִירִשְׁתָּהּ, וְהֵיטִבְךָ וְהִרְבְּךָ מֵאֲבֹתֶיךָ. וְנֶאֱמַר עַל יְדֵי נְבִיאֶיךָ, יי חָנֵּנוּ, לְךָ קִוִּינוּ, הֱיֵה זְרֹעָם לַבְּקָרִים אַף יְשׁוּעָתֵנוּ בְּעֵת צָרָה. וְנֶאֱמַר, וְעֵת צָרָה הִיא לְיַעֲקֹב וּמִמֶּנָּה יִוָּשֵׁעַ. וְנֶאֱמַר, בְּכָל צָרָתָם לוֹ צָר וּמַלְאַךְ פָּנָיו הוֹשִׁיעָם, בְּאַהֲבָתוֹ וּבְחֶמְלָתוֹ הוּא גְאָלָם, וַיְנַטְּלֵם וַיְנַשְּׂאֵם כָּל יְמֵי עוֹלָם. וְנֶאֱמַר, מִי אֵל כָּמוֹךָ נֹשֵׂא עָוֹן וְעֹבֵר עַל פֶּשַׁע לִשְׁאֵרִית נַחֲלָתוֹ, לֹא הֶחֱזִיק לָעַד אַפּוֹ, כִּי חָפֵץ חֶסֶד הוּא. יָשׁוּב יְרַחֲמֵנוּ יִכְבֹּשׁ עֲוֹנֹתֵינוּ וְתַשְׁלִיךְ בִּמְצֻלוֹת יָם כָּל חַטֹּאתָם. תִּתֵּן אֱמֶת לְיַעֲקֹב, חֶסֶד לְאַבְרָהָם, אֲשֶׁר נִשְׁבַּעְתָּ לַאֲבֹתֵינוּ מִימֵי קֶדֶם. וְנֶאֱמַר, וַהֲבִיאוֹתִים אֶל הַר קָדְשִׁי, וְשִׂמַּחְתִּים בְּבֵית תְּפִלָּתִי, עוֹלֹתֵיהֶם וְזִבְחֵיהֶם לְרָצוֹן עַל מִזְבְּחִי, כִּי בֵיתִי בֵּית תְּפִלָּה יִקָּרֵא לְכָל הָעַמִּים.

לְעוֹלָם יְהֵא אָדָם יְרֵא שָׁמַיִם בְּסֵתֶר וּבַגָּלוּי, וּמוֹדֶה עַל הָאֱמֶת וְדוֹבֵר אֱמֶת בִּלְבָבוֹ וְיַשְׁכֵּם וְיֹאמַר

רִבּוֹן כָּל הָעוֹלָמִים וַאֲדוֹנֵי הָאֲדוֹנִים
לֹא עַל צִדְקוֹתֵינוּ אֲנַחְנוּ מַפִּילִים תַּחֲנוּנֵינוּ לְפָנֶיךָ
כִּי עַל רַחֲמֶיךָ הָרַבִּים.

מָה אָנוּ, מֶה חַיֵּינוּ, מֶה חַסְדֵּנוּ, מַה צִּדְקוֹתֵינוּ
מַה יְּשׁוּעָתֵנוּ, מַה כֹּחֵנוּ, מַה גְּבוּרָתֵנוּ
מַה נֹּאמַר לְפָנֶיךָ, יי אֱלֹהֵינוּ וֵאלֹהֵי אֲבוֹתֵינוּ
הֲלֹא כָּל הַגִּבּוֹרִים כְּאַיִן לְפָנֶיךָ
וְאַנְשֵׁי הַשֵּׁם כְּלֹא הָיוּ
וַחֲכָמִים כִּבְלִי מַדָּע
וּנְבוֹנִים כִּבְלִי הַשְׂכֵּל

כִּי רֹב מַעֲשֵׂיהֶם תֹּהוּ
וִימֵי חַיֵּיהֶם הֶבֶל לְפָנֶיךָ
וּמוֹתַר הָאָדָם מִן הַבְּהֵמָה אָיִן
כִּי הַכֹּל הָבֶל.
לְבַד הַנְּשָׁמָה הַטְּהוֹרָה
שֶׁהִיא עֲתִידָה לִתֵּן דִּין וְחֶשְׁבּוֹן לִפְנֵי כִּסֵּא כְבוֹדֶךָ.
וְכָל הַגּוֹיִם כְּאַיִן נֶגְדֶּךָ, שֶׁנֶּאֱמַר
הֵן גּוֹיִם כְּמַר מִדְּלִי, וּכְשַׁחַק מֹאזְנַיִם נֶחְשָׁבוּ
הֵן אִיִּים כַּדַּק יִטּוֹל.

אֲבָל אֲנַחְנוּ עַמְּךָ בְּנֵי בְרִיתֶךָ
בְּנֵי אַבְרָהָם אֹהַבְךָ שֶׁנִּשְׁבַּעְתָּ לּוֹ בְּהַר הַמּוֹרִיָּה
זֶרַע יִצְחָק יְחִידוֹ שֶׁנֶּעֱקַד עַל גַּבֵּי הַמִּזְבֵּחַ
עֲדַת יַעֲקֹב בִּנְךָ בְּכוֹרֶךָ, שֶׁמֵּאַהֲבָתְךָ שֶׁאָהַבְתָּ אוֹתוֹ
וּמִשִּׂמְחָתְךָ שֶׁשָּׂמַחְתָּ בּוֹ קָרָאתָ אֶת שְׁמוֹ יִשְׂרָאֵל וִישֻׁרוּן.

לְפִיכָךְ אֲנַחְנוּ חַיָּבִים
לְהוֹדוֹת לְךָ וּלְשַׁבֵּחֲךָ וּלְפָאֶרְךָ
וּלְבָרֵךְ וּלְקַדֵּשׁ וְלִתֵּן שֶׁבַח וְהוֹדָיָה לִשְׁמֶךָ.

אַשְׁרֵינוּ, מַה טּוֹב חֶלְקֵנוּ
וּמַה נָּעִים גּוֹרָלֵנוּ, וּמַה יָּפָה יְרֻשָּׁתֵנוּ.

אַשְׁרֵינוּ, שֶׁאָנוּ מַשְׁכִּימִים וּמַעֲרִיבִים
בְּבָתֵּי כְנֵסִיּוֹת וּבְבָתֵּי מִדְרָשׁוֹת
וּמְיַחֲדִים שִׁמְךָ בְּכָל יוֹם תָּמִיד וְאוֹמְרִים פַּעֲמַיִם בְּאַהֲבָה

שְׁמַע יִשְׂרָאֵל יהוה אֱלֹהֵינוּ יהוה ׀ אֶחָד:

בָּרוּךְ שֵׁם כְּבוֹד מַלְכוּתוֹ לְעוֹלָם וָעֶד.

וְאָהַבְתָּ אֵת יהוה אֱלֹהֶיךָ בְּכָל־לְבָבְךָ וּבְכָל־נַפְשְׁךָ וּבְכָל־
מְאֹדֶךָ: וְהָיוּ הַדְּבָרִים הָאֵלֶּה אֲשֶׁר אָנֹכִי מְצַוְּךָ הַיּוֹם עַל־לְבָבֶךָ:
וְשִׁנַּנְתָּם לְבָנֶיךָ וְדִבַּרְתָּ בָּם בְּשִׁבְתְּךָ בְּבֵיתֶךָ וּבְלֶכְתְּךָ בַדֶּרֶךְ
וּבְשָׁכְבְּךָ וּבְקוּמֶךָ: וּקְשַׁרְתָּם לְאוֹת עַל־יָדֶךָ וְהָיוּ לְטֹטָפֹת בֵּין
עֵינֶיךָ: וּכְתַבְתָּם עַל־מְזֻזוֹת בֵּיתֶךָ וּבִשְׁעָרֶיךָ:

אַתָּה הוּא עַד שֶׁלֹּא נִבְרָא הָעוֹלָם
אַתָּה הוּא מִשֶּׁנִּבְרָא הָעוֹלָם
אַתָּה הוּא בָּעוֹלָם הַזֶּה
וְאַתָּה הוּא לָעוֹלָם הַבָּא.

קַדֵּשׁ אֶת שִׁמְךָ עַל מַקְדִּישֵׁי שְׁמֶךָ
וְקַדֵּשׁ אֶת שִׁמְךָ בְּעוֹלָמֶךָ
וּבִישׁוּעָתְךָ תָּרוּם וְתַגְבִּיהַּ קַרְנֵנוּ לְמַעְלָה
וְהוֹשִׁיעֵנוּ בְּקָרוֹב לְמַעַן שְׁמֶךָ.
בָּרוּךְ הַמְקַדֵּשׁ שְׁמוֹ בָּרַבִּים.

אַתָּה הוּא יי אֱלֹהֵינוּ בַּשָּׁמַיִם וּבָאָרֶץ וּבִשְׁמֵי הַשָּׁמַיִם הָעֶלְיוֹנִים.
אֱמֶת, אַתָּה הוּא רִאשׁוֹן וְאַתָּה הוּא אַחֲרוֹן
וּמִבַּלְעָדֶיךָ אֵין אֱלֹהִים.
קַבֵּץ נְפוּצוֹת קֹוֶיךָ מֵאַרְבַּע כַּנְפוֹת הָאָרֶץ.
יַכִּירוּ וְיֵדְעוּ כָּל בָּאֵי עוֹלָם
כִּי אַתָּה הוּא הָאֱלֹהִים לְבַדְּךָ עֶלְיוֹן לְכֹל מַמְלְכוֹת הָאָרֶץ.

אַתָּה עָשִׂיתָ אֶת הַשָּׁמַיִם וְאֶת הָאָרֶץ, אֶת הַיָּם וְאֶת כָּל אֲשֶׁר בָּם
וּמִי בְּכָל מַעֲשֵׂי יָדֶיךָ בָּעֶלְיוֹנִים וּבַתַּחְתּוֹנִים
שֶׁיֹּאמַר לְךָ מַה תַּעֲשֶׂה וּמַה תִּפְעָל.

אָבִינוּ שֶׁבַּשָּׁמַיִם, חַי וְקַיָּם
עֲשֵׂה עִמָּנוּ צְדָקָה וָחֶסֶד
בַּעֲבוּר שִׁמְךָ הַגָּדוֹל הַגִּבּוֹר וְהַנּוֹרָא שֶׁנִּקְרָא עָלֵינוּ
וְקַיֶּם לָנוּ יי אֱלֹהֵינוּ אֶת הַדָּבָר
שֶׁהִבְטַחְתָּנוּ עַל יְדֵי צְפַנְיָה חוֹזָךְ, כָּאָמוּר
בָּעֵת הַהִיא אָבִיא אֶתְכֶם, וּבָעֵת קַבְּצִי אֶתְכֶם
כִּי אֶתֵּן אֶתְכֶם לְשֵׁם וְלִתְהִלָּה בְּכֹל עַמֵּי הָאָרֶץ
בְּשׁוּבִי אֶת שְׁבוּתֵיכֶם לְעֵינֵיכֶם, אָמַר יי.

שמות ל וַיְדַבֵּר יהוה אֶל־מֹשֶׁה לֵּאמֹר: וְעָשִׂיתָ כִּיּוֹר נְחֹשֶׁת וְכַנּוֹ נְחֹשֶׁת
לְרָחְצָה וְנָתַתָּ אֹתוֹ בֵּין־אֹהֶל מוֹעֵד וּבֵין הַמִּזְבֵּחַ וְנָתַתָּ שָׁמָּה
מָיִם: וְרָחֲצוּ אַהֲרֹן וּבָנָיו מִמֶּנּוּ אֶת־יְדֵיהֶם וְאֶת־רַגְלֵיהֶם: בְּבֹאָם
אֶל־אֹהֶל מוֹעֵד יִרְחֲצוּ־מַיִם וְלֹא יָמֻתוּ אוֹ בְגִשְׁתָּם אֶל־הַמִּזְבֵּחַ
לְשָׁרֵת לְהַקְטִיר אִשֶּׁה לַיהוה: וְרָחֲצוּ יְדֵיהֶם וְרַגְלֵיהֶם וְלֹא
יָמֻתוּ וְהָיְתָה לָהֶם חָק־עוֹלָם לוֹ וּלְזַרְעוֹ לְדֹרֹתָם:

ויקרא ו וַיְדַבֵּר יהוה אֶל־מֹשֶׁה לֵּאמֹר: צַו אֶת־אַהֲרֹן וְאֶת־בָּנָיו לֵאמֹר
זֹאת תּוֹרַת הָעֹלָה הִוא הָעֹלָה עַל מוֹקְדָה עַל־הַמִּזְבֵּחַ כָּל־
הַלַּיְלָה עַד־הַבֹּקֶר וְאֵשׁ הַמִּזְבֵּחַ תּוּקַד בּוֹ: וְלָבַשׁ הַכֹּהֵן מִדּוֹ
בַד וּמִכְנְסֵי־בַד יִלְבַּשׁ עַל־בְּשָׂרוֹ וְהֵרִים אֶת־הַדֶּשֶׁן אֲשֶׁר
תֹּאכַל הָאֵשׁ אֶת־הָעֹלָה עַל־הַמִּזְבֵּחַ וְשָׂמוֹ אֵצֶל הַמִּזְבֵּחַ:
וּפָשַׁט אֶת־בְּגָדָיו וְלָבַשׁ בְּגָדִים אֲחֵרִים וְהוֹצִיא אֶת־הַדֶּשֶׁן
אֶל־מִחוּץ לַמַּחֲנֶה אֶל־מָקוֹם טָהוֹר: וְהָאֵשׁ עַל־הַמִּזְבֵּחַ תּוּקַד־
בּוֹ לֹא תִכְבֶּה וּבִעֵר עָלֶיהָ הַכֹּהֵן עֵצִים בַּבֹּקֶר בַּבֹּקֶר וְעָרַךְ
עָלֶיהָ הָעֹלָה וְהִקְטִיר עָלֶיהָ חֶלְבֵי הַשְּׁלָמִים: אֵשׁ תָּמִיד תּוּקַד
עַל־הַמִּזְבֵּחַ לֹא תִכְבֶּה:

יש מדלגים:

יְהִי רָצוֹן מִלְּפָנֶיךָ יי אֱלֹהֵינוּ וֵאלֹהֵי אֲבוֹתֵינוּ, שֶׁתְּרַחֵם עָלֵינוּ, וְתִמְחֹל לָנוּ עַל כָּל חַטֹּאתֵינוּ וּתְכַפֵּר לָנוּ עַל כָּל עֲוֹנוֹתֵינוּ וְתִסְלַח לָנוּ עַל כָּל פְּשָׁעֵינוּ, וְשֶׁיִּבָּנֶה בֵּית הַמִּקְדָּשׁ בִּמְהֵרָה בְיָמֵינוּ, וְנַקְרִיב לְפָנֶיךָ קָרְבַּן הַתָּמִיד שֶׁיְּכַפֵּר בַּעֲדֵנוּ, כְּמוֹ שֶׁכָּתַבְתָּ עָלֵינוּ בְּתוֹרָתֶךָ עַל יְדֵי מֹשֶׁה עַבְדֶּךָ מִפִּי כְבוֹדֶךָ, כָּאָמוּר

במדבר כח וַיְדַבֵּר יהוה אֶל־מֹשֶׁה לֵּאמֹר: צַו אֶת־בְּנֵי יִשְׂרָאֵל וְאָמַרְתָּ
אֲלֵהֶם אֶת־קָרְבָּנִי לַחְמִי לְאִשַּׁי רֵיחַ נִיחֹחִי תִּשְׁמְרוּ לְהַקְרִיב
לִי בְּמוֹעֲדוֹ: וְאָמַרְתָּ לָהֶם זֶה הָאִשֶּׁה אֲשֶׁר תַּקְרִיבוּ לַיהוה
כְּבָשִׂים בְּנֵי־שָׁנָה תְמִימִם שְׁנַיִם לַיּוֹם עֹלָה תָמִיד: אֶת־הַכֶּבֶשׂ
אֶחָד תַּעֲשֶׂה בַבֹּקֶר וְאֵת הַכֶּבֶשׂ הַשֵּׁנִי תַּעֲשֶׂה בֵּין הָעַרְבָּיִם:
וַעֲשִׂירִית הָאֵיפָה סֹלֶת לְמִנְחָה בְּלוּלָה בְּשֶׁמֶן כָּתִית רְבִיעִת
הַהִין: עֹלַת תָּמִיד הָעֲשֻׂיָה בְּהַר סִינַי לְרֵיחַ נִיחֹחַ אִשֶּׁה לַיהוה:
וְנִסְכּוֹ רְבִיעִת הַהִין לַכֶּבֶשׂ הָאֶחָד בַּקֹּדֶשׁ הַסֵּךְ נֶסֶךְ שֵׁכָר לַיהוה:
וְאֵת הַכֶּבֶשׂ הַשֵּׁנִי תַּעֲשֶׂה בֵּין הָעַרְבָּיִם כְּמִנְחַת הַבֹּקֶר וּכְנִסְכּוֹ
תַּעֲשֶׂה אִשֵּׁה רֵיחַ נִיחֹחַ לַיהוה:

וְשָׁחַט אֹתוֹ עַל יֶרֶךְ הַמִּזְבֵּחַ צָפֹנָה לִפְנֵי יהוה וְזָרְקוּ בְּנֵי
אַהֲרֹן הַכֹּהֲנִים אֶת־דָּמוֹ עַל־הַמִּזְבֵּחַ סָבִיב:

יְהִי רָצוֹן מִלְּפָנֶיךָ יי אֱלֹהֵינוּ וֵאלֹהֵי אֲבוֹתֵינוּ
שֶׁתְּהֵא אֲמִירָה זוּ חֲשׁוּבָה וּמְקֻבֶּלֶת וּמְרֻצָּה לְפָנֶיךָ
כְּאִלּוּ הִקְרַבְנוּ קָרְבַּן הַתָּמִיד בְּמוֹעֲדוֹ וּבִמְקוֹמוֹ וּכְהִלְכָתוֹ.

אַתָּה הוּא יי אֱלֹהֵינוּ שֶׁהִקְטִירוּ אֲבוֹתֵינוּ לְפָנֶיךָ אֶת קְטֹרֶת הַסַּמִּים בִּזְמַן שֶׁבֵּית הַמִּקְדָּשׁ הָיָה קַיָּם, כַּאֲשֶׁר צִוִּיתָ אוֹתָם עַל יְדֵי מֹשֶׁה נְבִיאֶךָ כַּכָּתוּב בְּתוֹרָתֶךָ

וַיֹּאמֶר יהוה אֶל־מֹשֶׁה
קַח־לְךָ סַמִּים נָטָף וּשְׁחֵלֶת וְחֶלְבְּנָה סַמִּים וּלְבֹנָה זַכָּה בַּד
בְּבַד יִהְיֶה: וְעָשִׂיתָ אֹתָהּ קְטֹרֶת רֹקַח מַעֲשֵׂה רוֹקֵחַ מְמֻלָּח
טָהוֹר קֹדֶשׁ: וְשָׁחַקְתָּ מִמֶּנָּה הָדֵק וְנָתַתָּה מִמֶּנָּה לִפְנֵי הָעֵדֻת
בְּאֹהֶל מוֹעֵד אֲשֶׁר אִוָּעֵד לְךָ שָׁמָּה קֹדֶשׁ קָדָשִׁים תִּהְיֶה לָכֶם:

וְנֶאֱמַר

וְהִקְטִיר עָלָיו אַהֲרֹן קְטֹרֶת סַמִּים בַּבֹּקֶר בַּבֹּקֶר בְּהֵיטִיבוֹ אֶת הַנֵּרֹת יַקְטִירֶנָּה: וּבְהַעֲלֹת אַהֲרֹן אֶת־הַנֵּרֹת בֵּין הָעַרְבַּיִם יַקְטִירֶנָּה קְטֹרֶת תָּמִיד לִפְנֵי יהוה לְדֹרֹתֵיכֶם:

תָּנוּ רַבָּנָן, פִּטּוּם הַקְּטֹרֶת כֵּיצַד. שְׁלֹשׁ מֵאוֹת וְשִׁשִּׁים וּשְׁמוֹנָה מָנִים הָיוּ בָהּ. שְׁלֹשׁ מֵאוֹת וְשִׁשִּׁים וַחֲמִשָּׁה כְּמִנְיַן יְמוֹת הַחַמָּה, מָנֶה לְכָל יוֹם, פְּרַס בְּשַׁחֲרִית וּפְרַס בֵּין הָעַרְבָּיִם, וּשְׁלֹשָׁה מָנִים יְתֵרִים שֶׁמֵּהֶם מַכְנִיס כֹּהֵן גָּדוֹל מְלֹא חָפְנָיו בְּיוֹם הַכִּפּוּרִים וּמַחֲזִירָן לְמַכְתֶּשֶׁת בְּעֶרֶב יוֹם הַכִּפּוּרִים וְשׁוֹחֲקָן יָפֶה יָפֶה כְּדֵי שֶׁתְּהֵא דַקָּה מִן הַדַּקָּה. וְאַחַד עָשָׂר סַמָּנִים הָיוּ בָהּ, וְאֵלּוּ הֵן. הַצֳּרִי, וְהַצִּפֹּרֶן, הַחֶלְבְּנָה, וְהַלְּבוֹנָה מִשְׁקַל שִׁבְעִים שִׁבְעִים מָנֶה, מֹר, וּקְצִיעָה, שִׁבֹּלֶת נֵרְדְּ, וְכַרְכֹּם מִשְׁקַל שִׁשָּׁה עָשָׂר שִׁשָּׁה עָשָׂר מָנֶה, הַקֹּשְׁטְ שְׁנֵים עָשָׂר, קִלּוּפָה שְׁלֹשָׁה, קִנָּמוֹן תִּשְׁעָה, בּוֹרִית כַּרְשִׁינָה תִּשְׁעָה קַבִּין, יֵין קַפְרִיסִין סְאִין תְּלָת וְקַבִּין תְּלָתָא, וְאִם לֹא מָצָא יֵין קַפְרִיסִין, מֵבִיא חֲמַר חִוַּרְיָן עַתִּיק. מֶלַח סְדוֹמִית רֹבַע, מַעֲלֶה עָשָׁן כָּל שֶׁהוּא. רַבִּי נָתָן הַבַּבְלִי אוֹמֵר. אַף כִּפַּת הַיַּרְדֵּן כָּל שֶׁהוּא, וְאִם נָתַן בָּהּ דְּבַשׁ פְּסָלָהּ, וְאִם חִסַּר אַחַת מִכָּל סַמָּנֶיהָ, חַיָּב מִיתָה.

רַבָּן שִׁמְעוֹן בֶּן גַּמְלִיאֵל אוֹמֵר, הַצֳּרִי אֵינוֹ אֶלָּא שְׂרָף הַנּוֹטֵף מֵעֲצֵי הַקְּטָף. בּוֹרִית כַּרְשִׁינָה שֶׁשָּׁפִין בָּהּ אֶת הַצִּפֹּרֶן, כְּדֵי שֶׁתְּהֵא נָאָה, יֵין קַפְרִיסִין שֶׁשּׁוֹרִין בּוֹ אֶת הַצִּפֹּרֶן, כְּדֵי שֶׁתְּהֵא עַזָּה. וַהֲלֹא מֵי רַגְלַיִם יָפִין לָהּ, אֶלָּא שֶׁאֵין מַכְנִיסִין מֵי רַגְלַיִם בַּמִּקְדָּשׁ מִפְּנֵי הַכָּבוֹד.

תַּנְיָא, רַבִּי נָתָן אוֹמֵר, כְּשֶׁהוּא שׁוֹחֵק אוֹמֵר, הָדֵק הֵיטֵב, הֵיטֵב הָדֵק, מִפְּנֵי שֶׁהַקּוֹל יָפֶה לַבְּשָׂמִים. פִּטְּמָהּ לַחֲצָאִין כְּשֵׁרָה, לִשְׁלִישׁ וְלִרְבִיעַ לֹא שָׁמָעְנוּ. אָמַר רַבִּי יְהוּדָה, זֶה הַכְּלָל, אִם כְּמִדָּתָהּ כְּשֵׁרָה לַחֲצָאִין, וְאִם חִסַּר אַחַת מִכָּל סַמָּנֶיהָ, חַיָּב מִיתָה.

תַּנְיָא, בַּר קַפָּרָא אוֹמֵר, אַחַת לְשִׁשִּׁים אוֹ לְשִׁבְעִים שָׁנָה הָיְתָה בָאָה שֶׁל שִׁירַיִם לַחֲצָאִין. וְעוֹד תָּנֵי בַּר קַפָּרָא, אִלּוּ הָיָה נוֹתֵן בָּהּ קוֹרְטוֹב שֶׁל דְּבַשׁ, אֵין אָדָם יָכוֹל לַעֲמֹד מִפְּנֵי רֵיחָהּ. וְלָמָּה אֵין מְעָרְבִין בָּהּ דְּבַשׁ, מִפְּנֵי שֶׁהַתּוֹרָה אָמְרָה, כִּי כָל שְׂאֹר וְכָל דְּבַשׁ לֹא תַקְטִירוּ מִמֶּנּוּ אִשֶּׁה לַיי.

יי צְבָאוֹת עִמָּנוּ, מִשְׂגָּב לָנוּ אֱלֹהֵי יַעֲקֹב סֶלָה. (ג״פ)
יי צְבָאוֹת, אַשְׁרֵי אָדָם בֹּטֵחַ בָּךְ. (ג״פ)
יי הוֹשִׁיעָה, הַמֶּלֶךְ יַעֲנֵנוּ בְיוֹם קָרְאֵנוּ. (ג״פ)

אַתָּה סֵתֶר לִי, מִצַּר תִּצְּרֵנִי, רָנֵּי פַלֵּט תְּסוֹבְבֵנִי סֶלָה.
וְעָרְבָה לַיי מִנְחַת יְהוּדָה וִירוּשָׁלָיִם כִּימֵי עוֹלָם וּכְשָׁנִים קַדְמֹנִיּוֹת.

אַבַּיֵי הֲוָה מְסַדֵּר סֵדֶר הַמַּעֲרָכָה מִשְּׁמָא דִגְמָרָא וְאַלִּבָּא דְאַבָּא שָׁאוּל. מַעֲרָכָה גְדוֹלָה קוֹדֶמֶת לְמַעֲרָכָה שְׁנִיָּה שֶׁל קְטֹרֶת. וּמַעֲרָכָה שְׁנִיָּה שֶׁל קְטֹרֶת קוֹדֶמֶת לְסִדּוּר שְׁנֵי גִזְרֵי עֵצִים, וְסִדּוּר שְׁנֵי גִזְרֵי עֵצִים קוֹדֵם לְדִשּׁוּן מִזְבֵּחַ הַפְּנִימִי, וְדִשּׁוּן מִזְבֵּחַ הַפְּנִימִי קוֹדֵם לַהֲטָבַת חָמֵשׁ נֵרוֹת, וַהֲטָבַת חָמֵשׁ נֵרוֹת קוֹדֶמֶת לְדַם הַתָּמִיד, וְדַם הַתָּמִיד קוֹדֵם לַהֲטָבַת שְׁתֵּי נֵרוֹת, וַהֲטָבַת שְׁתֵּי נֵרוֹת קוֹדֶמֶת לִקְטֹרֶת, וּקְטֹרֶת קוֹדֶמֶת לְאֵבָרִים, וְאֵבָרִים לְמִנְחָה, וּמִנְחָה לַחֲבִתִּין, וַחֲבִתִּין לִנְסָכִין, וּנְסָכִין לְמוּסָפִין וּמוּסָפִין לְבָזִיכִין, וּבָזִיכִין קוֹדְמִין לְתָמִיד שֶׁל בֵּין הָעַרְבַּיִם, שֶׁנֶּאֱמַר: וְעָרַךְ עָלֶיהָ הָעֹלָה וְהִקְטִיר עָלֶיהָ חֶלְבֵי הַשְּׁלָמִים. עָלֶיהָ הַשְׁלֵם כָּל הַקָּרְבָּנוֹת כֻּלָּם.

אָנָּא, בְּכֹחַ גְּדֻלַּת יְמִינְךָ, תַּתִּיר צְרוּרָה.
קַבֵּל רִנַּת עַמְּךָ, שַׂגְּבֵנוּ, טַהֲרֵנוּ, נוֹרָא.
נָא גִבּוֹר, דּוֹרְשֵׁי יִחוּדְךָ כְּבָבַת שָׁמְרֵם.
בָּרְכֵם, טַהֲרֵם, רַחֲמֵי צִדְקָתְךָ תָּמִיד גָּמְלֵם.
חֲסִין קָדוֹשׁ, בְּרֹב טוּבְךָ נַהֵל עֲדָתֶךָ.
יָחִיד גֵּאֶה, לְעַמְּךָ פְּנֵה, זוֹכְרֵי קְדֻשָּׁתֶךָ.
שַׁוְעָתֵנוּ קַבֵּל וּשְׁמַע צַעֲקָתֵנוּ, יוֹדֵעַ תַּעֲלוּמוֹת.
בָּרוּךְ שֵׁם כְּבוֹד מַלְכוּתוֹ לְעוֹלָם וָעֶד.

יש מדלגים:

רִבּוֹן הָעוֹלָמִים, אַתָּה צִוִּיתָנוּ לְהַקְרִיב קָרְבַּן הַתָּמִיד בְּמוֹעֲדוֹ וְלִהְיוֹת כֹּהֲנִים בַּעֲבוֹדָתָם וּלְוִיִּם בְּדוּכָנָם וְיִשְׂרָאֵל בְּמַעֲמָדָם. וְעַתָּה בַּעֲוֹנוֹתֵינוּ חָרַב בֵּית הַמִּקְדָּשׁ וּבָטַל הַתָּמִיד וְאֵין לָנוּ לֹא כֹהֵן בַּעֲבוֹדָתוֹ וְלֹא לֵוִי בְּדוּכָנוֹ וְלֹא יִשְׂרָאֵל בְּמַעֲמָדוֹ. וְאַתָּה אָמַרְתָּ וּנְשַׁלְּמָה פָרִים שְׂפָתֵינוּ לָכֵן יְהִי רָצוֹן מִלְּפָנֶיךָ יי אֱלֹהֵינוּ וֵאלֹהֵי אֲבוֹתֵינוּ שֶׁיְּהֵא שִׂיחַ שִׂפְתוֹתֵינוּ חָשׁוּב וּמְקֻבָּל וּמְרֻצֶּה לְפָנֶיךָ כְּאִלּוּ הִקְרַבְנוּ קָרְבַּן הַתָּמִיד בְּמוֹעֲדוֹ וְעָמַדְנוּ עַל מַעֲמָדוֹ. וְנֶאֱמַר, זֹאת הַתּוֹרָה לָעֹלָה לַמִּנְחָה וְלַחַטָּאת וְלָאָשָׁם וְלַמִּלּוּאִים וּלְזֶבַח הַשְּׁלָמִים.

בשבת מוסיפים:

וּבְיוֹם הַשַּׁבָּת שְׁנֵי־כְבָשִׂים בְּנֵי־שָׁנָה תְּמִימִם וּשְׁנֵי עֶשְׂרֹנִים סֹלֶת
מִנְחָה בְּלוּלָה בַשֶּׁמֶן וְנִסְכּוֹ: עֹלַת שַׁבַּת בְּשַׁבַּתּוֹ עַל־עֹלַת
הַתָּמִיד וְנִסְכָּהּ:

אֵיזֶהוּ מְקוֹמָן שֶׁל זְבָחִים. קָדְשֵׁי קָדָשִׁים שְׁחִיטָתָן בַּצָּפוֹן. פַּר וְשָׂעִיר שֶׁל יוֹם הַכִּפּוּרִים שְׁחִיטָתָן בַּצָּפוֹן, וְקִבּוּל דָּמָן בִּכְלִי שָׁרֵת בַּצָּפוֹן, וְדָמָן טָעוּן הַזָּיָה עַל בֵּין הַבַּדִּים וְעַל הַפָּרֹכֶת וְעַל מִזְבַּח הַזָּהָב. מַתָּנָה אַחַת מֵהֶן מְעַכָּבֶת. שְׁיָרֵי הַדָּם הָיָה שׁוֹפֵךְ עַל יְסוֹד מַעֲרָבִי שֶׁל מִזְבַּח הַחִיצוֹן. אִם לֹא נָתַן לֹא עִכֵּב.

פָּרִים הַנִּשְׂרָפִים וּשְׂעִירִים הַנִּשְׂרָפִים שְׁחִיטָתָן בַּצָּפוֹן, וְקִבּוּל דָּמָן בִּכְלִי שָׁרֵת בַּצָּפוֹן, וְדָמָן טָעוּן הַזָּיָה עַל הַפָּרֹכֶת וְעַל מִזְבַּח הַזָּהָב. מַתָּנָה אַחַת מֵהֶן מְעַכָּבֶת. שְׁיָרֵי הַדָּם הָיָה שׁוֹפֵךְ עַל יְסוֹד מַעֲרָבִי שֶׁל מִזְבַּח הַחִיצוֹן. אִם לֹא נָתַן לֹא עִכֵּב. אֵלּוּ וָאֵלּוּ נִשְׂרָפִין בְּבֵית הַדָּשֶׁן.

חַטֹּאת הַצִּבּוּר וְהַיָּחִיד, אֵלּוּ הֵן חַטֹּאת הַצִּבּוּר. שְׂעִירֵי רָאשֵׁי חֳדָשִׁים וְשֶׁל מוֹעֲדוֹת, שְׁחִיטָתָן בַּצָּפוֹן, וְקִבּוּל דָּמָן בִּכְלִי שָׁרֵת בַּצָּפוֹן, וְדָמָן טָעוּן אַרְבַּע מַתָּנוֹת עַל אַרְבַּע קְרָנוֹת. כֵּיצַד, עָלָה בַכֶּבֶשׁ, וּפָנָה לַסּוֹבֵב, וּבָא לוֹ לְקֶרֶן דְּרוֹמִית מִזְרָחִית, מִזְרָחִית צְפוֹנִית, צְפוֹנִית מַעֲרָבִית, מַעֲרָבִית דְּרוֹמִית. שְׁיָרֵי הַדָּם הָיָה שׁוֹפֵךְ עַל יְסוֹד דְּרוֹמִי, וְנֶאֱכָלִין לִפְנִים מִן הַקְּלָעִים, לְזִכְרֵי כְהֻנָּה, בְּכָל מַאֲכָל, לְיוֹם וָלַיְלָה עַד חֲצוֹת.

הָעוֹלָה קֹדֶשׁ קָדָשִׁים, שְׁחִיטָתָהּ בַּצָּפוֹן, וְקִבּוּל דָּמָהּ בִּכְלִי שָׁרֵת בַּצָּפוֹן, וְדָמָהּ טָעוּן שְׁתֵּי מַתָּנוֹת שֶׁהֵן אַרְבַּע, וּטְעוּנָה הֶפְשֵׁט וְנִתּוּחַ וְכָלִיל לָאִשִּׁים.

זִבְחֵי שַׁלְמֵי צִבּוּר וַאֲשָׁמוֹת. אֵלּוּ הֵן אֲשָׁמוֹת. אֲשַׁם גְּזֵלוֹת, אֲשַׁם מְעִילוֹת, אֲשַׁם שִׁפְחָה חֲרוּפָה, אֲשַׁם נָזִיר, אֲשַׁם מְצֹרָע, אָשָׁם תָּלוּי, שְׁחִיטָתָן בַּצָּפוֹן, וְקִבּוּל דָּמָן בִּכְלִי שָׁרֵת בַּצָּפוֹן, וְדָמָן טָעוּן שְׁתֵּי מַתָּנוֹת שֶׁהֵן אַרְבַּע, וְנֶאֱכָלִין לִפְנִים מִן הַקְּלָעִים, לְזִכְרֵי כְהֻנָּה, בְּכָל מַאֲכָל, לְיוֹם וָלַיְלָה עַד חֲצוֹת.

הַתּוֹדָה וְאֵיל נָזִיר קָדָשִׁים קַלִּים, שְׁחִיטָתָן בְּכָל מָקוֹם בָּעֲזָרָה, וְדָמָן טָעוּן שְׁתֵּי מַתָּנוֹת שֶׁהֵן אַרְבַּע, וְנֶאֱכָלִין בְּכָל הָעִיר, לְכָל אָדָם, בְּכָל מַאֲכָל, לְיוֹם וָלַיְלָה עַד חֲצוֹת. הַמּוּרָם מֵהֶם כַּיּוֹצֵא בָהֶם, אֶלָּא שֶׁהַמּוּרָם נֶאֱכָל לַכֹּהֲנִים לִנְשֵׁיהֶם וְלִבְנֵיהֶם וּלְעַבְדֵיהֶם.

שְׁלָמִים קָדָשִׁים קַלִּים, שְׁחִיטָתָן בְּכָל מָקוֹם בָּעֲזָרָה, וְדָמָן טָעוּן שְׁתֵּי מַתָּנוֹת שֶׁהֵן אַרְבַּע, וְנֶאֱכָלִין בְּכָל הָעִיר, לְכָל אָדָם, בְּכָל מַאֲכָל, לִשְׁנֵי יָמִים וְלַיְלָה אֶחָד. הַמּוּרָם מֵהֶם כַּיּוֹצֵא בָהֶם, אֶלָּא שֶׁהַמּוּרָם נֶאֱכָל לַכֹּהֲנִים לִנְשֵׁיהֶם וְלִבְנֵיהֶם וּלְעַבְדֵיהֶם.

הַבְּכוֹר וְהַמַּעֲשֵׂר וְהַפֶּסַח קָדָשִׁים קַלִּים, שְׁחִיטָתָן בְּכָל מָקוֹם בָּעֲזָרָה, וְדָמָן טָעוּן מַתָּנָה אֶחָת, וּבִלְבַד שֶׁיִּתֵּן כְּנֶגֶד הַיְסוֹד. שִׁנָּה בַאֲכִילָתָן, הַבְּכוֹר נֶאֱכָל לַכֹּהֲנִים, וְהַמַּעֲשֵׂר לְכָל אָדָם, וְנֶאֱכָלִין בְּכָל הָעִיר, בְּכָל מַאֲכָל, לִשְׁנֵי יָמִים וְלַיְלָה אֶחָד. הַפֶּסַח אֵינוֹ נֶאֱכָל אֶלָּא בַלַּיְלָה, וְאֵינוֹ נֶאֱכָל אֶלָּא עַד חֲצוֹת, וְאֵינוֹ נֶאֱכָל אֶלָּא לִמְנוּיָיו, וְאֵינוֹ נֶאֱכָל אֶלָּא צָלִי.

רַבִּי יִשְׁמָעֵאל אוֹמֵר, בִּשְׁלֹשׁ עֶשְׂרֵה מִדּוֹת הַתּוֹרָה נִדְרֶשֶׁת
מִקַּל וָחֹמֶר
וּמִגְּזֵרָה שָׁוָה
מִבִּנְיַן אָב מִכָּתוּב אֶחָד, וּמִבִּנְיַן אָב מִשְּׁנֵי כְתוּבִים
מִכְּלָל וּפְרָט
וּמִפְּרָט וּכְלָל
כְּלָל וּפְרָט וּכְלָל, אִי אַתָּה דָן אֶלָּא כְּעֵין הַפְּרָט
מִכְּלָל שֶׁהוּא צָרִיךְ לִפְרָט, וּמִפְּרָט שֶׁהוּא צָרִיךְ לִכְלָל
כָּל דָּבָר שֶׁהָיָה בִּכְלָל, וְיָצָא מִן הַכְּלָל לְלַמֵּד
לֹא לְלַמֵּד עַל עַצְמוֹ יָצָא, אֶלָּא לְלַמֵּד עַל הַכְּלָל כֻּלּוֹ יָצָא
כָּל דָּבָר שֶׁהָיָה בִּכְלָל, וְיָצָא לִטְעֹן טֹעַן אֶחָד שֶׁהוּא כְעִנְיָנוֹ
יָצָא לְהָקֵל וְלֹא לְהַחֲמִיר
כָּל דָּבָר שֶׁהָיָה בִּכְלָל, וְיָצָא לִטְעֹן טֹעַן אַחֵר שֶׁלֹּא כְעִנְיָנוֹ,
יָצָא לְהָקֵל וּלְהַחֲמִיר
כָּל דָּבָר שֶׁהָיָה בִּכְלָל, וְיָצָא לִדּוֹן בְּדָבָר הֶחָדָשׁ, אִי אַתָּה יָכוֹל לְהַחֲזִירוֹ לִכְלָלוֹ
עַד שֶׁיַּחֲזִירֶנּוּ הַכָּתוּב לִכְלָלוֹ בְּפֵרוּשׁ
דָּבָר הַלָּמֵד מֵעִנְיָנוֹ, וְדָבָר הַלָּמֵד מִסּוֹפוֹ
וְכֵן שְׁנֵי כְתוּבִים הַמַּכְחִישִׁים זֶה אֶת זֶה, עַד שֶׁיָּבוֹא הַכָּתוּב הַשְּׁלִישִׁי
וְיַכְרִיעַ בֵּינֵיהֶם.

יְהִי רָצוֹן מִלְּפָנֶיךָ יי אֱלֹהֵינוּ וֵאלֹהֵי אֲבוֹתֵינוּ, שֶׁיִּבָּנֶה בֵּית הַמִּקְדָּשׁ בִּמְהֵרָה בְיָמֵינוּ וְתֵן חֶלְקֵנוּ בְּתוֹרָתֶךָ, וְשָׁם נַעֲבָדְךָ בְּיִרְאָה כִּימֵי עוֹלָם וּכְשָׁנִים קַדְמוֹנִיּוֹת.

קדיש דרבנן:

יתגדל ויתקדש שמו הגדול	יִתְגַּדַּל וְיִתְקַדַּשׁ שְׁמֵהּ רַבָּא
בעולם אשר ברא כרצונו וימליך מלכותו	בְּעָלְמָא דִּי בְרָא כִרְעוּתֵהּ וְיַמְלִיךְ מַלְכוּתֵהּ
ויצמיח ישועתו, ויקרב משיחו	וְיַצְמַח פֻּרְקָנֵהּ וִיקָרֵב מְשִׁיחֵהּ
בחייכם וביומיכם ובחיי כל בית ישראל	בְּחַיֵּיכוֹן וּבְיוֹמֵיכוֹן וּבְחַיֵּי דְכָל בֵּית יִשְׂרָאֵל
במהרה ובזמן קרוב	בַּעֲגָלָא וּבִזְמַן קָרִיב
ואמרו אמן.	וְאִמְרוּ אָמֵן.
יהא שמו הגדול מבורך לעולם ולעולמי עולמים.	יְהֵא שְׁמֵהּ רַבָּא מְבָרַךְ לְעָלַם וּלְעָלְמֵי עָלְמַיָּא.
יתברך וישתבח ויתפאר ויתרומם ויתנשא	יִתְבָּרַךְ וְיִשְׁתַּבַּח וְיִתְפָּאַר וְיִתְרוֹמַם וְיִתְנַשֵּׂא
ויתהדר ויתעלה ויתהלל	וְיִתְהַדָּר וְיִתְעַלֶּה וְיִתְהַלָּל
שמו של הקדוש ברוך הוא	שְׁמֵהּ דְּקֻדְשָׁא בְּרִיךְ הוּא
למעלה למעלה מכל הברכות והשירות	לְעֵלָּא לְעֵלָּא מִכָּל בִּרְכָתָא וְשִׁירָתָא
התשבחות והנחמות האמורות בעולם	תֻּשְׁבְּחָתָא וְנֶחֱמָתָא דַּאֲמִירָן בְּעָלְמָא
ואמרו אמן.	וְאִמְרוּ אָמֵן.
על ישראל ועל רבותינו	עַל יִשְׂרָאֵל וְעַל רַבָּנָן
ועל תלמידיהם ועל כל תלמידי תלמידיהם	וְעַל תַּלְמִידֵיהוֹן וְעַל כָּל תַּלְמִידֵי תַלְמִידֵיהוֹן
ועל כל מי שעוסקים בתורה	וְעַל כָּל מָאן דְּעָסְקִין בְּאוֹרַיְתָא
שבמקום הקדוש* הזה	דִּי בְאַתְרָא קַדִּישָׁא* הָדֵין
ושבכל מקום ומקום	וְדִי בְכָל אֲתַר וַאֲתַר
יהא להם ולכם שלום רב	יְהֵא לְהוֹן וּלְכוֹן שְׁלָמָא רַבָּא
חן וחסד	חִנָּא וְחִסְדָּא
ורחמים וחיים ארוכים ומזונות רווחים	וְרַחֲמֵי, וְחַיֵּי אֲרִיכֵי, וּמְזוֹנֵי רְוִיחֵי
וישועה מלפני אביהם שבשמים ובארץ	וּפֻרְקָנָא מִן קֳדָם אֲבוּהוֹן דִּי בִשְׁמַיָּא וְאַרְעָא
ואמרו אמן.	וְאִמְרוּ אָמֵן.
יהא שלום רב מן השמים	יְהֵא שְׁלָמָא רַבָּא מִן שְׁמַיָּא
וחיים טובים עלינו ועל כל ישראל	וְחַיִּים טוֹבִים עָלֵינוּ וְעַל כָּל יִשְׂרָאֵל
ואמרו אמן.	וְאִמְרוּ אָמֵן.

עֹשֶׂה הַשָּׁלוֹם בִּמְרוֹמָיו
הוּא בְּרַחֲמָיו יַעֲשֶׂה שָׁלוֹם עָלֵינוּ וְעַל כָּל יִשְׂרָאֵל
וְאִמְרוּ אָמֵן.

* בחו״ל אין אומרים ״קדישא״

הוֹדוּ לַיי קִרְאוּ בִשְׁמוֹ, הוֹדִיעוּ בָעַמִּים עֲלִילֹתָיו. שִׁירוּ לוֹ, זַמְּרוּ לוֹ, שִׂיחוּ בְּכָל נִפְלְאוֹתָיו. הִתְהַלְלוּ בְּשֵׁם קָדְשׁוֹ, יִשְׂמַח לֵב מְבַקְשֵׁי יי. דִּרְשׁוּ יי וְעֻזּוֹ, בַּקְּשׁוּ פָנָיו תָּמִיד. זִכְרוּ נִפְלְאֹתָיו אֲשֶׁר עָשָׂה, מֹפְתָיו וּמִשְׁפְּטֵי פִיהוּ. זֶרַע יִשְׂרָאֵל עַבְדּוֹ, בְּנֵי יַעֲקֹב בְּחִירָיו. הוּא יי אֱלֹהֵינוּ בְּכָל הָאָרֶץ מִשְׁפָּטָיו. זִכְרוּ לְעוֹלָם בְּרִיתוֹ, דָּבָר צִוָּה לְאֶלֶף דּוֹר. אֲשֶׁר כָּרַת אֶת אַבְרָהָם, וּשְׁבוּעָתוֹ לְיִצְחָק. וַיַּעֲמִידֶהָ לְיַעֲקֹב לְחֹק, לְיִשְׂרָאֵל בְּרִית עוֹלָם. לֵאמֹר, לְךָ אֶתֵּן אֶרֶץ כְּנָעַן, חֶבֶל נַחֲלַתְכֶם. בִּהְיוֹתְכֶם מְתֵי מִסְפָּר, כִּמְעַט וְגָרִים בָּהּ. וַיִּתְהַלְּכוּ מִגּוֹי אֶל גּוֹי, וּמִמַּמְלָכָה אֶל עַם אַחֵר. לֹא הִנִּיחַ לְאִישׁ לְעָשְׁקָם, וַיּוֹכַח עֲלֵיהֶם מְלָכִים. אַל תִּגְּעוּ בִּמְשִׁיחָי, וּבִנְבִיאַי אַל תָּרֵעוּ. שִׁירוּ לַיי כָּל הָאָרֶץ, בַּשְּׂרוּ מִיּוֹם אֶל יוֹם יְשׁוּעָתוֹ. סַפְּרוּ בַגּוֹיִם אֶת כְּבוֹדוֹ, בְּכָל הָעַמִּים נִפְלְאֹתָיו. כִּי גָדוֹל יי וּמְהֻלָּל מְאֹד, וְנוֹרָא הוּא עַל כָּל אֱלֹהִים. כִּי כָּל אֱלֹהֵי הָעַמִּים אֱלִילִים, וַיי שָׁמַיִם עָשָׂה. הוֹד וְהָדָר לְפָנָיו, עֹז וְחֶדְוָה בִּמְקֹמוֹ. הָבוּ לַיי מִשְׁפְּחוֹת עַמִּים, הָבוּ לַיי כָּבוֹד וָעֹז. הָבוּ לַיי כְּבוֹד שְׁמוֹ, שְׂאוּ מִנְחָה וּבֹאוּ לְפָנָיו, הִשְׁתַּחֲווּ לַיי בְּהַדְרַת קֹדֶשׁ. חִילוּ מִלְּפָנָיו כָּל הָאָרֶץ, אַף תִּכּוֹן תֵּבֵל בַּל תִּמּוֹט. יִשְׂמְחוּ הַשָּׁמַיִם וְתָגֵל הָאָרֶץ, וְיֹאמְרוּ בַגּוֹיִם יי מָלָךְ. יִרְעַם הַיָּם וּמְלוֹאוֹ, יַעֲלֹץ הַשָּׂדֶה וְכָל אֲשֶׁר בּוֹ. אָז יְרַנְּנוּ עֲצֵי הַיָּעַר, מִלִּפְנֵי יי כִּי בָא לִשְׁפּוֹט אֶת הָאָרֶץ. הוֹדוּ לַיי כִּי טוֹב, כִּי לְעוֹלָם חַסְדּוֹ. וְאִמְרוּ, הוֹשִׁיעֵנוּ אֱלֹהֵי יִשְׁעֵנוּ, וְקַבְּצֵנוּ וְהַצִּילֵנוּ מִן הַגּוֹיִם, לְהֹדוֹת לְשֵׁם קָדְשֶׁךָ, לְהִשְׁתַּבֵּחַ בִּתְהִלָּתֶךָ. בָּרוּךְ יי אֱלֹהֵי יִשְׂרָאֵל, מִן הָעוֹלָם וְעַד הָעֹלָם, וַיֹּאמְרוּ כָל הָעָם אָמֵן וְהַלֵּל לַיי.

רוֹמְמוּ יי אֱלֹהֵינוּ וְהִשְׁתַּחֲווּ לַהֲדֹם רַגְלָיו, קָדוֹשׁ הוּא. רוֹמְמוּ יי אֱלֹהֵינוּ וְהִשְׁתַּחֲווּ לְהַר קָדְשׁוֹ, כִּי קָדוֹשׁ יי אֱלֹהֵינוּ.

וְהוּא רַחוּם יְכַפֵּר עָוֹן וְלֹא יַשְׁחִית, וְהִרְבָּה לְהָשִׁיב אַפּוֹ, וְלֹא יָעִיר כָּל חֲמָתוֹ. אַתָּה יי לֹא תִכְלָא רַחֲמֶיךָ מִמֶּנִּי, חַסְדְּךָ וַאֲמִתְּךָ תָּמִיד יִצְּרוּנִי. זְכֹר רַחֲמֶיךָ יי וַחֲסָדֶיךָ כִּי מֵעוֹלָם הֵמָּה. תְּנוּ עֹז לֵאלֹהִים. עַל יִשְׂרָאֵל גַּאֲוָתוֹ, וְעֻזּוֹ בַּשְּׁחָקִים. נוֹרָא אֱלֹהִים מִמִּקְדָּשֶׁיךָ, אֵל יִשְׂרָאֵל, הוּא נֹתֵן עֹז וְתַעֲצֻמוֹת לָעָם, בָּרוּךְ אֱלֹהִים. אֵל נְקָמוֹת יי, אֵל נְקָמוֹת הוֹפִיעַ. הִנָּשֵׂא שֹׁפֵט הָאָרֶץ, הָשֵׁב גְּמוּל עַל

גֵּאִים. לַיי הַיְשׁוּעָה, עַל עַמְּךָ בִרְכָתֶךָ סֶּלָה. יי צְבָאוֹת עִמָּנוּ, מִשְׂגָּב לָנוּ אֱלֹהֵי יַעֲקֹב סֶלָה. יי צְבָאוֹת, אַשְׁרֵי אָדָם בֹּטֵחַ בָּךְ. יי הוֹשִׁיעָה, הַמֶּלֶךְ יַעֲנֵנוּ בְיוֹם קָרְאֵנוּ. הוֹשִׁיעָה אֶת עַמֶּךָ, וּבָרֵךְ אֶת נַחֲלָתֶךָ, וּרְעֵם וְנַשְּׂאֵם עַד הָעוֹלָם. נַפְשֵׁנוּ חִכְּתָה לַיי, עֶזְרֵנוּ וּמָגִנֵּנוּ הוּא. כִּי בוֹ יִשְׂמַח לִבֵּנוּ כִּי בְשֵׁם קָדְשׁוֹ בָטָחְנוּ. יְהִי חַסְדְּךָ יי עָלֵינוּ, כַּאֲשֶׁר יִחַלְנוּ לָךְ.

הַרְאֵנוּ יי חַסְדֶּךָ וְיֶשְׁעֲךָ תִּתֶּן לָנוּ. קוּמָה עֶזְרָתָה לָּנוּ, וּפְדֵנוּ לְמַעַן חַסְדֶּךָ. אָנֹכִי יי אֱלֹהֶיךָ, הַמַּעַלְךָ מֵאֶרֶץ מִצְרָיִם, הַרְחֶב פִּיךָ וַאֲמַלְאֵהוּ. אַשְׁרֵי הָעָם שֶׁכָּכָה לּוֹ, אַשְׁרֵי הָעָם שֶׁיי אֱלֹהָיו. וַאֲנִי בְּחַסְדְּךָ בָטַחְתִּי, יָגֵל לִבִּי בִּישׁוּעָתֶךָ, אָשִׁירָה לַיי כִּי גָמַל עָלָי.

ל מִזְמוֹר שִׁיר־חֲנֻכַּת הַבַּיִת לְדָוִד: אֲרוֹמִמְךָ יהוה כִּי דִלִּיתָנִי וְלֹא־שִׂמַּחְתָּ אֹיְבַי לִי: יהוה אֱלֹהָי שִׁוַּעְתִּי אֵלֶיךָ וַתִּרְפָּאֵנִי: יהוה הֶעֱלִיתָ מִן־שְׁאוֹל נַפְשִׁי חִיִּיתַנִי מִיָּרְדִי־בוֹר: זַמְּרוּ לַיהוה חֲסִידָיו וְהוֹדוּ לְזֵכֶר קָדְשׁוֹ: כִּי רֶגַע בְּאַפּוֹ חַיִּים בִּרְצוֹנוֹ בָּעֶרֶב יָלִין בֶּכִי וְלַבֹּקֶר רִנָּה: וַאֲנִי אָמַרְתִּי בְשַׁלְוִי בַּל־אֶמּוֹט לְעוֹלָם: יהוה בִּרְצוֹנְךָ הֶעֱמַדְתָּה לְהַרְרִי עֹז הִסְתַּרְתָּ פָנֶיךָ הָיִיתִי נִבְהָל: אֵלֶיךָ יהוה אֶקְרָא וְאֶל־אֲדֹנָי אֶתְחַנָּן: מַה־בֶּצַע בְּדָמִי בְּרִדְתִּי אֶל שָׁחַת הֲיוֹדְךָ עָפָר הֲיַגִּיד אֲמִתֶּךָ: שְׁמַע־יהוה וְחָנֵּנִי יהוה הֱיֵה־עֹזֵר לִי: הָפַכְתָּ מִסְפְּדִי לְמָחוֹל לִי פִּתַּחְתָּ שַׂקִּי וַתְּאַזְּרֵנִי שִׂמְחָה: לְמַעַן יְזַמֶּרְךָ כָבוֹד וְלֹא יִדֹּם יהוה אֱלֹהַי לְעוֹלָם אוֹדֶךָּ:

יי מֶלֶךְ, יי מָלָךְ, יי יִמְלֹךְ לְעֹלָם וָעֶד.
יי מֶלֶךְ, יי מָלָךְ, יי יִמְלֹךְ לְעֹלָם וָעֶד.

וְהָיָה יי לְמֶלֶךְ עַל כָּל הָאָרֶץ
בַּיּוֹם הַהוּא יִהְיֶה יי אֶחָד וּשְׁמוֹ אֶחָד.

הוֹשִׁיעֵנוּ יי אֱלֹהֵינוּ וְקַבְּצֵנוּ מִן הַגּוֹיִם, לְהוֹדוֹת לְשֵׁם קָדְשֶׁךָ, לְהִשְׁתַּבֵּחַ בִּתְהִלָּתֶךָ. בָּרוּךְ יי אֱלֹהֵי יִשְׂרָאֵל מִן הָעוֹלָם וְעַד הָעוֹלָם, וְאָמַר כָּל הָעָם אָמֵן הַלְלוּיָהּ. כֹּל הַנְּשָׁמָה תְּהַלֵּל יָהּ, הַלְלוּיָהּ.

יט לַמְנַצֵּחַ מִזְמוֹר לְדָוִד: הַשָּׁמַיִם מְסַפְּרִים כְּבוֹד־אֵל וּמַעֲשֵׂה יָדָיו
מַגִּיד הָרָקִיעַ: יוֹם לְיוֹם יַבִּיעַ אֹמֶר וְלַיְלָה לְּלַיְלָה יְחַוֶּה־דָּעַת:
אֵין־אֹמֶר וְאֵין דְּבָרִים בְּלִי נִשְׁמָע קוֹלָם: בְּכָל־הָאָרֶץ יָצָא
קַוָּם וּבִקְצֵה תֵבֵל מִלֵּיהֶם לַשֶּׁמֶשׁ שָׂם־אֹהֶל בָּהֶם: וְהוּא כְּחָתָן
יֹצֵא מֵחֻפָּתוֹ יָשִׂישׂ כְּגִבּוֹר לָרוּץ אֹרַח: מִקְצֵה הַשָּׁמַיִם מוֹצָאוֹ
וּתְקוּפָתוֹ עַל־קְצוֹתָם וְאֵין נִסְתָּר מֵחַמָּתוֹ: תּוֹרַת יהוה תְּמִימָה
מְשִׁיבַת נָפֶשׁ עֵדוּת יהוה נֶאֱמָנָה מַחְכִּימַת פֶּתִי: פִּקּוּדֵי יהוה
יְשָׁרִים מְשַׂמְּחֵי־לֵב מִצְוַת יהוה בָּרָה מְאִירַת עֵינָיִם: יִרְאַת
יהוה טְהוֹרָה עוֹמֶדֶת לָעַד מִשְׁפְּטֵי־יהוה אֱמֶת צָדְקוּ יַחְדָּו:
הַנֶּחֱמָדִים מִזָּהָב וּמִפַּז רָב וּמְתוּקִים מִדְּבַשׁ וְנֹפֶת צוּפִים:
גַּם־עַבְדְּךָ נִזְהָר בָּהֶם בְּשָׁמְרָם עֵקֶב רָב: שְׁגִיאוֹת מִי־יָבִין
מִנִּסְתָּרוֹת נַקֵּנִי: גַּם מִזֵּדִים חֲשֹׂךְ עַבְדֶּךָ אַל־יִמְשְׁלוּ־בִי אָז
אֵיתָם וְנִקֵּיתִי מִפֶּשַׁע רָב: יִהְיוּ לְרָצוֹן אִמְרֵי־פִי וְהֶגְיוֹן לִבִּי
לְפָנֶיךָ יהוה צוּרִי וְגֹאֲלִי:

לג רַנְּנוּ צַדִּיקִים בַּיהוה לַיְשָׁרִים נָאוָה תְהִלָּה: הוֹדוּ לַיהוה בְּכִנּוֹר
בְּנֵבֶל עָשׂוֹר זַמְּרוּ־לוֹ: שִׁירוּ־לוֹ שִׁיר חָדָשׁ הֵיטִיבוּ נַגֵּן בִּתְרוּעָה:
כִּי־יָשָׁר דְּבַר־יהוה וְכָל־מַעֲשֵׂהוּ בֶּאֱמוּנָה: אֹהֵב צְדָקָה וּמִשְׁפָּט
חֶסֶד יהוה מָלְאָה הָאָרֶץ: בִּדְבַר יהוה שָׁמַיִם נַעֲשׂוּ וּבְרוּחַ פִּיו
כָּל־צְבָאָם: כֹּנֵס כַּנֵּד מֵי הַיָּם נֹתֵן בְּאוֹצָרוֹת תְּהוֹמוֹת: יִירְאוּ

מֵיהוה כָּל־הָאָרֶץ מִמֶּנּוּ יָגוּרוּ כָּל־יֹשְׁבֵי תֵבֵל: כִּי הוּא אָמַר
וַיֶּהִי הוּא־צִוָּה וַיַּעֲמֹד: יהוה הֵפִיר עֲצַת־גּוֹיִם הֵנִיא מַחְשְׁבוֹת
עַמִּים: עֲצַת יהוה לְעוֹלָם תַּעֲמֹד מַחְשְׁבוֹת לִבּוֹ לְדֹר וָדֹר:
אַשְׁרֵי הַגּוֹי אֲשֶׁר־יהוה אֱלֹהָיו הָעָם בָּחַר לְנַחֲלָה לוֹ: מִשָּׁמַיִם
הִבִּיט יהוה רָאָה אֶת־כָּל־בְּנֵי הָאָדָם: מִמְּכוֹן־שִׁבְתּוֹ הִשְׁגִּיחַ
אֶל כָּל־יֹשְׁבֵי הָאָרֶץ: הַיֹּצֵר יַחַד לִבָּם הַמֵּבִין אֶל־כָּל־מַעֲשֵׂיהֶם:
אֵין־הַמֶּלֶךְ נוֹשָׁע בְּרָב־חָיִל גִּבּוֹר לֹא־יִנָּצֵל בְּרָב־כֹּחַ: שֶׁקֶר
הַסּוּס לִתְשׁוּעָה וּבְרֹב חֵילוֹ לֹא יְמַלֵּט: הִנֵּה עֵין יהוה אֶל־
יְרֵאָיו לַמְיַחֲלִים לְחַסְדּוֹ: לְהַצִּיל מִמָּוֶת נַפְשָׁם וּלְחַיּוֹתָם בָּרָעָב:
נַפְשֵׁנוּ חִכְּתָה לַיהוה עֶזְרֵנוּ וּמָגִנֵּנוּ הוּא: כִּי־בוֹ יִשְׂמַח לִבֵּנוּ
כִּי בְשֵׁם קָדְשׁוֹ בָטָחְנוּ: יְהִי־חַסְדְּךָ יהוה עָלֵינוּ כַּאֲשֶׁר
יִחַלְנוּ לָךְ:

לד לְדָוִד בְּשַׁנּוֹתוֹ אֶת־טַעְמוֹ לִפְנֵי אֲבִימֶלֶךְ וַיְגָרְשֵׁהוּ וַיֵּלַךְ:
אֲבָרְכָה אֶת־יהוה בְּכָל־עֵת תָּמִיד תְּהִלָּתוֹ בְּפִי: בַּיהוה
תִּתְהַלֵּל נַפְשִׁי יִשְׁמְעוּ עֲנָוִים וְיִשְׂמָחוּ: גַּדְּלוּ לַיהוה אִתִּי
וּנְרוֹמְמָה שְׁמוֹ יַחְדָּו: דָּרַשְׁתִּי אֶת־יהוה וְעָנָנִי וּמִכָּל־מְגוּרוֹתַי
הִצִּילָנִי: הִבִּיטוּ אֵלָיו וְנָהָרוּ וּפְנֵיהֶם אַל־יֶחְפָּרוּ: זֶה עָנִי קָרָא
וַיהוה שָׁמֵעַ וּמִכָּל־צָרוֹתָיו הוֹשִׁיעוֹ: חֹנֶה מַלְאַךְ־יהוה סָבִיב
לִירֵאָיו וַיְחַלְּצֵם: טַעֲמוּ וּרְאוּ כִּי־טוֹב יהוה אַשְׁרֵי הַגֶּבֶר יֶחֱסֶה־
בּוֹ: יְראוּ אֶת־יהוה קְדֹשָׁיו כִּי־אֵין מַחְסוֹר לִירֵאָיו: כְּפִירִים
רָשׁוּ וְרָעֵבוּ וְדֹרְשֵׁי יהוה לֹא־יַחְסְרוּ כָל־טוֹב: לְכוּ־בָנִים שִׁמְעוּ־
לִי יִרְאַת יהוה אֲלַמֶּדְכֶם: מִי־הָאִישׁ הֶחָפֵץ חַיִּים אֹהֵב יָמִים
לִרְאוֹת טוֹב: נְצֹר לְשׁוֹנְךָ מֵרָע וּשְׂפָתֶיךָ מִדַּבֵּר מִרְמָה: סוּר

מֵרָע וַעֲשֵׂה־טוֹב בַּקֵּשׁ שָׁלוֹם וְרָדְפֵהוּ: עֵינֵי יהוה אֶל־צַדִּיקִים
וְאָזְנָיו אֶל־שַׁוְעָתָם: פְּנֵי יהוה בְּעֹשֵׂי רָע לְהַכְרִית מֵאֶרֶץ זִכְרָם:
צָעֲקוּ וַיהוה שָׁמֵעַ וּמִכָּל־צָרוֹתָם הִצִּילָם: קָרוֹב יהוה לְנִשְׁבְּרֵי־
לֵב וְאֶת־דַּכְּאֵי־רוּחַ יוֹשִׁיעַ: רַבּוֹת רָעוֹת צַדִּיק וּמִכֻּלָּם יַצִּילֶנּוּ
יהוה: שֹׁמֵר כָּל־עַצְמוֹתָיו אַחַת מֵהֵנָּה לֹא נִשְׁבָּרָה: תְּמוֹתֵת
רָשָׁע רָעָה וְשֹׂנְאֵי צַדִּיק יֶאְשָׁמוּ: פּוֹדֶה יהוה נֶפֶשׁ עֲבָדָיו וְלֹא
יֶאְשְׁמוּ כָּל־הַחֹסִים בּוֹ:

צ תְּפִלָּה לְמֹשֶׁה אִישׁ־הָאֱלֹהִים אֲדֹנָי מָעוֹן אַתָּה הָיִיתָ לָּנוּ בְּדֹר
וָדֹר: בְּטֶרֶם הָרִים יֻלָּדוּ וַתְּחוֹלֵל אֶרֶץ וְתֵבֵל וּמֵעוֹלָם עַד־עוֹלָם
אַתָּה אֵל: תָּשֵׁב אֱנוֹשׁ עַד־דַּכָּא וַתֹּאמֶר שׁוּבוּ בְנֵי־אָדָם: כִּי
אֶלֶף שָׁנִים בְּעֵינֶיךָ כְּיוֹם אֶתְמוֹל כִּי יַעֲבֹר וְאַשְׁמוּרָה בַלָּיְלָה:
זְרַמְתָּם שֵׁנָה יִהְיוּ בַּבֹּקֶר כֶּחָצִיר יַחֲלֹף: בַּבֹּקֶר יָצִיץ וְחָלָף
לָעֶרֶב יְמוֹלֵל וְיָבֵשׁ: כִּי־כָלִינוּ בְאַפֶּךָ וּבַחֲמָתְךָ נִבְהָלְנוּ: שַׁתָּ
עֲוֹנֹתֵינוּ לְנֶגְדֶּךָ עֲלֻמֵנוּ לִמְאוֹר פָּנֶיךָ: כִּי כָל־יָמֵינוּ פָּנוּ בְעֶבְרָתֶךָ
כִּלִּינוּ שָׁנֵינוּ כְמוֹ־הֶגֶה: יְמֵי־שְׁנוֹתֵינוּ בָהֶם שִׁבְעִים שָׁנָה וְאִם
בִּגְבוּרֹת שְׁמוֹנִים שָׁנָה וְרָהְבָּם עָמָל וָאָוֶן כִּי־גָז חִישׁ וַנָּעֻפָה:
מִי־יוֹדֵעַ עֹז אַפֶּךָ וּכְיִרְאָתְךָ עֶבְרָתֶךָ: לִמְנוֹת יָמֵינוּ כֵּן הוֹדַע
וְנָבִא לְבַב חָכְמָה: שׁוּבָה יהוה עַד־מָתָי וְהִנָּחֵם עַל־עֲבָדֶיךָ:
שַׂבְּעֵנוּ בַבֹּקֶר חַסְדֶּךָ וּנְרַנְּנָה וְנִשְׂמְחָה בְּכָל־יָמֵינוּ: שַׂמְּחֵנוּ
כִּימוֹת עִנִּיתָנוּ שְׁנוֹת רָאִינוּ רָעָה: יֵרָאֶה אֶל־עֲבָדֶיךָ פָעֳלֶךָ
וַהֲדָרְךָ עַל־בְּנֵיהֶם: וִיהִי נֹעַם אֲדֹנָי אֱלֹהֵינוּ עָלֵינוּ וּמַעֲשֵׂה
יָדֵינוּ כּוֹנְנָה עָלֵינוּ וּמַעֲשֵׂה יָדֵינוּ כּוֹנְנֵהוּ:

צא יֹשֵׁב בְּסֵתֶר עֶלְיוֹן בְּצֵל שַׁדַּי יִתְלוֹנָן: אֹמַר לַיהוה מַחְסִי
וּמְצוּדָתִי אֱלֹהַי אֶבְטַח־בּוֹ: כִּי הוּא יַצִּילְךָ מִפַּח יָקוּשׁ מִדֶּבֶר
הַוּוֹת: בְּאֶבְרָתוֹ יָסֶךְ לָךְ וְתַחַת־כְּנָפָיו תֶּחְסֶה צִנָּה וְסֹחֵרָה
אֲמִתּוֹ: לֹא־תִירָא מִפַּחַד לָיְלָה מֵחֵץ יָעוּף יוֹמָם: מִדֶּבֶר בָּאֹפֶל
יַהֲלֹךְ מִקֶּטֶב יָשׁוּד צָהֳרָיִם: יִפֹּל מִצִּדְּךָ אֶלֶף וּרְבָבָה מִימִינֶךָ
אֵלֶיךָ לֹא יִגָּשׁ: רַק בְּעֵינֶיךָ תַבִּיט וְשִׁלֻּמַת רְשָׁעִים תִּרְאֶה: כִּי־
אַתָּה יהוה מַחְסִי עֶלְיוֹן שַׂמְתָּ מְעוֹנֶךָ: לֹא־תְאֻנֶּה אֵלֶיךָ רָעָה
וְנֶגַע לֹא־יִקְרַב בְּאָהֳלֶךָ: כִּי מַלְאָכָיו יְצַוֶּה־לָּךְ לִשְׁמָרְךָ בְּכָל־
דְּרָכֶיךָ: עַל־כַּפַּיִם יִשָּׂאוּנְךָ פֶּן־תִּגֹּף בָּאֶבֶן רַגְלֶךָ: עַל־שַׁחַל וָפֶתֶן
תִּדְרֹךְ תִּרְמֹס כְּפִיר וְתַנִּין: כִּי בִי חָשַׁק וַאֲפַלְּטֵהוּ אֲשַׂגְּבֵהוּ
כִּי־יָדַע שְׁמִי: יִקְרָאֵנִי וְאֶעֱנֵהוּ עִמּוֹ־אָנֹכִי בְצָרָה אֲחַלְּצֵהוּ
וַאֲכַבְּדֵהוּ: אֹרֶךְ יָמִים אַשְׂבִּיעֵהוּ וְאַרְאֵהוּ בִּישׁוּעָתִי:
אֹרֶךְ יָמִים אַשְׂבִּיעֵהוּ וְאַרְאֵהוּ בִּישׁוּעָתִי:

צח מִזְמוֹר שִׁירוּ לַיהוה שִׁיר חָדָשׁ כִּי־נִפְלָאוֹת עָשָׂה הוֹשִׁיעָה־לּוֹ
יְמִינוֹ וּזְרוֹעַ קָדְשׁוֹ: הוֹדִיעַ יהוה יְשׁוּעָתוֹ לְעֵינֵי הַגּוֹיִם גִּלָּה
צִדְקָתוֹ: זָכַר חַסְדּוֹ וֶאֱמוּנָתוֹ לְבֵית יִשְׂרָאֵל רָאוּ כָל־אַפְסֵי־
אָרֶץ אֵת יְשׁוּעַת אֱלֹהֵינוּ: הָרִיעוּ לַיהוה כָּל־הָאָרֶץ פִּצְחוּ וְרַנְּנוּ
וְזַמֵּרוּ: זַמְּרוּ לַיהוה בְּכִנּוֹר בְּכִנּוֹר וְקוֹל זִמְרָה: בַּחֲצֹצְרוֹת וְקוֹל
שׁוֹפָר הָרִיעוּ לִפְנֵי הַמֶּלֶךְ יהוה: יִרְעַם הַיָּם וּמְלֹאוֹ תֵּבֵל וְיֹשְׁבֵי
בָהּ: נְהָרוֹת יִמְחֲאוּ־כָף יַחַד הָרִים יְרַנֵּנוּ: לִפְנֵי־יהוה כִּי בָא
לִשְׁפֹּט הָאָרֶץ יִשְׁפֹּט־תֵּבֵל בְּצֶדֶק וְעַמִּים בְּמֵישָׁרִים:

קכא שִׁיר לַמַּעֲלוֹת אֶשָּׂא עֵינַי אֶל־הֶהָרִים מֵאַיִן יָבֹא עֶזְרִי: עֶזְרִי
מֵעִם יהוה עֹשֵׂה שָׁמַיִם וָאָרֶץ: אַל־יִתֵּן לַמּוֹט רַגְלֶךָ אַל־יָנוּם
שֹׁמְרֶךָ: הִנֵּה לֹא־יָנוּם וְלֹא יִישָׁן שׁוֹמֵר יִשְׂרָאֵל: יהוה שֹׁמְרֶךָ
יהוה צִלְּךָ עַל־יַד יְמִינֶךָ: יוֹמָם הַשֶּׁמֶשׁ לֹא־יַכֶּכָּה וְיָרֵחַ בַּלָּיְלָה:
יהוה יִשְׁמָרְךָ מִכָּל־רָע יִשְׁמֹר אֶת־נַפְשֶׁךָ: יהוה יִשְׁמָר־צֵאתְךָ
וּבוֹאֶךָ מֵעַתָּה וְעַד־עוֹלָם:

קכב שִׁיר הַמַּעֲלוֹת לְדָוִד שָׂמַחְתִּי בְּאֹמְרִים לִי בֵּית יהוה נֵלֵךְ:
עֹמְדוֹת הָיוּ רַגְלֵינוּ בִּשְׁעָרַיִךְ יְרוּשָׁלִָם: יְרוּשָׁלִַם הַבְּנוּיָה כְּעִיר
שֶׁחֻבְּרָה־לָּהּ יַחְדָּו: שֶׁשָּׁם עָלוּ שְׁבָטִים שִׁבְטֵי־יָהּ עֵדוּת
לְיִשְׂרָאֵל לְהֹדוֹת לְשֵׁם יהוה: כִּי שָׁמָּה יָשְׁבוּ כִסְאוֹת
לְמִשְׁפָּט כִּסְאוֹת לְבֵית דָּוִד: שַׁאֲלוּ שְׁלוֹם יְרוּשָׁלִָם יִשְׁלָיוּ
אֹהֲבָיִךְ: יְהִי־שָׁלוֹם בְּחֵילֵךְ שַׁלְוָה בְּאַרְמְנוֹתָיִךְ: לְמַעַן אַחַי
וְרֵעָי אֲדַבְּרָה־נָּא שָׁלוֹם בָּךְ: לְמַעַן בֵּית־יהוה אֱלֹהֵינוּ
אֲבַקְשָׁה טוֹב לָךְ:

קכג שִׁיר הַמַּעֲלוֹת אֵלֶיךָ נָשָׂאתִי אֶת־עֵינַי הַיֹּשְׁבִי בַּשָּׁמָיִם: הִנֵּה
כְעֵינֵי עֲבָדִים אֶל־יַד אֲדוֹנֵיהֶם כְּעֵינֵי שִׁפְחָה אֶל־יַד גְּבִרְתָּהּ
כֵּן עֵינֵינוּ אֶל־יהוה אֱלֹהֵינוּ עַד שֶׁיְּחָנֵּנוּ: חָנֵּנוּ יהוה חָנֵּנוּ
כִּי־רַב שָׂבַעְנוּ בוּז: רַבַּת שָׂבְעָה־לָּהּ נַפְשֵׁנוּ הַלַּעַג הַשַּׁאֲנַנִּים
הַבּוּז לִגְאֵי יוֹנִים:

קכד שִׁיר הַמַּעֲלוֹת לְדָוִד לוּלֵי יהוה שֶׁהָיָה לָנוּ יֹאמַר־נָא יִשְׂרָאֵל:
לוּלֵי יהוה שֶׁהָיָה לָנוּ בְּקוּם עָלֵינוּ אָדָם: אֲזַי חַיִּים בְּלָעוּנוּ

בַּחֲרוֹת אַפָּם בָּנוּ: אֲזַי הַמַּיִם שְׁטָפוּנוּ נַחְלָה עָבַר עַל־נַפְשֵׁנוּ: אֲזַי עָבַר עַל־נַפְשֵׁנוּ הַמַּיִם הַזֵּידוֹנִים: בָּרוּךְ יהוה שֶׁלֹּא נְתָנָנוּ טֶרֶף לְשִׁנֵּיהֶם: נַפְשֵׁנוּ כְּצִפּוֹר נִמְלְטָה מִפַּח יוֹקְשִׁים הַפַּח נִשְׁבָּר וַאֲנַחְנוּ נִמְלָטְנוּ: עֶזְרֵנוּ בְּשֵׁם יהוה עֹשֵׂה שָׁמַיִם וָאָרֶץ:

קלה הַלְלוּיָהּ הַלְלוּ אֶת־שֵׁם יהוה הַלְלוּ עַבְדֵי יהוה: שֶׁעֹמְדִים
בְּבֵית יהוה בְּחַצְרוֹת בֵּית אֱלֹהֵינוּ: הַלְלוּיָהּ כִּי־טוֹב יהוה זַמְּרוּ
לִשְׁמוֹ כִּי נָעִים: כִּי־יַעֲקֹב בָּחַר לוֹ יָהּ יִשְׂרָאֵל לִסְגֻלָּתוֹ: כִּי אֲנִי
יָדַעְתִּי כִּי־גָדוֹל יהוה וַאֲדֹנֵינוּ מִכָּל־אֱלֹהִים: כֹּל אֲשֶׁר־חָפֵץ
יהוה עָשָׂה בַּשָּׁמַיִם וּבָאָרֶץ בַּיַּמִּים וְכָל־תְּהֹמוֹת: מַעֲלֶה נְשִׂאִים
מִקְצֵה הָאָרֶץ בְּרָקִים לַמָּטָר עָשָׂה מוֹצֵא־רוּחַ מֵאוֹצְרוֹתָיו:
שֶׁהִכָּה בְּכוֹרֵי מִצְרָיִם מֵאָדָם עַד־בְּהֵמָה: שָׁלַח אוֹתֹת וּמֹפְתִים
בְּתוֹכֵכִי מִצְרָיִם בְּפַרְעֹה וּבְכָל־עֲבָדָיו: שֶׁהִכָּה גּוֹיִם רַבִּים וְהָרַג
מְלָכִים עֲצוּמִים: לְסִיחוֹן מֶלֶךְ הָאֱמֹרִי וּלְעוֹג מֶלֶךְ הַבָּשָׁן וּלְכֹל
מַמְלְכוֹת כְּנָעַן: וְנָתַן אַרְצָם נַחֲלָה נַחֲלָה לְיִשְׂרָאֵל עַמּוֹ: יהוה
שִׁמְךָ לְעוֹלָם יהוה זִכְרְךָ לְדֹר־וָדֹר: כִּי־יָדִין יהוה עַמּוֹ וְעַל־
עֲבָדָיו יִתְנֶחָם: עֲצַבֵּי הַגּוֹיִם כֶּסֶף וְזָהָב מַעֲשֵׂה יְדֵי אָדָם: פֶּה־
לָהֶם וְלֹא יְדַבֵּרוּ עֵינַיִם לָהֶם וְלֹא יִרְאוּ: אָזְנַיִם לָהֶם וְלֹא יַאֲזִינוּ
אַף אֵין־יֶשׁ־רוּחַ בְּפִיהֶם: כְּמוֹהֶם יִהְיוּ עֹשֵׂיהֶם כֹּל אֲשֶׁר־בֹּטֵחַ
בָּהֶם: בֵּית יִשְׂרָאֵל בָּרְכוּ אֶת־יהוה בֵּית אַהֲרֹן בָּרְכוּ אֶת־יהוה:
בֵּית הַלֵּוִי בָּרְכוּ אֶת־יהוה יִרְאֵי יהוה בָּרְכוּ אֶת־יהוה: בָּרוּךְ
יהוה מִצִּיּוֹן שֹׁכֵן יְרוּשָׁלָםִ הַלְלוּיָהּ:

קלו הוֹדוּ לַיְיָ כִּי־טוֹב   כִּי לְעוֹלָם חַסְדּוֹ
הוֹדוּ לֵאלֹהֵי הָאֱלֹהִים   כִּי לְעוֹלָם חַסְדּוֹ
הוֹדוּ לַאֲדֹנֵי הָאֲדֹנִים   כִּי לְעוֹלָם חַסְדּוֹ
לְעֹשֵׂה נִפְלָאוֹת גְּדֹלוֹת לְבַדּוֹ   כִּי לְעוֹלָם חַסְדּוֹ
לְעֹשֵׂה הַשָּׁמַיִם בִּתְבוּנָה   כִּי לְעוֹלָם חַסְדּוֹ
לְרוֹקַע הָאָרֶץ עַל־הַמָּיִם   כִּי לְעוֹלָם חַסְדּוֹ
לְעֹשֵׂה אוֹרִים גְּדֹלִים   כִּי לְעוֹלָם חַסְדּוֹ
אֶת־הַשֶּׁמֶשׁ לְמֶמְשֶׁלֶת בַּיּוֹם   כִּי לְעוֹלָם חַסְדּוֹ
אֶת־הַיָּרֵחַ וְכוֹכָבִים לְמֶמְשְׁלוֹת בַּלָּיְלָה   כִּי לְעוֹלָם חַסְדּוֹ
לְמַכֵּה מִצְרַיִם בִּבְכוֹרֵיהֶם   כִּי לְעוֹלָם חַסְדּוֹ
וַיּוֹצֵא יִשְׂרָאֵל מִתּוֹכָם   כִּי לְעוֹלָם חַסְדּוֹ
בְּיָד חֲזָקָה וּבִזְרוֹעַ נְטוּיָה   כִּי לְעוֹלָם חַסְדּוֹ
לְגֹזֵר יַם־סוּף לִגְזָרִים   כִּי לְעוֹלָם חַסְדּוֹ
וְהֶעֱבִיר יִשְׂרָאֵל בְּתוֹכוֹ   כִּי לְעוֹלָם חַסְדּוֹ
וְנִעֵר פַּרְעֹה וְחֵילוֹ בְיַם־סוּף   כִּי לְעוֹלָם חַסְדּוֹ
לְמוֹלִיךְ עַמּוֹ בַּמִּדְבָּר   כִּי לְעוֹלָם חַסְדּוֹ
לְמַכֵּה מְלָכִים גְּדֹלִים   כִּי לְעוֹלָם חַסְדּוֹ
וַיַּהֲרֹג מְלָכִים אַדִּירִים   כִּי לְעוֹלָם חַסְדּוֹ
לְסִיחוֹן מֶלֶךְ הָאֱמֹרִי   כִּי לְעוֹלָם חַסְדּוֹ
וּלְעוֹג מֶלֶךְ הַבָּשָׁן   כִּי לְעוֹלָם חַסְדּוֹ
וְנָתַן אַרְצָם לְנַחֲלָה   כִּי לְעוֹלָם חַסְדּוֹ
נַחֲלָה לְיִשְׂרָאֵל עַבְדּוֹ   כִּי לְעוֹלָם חַסְדּוֹ
שֶׁבְּשִׁפְלֵנוּ זָכַר־לָנוּ   כִּי לְעוֹלָם חַסְדּוֹ
וַיִּפְרְקֵנוּ מִצָּרֵינוּ   כִּי לְעוֹלָם חַסְדּוֹ
נֹתֵן לֶחֶם לְכָל־בָּשָׂר   כִּי לְעוֹלָם חַסְדּוֹ
הוֹדוּ לְאֵל הַשָּׁמָיִם   כִּי לְעוֹלָם חַסְדּוֹ

הָאַדֶּרֶת וְהָאֱמוּנָה לְחַי עוֹלָמִים
הַבִּינָה וְהַבְּרָכָה לְחַי עוֹלָמִים
הַגַּאֲוָה וְהַגְּדֻלָּה לְחַי עוֹלָמִים
הַדֵּעָה וְהַדִּבּוּר לְחַי עוֹלָמִים
הַהוֹד וְהֶהָדָר לְחַי עוֹלָמִים
הַוַּעַד וְהַוָּתִיקוּת לְחַי עוֹלָמִים
הַזִּיו וְהַזֹּהַר לְחַי עוֹלָמִים
הַחַיִל וְהַחֹסֶן לְחַי עוֹלָמִים
הַטֶּכֶס וְהַטֹּהַר לְחַי עוֹלָמִים
הַיִּחוּד וְהַיִּרְאָה לְחַי עוֹלָמִים
הַכֶּתֶר וְהַכָּבוֹד לְחַי עוֹלָמִים
הַלֶּקַח וְהַלִּבּוּב לְחַי עוֹלָמִים
הַמְּלוּכָה וְהַמֶּמְשָׁלָה לְחַי עוֹלָמִים
הַנּוֹי וְהַנֵּצַח לְחַי עוֹלָמִים
הַסִּגּוּי וְהַשֶּׂגֶב לְחַי עוֹלָמִים
הָעֹז וְהָעֲנָוָה לְחַי עוֹלָמִים
הַפְּדוּת וְהַפְּאֵר לְחַי עוֹלָמִים
הַצְּבִי וְהַצֶּדֶק לְחַי עוֹלָמִים
הַקְּרִיאָה וְהַקְּדֻשָּׁה לְחַי עוֹלָמִים
הָרֹן וְהָרוֹמֵמוּת לְחַי עוֹלָמִים
הַשִּׁיר וְהַשֶּׁבַח לְחַי עוֹלָמִים
הַתְּהִלָּה וְהַתִּפְאֶרֶת לְחַי עוֹלָמִים

הֲרֵינִי מְזַמֵּן אֶת פִּי לְהוֹדוֹת וּלְהַלֵּל וּלְשַׁבֵּחַ אֶת בּוֹרְאִי, לְשֵׁם יִחוּד קֻדְשָׁא בְּרִיךְ הוּא וּשְׁכִינְתֵּהּ עַל יְדֵי הַהוּא טָמִיר וְנֶעְלָם בְּשֵׁם כָּל יִשְׂרָאֵל.

בָּרוּךְ שֶׁאָמַר

וְהָיָה הָעוֹלָם

בָּרוּךְ הוּא
בָּרוּךְ אוֹמֵר וְעוֹשֶׂה
בָּרוּךְ גּוֹזֵר וּמְקַיֵּם
בָּרוּךְ עוֹשֶׂה בְרֵאשִׁית
בָּרוּךְ מְרַחֵם עַל הָאָרֶץ
בָּרוּךְ מְרַחֵם עַל הַבְּרִיּוֹת
בָּרוּךְ מְשַׁלֵּם שָׂכָר טוֹב לִירֵאָיו
בָּרוּךְ חַי לָעַד וְקַיָּם לָנֶצַח
בָּרוּךְ פּוֹדֶה וּמַצִּיל
בָּרוּךְ שְׁמוֹ

בָּרוּךְ אַתָּה יי אֱלֹהֵינוּ מֶלֶךְ הָעוֹלָם
הָאֵל הָאָב הָרַחֲמָן הַמְהֻלָּל בְּפֶה עַמּוֹ
מְשֻׁבָּח וּמְפֹאָר בִּלְשׁוֹן חֲסִידָיו וַעֲבָדָיו
וּבְשִׁירֵי דָוִד עַבְדֶּךָ נְהַלֶּלְךָ יי אֱלֹהֵינוּ
בִּשְׁבָחוֹת וּבִזְמִירוֹת
נְגַדֶּלְךָ וּנְשַׁבֵּחֲךָ וּנְפָאֶרְךָ וְנַמְלִיכְךָ
וְנַזְכִּיר שִׁמְךָ מַלְכֵּנוּ אֱלֹהֵינוּ, יָחִיד חֵי הָעוֹלָמִים
מֶלֶךְ, מְשֻׁבָּח וּמְפֹאָר עֲדֵי עַד שְׁמוֹ הַגָּדוֹל
בָּרוּךְ אַתָּה יי, מֶלֶךְ מְהֻלָּל בַּתִּשְׁבָּחוֹת.

צב מִזְמוֹר שִׁיר לְיוֹם הַשַּׁבָּת: טוֹב לְהֹדוֹת לַיהוָה וּלְזַמֵּר לְשִׁמְךָ
עֶלְיוֹן: לְהַגִּיד בַּבֹּקֶר חַסְדֶּךָ וֶאֱמוּנָתְךָ בַּלֵּילוֹת: עֲלֵי־עָשׂוֹר
וַעֲלֵי־נָבֶל עֲלֵי הִגָּיוֹן בְּכִנּוֹר: כִּי שִׂמַּחְתַּנִי יהוה בְּפָעֳלֶךָ בְּמַעֲשֵׂי
יָדֶיךָ אֲרַנֵּן: מַה־גָּדְלוּ מַעֲשֶׂיךָ יְהוָה מְאֹד עָמְקוּ מַחְשְׁבֹתֶיךָ:
אִישׁ־בַּעַר לֹא יֵדָע וּכְסִיל לֹא־יָבִין אֶת־זֹאת: בִּפְרֹחַ רְשָׁעִים
כְּמוֹ עֵשֶׂב וַיָּצִיצוּ כָּל־פֹּעֲלֵי אָוֶן לְהִשָּׁמְדָם עֲדֵי־עַד: וְאַתָּה
מָרוֹם לְעֹלָם יהוה: כִּי הִנֵּה אֹיְבֶיךָ יהוה כִּי־הִנֵּה אֹיְבֶיךָ יֹאבֵדוּ
יִתְפָּרְדוּ כָּל־פֹּעֲלֵי אָוֶן: וַתָּרֶם כִּרְאֵים קַרְנִי בַּלֹּתִי בְּשֶׁמֶן רַעֲנָן:
וַתַּבֵּט עֵינִי בְּשׁוּרָי בַּקָּמִים עָלַי מְרֵעִים תִּשְׁמַעְנָה אָזְנָי: צַדִּיק
כַּתָּמָר יִפְרָח כְּאֶרֶז בַּלְּבָנוֹן יִשְׂגֶּה: שְׁתוּלִים בְּבֵית יְהוָה
בְּחַצְרוֹת אֱלֹהֵינוּ יַפְרִיחוּ: עוֹד יְנוּבוּן בְּשֵׂיבָה דְּשֵׁנִים וְרַעֲנַנִּים
יִהְיוּ: לְהַגִּיד כִּי־יָשָׁר יְהוָה צוּרִי וְלֹא־עַוְלָתָה בּוֹ:

צג יהוה מָלָךְ גֵּאוּת לָבֵשׁ לָבֵשׁ יהוה עֹז הִתְאַזָּר אַף־תִּכּוֹן תֵּבֵל
בַּל־תִּמּוֹט: נָכוֹן כִּסְאֲךָ מֵאָז מֵעוֹלָם אָתָּה: נָשְׂאוּ נְהָרוֹת יהוה
נָשְׂאוּ נְהָרוֹת קוֹלָם יִשְׂאוּ נְהָרוֹת דָּכְיָם: מִקֹּלוֹת מַיִם רַבִּים
אַדִּירִים מִשְׁבְּרֵי־יָם אַדִּיר בַּמָּרוֹם יהוה: עֵדֹתֶיךָ נֶאֶמְנוּ מְאֹד
לְבֵיתְךָ נַאֲוָה־קֹדֶשׁ יהוה לְאֹרֶךְ יָמִים:

יְהִי כְבוֹד יי לְעוֹלָם, יִשְׂמַח יי בְּמַעֲשָׂיו. יְהִי שֵׁם יי מְבֹרָךְ מֵעַתָּה וְעַד עוֹלָם. מִמִּזְרַח שֶׁמֶשׁ עַד מְבוֹאוֹ, מְהֻלָּל שֵׁם יי. רָם עַל כָּל גּוֹיִם יי, עַל הַשָּׁמַיִם כְּבוֹדוֹ. יי שִׁמְךָ לְעוֹלָם, יי זִכְרְךָ לְדוֹר וָדוֹר. יי בַּשָּׁמַיִם הֵכִין כִּסְאוֹ, וּמַלְכוּתוֹ בַּכֹּל מָשָׁלָה. יִשְׂמְחוּ הַשָּׁמַיִם וְתָגֵל הָאָרֶץ, וְיֹאמְרוּ בַגּוֹיִם יי מָלָךְ. יי מֶלֶךְ, יי מָלָךְ, יי יִמְלֹךְ לְעוֹלָם וָעֶד. יי מֶלֶךְ עוֹלָם וָעֶד, אָבְדוּ גוֹיִם מֵאַרְצוֹ. יי הֵפִיר עֲצַת גּוֹיִם, הֵנִיא מַחְשְׁבוֹת עַמִּים. רַבּוֹת מַחֲשָׁבוֹת בְּלֶב אִישׁ, וַעֲצַת יי הִיא תָקוּם. עֲצַת יי לְעוֹלָם תַּעֲמֹד, מַחְשְׁבוֹת לִבּוֹ לְדֹר וָדֹר. כִּי הוּא אָמַר וַיֶּהִי, הוּא צִוָּה וַיַּעֲמֹד. כִּי בָחַר יי בְּצִיּוֹן, אִוָּהּ לְמוֹשָׁב לוֹ. כִּי יַעֲקֹב בָּחַר לוֹ יָהּ, יִשְׂרָאֵל לִסְגֻלָּתוֹ. כִּי לֹא יִטֹּשׁ יי עַמּוֹ, וְנַחֲלָתוֹ לֹא יַעֲזֹב. וְהוּא רַחוּם, יְכַפֵּר עָוֹן וְלֹא יַשְׁחִית וְהִרְבָּה לְהָשִׁיב אַפּוֹ, וְלֹא יָעִיר כָּל חֲמָתוֹ. יי הוֹשִׁיעָה, הַמֶּלֶךְ יַעֲנֵנוּ בְיוֹם קָרְאֵנוּ.

אַשְׁרֵי יוֹשְׁבֵי בֵיתֶךָ עוֹד יְהַלְלוּךָ סֶּלָה:
אַשְׁרֵי הָעָם שֶׁכָּכָה לּוֹ אַשְׁרֵי הָעָם שֶׁיהוה אֱלֹהָיו:
קמה תְּהִלָּה לְדָוִד אֲרוֹמִמְךָ אֱלוֹהַי הַמֶּלֶךְ וַאֲבָרְכָה שִׁמְךָ לְעוֹלָם וָעֶד:
בְּכָל־יוֹם אֲבָרְכֶךָּ וַאֲהַלְלָה שִׁמְךָ לְעוֹלָם וָעֶד:
גָּדוֹל יהוה וּמְהֻלָּל מְאֹד וְלִגְדֻלָּתוֹ אֵין חֵקֶר:
דּוֹר לְדוֹר יְשַׁבַּח מַעֲשֶׂיךָ וּגְבוּרֹתֶיךָ יַגִּידוּ:
הֲדַר כְּבוֹד הוֹדֶךָ וְדִבְרֵי נִפְלְאֹתֶיךָ אָשִׂיחָה:
וֶעֱזוּז נוֹרְאֹתֶיךָ יֹאמֵרוּ וּגְדוּלָּתְךָ אֲסַפְּרֶנָּה:
זֵכֶר רַב־טוּבְךָ יַבִּיעוּ וְצִדְקָתְךָ יְרַנֵּנוּ:
חַנּוּן וְרַחוּם יהוה אֶרֶךְ אַפַּיִם וּגְדָל־חָסֶד:
טוֹב־יהוה לַכֹּל וְרַחֲמָיו עַל־כָּל־מַעֲשָׂיו:
יוֹדוּךָ יהוה כָּל־מַעֲשֶׂיךָ וַחֲסִידֶיךָ יְבָרְכוּכָה:
כְּבוֹד מַלְכוּתְךָ יֹאמֵרוּ וּגְבוּרָתְךָ יְדַבֵּרוּ:
לְהוֹדִיעַ לִבְנֵי הָאָדָם גְּבוּרֹתָיו וּכְבוֹד הֲדַר מַלְכוּתוֹ:
מַלְכוּתְךָ מַלְכוּת כָּל־עֹלָמִים וּמֶמְשַׁלְתְּךָ בְּכָל־דּוֹר וָדֹר:
סוֹמֵךְ יהוה לְכָל־הַנֹּפְלִים וְזוֹקֵף לְכָל־הַכְּפוּפִים:
עֵינֵי־כֹל אֵלֶיךָ יְשַׂבֵּרוּ וְאַתָּה נוֹתֵן־לָהֶם אֶת־אָכְלָם בְּעִתּוֹ:
פּוֹתֵחַ אֶת־יָדֶךָ וּמַשְׂבִּיעַ לְכָל־חַי רָצוֹן:
צַדִּיק יהוה בְּכָל־דְּרָכָיו וְחָסִיד בְּכָל־מַעֲשָׂיו:
קָרוֹב יהוה לְכָל־קֹרְאָיו לְכֹל אֲשֶׁר יִקְרָאֻהוּ בֶאֱמֶת:
רְצוֹן־יְרֵאָיו יַעֲשֶׂה וְאֶת־שַׁוְעָתָם יִשְׁמַע וְיוֹשִׁיעֵם:
שׁוֹמֵר יהוה אֶת־כָּל־אֹהֲבָיו וְאֵת כָּל־הָרְשָׁעִים יַשְׁמִיד:
תְּהִלַּת יהוה יְדַבֶּר פִּי וִיבָרֵךְ כָּל־בָּשָׂר שֵׁם קָדְשׁוֹ לְעוֹלָם וָעֶד:
וַאֲנַחְנוּ נְבָרֵךְ יָהּ מֵעַתָּה וְעַד־עוֹלָם הַלְלוּיָהּ:

קמו הַלְלוּיָהּ הַלְלִי נַפְשִׁי אֶת־יהוה: אֲהַלְלָה יהוה בְּחַיָּי אֲזַמְּרָה
לֵאלֹהַי בְּעוֹדִי: אַל־תִּבְטְחוּ בִנְדִיבִים בְּבֶן־אָדָם שֶׁאֵין לוֹ
תְשׁוּעָה: תֵּצֵא רוּחוֹ יָשֻׁב לְאַדְמָתוֹ בַּיּוֹם הַהוּא אָבְדוּ
עֶשְׁתֹּנֹתָיו: אַשְׁרֵי שֶׁאֵל יַעֲקֹב בְּעֶזְרוֹ שִׂבְרוֹ עַל־יהוה אֱלֹהָיו:
עֹשֶׂה שָׁמַיִם וָאָרֶץ אֶת־הַיָּם וְאֶת־כָּל־אֲשֶׁר־בָּם הַשֹּׁמֵר
אֱמֶת לְעוֹלָם: עֹשֶׂה מִשְׁפָּט לָעֲשׁוּקִים נֹתֵן לֶחֶם לָרְעֵבִים
יהוה מַתִּיר אֲסוּרִים: יהוה פֹּקֵחַ עִוְרִים יהוה זֹקֵף כְּפוּפִים
יהוה אֹהֵב צַדִּיקִים: יהוה שֹׁמֵר אֶת־גֵּרִים יָתוֹם וְאַלְמָנָה
יְעוֹדֵד וְדֶרֶךְ רְשָׁעִים יְעַוֵּת: יִמְלֹךְ יהוה לְעוֹלָם אֱלֹהַיִךְ צִיּוֹן
לְדֹר וָדֹר הַלְלוּיָהּ:

קמז הַלְלוּיָהּ כִּי־טוֹב זַמְּרָה אֱלֹהֵינוּ כִּי־נָעִים נָאוָה תְהִלָּה: בּוֹנֵה
יְרוּשָׁלַםִ יהוה נִדְחֵי יִשְׂרָאֵל יְכַנֵּס: הָרֹפֵא לִשְׁבוּרֵי לֵב וּמְחַבֵּשׁ
לְעַצְּבוֹתָם: מוֹנֶה מִסְפָּר לַכּוֹכָבִים לְכֻלָּם שֵׁמוֹת יִקְרָא: גָּדוֹל
אֲדוֹנֵינוּ וְרַב־כֹּחַ לִתְבוּנָתוֹ אֵין מִסְפָּר: מְעוֹדֵד עֲנָוִים יהוה
מַשְׁפִּיל רְשָׁעִים עֲדֵי־אָרֶץ: עֱנוּ לַיהוה בְּתוֹדָה זַמְּרוּ לֵאלֹהֵינוּ
בְכִנּוֹר: הַמְכַסֶּה שָׁמַיִם בְּעָבִים הַמֵּכִין לָאָרֶץ מָטָר הַמַּצְמִיחַ
הָרִים חָצִיר: נוֹתֵן לִבְהֵמָה לַחְמָהּ לִבְנֵי עֹרֵב אֲשֶׁר יִקְרָאוּ: לֹא
בִגְבוּרַת הַסּוּס יֶחְפָּץ לֹא־בְשׁוֹקֵי הָאִישׁ יִרְצֶה: רוֹצֶה יהוה אֶת־
יְרֵאָיו אֶת־הַמְיַחֲלִים לְחַסְדּוֹ: שַׁבְּחִי יְרוּשָׁלַםִ אֶת־יהוה הַלְלִי
אֱלֹהַיִךְ צִיּוֹן: כִּי־חִזַּק בְּרִיחֵי שְׁעָרָיִךְ בֵּרַךְ בָּנַיִךְ בְּקִרְבֵּךְ: הַשָּׂם־
גְּבוּלֵךְ שָׁלוֹם חֵלֶב חִטִּים יַשְׂבִּיעֵךְ: הַשֹּׁלֵחַ אִמְרָתוֹ אָרֶץ עַד־
מְהֵרָה יָרוּץ דְּבָרוֹ: הַנֹּתֵן שֶׁלֶג כַּצָּמֶר כְּפוֹר כָּאֵפֶר יְפַזֵּר: מַשְׁלִיךְ
קַרְחוֹ כְפִתִּים לִפְנֵי קָרָתוֹ מִי יַעֲמֹד: יִשְׁלַח דְּבָרוֹ וְיַמְסֵם יַשֵּׁב
רוּחוֹ יִזְּלוּ־מָיִם: מַגִּיד דְּבָרָו לְיַעֲקֹב חֻקָּיו וּמִשְׁפָּטָיו לְיִשְׂרָאֵל:
לֹא עָשָׂה כֵן לְכָל־גּוֹי וּמִשְׁפָּטִים בַּל־יְדָעוּם הַלְלוּיָהּ:

קמח הַלְלוּיָהּ הַלְלוּ אֶת־יהוה מִן־הַשָּׁמַיִם הַלְלוּהוּ בַּמְּרוֹמִים: הַלְלוּהוּ כָל־מַלְאָכָיו הַלְלוּהוּ כָּל־צְבָאָו: הַלְלוּהוּ שֶׁמֶשׁ וְיָרֵחַ הַלְלוּהוּ כָּל־כּוֹכְבֵי אוֹר: הַלְלוּהוּ שְׁמֵי הַשָּׁמָיִם וְהַמַּיִם אֲשֶׁר מֵעַל הַשָּׁמָיִם: יְהַלְלוּ אֶת־שֵׁם יהוה כִּי הוּא צִוָּה וְנִבְרָאוּ: וַיַּעֲמִידֵם לָעַד לְעוֹלָם חָק־נָתַן וְלֹא יַעֲבוֹר: הַלְלוּ אֶת־יהוה מִן־הָאָרֶץ תַּנִּינִים וְכָל־תְּהֹמוֹת: אֵשׁ וּבָרָד שֶׁלֶג וְקִיטוֹר רוּחַ סְעָרָה עֹשָׂה דְבָרוֹ: הֶהָרִים וְכָל־גְּבָעוֹת עֵץ פְּרִי וְכָל־אֲרָזִים: הַחַיָּה וְכָל־בְּהֵמָה רֶמֶשׂ וְצִפּוֹר כָּנָף: מַלְכֵי־אֶרֶץ וְכָל־לְאֻמִּים שָׂרִים וְכָל־שֹׁפְטֵי אָרֶץ: בַּחוּרִים וְגַם־בְּתוּלוֹת זְקֵנִים עִם־נְעָרִים: יְהַלְלוּ אֶת־שֵׁם יהוה כִּי־נִשְׂגָּב שְׁמוֹ לְבַדּוֹ הוֹדוֹ עַל־אֶרֶץ וְשָׁמָיִם: וַיָּרֶם קֶרֶן לְעַמּוֹ תְּהִלָּה לְכָל־חֲסִידָיו לִבְנֵי יִשְׂרָאֵל עַם קְרֹבוֹ הַלְלוּיָהּ:

קמט הַלְלוּיָהּ שִׁירוּ לַיהוה שִׁיר חָדָשׁ תְּהִלָּתוֹ בִּקְהַל חֲסִידִים: יִשְׂמַח יִשְׂרָאֵל בְּעֹשָׂיו בְּנֵי־צִיּוֹן יָגִילוּ בְמַלְכָּם: יְהַלְלוּ שְׁמוֹ בְמָחוֹל בְּתֹף וְכִנּוֹר יְזַמְּרוּ־לוֹ: כִּי־רוֹצֶה יהוה בְּעַמּוֹ יְפָאֵר עֲנָוִים בִּישׁוּעָה: יַעְלְזוּ חֲסִידִים בְּכָבוֹד יְרַנְּנוּ עַל־מִשְׁכְּבוֹתָם: רוֹמְמוֹת אֵל בִּגְרוֹנָם וְחֶרֶב פִּיפִיּוֹת בְּיָדָם: לַעֲשׂוֹת נְקָמָה בַּגּוֹיִם תּוֹכֵחוֹת בַּלְאֻמִּים: לֶאְסֹר מַלְכֵיהֶם בְּזִקִּים וְנִכְבְּדֵיהֶם בְּכַבְלֵי בַרְזֶל: לַעֲשׂוֹת בָּהֶם מִשְׁפָּט כָּתוּב הָדָר הוּא לְכָל־חֲסִידָיו הַלְלוּיָהּ:

קנ הַלְלוּיָהּ הַלְלוּ־אֵל בְּקָדְשׁוֹ הַלְלוּהוּ בִּרְקִיעַ עֻזּוֹ: הַלְלוּהוּ בִגְבוּרֹתָיו הַלְלוּהוּ כְּרֹב גֻּדְלוֹ: הַלְלוּהוּ בְּתֵקַע שׁוֹפָר הַלְלוּהוּ בְּנֵבֶל וְכִנּוֹר: הַלְלוּהוּ בְתֹף וּמָחוֹל הַלְלוּהוּ בְּמִנִּים וְעוּגָב: הַלְלוּהוּ בְצִלְצְלֵי־שָׁמַע הַלְלוּהוּ בְּצִלְצְלֵי תְרוּעָה: כֹּל הַנְּשָׁמָה תְּהַלֵּל יָהּ הַלְלוּיָהּ: כֹּל הַנְּשָׁמָה תְּהַלֵּל יָהּ הַלְלוּיָהּ:

בָּרוּךְ יי לְעוֹלָם, אָמֵן וְאָמֵן.
בָּרוּךְ יי מִצִּיּוֹן, שֹׁכֵן יְרוּשָׁלָםִ, הַלְלוּיָהּ.
בָּרוּךְ יי אֱלֹהִים אֱלֹהֵי יִשְׂרָאֵל, עֹשֵׂה נִפְלָאוֹת לְבַדּוֹ.
וּבָרוּךְ שֵׁם כְּבוֹדוֹ לְעוֹלָם
וְיִמָּלֵא כְבוֹדוֹ אֶת כָּל הָאָרֶץ, אָמֵן וְאָמֵן.

וַיְבָרֶךְ דָּוִיד
אֶת־יהוה לְעֵינֵי כָּל־הַקָּהָל וַיֹּאמֶר דָּוִיד בָּרוּךְ אַתָּה יהוה אֱלֹהֵי יִשְׂרָאֵל אָבִינוּ מֵעוֹלָם וְעַד־עוֹלָם: לְךָ יהוה הַגְּדֻלָּה וְהַגְּבוּרָה וְהַתִּפְאֶרֶת וְהַנֵּצַח וְהַהוֹד כִּי־כֹל בַּשָּׁמַיִם וּבָאָרֶץ לְךָ יהוה הַמַּמְלָכָה וְהַמִּתְנַשֵּׂא לְכֹל לְרֹאשׁ: וְהָעֹשֶׁר וְהַכָּבוֹד מִלְּפָנֶיךָ וְאַתָּה מוֹשֵׁל בַּכֹּל וּבְיָדְךָ כֹּחַ וּגְבוּרָה וּבְיָדְךָ לְגַדֵּל וּלְחַזֵּק לַכֹּל: וְעַתָּה אֱלֹהֵינוּ מוֹדִים אֲנַחְנוּ לָךְ וּמְהַלְלִים לְשֵׁם תִּפְאַרְתֶּךָ: וִיבָרְכוּ שֵׁם כְּבֹדֶךָ וּמְרוֹמַם עַל־כָּל־בְּרָכָה וּתְהִלָּה: אַתָּה־הוּא יהוה לְבַדֶּךָ אַתָּ עָשִׂיתָ אֶת־הַשָּׁמַיִם שְׁמֵי הַשָּׁמַיִם וְכָל־צְבָאָם הָאָרֶץ וְכָל־אֲשֶׁר עָלֶיהָ הַיַּמִּים וְכָל־אֲשֶׁר בָּהֶם וְאַתָּה מְחַיֶּה אֶת־כֻּלָּם וּצְבָא הַשָּׁמַיִם לְךָ מִשְׁתַּחֲוִים: אַתָּה הוּא יהוה הָאֱלֹהִים אֲשֶׁר בָּחַרְתָּ בְּאַבְרָם וְהוֹצֵאתוֹ מֵאוּר כַּשְׂדִּים וְשַׂמְתָּ שְּׁמוֹ אַבְרָהָם: וּמָצָאתָ אֶת־לְבָבוֹ נֶאֱמָן לְפָנֶיךָ וְכָרוֹת עִמּוֹ הַבְּרִית לָתֵת אֶת־אֶרֶץ הַכְּנַעֲנִי הַחִתִּי הָאֱמֹרִי וְהַפְּרִזִּי וְהַיְבוּסִי וְהַגִּרְגָּשִׁי לָתֵת לְזַרְעוֹ וַתָּקֶם אֶת־דְּבָרֶיךָ כִּי צַדִּיק אָתָּה: וַתֵּרֶא אֶת־עֳנִי אֲבֹתֵינוּ בְּמִצְרָיִם וְאֶת־זַעֲקָתָם שָׁמַעְתָּ עַל־יַם־סוּף: וַתִּתֵּן אֹתֹת וּמֹפְתִים בְּפַרְעֹה וּבְכָל־עֲבָדָיו וּבְכָל־עַם אַרְצוֹ כִּי יָדַעְתָּ כִּי הֵזִידוּ עֲלֵיהֶם וַתַּעַשׂ־לְךָ שֵׁם כְּהַיּוֹם הַזֶּה: וְהַיָּם בָּקַעְתָּ לִפְנֵיהֶם וַיַּעַבְרוּ בְתוֹךְ־הַיָּם בַּיַּבָּשָׁה וְאֶת־רֹדְפֵיהֶם הִשְׁלַכְתָּ בִמְצוֹלֹת כְּמוֹ־אֶבֶן בְּמַיִם עַזִּים:

שמות יד וַיּוֹשַׁע יְהוָה בַּיּוֹם הַהוּא
אֶת־יִשְׂרָאֵל מִיַּד מִצְרָיִם וַיַּרְא יִשְׂרָאֵל אֶת־מִצְרַיִם מֵת עַל־
שְׂפַת הַיָּם: וַיַּרְא יִשְׂרָאֵל אֶת־הַיָּד הַגְּדֹלָה אֲשֶׁר עָשָׂה יְהוָה
בְּמִצְרַיִם וַיִּירְאוּ הָעָם אֶת־יְהוָה וַיַּאֲמִינוּ בַּיהוָה וּבְמֹשֶׁה עַבְדּוֹ:

טו אָז יָשִׁיר־מֹשֶׁה וּבְנֵי יִשְׂרָאֵל אֶת־הַשִּׁירָה הַזֹּאת לַיהוָה וַיֹּאמְרוּ
לֵאמֹר אָשִׁירָה לַיהוָה כִּי־גָאֹה גָּאָה סוּס
וְרֹכְבוֹ רָמָה בַיָּם: עָזִּי וְזִמְרָת יָהּ וַיְהִי־לִי
לִישׁוּעָה זֶה אֵלִי וְאַנְוֵהוּ אֱלֹהֵי
אָבִי וַאֲרֹמְמֶנְהוּ: יְהוָה אִישׁ מִלְחָמָה יְהוָה
שְׁמוֹ: מַרְכְּבֹת פַּרְעֹה וְחֵילוֹ יָרָה בַיָּם וּמִבְחַר
שָׁלִשָׁיו טֻבְּעוּ בְיַם־סוּף: תְּהֹמֹת יְכַסְיֻמוּ יָרְדוּ בִמְצוֹלֹת כְּמוֹ־
אָבֶן: יְמִינְךָ יְהוָה נֶאְדָּרִי בַּכֹּחַ יְמִינְךָ
יְהוָה תִּרְעַץ אוֹיֵב: וּבְרֹב גְּאוֹנְךָ תַּהֲרֹס
קָמֶיךָ תְּשַׁלַּח חֲרֹנְךָ יֹאכְלֵמוֹ כַּקַּשׁ: וּבְרוּחַ
אַפֶּיךָ נֶעֶרְמוּ מַיִם נִצְּבוּ כְמוֹ־נֵד
נֹזְלִים קָפְאוּ תְהֹמֹת בְּלֶב־יָם: אָמַר
אוֹיֵב אֶרְדֹּף אַשִּׂיג אֲחַלֵּק שָׁלָל תִּמְלָאֵמוֹ
נַפְשִׁי אָרִיק חַרְבִּי תּוֹרִישֵׁמוֹ יָדִי: נָשַׁפְתָּ
בְרוּחֲךָ כִּסָּמוֹ יָם צָלְלוּ כַּעוֹפֶרֶת בְּמַיִם
אַדִּירִים: מִי־כָמֹכָה בָּאֵלִם יְהוָה מִי
כָּמֹכָה נֶאְדָּר בַּקֹּדֶשׁ נוֹרָא תְהִלֹּת עֹשֵׂה

פֶּלֶא׃ נָטִיתָ יְמִינְךָ תִּבְלָעֵמוֹ אָרֶץ׃ נָחִיתָ
בְחַסְדְּךָ עַם־זוּ גָּאָלְתָּ נֵהַלְתָּ בְעָזְּךָ אֶל־נְוֵה
קׇדְשֶׁךָ׃ שָׁמְעוּ עַמִּים יִרְגָּזוּן חִיל
אָחַז יֹשְׁבֵי פְּלָשֶׁת׃ אָז נִבְהֲלוּ אַלּוּפֵי
אֱדוֹם אֵילֵי מוֹאָב יֹאחֲזֵמוֹ רָעַד נָמֹגוּ
כֹּל יֹשְׁבֵי כְנָעַן׃ תִּפֹּל עֲלֵיהֶם אֵימָתָה
וָפַחַד בִּגְדֹל זְרוֹעֲךָ יִדְּמוּ כָּאָבֶן עַד
יַעֲבֹר עַמְּךָ יְהֹוָה עַד־יַעֲבֹר עַם־זוּ
קָנִיתָ׃ תְּבִאֵמוֹ וְתִטָּעֵמוֹ בְּהַר נַחֲלָתְךָ מָכוֹן
לְשִׁבְתְּךָ פָּעַלְתָּ יְהֹוָה מִקְּדָשׁ אֲדֹנָי כּוֹנְנוּ
יָדֶיךָ׃ יְהֹוָה ׀ יִמְלֹךְ לְעֹלָם וָעֶד׃
יי יִמְלֹךְ לְעֹלָם וָעֶד. יי מַלְכוּתֵהּ קָאֵם לְעָלַם וּלְעָלְמֵי עָלְמַיָּא. כִּי
בָא סוּס פַּרְעֹה בְּרִכְבּוֹ וּבְפָרָשָׁיו בַּיָּם וַיָּשֶׁב יְהֹוָה עֲלֵהֶם אֶת־מֵי
הַיָּם וּבְנֵי יִשְׂרָאֵל הָלְכוּ בַיַּבָּשָׁה בְּתוֹךְ הַיָּם׃

כִּי לַיי הַמְּלוּכָה וּמֹשֵׁל בַּגּוֹיִם.
וְעָלוּ מוֹשִׁעִים בְּהַר צִיּוֹן לִשְׁפֹּט אֶת הַר עֵשָׂו
וְהָיְתָה לַיי הַמְּלוּכָה.
וְהָיָה יי לְמֶלֶךְ עַל כָּל הָאָרֶץ
בַּיּוֹם הַהוּא יִהְיֶה יי אֶחָד וּשְׁמוֹ אֶחָד.

נִשְׁמַת

כָּל חַי תְּבָרֵךְ אֶת שִׁמְךָ, יי אֱלֹהֵינוּ
וְרוּחַ כָּל בָּשָׂר תְּפָאֵר וּתְרוֹמֵם זִכְרְךָ מַלְכֵּנוּ תָּמִיד
מִן הָעוֹלָם וְעַד הָעוֹלָם אַתָּה אֵל.
וּמִבַּלְעָדֶיךָ אֵין לָנוּ מֶלֶךְ
גּוֹאֵל וּמוֹשִׁיעַ, פּוֹדֶה וּמַצִּיל וּמְפַרְנֵס וְעוֹנֶה וּמְרַחֵם
בְּכָל עֵת צָרָה וְצוּקָה אֵין לָנוּ מֶלֶךְ עוֹזֵר וְסוֹמֵךְ אֶלָּא אָתָּה.
אֱלֹהֵי הָרִאשׁוֹנִים וְהָאַחֲרוֹנִים, אֱלוֹהַּ כָּל בְּרִיּוֹת
אֲדוֹן כָּל תּוֹלָדוֹת הַמְהֻלָּל בְּרֹב הַתִּשְׁבָּחוֹת
הַמְנַהֵג עוֹלָמוֹ בְּחֶסֶד וּבְרִיּוֹתָיו בְּרַחֲמִים.
וַיי עֵר, הִנֵּה לֹא יָנוּם וְלֹא יִישָׁן
הַמְעוֹרֵר יְשֵׁנִים וְהַמֵּקִיץ נִרְדָּמִים
וְהַמֵּשִׂיחַ אִלְּמִים וְהַמַּתִּיר אֲסוּרִים
וְהַסּוֹמֵךְ נוֹפְלִים וְהַזּוֹקֵף כְּפוּפִים וְהַמְפַעְנֵחַ נֶעְלָמִים
וּלְךָ לְבַדְּךָ אֲנַחְנוּ מוֹדִים
וְאִלּוּ פִינוּ מָלֵא שִׁירָה כַּיָּם
וּלְשׁוֹנֵנוּ רִנָּה כַּהֲמוֹן גַּלָּיו
וְשִׂפְתוֹתֵינוּ שֶׁבַח כְּמֶרְחֲבֵי רָקִיעַ
וְעֵינֵינוּ מְאִירוֹת כַּשֶּׁמֶשׁ וְכַיָּרֵחַ
וְיָדֵינוּ פְרוּשׂוֹת כְּנִשְׁרֵי שָׁמָיִם
וְרַגְלֵינוּ קַלּוֹת כָּאַיָּלוֹת
אֵין אֲנַחְנוּ מַסְפִּיקִים לְהוֹדוֹת לְךָ
יי אֱלֹהֵינוּ וֵאלֹהֵי אֲבוֹתֵינוּ
וּלְבָרֵךְ אֶת שִׁמְךָ, מַלְכֵּנוּ
עַל אַחַת מֵאָלֶף אֶלֶף אַלְפֵי אֲלָפִים וְרִבֵּי רְבָבוֹת פְּעָמִים
הַטּוֹבוֹת, נִסִּים וְנִפְלָאוֹת שֶׁעָשִׂיתָ עִם אֲבוֹתֵינוּ וְעִמָּנוּ

מלפנים ממצרים גאלתנו, יי אלהינו
ומבית עבדים פדיתנו
ברעב זנתנו ובשבע כלכלתנו
מחרב הצלתנו ומדבר מלטתנו
ומחליים רעים ורבים ונאמנים דליתנו.
עד הנה עזרונו רחמיך ולא עזבונו חסדיך, יי אלהינו
ואל תטשנו, יי אלהינו, לנצח.
על כן אברים שפלגת בנו
ורוח ונשמה שנפחת באפנו ולשון אשר שמת בפינו
הן הם יודו ויברכו וישבחו ויפארו וישוררו
וירוממו ויעריצו ויקדישו וימליכו את שמך מלכנו תמיד
כי כל פה לך יודה וכל לשון לך תשבע
וכל עין לך תצפה
וכל ברך לך תכרע וכל קומה לפניך תשתחוה
וכל הלבבות ייראוך וכל קרב וכליות יזמרו לשמך
כדבר שכתוב
כל עצמתי תאמרנה יי מי כמוך
מציל עני מחזק ממנו ועני ואביון מגזלו
שועת עניים אתה תשמע. צעקת הדל תקשיב ותושיע.
מי ידמה לך ומי ישוה לך ומי יערך לך
האל הגדול, הגבור והנורא, אל עליון, קונה שמים וארץ.
נהללך ונשבחך ונפארך ונברך את שם קדשך
כאמור
לדוד ברכי נפשי את יי וכל קרבי את שם קדשו

האל בתעצומות עזך
הגדול בכבוד שמך
הגבור לנצח והנורא בנוראותיך

הַמֶּלֶךְ

יוֹשֵׁב עַל כִּסֵּא רָם וְנִשָּׂא
שׁוֹכֵן עַד מָרוֹם וְקָדוֹשׁ שְׁמוֹ
וְכָתוּב
רַנְּנוּ צַדִּיקִים בַּיי לַיְשָׁרִים נָאוָה תְהִלָּה
בְּפִי יְשָׁרִים תִּתְרוֹמָם
וּבְשִׂפְתֵי צַדִּיקִים תִּתְבָּרַךְ
וּבִלְשׁוֹן חֲסִידִים תִּתְקַדָּשׁ
וּבְקֶרֶב קְדוֹשִׁים תִּתְהַלָּל

וּבְמַקְהֲלוֹת רִבְבוֹת עַמְּךָ בֵּית יִשְׂרָאֵל
בְּרִנָּה יִתְפָּאַר שִׁמְךָ מַלְכֵּנוּ בְּכָל דּוֹר וָדוֹר
שֶׁכֵּן חוֹבַת כָּל הַיְצוּרִים
לְפָנֶיךָ יי אֱלֹהֵינוּ וֵאלֹהֵי אֲבוֹתֵינוּ
לְהוֹדוֹת, לְהַלֵּל, לְשַׁבֵּחַ, לְפָאֵר, לְרוֹמֵם
לְהַדֵּר וּלְנַצֵּחַ, לְבָרֵךְ, לְעַלֵּה וּלְקַלֵּס
עַל כָּל דִּבְרֵי שִׁירוֹת וְתִשְׁבְּחוֹת
דָּוִד בֶּן יִשַׁי, עַבְדְּךָ מְשִׁיחֶךָ.

וּבְכֵן יִשְׁתַּבַּח שִׁמְךָ לָעַד מַלְכֵּנוּ
הָאֵל, הַמֶּלֶךְ, הַגָּדוֹל וְהַקָּדוֹשׁ בַּשָּׁמַיִם וּבָאָרֶץ
כִּי לְךָ נָאֶה יי אֱלֹהֵינוּ וֵאלֹהֵי אֲבוֹתֵינוּ
שִׁיר וּשְׁבָחָה, הַלֵּל וְזִמְרָה
עֹז וּמֶמְשָׁלָה, נֶצַח, גְּדֻלָּה וּגְבוּרָה
תְּהִלָּה וְתִפְאֶרֶת, קְדֻשָּׁה וּמַלְכוּת
בְּרָכוֹת וְהוֹדָאוֹת לְשִׁמְךָ הַגָּדוֹל וְהַקָּדוֹשׁ
וּמֵעוֹלָם וְעַד עוֹלָם אַתָּה אֵל.

בָּרוּךְ אַתָּה יי
אֵל מֶלֶךְ גָּדוֹל וּמְהֻלָּל בַּתִּשְׁבָּחוֹת
אֵל הַהוֹדָאוֹת אֲדוֹן הַנִּפְלָאוֹת
בּוֹרֵא כָּל הַנְּשָׁמוֹת, רִבּוֹן כָּל הַמַּעֲשִׂים
הַבּוֹחֵר בְּשִׁירֵי זִמְרָה
מֶלֶךְ, יָחִיד, אֵל, חַי הָעוֹלָמִים.

נוהגים לפתוח את ארון הקודש

קל שִׁיר הַמַּעֲלוֹת מִמַּעֲמַקִּים קְרָאתִיךָ יהוה: אֲדֹנָי שִׁמְעָה
בְקוֹלִי תִּהְיֶינָה אָזְנֶיךָ קַשֻּׁבוֹת לְקוֹל תַּחֲנוּנָי: אִם־עֲוֹנוֹת
תִּשְׁמָר־יָהּ אֲדֹנָי מִי יַעֲמֹד: כִּי־עִמְּךָ הַסְּלִיחָה לְמַעַן תִּוָּרֵא:
קִוִּיתִי יהוה קִוְּתָה נַפְשִׁי וְלִדְבָרוֹ הוֹחָלְתִּי: נַפְשִׁי לַאדֹנָי
מִשֹּׁמְרִים לַבֹּקֶר שֹׁמְרִים לַבֹּקֶר: יַחֵל יִשְׂרָאֵל אֶל־יהוה
כִּי־עִם־יהוה הַחֶסֶד וְהַרְבֵּה עִמּוֹ פְדוּת: וְהוּא יִפְדֶּה אֶת־
יִשְׂרָאֵל מִכֹּל עֲוֹנוֹתָיו:

סוגרים את ארון הקודש

הש"ץ אומר: יִתְגַּדַּל וְיִתְקַדַּשׁ שְׁמֵהּ רַבָּא
בְּעָלְמָא דִּי בְרָא כִרְעוּתֵהּ
וְיַמְלִיךְ מַלְכוּתֵהּ וְיַצְמַח פֻּרְקָנֵהּ וִיקָרֵב מְשִׁיחֵהּ
בְּחַיֵּיכוֹן וּבְיוֹמֵיכוֹן וּבְחַיֵּי דְכָל בֵּית יִשְׂרָאֵל
בַּעֲגָלָא וּבִזְמַן קָרִיב
וְאִמְרוּ אָמֵן.
יְהֵא שְׁמֵהּ רַבָּא מְבָרַךְ לְעָלַם וּלְעָלְמֵי עָלְמַיָּא.
יִתְבָּרַךְ וְיִשְׁתַּבַּח וְיִתְפָּאַר וְיִתְרוֹמַם וְיִתְנַשֵּׂא
וְיִתְהַדַּר וְיִתְעַלֶּה וְיִתְהַלָּל שְׁמֵהּ דְּקֻדְשָׁא בְּרִיךְ הוּא
לְעֵלָּא לְעֵלָּא מִכָּל בִּרְכָתָא וְשִׁירָתָא
תֻּשְׁבְּחָתָא וְנֶחֱמָתָא דַּאֲמִירָן בְּעָלְמָא
וְאִמְרוּ אָמֵן.

שליח הציבור:

בָּרְכוּ

אֶת יי הַמְבֹרָךְ.

הקהל:

בָּרוּךְ יי הַמְבֹרָךְ לְעוֹלָם וָעֶד.

שליח הציבור:

בָּרוּךְ יי הַמְבֹרָךְ לְעוֹלָם וָעֶד.

בָּרוּךְ אַתָּה יי אֱלֹהֵינוּ מֶלֶךְ הָעוֹלָם
יוֹצֵר אוֹר וּבוֹרֵא חֹשֶׁךְ, עֹשֶׂה שָׁלוֹם וּבוֹרֵא אֶת הַכֹּל.

אוֹר עוֹלָם בְּאוֹצַר חַיִּים, אוֹרוֹת מֵאֹפֶל אָמַר וַיֶּהִי.

בשבת:

הַכֹּל יוֹדוּךָ וְהַכֹּל יְשַׁבְּחוּךָ, וְהַכֹּל יֹאמְרוּ אֵין קָדוֹשׁ כַּיי
הַכֹּל יְרוֹמְמוּךָ סֶּלָה, יוֹצֵר הַכֹּל.
הָאֵל הַפּוֹתֵחַ בְּכָל יוֹם דַּלְתוֹת שַׁעֲרֵי מִזְרָח וּבוֹקֵעַ חַלּוֹנֵי רָקִיעַ
מוֹצִיא חַמָּה מִמְּקוֹמָהּ וּלְבָנָה מִמְּכוֹן שִׁבְתָּהּ
וּמֵאִיר לָעוֹלָם כֻּלּוֹ וּלְיוֹשְׁבָיו שֶׁבָּרָא בְּמִדַּת הָרַחֲמִים.
הַמֵּאִיר לָאָרֶץ וְלַדָּרִים עָלֶיהָ בְּרַחֲמִים
וּבְטוּבוֹ מְחַדֵּשׁ בְּכָל יוֹם תָּמִיד מַעֲשֵׂה בְרֵאשִׁית.
מָה רַבּוּ מַעֲשֶׂיךָ, יי, כֻּלָּם בְּחָכְמָה עָשִׂיתָ, מָלְאָה הָאָרֶץ קִנְיָנֶךָ.
הַמֶּלֶךְ הַמְרוֹמָם לְבַדּוֹ מֵאָז, הַמְשֻׁבָּח וְהַמְפֹאָר וְהַמִּתְנַשֵּׂא מִימוֹת עוֹלָם.
אֱלֹהֵי עוֹלָם, בְּרַחֲמֶיךָ הָרַבִּים רַחֵם עָלֵינוּ
אֲדוֹן עֻזֵּנוּ, צוּר מִשְׂגַּבֵּנוּ, מָגֵן יִשְׁעֵנוּ, מִשְׂגָּב בַּעֲדֵנוּ.

יוצר ליום ראשון "מלך אזור בגבורה" בעמ' 391.
יוצר ליום שני "מלך אמוך" בעמ' 392.

הַמֵּאִיר לָאָרֶץ וְלַדָּרִים עָלֶיהָ בְּרַחֲמִים, וּבְטוּבוֹ מְחַדֵּשׁ בְּכָל יוֹם תָּמִיד מַעֲשֵׂה בְרֵאשִׁית. מָה רַבּוּ מַעֲשֶׂיךָ יי, כֻּלָּם בְּחָכְמָה עָשִׂיתָ, מָלְאָה הָאָרֶץ קִנְיָנֶךָ. הַמֶּלֶךְ הַמְרוֹמָם לְבַדּוֹ מֵאָז, הַמְשֻׁבָּח וְהַמְפֹאָר וְהַמִּתְנַשֵּׂא מִימוֹת עוֹלָם. אֱלֹהֵי עוֹלָם, בְּרַחֲמֶיךָ הָרַבִּים רַחֵם עָלֵינוּ. אֲדוֹן עֻזֵּנוּ, צוּר מִשְׂגַּבֵּנוּ, מָגֵן יִשְׁעֵנוּ, מִשְׂגָּב בַּעֲדֵנוּ. אֵל בָּרוּךְ גְּדוֹל דֵּעָה, הֵכִין וּפָעַל זָהֳרֵי חַמָּה, טוֹב יָצַר כָּבוֹד לִשְׁמוֹ, מְאוֹרוֹת נָתַן סְבִיבוֹת עֻזּוֹ, פִּנּוֹת צְבָאָיו קְדוֹשִׁים, רוֹמְמֵי שַׁדַּי, תָּמִיד מְסַפְּרִים כְּבוֹד אֵל וּקְדֻשָּׁתוֹ. תִּתְבָּרֵךְ יי אֱלֹהֵינוּ בַּשָּׁמַיִם מִמַּעַל וְעַל הָאָרֶץ מִתָּחַת עַל כָּל שֶׁבַח מַעֲשֵׂה יָדֶיךָ וְעַל מְאוֹרֵי אוֹר שֶׁיָּצַרְתָּ, הֵמָּה יְפָאֲרוּךָ סֶּלָה.

אֵין עֲרֹךְ לְךָ
וְאֵין זוּלָתֶךָ
אֶפֶס בִּלְתֶּךָ
וּמִי דוֹמֶה לָּךְ.

אֵין עֲרֹךְ לְךָ, יי אֱלֹהֵינוּ, בָּעוֹלָם הַזֶּה
וְאֵין זוּלָתְךָ, מַלְכֵּנוּ, לְחַיֵּי הָעוֹלָם הַבָּא
אֶפֶס בִּלְתְּךָ, גּוֹאֲלֵנוּ, לִימוֹת הַמָּשִׁיחַ
וְאֵין דּוֹמֶה לְּךָ, מוֹשִׁיעֵנוּ, לִתְחִיַּת הַמֵּתִים.

אֵל אָדוֹן עַל כָּל הַמַּעֲשִׂים
בָּרוּךְ וּמְבֹרָךְ בְּפִי כָּל הַנְּשָׁמָה
גָּדְלוֹ וְטוּבוֹ מָלֵא עוֹלָם
דַּעַת וּתְבוּנָה סוֹבְבִים הוֹדוֹ.

תִּתְבָּרֵךְ לָנֶצַח צוּרֵנוּ מַלְכֵּנוּ וְגוֹאֲלֵנוּ בּוֹרֵא קְדוֹשִׁים
יִשְׁתַּבַּח שִׁמְךָ לָעַד מַלְכֵּנוּ יוֹצֵר מְשָׁרְתִים
וַאֲשֶׁר מְשָׁרְתָיו כֻּלָּם עוֹמְדִים בְּרוּם עוֹלָם
וּמַשְׁמִיעִים בְּיִרְאָה יַחַד בְּקוֹל
דִּבְרֵי אֱלֹהִים חַיִּים וּמֶלֶךְ עוֹלָם.
כֻּלָּם אֲהוּבִים, כֻּלָּם בְּרוּרִים
כֻּלָּם גִּבּוֹרִים, כֻּלָּם קְדוֹשִׁים
וְכֻלָּם עוֹשִׂים בְּאֵימָה וּבְיִרְאָה רְצוֹן קוֹנָם
וְכֻלָּם פּוֹתְחִים אֶת פִּיהֶם
בִּקְדֻשָּׁה וּבְטָהֳרָה בְּשִׁירָה וּבְזִמְרָה
וּמְבָרְכִין וּמְשַׁבְּחִין וּמְפָאֲרִין
וּמַעֲרִיצִין וּמַקְדִּישִׁין וּמַמְלִיכִין **אֶת שֵׁם הָאֵל הַמֶּלֶךְ הַגָּדוֹל**
הַגִּבּוֹר וְהַנּוֹרָא, קָדוֹשׁ הוּא.

הַמִּתְגָּאֶה עַל חַיּוֹת הַקֹּדֶשׁ
וְנֶהְדָּר בְּכָבוֹד עַל הַמֶּרְכָּבָה
זְכוּת וּמִישׁוֹר לִפְנֵי כִסְאוֹ
חֶסֶד וְרַחֲמִים מָלֵא כְבוֹדוֹ.

מְלֵאִים זִיו וּמְפִיקִים נֹגַהּ
נָאֶה זִיוָם בְּכָל הָעוֹלָם
שְׂמֵחִים בְּצֵאתָם וְשָׂשִׂים בְּבוֹאָם
עוֹשִׂים בְּאֵימָה רְצוֹן קוֹנָם.

טוֹבִים מְאוֹרוֹת שֶׁבָּרָא אֱלֹהֵינוּ
יְצָרָם בְּדַעַת בְּבִינָה וּבְהַשְׂכֵּל
כֹּחַ וּגְבוּרָה נָתַן בָּהֶם
לִהְיוֹת מוֹשְׁלִים בְּקֶרֶב תֵּבֵל.

פְּאֵר וְכָבוֹד נוֹתְנִים לִשְׁמוֹ
צָהֳלָה וְרִנָּה לְזֵכֶר מַלְכוּתוֹ
קָרָא לַשֶּׁמֶשׁ וַיִּזְרַח אוֹר
רָאָה וְהִתְקִין צוּרַת הַלְּבָנָה.

שֶׁבַח נוֹתְנִים לוֹ כָּל צְבָא מָרוֹם
תִּפְאֶרֶת וּגְדֻלָּה, שְׂרָפִים וְחַיּוֹת וְאוֹפַנֵּי הַקֹּדֶשׁ.

וְכֻלָּם מְקַבְּלִים עֲלֵיהֶם עֹל מַלְכוּת שָׁמַיִם זֶה מִזֶּה
וְנוֹתְנִים בְּאַהֲבָה רְשׁוּת זֶה לָזֶה
לְהַקְדִּישׁ לְיוֹצְרָם בְּנַחַת רוּחַ
בְּשָׂפָה בְרוּרָה וּבִנְעִימָה
קְדֻשָּׁה כֻּלָּם כְּאֶחָד
עוֹנִים בְּאֵימָה וְאוֹמְרִים בְּיִרְאָה

קָדוֹשׁ, קָדוֹשׁ, קָדוֹשׁ יי צְבָאוֹת
מְלֹא כָל הָאָרֶץ כְּבוֹדוֹ.

האופן "כבודו אהל" בעמ' 394.

וְהָאוֹפַנִּים וְחַיּוֹת הַקֹּדֶשׁ
בְּרַעַשׁ גָּדוֹל מִתְנַשְּׂאִים לְעֻמַּת שְׂרָפִים
לְעֻמָּתָם מְשַׁבְּחִים וְאוֹמְרִים

בָּרוּךְ כְּבוֹד יי מִמְּקוֹמוֹ.

לָאֵל אֲשֶׁר שָׁבַת מִכָּל הַמַּעֲשִׂים
בַּיּוֹם הַשְּׁבִיעִי נִתְעַלָּה וְיָשַׁב עַל כִּסֵּא כְבוֹדוֹ.
תִּפְאֶרֶת עָטָה לְיוֹם הַמְּנוּחָה עֹנֶג קָרָא לְיוֹם הַשַּׁבָּת.
זֶה שִׁיר שֶׁבַח שֶׁל יוֹם הַשְּׁבִיעִי שֶׁבּוֹ שָׁבַת אֵל מִכָּל מְלַאכְתּוֹ
וְיוֹם הַשְּׁבִיעִי מְשַׁבֵּחַ וְאוֹמֵר
מִזְמוֹר שִׁיר לְיוֹם הַשַּׁבָּת, טוֹב לְהֹדוֹת לַיי.
לְפִיכָךְ יְפָאֲרוּ וִיבָרְכוּ לָאֵל כָּל יְצוּרָיו
שֶׁבַח יְקָר וּגְדֻלָּה וְכָבוֹד יִתְּנוּ לָאֵל מֶלֶךְ יוֹצֵר כֹּל
הַמַּנְחִיל מְנוּחָה לְעַמּוֹ יִשְׂרָאֵל בִּקְדֻשָּׁתוֹ בְּיוֹם שַׁבַּת קֹדֶשׁ.
שִׁמְךָ יי אֱלֹהֵינוּ יִתְקַדַּשׁ וְזִכְרְךָ מַלְכֵּנוּ יִתְפָּאַר
בַּשָּׁמַיִם מִמַּעַל וְעַל הָאָרֶץ מִתָּחַת.
תִּתְבָּרַךְ מוֹשִׁיעֵנוּ עַל כָּל שֶׁבַח מַעֲשֵׂה יָדֶיךָ וְעַל מְאוֹרֵי אוֹר שֶׁיָּצַרְתָּ
הֵמָּה יְפָאֲרוּךָ סֶּלָה.

ממשיכים "תתברך לנצח" (בראש העמוד – ממול).

לָאֵל בָּרוּךְ נְעִימוֹת יִתֵּנוּ, לַמֶּלֶךְ אֵל חַי וְקַיָּם
זְמִירוֹת יֹאמֵרוּ וְתִשְׁבָּחוֹת יַשְׁמִיעוּ
כִּי הוּא לְבַדּוֹ מָרוֹם וְקָדוֹשׁ
פּוֹעֵל גְּבוּרוֹת, עוֹשֶׂה חֲדָשׁוֹת, בַּעַל מִלְחָמוֹת
זוֹרֵעַ צְדָקוֹת, מַצְמִיחַ יְשׁוּעוֹת, בּוֹרֵא רְפוּאוֹת
נוֹרָא תְהִלּוֹת, אֲדוֹן הַנִּפְלָאוֹת
הַמְחַדֵּשׁ בְּטוּבוֹ בְּכָל יוֹם תָּמִיד מַעֲשֵׂה בְרֵאשִׁית, כָּאָמוּר
לְעֹשֵׂה אוֹרִים גְּדֹלִים, כִּי לְעוֹלָם חַסְדּוֹ.
אוֹר חָדָשׁ עַל צִיּוֹן תָּאִיר וְנִזְכֶּה כֻלָּנוּ בִּמְהֵרָה לְאוֹרוֹ.
בָּרוּךְ אַתָּה יי, יוֹצֵר הַמְּאוֹרוֹת.

אַהֲבַת עוֹלָם אֲהַבְתָּנוּ יי אֱלֹהֵינוּ
חֶמְלָה גְדוֹלָה וִיתֵרָה חָמַלְתָּ עָלֵינוּ.
אָבִינוּ מַלְכֵּנוּ
בַּעֲבוּר שִׁמְךָ הַגָּדוֹל וּבַעֲבוּר אֲבוֹתֵינוּ שֶׁבָּטְחוּ בְךָ
וַתְּלַמְּדֵם חֻקֵּי חַיִּים לַעֲשׂוֹת רְצוֹנְךָ בְּלֵבָב שָׁלֵם
כֵּן תְּחָנֵּנוּ וּתְלַמְּדֵנוּ.
אָבִינוּ, אָב הָרַחֲמָן, הַמְרַחֵם
רַחֵם נָא עָלֵינוּ וְתֵן בְּלִבֵּנוּ בִּינָה לְהָבִין וּלְהַשְׂכִּיל
לִשְׁמֹעַ, לִלְמֹד וּלְלַמֵּד, לִשְׁמֹר וְלַעֲשׂוֹת וּלְקַיֵּם
אֶת כָּל דִּבְרֵי תַלְמוּד תּוֹרָתֶךָ בְּאַהֲבָה.
וְהָאֵר עֵינֵינוּ בְּתוֹרָתֶךָ וְדַבֵּק לִבֵּנוּ בְּמִצְוֹתֶיךָ
וְיַחֵד לְבָבֵנוּ לְאַהֲבָה וּלְיִרְאָה אֶת שְׁמֶךָ
לְמַעַן לֹא נֵבוֹשׁ וְלֹא נִכָּלֵם וְלֹא נִכָּשֵׁל לְעוֹלָם וָעֶד.
כִּי בְשֵׁם קָדְשְׁךָ הַגָּדוֹל הַגִּבּוֹר וְהַנּוֹרָא בָּטָחְנוּ
נָגִילָה וְנִשְׂמְחָה בִּישׁוּעָתֶךָ.
וְרַחֲמֶיךָ, יי אֱלֹהֵינוּ, וַחֲסָדֶיךָ הָרַבִּים אַל יַעַזְבוּנוּ נֶצַח סֶלָה וָעֶד.
מַהֵר וְהָבֵא עָלֵינוּ בְּרָכָה וְשָׁלוֹם מְהֵרָה
מֵאַרְבַּע כַּנְפוֹת כָּל הָאָרֶץ
וּשְׁבֹר עֹל הַגּוֹיִם מֵעַל צַוָּארֵנוּ וְתוֹלִיכֵנוּ מְהֵרָה קוֹמְמִיּוּת לְאַרְצֵנוּ.

כִּי אֵל פּוֹעֵל יְשׁוּעוֹת אָתָּה, וּבָנוּ בָחַרְתָּ מִכָּל עַם וְלָשׁוֹן
וְקֵרַבְתָּנוּ מַלְכֵּנוּ לְשִׁמְךָ הַגָּדוֹל סֶלָה בֶּאֱמֶת בְּאַהֲבָה
לְהוֹדוֹת לְךָ וּלְיַחֶדְךָ בְּאַהֲבָה, וּלְאַהֲבָה אֶת שְׁמֶךָ.
בָּרוּךְ אַתָּה יי, הַבּוֹחֵר בְּעַמּוֹ יִשְׂרָאֵל בְּאַהֲבָה.

(יחיד אומר: אֵל מֶלֶךְ נֶאֱמָן)

דברים ו שְׁמַע יִשְׂרָאֵל יְהוָה אֱלֹהֵינוּ יְהוָה ׀ אֶחָד:

(בלחש:) בָּרוּךְ שֵׁם כְּבוֹד מַלְכוּתוֹ לְעוֹלָם וָעֶד.

וְאָהַבְתָּ אֵת יְהוָה אֱלֹהֶיךָ בְּכָל־לְבָבְךָ וּבְכָל־נַפְשְׁךָ וּבְכָל־
מְאֹדֶךָ: וְהָיוּ הַדְּבָרִים הָאֵלֶּה אֲשֶׁר אָנֹכִי מְצַוְּךָ הַיּוֹם עַל־לְבָבֶךָ:
וְשִׁנַּנְתָּם לְבָנֶיךָ וְדִבַּרְתָּ בָּם בְּשִׁבְתְּךָ בְּבֵיתֶךָ וּבְלֶכְתְּךָ בַדֶּרֶךְ
וּבְשָׁכְבְּךָ וּבְקוּמֶךָ: וּקְשַׁרְתָּם לְאוֹת עַל־יָדֶךָ וְהָיוּ לְטֹטָפֹת בֵּין
עֵינֶיךָ: וּכְתַבְתָּם עַל־מְזֻזוֹת בֵּיתֶךָ וּבִשְׁעָרֶיךָ:

דברים יא וְהָיָה אִם־שָׁמֹעַ תִּשְׁמְעוּ אֶל־מִצְוֺתַי אֲשֶׁר אָנֹכִי מְצַוֶּה אֶתְכֶם
הַיּוֹם לְאַהֲבָה אֶת־יְהוָה אֱלֹהֵיכֶם וּלְעָבְדוֹ בְּכָל־לְבַבְכֶם וּבְכָל־
נַפְשְׁכֶם: וְנָתַתִּי מְטַר־אַרְצְכֶם בְּעִתּוֹ יוֹרֶה וּמַלְקוֹשׁ וְאָסַפְתָּ
דְגָנֶךָ וְתִירֹשְׁךָ וְיִצְהָרֶךָ: וְנָתַתִּי עֵשֶׂב בְּשָׂדְךָ לִבְהֶמְתֶּךָ וְאָכַלְתָּ
וְשָׂבָעְתָּ: הִשָּׁמְרוּ לָכֶם פֶּן־יִפְתֶּה לְבַבְכֶם וְסַרְתֶּם וַעֲבַדְתֶּם
אֱלֹהִים אֲחֵרִים וְהִשְׁתַּחֲוִיתֶם לָהֶם: וְחָרָה אַף־יְהוָה בָּכֶם וְעָצַר
אֶת־הַשָּׁמַיִם וְלֹא־יִהְיֶה מָטָר וְהָאֲדָמָה לֹא תִתֵּן אֶת־יְבוּלָהּ
וַאֲבַדְתֶּם מְהֵרָה מֵעַל הָאָרֶץ הַטֹּבָה אֲשֶׁר יְהוָה נֹתֵן לָכֶם:
וְשַׂמְתֶּם אֶת־דְּבָרַי אֵלֶּה עַל־לְבַבְכֶם וְעַל־נַפְשְׁכֶם וּקְשַׁרְתֶּם
אֹתָם לְאוֹת עַל־יֶדְכֶם וְהָיוּ לְטוֹטָפֹת בֵּין עֵינֵיכֶם: וְלִמַּדְתֶּם
אֹתָם אֶת־בְּנֵיכֶם לְדַבֵּר בָּם בְּשִׁבְתְּךָ בְּבֵיתֶךָ וּבְלֶכְתְּךָ בַדֶּרֶךְ
וּבְשָׁכְבְּךָ וּבְקוּמֶךָ: וּכְתַבְתָּם עַל־מְזוּזוֹת בֵּיתֶךָ וּבִשְׁעָרֶיךָ:
לְמַעַן יִרְבּוּ יְמֵיכֶם וִימֵי בְנֵיכֶם עַל הָאֲדָמָה אֲשֶׁר נִשְׁבַּע יְהוָה
לַאֲבֹתֵיכֶם לָתֵת לָהֶם כִּימֵי הַשָּׁמַיִם עַל־הָאָרֶץ:

וַיֹּאמֶר יהוה אֶל־מֹשֶׁה לֵּאמֹר: דַּבֵּר אֶל־בְּנֵי יִשְׂרָאֵל וְאָמַרְתָּ אֲלֵהֶם וְעָשׂוּ לָהֶם צִיצִת עַל־כַּנְפֵי בִגְדֵיהֶם לְדֹרֹתָם וְנָתְנוּ עַל־צִיצִת הַכָּנָף פְּתִיל תְּכֵלֶת: וְהָיָה לָכֶם לְצִיצִת וּרְאִיתֶם אֹתוֹ וּזְכַרְתֶּם אֶת־כָּל־מִצְוֹת יהוה וַעֲשִׂיתֶם אֹתָם וְלֹא תָתוּרוּ אַחֲרֵי לְבַבְכֶם וְאַחֲרֵי עֵינֵיכֶם אֲשֶׁר־אַתֶּם זֹנִים אַחֲרֵיהֶם: לְמַעַן תִּזְכְּרוּ וַעֲשִׂיתֶם אֶת־כָּל־מִצְוֹתָי וִהְיִיתֶם קְדֹשִׁים לֵאלֹהֵיכֶם: אֲנִי יהוה אֱלֹהֵיכֶם אֲשֶׁר הוֹצֵאתִי אֶתְכֶם מֵאֶרֶץ מִצְרַיִם לִהְיוֹת לָכֶם לֵאלֹהִים אֲנִי יהוה אֱלֹהֵיכֶם במדבר טו

אֱמֶת

וְיַצִּיב, וְנָכוֹן וְקַיָּם, וְיָשָׁר וְנֶאֱמָן
וְאָהוּב וְחָבִיב וְנֶחְמָד וְנָעִים
וְנוֹרָא וְאַדִּיר וּמְתֻקָּן וּמְקֻבָּל
וְטוֹב וְיָפֶה
הַדָּבָר הַזֶּה עָלֵינוּ לְעוֹלָם וָעֶד.
אֱמֶת אֱלֹהֵי עוֹלָם מַלְכֵּנוּ
צוּר יַעֲקֹב מָגֵן יִשְׁעֵנוּ
לְדֹר וָדֹר הוּא קַיָּם וּשְׁמוֹ קַיָּם
וְכִסְאוֹ נָכוֹן
וּמַלְכוּתוֹ וֶאֱמוּנָתוֹ לָעַד קַיֶּמֶת.
וּדְבָרָיו חָיִים וְקַיָּמִים
נֶאֱמָנִים וְנֶחֱמָדִים
לָעַד וּלְעוֹלְמֵי עוֹלָמִים
עַל אֲבוֹתֵינוּ וְעָלֵינוּ
עַל בָּנֵינוּ וְעַל דּוֹרוֹתֵינוּ
וְעַל כָּל דּוֹרוֹת זֶרַע יִשְׂרָאֵל עֲבָדֶיךָ
עַל הָרִאשׁוֹנִים וְעַל הָאַחֲרוֹנִים
דָּבָר טוֹב וְקַיָּם לְעוֹלָם וָעֶד.

אֱמֶת וֶאֱמוּנָה, חֹק וְלֹא יַעֲבֹר
אֱמֶת שָׁאַתָּה הוּא יי אֱלֹהֵינוּ וֵאלֹהֵי אֲבוֹתֵינוּ
מַלְכֵּנוּ מֶלֶךְ אֲבוֹתֵינוּ
גּוֹאֲלֵנוּ גּוֹאֵל אֲבוֹתֵינוּ
יוֹצְרֵנוּ צוּר יְשׁוּעָתֵנוּ
פּוֹדֵנוּ וּמַצִּילֵנוּ מֵעוֹלָם הוּא שְׁמֶךָ
וְאֵין לָנוּ עוֹד אֱלֹהִים זוּלָתֶךָ
סֶלָה.

עֶזְרַת אֲבוֹתֵינוּ אַתָּה הוּא מֵעוֹלָם
מָגֵן וּמוֹשִׁיעַ לָהֶם וְלִבְנֵיהֶם אַחֲרֵיהֶם בְּכָל דּוֹר וָדוֹר.
בְּרוּם עוֹלָם מוֹשָׁבֶךָ
וּמִשְׁפָּטֶיךָ וְצִדְקָתְךָ עַד אַפְסֵי אָרֶץ.
אֱמֶת אַשְׁרֵי אִישׁ שֶׁיִּשְׁמַע לְמִצְוֹתֶיךָ
וְתוֹרָתְךָ וּדְבָרְךָ יָשִׂים עַל לִבּוֹ.
אֱמֶת אַתָּה הוּא אָדוֹן לְעַמֶּךָ
וּמֶלֶךְ גִּבּוֹר לָרִיב רִיבָם לְאָבוֹת וּבָנִים.
אֱמֶת אַתָּה הוּא רִאשׁוֹן וְאַתָּה הוּא אַחֲרוֹן
וּמִבַּלְעָדֶיךָ אֵין לָנוּ מֶלֶךְ גּוֹאֵל וּמוֹשִׁיעַ.
אֱמֶת מִמִּצְרַיִם גְּאַלְתָּנוּ יי אֱלֹהֵינוּ
וּמִבֵּית עֲבָדִים פְּדִיתָנוּ
כָּל בְּכוֹרֵיהֶם הָרָגְתָּ, וּבְכוֹרְךָ יִשְׂרָאֵל גָּאָלְתָּ
וְיַם סוּף לָהֶם בָּקַעְתָּ
וְזֵדִים טִבַּעְתָּ, וִידִידִים הֶעֱבַרְתָּ
וַיְכַסּוּ מַיִם צָרֵיהֶם, אֶחָד מֵהֶם לֹא נוֹתָר.

עַל זֹאת שִׁבְּחוּ אֲהוּבִים וְרוֹמְמוּ לָאֵל
וְנָתְנוּ יְדִידִים זְמִירוֹת, שִׁירוֹת וְתִשְׁבָּחוֹת
בְּרָכוֹת וְהוֹדָאוֹת לַמֶּלֶךְ אֵל חַי וְקַיָּם
רָם וְנִשָּׂא, גָּדוֹל וְנוֹרָא
מַשְׁפִּיל גֵּאִים עֲדֵי אָרֶץ וּמַגְבִּיהַּ שְׁפָלִים עֲדֵי מָרוֹם
מוֹצִיא אֲסִירִים, וּפוֹדֶה עֲנָוִים וְעוֹזֵר דַּלִּים
וְעוֹנֶה לְעַמּוֹ יִשְׂרָאֵל בְּעֵת שַׁוְּעָם אֵלָיו.

תְּהִלּוֹת לְאֵל עֶלְיוֹן גּוֹאֲלָם, בָּרוּךְ הוּא וּמְבֹרָךְ
מֹשֶׁה וּבְנֵי יִשְׂרָאֵל
לְךָ עָנוּ שִׁירָה בְּשִׂמְחָה רַבָּה
וְאָמְרוּ כֻלָּם
מִי כָמֹכָה בָּאֵלִם, יי
מִי כָּמֹכָה נֶאְדָּר בַּקֹּדֶשׁ, נוֹרָא תְהִלֹּת, עֹשֵׂה פֶלֶא.
שִׁירָה חֲדָשָׁה שִׁבְּחוּ גְאוּלִים
לְשִׁמְךָ הַגָּדוֹל עַל שְׂפַת הַיָּם
יַחַד כֻּלָּם הוֹדוּ וְהִמְלִיכוּ
וְאָמְרוּ
יי יִמְלֹךְ לְעֹלָם וָעֶד.
צוּר יִשְׂרָאֵל, קוּמָה בְּעֶזְרַת יִשְׂרָאֵל
וּפְדֵה כִנְאֻמֶךָ יְהוּדָה וְיִשְׂרָאֵל
וְנֶאֱמַר
גֹּאֲלֵנוּ יי צְבָאוֹת שְׁמוֹ קְדוֹשׁ יִשְׂרָאֵל.
בָּרוּךְ אַתָּה יי, גָּאַל יִשְׂרָאֵל.

אֲדֹנָי, שְׂפָתַי תִּפְתָּח וּפִי יַגִּיד תְּהִלָּתֶךָ

בָּרוּךְ אַתָּה יי, אֱלֹהֵינוּ וֵאלֹהֵי אֲבוֹתֵינוּ
אֱלֹהֵי אַבְרָהָם, אֱלֹהֵי יִצְחָק, וֵאלֹהֵי יַעֲקֹב
הָאֵל הַגָּדוֹל הַגִּבּוֹר וְהַנּוֹרָא, אֵל עֶלְיוֹן
גּוֹמֵל חֲסָדִים טוֹבִים, קוֹנֵה הַכֹּל
וְזוֹכֵר חַסְדֵי אָבוֹת וּמֵבִיא גוֹאֵל לִבְנֵי בְנֵיהֶם
לְמַעַן שְׁמוֹ בְּאַהֲבָה.
זָכְרֵנוּ לְחַיִּים, מֶלֶךְ חָפֵץ בַּחַיִּים
וְכָתְבֵנוּ בְּסֵפֶר הַחַיִּים, לְמַעַנְךָ אֱלֹהִים חַיִּים.
מֶלֶךְ עוֹזֵר וּמוֹשִׁיעַ וּמָגֵן.
בָּרוּךְ אַתָּה יי, מָגֵן אַבְרָהָם.

אַתָּה גִּבּוֹר לְעוֹלָם אֲדֹנָי
מְחַיֵּה מֵתִים אַתָּה, רַב לְהוֹשִׁיעַ
מוֹרִיד הַטָּל.
מְכַלְכֵּל חַיִּים בְּחֶסֶד
מְחַיֵּה מֵתִים בְּרַחֲמִים רַבִּים
סוֹמֵךְ נוֹפְלִים, וְרוֹפֵא חוֹלִים
וּמַתִּיר אֲסוּרִים, וּמְקַיֵּם אֱמוּנָתוֹ לִישֵׁנֵי עָפָר.

מִי כָמוֹךָ בַּעַל גְּבוּרוֹת וּמִי דּוֹמֶה לָּךְ
מֶלֶךְ מֵמִית וּמְחַיֶּה וּמַצְמִיחַ יְשׁוּעָה.
מִי כָמוֹךָ אָב הָרַחֲמָן, זוֹכֵר יְצוּרָיו לְחַיִּים בְּרַחֲמִים.
וְנֶאֱמָן אַתָּה לְהַחֲיוֹת מֵתִים.
בָּרוּךְ אַתָּה יי, מְחַיֵּה הַמֵּתִים.

אַתָּה קָדוֹשׁ וְשִׁמְךָ קָדוֹשׁ
וּקְדוֹשִׁים בְּכָל יוֹם יְהַלְלוּךָ סֶּלָה
כִּי אֵל מֶלֶךְ גָּדוֹל וְקָדוֹשׁ אָתָּה.

לְדוֹר וָדוֹר הַמְלִיכוּ לָאֵל
כִּי הוּא לְבַדּוֹ מָרוֹם וְקָדוֹשׁ.

וּבְכֵן יִתְקַדַּשׁ שִׁמְךָ יי אֱלֹהֵינוּ עַל יִשְׂרָאֵל עַמֶּךָ
וְעַל יְרוּשָׁלַיִם עִירֶךָ, וְעַל צִיּוֹן מִשְׁכַּן כְּבוֹדֶךָ
וְעַל מַלְכוּת בֵּית דָּוִד מְשִׁיחֶךָ, וְעַל מְכוֹנְךָ וְהֵיכָלֶךָ.

וּבְכֵן תֵּן פַּחְדְּךָ יי אֱלֹהֵינוּ עַל כָּל מַעֲשֶׂיךָ
וְאֵימָתְךָ עַל כָּל מַה שֶּׁבָּרָאתָ
וְיִירָאוּךָ כָּל הַמַּעֲשִׂים, וְיִשְׁתַּחֲווּ לְפָנֶיךָ כָּל הַבְּרוּאִים
וְיֵעָשׂוּ כֻלָּם אֲגֻדָּה אֶחָת לַעֲשׂוֹת רְצוֹנְךָ בְּלֵבָב שָׁלֵם
כְּמוֹ שֶׁיָּדַעְנוּ יי אֱלֹהֵינוּ שֶׁהַשִּׁלְטָן לְפָנֶיךָ
עֹז בְּיָדְךָ וּגְבוּרָה בִּימִינֶךָ
וְשִׁמְךָ נוֹרָא עַל כָּל מַה שֶּׁבָּרָאתָ.

וּבְכֵן תֵּן כָּבוֹד יי לְעַמֶּךָ
תְּהִלָּה לִירֵאֶיךָ וְתִקְוָה טוֹבָה לְדוֹרְשֶׁיךָ
וּפִתְחוֹן פֶּה לַמְיַחֲלִים לָךְ
שִׂמְחָה לְאַרְצֶךָ, וְשָׂשׂוֹן לְעִירֶךָ
וּצְמִיחַת קֶרֶן לְדָוִד עַבְדֶּךָ
וַעֲרִיכַת נֵר לְבֶן יִשַׁי מְשִׁיחֶךָ
בִּמְהֵרָה בְיָמֵינוּ.

וּבְכֵן צַדִּיקִים יִרְאוּ וְיִשְׂמָחוּ, וִישָׁרִים יַעֲלֹזוּ
וַחֲסִידִים בְּרִנָּה יָגִילוּ, וְעוֹלָתָה תִּקְפָּץ פִּיהָ
וְכָל הָרִשְׁעָה כֻּלָּהּ כְּעָשָׁן תִּכְלֶה
כִּי תַעֲבִיר מֶמְשֶׁלֶת זָדוֹן מִן הָאָרֶץ.
וְתִמְלֹךְ אַתָּה הוּא יי אֱלֹהֵינוּ
מְהֵרָה לְבַדֶּךָ עַל כָּל מַעֲשֶׂיךָ
בְּהַר צִיּוֹן מִשְׁכַּן כְּבוֹדֶךָ
וּבִירוּשָׁלַיִם עִיר קָדְשֶׁךָ
כַּכָּתוּב בְּדִבְרֵי קָדְשֶׁךָ
יִמְלֹךְ יי לְעוֹלָם, אֱלֹהַיִךְ צִיּוֹן לְדֹר וָדֹר, הַלְלוּיָהּ.

קָדוֹשׁ אַתָּה וְנוֹרָא שְׁמֶךָ, וְאֵין אֱלוֹהַּ מִבַּלְעָדֶיךָ
כַּכָּתוּב
וַיִּגְבַּהּ יי צְבָאוֹת בַּמִּשְׁפָּט
וְהָאֵל הַקָּדוֹשׁ נִקְדַּשׁ בִּצְדָקָה.
בָּרוּךְ אַתָּה יי, הַמֶּלֶךְ הַקָּדוֹשׁ.

אַתָּה בְחַרְתָּנוּ מִכָּל הָעַמִּים
אָהַבְתָּ אוֹתָנוּ וְרָצִיתָ בָּנוּ, וְרוֹמַמְתָּנוּ מִכָּל הַלְּשׁוֹנוֹת
וְקִדַּשְׁתָּנוּ בְּמִצְוֹתֶיךָ, וְקֵרַבְתָּנוּ מַלְכֵּנוּ לַעֲבוֹדָתֶךָ
וְשִׁמְךָ הַגָּדוֹל וְהַקָּדוֹשׁ עָלֵינוּ קָרָאתָ.

וַתִּתֶּן לָנוּ יי אֱלֹהֵינוּ בְּאַהֲבָה אֶת יוֹם /בשבת: הַשַּׁבָּת הַזֶּה וְאֶת יוֹם/
הַזִּכָּרוֹן הַזֶּה, יוֹם /בשבת: זִכְרוֹן/
תְּרוּעָה /בשבת: בְּאַהֲבָה/
מִקְרָא קֹדֶשׁ, זֵכֶר לִיצִיאַת מִצְרָיִם.

אֱלֹהֵינוּ וֵאלֹהֵי אֲבוֹתֵינוּ
יַעֲלֶה וְיָבוֹא וְיַגִּיעַ, וְיֵרָאֶה וְיֵרָצֶה וְיִשָּׁמַע
וְיִפָּקֵד וְיִזָּכֵר זִכְרוֹנֵנוּ וּפִקְדוֹנֵנוּ וְזִכְרוֹן אֲבוֹתֵינוּ
וְזִכְרוֹן מָשִׁיחַ בֶּן דָּוִד עַבְדֶּךָ
וְזִכְרוֹן יְרוּשָׁלַיִם עִיר קָדְשֶׁךָ
וְזִכְרוֹן כָּל עַמְּךָ בֵּית יִשְׂרָאֵל, לְפָנֶיךָ
לִפְלֵיטָה לְטוֹבָה, לְחֵן וּלְחֶסֶד וּלְרַחֲמִים, לְחַיִּים וּלְשָׁלוֹם
בְּיוֹם הַזִּכָּרוֹן הַזֶּה.
זָכְרֵנוּ יי אֱלֹהֵינוּ בּוֹ לְטוֹבָה
וּפָקְדֵנוּ בוֹ לִבְרָכָה
וְהוֹשִׁיעֵנוּ בוֹ לְחַיִּים טוֹבִים.
וּבִדְבַר יְשׁוּעָה וְרַחֲמִים
חוּס וְחָנֵּנוּ וְרַחֵם עָלֵינוּ וְהוֹשִׁיעֵנוּ, כִּי אֵלֶיךָ עֵינֵינוּ
כִּי אֵל מֶלֶךְ חַנּוּן וְרַחוּם אָתָּה.

אֱלֹהֵינוּ וֵאלֹהֵי אֲבוֹתֵינוּ
מְלֹךְ עַל כָּל הָעוֹלָם כֻּלּוֹ בִּכְבוֹדֶךָ
וְהִנָּשֵׂא עַל כָּל הָאָרֶץ בִּיקָרֶךָ
וְהוֹפַע בַּהֲדַר גְּאוֹן עֻזֶּךָ עַל כָּל יוֹשְׁבֵי תֵבֵל אַרְצֶךָ.
וְיֵדַע כָּל פָּעוּל כִּי אַתָּה פְעַלְתּוֹ, וְיָבִין כָּל יָצוּר כִּי אַתָּה יְצַרְתּוֹ
וְיֹאמַר כֹּל אֲשֶׁר נְשָׁמָה בְאַפּוֹ
יי אֱלֹהֵי יִשְׂרָאֵל מֶלֶךְ וּמַלְכוּתוֹ בַּכֹּל מָשָׁלָה.

בשבת: אֱלֹהֵינוּ וֵאלֹהֵי אֲבוֹתֵינוּ, רְצֵה נָא בִמְנוּחָתֵנוּ

קַדְּשֵׁנוּ בְּמִצְוֹתֶיךָ וְתֵן חֶלְקֵנוּ בְּתוֹרָתֶךָ
שַׂבְּעֵנוּ מִטּוּבֶךָ וְשַׂמַּח נַפְשֵׁנוּ בִּישׁוּעָתֶךָ

בשבת: וְהַנְחִילֵנוּ יי אֱלֹהֵינוּ בְּאַהֲבָה וּבְרָצוֹן שַׁבַּת קָדְשֶׁךָ
וְיָנוּחוּ בוֹ כָּל יִשְׂרָאֵל מְקַדְּשֵׁי שְׁמֶךָ

וְטַהֵר לִבֵּנוּ לְעָבְדְּךָ בֶּאֱמֶת
כִּי אַתָּה אֱלֹהִים אֱמֶת וּדְבָרְךָ אֱמֶת וְקַיָּם לָעַד.
בָּרוּךְ אַתָּה יי, מֶלֶךְ עַל כָּל הָאָרֶץ
מְקַדֵּשׁ /בשבת: הַשַּׁבָּת וְ/ יִשְׂרָאֵל וְיוֹם הַזִּכָּרוֹן.

רְצֵה יי אֱלֹהֵינוּ בְּעַמְּךָ יִשְׂרָאֵל וְלִתְפִלָּתָם שְׁעֵה
וְהָשֵׁב אֶת הָעֲבוֹדָה לִדְבִיר בֵּיתֶךָ
וְאִשֵּׁי יִשְׂרָאֵל וּתְפִלָּתָם מְהֵרָה בְּאַהֲבָה תְקַבֵּל בְּרָצוֹן
וּתְהִי לְרָצוֹן תָּמִיד עֲבוֹדַת יִשְׂרָאֵל עַמֶּךָ.
וְתֶחֱזֶינָה עֵינֵינוּ בְּשׁוּבְךָ לְצִיּוֹן בְּרַחֲמִים.
בָּרוּךְ אַתָּה יי, הַמַּחֲזִיר שְׁכִינָתוֹ לְצִיּוֹן.

מוֹדִים אֲנַחְנוּ לָךְ
שָׁאַתָּה הוּא יי אֱלֹהֵינוּ וֵאלֹהֵי אֲבוֹתֵינוּ לְעוֹלָם וָעֶד
צוּר חַיֵּינוּ, מָגֵן יִשְׁעֵנוּ אַתָּה הוּא לְדוֹר וָדוֹר.
נוֹדֶה לְּךָ וּנְסַפֵּר תְּהִלָּתֶךָ עַל חַיֵּינוּ הַמְּסוּרִים בְּיָדֶךָ
וְעַל נִשְׁמוֹתֵינוּ הַפְּקוּדוֹת לָךְ, וְעַל נִסֶּיךָ שֶׁבְּכָל יוֹם עִמָּנוּ
וְעַל נִפְלְאוֹתֶיךָ וְטוֹבוֹתֶיךָ שֶׁבְּכָל עֵת, עֶרֶב וָבֹקֶר וְצָהֳרָיִם.
הַטּוֹב כִּי לֹא כָלוּ רַחֲמֶיךָ, וְהַמְרַחֵם כִּי לֹא תַמּוּ חֲסָדֶיךָ
כִּי מֵעוֹלָם קִוִּינוּ לָךְ.
וְעַל כֻּלָּם יִתְבָּרַךְ וְיִתְרוֹמַם וְיִתְנַשֵּׂא שִׁמְךָ מַלְכֵּנוּ
תָּמִיד לְעוֹלָם וָעֶד.
וּכְתֹב לְחַיִּים טוֹבִים כָּל בְּנֵי בְרִיתֶךָ.
וְכֹל הַחַיִּים יוֹדוּךָ סֶּלָה
וִיהַלְלוּ וִיבָרְכוּ אֶת שִׁמְךָ הַגָּדוֹל בֶּאֱמֶת לְעוֹלָם כִּי טוֹב
הָאֵל יְשׁוּעָתֵנוּ וְעֶזְרָתֵנוּ סֶלָה, הָאֵל הַטּוֹב.
בָּרוּךְ אַתָּה יי, הַטּוֹב שִׁמְךָ וּלְךָ נָאֶה לְהוֹדוֹת.

שִׂים שָׁלוֹם טוֹבָה וּבְרָכָה, חַיִּים חֵן וָחֶסֶד וְרַחֲמִים
עָלֵינוּ וְעַל כָּל יִשְׂרָאֵל עַמֶּךָ.
בָּרְכֵנוּ אָבִינוּ כֻּלָּנוּ כְּאֶחָד בְּאוֹר פָּנֶיךָ
כִּי בְאוֹר פָּנֶיךָ נָתַתָּ לָּנוּ יי אֱלֹהֵינוּ תּוֹרַת חַיִּים וְאַהֲבַת חֶסֶד
וּצְדָקָה וּבְרָכָה וְרַחֲמִים וְחַיִּים וְשָׁלוֹם.
וְטוֹב יִהְיֶה בְעֵינֶיךָ לְבָרְכֵנוּ וּלְבָרֵךְ אֶת כָּל עַמְּךָ יִשְׂרָאֵל
בְּכָל עֵת וּבְכָל שָׁעָה בִּשְׁלוֹמֶךָ.

בְּסֵפֶר חַיִּים, בְּרָכָה וְשָׁלוֹם, וּפַרְנָסָה טוֹבָה
וּגְזֵרוֹת טוֹבוֹת, יְשׁוּעוֹת וְנֶחָמוֹת, נִזָּכֵר וְנִכָּתֵב לְפָנֶיךָ
אֲנַחְנוּ וְכָל עַמְּךָ בֵּית יִשְׂרָאֵל, לְחַיִּים טוֹבִים וּלְשָׁלוֹם.
בָּרוּךְ אַתָּה יְיָ, הַמְבָרֵךְ אֶת עַמּוֹ יִשְׂרָאֵל בַּשָּׁלוֹם.

יִהְיוּ לְרָצוֹן אִמְרֵי פִי וְהֶגְיוֹן לִבִּי לְפָנֶיךָ, יְיָ צוּרִי וְגֹאֲלִי.

אֱלֹהַי, נְצֹר לְשׁוֹנִי מֵרָע וּשְׂפָתַי מִדַּבֵּר מִרְמָה, וְלִמְקַלְלַי נַפְשִׁי תִדֹּם, וְנַפְשִׁי כֶּעָפָר לַכֹּל תִּהְיֶה. פְּתַח לִבִּי בְּתוֹרָתֶךָ, וְאַחֲרֵי מִצְוֹתֶיךָ תִּרְדּוֹף נַפְשִׁי. וְכָל הַקָּמִים וְהַחוֹשְׁבִים עָלַי רָעָה, מְהֵרָה הָפֵר עֲצָתָם וְקַלְקֵל מַחֲשַׁבְתָּם.

יְהִי רָצוֹן מִלְּפָנֶיךָ יְיָ אֱלֹהַי וֵאלֹהֵי אֲבוֹתַי, שֶׁלֹּא תַעֲלֶה קִנְאַת אָדָם עָלַי וְלֹא קִנְאָתִי עַל אֲחֵרִים, וְשֶׁלֹּא אֶכְעוֹס הַיּוֹם וְשֶׁלֹּא אַכְעִיסֶךָ, וְתַצִּילֵנִי מִיֵּצֶר הָרָע, וְתֵן בְּלִבִּי הַכְנָעָה וַעֲנָוָה. מַלְכֵּנוּ וֵאלֹהֵינוּ יַחֵד שִׁמְךָ בְּעוֹלָמֶךָ, בְּנֵה עִירֶךָ, יַסֵּד בֵּיתֶךָ וְשַׁכְלֵל הֵיכָלֶךָ, וְקַבֵּץ קִבּוּץ גָּלֻיּוֹת, וּפְדֵה צֹאנֶךָ וְשַׂמַּח עֲדָתֶךָ.

עֲשֵׂה לְמַעַן שְׁמֶךָ, עֲשֵׂה לְמַעַן יְמִינֶךָ, עֲשֵׂה לְמַעַן תּוֹרָתֶךָ, עֲשֵׂה לְמַעַן קְדֻשָּׁתֶךָ. לְמַעַן יֵחָלְצוּן יְדִידֶיךָ הוֹשִׁיעָה יְמִינְךָ וַעֲנֵנִי. יִהְיוּ לְרָצוֹן אִמְרֵי פִי וְהֶגְיוֹן לִבִּי לְפָנֶיךָ, יְיָ צוּרִי וְגֹאֲלִי. עֹשֶׂה הַשָּׁלוֹם בִּמְרוֹמָיו, הוּא יַעֲשֶׂה שָׁלוֹם עָלֵינוּ וְעַל כָּל יִשְׂרָאֵל, וְאִמְרוּ אָמֵן.

יְהִי רָצוֹן מִלְּפָנֶיךָ יְיָ אֱלֹהֵינוּ וֵאלֹהֵי אֲבוֹתֵינוּ, שֶׁיִּבָּנֶה בֵּית הַמִּקְדָּשׁ בִּמְהֵרָה בְיָמֵינוּ, וְתֵן חֶלְקֵנוּ בְּתוֹרָתֶךָ. וְשָׁם נַעֲבָדְךָ בְּיִרְאָה כִּימֵי עוֹלָם וּכְשָׁנִים קַדְמֹנִיּוֹת. וְעָרְבָה לַייָ מִנְחַת יְהוּדָה וִירוּשָׁלָיִם כִּימֵי עוֹלָם וּכְשָׁנִים קַדְמֹנִיּוֹת.

חזרת הש״ץ ליום ב׳ של ראש השנה בעמ׳ 261.

פותחים את ארון הקודש

אֲדֹנָי, שְׂפָתַי תִּפְתָּח וּפִי יַגִּיד תְּהִלָּתֶךָ

בָּרוּךְ אַתָּה יי, אֱלֹהֵינוּ וֵאלֹהֵי אֲבוֹתֵינוּ, אֱלֹהֵי אַבְרָהָם, אֱלֹהֵי יִצְחָק, וֵאלֹהֵי יַעֲקֹב, הָאֵל הַגָּדוֹל הַגִּבּוֹר וְהַנּוֹרָא, אֵל עֶלְיוֹן, גּוֹמֵל חֲסָדִים טוֹבִים, קוֹנֵה הַכֹּל, וְזוֹכֵר חַסְדֵי אָבוֹת וּמֵבִיא גוֹאֵל לִבְנֵי בְנֵיהֶם לְמַעַן שְׁמוֹ בְּאַהֲבָה.

מִסּוֹד חֲכָמִים וּנְבוֹנִים
וּמִלֶּמֶד דַּעַת מְבִינִים
אֶפְתְּחָה פִּי בִּתְפִלָּה וּבְתַחֲנוּנִים
לְחַלּוֹת וּלְחַנֵּן פְּנֵי מֶלֶךְ מַלְכֵי הַמְּלָכִים וַאֲדוֹנֵי הָאֲדוֹנִים.

סימן: יקותיאל בר משה חזק ואמץ יחי.

1 יָרֵאתִי בִּפְצוֹתִי שִׂיחַ לְהַשְׁחִיל / קוּמִי לְחַלּוֹת פְּנֵי נוֹרָא וְדָחִיל
וְקָטֹנְתִּי מַעַשׂ לָכֵן אֲזַחִיל / תְּבוּנָה חָסַרְתִּי וְאֵיךְ אוֹחִיל
יוֹצְרִי הֲבִינֵנִי מוֹרָשָׁה לְהַנְחִיל / אֵילֵי וְאַמִּיצֵי מַרְפִּיוֹן וְחִיל

מסוד חכמים ונבונים הש״ץ נוטל רשות להפסיק את הברכה בפיוט מענינא דיומא, והוא מצהיר שלא בדה מלבו את הדרשות הכלולות בו אלא לקחם ממה שדרשו חז״ל, והוא מסוד חכמים ונבונים, מסוד ל׳ בסודם אל תבא נפשי (ברא׳ מט ו), ר״ל מתוך מה שדרשו חכמים ונבונים בבית מדרשם. **אפתחה פי בתפלה ובתחנונים לחלות ולחנן פני... ואדוני האדונים** התאמה של הנוסח הכללי (אפתחה פי בשיר ורננים / להודות ולהלל פני שוכן מעונים) לצרכי הימים הנוראים. **לחלות** ל׳ ויחל משה (שמות לב יא), ואצל הפייטנים בלי ׳פני׳. **לחנן** להתחנן.

1 יראתי בפצותי. ר״ל בפצותי פי, פי׳ בפתחי בתפלה. **שיח להשחיל** להמשיך בדיבור, למשוך את קו הדיבור (לשון המשנה, כגן ביצה ה א משחילין פירות דרך ארובה). (ויש מפרשין אותו כלשון הוצאה מפיו, ע״ש שמות ב י כי מן המים משיתיהו, שתרגומו ארי מן מיא שחלתיה, ואינו מסתבר.) **קומי** ר״ל בקומי. **ודחיל** נורא (מל׳ דחל בארמית). **2 וקטונתי מעש** אני מחוסר מעשים טובים. **אוחיל** לשון פחד, ע״ש איוב לב ו על כן זחלתי ואירא. **3 מורשה להנחיל** ללמד תורה, ע״ש דבר׳ לג ד. **אילני** חזקני, ל׳ איל, תהל׳ פח ה. **מרפיון,** ע״ש ירמ׳ מז ג. **וחיל** שמות טו יד ועוד. **4 לחשי ירצה כמנטיף ומשחיל** תפלתי תהי לרצון כאילו הקטרתי קטורת שבה כלול

לַחֲשִׁי יֵרָצֶה כְּמַנְטִיף וּמַשְׁחִיל / בְּטוּיֵי יֻמְתַּק כְּצוּף נָחִיל
רָצוּי בְּיֹשֶׁר וְלֹא כְמַכְחִיל / מְשַׁלְּחַי לְהַמְצִיא כֹּפֶר וּלְהַמְחִיל
שַׁאֲגִי יֶעֱרַב וְלֹא כְמַשְׁחִיל / הֵעָתֵר לְנִגָּשִׁים וְנֶחֱשָׁבִים כְּזָחִיל
חַנּוּן כְּהַבְטִיחֲךָ לְבִנְקֶרֶת מְחִיל / זַעֲקִי קְשׁוֹב בְּעֵת אַתְחִיל
קְרָבַי יֶחֱמָרוּ בְּחָקְרְךָ חַלּוֹחִיל / וּמֵאֵימַת הַדִּין נַפְשִׁי תַבְחִיל
אִם כִּגְמוּל הַלֵּב יָחִיל / מְקוֹרֵי עַפְעַפַּי אַזִּיל כְּמַזְחִיל
צְדָקָה אֲקַוֶּה מִמְּךָ וְאוֹחִיל / יֹשֶׁר הוֹרַי זְכֹרָה לְהַאֲחִיל
חַם לִבִּי בַּהֲגִיגִי יַנְחִיל / יִסְתָּעֵר בְּקִרְבִּי בְּעֵת אַתְּ חִיל.

סוגרים את ארון הקודש

נטף ושחלת, ע״ש תהל׳ קמא ב תכון תפלתי קטרת לפניך. **בטויי יומתק כצוף נחיל** דיבורי יהא מתוק כדבש נחיל דבורים (לשון המשנה, כגון ב״ק י׳ ב׳), והתוכן ע״פ משלי טז כד צוף דבש אמרי נעם מתוק לנפש ומרפא לעצם. **5 רצוי ביושר ולא כמכחיל** רצוי בישרי ובכנותי שאינני כמכחיל, ר״ל כאיש צבוע שאין תוכו כברו (מל׳ יחזק׳ כג מ כחלת עיניך). **ולהמחיל** להמציאם מחילה. **6 שאגי** תפלתי, ע״ש תהל׳ כב ב דברי שאגתי. ולא **כמשחיל** כשואג כשחל ר״ל כארי, וייתכן שהפייטן רומז לדרשת חז״ל תענית דף ט״ז ב׳ היתה לי נחלתי כאריה ביער נתנה עלי בקולה על כן שנאתיה (ירמ׳ יב ח). מאי נתנה עלי בקולה... זה שליח ציבור היורד לפני התיבה שאינו הגון. **ונחשבים כזחיל** כזוחל ורועד מאימת הדין. **7 כהבטיחך לבנקרת מחיל** כמו שהבטחת למשה בנקרת הצור (שמות לג כב), ולשון הפייטן בנקרת מחיל = מְחִלָּה, ע״ש ישע׳ ב יט ובאו במערות צורים ובמחילות עפר. **8 קרבי יחמרו** ע״ש איכה ב יא חמרמרו מעי. **בחקרך חלוחיל** המלה היא חידוש הפייטן, ופירושה חלחולית, שמשמעותה מזימה ותחבולה, עי׳ ויק״ר כ׳ ב׳ ע׳ תמה אמרתי להוללים (תהל׳ עה ה) למערבביה, אלו שלבם מלא חלחוליות רעות. ועי׳ ג״כ פסיקתא דר״כ כ״ז (דף ק״ע א׳). תנחומא אחרי ב׳ (תנחומא אחרי ג׳ דף כ״ט א׳ בובר). **נפשי תבחיל** קצה (ע״ש זכרי׳ יא ח וגם נפשם בחלה בי, שתרגומו על דנפשהון קצת בפולחני), וכנראה כאן במובן מתיאשת, רועדת. **9 אם כגמול** אם תשיב לי כגמול ידי, ע״ש דה״ב לב כה וכדומה. **הלב יחיל** ע״ש תהל׳ נה ה לבי יחיל בקרבי. **מקורי עפעפי אזיל** ע״ש ירמ׳ ט יז ועפעפינו יזלו מים. **כמזחיל** כצנור המזחיל את המים, ובלשון המשנה ׳מזחילה׳ (ב״ב ב׳ ה׳). **10 צדקה אקוה ממך** התחביר דוגמת תהל׳ נב יא ואקוה שמך. **יושר הורי** זכות אבותי. **להאחיל** אותם, לגרום שיאחלו (ר״ל שיתפללו) בעדנו. **11 חם לבי בהגיגי** תהל׳ לט ד. **ינחיל** יבער כגחל. **יסתער בקרבי** יתרגש, ע״ש מ״ב ו יא ויסער לב מלך ארם. **בעת את חיל** במשחק מלים מכוון: בעת שאתחיל להקריא את הקרובה ׳את חיל׳.

קימן: א״ב. מחבר: ר׳ אלעזר ב״ר קליר.

אֶת חִיל יוֹם פְּקֻדָּה / בְּאֵימָיו כֹּל לָחוּם לְשָׁקְדָה
גָּשִׁים בּוֹ בֶּרֶךְ לְקוּדָה / דֵּעָם לְיַשֵּׁר כְּעַל מוֹקְדָה.
הַיּוֹצֵר יַחַד כֶּסֶל נִשְׁפָּט / וְשׁוֹעַ וָדָל בִּפְלוֹס יִשָּׁפֵט
זֵכֶר לֹא יַעֲשֶׂה מִשְׁפָּט / חִין עֶרְכּוֹ יִזָּכֵר בַּמִּשְׁפָּט.
טֶרֶם כָּל מִפְעַל חָצַב / יָזַם בְּמַחֲשֶׁבֶת צוּר חָצַב
כְּאָחוֹר וָקֶדֶם בְּתָוֶךְ נֶחְצַב / לְיַהֵב עָלָיו כָּל הַמַּחְצָב.

1 את חיל יום פקודה באה חרדת יום הדין. את (=אתא) פי׳ באה, ע״ש ישע׳ כא יב אתא בקר. חיל ע״ש שמות טו יד חיל אחז... יום פקודה ע״ש שמות לב לד וביום פקדי..., ועי׳ ילקוט שמעוני ח״ב רמז פ״ח (מורחב מתנחומא במד׳ כ״א=כ״ו דף י״א א׳ בובר)... יש פקידה לעונות, שנאמר וביום פקדי ופקדתי עליהם את חטאתם. ובפירוש ו 306 מובא ממדרש המלאכים בראש השנה צועקים אתא חילא אתא חיל. יום פקודה. במדרש ושמתי פקודתך שלום (ישעי׳ ס יז) זה ראש השנה. ונגשיך צדקה. זה יום הכפורים. עכ״ל. ואינו נמצא במדרשים הידועים. **באימיו כל לחום לשקדה** באימותיו לייסר כל בשר, לחום ע״ש צפני׳ א יז ושפך דמם כעפר ולחמם כגללים, לסקדה (מל׳ ארמית) ע״ש ת״י דבר׳ ח ה היכמא דמסקד גבר ית בריה ה׳ אלהך מסקד יתכון. ויש מפרשים אותו ע״ש איכה א יד נשקד על פשעי, שפירושו ׳נקשר׳ (לדעת ראב״ע) נמשך, נמהר: ויש גורסין לשקדה בשין ימיני, פי׳ להיות שקד. **2 ברך ליקודה** לכרוע, ל׳ ויקד,ברא׳ כד כו ועוד. **דעם ליישר** מחשבותם ליישר. **כעל מוקדה** ע״ש ויק׳ ו ב, ר״ל כעשן הקטורת שהיתה מתמרת ועולה (תוספתא יומא ב ו ועוד) ישר ואינה פונה לכאן ולכאן. **3 היוצר יחד כסל נשפט** ע״ש תהל׳ לג טו היוצר יחד לבם המבין אל כל מעשיהם, ודרשוהו במשנה (ר״ה א׳ ב׳) על יום הידן. כסל (ויק׳ ג ד. תהל׳ לח ח ועוד) כנוי ללב. נשפט, ר״ל הקב״ה שהוא יוצר כל לבות נשפט אתם, ע״ש ירמ׳ כה לא נשפט הוא לכל בשר, וכדומה. **ושוע** (פי׳ עשיר) **ודל** ע״ש איוב לד יט ולא נכר שוע לפני דל. **בפלוס יושפט** בפלס ומאזני משפט (משלי טז יא). **4 זכר לא יעשה משפט** זכרון לתפלתו של אברהם (ברא׳ יח כה) חלילה לך השופט כל הארץ לא יעשה משפט, שדרשוהו בב״ר מ״ט ט (ע׳ 511) אם עולם אתה מבקש אין דין ואם דין תבקש אין עולם. ועי׳ ג״כ ויק״ר י׳ א׳ (ע׳ קצו). **חין ערכו** ערך תחנוניו, ע״ש איוב מא ד לא אחריש בדיו ודבר גבורות וחין ערכו, ודרשוהו (ב״ר מ״ט י׳ ע׳ 512) חן נתן בארוכות שפתיו בשעה שביקש רחמים על סדומים. **5 טרם כל מפעל חצב** פי׳ יצר, ר״ל טרם ברא הקב״ה את עולמו. **יזם מחשבת צור חוצב** יזם את אברהם שנא׳ בו (ישע׳ נא

מְנָתוֹ כְּהַיּוֹם כֹּחַ דְּשֵׁנָה / נֵצֶר לְהַחֲנִיט לְתִשְׁעִים שָׁנָה
סִימָה אוֹת הֱיוֹת לְשׁוֹשַׁנָּה / עֲבוּר לְפָנָיו בְּרֹאשׁ הַשָּׁנָה.

פִּלְצוּ פִּרְחֶיהָ בְּחֹק יוֹם / צִיגָתָם פְּנֵי כֵס אָיֹם
קוֹל דִּבְבָם יַרְחִישׁוּ כְּהַיּוֹם / רוֹגְשִׁים לְהָרִיעַ לִמְצוֹא פִּדְיוֹם.

שְׁעוּנִים עָלֶיהָ בָּהּ לְהִפָּקְדָה / שׁוֹאֲגִים בְּלַהַק דַּלְתוֹת לִשְׁקֹדָה
תְּמוּכִים בְּדֶשֶׁן שֶׂה עֲקֵדָה / תֶּשֶׁר אֲשֶׁר בּוֹ נִפְקָדָה.

א) הביטו אל צור חוצבתם... הביטו אל אברהם אביכם (והפייטן שינה את לשון הכתוב בגלל החרוז, או שיש לפרש: צור שחוצב ממנו הדור הבא אחריו). כל זה ע״פ דרשת חז״ל ב״ר י״ד ו׳ (ע׳ 130) כתיב (יהושע יד טו) האדם הגדול בענקים. אדם זה אברהם, ולמה קורא אותו אדם גדול, שהיה ראוי להיבראות קודם אדם הראשון, אלא אמר הקב״ה שמא יקלקל ואין מי שיתקן... כך למה ברא הקב״ה את אברהם באמצע דורות כדי שיסבול דורות שלפניו ושלאחריו. עכ״ל. ולפי זה ממשיך הפייטן **6 כאחור וקדם** (לשון תהל׳ קלט ה, ודרשוהו על בריאת אדם הראשון ב״ר כ״ד ב׳ ע׳ 230, ועוד) **בתוך נחצב** ר״ל נוצר באמצע הדורות. **ליהב עליו כל המחצב** לשום עליו כל משא הדורות הנ״ל. (לִיהַב או לְיַהֵב, לשון נתינה, כגון הבה לי בנים, ברא׳ ל ב וה״ה בארמית.) **7 מנתו** אשתו שהיתה לו למנה, וכנראה חודשה מליצה זו ע״י הפייטן. **כהיום כח דושנה** בראש השנה שבה לנערותה, ע״פ דרשת חז״ל (ר״ה דף י׳ ב׳) בר״ה נפקדו שרה רחל וחנה, והיתה דשנה ורעננה. **נצר להחניט** להצמיח, ללדת בן. **8 סימה אות היות לשושנה** להיות אות מסויימת לישראל הנקראים שושנה (שה״ש ב א) **עבור לפניו בראש השנה** שיהיו עוברים לפניו לדין (לשון המשנה, ר״ה א׳ ב׳) ויפקדו לטובה כשם ששרה נפקדה. **9 פולצו פרחיה** נבעתו (ל׳ יתפלצון, איוב ט ו). **בחוק יום** בתקיעת שופר. וי״ג בזה יום, ומסתבר. **ציגתם** בזמן עמידתם (ל׳ ויציגם לפני פרעה, ברא׳ מז ב). **לפני כס איום** לפני כסא הקב״ה (כס ע״ש שמות יז טז) הנקרא איום ונורא (חבק׳ א ז). **10 קול דבבם** דבורם, מל׳ דֶּבֶב, ע״ש דובב שפתי ישנים, שה״ש ז י. **ירחישו** בשפתותיהם, ידברו בלחש, לשון התלמוד ירו׳ ברכ׳ ד׳ א׳ דף ז׳ א׳ רק שפתיה נעות, מכאן שהוא צריך להרחיש בשפתותיו. **רוגשים** מתאספים, ע״ש תהל׳ ב א למה רגשו גוים. **להריע** לתקוע בשופר. **11 שעונים עליה** ר״ל על שרה שבזכותה ייפקדו לטובה. **בלהק** בלהקה, ר״ל בקהל (ל׳ להקת נביאים, ש״א יט כ). **דלתות לשקדה** ע״ש משלי ח לד לשקוד על דלתותי יום יום. **12 תמוכים בדשן שה עקדה** בדשן יצחק, ע״פ מדרש עתיק על ברכות העמידה (שבלי הלקט השלם, מהד׳ בובר, י״ח דף ט׳ א׳) כשנעקד יצחק על גבי המזבח ונעשה דשן והיה אפרו מושלך על הר המוריה מיד הביא עליו הקב״ה טל והחיה אותו, ע׳ שפיגל, מאגדות העקדה, ס׳ היובל לאלכסנדר מרכס, נ״י תש״י, ע׳ תפה, והרעיון נתפשט בכמה מדרשים מאוחרים. לפי זה יש

13 נַעֲלֶה בְּדִין עֲלוֹת בִּתְרוּעָה / גֵּיא עִם דָּרֶיהָ לְרוֹעֲעָה

בַּשּׁוֹפָר (בשבת: בְּזִכְרוֹן שׁוֹפָר) אֲפַתֶּנּוּ וּבְבֶרֶךְ כְּרִיעָה /

בְּמָגִנַּת רֵעִים בְּגַנּוֹ אֶתְרוֹעֲעָה.

זָכְרֵנוּ לְחַיִּים, מֶלֶךְ חָפֵץ בַּחַיִּים, וְכָתְבֵנוּ בְּסֵפֶר הַחַיִּים, לְמַעַנְךָ אֱלֹהִים חַיִּים. מֶלֶךְ עוֹזֵר וּמוֹשִׁיעַ וּמָגֵן. בָּרוּךְ אַתָּה יְיָ, מָגֵן אַבְרָהָם.

אַתָּה גִּבּוֹר לְעוֹלָם אֲדֹנָי, מְחַיֵּה מֵתִים אַתָּה, רַב לְהוֹשִׁיעַ, מוֹרִיד הַטָּל. מְכַלְכֵּל חַיִּים בְּחֶסֶד, מְחַיֵּה מֵתִים בְּרַחֲמִים רַבִּים, סוֹמֵךְ נוֹפְלִים, וְרוֹפֵא חוֹלִים, וּמַתִּיר אֲסוּרִים, וּמְקַיֵּם אֱמוּנָתוֹ לִישֵׁנֵי עָפָר. מִי כָמוֹךָ בַּעַל גְּבוּרוֹת וּמִי דּוֹמֶה לָּךְ, מֶלֶךְ מֵמִית וּמְחַיֶּה וּמַצְמִיחַ יְשׁוּעָה.

סימן: תשר״ק.

1 תְּאֵלַת זוֹ כְּחָפֵץ לְהִתְעִיל / שׁוּעַ עָרוּךְ לְמַדָּם לְהוֹעִיל

רוֹן הֲרָרֵי קֶדֶם הַמּוֹעִיל / קְרוֹא בְּגָרוֹן מוֹקֵשׁ לְהַגְעִיל.

לבאר: ישראל תמוכים הם בדשן יצחק שנראה אפרו כאילו צבור ע״ג המזבח. **תשר אשר בו** נפקדה בחדש תשרי שבו נפקדה שרה (ר״ה דף י׳ ב׳) (כ״ה בפירוש כ״י 3061. ויש מפרשים תשר ל׳ תשורה, כאילו יצחק היה התשר שבו נפקדה שרה, ואינו מסתבר). **13 נעלה בדין עלות בתרועה** ע״ש תהל׳ מז י מאד נעלה. מז ו עלה אלהים בתרועה ה׳ בקול שופר, ע״פ דרשת חז״ל ויק״ר כ״ט ג׳ (ע׳ תרעד, ובמקבילים הרשומים שם) כשהקב״ה עולה לישב על כסא הדין בראש השנה בדין (כך גירסת הפייטן, וי״ג לדין) הוא עולה. הה״ד עלה אלהים בתרועה. וכיון שישראל נוטלין שופרותיהן ותוקעין, מיד יי בקול שופר. מה הקב״ה עושה. עומד מכסא הדין ויושב על כסא רחמים וכו׳. **גיא עם דריה לרועעה** לרוצץ הארץ ויושביה. **14 בשופר אפתנו** לפי הדרשה הנ״ל. **ובברך כריעה** בכריעת ברך (דוגמת חין ערכי, עי׳ לעיל 4). וי״ג כרועה. **במגנת רעים בגנו אתרועעה** במגן ישראל, שהם רעים זה לזה, אתחברה בעתיד לבא בבית המקדש הנקרא גנו, ע״ש שה״ש ה א באתי לגני אחותי כלה, וע״פ מה שדרשו במדרש שם. והלשון ע״ש משלי יח כד איש רעים להתרועע. (ויש מפרשים רעים האבות, כדי לסיים במגן האבות, ורחוק הוא.)

1 תאלת זו כחפץ להתעיל כשחפץ ה׳ לתת רפואות תעלה (ע״ש ירמ׳ ל יג) לחטאה (לתאלתה, ע״ש איכה ג סה תאלתך להם) של עם זו (ע״ש שמות טו טז). **שוע ערוך** (ע״ש איוב לו יט היערוך

צִדְקָם לְהַקְפּוֹת בְּנִיב שׁוּעָה / פָּעֳלָם בְּקֶרֶב שָׁנִים לְשַׁמְּעָה
עֵת רָצוֹן וְיוֹם יְשׁוּעָה / סְבִיכַת קֶרֶן וּבְרִית שְׁבוּעָה.
נוֹבְבִים בְּגִישַׁת חוֹתָמוֹת תִּשְׁעָה / מִסְפַּר שָׁתוֹת וְחוֹתְמֵיהֶן תִּשְׁעָה
לְמִנְיַן סִלּוּל שֵׁמוֹת תִּשְׁעָה / כְּחַנָּה עֲקָרָה יָלְדָה שִׁבְעָה.

שועך לא בצר) **למדם להועיל** ע״ש ישעי׳ מח יז אני ה׳ אלקיך מלמדך להועיל, ר״ל לימד את ישראל לערוך תפלתם. **2 רון הררי קדם** ע״ש דבר׳ לג טו ומראש הררי קדם וממגד גבעות עולם, פי׳ תפלת האבות, ע״פ דרשת חז״ל ספרי דברים שנ״ג מלמד שאבות ואמהות קרוים הרים וגבעות, שנא׳ (שה״ש ד ו) אלך לי אל הר המור ואל גבעת הלבונה. **קרוא בגרון** ישע׳ נח א, ר״ל לקרוא בקול. **מוקש להגעיל** להשחית את היצר הרע, ע״ש איוב כא י שורו עבר ולא יגעיל, או לפי שמוש המלה בלשון חז״ל שפירושה להעביר במים רותחים, כגון במשנה, ע״ז ה׳ י״ב. **3 צדקם להקפות** להעלות, לגלות (הלשון לקוח מהעלאת דבר כדי שיצוף על פני הנוזל, כגון שבת דף כ״א א׳ כורכן פתילה על גבי אגוז... להקפות), ועי׳ להלן במוסף, משלש 11, כסא להקפות, פי׳ לגלות את המולד. **בניב שועה** ע״ש ישע׳ נז יט ניב שפתים, ל׳ דבור. **פעלם בקרב שנים לשמעה** ע״ש חבק׳ ג ב פעלך... בקרב שנים תודיע, ר״ל להשמיע את מעשיהם ולהנציח את זכרם. **4 עת רצון ויום ישועה** ע״ש ישע׳ מט ח בעת רצון עניתיך וביום ישועה עזרתיך..., ר״ל להשמיע את עת רצון. **סביכת קרן** שבו נאחז האיל בסבך בקרניו (ברא׳ כב יג) **וברית שבועה** שנשבע ה׳ לאברהם (שם טז) כי ברך אברכך וכו׳. **5 נובבים בגישת חותמות תשעה/מספר שתות וחותמיהם תשעה** פיסקא זו עדיין לא נתבארה כהוגן, והמפרשים נתנו לה פירושים דחוקים (כגון ג׳ אבות וד׳ אמהות וב׳ השפחות לפירוש שתות וחותמיהם), וגם פירוש רוו״ה שראה בתוספת ׳מספר שתות וחותמיהם תשעה׳ ביאור למלים הקודמות, אינו מתקבל על הדעת. כנראה רוצה הפייטן לומר **נובבים** פי׳ מדברים, מתפללים... **מספר שתות וחותמיהם תשעה** תשע ברכות שבעמידה למוסף של ר״ה (שתות ל׳ יסוד, ע״פ תהל׳ יא ג, כנראה לסימון גוף הברכות, וחותמיהם, כלשון המשנה תענ׳ ב׳ ג׳, לסימון החתימות). מה שהקדים הפייטן פחות ברור, וייתכן שהוא רומז במלים **בגישת חותמות תשעה** למצוות הנקראות ׳חותם׳ (כגון מילה ע״פ שמות רבה י״ט ה׳, קריאת שמע ותפלין ע״פ שה״ש ר׳ ח׳ ו׳) שבזכות קיומן ניגשים. ברם לא מצאתי כאן רמז למספר תשעה. **למנין סלול שמות תשעה/כחננה עקרה ילדה שבעה** למנין ט׳ אזכרות השם שבתפלת חנה שנאמר בה (ש״א ב ה) עד עקרה ילדה שבעה, ועי׳ בפסיקתא רבתי מ״ג דף קפ״ב א ובמדרש שמואל ב׳ י׳. וכל הענין ע״פ המאמר ירו׳ ברכות ד׳ ג׳ דף ח׳ א׳ (ובבלי ברכות דף כ״ט א׳) תשע (ברכות) של ר״ה מניין. א״ר אבא קרטיגניא כנגד תשע אזכרות שבפרשת חנה. **7 יאמירו עוז מלכיות עשר יתנו,** יביעו (ע״ש דבר׳ כו יז-יח) את עשרה פסוקי מלכיות, ע״פ המשנה ר״ה ד׳ ו׳, וכן י׳ זכרונות וי׳ שופרות והנימוקים הניתנים כאן שונים מהניתנים בירו׳ ר״ה ד׳ ז׳ דף נ״ט ג׳ ובבבלי ר״ה דף ל״ב א׳. **טבועות לשם בוחן עשר** מתוקנות כנגד עשרה נסיונות שנתנסה אברהם

יְאַמְּרוּ עֹז מַלְכִיּוֹת עֶשֶׂר / טְבוּעוֹת לְשֵׁם בֹּחַן עֶשֶׂר

חֹק זִכְרוֹנוֹת וְקוֹלוֹת עֶשֶׂר / זֵכֶר מְבָרֵךְ גְּבִירוֹ בְּעֶשֶׂר.

וַיִּפֶן בְּאָהוּב אֵתוֹי נְהָרַיִם / הֶעָקוּד בְּהַר מוֹר אֲחוֹרַיִם

10 דִּשְׁנוֹ יִרְאֶה לָחוֹן שִׁירַיִם / גְּשָׁמִים עָדָיו בֹּקֶר וְצָהֳרַיִם.

בְּזֶה פֶּרֶק חִנֵּן עֲתִירָה / בְּעַד אֲסוּרָה עַד הוּתָּרָה

אֲנָקַת אָסִיר אָז כְּהֻכְתְּרָה / אֱלִי לְהֵעָתֵר כְּמוֹ נֶעְתָּרָה.

13 מֶלֶךְ בְּדִין עֲלוֹת בִּתְרוּעָה / גֵּיא עִם דָּרֶיהָ לְרוֹעֲעָה

בְּשׁוֹפָר אֲפַתֶּנּוּ וּבְבֶרֶךְ כְּרִיעָה / בְּטַלְלֵי תְּחִי בְּגַנּוֹ אֶתְרוֹעֲעָה.

מֶלֶךְ עֶלְיוֹן וְנוֹרָא / מִשְׁפָּטֵנוּ יוֹצִיא כָּאוֹרָה

אִיחֲלֵנוּ כֶּתֶר לַעֲטָרָה / בְּטַלְלֵי תְחִי בְּחַסְדּוֹ אֶתְפָּאֲרָה.

אבינו (אבות ה׳ ג׳. פרקי ר״א כ״ו-ל״א). **8 חוק זכרונות וקולות עשר** ר״ל וגם יאמירו את י׳ זכרונות וי׳ שופרות כהלכה (וי״ג חַק, פי׳ חקק, קבע לחוק). **זכר מברך גבירו בעשר** זכר ליצחק שברך את יעקב (הנקרא גביר לאחיו, בראי כז כט) בעשר ברכות לפי פרקי ר״א ל״ב, ב״ר פ״ד ו׳ ע׳ 1007. ויק״ר ל״ד ט״ז (ע׳ תתטז-יז ובמקבילות הרשומות בהערה שם). **9 ויפן באהוב אתוי נהרים** ויזכור את בנו האהוב (בראי כב ב) של אברהם שבא מארם נהרים. **העקוד בהר מור אחורים** שנעקד בהר המוריה, ע׳ ב״ר נ״ה ז׳ ע׳ 592 מקום שהקטרת קריבה, היך דאת אמר (שה״ש) ד ו אלך לי אל הר המור, ידיו אחוריו, כדרך שעוקדין את הקרבנות. **10 דשנו ירא לחון שירים** ירא הקב״ה את דשנו של יצחק, ע״פ המדרש הנזכר לעיל (מגן 12), כדי שיחון את שיירי עם ישראל. **11 בזה פרק חנן עתירה** בר״ה התפלל יצחק, ע׳ בראי כה כא ויעתר יצחק לה׳... וכנראה המציא הפייטן שתפלה זו היתה בראש השנה, כי פרט זה אינו נמצא במדרשים הידועים. **בעד אסורה** בעד אשתו שהיתה עקרה, והוא ע״פ דרשת חז״ל ב״ר ע״א א׳ ע׳ 821 ואת אסיריו לא בזה (תהל׳ סט לד) אלו העקרות שהן אסורות בתוך בתיהן. **עד הותרה** עד שהרתה. **12 אנקת אסיר אז כהוכתרה** כמו שנענתה אז תפלת יצחק (אנקת אסיר ע״ש תהל׳ קב כא). **אלי להיעתר** יה״ר שיענה גם לי (ר״ל להש״ץ) **כמו נעתרה** תפלת יצחק. **13 משפטנו יוציא כאורה** ע״ש תהל׳ לז ו והוציא כאור צדקך ומשפטך כצהרים. **14 איחלנו** איחל לו, י״ג אחלנו, (ושמא זה עיקר). וי״ג אענדנו, ע״ש איוב לא לו אענדנו עטרות לי. **כתר לעטרה** ותפלתי תהיה כתר לראשו, שהקב״ה מתעטר בתפלתן של ישראל, כדרשת חז״ל שמות רבה כ״א ג. **בטללי תחי** בטללי תחיה.

מִי כָמוֹךָ אַב הָרַחֲמָן, זוֹכֵר יְצוּרָיו לְחַיִּים בְּרַחֲמִים.
וְנֶאֱמָן אַתָּה לְהַחֲיוֹת מֵתִים. בָּרוּךְ אַתָּה יְיָ, מְחַיֵּה הַמֵּתִים.

סימן: א״ת ב״ש.

1 אֶבֶן חוּג מְצוּק נְשִׁיָּה / תְּהוֹם רַבָּה צוּל שְׁאִיָּה
בְּפִנַּת רֹאשׁ יְסוֹד שְׁלִישִׁיָּה / שְׁתִּתוֹ שְׁעוּן בָּהּ לְשְׁעִיָּה.

גִּבְעַת שֹׁרֶשׁ מְאוּסַת בּוֹנִים / רְבִעָה הַיּוֹם מֵאַרְבַּע אֲבָנִים
דְּמָעוֹת מְבַכָּה עַל בָּנִים / קָשְׁבָה מְנוּעֵי אֵם הַבָּנִים.

1 אבן חוג הארץ, ע״ש ישע׳ מ כב היושב על חוג הארץ, משלי ח כז בחקו חוג על פני תהום. **מצוק נשיה** יסוד הארץ, מצוק פי׳ עמוד, סלע, ע״ש ש״א ב ח כי לה׳ מצוקי ארץ וישת עליהם תבל. נשיה ע״ש תהל׳ פח יג היודע בחשך פלאך וצדקתך בארץ נשיה, פי׳ בארץ שכחה. **תהום רבה**. ע״ש ברא׳ ז יא. ישע׳ נא י. תהל׳ לו ז. **צול שאיה** מצולות ים של שמה, ע״ש ישע׳ כד יב נשאר בעיר שמה ושאיה יכת שער, ודומה לו שאון גלים (תהל׳ סה ח). **2 בפנת ראש** ע״ש תהל׳ קיח כב לראש פנה. **יסוד שלישיה** יעקב, שהיה שלישי לאבות ע״פ מה שדרשו בספרי דברים שי״ב יעקב נחל נחלתו. מה חבל זה משולש כך היה יעקב שלישי לאבות, וקיבל שכר כולם, ועי׳ ג״כ ב״ר ס״ח י״ב ע׳ 787. וייתכן ג״כ שרומז הפייטן לישע׳ יט כג ביום ההוא יהיה ישראל שלישיה למצרים ולאשור ברכה בקרב הארץ. **שותתו** כל אלה הנזכרים נקבעו ונוסדו, והכל ע״פ פרקי ר׳ אליעזר ל״ה (אחר חלום יעקב) וישב יעקב ללקט את האבנים ומצא אותם כולם אבן אחת ושם אותו מצבה... מה עשה הקב״ה נטה רגל ימינו וטבעה האבן עד עמקי תהומות ועשה אותה סניף לארץ כאדם שעושה סניף לכיפה, לפיכך נקראת אבן השתיה שמשם הוא טבור הארץ ולשם נמתח כל הארץ... לפי זה יש לבאר **בפנת ראש יסוד שלישיה** בראשותיו של יעקב נוסדה הארץ **שעון בה לשעיה** כדי שישענו עליו ישראל בתפלתם לשם שעיה, שישעה ה׳ אליהם. **3 גבעת שרש** רחל, שהיתה עיקר הבית ע״פ דרשת חז״ל ב״ר ע״א ב׳ (ע׳ 823-824) ועי׳ ספרי דבר׳ שנ״ג וממגד גבעות עולם. מלמד שאבות ואמהות קרוים הרים וגבעות, שנאמר (שה״ש ד ו) אלך לי אל הר המור ואל גבעת הלבונה. **מאוסת בונים** ע״ש תהל׳ קיח כב אבן מאסו הבונים, והוא כל זמן שלא ילדה. **רובעה היום מארבע אבנים** נהיתה הרביעית מארבע אמהות שמהן נבנה בית יעקב. (וי״מ מאוסת בונים על לאה שהיתה שנואה ליעקב ובר״ה היתה אם לארבעה בנים, כי בר״ה נולד יהודה, ואינו מסתבר מפני ההמשך.) **4 דמעות מבכה על בנים** ע״ש ירמ׳ לא יד רחל מבכה על בניה, והפייטן דרש את הפסוק על בכיית רחל מפני שהיתה עקרה. **קשבה מנעי אם הבנים** שמעה ונתבשרה מן השמים מנעי קולך מבכי ועיניך מדמעה וכו׳ (שם לא טו), שתהי עוד אם הבנים

הָאַדְמוֹן כְּבַט שֶׁלֹּא חָלָה / צִבָּה לְקַחְתָּהּ לוֹ וְנִתְבַּהֲלָה
וּפִלְלָה רַבִּים בְּעַד הַתּוֹחֵלָה / פְּדוּתָהּ מִזֵּד וְלֹא חֻלָּלָה.

זָכַר לָהּ יֹשֶׁר אֳרָחוֹת / עֻבָּר לְהָמִיר בְּבֶטֶן אֲחוֹת
חִשְּׁבָהּ הַיּוֹם זִכְרָהּ לְהָאָחוֹת / סִלּוּף דִּינָה בִּיהוֹסֵף לְהַנְחוֹת.

שמחה (ע״ש תהל׳ קיג ט). ואין דרשה שכזו ידועה מהמדרשים שלפנינו. **5 האדמון** עשו שנקרא אדמוני (ברא׳ כה כה) **כבט שלא חלה** כשראה שלא ילדה (חלה מל׳ חול, כמו ישע׳ סו ח כי חלה גם ילדה ציון את בניה). **צבה לקחתה לו** רצה (צבת ע״פ המלה הארמית ׳צבא׳, ודומה לו צביון, פי׳ רצון) לקחת אותה לו לאשה, **ונתבהלה** מפחד שלא תינשא לו, עי׳ ב״ר ע״ג ג׳ ע׳ 846 פדה בשלום נפשי, זה יעקב, מקרב לי (תהל׳ נה יט) שלא תקרב לי עצת הרשע, שלא יאמר, זו שילדה יטלנה וזו שלא ילדה לא יטלנה, ועי׳ ג״כ תנחומא ויצא כ׳ ע׳ 158 (בובר) היתה רחל מצירה, לומר שמא יטלנה עשו מאחר שלא הולדתי בן... ומדרש תהלים נ״ה ד׳ ע׳ 292 מהו מקרב לי, שלא תקרב עצתו של עשו ברחל, למה, שכן היו התנאים, שיעקב נוטל לאה ועשו רחל... ובכל המדרשים הנ״ל אין הענין יוצא מעשו עצמו, וכנראה הוסיף הפייטן משלו או שהיתה מסורת שונה בידו. **6 ופללה רבים בעד התוחלה** התפללה הרבה תפלות בעד תוחלתה להריון, עי׳ ב״ר (שם) כי ברבים היו עמדי... בהרבה תפלות נפקדה רחל. **פדותה מזד** לפדות אותה מעשו, ונענתה **ולא חוללה. 7 זכר לה יושר ארחות** ארחות יושר זכר הקב״ה לרחל, וייתכן שיש כאן רמז לאגדה שמסרה רחל ללאה את הסימנים המוסכמים בינה ליעקב כדי שלא תהיה לבוז, מגילה דף י״ג ב׳, ובעוד מקורות הרשומים במדרש הגדול לבראשית, מהד׳ מרגליות ע׳ תקיז הערה 6. **עובר להמיר בבטן אחות** להחליף את העובר, שהיה זכר, לנקבה, ע״פ אגדה שהיתה נפוצה בכמה שינויים, עי׳ ירו׳ ברכות ט׳ ה׳ דף י״ד א־ב עיקר עיבורה של דינה זכר היה, מאחר שנתפללה רחל נעשית נקבה. הדא היא ואחר ילדה בת (ברא׳ ל כא) ואחר ילדה בת ותקרא את שמה דינה, מאחר שנתפללה רחל נעשית נקבה. ועי׳ ג״כ ב״ר ע״ב ו׳ (ע׳ 845) עיקר ברייתה של דינה זכר היה ומתפילת רחל... נעשת נקבה. וכ״ה במדרש הגדול ע׳ תקל״ג. במקורות אחרים נתשתנה העובר על פי בקשת לאה שביקשה רחמים על אחותה, עי׳ תרגום יונתן ברא׳ ל כא. תנחומא ויצא ח׳ = תנחומא דף ע״ט א׳ בובר. בבלי ברכות דף ס׳ א׳. **8 חישבה היום זכרה להיאחות** חישב הקב״ה כהיום הזה להאחות זכרה של רחל עם שאר האמהות, באופן שיהיה לה זרע אנשים. **סילוף דינה ביהוסף להנחות** לסדר את חילוף דינה ביוסף, באופן שדינה תהא במעי לאה ויוסף במעי רחל, ע״פ האגדה הנ״ל (ונאמר זה בפירוש בנוסח תרגום יונתן: ואיתחלפו עובריא במעיהון, והוה יהיב יוסף במעהא דרחל ודינה במעהא דלאה). **9 טבע ככלי יוצר העביר** כדרשת חז״ל ב״ר ע״ב ו׳ (ע׳ 844) אף היושבת על המשבר יכול הוא להשתנות. הה״ד (ירמ׳ יח ו) הכיוצר הזה לא אוכל וכו׳, וביתר אריכות תנחומא ויצא ח׳ לפי שאין קשה לפני הקב״ה לעשות את הנקבות זכרים ואת הזכרים נקבות. וכן מפורש ע״י ירמיה וארד בית היוצר והנה הוא עושה מלאכה על האבנים

טֶבַע כִּכְלִי יוֹצֵר הֶעֱבִיר / נִסֵּי חֲיָלִים לְהַעֲצִים וּלְהַגְבִּיר
יָהּ כְּסָכַת אֶנְקַת גְּבִיר / מַטּוֹת שְׁנַיִם מִנָּה הִסְבִּיר.

כַּעֲקֶרֶת בַּיִת בְּתֶחֶל נִכְרָה / כְּבִכּוּר רֵאשִׁית בְּתֶכֶל בְּכֹרָה
לְבַדִּיהָ תַּעֲמוֹד בְּיוֹם זְכִירָה / לְהִזָּכֵר לָמוֹ כְּמוֹ נִזְכָּרָה.

ש״ץ וקהל:

יִמְלֹךְ יי לְעוֹלָם
אֱלֹהַיִךְ צִיּוֹן לְדֹר וָדֹר
הַלְלוּיָהּ.
וְאַתָּה קָדוֹשׁ
יוֹשֵׁב תְּהִלּוֹת יִשְׂרָאֵל.

ונשחת הכלי אשר הוא עושה וכו׳ ושב ויעשהו כלי אחר כאשר ישר בעיני היוצר לעשות. מה הקב״ה אומר לירמיה הכיוצר הזה לא אוכל לעשות לכם בית ישראל... **נסי חיילים להעצים ולהגביר** לתת תגבורת לדגלי חיילי ישראל על ידי הוספת שני שבטים יוסף ובנימין. (ויש מפרשים נסי חיילים נפלאות רבות וגדולות, ונ״ל רחוק.) **10 יה כסכת אנקת גביר** כששמע הקב״ה תפלת יעקב הנקרא גביר (ברא׳ כז כט). כסכת, ר״ל כהסכית, דוגמת דבר׳ כז ט הסכת ושמע ישראל. **מטות שנים מנה הסביר** נתן לו תקוה שיצאו ממנה שני שבטים (וכנראה יצר הפייטן ׳הסביר׳ מל׳ סֵבֶר (=שֶׂבֶר שבמקרא, תהל׳ קמו ה), כגון בלשון התלמוד אבד סברם בטל סכויים, עירובין כ״א ה׳). **11 כעקרת בית** ע״ש תהל׳ קיג ט. **בתחל** בתחילה. **נוכרה** נחשבה כנכריה, ר״ל היתה לבוז. **כביכור ראשית** כראשית הביכור, ע״ש יחזק׳ מד ל וראשית כל בכורי כל, או כדומה. **בתכל** בתכלית, בסוף. **בוכרה** הוכרה כבכור. **12 לבדיה תעמוד** לענפיה, ר״ל לבניה, ע״ש יחזק׳ יט יד ממטה בדיה. שם יז ו ותעש בדים. **כמו נזכרה** כמו שהיא נזכרה, לפי הפסוק המובא. והפייטן תופס מלת נזכרה אצל רחל, ולעיל נעתרה אצל רבקה ונפקדה אצל שרה, לפי הכתובים.

אֵל נָא.

סימן : א״ב.

פותחים את ארון הקודש

הש״ץ: אַתָּה הוּא אֱלֹהֵינוּ
הקהל: בַּשָּׁמַיִם וּבָאָרֶץ.

הש״ץ: גִּבּוֹר וְנַעֲרָץ
הקהל: דָּגוּל מֵרְבָבָה.

הש״ץ: הוּא שָׂח וַיֶּהִי
הקהל: וְצִוָּה וְנִבְרָאוּ.

הש״ץ: זִכְרוֹ לָנֶצַח
הקהל: חַי עוֹלָמִים.

הש״ץ: טְהוֹר עֵינַיִם
הקהל: יוֹשֵׁב סֵתֶר.

הש״ץ: כִּתְרוֹ יְשׁוּעָה
הקהל: לְבוּשׁוֹ צְדָקָה.

הש״ץ: מַעֲטֵהוּ קִנְאָה
הקהל: נֶאְפָּד נְקָמָה.

הש״ץ: סִתְרוֹ יֹשֶׁר
הקהל: עֲצָתוֹ אֱמוּנָה.

הש״ץ: פְּעֻלָּתוֹ אֱמֶת
הקהל: צַדִּיק וְיָשָׁר.

הש״ץ: קָרוֹב לְקוֹרְאָיו בֶּאֱמֶת
הקהל: רָם וּמִתְנַשֵּׂא.

הש״ץ: שׁוֹכֵן שְׁחָקִים
הקהל: תּוֹלֶה אֶרֶץ עַל בְּלִימָה.

קהל וש״ץ: חַי וְקַיָּם
נוֹרָא וּמָרוֹם וְקָדוֹשׁ.

סוגרים את ארון הקודש

1 אתה הוא אלהינו בשמים ובארץ דבר׳ ג כד. **2 גבור** דבר׳ י יז ועוד. **ונערץ** תהל׳ פט ח. **דגול מרבבה** שה״ש ה י. **3 הוא שח ויהי. וצוה ונבראו** תהל׳ לג ט. קמח ה. **4 זכרו לנצח** שמות ג טו. תהל׳ קלה יג ועוד. **חי עולמים** לשון התלמוד, כגון ירו׳ סנהד׳ ח׳ ט׳ דף כ״ו ג׳, וטופס ידוע לברכות, כגון בורא נפשות רבות, ירו׳ ברכות ו׳ א׳ דף י׳ ב׳, וישתבח. **5 טהור עינים** חבק׳ א יג. **יושב סתר** (עבים סתר לו, איוב כב יד) הלשון ע״פ תהל׳ צא א. **6 כתרו ישועה. לבושו צדקה. מעטהו קנאה. נאפד נקמה** ישע׳ נט יז. **8 סתרו יושר** אין לו מקור בכתובים, ושמא יש כאן שיבוש (סתרו חשך ? תהל׳ יח יב), או הפייטן תפס ׳סתרו׳ במובן ׳סודו׳. **עצתו אמונה** ישע׳ כה א. **9 פעולתו אמת** ע״ש ישע׳ מ י פעולתו לפניו, ותהל׳ קיא ז מעשי ידיו אמת ומשפט. **צדיק וישר** דבר׳ לב ד. **10 קרוב לקוראיו באמת** תהל׳ קמה יח. **רם ומתנשא** ישע׳ נז טו רם ונשא, ודה״א כט יא. **11 שוכן שחקים** ע״ש תהל׳ סח לה ועוזו בשחקים. **תולה ארץ על בלימה** איוב כו ז.

בשבת אומרים את הסדר שמתחת לקו.

ש״ץ וקהל: **תָּעִיר וְתָרִיעַ, לְהַכְרִית כָּל מֵרִיעַ**
וְתִתְקַדֵּשׁ בְּיוֹדְעֵי לְהָרִיעַ. קָדוֹשׁ.

תעיר ותריע להכרית כל מריע ע״ש ישע׳ מב יג ה׳ כגבור יצא כאיש מלחמות יעיר קנאה יריע אף יצריח על אויביו יתגבר. **ביודעי להריע** ע״ש תהל׳ פט טז אשרי העם יודעי תרועה.

סימן: אלעזר בירבי קליר.

1 **אַדֶּרֶת מַמְלָכָה / עַל מָה הֻשְׁלָכָה / וְעוֹד לֹא מָלְכָה.**
לְבֵל הַמְלִיכָה / וְאַחֲרָיו הָלְכָה / שֶׁלֹּא כַהֲלָכָה.
עָלֶיהָ הִמְלִיכָה / גְּבֶרֶת מַמְלָכָה / עַד תּוֹפִיעַ מְלוּכָה.

1 **אדרת ממלכה על מה הושלכה** ע״ש זכר׳ יא יג השליכהו אל היוצר אדר היקר..., וע״ש איכה ב א השליך משמים ארץ תפארת ישראל. **ועוד לא מלכה** מזמן שהושלכה, וי״ג ועוד לא מולכה. 2 **לבל המליכה** היתה נאלצת להמליך עליה את עובדי ע״ז (בל ע״פ ירמ׳ נ ב, אליל בבל). **ואחריו הלכה** באונס **שלא כהלכה** כדי לקיים את גזרות או״ה. 3 **גברת ממלכה** ע״ש ישע׳ מז ה גברת

בשבת **וּבְכֵן. וַיי פָּקַד אֶת שָׂרָה כַּאֲשֶׁר אָמָר.**
צֶאֱצָאֶיהָ כֵּן פְּקֹד לְטוֹב הַיּוֹם. קָדוֹשׁ.

סימן: א״ב.

1 **אֵם אֲשֶׁר בְּצֶדֶק נִתְיַשְּׁנָה / בְּמוֹ נִתְיָאֲשָׁה בְּתֶכֶל דְּשֵׁנָה**
גּוֹחָהּ פְּקָדָהּ בְּרֹאשׁ הַשָּׁנָה.

1 **אם אשר בצדק נתישנה** שרה אמנו שנזדקנה בצדקתה, כדרשת חז״ל ב״ר נ״ח א׳ (ע׳ 618) בת מאה שנה כבת עשרים שנה לחטא. **במו נתיאשה** כשנתיאשה (׳במו׳ במקום ׳כמו׳, כאשר) **בתכל דושנה** בסוף, בתכלית היתה רעננה. **גוחה פקדה** יוצרה (ע״ש תהל׳ כב י כי אתה גוחי מבטן) פקד אותה, ע״פ דרשת חז״ל ב״ר נ״ג ה׳ (ע׳ 560) מלאך הוא שממונה על התאוה, אבל שרה לא צרכה לדברים הללו אלא הוא בכבודו ויי פקד את שרה. 2 **דבבה** דברה, ע״ש שה״ש ז י דובב שפתי ישנים. **היום אני נדונה** להיות עקרה. **הנני עגומה** עגומת נפש **ככלות עדנה** מחמת זקנתי, ע״ש

זְבוּלִי חָרְכָה / מַתְמִימֵי פָּרְכָה / וְנִתַּן לָהּ אַרְכָה.
5 רָחֲבָה וְאָרְכָה / וְקֶשֶׁת דָּרְכָה / וְעֹל הֶאֱרִיכָה
בְּעֵתָהּ בְּרַכָּה / וְהִנֵּה דְּרוּכָה / וְעַד עַתָּה מוֹלְכָה.

ממלכות, תאר למלכות הכשדים ומכוון כאן על מלכות אדום, כמו כל הפיוט. **עד תופיע מלוכה** מלכות הקב״ה. **4 זבולי חרכה** את בית המקדש שרפה (זבולי ע״ש מ״א ח יג. חרכה ע״ש משלי יב כז). **מתמימי** המתמימים את עצמם, הנוהגים תמימות. **פרכה** העבידה בפרך. **וניתן לה ארכה** ניתנה לה הארכה, והמלה ארמית היא (דני׳ ד כד. ז יב), וכ״ה במדבר רבה י״ד ו׳ נָתן להם ארכה ולבסוף פרע מהן. ושמא צ״ל גם כאן נָתן (כי ארכה שם נקבה היא) או שצ״ל ניתנה. **5 רחבה וארכה** נתפשטה לאורך ולרוחב. **וקשת דרכה** ע״ש איכה ב ד דרך קשתו כאויב. **ועול האריכה** על ישראל. **6 ביעתה ברכה** הפחידה את ישראל הנקראת רכה, ע״ש דבר׳ כח נו הרכה בך

בשבת

2 דִּבְּבָה הַיּוֹם אֲנִי נְדוּנָה / הִנְנִי עֲגוּמָה כִּכְלוֹת עֶדְנָה
וַתְּחִתַּם בְּצֶדֶק לְבַל הֱיוֹת עֲגוּנָה.
זֹאת כְּהִתְבַּשְּׂרָה הִשְׁקָדָה / חַלּוֹת פְּנֵי צַח שָׁקְדָה
טֶרֶם קָרְאָה מִיָּד נִפְקָדָה.
יִצְחַק כָּל שֹׁמֵעַ זֹאת שְׂמֵחָה / כִּי גַלְמוּדָה לְלֹא עֵת צָמֵחָה
לָהּ הַכֹּל שִׁמְּעוּ אֵם הַבָּנִים שְׂמֵחָה.

ברא׳ יח יב אחרי בלותי היתה לי עדנה. **ותחתם** בחתימה טובה. **בצדק** בזכותה **לבל היות עגונה** שלא תשב אסורה וכבולה בבית מפני הליצניות הקוראות לה עקרה (ב״ר נ״ג ה׳ ע׳ 560), וכנראה השתמש הפייטן במלה ׳עגן׳ במשמעותה הכללית (עי׳ תרגום יונתן ישע׳ כד כב, מב ז) ולא במובן המקובל בספרות התלמודית. **3 זאת כהתבשרה** כשניתנה לה בשורה זו. **השקדה** השגחה. **חלות פני צח שקדה** מיהרה לחלות פני הקב״ה הנקרא צח (ע״ש שה״ש ה י דודי צח ואדום, שדרשוהו על הקב״ה). **טרם קראה** (ע״ש ישע׳ סה כד) **מיד נפקדה** מאחר שנתבשרה (ברא׳ יח י) שוב אשוב אליך כעת חיה והנה בן לשרה אשתך, והקב״ה אומר ועושה גוזר ומקיים (תנחומא וירא ל״ו דף א׳, נ״ד בובר). **4 יצחק כל שומע זאת** ברא׳ כא ו, ולפי דרשת חז״ל ב״ר נ״ג ח׳ ע׳ 562...שרה נפקדה אחרים מה איכפת להם, אלא בשעה שנפקדה אמנו שרה הרבה עקרות נפקדו עמה. **גלמודה** עזובה מבנים, ע״ש ישע׳ מט כא ואני שכולה וגלמודה. **לה כל שמעו** השמיעו לה

7 יְסוֹדוֹת עֲרֵמָה / עֵרָה וְהֶחֱרִימָה / וְעַד יְסוֹד עָרְמָה.
רֹאשׁ הֵרִימָה / וְסוֹד הֶעֱרִימָה / וְיָדָה רָמָה.
בָּעֲרָה מֵעָרְמָה / וְעַד שַׁחַק רוֹמָה / וְתֶאְפֹּד מְלוּכָה.

והענוגה. **והנה דרוכה** ודרוסה תחת רגלי מלכות אדום. 7 **יסודות ערימה** יסודות בית המקדש, כנראה ע״פ דרשה על שה״ש ז ג בטנך ערמת חטים, והלשון ע״פ דה״ב לא ז. **ערה והחרימה** ע״ש תהל׳ קלז ז האומרים ערו ערו עד היסוד בה. **ועד יסוד ערמה** נשארה ערומה עד היסוד. 8 **ראש הרימה** ע״פ תהל׳ פג ג ומשנאיך נשאו ראש. **וסוד הערימה** ע״ש תהל׳ פג ד על עמך יערימו סוד. **וידה רמה** ע״ש דבר׳ לב כז פן יאמרו ידנו רמה. 9 **בערה מערמה** דוגמת ירמ׳ נא יז נבערה מדעת. **ועד שחק רומה** וגאותה היתה עד לשמים (רום כנראה שם עצם, דוגמת ישע׳ ב יא. ירמ׳ מח׳ כט ועוד), ע״ש ירמ׳ נא ט ונשא עד שחקים. **ותאפד מלוכה** ותחגור בחגורת מלך.

בשבת

5 מָצְאָה הַשֶּׁקֶט אַחֲרֵי בְלוֹתָהּ / נִתְחַדְּשָׁה כַּנֶּשֶׁר בִּנְווֹתָהּ
שָׁשׂוּ שָׂרוֹת לְלַווֹתָהּ.

עָלְזִי וְשִׂישִׂי עֲבוּרָהּ נִקְרָא / פִּצְוּ עֵדֶיהָ רָנִּי עֲקָרָה
צָמְקוּ שְׁדֵיהֶן וְעוֹד בָּם יְקָרָה.

קָשַׁת רוּחַ אֲשֶׁר הָעֲקָרָה / רִפְאָה לְקֵץ תִּשְׁעִים כְּנִתְבַּקָּרָה
שִׁלְּחָה פְּאֹרוֹת וְלֹא שִׁקְּרָה.

אם הבנים שמחה תהל׳ קיג ט, ודרשוהו על שרה ב״ר נ״ג ה׳ ע׳ 559. 5 **מצאה השקט** מנוחה, ישע׳ ל טו ועוד. **אחרי בלותה** ע״ש ברא׳ יח יב. **נתחדשה כנשר בנוותה** ביפיה, ע״ש תהל׳ קג ה תתחדש כנשר נעוריכי, והמלה ׳בנוותה׳ מל׳ נוה, אנוהו; ברם יותר מתקבלת הגירסה ׳נערותה׳. **ששו שרות ללוותה** אין לו מקור במדרש אלא שהביאו את בניהן להניק אותם, ראה להלן. 6 **עלזי ושישי עבורה נקרא** קראו לה עלזי ושישי. **פצו עדיה רני עקרה** אמרו לפניה, ישע׳ נד א. **צמקו שדיהן** נתייבשו שדיהן, ע״ש הושע ט יד ושדים צומקים, והוא ע״פ האגדה בפדר״א נ״ב לא היתה אשה יולדת לתשעים שנה עד שבאה שרה וילדה לתשעים שנה... וראו כל מלכי ארץ ותמהו ולא האמינו. מה עשה הקב״ה. הוביש חוטי דדי נשיהן ומביאים הילדים לשרה להניק, עכ״ל. ועי׳ ג״כ ב״ר נ״ג ע׳ 564. **ועוד בם יקרה** שנתייקרה בחלב הדדים שלה, עי׳ ב״ר (שם) גילה דדיה והיו נובעים חלב כב׳ מעיינות, היו מטרונות באות ומניקות את בניהן. 7 **קשת רוח** ע״ש

10 יְרִיעוֹתַי גֻּדְּדָה / אָהֳלֵי שֻׁדְּדָה / וְחָרְשָׁה וְשִׂדְּדָה.
קְצִינוּת רָפְדָה / וּמַלְכוּת אָפְדָה / וְזֹאת הִקְפִּידָה.
יָזְמָה וּמָרְדָה / עֲבוֹד לַזָּר חָרְדָה / וְחִלְּלָה מְלוּכָה.

10 יריעותי גדדה כרתה, גזרה, כלשון המדרש, כגון תנחומא כי תשא י"ג ומגדד משכנותיהם ומשתותיהם של אומות העולם. **אהלי שדדה** ע"ש ירמ' י כ אהלי שדד. **וחרשה ושדדה** ע"ש ישע' כח כד הכל היום יחרש החורש לזרע יפתח וישדד אדמתו, פי' החליקה ויישרה את האדמה במקום שעמד בית המקדש. **11 קצינות רפדה** תיקנה, ל' רפידתו זהב (שה"ש ג י). **ומלכות אפדה** התקשטה במלוכה, ועי' לעיל 9. **וזאת הקפידה** הכעיסה את ישראל הנקראת זאת, ע"ש שה"ש ג ו מי זאת עולה מן המדבר, שדרשוהו על ישראל. **12 יזמה** (דוגמת ברא' יא ו כל אשר יזמו לעשות) חשבה מזמות. **ומרדה** בה'. **עבוד לזר חרדה** השתדלה (במשמעות זו מ"ב ד יג

בשבת

8 תֵּפֶן בַּנְּצָרִים אֲשֶׁר חוּלְלוּ כְּהַיּוֹם / וְשָׁלֹשׁ עֲקָרוֹת שֶׁהִפָּקְדוּ בְּזֶה יוֹם
תַּצְדִּיק בְּצִדְקָתָם מְיַחֲלֶיךָ אָיֹם.

ש"א א טו. **אשר העקרה** שהיתה עקרה עד עתה. **כנתבקרה** עי' ב"ר נ"ג ה' ע' 560 שרה הפקידה אצלו מצוות ומעשים טובים החזיר לה מצוות ומעשים טובים. **שלחה פארות** ע"ש יחזק' יז ו ותשלח פראות, פי' הצמיחה' ענפים. **8 תפן בנצרים** בבניה **אשר חוללו כהיום** שנולדו (ע"ש תהל' נא ז הן בעוון חוללתי), ע"פ מאמר ר"א (ר"ה דף י' ב'): בתשרי נולדו אבות, והם נצרי שרה. **ושלש עקרות שהופקדו בזה יום** שרה רחל וחנה, ע"פ מאמר חז"ל ר"ה דף י' ב'. **בצדקתם** בזכותם.

סימן: שמעון (6) ה"ב.

1 שְׁמוֹ מְפָאֲרִים עֲדַת חֶבְלוֹ / וְנַעֲרָץ בְּאֶרְאֶלֵּי קֹדֶשׁ הִלּוּלוֹ
וּבְהֵיכָלוֹ כָּבוֹד אֹמֵר כֻּלּוֹ / קָדוֹשׁ.

שבעת החרוזים שלפנינו, שהם כעין כותרות או רפריינים לשאר חרוזי הפיוט, הם על סדר מלכויות זכרונות ושופרות. **1 שמו מפארים עדת חבלו** ישראל, ע"ש דבר' לב ט יעקב חבל נחלתו. **ונערץ באראלי קדש הילולו** ע"ש תהל' פט ח אל נערץ בסוד קדושים רבה. **ובהיכלו**

לחצה בני מלך / ופצה לעין מלך / מי לי בדוק מלך.
יהרה בכס מלך / זולתי אין מלך / אני ואפסי מלך.
15 רם על כל מלך / תגעילנה ממלך / ולך תשיב מלוכה.
תעיר...

חרדת את כל החרדה הזאת). **13 לחצה בני מלך** ר״ל את ישראל. **ופצה לעיל מלך** ופצתה את פיה, ואמרה (כדרך הפייטנים תפס בצורת פועלי ע״ו) לעיני הקב״ה. **מי לי בדוק מלך** מי לי בשמים (תהל׳ עג כה), ודוק כווי לשמים, ע״ש ישע׳ מ כב הנוטה כדוק שמים. **14 יהרה בכס מלך** התגאתה, התנהגה ביוהרא (והמלה היא ארמית). **אני ואפסי מלך** ישע׳ מז ח. **15 תגעילנה ממלך** תשליכנה, והלשון לקוח מהגעלת הכלים במים רותחין, כלשון המשנה (ע״ז ה׳ י״ב הלוקח כלי תשמיש מן העכו״ם, את שדרכו להטביל יטביל, להגעיל יגעיל), ר״ל תשפשפנה, שלא תישאר המלוכה.

בשבת

2 שומרי מצותיו עוד ישובון לבצרון / נדברים יראיו בהכשר ויתרון
ויקשב יי וישמע ויכתב ספר זכרון / קדוש.

שפרו מעשיכם וברית לא תופר / נאקתכם יאזין שחקים שפר
ותיטב ליי משור פר / קדוש.

שבטי מקראך עלה והמשל / נטישות צרים בהתזך לנשל
כי ליי המלוכה ומשל / קדוש.

כבוד אומר כלו תהל׳ כט ט. **2 ישובון לבצרון** לירושלם עיר מבצרים, ע״ש זכר׳ ט יב שובו לבצרון אסירי התקוה. **נדברים יראיו בהכשר ויתרון** תלמידי חכמים עוסקים בתורה, כדרשת חז״ל שבת דף ס״ג א׳ שני תלמידי חכמים הנוחין זה לזה בהלכה (פירש״י נושאין ונותנין בה בנחת רוח מתעסקין כדי שילמדו זה מזה, ובלשון הפייטן: נדברים בהכשר ויתרון) הקב״ה מקשיב להן, שנאמר (מלאכי ג טז) אז נדברו יראי ה׳ איש אל רעהו, וההמשך: **ויקשב ה׳ וישמע ויכתב ספר זכרון** שם. **3 שפרו מעשיכם** ע״פ דרשת חז״ל ויק״ר כ״ט ו׳ (ע׳ תרעז), ועי׳ בתקיעתא ׳אנסיכה מלכי׳, שופרות, 19. אבל הפייטן משתמש בלשון המדרש בפנייה אל הקהל. **וברית לא תופר** הלשון ע״פ ויק׳ כו מד. **שחקים שפר** ע״ש איוב כו יג ברוחו שמים שפרה, והפייטן נותן לו משמעות מיוחדת בגירסתו. **ותיטב לה׳ משור פר** תהל׳ סט לב. **4 שבטי מקוראך** שבטי ישראל, ע״ש ישע׳ מח יב וישראל מקוראי. **עלה והמשל** העלה אותם לממשלה. **נטישות צרים**

וּבְכֵן. וַיְיָ פָּקַד אֶת שָׂרָה כַּאֲשֶׁר אָמָר.
צֶאֱצָאֶיהָ כֵּן פְּקֹד לְטוֹב הַיּוֹם. קָדוֹשׁ.

סימן: ח״נ.

ו אֵם אֲשֶׁר בְּצֶדֶק נִתַּיְשְׁנָה / בְּמוֹ נִתְיָאֲשָׁה בְּתֶכֶל דִּשְׁנָה
גּוֹחָהּ פְּקָדָהּ בְּרֹאשׁ הַשָּׁנָה.

דִּבְּבָה הַיּוֹם אֲנִי נְדוֹנָה / הִנְנִי עֲגוּמָה כִּכְלוֹת עֶדְנָה
וַתְּחַתֵּם בְּצֶדֶק לְבַל הֱיוֹת עֲגוּנָה.

פירוש בעמוד 113

בשבת

5 שְׁבוּתֵנוּ מִמֶּרְחָק עֲלוֹת לְהַר קָדְשׁוֹ / וּנְפָאֲרֶנּוּ תָּמִיד בִּדְבִיר מִקְדָּשׁוֹ
כִּי זָכַר אֶת דְּבַר קָדְשׁוֹ / קָדוֹשׁ.

כָּל יוֹשְׁבֵי תֵבֵל וְשׁוֹכְנֵי אֶרֶץ / יֹאמְרוּ תָמִיד הִגְדִּיל יְיָ לַעֲשׂוֹת בָּאָרֶץ
וְהָיָה יְיָ לְמֶלֶךְ עַל כָּל הָאָרֶץ / קָדוֹשׁ.

בהתיזך לנשל (ע״ש ישע׳ יח ה וכרת הזלזלים במזמרות ואת הנטישות הסיר התז) ר״ל בהכריתך את ענפי האויבים לאבד אותם (לנשל ל׳ כי ישל זיתך, דבר׳ כח מ; ונשל גוים רבים, שם ז א). **כי לה׳ המלוכה ומושל** תהל׳ כב כט. **5 שבותנו ממרחק עלות להר קדשו** (בהמשך למשפט הקודם) ר״ל כדי שיעלו שבותנו להר קדשו לירושלם (ע״ש ישע׳ כז יג). **בדביר מקדשו** ע״ש תהל׳ כח ב אל דביר קדשך. **כי זכר את דבר קדשו** תהל׳ קה מב. **6 כל יושבי תבל ושוכני ארץ** ישע׳ יח ג. **יאמרו תמיד הגדיל ה׳ לעשות** תהל׳ מ יז. יואל ב כא ועוד. **והיה ה׳ למלך על כל הארץ** זכר׳ יד ט.

1 אֶדֶר וָהוֹד אֶתֵּן בְּצִבְיוֹן / שֶׁוַע אֶעֱרֹךְ בְּנִיב וְהִגָּיוֹן
אֶקְרָא לֵאלֹהִים עֶלְיוֹן.

1 אדר והוד גדולה ומלכות אתן דוגמת תהל׳ סח לה תנו עוז לאלהים, ירמ׳ יג טז תנו לה׳...כבוד

זֹאת כְּהִתְבַּשְּׂרָה הֶשְׁקְדָה / חַלּוֹת פְּנֵי צַח שָׁקְדָה
טֶרֶם קָרְאָה מִיָּד נִפְקָדָה.
יִצְחַק כָּל שֹׁמֵעַ זֹאת שָׂמֵחָה / כִּי גַלְמוּדָה לְלֹא עֵת צָמֵחָה
לָהּ הַכֹּל שִׁמְעוּ אֵם הַבָּנִים שְׂמֵחָה.
מָצְאָה הַשֶּׁקֶט אַחֲרֵי בְלוֹתָהּ / נִתְחַדְּשָׁה כַּנֶּשֶׁר בִּנְווֹתָהּ
שָׂשׂוּ שָׂרוֹת לְלַוּוֹתָהּ.
עִלְזִי וְשִׂישִׂי עֲבוּרָה נִקְרָא / פְּצוּ עֵדֶיהָ רָנִּי עֲקָרָה
צִמְקוּ שָׁדֶיהָ וְעוֹד בָּם יְקָרָה.

בשבת

2 בְּיוֹם הַנִּבְחָר מִשְּׁמֵי עֶרֶץ / מֵישָׁרִים לִשְׁפּוֹט קְדֻשָּׁתוֹ לְהַעֲרֵץ
יי מֶלֶךְ תָּגֵל הָאָרֶץ.
גַּאֲוָתוֹ גָּדְלָה עוֹלָם מֵהָכִיל / עֱזוּזוֹ לְסַפֵּר כֹּחַ מִי יָכִיל
מֶלֶךְ כָּל הָאָרֶץ אֱלֹהִים זַמְּרוּ מַשְׂכִּיל.
שְׁמוֹ מְפָאֲרִים עֲדַת חֲבָלוֹ / וְנַעֲרָץ בְּאֶרְאֶלֵּי קֹדֶשׁ הִלּוּלוֹ
וּבְהֵיכָלוֹ כָּבוֹד אֹמֵר כֻּלּוֹ / קָדוֹשׁ.

(וייתכן שיש גם רמז לתהל׳ ח ב תנה הודך על השמים). **בצביון** ברצון (המלה היא תלמודית ומדרשית, כגון מגלה דף ט״ו ב׳ לעושין צביונו. ב״ר י׳ ה׳ (עמ׳ 78) צביונו של אדם). **שוע אערוך** ע״ש איוב לו יט היערך שועך לא בצר, או ע״ש תהל׳ ה ד בקר אערך לך, ר״ל תפלתי, לפי מה שפירשו המפרשים. **בניב והגיון** בניב שפתים (ע״ש ישע׳ נז יט) ובהגיון לב (ע״ש תהל׳ יט טו). **אקרא לאלהים עליון** תהל׳ נז ג. 2 **ביום הנבחר משמי ערץ מישרים לשפוט** (המשך המשפט הקודם) בר״ה הנבחר בשמים (הנקראים שמי ערץ אצל הפייטנים ע״ש תהל׳ פט ח אל נערץ בסוד קדושים רבה) לשפוט את העמים במישרים, ע״ש תהל׳ צו י ועוד **קדושתו להערץ** (במקום להעריץ) כדי שיעריצו את קדושתו. **ה׳ מלך תגל הארץ** תהל׳ צז א. 3 **גאותו גדלה עולם מהכיל** (ע״ש ובגאותו שחקים, דבר׳ לג כו ועוד) גדולתו גדלה עד שכל העולם אינו יכול להכיל אותו. **עזוזו לספר** ע״ש תהל׳ קמה ו ועזוז נוראותיך יאמרו. **כח מי יכיל** (במקום מי יעצר

7 קְשַׁת רוּחַ אֲשֶׁר הָעֲקָרָה / רֻפְּאָה לְקֵץ תִּשְׁעִים כְּנִתְבַּקְּרָה
שִׁלְּחָה פֵּארוֹת וְלֹא שְׁקֵרָה.

תַּפֵּן בַּנְּצָרִים אֲשֶׁר חוֹלְלוּ כְּהַיּוֹם / וְשָׁלֹשׁ עֲקָרוֹת שֶׁהָפְקְדוּ בְּזֶה יוֹם
תַּצְדִּיק בְּצִדְקָתָם מְיַחֲלֶיךָ אָיוֹם.

בשבת

דֵּעַ יָשִׂימוּ כָּל בְּרִיּוֹתָיו / וְיֵדְעוּ כִּי גָדְלוּ גְבוּרוֹתָיו
זֵכֶר עָשָׂה לְנִפְלְאוֹתָיו.

5 הִצִּיב וְיָרָה אֶבֶן פִּנָּתוֹ / נַחֲלִיאֵל עֲבוּר לְשַׁעֲשֵׁעַ בְּאָמְּתוֹ
זָכַר לְעוֹלָם בְּרִיתוֹ.

וְרָשַׁם בְּחֹק דָּת הֶגְיוֹנִי / בְּכָל שָׁנָה וְשָׁנָה לִזְכּוֹר זִכְרוֹנַי
לְזִכָּרוֹן בְּהֵיכַל יי.

שׁוֹמְרֵי מִצְוֹתָיו עוֹד יְשׁוּבוּן לְבִצָּרוֹן / נִדְבָּרִים יֵרָאוּ בְּהַכְשֵׁר וְיִתְרוֹן
וַיַּקְשֵׁב יי וַיִּשְׁמַע וַיִּכָּתֵב סֵפֶר זִכָּרוֹן / קָדוֹשׁ.

כח, דה״ב ב ה ועוד כדומה). מלך כל הארץ אלהים זמרו משכיל תהל׳ מז ח. **4 דע ישימו** ישימו לב (שימו לבבכם, דבר׳ לב מו ועוד) וכנראה חידש הפייטן לשון זה. **זכר עשה לנפלאותיו** תהל׳ קיא ד. **5 הציב וירה אבן פנתו** (ע״ש איוב לח ו או מי ירה אבן פנתה) היא אבן שתיה שממנה הושתת העולם, ע״פ דרשת חז״ל יומא דף נ״ד ב׳. **נחליאל** ע״ש במד׳ כא יט וממתנה נחליאל, שדרשוהו על התורה שנתנה במתנה, עירובין דף נ״ד א׳ = נדרים דף נ״ה א׳. **עבור לשעשע באומתו** ר״ל כדי לשעשע את התורה בישראל כמו שהיתה שעשועים אצלו קודם בריאת העולם, כמו שדרשו חז״ל ב״ר ח׳ ב׳ (עמ׳ 57). ויק״ר י״ט א׳ (עמ׳ תיג) ועוד. **זכר לעולם בריתו** תהל׳ קה ח. **6 ורשם בחוק** (צ״ל כחוק?) **דת הגיוני. בכל שנה ושנה לזכור זכרוני** קבע כחוק את אמירת הזכרונות, ע״פ מאמר חז״ל ר״ה דף ל״ד ב׳ אמר הקב״ה אמרו לפני בר״ה מלכיות

מֶלֶךְ מְמַלֵּט מֵרָעָה, לְיוֹדְעֵי תְרוּעָה. הָאֵל קָדוֹשׁ.
מֶלֶךְ זְכוֹר אֲחוּז קֶרֶן, לְתוֹקְעֵי לְךָ הַיּוֹם בְּקֶרֶן. נוֹרָא וְקָדוֹשׁ.

מלך מלט מרעה... מלך זכור אחוז קרן... (נוסח זה — הנמצא בכי״י צרפת ורומניא — נראה כמקורי, לעומת נוסח כי״י אשכנז ׳ממלט... זוכר׳ הכולל רק פנייה אל הגבוה בלי שום משפט) אין קשר בין תוכן הכותרות לתוכן הפיוט, וסוף הפיוט מתאים יותר לסילוק מאשר למקום שנמצא בו לפנינו. **ליודעי תרועה** לישראל, תהל׳ פט טז, והחיבור (׳ליודעי׳ במקום ׳יודעי׳) ע״פ השפה הארמית. **אחוז קרן** האיל הנאחז בסבך בקרניו (ברא׳ כב יג), ר״ל זכור עקדת יצחק, והוא ע״פ המאמר ר״ה דף ט״ז א׳ אמר הקב״ה תקעו לפני בשופר של איל כדי שאזכור לכם עקדת יצחק בן אברהם.

בשבת

7 זֶבַח קֹדֶשׁ כְּהָכְשַׁר אָז בְּעֵינָיו / רִגֵּל תְּמוּרָתוֹ אַיִל לְהַקְרִיב לְפָנָיו
אַחַר נֶאֱחַז בַּסְּבַךְ בְּקַרְנָיו.
חִכֵּם חֲנִיטָיו לִתְקוֹעַ בְּזֶה חֹדֶשׁ / יוֹם זֶה אִם יִקְרֶה בְּשַׁבַּת קֹדֶשׁ
זִכְרוֹן תְּרוּעָה מִקְרָא קֹדֶשׁ.
טִבְעוּ אִם בְּחוֹל יְבוֹאֲכֶם / צַוּוּ לִתְקוֹעַ בְּכָל גְּבוּלְכֶם
יוֹם תְּרוּעָה יִהְיֶה לָכֶם.
שַׁפְּרוּ מַעֲשֵׂיכֶם וּבְרִית לֹא תוּפַר / נַאֲקַתְכֶם יַאֲזִין שְׁחָקִים שְׁפַר
וְתִיטַב לַייָ מִשּׁוֹר פָּר / קָדוֹשׁ.

זכרונות ושופרות... זכרונות כדי שיבא לפני זכרונכם לטובה... **לזכרון בהיכל ה׳** זכר׳ ו יד. 7 **זבח קדש כהוכשר אז בעיניו** עקידת יצחק שנראית בעיניו זבח כשר. **ריגל תמורתו איל** הקב״ה גרם לכך שאיל רץ ובא להתקרב תחת יצחק, כדאיתא בפרקי דר׳ אליעזר ל״א. **אחר נאחז בקרניו** ברא׳ כב יג. 8 **חיכם חניטיו** לימד את בניו של יצחק **לתקוע בזה חדש** ר״ל בראש החדש הזה. **אם יקרה בשבת קדש** אין לתקוע אלא **זכרון תרועה מקרא קדש** לפי דרשת חז״ל ר״ה דף כ״ט ב׳. 9 **טבעו אם בחול יבואכם** (יבואכם דוגמת ׳יבאנו׳ משלי כח כב) אם קדשו ב״ד את החדש בחול וטבעוהו לר״ה, אז **צוו לתקוע בכל גבולכם** ע״ש ויק׳ כה ט תעבירו שופר בכל ארצכם. **יום תרועה יהיה לכם** במד׳ כט א. 10 **ירום צור ישעי** לה״כ ש״ב כב מז. **חשוף זרועך** גלה זרועך, ע״ש ישע׳ נב י חשף ה׳ את זרוע קדשו לעיני כל הגוים. **להושיע ממתקוממים** ע״ש

סימן: א"ב כפול.

אַאְפִּיד נֵזֶר אָיוֹם / בְּשִׁלּוּשׁ קְדֻשָּׁה בַּיּוֹם.
גִּבּוֹרֵי כֹחַ גְּדֻלָּה / דַּהֲרוּהוּ בְּבֵית דְּגִילָה.
הוֹגֵי הֶגֶה הֲמֻלָּה / וַתְּקוּהוּ בְּהַלֵּל וּמִלָּה.

1 אאפיד (מל' ויאפד, ויק' ח ז) **נזר איום** אעטיר את הקב"ה עטרה. **בשילוש קדושה** בקדושה משולשת. **2 גבורי כח גדולה** ע"ש תהל' קג כ ברכו ה' מלאכיו גבורי כח עושי דברו (וכנראה מבין הפייטן כח גדולה כמו כח גדול או כח וגדולה). והפייטן קורא למלאכים לפי סוגיהם ובסוף לקהל ישראל (ומה שפירשו גבורי כח אלו ישראל שהקדימו נעשה לנשמע, כדרשת חז"ל שבת פ"ח א', או לפי מה שדרשו ריש ויקרא רבה, אינו מסתבר). **דהרוהו** רוצו, קפצו לפניו, והתמונה לקוחה מדהרת סוסים (שופט' ה כב). **בבית דגילה** במקום שמתאספים דגלים דגלים. **3 הוגי**

בשבת

יָרוֹם צוּר יִשְׁעִי בְּפִי כָל אֻמִּים / חֲשׂף זְרוֹעֲךָ לְהוֹשִׁיעַ מִמִּתְקוֹמְמִים
מַלְכוּתְךָ מַלְכוּת כָּל עוֹלָמִים.
כְּהִגָּלוֹתְךָ לְעֵין כֹּל שִׁכְנְךָ לְהִוָּעֵד / קְהִלּוֹת וּרְבָבוֹת בְּפִימוֹ לְהָעֵד
יי יִמְלֹךְ לְעֹלָם וָעֶד.
לְךָ יָאֲתָה כָּבוֹד וָעֹז הַגּוֹיִם / חֶלֶד וְשׁוֹכְנֶיהָ וְכָל הָאִיִּים
מִי לֹא יִרָאֲךָ מֶלֶךְ הַגּוֹיִם.
שִׁבְטֵי מִקְרָאֲךָ עֲלֵה וְהַמְשֵׁל / נְטִישׁוֹת צָרִים בַּהַתִּיכְךָ לְנַשֵּׁל
כִּי לַיי הַמְּלוּכָה וּמֹשֵׁל / קָדוֹשׁ.

תהל' יז ז הפלה חסדיך מושיע חוסים ממתקוממים בימינך. **מלכותך מלכות כל עולמים** תהל' קמה יג. **11 שכנך להועד** ר"ל להופיע בבית המקדש, ע"ש דבר' יב ה לשכנו תדרשו ובאת שמה, וע"ש שמות ל ו אשר אועד לך שמה, וכדומה. **קהלות רבבות בפימו להעד** כך שיעידו קהלות ישראל: ה' ימלך לעולם ועד שמות טו יח. **12 לך יאתה** ע"ש ירמ' י ז. **כבוד ועוז** תהל' כט א. **הגויים** אמורים (ל' לא יהגו בגרונם, תהל' קטו ז). **חלד** אחד מהשמות שנקראו לארץ, עי' מדרש משלי ח' ט' (דף ל"א' בובר) ובהערה שם. **ושוכניה** ע"ש תהל' מט ב כל יושבי חלד. ישע' יח ג כל יושבי תבל ושוכני ארץ. **האיים — מי לא ייראך מלך הגוים** ירמ' י ז, וכנראה מצטרפים שני

זוֹכֵר לָעַד זְכִיּוֹת / חַדְּשׁוּהוּ זֶמֶר חַיּוֹת.
טוֹב עוֹמֵס טֹרַח / יַחֲדוּהוּ בְּחִדּוּשׁ יָרֵחַ.
כּוֹבֵשׁ כָּל כְּעָסִים / לְבַל אַף לְהָשִׁים.

חגה המולה המלאכים, ע״ש יחזק׳ א כד קול המולה כקול המחנה. ותקוהו האדירוהו, שגבוהו, והמלה מחודשת היא ע״י הפייטן. 4 חדשוהו זמר חיות כנראה ר״ל חיות, שירו לו שיר חדש, והתחביר (חדשוהו במקום חדשו לו) נועז. 5 טוב עומס טורח הקב״ה (שהוא טוב לכל, תהל׳ קמה ט) העומס ונושא בשבילנו את הטורח שלנו, ע״ש תהל׳ סח כ ברוך ה׳ יום יום יעמס לנו. יחדוהו הביעו שהוא אחד ויחיד (והלשון רגיל במדרשים). בחידוש ירח בראש חדש, ר״ל בר״ה. 6 כובש כל כעסים לשון התלמוד, כגון ברכ׳ דף ז׳ א׳ שיכבשו רחמי את כעסי...יומא דף ס״ט ב׳ שכובש את כעסו. לבל אף להשים שלא לשפוך את חמתו, ע״ש תהל׳ עח לח והרבה להשיב אפו.

בשבת

מוֹטוֹת צָרִים שִׁבֵּר וְהִכְחִידָם / זְרוּיֶיךָ קַבֵּץ וְחִנָּם תִּפְדֵּם
זְכוֹר עֲדָתְךָ קָנִיתָ קֶּדֶם.
נְדִיבֵי עַמִּים יְנֻחֲמוּ בְּכִפְלַיִם / קָמֵיהֶם עַל פָּנֵימוֹ גַּלֵּה שׁוּלַיִם
זְכוֹר יי לִבְנֵי אֱדוֹם אֵת יוֹם יְרוּשָׁלָיִם.
סְלוּל מְסִלָּתֵנוּ יַשֵּׁר לְצָעוּד / וּבֵן יַקִּירְךָ קָרְסֹל לֹא יִמְעַד
כִּנְמַתְּ זָכוֹר אֶזְכְּרֶנּוּ עוֹד.
שְׁבוּתֵנוּ מִמֶּרְחָק עֲלוֹת לְהַר קָדְשׁוֹ / וּנְפָאֲרֵנוּ תָּמִיד בִּדְבִיר מִקְדָּשׁוֹ
כִּי זָכַר אֶת דְּבַר קָדְשׁוֹ / קָדוֹשׁ.

משפטים אלה. 13 מוטות צרים שבר ע״ש ויק׳ כו יג ואשבר מטות עלכם. והכחידם והשמידם ע״ש שמות כג כג. זרוייך קבץ הנפוצים בגולה, ע״ש ירמ׳ לא ט מזרה ישראל יקבצנו. וחנם תפדם ע״ש ישע׳ נב ג ולא בכסף תגאלו. זכור עדתך קנית קדם תהל׳ עד ב. 14 נדיבי עמים תהל׳ מז י. ינוחמו בכפלים ע״פ הדרשה איכה רבתי א׳ כ״ב (דף מ״ח א׳ בובר) חטאו בכפלים ולקו בכפלים ומתנחמים בכפלים. חטאו בכפלים. חטא חטאה ירושלם (איכה א ח) ולקו בכפלים. כי לקחה מיד ה׳ כפלים בכל חטאתיה (ישע׳ מ ב) ומתנחמים בכפלים נחמו נחמו עמי (מ א). קמיהם על פנימו גלה שולים ע״ש נחום ג ה וגליתי שוליך על פניך, ר״ל הכנע את צריהם. זכור ה׳ לבני אדום את יום ירושלם תהל׳ קלז ז. 15 סלול מסלתנו ישר לצעוד ע״ש ישע׳ מ ג ישרו

מְשָׁרְתֵי בְּחִיל מוֹרָא / נָחְכָם הַלְלוּ נוֹרָא.
שַׂרְפֵי סְבִיב סְעָרָה / עֱנוּ לְמַעֲבִיר עֶבְרָה.
פְּלִיאִים פִּצְחוּ פֶה / צַלְצְלוּ הַכֹּל צוֹפֶה.
10 קְהִלּוֹת עַם קְדוֹשִׁים / רוֹמְמוּהוּ רִבְבוֹת רוֹעֲשִׁים.

7 **משרתי בחיל מורא** המשרתים בחיל של מורא, ר״ל המלאכים, וייתכן שכוונת הפייטן אל האופנים שמקומם בין החיות לשרפים. **נכחם** נוכח ישראל. **8 שרפי סביב סערה** השרפים המסובבים ע״י סערת השכינה, ע״ש תהל׳ נ ג וסביביו נשערה מאד. **9 פליאים** המלאכים ששמם פלאי (שופט׳ יג יח). **צלצלו** שבחו **הכל צופה** את ה׳ הרואה הכל. **10 קהלות עם קדושים**

בשבת

16 קִרְיַת מָשׂוֹשׂ הֵיכָל וְאוּלָם / מִזְבֵּחַ יָשִׁיב וּכְלֵי שָׁרֵת כֻּלָּם
יי יִמְלֹךְ לְעוֹלָם.
שָׁמַיִם וָאָרֶץ יְרַנְּנוּ לִשְׁמוֹ / יְעָרוֹת יִמְחֲאוּ כַף לְהַנְעִימוֹ
כִּי פָקַד יי אֶת עַמּוֹ.
תֹּקֶף אֶרְאֶלִּים וְכוֹכְבֵי צְפָר / תְּהִלּוֹת יִתְּנוּ שֶׁבַח לְהַשְׁפַּר
הַלְלוּהוּ בְּתֵקַע שׁוֹפָר.
כָּל יוֹשְׁבֵי תֵבֵל וְשׁוֹכְנֵי אָרֶץ / יֹאמְרוּ תָמִיד הִגְדִּיל יי לַעֲשׂוֹת בָּאָרֶץ
וְהָיָה יי לְמֶלֶךְ עַל כָּל הָאָרֶץ / קָדוֹשׁ.

בערבה מסלה לאלהינו. **ובן יקירך** ע״ש ירמ׳ לא יט הבן יקיר לי אפרים. **קרסול לא ימעוד** ע״ש ש״ב כב לז ולא מעדו קרסולי. **זכור אזכרנו** עוד ירמ׳ לא יט. **16 קרית משוש** ע״ש תהל׳ מח ג. ירמ׳ מט כה. **היכל ואולם**. **מזבח** יחז׳ ח טז. **ה׳ ימלך לעולם** שמות טו יח. **17 ימחאו כף** תהל׳ צח ח. ישע׳ נה יב. **להנעימו** להנעים לו זמירות. **כי פקד ה׳ את עמו** רות א ו. **18 תוקף אראלים** הוד המלאכים **וכוכבי צפר** כוכבי בקר (והמלה צפר באה בניקוד ארמי במקום צֶפֶר). **תהלות יתנו** ע״ש איוב לח ז ברן יחד כוכבי בקר ויריעו כל בני אלהים. **להשפר** להנעים. **הללוהו בתקע שופר** תהל׳ קנ ג.

יו שְׁמַע קוֹל שׁוֹפָר / תַּאֲזִין וְאַשְׁמָה תוֹפָר.

תְּשַׁלֵּשׁ שׁוֹפָרוֹת בְּהַר הַקֹּדֶשׁ / וַאֲשַׁלֵּשׁ קְדֻשָּׁה בַּקֹּדֶשׁ.

מֶלֶךְ זְכוֹר אֱחוֹז קֶרֶן, לְתוֹקְעֵי לְךָ הַיּוֹם בְּקֶרֶן. נוֹרָא וְקָדוֹשׁ.

ממשיכים בעמוד 128.

ישראל, ע"ש דבר׳ ז ו, ועוד. **12 תשלש שופרות בהר הקדש** ע׳ מכילתא יתרו, בחדש, פ"ד (ע׳ 216) כל מקום שנאמר שופר הרי זה סימן יפה לישראל, שנאמר (תהל׳ מז ו) עלה אלהים בתרועה ה׳ בקול שופר. ואומר (ישע׳ כ"ז יג) והיה ביום ההוא יתקע בשופר גדול וכו׳. ואומר (זכרי׳ ט יד)... וה׳ אלהים בשופר יתקע והלך בסערות תימן. וע׳ ג"כ סדר אליהו זוטא (כ"ב) ע׳ 38. ובפירושי כ"י למחזור (כגון ו 306) מובא מאמר שעתיד הקב"ה לתקוע בג׳ שופרות, אחד לקיבוץ גלויות ואחד לפחד האומות ואחד לתחית המתים, וכנראה אין מאמר זה ידוע מהמקורות שבידינו.

בשבת

יִשְׁפֹּט תֵּבֵל בְּצֶדֶק וּלְאֻמִּים בְּמֵישָׁרִים. הָאֵל קָדוֹשׁ.

וְהוּא בְאֶחָד וּמִי יְשִׁיבֶנּוּ, וְנַפְשׁוֹ אִוְּתָה וַיָּעַשׂ. נוֹרָא וְקָדוֹשׁ.

ישפוט תבל בצדק ולאומים במישרים תהל׳ ט ט. **והוא באחד ומי ישיבנו ונפשו אותה ויעש** איוב כג, יג, פי׳ הוא מושל יחיד, ומי יעכבנו מלעשות מה שברצונו לעשות.

סימן: א"ב. שמעון בר יצחק חזק.

ו אֶתֵּן לְפֹעֲלִי צֶדֶק / בְּיוֹם הַנִּבְחָר מֵעֵשׂ לְהִבָּדֵק.

יִשְׁפֹּט תֵּבֵל בְּצֶדֶק וּלְאֻמִּים בְּמֵישָׁרִים. הָאֵל קָדוֹשׁ.

גַּאֲוָתוֹ מְאֹד גָּדְלָה / דֶּרֶךְ עַנְוְתוֹ לְפִי הַגְּדֻלָּה.

וְהוּא בְאֶחָד וּמִי יְשִׁיבֶנּוּ, וְנַפְשׁוֹ אִוְּתָה וַיָּעַשׂ. נוֹרָא וְקָדוֹשׁ.

הוּא אֲדוֹן הָעוֹלָם / וּמִי הִקְשָׁה אֵלָיו וַיִּשְׁלָם.

יִשְׁפֹּט תֵּבֵל בְּצֶדֶק וּלְאֻמִּים בְּמֵישָׁרִים. הָאֵל קָדוֹשׁ.

1 אתן לפועלי צדק ע"ש איוב לו ג, פי׳ אפרש את צדקת ה׳. **ביום הנבחר מעש להבדק** בר"ה. **2 דרך ענותו לפי הגדולה** ע"פ מאמר חז"ל מגילה דף ל"א א׳ כל מקום שאתה מוצא גדולתו של הקב"ה אתה מוצא ענותנותו. והפייטן הולך ומסביר כלל זה, כדרך שמסבירים אותו בתלמוד: דבר זה כתוב בתורה ושנוי בנביאים וכו׳. **3 הוא אדון העולם** ע"ש תהל׳ צז ה (ועוד) אדון כל הארץ. **ומי הקשה אליו וישלם** איוב ט ד, פי׳ מי הקשה לבבו כנגדו. ואעפ"כ **4 זוכר הולך בתום** ע"ש

זוֹכֵר הוֹלֵךְ בַּתֹּם / חוֹנֵן וְעֹשֶׂה דִּין יָתוֹם.

וְהוּא בְאֶחָד וּמִי יְשִׁיבֶנּוּ, וְנַפְשׁוֹ אִוְּתָה וַיָּעַשׂ. נוֹרָא וְקָדוֹשׁ.

טָהוֹר מָרוֹם וְנִשָּׂא / יָפֶה בְעִתּוֹ הַכֹּל עָשָׂה.

יִשְׁפֹּט תֵּבֵל בְּצֶדֶק וּלְאֻמִּים בְּמֵישָׁרִים. הָאֵל קָדוֹשׁ.

כַּבִּיר לֹא יִמְאַס / לִנְבְזֶה בְעֵינָיו נִמְאָס.

וְהוּא בְאֶחָד וּמִי יְשִׁיבֶנּוּ, וְנַפְשׁוֹ אִוְּתָה וַיָּעַשׂ. נוֹרָא וְקָדוֹשׁ.

מְפֹאָר רֹכֵב עֲרָבוֹת / נֹגַהּ נֶגְדּוֹ וְאֵשׁ לֶהָבוֹת.

יִשְׁפֹּט תֵּבֵל בְּצֶדֶק וּלְאֻמִּים בְּמֵישָׁרִים. הָאֵל קָדוֹשׁ.

סוֹעֵף בַּחֲרָבוֹת שְׁנוּנוֹת / עֲבוּר יְתוֹמִים וְאַלְמָנוֹת.

וְהוּא בְאֶחָד וּמִי יְשִׁיבֶנּוּ, וְנַפְשׁוֹ אִוְּתָה וַיָּעַשׂ. נוֹרָא וְקָדוֹשׁ.

פֹּעַל אָדָם יְשַׁלֵּם / צָר פֶּה וּמֵשִׂים אִלֵּם.

יִשְׁפֹּט תֵּבֵל בְּצֶדֶק וּלְאֻמִּים בְּמֵישָׁרִים. הָאֵל קָדוֹשׁ.

קֹנֵה הַכֹּל בְּרַחֲמִים / רָם וּמַשְׁפִּיל רָמִים.

וְהוּא בְאֶחָד וּמִי יְשִׁיבֶנּוּ, וְנַפְשׁוֹ אִוְּתָה וַיָּעַשׂ. נוֹרָא וְקָדוֹשׁ.

שׁוֹפֵט יְצוּרָיו בַּחֲנִינָה / תְּמִים פֹּעַל אֵל אֱמוּנָה.

יִשְׁפֹּט תֵּבֵל בְּצֶדֶק וּלְאֻמִּים בְּמֵישָׁרִים. הָאֵל קָדוֹשׁ.

משלי י ט הולך בתם ילך בטח. **חונן ועושה דין יתום** ע״ש דבר׳ י יח עושה משפט יתום ואלמנה, והוא ע״פ המשך המאמר הנ״ל כתוב בתורה כי ה׳ אלהיכם הוא אלהי האלהים... וכתיב בתריה עושה משפט יתום וכו׳. **5 מרום ונשא** ע״ש ישע׳ נז טו רם ונשא. **יפה בעתו הכל עשה** קהל׳ ג יא. **6 כביר לא ימאס** איוב לו ה. **לנבזה בעיניו נמאס** תהל׳ טו ד, ר״ל לא ימאס הקב״ה למי שהוא שפל בעיני עצמו, והוא ע״פ המשך המאמר הנ״ל שנוי בנביאים (ישע׳ נז טו) כי כה אמר רם ונשא... ואת דכא ושפל רוח וכו׳. **7 מפואר רוכב ערבות** ע״ש תהל׳ סח ה סולו לרוכב בערבות. **נוגה נגדו ואש להבות** ע״ש ש״ב כב יג מנגה נגדו בערו גחלי אש. **8 סועף בחרבות שנונות** ע״ש משלי כה יח מפיץ חרב וחץ שנון, וסועף ל׳ מסעף (ישע׳ י לג), פי׳ כורת. **עבור יתומים ואלמנות** ע״פ המשך המאמר הנ״ל משולש בכתובים דכתיב (תהל׳ סח ה) שירו לאלהים... וכתיב בתריה אבי יתומים ודין אלמנות וכו׳. **9 פועל אדם ישלם** איוב לד יא. **צר פה** יצר לאדם פה **ומשים אלם** ע״ש שמות ד יא מי שם פה לאדם או מי ישום אלם וכו׳. **10 קונה הכל ברחמים** לשון ברכת האבות בתפלת העמידה, והוא ע״פ בראשית יד יט קונה שמים וארץ. **רם ומשפיל רמים**

שׁוֹפְטֵי אֶרֶץ כַּתֹּהוּ / מִפַּחְדּוֹ יִבָּהֲלוּ וְיִתְמָהוּ.

וְהוּא בְאֶחָד וּמִי יְשִׁיבֶנּוּ, וְנַפְשׁוֹ אִוְּתָה וַיָּעַשׂ. נוֹרָא וְקָדוֹשׁ.

עוֹשֶׂה מִשְׁפַּט עַמּוֹ / וּתְחִלָּה מְקַדְּמָם מִפְּנֵי זַעְמוֹ.

יִשְׁפֹּט תֵּבֵל בְּצֶדֶק וּלְאֻמִּים בְּמֵישָׁרִים. הָאֵל קָדוֹשׁ.

נְדִיבִים בְּדִקְדּוּקָם יָחִילוּ / בַּאֲשֶׁר מִשְׁפָּטוֹ פָּעָלוּ.

וְהוּא בְאֶחָד וּמִי יְשִׁיבֶנּוּ, וְנַפְשׁוֹ אִוְּתָה וַיָּעַשׂ. נוֹרָא וְקָדוֹשׁ.

15 **רוֹאֶה כָּל תַּעֲלוּמוֹת / יוֹשֵׁב בְּגָבְהֵי מְרוֹמוֹת.**

יִשְׁפֹּט תֵּבֵל בְּצֶדֶק וּלְאֻמִּים בְּמֵישָׁרִים. הָאֵל קָדוֹשׁ.

צוֹפֶה כָּל נוֹלָדוֹת / חוֹפֵשׂ כָּל הָעֲתִידוֹת.

וְהוּא בְאֶחָד וּמִי יְשִׁיבֶנּוּ, וְנַפְשׁוֹ אִוְּתָה וַיָּעַשׂ. נוֹרָא וְקָדוֹשׁ.

קוֹרֵא הַדּוֹרוֹת מֵרֹאשׁ / חִקְרֵי לֵב לָתוּר וְלִדְרוֹשׁ.

יִשְׁפֹּט תֵּבֵל בְּצֶדֶק וּלְאֻמִּים בְּמֵישָׁרִים. הָאֵל קָדוֹשׁ.

זוֹכֵר בְּרִית רִאשׁוֹנִים / קַיֵּם שְׁבוּעָה לָאַחֲרוֹנִים.

וְהוּא בְאֶחָד וּמִי יְשִׁיבֶנּוּ, וְנַפְשׁוֹ אִוְּתָה וַיָּעַשׂ. נוֹרָא וְקָדוֹשׁ.

ע״ש ש״א ב ז משפיל אף מרומם. **11 תמים פועל אל אמונה** דבר׳ לב ד. **12 שופטי ארץ כתוהו** ישע׳ מ כג. **מפחדו יבהלו ויתמהו** ע״ש תהל׳ מח ו כן תמהו נבהלו נחפזו. **13 עושה משפט עמו** ע״ש מ״א ח נט לעשות משפט עבדו ומשפט עמו ישראל. **ותחלה מקדמם מפני זעמו** ע״ש דרשת חז״ל ר״ה דף ח׳ ב׳ כי חק לישראל הוא: מלמד שישראל נכנסין תחילה לדין, כדרב חסדא, דא״ר חסדא מלך וציבור מלך נכנס תחלה לדין...מאי טעמא...מקמי דליפוש חרון אף (טרם יחרה חרון אף בתוקף). **14 נדיבים בדקדוקם יחילו** הצדיקים יפחדו מפני הדקדוק שמדקדקים בהם בדין, ע״פ מאמר חז״ל יבמות דף קכ״א ב׳ שנא׳ וסביביו נשערה מאד (תהל׳ נ ג), מלמד שהקב״ה מדקדק עם סביביו כחוט השערה. **באשר משפטו פעלו** ע״פ דרשת חז״ל יבמות דף ע״ח ב׳ מאי דכתיב (צפנ׳ ב ג) בקשו את ה׳ כל ענוי ארץ אשר משפטו פעלו, באשר משפטו שם פעלו, פירש״י במקום שדנין את האדם שם מזכירין פועל צדקותיו. **15 רואה כל תעלומות** ע״ש תהל׳ מד כב כי הוא יודע תעלומות לב. **יושב בגבהי מרומות** ע״ש ישע׳ לג טז הוא מרומים ישכן. **16 צופה כל נולדות** במקום הלשון התלמודי הרואה את הנולד (אבות ב׳ ט׳ ועוד). **חופש כל העתידות** ע״ש דבר׳ לב לה וחש עתידות למו. **17 קורא הדורות מראש** ישע׳ מא ד. **חקרי לב** שופט׳ ה טז. **18 זוכר ברית ראשונים** ע״ש ויק׳ כו מה וזכרתי להם ברית ראשונים. **קים שבועה לאחרונים** לשון בקשה. וי״מ במקום מקיים, דוגמה ושבח אני את המתים (קהלת ד ב), כי אם מאן אתה לשלח את עמי (שמות י ד), ורחוק הוא.

פותחים את ארון הקודש

סימן: א״ב משלש.

יי מֶלֶךְ יי מָלָךְ יי יִמְלֹךְ לְעוֹלָם וָעֶד.

אַדִּירֵי אֲיֻמָּה יַאְדִּירוּ בְקוֹל. יי מֶלֶךְ.
בְּרוּאֵי בָרָק יְבָרְכוּ בְקוֹל. יי מָלָךְ.
גִּבּוֹרֵי גֹבַהּ יַגְבִּירוּ בְקוֹל. יי יִמְלֹךְ.

יי מֶלֶךְ יי מָלָךְ יי יִמְלֹךְ לְעוֹלָם וָעֶד.

דּוֹהֲרֵי דוֹלְקִים יְדוֹבְבוּ בְקוֹל. יי מֶלֶךְ.
הֲמוֹנֵי הֲמֻלָּה יְהַלְלוּ בְקוֹל. יי מָלָךְ.
וַחֲיָלִים וְחַיּוֹת יוֹעֲדוּ בְקוֹל. יי יִמְלֹךְ.

יי מֶלֶךְ יי מָלָךְ יי יִמְלֹךְ לְעוֹלָם וָעֶד.

זוֹכְרֵי זְמִירוֹת יְזַמְּרוּ בְקוֹל. יי מֶלֶךְ.
חַכְמֵי חִידוֹת יְחַסְּנוּ בְקוֹל. יי מָלָךְ.
טַפְסְרֵי טְפוּחִים יְטַכְּסוּ בְקוֹל. יי יִמְלֹךְ.

יי מֶלֶךְ יי מָלָךְ יי יִמְלֹךְ לְעוֹלָם וָעֶד.

ה׳ מלך... הפייטן תופס בפסוק המורכב ה׳ מלך (תהל׳ י טז) ה׳ מלך (דה״א טז לא, ועוד) ה׳ ימלך לעולם ועד (שמות טו יח) ומחלק אותו בין המלאכים ובין ישראל, בלי שייראה עקרון לסדור החרוזים.

1 אדירי איומה תאר לישראל, ע״ש שה״ש ו ד איומה כנדגלות. **יאדירו** יכירו ויביעו שהוא אדיר. **2 ברואי ברק** המלאכים שנבראו מברקי אש, עי׳ תנחומא וישלח כ״ב דף פ״ז ב׳ (בובר) פעמים שהמלאך נעשה רוח... פעמים שהוא נעשה ברק... **3 גבורי גובה** האופנים, ע״ש יחזק׳ א יח וגבה להם ויראה להם (ויש גורסין ׳גבורי כח׳ ומפרשים אותו על המלאכים או על ישראל, אבל לפי סדר א״ב צ״ל גבורי גובה). **יגבירו.** יחזקו. **4 דוהרי דולקים** המלאכים המפיצים שלהבות (ל׳ דהרת אביריו, שופט׳ ה כב). **5 המוני המולה** החיות, ע״ש יחזק׳ א כד קול המולה כקול המחנה, פי׳ קול המון. **8 חכמי חידות** ישראל העוסקים בחידות התורה, ע״ש משלי א ו דברי חכמים וחידותם. **יחסנו** משבחים אותו כחסין (ע״ש תהל׳ פט ט מי

יוֹרְשֵׁי יְקָרָה יְיַשְּׁירוּ בְקוֹל. יי מֶלֶךְ.
כַּבִּירֵי כֹחַ יַכְתִּירוּ בְקוֹל. יי מָלָךְ.
לְבוּשֵׁי לֶהָבוֹת יְלַבְבוּ בְקוֹל. יי יִמְלֹךְ.
יי מֶלֶךְ יי מָלָךְ יי יִמְלֹךְ לְעוֹלָם וָעֶד.

מַנְעִימֵי מֶלֶל יְמַלְלוּ בְקוֹל. יי מֶלֶךְ.
נוֹצְצֵי נֹגַהּ יְנַצְּחוּ בְקוֹל. יי מָלָךְ.
שְׂרָפִים סוֹבְבִים יְסַלְסְלוּ בְקוֹל. יי יִמְלֹךְ.
יי מֶלֶךְ יי מָלָךְ יי יִמְלֹךְ לְעוֹלָם וָעֶד.

עוֹרְכֵי עֹז יַעֲנוּ בְקוֹל. יי מֶלֶךְ.
פְּחוּדֵי פִלְאָךְ יִפְצְחוּ בְקוֹל. יי מָלָךְ.
צִבְאוֹת צֹאנָךְ יְצַלְצְלוּ בְקוֹל. יי יִמְלֹךְ.
יי מֶלֶךְ יי מָלָךְ יי יִמְלֹךְ לְעוֹלָם וָעֶד.

כמוך חסין יה). **9 טפסרי טפוחים** שרי שמים, ע״ש נחום ג טז וטפסריך כגוב גובי, וטפוח פי׳ שמים, ע״ש ישע׳ מח יג וימיני טפחה שמים. **יטכסו** יסדרו ר״ל את השבח, מל׳ טכס, טכסיס. ורוו״ה פי׳ יאפידו נזר (ואפדת, שמות כט ה, ת״י ותטכס ליה), ואין זה מסתבר. **10 יורשי יקרה** ישראל שהתורה מורשה להם (דבר׳ לג ד), והיא יקרה מפנינים (משלי ג טו). **יישירו** יהללוהו כישר. **11 כבירי כח** המלאכים. **לבושי להבות** מלאכי להב (שופט׳ יג כ ויעל מלאך ה׳ בלהב המזבח). **12 ילבבו** ע״ש שה״ש ד ט לבבתיני אחותי כלה (שמשמעותו לא ברורה, והפייטנים תופסים מלה זו במובנים שונים. כנראה ר״ל כאן: ישימו לב או מלבבים, פי׳ מחזקים איש את אחיו). **13 מנעימי מלל** ישראל, ע״ש ש״ב כג א ונעים זמירות ישראל. **14 נוצצי נגה** המלאכים, ע״ש יחזק׳ א ז ונוצצים כעין נחושת קלל, ושם א ד ונגה לו סביב. **ינצחו** ינגנו על הכלים (דוגמת לנצח. דה״א טו כא). **15 יסלסלו** ע״ש תהל׳ סח ה סולו לרוכב בערבות. **16 עורכי עוז** ישראל עורכי התורה הנקראת עוז (תהל׳ כט יא). **17 פחודי פלאיך** המפחדים

קְהִלּוֹת קֹדֶשׁ יַקְדִּישׁוּ בְקוֹל. יי מֶלֶךְ.
20 רִבְבוֹת רְבָבָה יְרַנְּנוּ בְקוֹל. יי מָלָךְ.
שְׁבִיבֵי שַׁלְהָבוֹת יְשַׁנְּנוּ בְקוֹל. יי יִמְלֹךְ.

יי מֶלֶךְ יי מָלָךְ יי יִמְלֹךְ לְעוֹלָם וָעֶד.

תּוֹמְכֵי תְהִלּוֹת יַתְמִידוּ בְקוֹל. יי מֶלֶךְ.
תּוֹקְפֵי תִפְאַרְתָּךְ יַתְמִימוּ בְקוֹל. יי מָלָךְ.
תְּמִימֵי תְעוּדָה יְתַנּוּ בְקוֹל. יי יִמְלֹךְ.

יי מֶלֶךְ יי מָלָךְ יי יִמְלֹךְ לְעוֹלָם וָעֶד.

סימן: א״ב.

וּבְכֵן לְךָ הַכֹּל יַכְתִּירוּ.

1 הש״ץ: לְאֵל עוֹרֵךְ דִּין
הקהל: לְבוֹחֵן לְבָבוֹת בְּיוֹם דִּין.

הש״ץ: לְגוֹלֶה עֲמֻקּוֹת בַּדִּין
הקהל: לְדוֹבֵר מֵישָׁרִים בְּיוֹם דִּין.

מפני נפלאותיך. **יפצחו** (וי״ג יפציחו) ע״ש ישעי׳ מט יג יפצחו הרים רנה. **18 צבאות צאנך** ע״ש
יחזק׳ לד לא ואתן צאני צאן מרעיתי אדם אתם. **יצלצלו** בצלצלי שמע וכו׳, תהל׳ קנ ה.
20 רבבות רבבה ע״ש במד׳ י לו שובה ה׳ רבבות אלפי ישראל. **21 שביבי שלהבות** המלאכים,
ע״ש דני׳ ז ט שביבין דינור. **22 תומכי תהלות** המחזיקים בתהלות (ע״ש משלי ג יח ותומכיה
מאושר), ועי׳ לעיל (אופן, 11) תפן בתומכי ברוך. **23 תוקפי תפארתך** המדגישים בתוקף
תפארתך. **יתמימו** מתנים בתמימות. **24 תמימי תעודה** התמימים בתורה (ועי׳ ישעי׳ ח כ לתורה
ולתעודה.)

ובכן לך הכל יכתירו, ומצורף לו: **לאל עורך דין** ר״ל עורך משפט, ע״ש איוב יג יח הנה נא
ערכתי משפט. **לבוחן לבבות** ע״ש משלי יז ג ובוחן לבות ה׳. **2 לגולה עמוקות** ע״ש איוב יב כב

הש״ץ: לְהוֹגֶה דֵעוֹת בַּדִּין

הקהל: לְוָתִיק וְעוֹשֶׂה חֶסֶד בְּיוֹם דִּין.

הש״ץ: לְזוֹכֵר בְּרִיתוֹ בַּדִּין

הקהל: לְחוֹמֵל מַעֲשָׂיו בְּיוֹם דִּין.

הש״ץ: לְטַהֵר חוֹסָיו בַּדִּין

הקהל: לְיוֹדֵעַ מַחֲשָׁבוֹת בְּיוֹם דִּין.

הש״ץ: לְכוֹבֵשׁ כַּעְסוֹ בַּדִּין

הקהל: לְלוֹבֵשׁ צְדָקוֹת בְּיוֹם דִּין.

הש״ץ: לְמוֹחֵל עֲוֹנוֹת בַּדִּין

הקהל: לְנוֹרָא תְהִלּוֹת בְּיוֹם דִּין.

הש״ץ: לְסוֹלֵחַ לַעֲמוּסָיו בַּדִּין

הקהל: לְעוֹנֶה לְקוֹרְאָיו בְּיוֹם דִּין.

הש״ץ: לְפוֹעֵל רַחֲמָיו בַּדִּין

הקהל: לְצוֹפֶה נִסְתָּרוֹת בְּיוֹם דִּין.

מגלה עמוקות מני חשך, ודני׳ ב כב גלי עמיקתא ומסתרתא. **לדובר מישרים** ע״ש ישע׳ לג טו.
3 **להוגה דעות** ע״ש ש״א ב ג כי אל דעות ה׳. **לותיק** פי׳ רציני, זריז. **ועושה חסד** ירמ׳ ט כג
ועוד. 4 **לזוכר בריתו** ע״ש תהל׳ קיא ה יזכר לעולם בריתו. **לחומל מעשיו** ע״ש מלאכי ג יז
וחמלתי עליהם. 5 **לטהר חוסיו** במקום ׳למטהר׳ החוסים בו (וייתכן שהוא בא בניקוד טַהָר, ר״ל
מטהר, ועי׳ את גירסת כי״י הצרפתיים) ויש שפירש אותו על דוגמת קהל׳ ד ב ושבח אני את
המתים... שמות י ד כי אם מאן אתה לשלח, אבל אינו מסתבר שזה מתאים לסגנון הפיוט העתיק.
ליודע מחשבות ע״ש תהל׳ צד יא ה׳ יודע מחשבות אדם. 6 **לכובש כעסו** עי׳ לעיל (אאפיד,6)
ל׳כובש כל כעסים׳. **ללובש צדקות** ע״ש ישעי׳ נט יז וילבש צדקה כשרין. 7 **לנורא תהלות**
שמות טו יא. 8 **לסולח לעמוסיו** לישראל העמוסים מני בטן (ישע׳ מו ג). **לעונה לקוראיו** ע״ש
ישע׳ סה כד והיה טרם יקראו ואני אענה וכו׳. 9 **לפועל רחמיו** דוגמת פועל ישועות, תהל׳ עד

הש״ץ: לְקוֹנֶה עֲבָדָיו בַּדִּין

הקהל: לְרַחֵם עַמּוֹ בְּיוֹם דִּין.

הש״ץ: לְשׁוֹמֵר אֹהֲבָיו בַּדִּין

הקהל: לְתוֹמֵךְ תְּמִימָיו בְּיוֹם דִּין.

סוגרים את ארון הקודש

וּבְכֵן לְךָ תַעֲלֶה קְדֻשָּׁה, כִּי אַתָּה אֱלֹהֵינוּ מֶלֶךְ.

הסילוק ״מלך במשפט״ בעמ׳ 395.

נַקְדִּישְׁךָ וְנַעֲרִיצְךָ כְּנֹעַם שִׂיחַ סוֹד שַׂרְפֵי קֹדֶשׁ, הַמְשַׁלְּשִׁים לְךָ קְדֻשָּׁה
כַּכָּתוּב עַל יַד נְבִיאֶךָ, וְקָרָא זֶה אֶל זֶה וְאָמַר
קָדוֹשׁ, קָדוֹשׁ, קָדוֹשׁ יי צְבָאוֹת מְלֹא כָל הָאָרֶץ כְּבוֹדוֹ.

אָז בְּקוֹל רַעַשׁ גָּדוֹל אַדִּיר וְחָזָק מַשְׁמִיעִים קוֹל
מִתְנַשְּׂאִים לְעֻמַּת שְׂרָפִים, לְעֻמָּתָם מְשַׁבְּחִים וְאוֹמְרִים
בָּרוּךְ כְּבוֹד יי מִמְּקוֹמוֹ.

מִמְּקוֹמְךָ מַלְכֵּנוּ תוֹפִיעַ וְתִמְלֹךְ עָלֵינוּ, כִּי מְחַכִּים אֲנַחְנוּ לָךְ
מָתַי תִּמְלֹךְ בְּצִיּוֹן, בְּקָרוֹב בְּיָמֵינוּ לְעוֹלָם וָעֶד תִּשְׁכֹּן
תִּתְגַּדַּל וְתִתְקַדַּשׁ בְּתוֹךְ יְרוּשָׁלַיִם עִירְךָ לְדוֹר וָדוֹר וּלְנֵצַח נְצָחִים
וְעֵינֵינוּ תִרְאֶינָה מַלְכוּתֶךָ כַּדָּבָר הָאָמוּר בְּשִׁירֵי עֻזֶּךָ
עַל יְדֵי דָוִד מְשִׁיחַ צִדְקֶךָ
יִמְלֹךְ יי לְעוֹלָם, אֱלֹהַיִךְ צִיּוֹן לְדֹר וָדֹר, הַלְלוּיָהּ.

יב. **לצופה נסתרות** ע״ש דבר׳ כט כח הנסתרות לה׳ אלהינו. **10 לקונה עבדיו** ע״ש ישע׳ יא יא יוסיף ה׳ שנית ידו לקנות את שאר עמו. **לרחם עמו** למרחם על עמו, ועי׳ לעיל 5 על לטהר. **11 לשומר אוהביו** ע״ש תהל׳ קמה כ שומר ה׳ את כל אוהביו. **לתומך תמימיו** ע״ש ישע׳ מא י אף תמכתיך בימין צדקי.

אַתָּה קָדוֹשׁ וְשִׁמְךָ קָדוֹשׁ, וּקְדוֹשִׁים בְּכָל יוֹם יְהַלְלוּךָ סֶּלָה
כִּי אֵל מֶלֶךְ גָּדוֹל וְקָדוֹשׁ אָתָּה.

לְדוֹר וָדוֹר הַמְלִיכוּ לָאֵל
כִּי הוּא לְבַדּוֹ מָרוֹם וְקָדוֹשׁ.

וּבְכֵן יִתְקַדַּשׁ שִׁמְךָ יי אֱלֹהֵינוּ עַל יִשְׂרָאֵל עַמֶּךָ
וְעַל יְרוּשָׁלַיִם עִירֶךָ, וְעַל צִיּוֹן מִשְׁכַּן כְּבוֹדֶךָ
וְעַל מַלְכוּת בֵּית דָּוִד מְשִׁיחֶךָ, וְעַל מְכוֹנְךָ וְהֵיכָלֶךָ.

וּבְכֵן תֵּן פַּחְדְּךָ יי אֱלֹהֵינוּ עַל כָּל מַעֲשֶׂיךָ
וְאֵימָתְךָ עַל כָּל מַה שֶּׁבָּרָאתָ
וְיִירָאוּךָ כָּל הַמַּעֲשִׂים,
וְיִשְׁתַּחֲווּ לְפָנֶיךָ כָּל הַבְּרוּאִים
וְיֵעָשׂוּ כֻלָּם אֲגֻדָּה אֶחָת
לַעֲשׂוֹת רְצוֹנְךָ בְּלֵבָב שָׁלֵם
כְּמוֹ שֶׁיָּדַעְנוּ יי אֱלֹהֵינוּ שֶׁהַשִּׁלְטָן לְפָנֶיךָ
עֹז בְּיָדְךָ וּגְבוּרָה בִּימִינֶךָ
וְשִׁמְךָ נוֹרָא עַל כָּל מַה שֶּׁבָּרָאתָ.

וּבְכֵן תֵּן כָּבוֹד יי לְעַמֶּךָ
תְּהִלָּה לִירֵאֶיךָ וְתִקְוָה טוֹבָה לְדוֹרְשֶׁיךָ
וּפִתְחוֹן פֶּה לַמְיַחֲלִים לָךְ
שִׂמְחָה לְאַרְצֶךָ, וְשָׂשׂוֹן לְעִירֶךָ
וּצְמִיחַת קֶרֶן לְדָוִד עַבְדֶּךָ
וַעֲרִיכַת נֵר לְבֶן יִשַׁי מְשִׁיחֶךָ
בִּמְהֵרָה בְיָמֵינוּ.

וּבְכֵן צַדִּיקִים יִרְאוּ וְיִשְׂמָחוּ, וִישָׁרִים יַעֲלֹזוּ
וַחֲסִידִים בְּרִנָּה יָגִילוּ, וְעוֹלָתָה תִּקְפָּץ פִּיהָ
וְכָל הָרִשְׁעָה כֻּלָּהּ כְּעָשָׁן תִּכְלֶה
כִּי תַעֲבִיר מֶמְשֶׁלֶת זָדוֹן מִן הָאָרֶץ.

וְתִמְלֹךְ אַתָּה הוּא יי אֱלֹהֵינוּ מְהֵרָה לְבַדֶּךָ עַל כָּל מַעֲשֶׂיךָ
בְּהַר צִיּוֹן מִשְׁכַּן כְּבוֹדֶךָ, וּבִירוּשָׁלַיִם עִיר קָדְשֶׁךָ
כַּכָּתוּב בְּדִבְרֵי קָדְשֶׁךָ
יִמְלֹךְ יי לְעוֹלָם, אֱלֹהַיִךְ צִיּוֹן לְדֹר וָדֹר, הַלְלוּיָהּ.

קָדוֹשׁ אַתָּה וְנוֹרָא שְׁמֶךָ, וְאֵין אֱלוֹהַּ מִבַּלְעָדֶיךָ
כַּכָּתוּב, וַיִּגְבַּהּ יי צְבָאוֹת בַּמִּשְׁפָּט
וְהָאֵל הַקָּדוֹשׁ נִקְדַּשׁ בִּצְדָקָה.
בָּרוּךְ אַתָּה יי, הַמֶּלֶךְ הַקָּדוֹשׁ.

אַתָּה בְחַרְתָּנוּ מִכָּל הָעַמִּים
אָהַבְתָּ אוֹתָנוּ וְרָצִיתָ בָּנוּ
וְרוֹמַמְתָּנוּ מִכָּל הַלְּשׁוֹנוֹת
וְקִדַּשְׁתָּנוּ בְּמִצְוֹתֶיךָ
וְקֵרַבְתָּנוּ מַלְכֵּנוּ לַעֲבוֹדָתֶךָ
וְשִׁמְךָ הַגָּדוֹל וְהַקָּדוֹשׁ עָלֵינוּ קָרָאתָ.

וַתִּתֶּן לָנוּ יי אֱלֹהֵינוּ בְּאַהֲבָה אֶת יוֹם /בשבת: הַשַּׁבָּת הַזֶּה וְאֶת יוֹם/
הַזִּכָּרוֹן הַזֶּה, יוֹם /בשבת: זִכְרוֹן/
תְּרוּעָה /בשבת: בְּאַהֲבָה/
מִקְרָא קֹדֶשׁ, זֵכֶר לִיצִיאַת מִצְרָיִם.

אֱלֹהֵינוּ וֵאלֹהֵי אֲבוֹתֵינוּ
יַעֲלֶה וְיָבוֹא וְיַגִּיעַ, וְיֵרָאֶה וְיֵרָצֶה וְיִשָּׁמַע
וְיִפָּקֵד וְיִזָּכֵר זִכְרוֹנֵנוּ וּפִקְדוֹנֵנוּ וְזִכְרוֹן אֲבוֹתֵינוּ
וְזִכְרוֹן מָשִׁיחַ בֶּן דָּוִד עַבְדֶּךָ
וְזִכְרוֹן יְרוּשָׁלַיִם עִיר קָדְשֶׁךָ
וְזִכְרוֹן כָּל עַמְּךָ בֵּית יִשְׂרָאֵל, לְפָנֶיךָ
לִפְלֵיטָה לְטוֹבָה
לְחֵן וּלְחֶסֶד וּלְרַחֲמִים, לְחַיִּים וּלְשָׁלוֹם
בְּיוֹם הַזִּכָּרוֹן הַזֶּה.
זָכְרֵנוּ יי אֱלֹהֵינוּ בּוֹ לְטוֹבָה
וּפָקְדֵנוּ בוֹ לִבְרָכָה
וְהוֹשִׁיעֵנוּ בוֹ לְחַיִּים טוֹבִים.
וּבִדְבַר יְשׁוּעָה וְרַחֲמִים
חוּס וְחָנֵּנוּ וְרַחֵם עָלֵינוּ וְהוֹשִׁיעֵנוּ, כִּי אֵלֶיךָ עֵינֵינוּ
כִּי אֵל מֶלֶךְ חַנּוּן וְרַחוּם אָתָּה.

אֱלֹהֵינוּ וֵאלֹהֵי אֲבוֹתֵינוּ
מְלֹךְ עַל כָּל הָעוֹלָם כֻּלּוֹ בִּכְבוֹדֶךָ
וְהִנָּשֵׂא עַל כָּל הָאָרֶץ בִּיקָרֶךָ
וְהוֹפַע בַּהֲדַר גְּאוֹן עֻזֶּךָ עַל כָּל יוֹשְׁבֵי תֵבֵל אַרְצֶךָ.
וְיֵדַע כָּל פָּעוּל כִּי אַתָּה פְעַלְתּוֹ
וְיָבִין כָּל יָצוּר כִּי אַתָּה יְצַרְתּוֹ
וְיֹאמַר כֹּל אֲשֶׁר נְשָׁמָה בְאַפּוֹ
יי אֱלֹהֵי יִשְׂרָאֵל מֶלֶךְ וּמַלְכוּתוֹ בַּכֹּל מָשָׁלָה.

בשבת: אֱלֹהֵינוּ וֵאלֹהֵי אֲבוֹתֵינוּ, רְצֵה נָא בִמְנוּחָתֵנוּ
קַדְּשֵׁנוּ בְּמִצְוֹתֶיךָ וְתֵן חֶלְקֵנוּ בְּתוֹרָתֶךָ

שַׂבְּעֵנוּ מִטּוּבֶךָ וְשַׂמַּח נַפְשֵׁנוּ בִּישׁוּעָתֶךָ

בשבת: וְהַנְחִילֵנוּ יי אֱלֹהֵינוּ בְּאַהֲבָה וּבְרָצוֹן שַׁבַּת קָדְשֶׁךָ
וְיָנוּחוּ בוֹ כָּל יִשְׂרָאֵל מְקַדְּשֵׁי שְׁמֶךָ

וְטַהֵר לִבֵּנוּ לְעָבְדְּךָ בֶּאֱמֶת
כִּי אַתָּה אֱלֹהִים אֱמֶת וּדְבָרְךָ אֱמֶת וְקַיָּם לָעַד.
בָּרוּךְ אַתָּה יי, מֶלֶךְ עַל כָּל הָאָרֶץ
מְקַדֵּשׁ /בשבת: הַשַּׁבָּת וְ/
יִשְׂרָאֵל וְיוֹם הַזִּכָּרוֹן.

רְצֵה יי אֱלֹהֵינוּ בְּעַמְּךָ יִשְׂרָאֵל וְלִתְפִלָּתָם שְׁעֵה
וְהָשֵׁב אֶת הָעֲבוֹדָה לִדְבִיר בֵּיתֶךָ
וְאִשֵּׁי יִשְׂרָאֵל וּתְפִלָּתָם מְהֵרָה בְּאַהֲבָה תְקַבֵּל בְּרָצוֹן
וּתְהִי לְרָצוֹן תָּמִיד עֲבוֹדַת יִשְׂרָאֵל עַמֶּךָ.
וְתֶחֱזֶינָה עֵינֵינוּ בְּשׁוּבְךָ לְצִיּוֹן בְּרַחֲמִים.
בָּרוּךְ אַתָּה יי, הַמַּחֲזִיר שְׁכִינָתוֹ לְצִיּוֹן.

מוֹדִים אֲנַחְנוּ לָךְ שָׁאַתָּה הוּא יי אֱלֹהֵינוּ וֵאלֹהֵי אֲבוֹתֵינוּ לְעוֹלָם וָעֶד, צוּר חַיֵּינוּ, מָגֵן יִשְׁעֵנוּ אַתָּה הוּא לְדוֹר וָדוֹר. נוֹדֶה לְּךָ וּנְסַפֵּר תְּהִלָּתֶךָ עַל חַיֵּינוּ הַמְּסוּרִים בְּיָדֶךָ וְעַל נִשְׁמוֹתֵינוּ הַפְּקוּדוֹת לָךְ, וְעַל נִסֶּיךָ שֶׁבְּכָל יוֹם עִמָּנוּ, וְעַל נִפְלְאוֹתֶיךָ וְטוֹבוֹתֶיךָ שֶׁבְּכָל עֵת, עֶרֶב וָבֹקֶר וְצָהֳרָיִם.

מודים דרבנן:

מוֹדִים אֲנַחְנוּ לָךְ שָׁאַתָּה הוּא יי אֱלֹהֵינוּ וֵאלֹהֵי אֲבוֹתֵינוּ, אֱלֹהֵי כָל בָּשָׂר, יוֹצְרֵנוּ יוֹצֵר בְּרֵאשִׁית. בְּרָכוֹת וְהוֹדָאוֹת לְשִׁמְךָ הַגָּדוֹל וְהַקָּדוֹשׁ עַל שֶׁהֶחֱיִיתָנוּ וְקִיַּמְתָּנוּ. כֵּן תְּחַיֵּנוּ וּתְקַיְּמֵנוּ וְתֶאֱסֹף גָּלֻיּוֹתֵינוּ לְחַצְרוֹת קָדְשֶׁךָ לִשְׁמֹר חֻקֶּיךָ וְלַעֲשׂוֹת רְצוֹנֶךָ וּלְעָבְדְּךָ בְּלֵבָב שָׁלֵם, עַל שֶׁאֲנוּ מוֹדִים לָךְ, בָּרוּךְ אֵל הַהוֹדָאוֹת.

הַטּוֹב כִּי לֹא כָלוּ רַחֲמֶיךָ, וְהַמְרַחֵם כִּי לֹא תַמּוּ חֲסָדֶיךָ, כִּי מֵעוֹלָם קִוִּינוּ לָךְ.

וְעַל כֻּלָּם יִתְבָּרַךְ וְיִתְרוֹמַם וְיִתְנַשֵּׂא שִׁמְךָ מַלְכֵּנוּ
תָּמִיד לְעוֹלָם וָעֶד.
וּכְתֹב לְחַיִּים טוֹבִים כָּל בְּנֵי בְרִיתֶךָ.
וְכֹל הַחַיִּים יוֹדוּךָ סֶּלָה
וִיהַלְלוּ וִיבָרְכוּ אֶת שִׁמְךָ הַגָּדוֹל בֶּאֱמֶת לְעוֹלָם כִּי טוֹב
הָאֵל יְשׁוּעָתֵנוּ וְעֶזְרָתֵנוּ סֶלָה, הָאֵל הַטּוֹב.
בָּרוּךְ אַתָּה יי, הַטּוֹב שִׁמְךָ וּלְךָ נָאֶה לְהוֹדוֹת.

ברכת כהנים

בָּרוּךְ אַתָּה יי אֱלֹהֵינוּ מֶלֶךְ הָעוֹלָם, אֲשֶׁר קִדְּשָׁנוּ בִּקְדֻשָּׁתוֹ שֶׁל אַהֲרֹן,
וְצִוָּנוּ לְבָרֵךְ אֶת עַמּוֹ יִשְׂרָאֵל בְּאַהֲבָה.

הש״ץ מקריא מלה במלה: יְבָרֶכְךָ יי וְיִשְׁמְרֶךָ.
יָאֵר יי פָּנָיו אֵלֶיךָ וִיחֻנֶּךָּ.
יִשָּׂא יי פָּנָיו אֵלֶיךָ וְיָשֵׂם לְךָ שָׁלוֹם.

הכהנים אומרים:

רִבּוֹנוֹ שֶׁל עוֹלָם, עָשִׂינוּ מַה שֶּׁגָּזַרְתָּ עָלֵינוּ, אַף אַתָּה עֲשֵׂה עִמָּנוּ כְּמוֹ שֶׁהִבְטַחְתָּנוּ, הַשְׁקִיפָה מִמְּעוֹן קָדְשְׁךָ מִן הַשָּׁמַיִם וּבָרֵךְ אֶת עַמְּךָ אֶת יִשְׂרָאֵל וְאֵת הָאֲדָמָה אֲשֶׁר נָתַתָּה לָנוּ, כַּאֲשֶׁר נִשְׁבַּעְתָּ לַאֲבוֹתֵינוּ אֶרֶץ זָבַת חָלָב וּדְבָשׁ.

הציבור אומר:

אַדִּיר בַּמָּרוֹם שׁוֹכֵן בִּגְבוּרָה, אַתָּה שָׁלוֹם וְשִׁמְךָ שָׁלוֹם. יְהִי רָצוֹן שֶׁתָּשִׂים עָלֵינוּ וְעַל כָּל עַמְּךָ בֵּית יִשְׂרָאֵל חַיִּים וּבְרָכָה לְמִשְׁמֶרֶת שָׁלוֹם.

אם אין כהנים אומר הש״ץ:

אֱלֹהֵינוּ וֵאלֹהֵי אֲבוֹתֵינוּ, בָּרְכֵנוּ בַּבְּרָכָה הַמְשֻׁלֶּשֶׁת בַּתּוֹרָה הַכְּתוּבָה עַל יְדֵי מֹשֶׁה עַבְדֶּךָ, הָאֲמוּרָה מִפִּי אַהֲרֹן וּבָנָיו כֹּהֲנִים עַם קְדוֹשֶׁךָ, כָּאָמוּר, יְבָרֶכְךָ יי וְיִשְׁמְרֶךָ. יָאֵר יי פָּנָיו אֵלֶיךָ וִיחֻנֶּךָּ. יִשָּׂא יי פָּנָיו אֵלֶיךָ וְיָשֵׂם לְךָ שָׁלוֹם.

שִׂים שָׁלוֹם טוֹבָה וּבְרָכָה, חַיִּים חֵן וָחֶסֶד וְרַחֲמִים
עָלֵינוּ וְעַל כָּל יִשְׂרָאֵל עַמֶּךָ.
בָּרְכֵנוּ אָבִינוּ כֻּלָּנוּ כְּאֶחָד בְּאוֹר פָּנֶיךָ
כִּי בְאוֹר פָּנֶיךָ נָתַתָּ לָּנוּ יי אֱלֹהֵינוּ תּוֹרַת חַיִּים וְאַהֲבַת חֶסֶד
וּצְדָקָה וּבְרָכָה וְרַחֲמִים וְחַיִּים וְשָׁלוֹם.
וְטוֹב יִהְיֶה בְעֵינֶיךָ לְבָרְכֵנוּ וּלְבָרֵךְ אֶת כָּל עַמְּךָ יִשְׂרָאֵל
בְּכָל עֵת וּבְכָל שָׁעָה בִּשְׁלוֹמֶךָ.
בְּסֵפֶר חַיִּים, בְּרָכָה וְשָׁלוֹם, וּפַרְנָסָה טוֹבָה
וּגְזֵרוֹת טוֹבוֹת, יְשׁוּעוֹת וְנֶחָמוֹת
נִזָּכֵר וְנִכָּתֵב לְפָנֶיךָ
אֲנַחְנוּ וְכָל עַמְּךָ בֵּית יִשְׂרָאֵל
לְחַיִּים טוֹבִים וּלְשָׁלוֹם.
בָּרוּךְ אַתָּה יי, הַמְבָרֵךְ אֶת עַמּוֹ יִשְׂרָאֵל בַּשָּׁלוֹם.

יִהְיוּ לְרָצוֹן אִמְרֵי פִי וְהֶגְיוֹן לִבִּי לְפָנֶיךָ, יי צוּרִי וְגֹאֲלִי.

בשבת אין אומרים "אבינו מלכנו".

פותחים את ארון הקודש

אָבִינוּ מַלְכֵּנוּ, חָטָאנוּ לְפָנֶיךָ.
אָבִינוּ מַלְכֵּנוּ, אֵין לָנוּ מֶלֶךְ אֶלָּא אָתָּה.
אָבִינוּ מַלְכֵּנוּ, עֲשֵׂה עִמָּנוּ לְמַעַן שְׁמֶךָ.
אָבִינוּ מַלְכֵּנוּ, חַדֵּשׁ עָלֵינוּ שָׁנָה טוֹבָה.
אָבִינוּ מַלְכֵּנוּ, בַּטֵּל מֵעָלֵינוּ כָּל גְּזֵרוֹת קָשׁוֹת.
אָבִינוּ מַלְכֵּנוּ, בַּטֵּל מַחְשְׁבוֹת שׂוֹנְאֵינוּ.
אָבִינוּ מַלְכֵּנוּ, הָפֵר עֲצַת אוֹיְבֵינוּ.
אָבִינוּ מַלְכֵּנוּ, כַּלֵּה כָּל צַר וּמַשְׂטִין מֵעָלֵינוּ.
אָבִינוּ מַלְכֵּנוּ, סְתֹם פִּיּוֹת מַשְׂטִינֵנוּ וּמְקַטְרְגֵינוּ.
אָבִינוּ מַלְכֵּנוּ, כַּלֵּה דֶּבֶר וְחֶרֶב וְרָעָב וּשְׁבִי וּמַשְׁחִית וְעָוֹן וּשְׁמַד מִבְּנֵי בְרִיתֶךָ.
אָבִינוּ מַלְכֵּנוּ, מְנַע מַגֵּפָה מִנַּחֲלָתֶךָ.
אָבִינוּ מַלְכֵּנוּ, סְלַח וּמְחַל לְכָל עֲוֹנוֹתֵינוּ.
אָבִינוּ מַלְכֵּנוּ, מְחֵה וְהַעֲבֵר פְּשָׁעֵינוּ וְחַטֹּאתֵינוּ מִנֶּגֶד עֵינֶיךָ.
אָבִינוּ מַלְכֵּנוּ, מְחֹק בְּרַחֲמֶיךָ הָרַבִּים כָּל שִׁטְרֵי חוֹבוֹתֵינוּ.
אָבִינוּ מַלְכֵּנוּ, הַחֲזִירֵנוּ בִּתְשׁוּבָה שְׁלֵמָה לְפָנֶיךָ.
אָבִינוּ מַלְכֵּנוּ, שְׁלַח רְפוּאָה שְׁלֵמָה לְחוֹלֵי עַמֶּךָ.
אָבִינוּ מַלְכֵּנוּ, קְרַע רֹעַ גְּזַר דִּינֵנוּ.
אָבִינוּ מַלְכֵּנוּ, זָכְרֵנוּ בְּזִכָּרוֹן טוֹב לְפָנֶיךָ.
אָבִינוּ מַלְכֵּנוּ, כָּתְבֵנוּ בְּסֵפֶר חַיִּים טוֹבִים.
אָבִינוּ מַלְכֵּנוּ, כָּתְבֵנוּ בְּסֵפֶר גְּאֻלָּה וִישׁוּעָה.
אָבִינוּ מַלְכֵּנוּ, כָּתְבֵנוּ בְּסֵפֶר פַּרְנָסָה וְכַלְכָּלָה.
אָבִינוּ מַלְכֵּנוּ, כָּתְבֵנוּ בְּסֵפֶר זְכֻיּוֹת.

אָבִינוּ מַלְכֵּנוּ, כָּתְבֵנוּ בְּסֵפֶר סְלִיחָה וּמְחִילָה.
אָבִינוּ מַלְכֵּנוּ, הַצְמַח לָנוּ יְשׁוּעָה בְּקָרוֹב.
אָבִינוּ מַלְכֵּנוּ, הָרֵם קֶרֶן יִשְׂרָאֵל עַמֶּךָ.
אָבִינוּ מַלְכֵּנוּ, הָרֵם קֶרֶן מְשִׁיחֶךָ.
אָבִינוּ מַלְכֵּנוּ, מַלֵּא יָדֵינוּ מִבִּרְכוֹתֶיךָ.
אָבִינוּ מַלְכֵּנוּ, מַלֵּא אֲסָמֵינוּ שָׂבָע.
אָבִינוּ מַלְכֵּנוּ, שְׁמַע קוֹלֵנוּ, חוּס וְרַחֵם עָלֵינוּ.
אָבִינוּ מַלְכֵּנוּ, קַבֵּל בְּרַחֲמִים וּבְרָצוֹן אֶת תְּפִלָּתֵנוּ.
אָבִינוּ מַלְכֵּנוּ, פְּתַח שַׁעֲרֵי שָׁמַיִם לִתְפִלָּתֵנוּ.
אָבִינוּ מַלְכֵּנוּ, זְכוֹר כִּי עָפָר אֲנָחְנוּ.
אָבִינוּ מַלְכֵּנוּ, נָא אַל תְּשִׁיבֵנוּ רֵיקָם מִלְּפָנֶיךָ.
אָבִינוּ מַלְכֵּנוּ, תְּהֵא הַשָּׁעָה הַזֹּאת שְׁעַת רַחֲמִים וְעֵת רָצוֹן מִלְּפָנֶיךָ.
אָבִינוּ מַלְכֵּנוּ, חֲמוֹל עָלֵינוּ וְעַל עוֹלָלֵינוּ וְטַפֵּנוּ.
אָבִינוּ מַלְכֵּנוּ, עֲשֵׂה לְמַעַן הֲרוּגִים עַל שֵׁם קָדְשֶׁךָ.
אָבִינוּ מַלְכֵּנוּ, עֲשֵׂה לְמַעַן טְבוּחִים עַל יִחוּדֶךָ.
אָבִינוּ מַלְכֵּנוּ, עֲשֵׂה לְמַעַן בָּאֵי בָאֵשׁ וּבַמַּיִם עַל קִדּוּשׁ שְׁמֶךָ.
אָבִינוּ מַלְכֵּנוּ, נְקוֹם לְעֵינֵינוּ נִקְמַת דַּם עֲבָדֶיךָ הַשָּׁפוּךְ.
אָבִינוּ מַלְכֵּנוּ, עֲשֵׂה לְמַעַנְךָ אִם לֹא לְמַעֲנֵנוּ.
אָבִינוּ מַלְכֵּנוּ, עֲשֵׂה לְמַעַנְךָ וְהוֹשִׁיעֵנוּ.
אָבִינוּ מַלְכֵּנוּ, עֲשֵׂה לְמַעַן רַחֲמֶיךָ הָרַבִּים.
אָבִינוּ מַלְכֵּנוּ, עֲשֵׂה לְמַעַן שִׁמְךָ הַגָּדוֹל הַגִּבּוֹר וְהַנּוֹרָא, שֶׁנִּקְרָא עָלֵינוּ.
אָבִינוּ מַלְכֵּנוּ, חָנֵּנוּ וַעֲנֵנוּ, כִּי אֵין בָּנוּ מַעֲשִׂים
עֲשֵׂה עִמָּנוּ צְדָקָה וָחֶסֶד וְהוֹשִׁיעֵנוּ.

סוגרים את ארון הקודש

קדיש שלם:

יִתְגַּדַּל וְיִתְקַדַּשׁ שְׁמֵהּ רַבָּא
בְּעָלְמָא דִּי בְרָא כִרְעוּתֵהּ
וְיַמְלִיךְ מַלְכוּתֵהּ וְיַצְמַח פֻּרְקָנֵהּ וִיקָרֵב מְשִׁיחֵהּ
בְּחַיֵּיכוֹן וּבְיוֹמֵיכוֹן וּבְחַיֵּי דְּכָל בֵּית יִשְׂרָאֵל
בַּעֲגָלָא וּבִזְמַן קָרִיב
וְאִמְרוּ אָמֵן.
יְהֵא שְׁמֵהּ רַבָּא מְבָרַךְ לְעָלַם וּלְעָלְמֵי עָלְמַיָּא.
יִתְבָּרַךְ וְיִשְׁתַּבַּח וְיִתְפָּאַר וְיִתְרוֹמַם וְיִתְנַשֵּׂא
וְיִתְהַדַּר וְיִתְעַלֶּה וְיִתְהַלָּל שְׁמֵהּ דְּקֻדְשָׁא בְּרִיךְ הוּא
לְעֵלָּא לְעֵלָּא מִכָּל בִּרְכָתָא וְשִׁירָתָא
תֻּשְׁבְּחָתָא וְנֶחֱמָתָא דַּאֲמִירָן בְּעָלְמָא
וְאִמְרוּ אָמֵן.
תִּתְקַבַּל צְלוֹתְהוֹן וּבָעוּתְהוֹן דְּכָל בֵּית יִשְׂרָאֵל
קֳדָם אֲבוּהוֹן דִּי בִשְׁמַיָּא
וְאִמְרוּ אָמֵן.
יְהֵא שְׁלָמָא רַבָּא מִן שְׁמַיָּא
וְחַיִּים טוֹבִים עָלֵינוּ וְעַל כָּל יִשְׂרָאֵל
וְאִמְרוּ אָמֵן.
עֹשֶׂה הַשָּׁלוֹם בִּמְרוֹמָיו
הוּא יַעֲשֶׂה שָׁלוֹם עָלֵינוּ וְעַל כָּל יִשְׂרָאֵל
וְאִמְרוּ אָמֵן.

ליום ב׳: הַיּוֹם יוֹם שֵׁנִי בְּשַׁבָּת, שֶׁבּוֹ הָיוּ הַלְוִיִּם אוֹמְרִים בְּבֵית הַמִּקְדָּשׁ:

מח שִׁיר מִזְמוֹר לִבְנֵי־קֹרַח: גָּדוֹל יהוה וּמְהֻלָּל מְאֹד בְּעִיר אֱלֹהֵינוּ
הַר־קָדְשׁוֹ: יְפֵה נוֹף מְשׂוֹשׂ כָּל־הָאָרֶץ הַר־צִיּוֹן יַרְכְּתֵי צָפוֹן
קִרְיַת מֶלֶךְ רָב: אֱלֹהִים בְּאַרְמְנוֹתֶיהָ נוֹדַע לְמִשְׂגָּב: כִּי־הִנֵּה
הַמְּלָכִים נוֹעֲדוּ עָבְרוּ יַחְדָּו: הֵמָּה רָאוּ כֵּן תָּמָהוּ נִבְהֲלוּ נֶחְפָּזוּ:
רְעָדָה אֲחָזָתַם שָׁם חִיל כַּיּוֹלֵדָה: בְּרוּחַ קָדִים תְּשַׁבֵּר אֳנִיּוֹת
תַּרְשִׁישׁ: כַּאֲשֶׁר שָׁמַעְנוּ כֵּן רָאִינוּ בְּעִיר־יהוה צְבָאוֹת בְּעִיר
אֱלֹהֵינוּ אֱלֹהִים יְכוֹנְנֶהָ עַד־עוֹלָם סֶלָה: דִּמִּינוּ אֱלֹהִים חַסְדֶּךָ
בְּקֶרֶב הֵיכָלֶךָ: כְּשִׁמְךָ אֱלֹהִים כֵּן תְּהִלָּתְךָ עַל־קַצְוֵי־אֶרֶץ צֶדֶק
מָלְאָה יְמִינֶךָ: יִשְׂמַח הַר־צִיּוֹן תָּגֵלְנָה בְּנוֹת יְהוּדָה לְמַעַן
מִשְׁפָּטֶיךָ: סֹבּוּ צִיּוֹן וְהַקִּיפוּהָ סִפְרוּ מִגְדָּלֶיהָ: שִׁיתוּ לִבְּכֶם
לְחֵילָה פַּסְּגוּ אַרְמְנוֹתֶיהָ לְמַעַן תְּסַפְּרוּ לְדוֹר אַחֲרוֹן: כִּי זֶה
אֱלֹהִים אֱלֹהֵינוּ עוֹלָם וָעֶד הוּא יְנַהֲגֵנוּ עַל־מוּת:

ליום ג׳: הַיּוֹם יוֹם שְׁלִישִׁי בְּשַׁבָּת, שֶׁבּוֹ הָיוּ הַלְוִיִּם אוֹמְרִים בְּבֵית הַמִּקְדָּשׁ:

פב מִזְמוֹר לְאָסָף אֱלֹהִים נִצָּב בַּעֲדַת־אֵל בְּקֶרֶב אֱלֹהִים יִשְׁפֹּט:
עַד־מָתַי תִּשְׁפְּטוּ־עָוֶל וּפְנֵי רְשָׁעִים תִּשְׂאוּ־סֶלָה: שִׁפְטוּ־דָל
וְיָתוֹם עָנִי וָרָשׁ הַצְדִּיקוּ: פַּלְּטוּ־דַל וְאֶבְיוֹן מִיַּד רְשָׁעִים הַצִּילוּ:
לֹא יָדְעוּ וְלֹא יָבִינוּ בַּחֲשֵׁכָה יִתְהַלָּכוּ יִמּוֹטוּ כָּל־מוֹסְדֵי אָרֶץ:
אֲנִי־אָמַרְתִּי אֱלֹהִים אַתֶּם וּבְנֵי עֶלְיוֹן כֻּלְּכֶם: אָכֵן כְּאָדָם
תְּמוּתוּן וּכְאַחַד הַשָּׂרִים תִּפֹּלוּ: קוּמָה אֱלֹהִים שָׁפְטָה הָאָרֶץ
כִּי־אַתָּה תִנְחַל בְּכָל־הַגּוֹיִם:

ליום ה׳: הַיּוֹם יוֹם חֲמִישִׁי בְּשַׁבָּת, שֶׁבּוֹ הָיוּ הַלְוִיִּם אוֹמְרִים בְּבֵית הַמִּקְדָּשׁ:

פא לַמְנַצֵּחַ עַל־הַגִּתִּית לְאָסָף: הַרְנִינוּ לֵאלֹהִים עוּזֵּנוּ הָרִיעוּ
לֵאלֹהֵי יַעֲקֹב: שְׂאוּ־זִמְרָה וּתְנוּ־תֹף כִּנּוֹר נָעִים עִם־נָבֶל:
תִּקְעוּ בַחֹדֶשׁ שׁוֹפָר בַּכֵּסֶה לְיוֹם חַגֵּנוּ: כִּי חֹק לְיִשְׂרָאֵל הוּא
מִשְׁפָּט לֵאלֹהֵי יַעֲקֹב: עֵדוּת בִּיהוֹסֵף שָׂמוֹ בְּצֵאתוֹ עַל־אֶרֶץ
מִצְרָיִם שְׂפַת לֹא־יָדַעְתִּי אֶשְׁמָע: הֲסִירוֹתִי מִסֵּבֶל שִׁכְמוֹ כַּפָּיו
מִדּוּד תַּעֲבֹרְנָה: בַּצָּרָה קָרָאתָ וָאֲחַלְּצֶךָּ אֶעֶנְךָ בְּסֵתֶר רַעַם
אֶבְחָנְךָ עַל־מֵי מְרִיבָה סֶלָה: שְׁמַע עַמִּי וְאָעִידָה בָּךְ יִשְׂרָאֵל

אִם־תִּשְׁמַע־לִי: לֹא־יִהְיֶה בְךָ אֵל זָר וְלֹא תִשְׁתַּחֲוֶה לְאֵל נֵכָר:
אָנֹכִי יהוה אֱלֹהֶיךָ הַמַּעַלְךָ מֵאֶרֶץ מִצְרָיִם הַרְחֶב־פִּיךָ
וַאֲמַלְאֵהוּ: וְלֹא־שָׁמַע עַמִּי לְקוֹלִי וְיִשְׂרָאֵל לֹא־אָבָה לִי:
וָאֲשַׁלְּחֵהוּ בִּשְׁרִירוּת לִבָּם יֵלְכוּ בְּמוֹעֲצוֹתֵיהֶם: לוּ עַמִּי שֹׁמֵעַ
לִי יִשְׂרָאֵל בִּדְרָכַי יְהַלֵּכוּ: כִּמְעַט אוֹיְבֵיהֶם אַכְנִיעַ וְעַל־צָרֵיהֶם
אָשִׁיב יָדִי: מְשַׂנְאֵי יהוה יְכַחֲשׁוּ־לוֹ וִיהִי עִתָּם לְעוֹלָם:
וַיַּאֲכִילֵהוּ מֵחֵלֶב חִטָּה וּמִצּוּר דְּבַשׁ אַשְׂבִּיעֶךָ:

לשבת : הַיּוֹם יוֹם שַׁבַּת קֹדֶשׁ, שֶׁבּוֹ הָיוּ הַלְוִיִּם אוֹמְרִים בְּבֵית הַמִּקְדָּשׁ:

צב מִזְמוֹר שִׁיר לְיוֹם הַשַּׁבָּת: טוֹב לְהֹדוֹת לַיהוה וּלְזַמֵּר לְשִׁמְךָ
עֶלְיוֹן: לְהַגִּיד בַּבֹּקֶר חַסְדֶּךָ וֶאֱמוּנָתְךָ בַּלֵּילוֹת: עֲלֵי־עָשׂוֹר
וַעֲלֵי־נָבֶל עֲלֵי הִגָּיוֹן בְּכִנּוֹר: כִּי שִׂמַּחְתַּנִי יהוה בְּפָעֳלֶךָ בְּמַעֲשֵׂי
יָדֶיךָ אֲרַנֵּן: מַה־גָּדְלוּ מַעֲשֶׂיךָ יהוה מְאֹד עָמְקוּ מַחְשְׁבֹתֶיךָ:
אִישׁ־בַּעַר לֹא יֵדָע וּכְסִיל לֹא־יָבִין אֶת־זֹאת: בִּפְרֹחַ רְשָׁעִים
כְּמוֹ עֵשֶׂב וַיָּצִיצוּ כָּל־פֹּעֲלֵי אָוֶן לְהִשָּׁמְדָם עֲדֵי־עַד: וְאַתָּה
מָרוֹם לְעֹלָם יהוה: כִּי הִנֵּה אֹיְבֶיךָ יהוה כִּי־הִנֵּה אֹיְבֶיךָ יֹאבֵדוּ
יִתְפָּרְדוּ כָּל־פֹּעֲלֵי אָוֶן: וַתָּרֶם כִּרְאֵים קַרְנִי בַּלֹּתִי בְּשֶׁמֶן רַעֲנָן:
וַתַּבֵּט עֵינִי בְּשׁוּרָי בַּקָּמִים עָלַי מְרֵעִים תִּשְׁמַעְנָה אָזְנָי: צַדִּיק
כַּתָּמָר יִפְרָח כְּאֶרֶז בַּלְּבָנוֹן יִשְׂגֶּה: שְׁתוּלִים בְּבֵית יהוה
בְּחַצְרוֹת אֱלֹהֵינוּ יַפְרִיחוּ: עוֹד יְנוּבוּן בְּשֵׂיבָה דְּשֵׁנִים וְרַעֲנַנִּים
יִהְיוּ: לְהַגִּיד כִּי־יָשָׁר יהוה צוּרִי וְלֹא־עַוְלָתָה בּוֹ:

קדיש יתום:

יִתְגַּדַּל וְיִתְקַדַּשׁ שְׁמֵהּ רַבָּא, בְּעָלְמָא דִּי בְרָא כִרְעוּתֵהּ, וְיַמְלִיךְ מַלְכוּתֵהּ וְיַצְמַח פֻּרְקָנֵהּ וִיקָרֵב מְשִׁיחֵהּ, בְּחַיֵּיכוֹן וּבְיוֹמֵיכוֹן וּבְחַיֵּי דְכָל בֵּית יִשְׂרָאֵל, בַּעֲגָלָא וּבִזְמַן קָרִיב, וְאִמְרוּ אָמֵן.

יְהֵא שְׁמֵהּ רַבָּא מְבָרַךְ לְעָלַם וּלְעָלְמֵי עָלְמַיָּא.

יִתְבָּרַךְ וְיִשְׁתַּבַּח וְיִתְפָּאַר וְיִתְרוֹמַם וְיִתְנַשֵּׂא, וְיִתְהַדָּר וְיִתְעַלֶּה וְיִתְהַלָּל
שְׁמֵהּ דְּקֻדְשָׁא בְּרִיךְ הוּא, לְעֵלָּא לְעֵלָּא מִכָּל בִּרְכָתָא וְשִׁירָתָא, תֻּשְׁבְּחָתָא וְנֶחֱמָתָא,
דַּאֲמִירָן בְּעָלְמָא, וְאִמְרוּ אָמֵן.

יְהֵא שְׁלָמָא רַבָּא מִן שְׁמַיָּא, וְחַיִּים טוֹבִים עָלֵינוּ וְעַל כָּל יִשְׂרָאֵל, וְאִמְרוּ אָמֵן.

עֹשֶׂה הַשָּׁלוֹם בִּמְרוֹמָיו, הוּא יַעֲשֶׂה שָׁלוֹם עָלֵינוּ וְעַל כָּל יִשְׂרָאֵל, וְאִמְרוּ אָמֵן.

כו לְדָוִד יהוה אוֹרִי וְיִשְׁעִי מִמִּי אִירָא יהוה מָעוֹז־חַיַּי מִמִּי
אֶפְחָד: בִּקְרֹב עָלַי מְרֵעִים לֶאֱכֹל אֶת־בְּשָׂרִי צָרַי וְאֹיְבַי לִי
הֵמָּה כָשְׁלוּ וְנָפָלוּ: אִם־תַּחֲנֶה עָלַי מַחֲנֶה לֹא־יִירָא לִבִּי אִם־
תָּקוּם עָלַי מִלְחָמָה בְּזֹאת אֲנִי בוֹטֵחַ: אַחַת שָׁאַלְתִּי מֵאֵת־
יהוה אוֹתָהּ אֲבַקֵּשׁ שִׁבְתִּי בְּבֵית־יהוה כָּל־יְמֵי חַיַּי לַחֲזוֹת
בְּנֹעַם־יהוה וּלְבַקֵּר בְּהֵיכָלוֹ: כִּי יִצְפְּנֵנִי בְּסֻכֹּה בְּיוֹם רָעָה
יַסְתִּרֵנִי בְּסֵתֶר אָהֳלוֹ בְּצוּר יְרוֹמְמֵנִי: וְעַתָּה יָרוּם רֹאשִׁי עַל
אֹיְבַי סְבִיבוֹתַי וְאֶזְבְּחָה בְאָהֳלוֹ זִבְחֵי תְרוּעָה אָשִׁירָה וַאֲזַמְּרָה
לַיהוה: שְׁמַע־יהוה קוֹלִי אֶקְרָא וְחָנֵּנִי וַעֲנֵנִי: לְךָ אָמַר לִבִּי
בַּקְּשׁוּ פָנָי אֶת־פָּנֶיךָ יהוה אֲבַקֵּשׁ: אַל־תַּסְתֵּר פָּנֶיךָ מִמֶּנִּי אַל
תַּט־בְּאַף עַבְדֶּךָ עֶזְרָתִי הָיִיתָ אַל־תִּטְּשֵׁנִי וְאַל־תַּעַזְבֵנִי אֱלֹהֵי
יִשְׁעִי: כִּי־אָבִי וְאִמִּי עֲזָבוּנִי וַיהוה יַאַסְפֵנִי: הוֹרֵנִי יהוה דַּרְכֶּךָ
וּנְחֵנִי בְּאֹרַח מִישׁוֹר לְמַעַן שׁוֹרְרָי: אַל־תִּתְּנֵנִי בְּנֶפֶשׁ צָרָי כִּי
קָמוּ־בִי עֵדֵי־שֶׁקֶר וִיפֵחַ חָמָס: לוּלֵא הֶאֱמַנְתִּי לִרְאוֹת
בְּטוּב־יהוה בְּאֶרֶץ חַיִּים: קַוֵּה אֶל־יהוה חֲזַק וְיַאֲמֵץ לִבֶּךָ
וְקַוֵּה אֶל־יהוה:

קדיש יתום:

יִתְגַּדַּל וְיִתְקַדַּשׁ שְׁמֵהּ רַבָּא, בְּעָלְמָא דִּי בְרָא כִרְעוּתֵהּ, וְיַמְלִיךְ מַלְכוּתֵהּ וְיַצְמַח פֻּרְקָנֵהּ וִיקָרֵב מְשִׁיחֵהּ, בְּחַיֵּיכוֹן וּבְיוֹמֵיכוֹן וּבְחַיֵּי דְכָל בֵּית יִשְׂרָאֵל, בַּעֲגָלָא וּבִזְמַן קָרִיב, וְאִמְרוּ אָמֵן.

יְהֵא שְׁמֵהּ רַבָּא מְבָרַךְ לְעָלַם וּלְעָלְמֵי עָלְמַיָּא.

יִתְבָּרַךְ וְיִשְׁתַּבַּח וְיִתְפָּאַר וְיִתְרוֹמַם וְיִתְנַשֵּׂא, וְיִתְהַדָּר וְיִתְעַלֶּה וְיִתְהַלָּל שְׁמֵהּ דְּקֻדְשָׁא בְּרִיךְ הוּא, לְעֵלָּא לְעֵלָּא מִכָּל בִּרְכָתָא וְשִׁירָתָא, תֻּשְׁבְּחָתָא וְנֶחֱמָתָא, דַּאֲמִירָן בְּעָלְמָא, וְאִמְרוּ אָמֵן.

יְהֵא שְׁלָמָא רַבָּא מִן שְׁמַיָּא, וְחַיִּים טוֹבִים עָלֵינוּ וְעַל כָּל יִשְׂרָאֵל, וְאִמְרוּ אָמֵן.

עֹשֶׂה הַשָּׁלוֹם בִּמְרוֹמָיו, הוּא יַעֲשֶׂה שָׁלוֹם עָלֵינוּ וְעַל כָּל יִשְׂרָאֵל, וְאִמְרוּ אָמֵן.

הוצאת ספר תורה

אַתָּה הָרְאֵתָ לָדַעַת, כִּי יי הוּא הָאֱלֹהִים, אֵין עוֹד מִלְּבַדּוֹ. אֵין כָּמוֹךָ בָאֱלֹהִים, אֲדֹנָי, וְאֵין כְּמַעֲשֶׂיךָ. מַלְכוּתְךָ מַלְכוּת כָּל עֹלָמִים, וּמֶמְשַׁלְתְּךָ בְּכָל דּוֹר וָדֹר.

יי מֶלֶךְ, יי מָלָךְ, יי יִמְלֹךְ לְעֹלָם וָעֶד. יי עֹז לְעַמּוֹ יִתֵּן, יי יְבָרֵךְ אֶת עַמּוֹ בַשָּׁלוֹם.

אַב הָרַחֲמִים, הֵיטִיבָה בִרְצוֹנְךָ אֶת צִיּוֹן תִּבְנֶה חוֹמוֹת יְרוּשָׁלָיִם. כִּי בְךָ לְבַד בָּטָחְנוּ, מֶלֶךְ אֵל רָם וְנִשָּׂא, אֲדוֹן עוֹלָמִים.

בפתיחת ארון הקודש אומרים:

וַיְהִי בִּנְסֹעַ הָאָרֹן וַיֹּאמֶר מֹשֶׁה.
קוּמָה יי וְיָפֻצוּ אֹיְבֶיךָ וְיָנֻסוּ מְשַׂנְאֶיךָ מִפָּנֶיךָ.
כִּי מִצִּיּוֹן תֵּצֵא תוֹרָה, וּדְבַר יי מִירוּשָׁלָיִם.
בָּרוּךְ שֶׁנָּתַן תּוֹרָה לְעַמּוֹ יִשְׂרָאֵל בִּקְדֻשָּׁתוֹ.

יש נוהגים שלא לומר י״ג מידות בשבת

ג׳ פעמים: יי, יי, אֵל רַחוּם וְחַנּוּן, אֶרֶךְ אַפַּיִם וְרַב חֶסֶד וֶאֱמֶת.
נֹצֵר חֶסֶד לָאֲלָפִים, נֹשֵׂא עָוֹן וָפֶשַׁע וְחַטָּאָה, וְנַקֵּה.

רִבּוֹנוֹ שֶׁל עוֹלָם, מַלֵּא מִשְׁאֲלוֹתַי לְטוֹבָה, וְהָפֵק רְצוֹנִי, וְתֵן שְׁאֵלָתִי, וּמְחוֹל לִי עַל כָּל עֲוֹנוֹתַי וְעַל כָּל עֲוֹנוֹת אַנְשֵׁי בֵיתִי, מְחִילָה בְּחֶסֶד מְחִילָה בְּרַחֲמִים, וְטַהֲרֵנִי מֵחֲטָאַי וּמֵעֲוֹנַי וּמִפְּשָׁעַי, וְזָכְרֵנִי בְּזִכָּרוֹן טוֹב לְפָנֶיךָ, וּפָקְדֵנִי בִּפְקֻדַּת יְשׁוּעָה וְרַחֲמִים. וְזָכְרֵנוּ לְחַיִּים טוֹבִים וּלְשָׁלוֹם וּפַרְנָסָה וְכַלְכָּלָה וְלֶחֶם לֶאֱכוֹל וּבֶגֶד לִלְבּוֹשׁ, וְעוֹשֶׁר וְכָבוֹד וַאֲרִיכַת יָמִים בְּתוֹרָתֶךָ וּבְמִצְוֹתֶיךָ, וְשֵׂכֶל וּבִינָה לְהָבִין וּלְהַשְׂכִּיל עִמְקֵי סוֹדוֹתֶיךָ. וְהָפֵק רְפוּאָה לְכָל מַכְאוֹבֵינוּ, וּבָרֵךְ כָּל מַעֲשֵׂה יָדֵינוּ, וּגְזוֹר עָלֵינוּ גְּזֵרוֹת טוֹבוֹת יְשׁוּעוֹת וְנֶחָמוֹת, וּבַטֵּל מֵעָלֵינוּ כָּל גְּזֵרוֹת קָשׁוֹת וְרָעוֹת, וְתֵן בְּלֵב הַמַּלְכוּת וְיוֹעֲצָיו וְשָׂרָיו עָלֵינוּ לְטוֹבָה. אָמֵן וְכֵן יְהִי רָצוֹן.

יִהְיוּ לְרָצוֹן אִמְרֵי פִי וְהֶגְיוֹן לִבִּי לְפָנֶיךָ, יי צוּרִי וְגוֹאֲלִי.

ג׳ פעמים: וַאֲנִי תְפִלָּתִי לְךָ, יי, עֵת רָצוֹן, אֱלֹהִים בְּרָב חַסְדֶּךָ
עֲנֵנִי בֶּאֱמֶת יִשְׁעֶךָ.

בריך שמה דמרא עלמא, בריך כתרך ואתרך. יהא רעותך עם עמך ישראל לעלם, ופרקן ימינך אחזי לעמך בבית מקדשך ולאמטויי לנא מטוב נהורך ולקבל צלותנא ברחמין. יהא רעוא קדמך דתוריך לן חיין בטיבו ולהוי אנא פקידא בגו צדיקיא למרחם עלי ולמנטר יתי וית כל די לי ודי לעמך ישראל. אנת הוא זן לכלא ומפרנס לכלא, אנת הוא שליט על כלא אנת הוא דשליט על מלכיא ומלכותא דילך היא. אנא עבדא דקדשא בריך הוא, דסגידנא קמה ומקמי דיקר אוריתה בכל עדן ועדן. לא על אנש רחיצנא ולא על בר אלהין סמיכנא, אלא באלהא דשמיא, דהוא אלהא קשוט ואוריתה קשוט, ונביאוהי קשוט, ומסגא למעבד טבון וקשוט. בה אנא רחיץ, ולשמה קדישא יקירא אנא אמר תשבחן. יהא רעוא קדמך דתפתח לבאי באוריתא ותשלים משאלין דלבאי ולבא דכל עמך ישראל לטב ולחיין ולשלם.

מוציאים שני ספרי תורה, והש״ץ נוטל ספר התורה הראשון ואומר:

שמע ישראל, יי אלהינו, יי אחד. הקהל חוזר

אחד אלהינו, גדול אדונינו, קדוש ונורא שמו. הקהל חוזר

גדלו ליי אתי ונרוממה שמו יחדו.

הקהל עונה:

לך יי הגדלה והגבורה והתפארת והנצח וההוד, כי כל בשמים ובארץ, לך יי הממלכה והמתנשא לכל לראש. רוממו יי אלהינו והשתחוו להדם רגליו, קדוש הוא. רוממו יי אלהינו והשתחוו להר קדשו, כי קדוש יי אלהינו.

על הכל יתגדל ויתקדש וישתבח ויתפאר ויתרומם ויתנשא שמו של מלך מלכי המלכים הקדוש ברוך הוא, בעולמות שברא, העולם הזה והעולם הבא, כרצונו וכרצון יראיו וכרצון כל בית ישראל. צור העולמים, אדון כל הבריות, אלוה כל הנפשות, היושב במרחבי מרום, השוכן בשמי שמי קדם, קדשתו על החיות, וקדשתו על כסא הכבוד. ובכן יתקדש שמך בנו יי אלהינו לעיני כל חי, ונאמר לפניו שיר חדש, ככתוב, שירו לאלהים זמרו שמו, סלו לרכב בערבות, ביה שמו, ועלזו לפניו. ונראהו עין בעין בשובו אל נוהו, ככתוב, כי עין בעין יראו בשוב יי ציון. ונאמר, ונגלה כבוד יי, וראו כל בשר יחדו כי פי יי דבר.

אַב הָרַחֲמִים הוּא יְרַחֵם עַם עֲמוּסִים, וְיִזְכֹּר בְּרִית אֵיתָנִים, וְיַצִּיל נַפְשׁוֹתֵינוּ מִן הַשָּׁעוֹת הָרָעוֹת, וְיִגְעַר בְּיֵצֶר הָרָע מִן הַנְּשׂוּאִים, וְיָחֹן אוֹתָנוּ לִפְלֵיטַת עוֹלָמִים, וִימַלֵּא מִשְׁאֲלוֹתֵינוּ בְּמִדָּה טוֹבָה יְשׁוּעָה וְרַחֲמִים.

הש״ץ מניח את הספר על שולחן הקריאה, והקורא את העולים אומר:

וְיַעֲזֹר וְיָגֵן וְיוֹשִׁיעַ לְכָל הַחוֹסִים בּוֹ, וְנֹאמַר אָמֵן. הַכֹּל הָבוּ גֹדֶל לֵאלֹהֵינוּ וּתְנוּ כָבוֹד לַתּוֹרָה. כֹּהֵן קְרָב, יַעֲמֹד (פלוני בן פלוני) הַכֹּהֵן. בָּרוּךְ שֶׁנָּתַן תּוֹרָה לְעַמּוֹ יִשְׂרָאֵל בִּקְדֻשָּׁתוֹ.

הקהל: וְאַתֶּם הַדְּבֵקִים בַּיי אֱלֹהֵיכֶם חַיִּים כֻּלְּכֶם הַיּוֹם.

לפני הקריאה

אומר העולה: בָּרְכוּ אֶת יי הַמְבֹרָךְ.

ועונים הקהל: בָּרוּךְ יי הַמְבֹרָךְ לְעוֹלָם וָעֶד. והעולה חוזר

ומברך: בָּרוּךְ אַתָּה יי אֱלֹהֵינוּ מֶלֶךְ הָעוֹלָם
אֲשֶׁר בָּחַר בָּנוּ מִכָּל הָעַמִּים וְנָתַן לָנוּ אֶת תּוֹרָתוֹ.
בָּרוּךְ אַתָּה יי, נוֹתֵן הַתּוֹרָה.

לאחר הקריאה: בָּרוּךְ אַתָּה יי אֱלֹהֵינוּ מֶלֶךְ הָעוֹלָם
אֲשֶׁר נָתַן לָנוּ תּוֹרַת אֱמֶת וְחַיֵּי עוֹלָם נָטַע בְּתוֹכֵנוּ.
בָּרוּךְ אַתָּה יי, נוֹתֵן הַתּוֹרָה.

ברכת הגומל

בָּרוּךְ אַתָּה יי אֱלֹהֵינוּ מֶלֶךְ הָעוֹלָם, הַגּוֹמֵל לְחַיָּבִים טוֹבוֹת, שֶׁגְּמָלַנִי כָּל טוֹב.

ועונים הקהל: אָמֵן. מִי שֶׁגְּמָלְךָ טוֹב, הוּא יִגְמָלְךָ כָּל טוֹב, סֶלָה.

ברכת בר־מצוה

ברכת אביו של נער הבר־מצוה לאחר עליתו לתורה בפעם הראשונה:

בָּרוּךְ שֶׁפְּטָרַנִי מֵעָנְשׁוֹ שֶׁלָּזֶה.

מי שברך לעולה לתורה:

מִי שֶׁבֵּרַךְ אֲבוֹתֵינוּ אַבְרָהָם יִצְחָק וְיַעֲקֹב
הוּא יְבָרֵךְ אֶת (פלוני בן פלוני) בַּעֲבוּר שֶׁעָלָה לִכְבוֹד הַמָּקוֹם וְלִכְבוֹד הַתּוֹרָה
(בשבת: וְלִכְבוֹד הַשַּׁבָּת) וְלִכְבוֹד יוֹם הַדִּין. בִּשְׂכַר זֶה הַקָּדוֹשׁ בָּרוּךְ הוּא יִשְׁמְרֵהוּ וְיַצִּילֵהוּ מִכָּל צָרָה וְצוּקָה וּמִכָּל נֶגַע וּמַחֲלָה, וְיִשְׁלַח בְּרָכָה וְהַצְלָחָה בְּכָל מַעֲשֵׂה יָדָיו וְיִכְתְּבֵהוּ וְיַחְתְּמֵהוּ לְחַיִּים טוֹבִים בְּיוֹם הַדִּין הַזֶּה עִם כָּל יִשְׂרָאֵל אֶחָיו, וְנֹאמַר אָמֵן.

מי שברך לחיילי צה״ל:

מִי שֶׁבֵּרַךְ אֲבוֹתֵינוּ אַבְרָהָם יִצְחָק וְיַעֲקֹב

הוּא יְבָרֵךְ אֶת חַיָּלֵי צְבָא הַהֲגָנָה לְיִשְׂרָאֵל, הָעוֹמְדִים עַל מִשְׁמַר אַרְצֵנוּ וְעָרֵי אֱלֹהֵינוּ, מִגְּבוּל הַלְּבָנוֹן וְעַד מִדְבַּר מִצְרַיִם וּמִן הַיָּם הַגָּדוֹל עַד לְבוֹא הָעֲרָבָה, בַּיַּבָּשָׁה, בָּאֲוִיר וּבַיָּם. יִתֵּן יי אֶת אוֹיְבֵינוּ הַקָּמִים עָלֵינוּ נִגָּפִים לִפְנֵיהֶם. הַקָּדוֹשׁ בָּרוּךְ הוּא יִשְׁמֹר וְיַצִּיל אֶת חַיָּלֵינוּ מִכָּל צָרָה וְצוּקָה וּמִכָּל נֶגַע וּמַחֲלָה, וְיִשְׁלַח בְּרָכָה וְהַצְלָחָה בְּכָל מַעֲשֵׂי יְדֵיהֶם. יַדְבֵּר שׂוֹנְאֵינוּ תַּחְתֵּיהֶם וִיעַטְּרֵם בְּכֶתֶר יְשׁוּעָה וּבַעֲטֶרֶת נִצָּחוֹן. וִיקֻיַּם בָּהֶם הַכָּתוּב, כִּי יי אֱלֹהֵיכֶם הַהֹלֵךְ עִמָּכֶם לְהִלָּחֵם לָכֶם עִם אֹיְבֵיכֶם לְהוֹשִׁיעַ אֶתְכֶם, וְנֹאמַר אָמֵן.

ליולדת בן: מִי שֶׁבֵּרַךְ אֲבוֹתֵינוּ אַבְרָהָם יִצְחָק וְיַעֲקֹב

מֹשֶׁה וְאַהֲרֹן דָּוִד וּשְׁלֹמֹה, שָׂרָה רִבְקָה רָחֵל וְלֵאָה

הוּא יְבָרֵךְ אֶת הָאִשָּׁה הַיּוֹלֶדֶת (פלונית בת פלוני) וְאֶת בְּנָהּ שֶׁנּוֹלַד לָהּ לְמַזָּל טוֹב בַּעֲבוּר שֶׁבַּעְלָהּ וְאָבִיו נוֹדֵר צְדָקָה בַּעֲדָם. בִּשְׂכַר זֶה יִזְכּוּ אָבִיו וְאִמּוֹ לְהַכְנִיסוֹ בִּבְרִיתוֹ שֶׁל אַבְרָהָם אָבִינוּ וּלְגַדְּלוֹ לְתוֹרָה וּלְחֻפָּה וּלְמַעֲשִׂים טוֹבִים, וְנֹאמַר אָמֵן.

ליולדת בת: מִי שֶׁבֵּרַךְ אֲבוֹתֵינוּ אַבְרָהָם יִצְחָק וְיַעֲקֹב

מֹשֶׁה וְאַהֲרֹן דָּוִד וּשְׁלֹמֹה, שָׂרָה רִבְקָה רָחֵל וְלֵאָה

הוּא יְבָרֵךְ אֶת הָאִשָּׁה הַיּוֹלֶדֶת (פלונית בת פלוני) וְאֶת בִּתָּהּ שֶׁנּוֹלְדָה לָהּ לְמַזָּל טוֹב וְיִקָּרֵא שְׁמָהּ בְּיִשְׂרָאֵל (פלונית בת פלוני) בַּעֲבוּר שֶׁבַּעְלָהּ וְאָבִיהָ נוֹדֵר צְדָקָה בַּעֲדָן. בִּשְׂכַר זֶה יִזְכּוּ אָבִיהָ וְאִמָּהּ לְגַדְּלָהּ לְתוֹרָה וּלְחֻפָּה וּלְמַעֲשִׂים טוֹבִים, וְנֹאמַר אָמֵן.

לחולה:

מִי שֶׁבֵּרַךְ אֲבוֹתֵינוּ אַבְרָהָם יִצְחָק וְיַעֲקֹב, מֹשֶׁה וְאַהֲרֹן דָּוִד וּשְׁלֹמֹה

הוּא יְבָרֵךְ וִירַפֵּא אֶת הַחוֹלֶה (פלוני בן פלונית) / לנקבה: הַחוֹלָה (פלונית בת פלונית)

בַּעֲבוּר (שפלוני בן פלוני) נוֹדֵר צְדָקָה בַּעֲבוּרוֹ / לנקבה: בַּעֲבוּרָהּ /.

בִּשְׂכַר זֶה הַקָּדוֹשׁ בָּרוּךְ הוּא יִמָּלֵא רַחֲמִים

לזכר: עָלָיו לְהַחֲלִימוֹ וּלְרַפְּאוֹתוֹ וּלְהַחֲזִיקוֹ וּלְהַחֲיוֹתוֹ וְיִשְׁלַח לוֹ מְהֵרָה רְפוּאָה שְׁלֵמָה מִן הַשָּׁמַיִם לִרְמַ״ח אֵבָרָיו וּשְׁסָ״ה גִּידָיו

לנקבה: עָלֶיהָ לְהַחֲלִימָהּ וּלְרַפְּאֹתָהּ וּלְהַחֲזִיקָהּ וּלְהַחֲיוֹתָהּ וְיִשְׁלַח לָהּ מְהֵרָה רְפוּאָה שְׁלֵמָה מִן הַשָּׁמַיִם לְכָל אֵבָרֶיהָ וּלְכָל גִּידֶיהָ

בְּתוֹךְ שְׁאָר חוֹלֵי יִשְׂרָאֵל, רְפוּאַת הַנֶּפֶשׁ וּרְפוּאַת הַגּוּף.

הַשְׁתָּא בַּעֲגָלָא וּבִזְמַן קָרִיב, וְנֹאמַר אָמֵן.

וַיהוָה פָּקַד אֶת־שָׂרָה כַּאֲשֶׁר אָמָר — בראשית כא
וַיַּעַשׂ יְהוָה לְשָׂרָה כַּאֲשֶׁר דִּבֵּר: וַתַּהַר וַתֵּלֶד שָׂרָה לְאַבְרָהָם
בֵּן לִזְקֻנָיו לַמּוֹעֵד אֲשֶׁר־דִּבֶּר אֹתוֹ אֱלֹהִים: וַיִּקְרָא אַבְרָהָם
אֶת־שֶׁם־בְּנוֹ הַנּוֹלַד־לוֹ אֲשֶׁר־יָלְדָה־לּוֹ שָׂרָה יִצְחָק: וַיָּמָל
אַבְרָהָם אֶת־יִצְחָק בְּנוֹ בֶּן־שְׁמֹנַת יָמִים כַּאֲשֶׁר צִוָּה אֹתוֹ
אֱלֹהִים: וְאַבְרָהָם בֶּן־מְאַת שָׁנָה בְּהִוָּלֶד לוֹ אֵת יִצְחָק בְּנוֹ: — שני
וַתֹּאמֶר שָׂרָה צְחֹק עָשָׂה לִי אֱלֹהִים כָּל־הַשֹּׁמֵעַ יִצְחַק־לִי:
וַתֹּאמֶר מִי מִלֵּל לְאַבְרָהָם הֵינִיקָה בָנִים שָׂרָה כִּי־יָלַדְתִּי בֵן
לִזְקֻנָיו: וַיִּגְדַּל הַיֶּלֶד וַיִּגָּמַל וַיַּעַשׂ אַבְרָהָם מִשְׁתֶּה גָדוֹל בְּיוֹם
הִגָּמֵל אֶת־יִצְחָק: וַתֵּרֶא שָׂרָה אֶת־בֶּן־הָגָר הַמִּצְרִית אֲשֶׁר־ — בשבת שלישי
יָלְדָה לְאַבְרָהָם מְצַחֵק: וַתֹּאמֶר לְאַבְרָהָם גָּרֵשׁ הָאָמָה הַזֹּאת
וְאֶת־בְּנָהּ כִּי לֹא יִירַשׁ בֶּן־הָאָמָה הַזֹּאת עִם־בְּנִי עִם־יִצְחָק:
וַיֵּרַע הַדָּבָר מְאֹד בְּעֵינֵי אַבְרָהָם עַל אוֹדֹת בְּנוֹ: וַיֹּאמֶר אֱלֹהִים
אֶל־אַבְרָהָם אַל־יֵרַע בְּעֵינֶיךָ עַל־הַנַּעַר וְעַל־אֲמָתֶךָ כֹּל אֲשֶׁר
תֹּאמַר אֵלֶיךָ שָׂרָה שְׁמַע בְּקֹלָהּ כִּי בְיִצְחָק יִקָּרֵא לְךָ זָרַע: וְגַם — שלישי / בשבת רביעי
אֶת־בֶּן־הָאָמָה לְגוֹי אֲשִׂימֶנּוּ כִּי זַרְעֲךָ הוּא: וַיַּשְׁכֵּם אַבְרָהָם ׀
בַּבֹּקֶר וַיִּקַּח־לֶחֶם וְחֵמַת מַיִם וַיִּתֵּן אֶל־הָגָר שָׂם עַל־שִׁכְמָהּ
וְאֶת־הַיֶּלֶד וַיְשַׁלְּחֶהָ וַתֵּלֶךְ וַתֵּתַע בְּמִדְבַּר בְּאֵר שָׁבַע: וַיִּכְלוּ
הַמַּיִם מִן־הַחֵמֶת וַתַּשְׁלֵךְ אֶת־הַיֶּלֶד תַּחַת אַחַד הַשִּׂיחִם: וַתֵּלֶךְ
וַתֵּשֶׁב לָהּ מִנֶּגֶד הַרְחֵק כִּמְטַחֲוֵי קֶשֶׁת כִּי אָמְרָה אַל־אֶרְאֶה
בְּמוֹת הַיָּלֶד וַתֵּשֶׁב מִנֶּגֶד וַתִּשָּׂא אֶת־קֹלָהּ וַתֵּבְךְּ: וַיִּשְׁמַע
אֱלֹהִים אֶת־קוֹל הַנַּעַר וַיִּקְרָא מַלְאַךְ אֱלֹהִים ׀ אֶל־הָגָר מִן־
הַשָּׁמַיִם וַיֹּאמֶר לָהּ מַה־לָּךְ הָגָר אַל־תִּירְאִי כִּי־שָׁמַע אֱלֹהִים
אֶל־קוֹל הַנַּעַר בַּאֲשֶׁר הוּא־שָׁם: קוּמִי שְׂאִי אֶת־הַנַּעַר וְהַחֲזִיקִי — בשבת חמישי
אֶת־יָדֵךְ בּוֹ כִּי־לְגוֹי גָּדוֹל אֲשִׂימֶנּוּ: וַיִּפְקַח אֱלֹהִים אֶת־עֵינֶיהָ
וַתֵּרֶא בְּאֵר מָיִם וַתֵּלֶךְ וַתְּמַלֵּא אֶת־הַחֵמֶת מַיִם וַתַּשְׁקְ אֶת־

הַנָּעַר: וַיְהִי אֱלֹהִים אֶת־הַנַּעַר וַיִּגְדָּל וַיֵּשֶׁב בַּמִּדְבָּר וַיְהִי רֹבֶה
קַשָּׁת: וַיֵּשֶׁב בְּמִדְבַּר פָּארָן וַתִּקַּח־לוֹ אִמּוֹ אִשָּׁה מֵאֶרֶץ
מִצְרָיִם:

רביעי בשבת ששי
וַיְהִי בָּעֵת הַהִוא וַיֹּאמֶר אֲבִימֶלֶךְ וּפִיכֹל שַׂר־צְבָאוֹ אֶל־אַבְרָהָם
לֵאמֹר אֱלֹהִים עִמְּךָ בְּכֹל אֲשֶׁר־אַתָּה עֹשֶׂה: וְעַתָּה הִשָּׁבְעָה
לִּי בֵאלֹהִים הֵנָּה אִם־תִּשְׁקֹר לִי וּלְנִינִי וּלְנֶכְדִּי כַּחֶסֶד אֲשֶׁר־
עָשִׂיתִי עִמְּךָ תַּעֲשֶׂה עִמָּדִי וְעִם־הָאָרֶץ אֲשֶׁר־גַּרְתָּה בָּהּ:
וַיֹּאמֶר אַבְרָהָם אָנֹכִי אִשָּׁבֵעַ: וְהוֹכִחַ אַבְרָהָם אֶת־אֲבִימֶלֶךְ
עַל־אֹדוֹת בְּאֵר הַמַּיִם אֲשֶׁר גָּזְלוּ עַבְדֵי אֲבִימֶלֶךְ: וַיֹּאמֶר
אֲבִימֶלֶךְ לֹא יָדַעְתִּי מִי עָשָׂה אֶת־הַדָּבָר הַזֶּה וְגַם־אַתָּה לֹא־
הִגַּדְתָּ לִּי וְגַם אָנֹכִי לֹא שָׁמַעְתִּי בִּלְתִּי הַיּוֹם: וַיִּקַּח אַבְרָהָם

חמישי בשבת שביעי
צֹאן וּבָקָר וַיִּתֵּן לַאֲבִימֶלֶךְ וַיִּכְרְתוּ שְׁנֵיהֶם בְּרִית: וַיַּצֵּב
אַבְרָהָם אֶת־שֶׁבַע כִּבְשֹׂת הַצֹּאן לְבַדְּהֶן: וַיֹּאמֶר אֲבִימֶלֶךְ אֶל־
אַבְרָהָם מָה הֵנָּה שֶׁבַע כְּבָשֹׂת הָאֵלֶּה אֲשֶׁר הִצַּבְתָּ לְבַדָּנָה:
וַיֹּאמֶר כִּי אֶת־שֶׁבַע כְּבָשֹׂת תִּקַּח מִיָּדִי בַּעֲבוּר תִּהְיֶה־לִּי
לְעֵדָה כִּי חָפַרְתִּי אֶת־הַבְּאֵר הַזֹּאת: עַל־כֵּן קָרָא לַמָּקוֹם
הַהוּא בְּאֵר שָׁבַע כִּי שָׁם נִשְׁבְּעוּ שְׁנֵיהֶם: וַיִּכְרְתוּ בְרִית בִּבְאֵר
שָׁבַע וַיָּקָם אֲבִימֶלֶךְ וּפִיכֹל שַׂר־צְבָאוֹ וַיָּשֻׁבוּ אֶל־אֶרֶץ פְּלִשְׁתִּים:
וַיִּטַּע אֵשֶׁל בִּבְאֵר שָׁבַע וַיִּקְרָא־שָׁם בְּשֵׁם יהוה אֵל עוֹלָם:
וַיָּגָר אַבְרָהָם בְּאֶרֶץ פְּלִשְׁתִּים יָמִים רַבִּים:

מניחים את הספר השני ליד הראשון, הקורא אומר חצי קדיש.

מגביהים את הספר הראשון והקהל אומרים:

וְזֹאת הַתּוֹרָה אֲשֶׁר שָׂם מֹשֶׁה לִפְנֵי בְּנֵי יִשְׂרָאֵל (עַל פִּי יי בְּיַד מֹשֶׁה).

ויש מוסיפים:

עֵץ חַיִּים הִיא לַמַּחֲזִיקִים בָּהּ וְתֹמְכֶיהָ מְאֻשָּׁר. דְּרָכֶיהָ דַרְכֵי נֹעַם וְכָל נְתִיבוֹתֶיהָ שָׁלוֹם. אֹרֶךְ יָמִים בִּימִינָהּ בִּשְׂמֹאלָהּ עֹשֶׁר וְכָבוֹד. יי חָפֵץ לְמַעַן צִדְקוֹ יַגְדִּיל תּוֹרָה וְיַאְדִּיר.

קוראים למפטיר בספר שני

במדבר כט וּבַחֹדֶשׁ הַשְּׁבִיעִי בְּאֶחָד לַחֹדֶשׁ מִקְרָא־קֹדֶשׁ יִהְיֶה לָכֶם כָּל־
מְלֶאכֶת עֲבֹדָה לֹא תַעֲשׂוּ יוֹם תְּרוּעָה יִהְיֶה לָכֶם׃ וַעֲשִׂיתֶם
עֹלָה לְרֵיחַ נִיחֹחַ לַיהוָה פַּר בֶּן־בָּקָר אֶחָד אַיִל אֶחָד כְּבָשִׂים
בְּנֵי־שָׁנָה שִׁבְעָה תְּמִימִם׃ וּמִנְחָתָם סֹלֶת בְּלוּלָה בַשָּׁמֶן שְׁלֹשָׁה
עֶשְׂרֹנִים לַפָּר שְׁנֵי עֶשְׂרֹנִים לָאָיִל׃ וְעִשָּׂרוֹן אֶחָד לַכֶּבֶשׂ הָאֶחָד
לְשִׁבְעַת הַכְּבָשִׂים׃ וּשְׂעִיר־עִזִּים אֶחָד חַטָּאת לְכַפֵּר עֲלֵיכֶם׃
מִלְּבַד עֹלַת הַחֹדֶשׁ וּמִנְחָתָהּ וְעֹלַת הַתָּמִיד וּמִנְחָתָהּ וְנִסְכֵּיהֶם
כְּמִשְׁפָּטָם לְרֵיחַ נִיחֹחַ אִשֶּׁה לַיהוָה׃

מגביהים את ספר התורה (״וזאת התורה״).

לפני קריאת ההפטרה מברך המפטיר:

בָּרוּךְ אַתָּה יי אֱלֹהֵינוּ מֶלֶךְ הָעוֹלָם, אֲשֶׁר בָּחַר בִּנְבִיאִים טוֹבִים וְרָצָה בְדִבְרֵיהֶם הַנֶּאֱמָרִים בֶּאֱמֶת. בָּרוּךְ אַתָּה יי, הַבּוֹחֵר בַּתּוֹרָה וּבְמֹשֶׁה עַבְדּוֹ וּבְיִשְׂרָאֵל עַמּוֹ וּבִנְבִיאֵי הָאֱמֶת וָצֶדֶק.

שמואל א, א וַיְהִי אִישׁ אֶחָד מִן־הָרָמָתַיִם צוֹפִים מֵהַר אֶפְרָיִם וּשְׁמוֹ אֶלְקָנָה
בֶּן־יְרֹחָם בֶּן־אֱלִיהוּא בֶּן־תֹּחוּ בֶן־צוּף אֶפְרָתִי׃ וְלוֹ שְׁתֵּי נָשִׁים
שֵׁם אַחַת חַנָּה וְשֵׁם הַשֵּׁנִית פְּנִנָּה וַיְהִי לִפְנִנָּה יְלָדִים וּלְחַנָּה
אֵין יְלָדִים׃ וְעָלָה הָאִישׁ הַהוּא מֵעִירוֹ מִיָּמִים ׀ יָמִימָה
לְהִשְׁתַּחֲוֺת וְלִזְבֹּחַ לַיהוָה צְבָאוֹת בְּשִׁלֹה וְשָׁם שְׁנֵי בְנֵי־עֵלִי
חָפְנִי וּפִנְחָס כֹּהֲנִים לַיהוָה׃ וַיְהִי הַיּוֹם וַיִּזְבַּח אֶלְקָנָה וְנָתַן
לִפְנִנָּה אִשְׁתּוֹ וּלְכָל־בָּנֶיהָ וּבְנוֹתֶיהָ מָנוֹת׃ וּלְחַנָּה יִתֵּן מָנָה
אַחַת אַפָּיִם כִּי אֶת־חַנָּה אָהֵב וַיהוָה סָגַר רַחְמָהּ׃ וְכִעֲסַתָּה
צָרָתָהּ גַּם־כַּעַס בַּעֲבוּר הַרְּעִמָהּ כִּי־סָגַר יְהוָה בְּעַד רַחְמָהּ׃
וְכֵן יַעֲשֶׂה שָׁנָה בְשָׁנָה מִדֵּי עֲלֹתָהּ בְּבֵית יְהוָה כֵּן תַּכְעִסֶנָּה
וַתִּבְכֶּה וְלֹא תֹאכַל׃ וַיֹּאמֶר לָהּ אֶלְקָנָה אִישָׁהּ חַנָּה לָמֶה
תִבְכִּי וְלָמֶה לֹא תֹאכְלִי וְלָמֶה יֵרַע לְבָבֵךְ הֲלוֹא אָנֹכִי טוֹב

לְךָ מֵעֲשָׂרָה בָּנִים׃ וַתָּקָם חַנָּה אַחֲרֵי אָכְלָה בְשִׁלֹה וְאַחֲרֵי
שָׁתֹה וְעֵלִי הַכֹּהֵן יֹשֵׁב עַל־הַכִּסֵּא עַל־מְזוּזַת הֵיכַל יְהוָה׃ וְהִיא
מָרַת נָפֶשׁ וַתִּתְפַּלֵּל עַל־יְהוָה וּבָכֹה תִבְכֶּה׃ וַתִּדֹּר נֶדֶר וַתֹּאמַר
יְהוָה צְבָאוֹת אִם־רָאֹה תִרְאֶה ׀ בָּעֳנִי אֲמָתֶךָ וּזְכַרְתַּנִי וְלֹא־
תִשְׁכַּח אֶת־אֲמָתֶךָ וְנָתַתָּה לַאֲמָתְךָ זֶרַע אֲנָשִׁים וּנְתַתִּיו
לַיהוָה כָּל־יְמֵי חַיָּיו וּמוֹרָה לֹא־יַעֲלֶה עַל־רֹאשׁוֹ׃ וְהָיָה כִּי
הִרְבְּתָה לְהִתְפַּלֵּל לִפְנֵי יְהוָה וְעֵלִי שֹׁמֵר אֶת־פִּיהָ׃ וְחַנָּה הִיא
מְדַבֶּרֶת עַל־לִבָּהּ רַק שְׂפָתֶיהָ נָּעוֹת וְקוֹלָהּ לֹא יִשָּׁמֵעַ וַיַּחְשְׁבֶהָ
עֵלִי לְשִׁכֹּרָה׃ וַיֹּאמֶר אֵלֶיהָ עֵלִי עַד־מָתַי תִּשְׁתַּכָּרִין הָסִירִי
אֶת־יֵינֵךְ מֵעָלָיִךְ׃ וַתַּעַן חַנָּה וַתֹּאמֶר לֹא אֲדֹנִי אִשָּׁה קְשַׁת־
רוּחַ אָנֹכִי וְיַיִן וְשֵׁכָר לֹא שָׁתִיתִי וָאֶשְׁפֹּךְ אֶת־נַפְשִׁי לִפְנֵי יְהוָה׃
אַל־תִּתֵּן אֶת־אֲמָתְךָ לִפְנֵי בַּת־בְּלִיָּעַל כִּי־מֵרֹב שִׂיחִי וְכַעְסִי
דִּבַּרְתִּי עַד־הֵנָּה׃ וַיַּעַן עֵלִי וַיֹּאמֶר לְכִי לְשָׁלוֹם וֵאלֹהֵי יִשְׂרָאֵל
יִתֵּן אֶת־שֵׁלָתֵךְ אֲשֶׁר שָׁאַלְתְּ מֵעִמּוֹ׃ וַתֹּאמֶר תִּמְצָא שִׁפְחָתְךָ
חֵן בְּעֵינֶיךָ וַתֵּלֶךְ הָאִשָּׁה לְדַרְכָּהּ וַתֹּאכַל וּפָנֶיהָ לֹא־הָיוּ־לָהּ
עוֹד׃ וַיַּשְׁכִּמוּ בַבֹּקֶר וַיִּשְׁתַּחֲווּ לִפְנֵי יְהוָה וַיָּשֻׁבוּ וַיָּבֹאוּ אֶל־
בֵּיתָם הָרָמָתָה וַיֵּדַע אֶלְקָנָה אֶת־חַנָּה אִשְׁתּוֹ וַיִּזְכְּרֶהָ יְהוָה׃
וַיְהִי לִתְקֻפוֹת הַיָּמִים וַתַּהַר חַנָּה וַתֵּלֶד בֵּן וַתִּקְרָא אֶת־שְׁמוֹ
שְׁמוּאֵל כִּי מֵיְהוָה שְׁאִלְתִּיו׃ וַיַּעַל הָאִישׁ אֶלְקָנָה וְכָל־בֵּיתוֹ
לִזְבֹּחַ לַיהוָה אֶת־זֶבַח הַיָּמִים וְאֶת־נִדְרוֹ׃ וְחַנָּה לֹא עָלָתָה כִּי־
אָמְרָה לְאִישָׁהּ עַד יִגָּמֵל הַנַּעַר וַהֲבִאֹתִיו וְנִרְאָה אֶת־פְּנֵי יְהוָה
וְיָשַׁב שָׁם עַד־עוֹלָם׃ וַיֹּאמֶר לָהּ אֶלְקָנָה אִישָׁהּ עֲשִׂי הַטּוֹב
בְּעֵינַיִךְ שְׁבִי עַד־גָּמְלֵךְ אֹתוֹ אַךְ יָקֵם יְהוָה אֶת־דְּבָרוֹ וַתֵּשֶׁב
הָאִשָּׁה וַתֵּינֶק אֶת־בְּנָהּ עַד־גָמְלָהּ אֹתוֹ׃ וַתַּעֲלֵהוּ עִמָּהּ כַּאֲשֶׁר
גְּמָלַתּוּ בְּפָרִים שְׁלֹשָׁה וְאֵיפָה אַחַת קֶמַח וְנֵבֶל יַיִן וַתְּבִאֵהוּ

בית־יהוה שלו והנער נער: וישחטו את־הפר ויבאו את־
הנער אל־עלי: ותאמר בי אדני חי נפשך אדני אני האשה
הנצבת עמכה בזה להתפלל אל־יהוה: אל־הנער הזה
התפללתי ויתן יהוה לי את־שאלתי אשר שאלתי מעמו:
וגם אנכי השאלתיהו ליהוה כל־הימים אשר היה הוא שאול
ליהוה וישתחו שם ליהוה: ותתפלל חנה
ותאמר עלץ לבי ביהוה רמה קרני ביהוה רחב פי על־אויבי
כי שמחתי בישועתך: אין־קדוש כיהוה כי־אין בלתך ואין
צור כאלהינו: אל־תרבו תדברו גבהה גבהה יצא עתק
מפיכם כי אל דעות יהוה ולא נתכנו עללות: קשת גברים ולו
חתים ונכשלים אזרו חיל: שבעים בלחם נשכרו ורעבים חדלו
עד־עקרה ילדה שבעה ורבת בנים אמללה: יהוה ממית
ומחיה מוריד שאול ויעל: יהוה מוריש ומעשיר משפיל
אף־מרומם: מקים מעפר דל מאשפת ירים אביון להושיב
עם־נדיבים וכסא כבוד ינחלם כי ליהוה מצקי ארץ וישת
עליהם תבל: רגלי חסידו ישמר ורשעים בחשך ידמו כי־לא
בכח יגבר־איש: יהוה יחתו מריבו עלו בשמים ירעם יהוה
ידין אפסי־ארץ ויתן־עז למלכו וירם קרן משיחו:

אחרי קריאת ההפטרה מברך המפטיר:

ברוך אתה יי אלהינו מלך העולם, צור כל העולמים, צדיק בכל הדורות,
האל הנאמן, האומר ועושה, המדבר ומקים, שכל דבריו אמת וצדק.
נאמן אתה הוא יי אלהינו ונאמנים דבריך, ודבר אחד מדבריך אחור לא
ישוב ריקם, כי אל מלך נאמן ורחמן אתה.
ברוך אתה יי, האל הנאמן בכל דבריו.

רַחֵם עַל צִיּוֹן, כִּי הִיא בֵּית חַיֵּינוּ, וְלַעֲלוּבַת נֶפֶשׁ תּוֹשִׁיעַ בִּמְהֵרָה בְיָמֵינוּ.
בָּרוּךְ אַתָּה יי, מְשַׂמֵּחַ צִיּוֹן בְּבָנֶיהָ.

שַׂמְּחֵנוּ יי אֱלֹהֵינוּ בְּאֵלִיָּהוּ הַנָּבִיא עַבְדֶּךָ, וּבְמַלְכוּת בֵּית דָּוִד מְשִׁיחֶךָ, בִּמְהֵרָה יָבוֹא וְיָגֵל לִבֵּנוּ. עַל כִּסְאוֹ לֹא יֵשֶׁב זָר, וְלֹא יִנְחֲלוּ עוֹד אֲחֵרִים אֶת כְּבוֹדוֹ, כִּי בְשֵׁם קָדְשְׁךָ נִשְׁבַּעְתָּ לוֹ, שֶׁלֹּא יִכְבֶּה נֵרוֹ לְעוֹלָם וָעֶד.
בָּרוּךְ אַתָּה יי, מָגֵן דָּוִד.

עַל הַתּוֹרָה וְעַל הָעֲבוֹדָה וְעַל הַנְּבִיאִים (בשבת: וְעַל יוֹם הַשַּׁבָּת הַזֶּה), וְעַל יוֹם הַזִּכָּרוֹן הַזֶּה, שֶׁנָּתַתָּ לָּנוּ, יי אֱלֹהֵינוּ, (בשבת: לִקְדֻשָּׁה וְלִמְנוּחָה), לְכָבוֹד וּלְתִפְאָרֶת. עַל הַכֹּל, יי אֱלֹהֵינוּ, אֲנַחְנוּ מוֹדִים לָךְ וּמְבָרְכִים אוֹתָךְ. יִתְבָּרַךְ שִׁמְךָ בְּפִי כָּל חַי תָּמִיד לְעוֹלָם וָעֶד, וּדְבָרְךָ אֱמֶת וְקַיָּם לָעַד. בָּרוּךְ אַתָּה יי, מֶלֶךְ עַל כָּל הָאָרֶץ, מְקַדֵּשׁ (בשבת: הַשַּׁבָּת וְ) יִשְׂרָאֵל וְיוֹם הַזִּכָּרוֹן.

בראש השנה שאינו חל בשבת ממשיכים ב׳תפילה לשלום המדינה׳ (עמ׳ 156).

אם חל ראש השנה בשבת אומרים:

יְקוּם פֻּרְקָן מִן שְׁמַיָּא, חִנָּא וְחִסְדָּא וְרַחֲמֵי וְחַיֵּי אֲרִיכֵי וּמְזוֹנֵי רְוִיחֵי, וְסִיַּעְתָּא דִשְׁמַיָּא, וּבַרְיוּת גּוּפָא וּנְהוֹרָא מַעַלְיָא, זַרְעָא חַיָּא וְקַיָּמָא, זַרְעָא דִּי לָא יִפְסוּק וְדִי לָא יִבְטוּל מִפִּתְגָּמֵי אוֹרַיְתָא, לְמָרָנָן וְרַבָּנָן חֲבוּרָתָא קַדִּישָׁתָא, דִּי בְאַרְעָא דְיִשְׂרָאֵל וְדִי בְּבָבֶל, לְרֵישֵׁי כַלָּה, וּלְרֵישֵׁי גַלְוָתָא, וּלְרֵישֵׁי מְתִיבָתָא, וּלְדַיָּנֵי דְבָבָא, לְכָל תַּלְמִידֵיהוֹן, וּלְכָל תַּלְמִידֵי תַלְמִידֵיהוֹן, וּלְכָל מָאן דְּעָסְקִין בְּאוֹרַיְתָא. מַלְכָּא דְעָלְמָא יְבָרֵךְ יַתְהוֹן, יַפִּישׁ חַיֵּיהוֹן, וְיַסְגֵּא יוֹמֵיהוֹן, וְיִתֵּן אַרְכָא לִשְׁנֵיהוֹן, וְיִתְפָּרְקוּן וְיִשְׁתֵּזְבוּן מִן כָּל עָקָא וּמִן כָּל מַרְעִין בִּישִׁין. מָרָן דִּי בִשְׁמַיָּא יְהֵא בְסַעְדְּהוֹן כָּל זְמַן וְעִדָּן, וְנֹאמַר אָמֵן.

(תרגום לעברית)

יקום פורקן מן השמים, חן וחסד ורחמים וחיים ארוכים ומזונות רווחים וסיוע מן השמים, ובריאות הגוף ואור מעולה, זרע חי וקיים, זרע שלא יפסוק ושלא יבטל מדברי תורה, למורינו ורבותינו החבורות הקדושות אשר בארץ־ישראל ואשר בבבל, לראשי כלה ולראשי גלויות ולראשי הישיבות ולדייני השער, לכל תלמידיהם, ולכל תלמידי תלמידיהם, ולכל מי שעוסקים בתורה. מלך העולם יברך אותם, ירבה חייהם ויגדיל ימיהם ויתן אריכות לשנותיהם. ויִוָּשעו ויינצלו מכל צרה ומכל חליים רעים. אדוננו שבשמים יהיה בעזרתם בכל זמן ועת, ונאמר אמן.

יְקוּם פֻּרְקָן מִן שְׁמַיָּא, חִנָּא וְחִסְדָּא וְרַחֲמֵי וְחַיֵּי אֲרִיכֵי וּמְזוֹנֵי רְוִיחֵי, וְסִיַּעְתָּא דִשְׁמַיָּא וּבַרְיוּת גּוּפָא וּנְהוֹרָא מַעַלְיָא, זַרְעָא חַיָּא וְקַיָּמָא, זַרְעָא דִּי לָא יִפְסוּק וְדִי לָא יִבְטוּל מִפִּתְגָּמֵי אוֹרַיְתָא, לְכָל קְהָלָא קַדִּישָׁא הָדֵין, רַבְרְבַיָּא עִם זְעֵרַיָּא, טַפְלָא וּנְשַׁיָּא. מַלְכָּא דְעָלְמָא יְבָרֵךְ יַתְכוֹן, יַפִּישׁ חַיֵּיכוֹן וְיַסְגֵּא יוֹמֵיכוֹן, וְיִתֵּן אַרְכָא לִשְׁנֵיכוֹן, וְתִתְפָּרְקוּן וְתִשְׁתֵּזְבוּן מִן כָּל עָקָא וּמִן כָּל מַרְעִין בִּישִׁין. מָרָן דִּי בִשְׁמַיָּא יְהֵא בְסַעְדְּכוֹן כָּל זְמַן וְעִדָּן, וְנֹאמַר אָמֵן.

(תרגום לעברית)

יקום פורקן מן השמים, חן וחסד ורחמים וחיים ארוכים ומזונות רווחים וסיוע מן השמים ובריאות הגוף ואור מעולה, זרע חי וקיים, זרע שלא יפסוק ושלא יבטל מדברי תורה, לכל הקהל הקדוש הזה, הגדולים עם הקטנים, הטף והנשים. מלך העולם יברך אתכם, ירבה חייכם ויגדיל ימיכם ויתן אריכות לשנותיכם, ותִוָּשעו ותינצלו מכל צרה ומכל חליים רעים. אדוננו שבשמים יהיה בעזרתכם בכל זמן ועת, ונאמר אמן.

ברכה לקהל

מִי שֶׁבֵּרַךְ אֲבוֹתֵינוּ אַבְרָהָם יִצְחָק וְיַעֲקֹב, הוּא יְבָרֵךְ אֶת כָּל הַקָּהָל הַקָּדוֹשׁ הַזֶּה עִם כָּל קְהִלּוֹת הַקֹּדֶשׁ, הֵם וּנְשֵׁיהֶם וּבְנֵיהֶם וּבְנוֹתֵיהֶם וְכָל אֲשֶׁר לָהֶם, וּמִי שֶׁמְּיַחֲדִים בָּתֵּי כְנֵסִיּוֹת לִתְפִלָּה, וּמִי שֶׁבָּאִים בְּתוֹכָם לְהִתְפַּלֵּל, וּמִי שֶׁנּוֹתְנִים נֵר לַמָּאוֹר וְיַיִן לְקִדּוּשׁ וּלְהַבְדָּלָה וּפַת לָאוֹרְחִים וּצְדָקָה לָעֲנִיִּים, וְכָל מִי שֶׁעוֹסְקִים בְּצָרְכֵי צִבּוּר בֶּאֱמוּנָה, הַקָּדוֹשׁ בָּרוּךְ הוּא יְשַׁלֵּם שְׂכָרָם, וְיָסִיר מֵהֶם כָּל מַחֲלָה, וְיִרְפָּא לְכָל גּוּפָם, וְיִסְלַח לְכָל עֲוֹנָם, וְיִשְׁלַח בְּרָכָה וְהַצְלָחָה בְּכָל מַעֲשֵׂי יְדֵיהֶם עִם כָּל יִשְׂרָאֵל אֲחֵיהֶם, וְנֹאמַר אָמֵן.

תפילה לשלום המדינה

אָבִינוּ שֶׁבַּשָּׁמַיִם, צוּר יִשְׂרָאֵל וְגוֹאֲלוֹ, בָּרֵךְ אֶת מְדִינַת יִשְׂרָאֵל, רֵאשִׁית צְמִיחַת גְּאֻלָּתֵנוּ. הָגֵן עָלֶיהָ בְּאֶבְרַת חַסְדֶּךָ וּפְרֹשׂ עָלֶיהָ סֻכַּת שְׁלוֹמֶךָ וּשְׁלַח אוֹרְךָ וַאֲמִתְּךָ לְרָאשֶׁיהָ, שָׂרֶיהָ וְיוֹעֲצֶיהָ, וְתַקְּנֵם בְּעֵצָה טוֹבָה מִלְּפָנֶיךָ.

חַזֵּק אֶת יְדֵי מְגִנֵּי אֶרֶץ קָדְשֵׁנוּ וְהַנְחִילֵם אֱלֹהֵינוּ יְשׁוּעָה וַעֲטֶרֶת נִצָּחוֹן תְּעַטְּרֵם, וְנָתַתָּ שָׁלוֹם בָּאָרֶץ, וְשִׂמְחַת עוֹלָם לְיוֹשְׁבֶיהָ.

וְאֶת אַחֵינוּ כָּל בֵּית יִשְׂרָאֵל, פְּקָד נָא בְּכָל אַרְצוֹת פְּזוּרֵיהֶם וְתוֹלִיכֵם מְהֵרָה קוֹמְמִיּוּת לְצִיּוֹן עִירֶךָ וְלִירוּשָׁלַיִם מִשְׁכַּן שְׁמֶךָ, כַּכָּתוּב בְּתוֹרַת מֹשֶׁה עַבְדֶּךָ, אִם יִהְיֶה נִדַּחֲךָ בִּקְצֵה הַשָּׁמָיִם, מִשָּׁם יְקַבֶּצְךָ יי אֱלֹהֶיךָ וּמִשָּׁם יִקָּחֶךָ. וֶהֱבִיאֲךָ יי אֱלֹהֶיךָ אֶל הָאָרֶץ, אֲשֶׁר יָרְשׁוּ אֲבֹתֶיךָ וִירִשְׁתָּהּ, וְהֵיטִבְךָ וְהִרְבְּךָ מֵאֲבֹתֶיךָ.

וּמָל יי אֱלֹהֶיךָ אֶת לְבָבְךָ וְאֶת לְבַב זַרְעֶךָ, לְאַהֲבָה אֶת יי אֱלֹהֶיךָ בְּכָל לְבָבְךָ וּבְכָל נַפְשְׁךָ לְמַעַן חַיֶּיךָ.

וְיַחֵד לְבָבֵנוּ לְאַהֲבָה וּלְיִרְאָה אֶת שְׁמֶךָ, וְלִשְׁמֹר אֶת כָּל דִּבְרֵי תוֹרָתֶךָ, וּשְׁלַח לָנוּ מְהֵרָה בֶּן דָּוִד מְשִׁיחַ צִדְקֶךָ, לִפְדּוֹת מְחַכֵּי קֵץ יְשׁוּעָתֶךָ.

וְהוֹפַע בַּהֲדַר גְּאוֹן עֻזֶּךָ עַל כָּל יוֹשְׁבֵי תֵבֵל אַרְצֶךָ וְיֹאמַר כֹּל אֲשֶׁר נְשָׁמָה בְאַפּוֹ, יי אֱלֹהֵי יִשְׂרָאֵל מֶלֶךְ וּמַלְכוּתוֹ בַּכֹּל מָשָׁלָה, אָמֵן סֶלָה.

סדר תקיעת שופר

שבע פעמים:

לַמְנַצֵּחַ לִבְנֵי־קֹרַח מִזְמוֹר:
כָּל־הָעַמִּים תִּקְעוּ־כָף, הָרִיעוּ לֵאלֹהִים בְּקוֹל רִנָּה:
כִּי־יהוה עֶלְיוֹן נוֹרָא, מֶלֶךְ גָּדוֹל עַל־כָּל־הָאָרֶץ:
יַדְבֵּר עַמִּים תַּחְתֵּינוּ, וּלְאֻמִּים תַּחַת רַגְלֵינוּ:
יִבְחַר־לָנוּ אֶת־נַחֲלָתֵנוּ, אֶת גְּאוֹן יַעֲקֹב אֲשֶׁר־אָהֵב סֶלָה:
עָלָה אֱלֹהִים בִּתְרוּעָה, יהוה בְּקוֹל שׁוֹפָר:
זַמְּרוּ אֱלֹהִים זַמֵּרוּ, זַמְּרוּ לְמַלְכֵּנוּ זַמֵּרוּ:
כִּי מֶלֶךְ כָּל־הָאָרֶץ אֱלֹהִים זַמְּרוּ מַשְׂכִּיל:
מָלַךְ אֱלֹהִים עַל־גּוֹיִם, אֱלֹהִים יָשַׁב עַל־כִּסֵּא קָדְשׁוֹ:
נְדִיבֵי עַמִּים נֶאֱסָפוּ, עַם אֱלֹהֵי אַבְרָהָם
כִּי לֵאלֹהִים מָגִנֵּי־אֶרֶץ מְאֹד נַעֲלָה:

תחנה לתוקע

רִבּוֹן הָעוֹלָמִים, בָּנֶיךָ בְּנֵי רְחוּמֶיךָ שָׂמוּ פְּנֵיהֶם לְנֶגְדְּךָ וּבָטְחוּ עַל רֹב חֲסָדֶיךָ וְשָׂמוּנִי שָׁלִיחַ לִתְקוֹעַ בְּשׁוֹפָר לְפָנֶיךָ כְּמוֹ שֶׁצִּוִּיתָנוּ בְּתוֹרָתֶךָ, וְאַתָּה תִּזְכֹּר לָהֶם זְכוּת אַבְרָהָם אָבִינוּ אֲשֶׁר הִתְהַלֵּךְ לְפָנֶיךָ וֶהְיֵה תָמִים, וּזְכוּת יִצְחָק אָבִינוּ וַעֲקֵדָתוֹ כְּשֶׁנֶּעֱקַד עַל גַּב הַמִּזְבֵּחַ, וּזְכוּת יַעֲקֹב אָבִינוּ אִישׁ תָּם יֹשֵׁב אֹהָלִים, וּזְכוּת שֶׁל מֹשֶׁה וְאַהֲרֹן דָּוִד וּשְׁלֹמֹה וְכָל צַדִּיקֵי עוֹלָם, וְתַעֲמֹד מִכִּסֵּא הַדִּין וְתֵשֵׁב עַל כִּסֵּא הָרַחֲמִים כַּדָּבָר שֶׁנֶּאֱמַר עָלָה אֱלֹהִים בִּתְרוּעָה יי בְּקוֹל שׁוֹפָר. וַאֲנִי יוֹדֵעַ בְּעַצְמִי שֶׁאֵינֶנִּי כְּדֵי לְבַקֵּשׁ עַל עַצְמִי וְכָל שֶׁכֵּן עַל אֲחֵרִים וְכָל שֶׁכֵּן שֶׁאֵין בִּי לֹא דַעַת וְלֹא חָכְמָה לְכַוֵּן כַּוָּנוֹת הַתְּקִיעוֹת וְצֵרוּפֵי שְׁמוֹתֶיךָ

הַקְּדוֹשִׁים, אֲבָל בָּטַחְתִּי בְּרַחֲמֶיךָ הָרַבִּים וְיָדַעְתִּי כִּי לֹא תְשִׁיבֵנִי רֵיקָם מִלְּפָנֶיךָ, וְאַתָּה בְּטוּבְךָ תְּעוֹרֵר רַחֲמֶיךָ וִיהִי נֹעַם אֲדֹנָי אֱלֹהֵינוּ עָלֵינוּ וּמַעֲשֵׂה יָדֵינוּ כּוֹנְנָה עָלֵינוּ וּמַעֲשֵׂה יָדֵינוּ כּוֹנְנֵהוּ, וּתְצָרֵף מַחֲשַׁבְתֵּנוּ הַטּוֹבָה לְמַעֲשֶׂה כְּאִלּוּ נִתְכַּוַּנּוּ בְּכָל כַּוָּנוֹת הַתְּקִיעוֹת וְיַעֲלוּ תְקִיעוֹתֵינוּ לְעוֹרֵר רַחֲמֶיךָ וּתְרַחֵם עַל בָּנֶיךָ וְתַהֲפֹךְ לָהֶם עַל יְדֵי תְקִיעוֹת אֵלֶּה מִדַּת הַדִּין לְמִדַּת הַחֶסֶד וְהָרַחֲמִים וְתִכָּנֵס לָהֶם לִפְנִים מִשּׁוּרַת הַדִּין, סְתֹם וַחֲתֹם פֶּה שָׂטָן וְאַל יַשְׂטִין עָלֵינוּ, וּבְבוֹא תוֹכֵחָה לְנֶגְדְּךָ שְׁמֵנוּ מִסִּפְרְךָ אַל תִּמַּח, וּכְתֹב לְחַיִּים טוֹבִים כָּל בְּנֵי בְרִיתֶךָ. יִהְיוּ לְרָצוֹן אִמְרֵי פִי וְהֶגְיוֹן לִבִּי לְפָנֶיךָ יי צוּרִי וְגֹאֲלִי, אָמֵן.

ויש מוסיפים

יְהִי רָצוֹן לְפָנֶיךָ יי אֱלֹהַי אֱלֹהֵי הַמִּשְׁפָּט שֶׁתְּהֵי עַתָּה עֵת רָצוֹן לְפָנֶיךָ וְתִקְרַע בְּרַחֲמֶיךָ הָרַבִּים וַחֲסָדֶיךָ הַגְּדוֹלִים אֶת כָּל הַמְּסַכִים אֲשֶׁר הֵם מַבְדִּילִים בֵּינְךָ וּבֵין עַמְּךָ יִשְׂרָאֵל הַיּוֹם הַזֶּה, וְהַעֲבֵר מִלְּפָנֶיךָ כָּל הַמַּשְׂטִינִים וְהַמְקַטְרְגִים עַל עַמְּךָ יִשְׂרָאֵל, סְתוֹם פֶּה שָׂטָן וְאַל יַשְׂטִין עָלֵינוּ כִּי אֵלֶיךָ תְּלוּיוֹת עֵינֵינוּ, אֲרוֹמִמְךָ אֱלֹהַי הַמֶּלֶךְ אֱלֹהֵי הַמִּשְׁפָּט שׁוֹמֵעַ קוֹל תְּפִלּוֹת וּתְרוּעוֹת עַמְּךָ יִשְׂרָאֵל הַיּוֹם בְּרַחֲמִים, אָמֵן.

התוקע והקהל אומרים פסוק בפסוק:

מִן הַמֵּצַר קָרָאתִי יָּהּ, עָנָנִי בַמֶּרְחָב יָהּ.
קוֹלִי שָׁמָעְתָּ, אַל תַּעְלֵם אָזְנְךָ לְרַוְחָתִי לְשַׁוְעָתִי.
רֹאשׁ דְּבָרְךָ אֱמֶת, וּלְעוֹלָם כָּל מִשְׁפַּט צִדְקֶךָ.
עֲרֹב עַבְדְּךָ לְטוֹב, אַל יַעַשְׁקֻנִי זֵדִים.
שָׂשׂ אָנֹכִי עַל אִמְרָתֶךָ, כְּמוֹצֵא שָׁלָל רָב.
טוּב טַעַם וָדַעַת לַמְּדֵנִי, כִּי בְמִצְוֹתֶיךָ הֶאֱמָנְתִּי.
נִדְבוֹת פִּי רְצֵה נָא יי, וּמִשְׁפָּטֶיךָ לַמְּדֵנִי.

התוקע מוסיף:

עָלָה אֱלֹהִים בִּתְרוּעָה, יי בְּקוֹל שׁוֹפָר.

ואומר התוקע:

הֲרֵי אֲנִי מוּכָן וּמְזֻמָּן לְקַיֵּם הַמִּצְוָה שֶׁצִּוָּנוּ בּוֹרְאֵנוּ לִתְקוֹעַ בְּשׁוֹפָר הַיּוֹם הַזֶּה
כְּמוֹ שֶׁכָּתוּב בַּתּוֹרָה יוֹם תְּרוּעָה יִהְיֶה לָכֶם.

התוקע מברך ומתכוון להוציא ידי חובה את השומעים:

בָּרוּךְ אַתָּה יי אֱלֹהֵינוּ מֶלֶךְ הָעוֹלָם
אֲשֶׁר קִדְּשָׁנוּ בְּמִצְוֹתָיו וְצִוָּנוּ לִשְׁמוֹעַ קוֹל שׁוֹפָר.

בָּרוּךְ אַתָּה יי אֱלֹהֵינוּ מֶלֶךְ הָעוֹלָם
שֶׁהֶחֱיָנוּ וְקִיְּמָנוּ וְהִגִּיעָנוּ לַזְּמַן הַזֶּה.

המקריא קורא את התקיעות כסדרן אחת לאחת והתוקע יתקע:

תקיעה שברים תרועה תקיעה
תקיעה שברים תרועה תקיעה
תקיעה שברים תרועה תקיעה

יש נוהגים שלא לומר

יְהִי רָצוֹן לְפָנֶיךָ יי אֱלֹהַי וֵאלֹהֵי אֲבוֹתַי שֶׁתְּקִיעַת קשר״ק שֶׁאֲנַחְנוּ תוֹקְעִים הַיּוֹם תַּעֲשֶׂה מִמֶּנָּה עֲטָרָה עַל יַד הַמְמֻנֶּה שרשי״ה לִהְיוֹת עוֹלָה וְלֵישֵׁב בְּרֹאשְׁךָ אֱלֹהַי, וַעֲשֵׂה עִמָּנוּ אוֹת לְטוֹבָה וְהִמָּלֵא עָלֵינוּ רַחֲמִים, בָּרוּךְ אַתָּה בַּעַל הָרַחֲמִים.

תקיעה שברים תקיעה
תקיעה שברים תקיעה
תקיעה שברים תקיעה

יש נוהגים שלא לומר

יְהִי רָצוֹן לְפָנֶיךָ יי אֱלֹהַי וֵאלֹהֵי אֲבוֹתַי שֶׁתְּקִיעַת תש״ת שֶׁאֲנַחְנוּ תוֹקְעִים הַיּוֹם תְּהֵי מְרֻקֶּמֶת עַל הַיְרִיעָה עַל יַד הַמְמֻנֶּה טרטיא״ל וּתְקַבְּלֶנָּה עַל יַד אֵלִיָּהוּ זָכוּר לַטּוֹב וְישׁעיה״ה שַׂר הַפָּנִים שַׂר מטטרו״ן, וְהִמָּלֵא עָלֵינוּ רַחֲמִים, בָּרוּךְ אַתָּה בַּעַל הָרַחֲמִים.

תקיעה	תרועה	תקיעה
תקיעה	תרועה	תקיעה
תקיעה	תרועה	תקיעה גדולה

יש נוהגים שלא לומר

וּבְכֵן יְהִי רָצוֹן לְפָנֶיךָ יי אֱלֹהֵינוּ וֵאלֹהֵי אֲבוֹתֵינוּ שֶׁיַּעֲלוּ כָּל הַמַּלְאָכִים הַמְמֻנִּים עַל הַשּׁוֹפָר וְעַל הַתְּקִיעָה וְעַל הַשְּׁבָרִים וְעַל הַתְּרוּעָה לִפְנֵי כִסֵּא כְבוֹדֶךָ וְיַמְלִיצוּ טוֹב בַּעֲדֵינוּ לְכַפֵּר עַל כָּל חַטֹּאתֵינוּ.

הש״ץ אומר פסוקים אלו בקול רם והקהל חוזר:

אַשְׁרֵי הָעָם יוֹדְעֵי תְרוּעָה, יי בְּאוֹר פָּנֶיךָ יְהַלֵּכוּן.
בְּשִׁמְךָ יְגִילוּן כָּל הַיּוֹם, וּבְצִדְקָתְךָ יָרוּמוּ.
כִּי תִפְאֶרֶת עֻזָּמוֹ אָתָּה, וּבִרְצוֹנְךָ תָּרוּם קַרְנֵנוּ.

אַשְׁרֵי יוֹשְׁבֵי בֵיתֶךָ עוֹד יְהַלְלוּךָ סֶּלָה:
אַשְׁרֵי הָעָם שֶׁכָּכָה לּוֹ אַשְׁרֵי הָעָם שֶׁיהוה אֱלֹהָיו:
קמה תְּהִלָּה לְדָוִד אֲרוֹמִמְךָ אֱלוֹהַי הַמֶּלֶךְ וַאֲבָרְכָה שִׁמְךָ לְעוֹלָם וָעֶד:
בְּכָל־יוֹם אֲבָרְכֶךָּ וַאֲהַלְלָה שִׁמְךָ לְעוֹלָם וָעֶד:
גָּדוֹל יהוה וּמְהֻלָּל מְאֹד וְלִגְדֻלָּתוֹ אֵין חֵקֶר:
דּוֹר לְדוֹר יְשַׁבַּח מַעֲשֶׂיךָ וּגְבוּרֹתֶיךָ יַגִּידוּ:
הֲדַר כְּבוֹד הוֹדֶךָ וְדִבְרֵי נִפְלְאוֹתֶיךָ אָשִׂיחָה:
וֶעֱזוּז נוֹרְאֹתֶיךָ יֹאמֵרוּ וּגְדוּלָּתְךָ אֲסַפְּרֶנָּה:
זֵכֶר רַב־טוּבְךָ יַבִּיעוּ וְצִדְקָתְךָ יְרַנֵּנוּ:
חַנּוּן וְרַחוּם יהוה אֶרֶךְ אַפַּיִם וּגְדָל־חָסֶד:
טוֹב־יהוה לַכֹּל וְרַחֲמָיו עַל־כָּל־מַעֲשָׂיו:
יוֹדוּךָ יהוה כָּל־מַעֲשֶׂיךָ וַחֲסִידֶיךָ יְבָרְכוּכָה:
כְּבוֹד מַלְכוּתְךָ יֹאמֵרוּ וּגְבוּרָתְךָ יְדַבֵּרוּ:

לְהוֹדִיעַ לִבְנֵי הָאָדָם גְּבוּרֹתָיו וּכְבוֹד הֲדַר מַלְכוּתוֹ:
מַלְכוּתְךָ מַלְכוּת כָּל־עֹלָמִים וּמֶמְשַׁלְתְּךָ בְּכָל־דּוֹר וָדֹר:
סוֹמֵךְ יהוה לְכָל־הַנֹּפְלִים וְזוֹקֵף לְכָל־הַכְּפוּפִים:
עֵינֵי־כֹל אֵלֶיךָ יְשַׂבֵּרוּ וְאַתָּה נוֹתֵן־לָהֶם אֶת־אָכְלָם בְּעִתּוֹ:
פּוֹתֵחַ אֶת־יָדֶךָ וּמַשְׂבִּיעַ לְכָל־חַי רָצוֹן:
צַדִּיק יהוה בְּכָל־דְּרָכָיו וְחָסִיד בְּכָל־מַעֲשָׂיו:
קָרוֹב יהוה לְכָל־קֹרְאָיו לְכֹל אֲשֶׁר יִקְרָאֻהוּ בֶאֱמֶת:
רְצוֹן־יְרֵאָיו יַעֲשֶׂה וְאֶת־שַׁוְעָתָם יִשְׁמַע וְיוֹשִׁיעֵם:
שׁוֹמֵר יהוה אֶת־כָּל־אֹהֲבָיו וְאֵת כָּל־הָרְשָׁעִים יַשְׁמִיד:
תְּהִלַּת יהוה יְדַבֶּר פִּי וִיבָרֵךְ כָּל־בָּשָׂר שֵׁם קָדְשׁוֹ לְעוֹלָם וָעֶד:
וַאֲנַחְנוּ נְבָרֵךְ יָהּ מֵעַתָּה וְעַד־עוֹלָם הַלְלוּיָהּ:

לפני החזרת ספרי התורה לארון הקודש אומר הש״ץ:

יְהַלְלוּ אֶת שֵׁם יי, כִּי נִשְׂגָּב שְׁמוֹ לְבַדּוֹ

ואומרים הקהל: הוֹדוֹ עַל אֶרֶץ וְשָׁמָיִם. וַיָּרֶם קֶרֶן לְעַמּוֹ, תְּהִלָּה לְכָל חֲסִידָיו
לִבְנֵי יִשְׂרָאֵל עַם קְרֹבוֹ, הַלְלוּיָהּ.

בראש השנה שאינו חל בשבת: לְדָוִד מִזְמוֹר לַיהוה הָאָרֶץ וּמְלוֹאָהּ תֵּבֵל וְיֹשְׁבֵי בָהּ: כִּי־הוּא כד
עַל־יַמִּים יְסָדָהּ וְעַל־נְהָרוֹת יְכוֹנְנֶהָ: מִי־יַעֲלֶה בְהַר־יְהֹוָה וּמִי־
יָקוּם בִּמְקוֹם קָדְשׁוֹ: נְקִי כַפַּיִם וּבַר־לֵבָב אֲשֶׁר לֹא־נָשָׂא לַשָּׁוְא
נַפְשִׁי וְלֹא נִשְׁבַּע לְמִרְמָה: יִשָּׂא בְרָכָה מֵאֵת יְהֹוָה וּצְדָקָה
מֵאֱלֹהֵי יִשְׁעוֹ: זֶה דּוֹר דֹּרְשָׁו מְבַקְשֵׁי פָנֶיךָ יַעֲקֹב סֶלָה:
שְׂאוּ שְׁעָרִים רָאשֵׁיכֶם וְהִנָּשְׂאוּ פִּתְחֵי עוֹלָם וְיָבוֹא מֶלֶךְ
הַכָּבוֹד: מִי זֶה מֶלֶךְ הַכָּבוֹד יהוה עִזּוּז וְגִבּוֹר יהוה גִּבּוֹר
מִלְחָמָה: שְׂאוּ שְׁעָרִים רָאשֵׁיכֶם וּשְׂאוּ פִּתְחֵי עוֹלָם וְיָבֹא
מֶלֶךְ הַכָּבוֹד: מִי הוּא זֶה מֶלֶךְ הַכָּבוֹד יהוה צְבָאוֹת הוּא
מֶלֶךְ הַכָּבוֹד סֶלָה:

כט מִזְמוֹר לְדָוִד הָבוּ לַיהוה בְּנֵי אֵלִים הָבוּ לַיהוה כָּבוֹד וָעֹז: הָבוּ בשבת:
לַיהוה כְּבוֹד שְׁמוֹ הִשְׁתַּחֲווּ לַיהוה בְּהַדְרַת־קֹדֶשׁ: קוֹל יהוה
עַל־הַמָּיִם אֵל־הַכָּבוֹד הִרְעִים יהוה עַל־מַיִם רַבִּים: קוֹל־יהוה
בַּכֹּחַ קוֹל יהוה בֶּהָדָר: קוֹל יהוה שֹׁבֵר אֲרָזִים וַיְשַׁבֵּר יהוה
אֶת־אַרְזֵי הַלְּבָנוֹן: וַיַּרְקִידֵם כְּמוֹ־עֵגֶל לְבָנוֹן וְשִׂרְיוֹן כְּמוֹ בֶן־
רְאֵמִים: קוֹל־יהוה חֹצֵב לַהֲבוֹת אֵשׁ: קוֹל יהוה יָחִיל מִדְבָּר
יָחִיל יהוה מִדְבַּר קָדֵשׁ: קוֹל יהוה יְחוֹלֵל אַיָּלוֹת וַיֶּחֱשֹׂף
יְעָרוֹת וּבְהֵיכָלוֹ כֻּלּוֹ אֹמֵר כָּבוֹד: יהוה לַמַּבּוּל יָשָׁב וַיֵּשֶׁב
יהוה מֶלֶךְ לְעוֹלָם: יהוה עֹז לְעַמּוֹ יִתֵּן יהוה יְבָרֵךְ אֶת־
עַמּוֹ בַשָּׁלוֹם:

וּבְנֻחֹה יֹאמַר. שׁוּבָה יי רִבְבוֹת אַלְפֵי יִשְׂרָאֵל.
קוּמָה יי לִמְנוּחָתֶךָ, אַתָּה וַאֲרוֹן עֻזֶּךָ.
כֹּהֲנֶיךָ יִלְבְּשׁוּ צֶדֶק, וַחֲסִידֶיךָ יְרַנֵּנוּ.
בַּעֲבוּר דָּוִד עַבְדֶּךָ אַל תָּשֵׁב פְּנֵי מְשִׁיחֶךָ.
כִּי לֶקַח טוֹב נָתַתִּי לָכֶם, תּוֹרָתִי אַל תַּעֲזֹבוּ.
עֵץ חַיִּים הִיא לַמַּחֲזִיקִים בָּהּ, וְתֹמְכֶיהָ מְאֻשָּׁר.
דְּרָכֶיהָ דַרְכֵי נֹעַם וְכָל נְתִיבוֹתֶיהָ שָׁלוֹם.
הֲשִׁיבֵנוּ יי אֵלֶיךָ וְנָשׁוּבָה, חַדֵּשׁ יָמֵינוּ כְּקֶדֶם.

סוגרים את ארון הקודש

לפני תפילת מוסף אומר הש"ץ תפילה זו:

הִנְנִי הֶעָנִי מִמַּעַשׂ נִרְעָשׁ וְנִפְחָד מִפַּחַד יוֹשֵׁב תְּהִלּוֹת יִשְׂרָאֵל בָּאתִי לַעֲמוֹד וּלְחַנֵּן לְפָנֶיךָ עַל עַמְּךָ יִשְׂרָאֵל אֲשֶׁר שְׁלָחוּנִי וְאַף עַל פִּי שֶׁאֵינִי כְדַי וְהָגוּן לְכָךְ. עַל כֵּן אֲבַקֶּשְׁךָ אֱלֹהֵי אַבְרָהָם אֱלֹהֵי יִצְחָק וֵאלֹהֵי יַעֲקֹב, יי יי, אֵל רַחוּם וְחַנּוּן, אֱלֹהִים, שַׁדַּי אָיוֹם וְנוֹרָא, הֱיֵה נָא מַצְלִיחַ דַּרְכִּי אֲשֶׁר אָנֹכִי הוֹלֵךְ לַעֲמוֹד לְבַקֵּשׁ רַחֲמִים עָלַי וְעַל שׁוֹלְחַי, וְנָא אַל תַּפְשִׁיעֵם בְּחַטֹּאתַי וְאַל תְּחַיְּבֵם בַּעֲוֹנוֹתַי כִּי חוֹטֵא וּפוֹשֵׁעַ אָנִי, וְאַל יִכָּלְמוּ בִּפְשָׁעַי וְאַל יֵבוֹשׁוּ בִּי וְאַל אֵבוֹשָׁה בָּהֶם, וְקַבֵּל תְּפִלָּתִי כִּתְפִלַּת זָקֵן וְרָגִיל וּפִרְקוֹ נָאֶה וּזְקָנוֹ מְגֻדָּל וְקוֹלוֹ נָעִים וּמְעֹרָב בְּדַעַת עִם הַבְּרִיּוֹת, וְתִגְעַר בְּשָׂטָן לְבַל יַשְׂטִינֵנוּ, וִיהִי נָא דִגְלֵנוּ עָלֶיךָ אַהֲבָה, לְכָל פְּשָׁעִים תְּכַסֶּה בְּאַהֲבָה, וְכָל צוֹמוֹתֵינוּ וְעִנּוּיֵינוּ הֲפֹךְ לָנוּ וּלְכָל יִשְׂרָאֵל לְשָׂשׂוֹן וּלְשִׂמְחָה לְחַיִּים וּלְשָׁלוֹם, הָאֱמֶת וְהַשָּׁלוֹם אֱהָבוּ, וְאַל יְהִי שׁוּם מִכְשׁוֹל בִּתְפִלָּתִי.

וִיהִי רָצוֹן לְפָנֶיךָ יי אֱלֹהֵי אַבְרָהָם אֱלֹהֵי יִצְחָק וֵאלֹהֵי יַעֲקֹב הָאֵל הַגָּדוֹל הַגִּבּוֹר וְהַנּוֹרָא אֵל עֶלְיוֹן אֶהְיֶה אֲשֶׁר אֶהְיֶה, שֶׁכָּל הַמַּלְאָכִים שֶׁהֵם בַּעֲלֵי תְפִלּוֹת יָבִיאוּ תְפִלָּתִי לִפְנֵי כִּסֵּא כְבוֹדֶךָ וְיָפִיצוּ אוֹתָהּ לְפָנֶיךָ, בַּעֲבוּר כָּל הַצַּדִּיקִים וְהַחֲסִידִים הַתְּמִימִים וְהַיְשָׁרִים וּבַעֲבוּר כְּבוֹד שִׁמְךָ הַגָּדוֹל הַגִּבּוֹר וְהַנּוֹרָא, כִּי אַתָּה שׁוֹמֵעַ תְּפִלַּת עַמְּךָ יִשְׂרָאֵל בְּרַחֲמִים, בָּרוּךְ אַתָּה שׁוֹמֵעַ תְּפִלָּה.

הש"ץ אומר חצי קדיש:

יִתְגַּדַּל וְיִתְקַדַּשׁ שְׁמֵהּ רַבָּא בְּעָלְמָא דִּי בְרָא כִרְעוּתֵהּ
וְיַמְלִיךְ מַלְכוּתֵהּ וְיַצְמַח פֻּרְקָנֵהּ וִיקָרֵב מְשִׁיחֵהּ
בְּחַיֵּיכוֹן וּבְיוֹמֵיכוֹן וּבְחַיֵּי דְכָל בֵּית יִשְׂרָאֵל
בַּעֲגָלָא וּבִזְמַן קָרִיב, וְאִמְרוּ אָמֵן.
יְהֵא שְׁמֵהּ רַבָּא מְבָרַךְ לְעָלַם וּלְעָלְמֵי עָלְמַיָּא.
יִתְבָּרַךְ וְיִשְׁתַּבַּח וְיִתְפָּאַר וְיִתְרוֹמַם וְיִתְנַשֵּׂא
וְיִתְהַדָּר וְיִתְעַלֶּה וְיִתְהַלָּל שְׁמֵהּ דְּקֻדְשָׁא בְּרִיךְ הוּא
לְעֵלָּא לְעֵלָּא מִכָּל בִּרְכָתָא וְשִׁירָתָא תֻּשְׁבְּחָתָא וְנֶחֱמָתָא
דַּאֲמִירָן בְּעָלְמָא, וְאִמְרוּ אָמֵן.

כִּי שֵׁם יי אֶקְרָא הָבוּ גֹדֶל לֵאלֹהֵינוּ
אֲדֹנָי, שְׂפָתַי תִּפְתָּח וּפִי יַגִּיד תְּהִלָּתֶךָ

בָּרוּךְ אַתָּה יי, אֱלֹהֵינוּ וֵאלֹהֵי אֲבוֹתֵינוּ
אֱלֹהֵי אַבְרָהָם, אֱלֹהֵי יִצְחָק, וֵאלֹהֵי יַעֲקֹב
הָאֵל הַגָּדוֹל הַגִּבּוֹר וְהַנּוֹרָא, אֵל עֶלְיוֹן
גּוֹמֵל חֲסָדִים טוֹבִים, קוֹנֵה הַכֹּל
וְזוֹכֵר חַסְדֵי אָבוֹת וּמֵבִיא גוֹאֵל לִבְנֵי בְנֵיהֶם
לְמַעַן שְׁמוֹ בְּאַהֲבָה.
זָכְרֵנוּ לְחַיִּים, מֶלֶךְ חָפֵץ בַּחַיִּים
וְכָתְבֵנוּ בְּסֵפֶר הַחַיִּים לְמַעַנְךָ אֱלֹהִים חַיִּים.
מֶלֶךְ עוֹזֵר וּמוֹשִׁיעַ וּמָגֵן.
בָּרוּךְ אַתָּה יי, מָגֵן אַבְרָהָם.

אַתָּה גִּבּוֹר לְעוֹלָם אֲדֹנָי
מְחַיֵּה מֵתִים אַתָּה, רַב לְהוֹשִׁיעַ
מוֹרִיד הַטָּל.
מְכַלְכֵּל חַיִּים בְּחֶסֶד
מְחַיֵּה מֵתִים בְּרַחֲמִים רַבִּים
סוֹמֵךְ נוֹפְלִים, וְרוֹפֵא חוֹלִים
וּמַתִּיר אֲסוּרִים, וּמְקַיֵּם אֱמוּנָתוֹ לִישֵׁנֵי עָפָר.
מִי כָמוֹךָ בַּעַל גְּבוּרוֹת וּמִי דּוֹמֶה לָּךְ
מֶלֶךְ מֵמִית וּמְחַיֶּה וּמַצְמִיחַ יְשׁוּעָה.
מִי כָמוֹךָ אַב הָרַחֲמָן, זוֹכֵר יְצוּרָיו לְחַיִּים בְּרַחֲמִים.
וְנֶאֱמָן אַתָּה לְהַחֲיוֹת מֵתִים.
בָּרוּךְ אַתָּה יי, מְחַיֵּה הַמֵּתִים.

אַתָּה קָדוֹשׁ וְשִׁמְךָ קָדוֹשׁ
וּקְדוֹשִׁים בְּכָל יוֹם יְהַלְלוּךָ סֶּלָה
כִּי אֵל מֶלֶךְ גָּדוֹל וְקָדוֹשׁ אָתָּה.

לְדוֹר וָדוֹר הַמְלִיכוּ לָאֵל, כִּי הוּא לְבַדּוֹ מָרוֹם וְקָדוֹשׁ.

וּבְכֵן יִתְקַדַּשׁ שִׁמְךָ יי אֱלֹהֵינוּ עַל יִשְׂרָאֵל עַמֶּךָ
וְעַל יְרוּשָׁלַיִם עִירֶךָ, וְעַל צִיּוֹן מִשְׁכַּן כְּבוֹדֶךָ
וְעַל מַלְכוּת בֵּית דָּוִד מְשִׁיחֶךָ, וְעַל מְכוֹנְךָ וְהֵיכָלֶךָ.

וּבְכֵן תֵּן פַּחְדְּךָ יי אֱלֹהֵינוּ עַל כָּל מַעֲשֶׂיךָ
וְאֵימָתְךָ עַל כָּל מַה שֶּׁבָּרָאתָ
וְיִירָאוּךָ כָּל הַמַּעֲשִׂים, וְיִשְׁתַּחֲווּ לְפָנֶיךָ כָּל הַבְּרוּאִים
וְיֵעָשׂוּ כֻלָּם אֲגֻדָּה אַחַת לַעֲשׂוֹת רְצוֹנְךָ בְּלֵבָב שָׁלֵם
כְּמוֹ שֶׁיָּדַעְנוּ יי אֱלֹהֵינוּ שֶׁהַשִּׁלְטוֹן לְפָנֶיךָ עֹז בְּיָדְךָ וּגְבוּרָה בִּימִינֶךָ
וְשִׁמְךָ נוֹרָא עַל כָּל מַה שֶּׁבָּרָאתָ.

וּבְכֵן תֵּן כָּבוֹד יי לְעַמֶּךָ, תְּהִלָּה לִירֵאֶיךָ וְתִקְוָה טוֹבָה לְדוֹרְשֶׁיךָ
וּפִתְחוֹן פֶּה לַמְיַחֲלִים לָךְ
שִׂמְחָה לְאַרְצֶךָ, וְשָׂשׂוֹן לְעִירֶךָ, וּצְמִיחַת קֶרֶן לְדָוִד עַבְדֶּךָ
וַעֲרִיכַת נֵר לְבֶן יִשַׁי מְשִׁיחֶךָ, בִּמְהֵרָה בְיָמֵינוּ.

וּבְכֵן צַדִּיקִים יִרְאוּ וְיִשְׂמָחוּ, וִישָׁרִים יַעֲלֹזוּ וַחֲסִידִים בְּרִנָּה יָגִילוּ
וְעוֹלָתָה תִּקְפָּץ פִּיהָ, וְכָל הָרִשְׁעָה כֻּלָּהּ כְּעָשָׁן תִּכְלֶה
כִּי תַעֲבִיר מֶמְשֶׁלֶת זָדוֹן מִן הָאָרֶץ.

וְתִמְלֹךְ אַתָּה הוּא יי אֱלֹהֵינוּ מְהֵרָה לְבַדֶּךָ עַל כָּל מַעֲשֶׂיךָ
בְּהַר צִיּוֹן מִשְׁכַּן כְּבוֹדֶךָ, וּבִירוּשָׁלַיִם עִיר קָדְשֶׁךָ

כַּכָּתוּב בְּדִבְרֵי קָדְשֶׁךָ
יִמְלֹךְ יי לְעוֹלָם, אֱלֹהַיִךְ צִיּוֹן לְדֹר וָדֹר, הַלְלוּיָהּ.

קָדוֹשׁ אַתָּה וְנוֹרָא שְׁמֶךָ, וְאֵין אֱלוֹהַּ מִבַּלְעָדֶיךָ
כַּכָּתוּב
וַיִּגְבַּהּ יי צְבָאוֹת בַּמִּשְׁפָּט, וְהָאֵל הַקָּדוֹשׁ נִקְדַּשׁ בִּצְדָקָה.
בָּרוּךְ אַתָּה יי, הַמֶּלֶךְ הַקָּדוֹשׁ.

אַתָּה בְחַרְתָּנוּ מִכָּל הָעַמִּים, אָהַבְתָּ אוֹתָנוּ וְרָצִיתָ בָּנוּ
וְרוֹמַמְתָּנוּ מִכָּל הַלְּשׁוֹנוֹת, וְקִדַּשְׁתָּנוּ בְּמִצְוֹתֶיךָ
וְקֵרַבְתָּנוּ מַלְכֵּנוּ לַעֲבוֹדָתֶךָ
וְשִׁמְךָ הַגָּדוֹל וְהַקָּדוֹשׁ עָלֵינוּ קָרָאתָ.

וַתִּתֶּן לָנוּ יי אֱלֹהֵינוּ בְּאַהֲבָה אֶת יוֹם /בשבת: הַשַּׁבָּת הַזֶּה וְאֶת יוֹם/
הַזִּכָּרוֹן הַזֶּה, יוֹם /בשבת: זִכְרוֹן/ תְּרוּעָה /בשבת: בְּאַהֲבָה/
מִקְרָא קֹדֶשׁ, זֵכֶר לִיצִיאַת מִצְרָיִם.

וּמִפְּנֵי חֲטָאֵינוּ גָּלִינוּ מֵאַרְצֵנוּ וְנִתְרַחַקְנוּ מֵעַל אַדְמָתֵנוּ
וְאֵין אָנוּ יְכוֹלִים לַעֲשׂוֹת חוֹבוֹתֵינוּ בְּבֵית בְּחִירָתֶךָ
בַּבַּיִת הַגָּדוֹל וְהַקָּדוֹשׁ שֶׁנִּקְרָא שִׁמְךָ עָלָיו
מִפְּנֵי הַיָּד שֶׁנִּשְׁתַּלְּחָה בְּמִקְדָּשֶׁךָ.

יְהִי רָצוֹן מִלְּפָנֶיךָ יי אֱלֹהֵינוּ וֵאלֹהֵי אֲבוֹתֵינוּ מֶלֶךְ רַחֲמָן
שֶׁתָּשׁוּב וּתְרַחֵם עָלֵינוּ וְעַל מִקְדָּשְׁךָ בְּרַחֲמֶיךָ הָרַבִּים
וְתִבְנֵהוּ מְהֵרָה וּתְגַדֵּל כְּבוֹדוֹ.

אָבִינוּ מַלְכֵּנוּ, גַּלֵּה כְּבוֹד מַלְכוּתְךָ עָלֵינוּ מְהֵרָה
וְהוֹפַע וְהִנָּשֵׂא עָלֵינוּ לְעֵינֵי כָּל חָי
וְקָרֵב פְּזוּרֵינוּ מִבֵּין הַגּוֹיִם וּנְפוּצוֹתֵינוּ כַּנֵּס מִיַּרְכְּתֵי אָרֶץ.

וַהֲבִיאֵנוּ לְצִיּוֹן עִירְךָ בְּרִנָּה
וְלִירוּשָׁלַיִם בֵּית מִקְדָּשְׁךָ בְּשִׂמְחַת עוֹלָם
וְשָׁם נַעֲשֶׂה לְפָנֶיךָ אֶת קָרְבְּנוֹת חוֹבוֹתֵינוּ
תְּמִידִים כְּסִדְרָם וּמוּסָפִים כְּהִלְכָתָם.
וְאֶת מוּסְפֵי יוֹם /בשבת: הַשַּׁבָּת הַזֶּה וְיוֹם/
הַזִּכָּרוֹן הַזֶּה
נַעֲשֶׂה וְנַקְרִיב לְפָנֶיךָ בְּאַהֲבָה כְּמִצְוַת רְצוֹנֶךָ
כְּמוֹ שֶׁכָּתַבְתָּ עָלֵינוּ בְּתוֹרָתֶךָ
עַל יְדֵי מֹשֶׁה עַבְדֶּךָ מִפִּי כְבוֹדֶךָ, כָּאָמוּר

בשבת מוסיפים:

וּבְיוֹם הַשַּׁבָּת שְׁנֵי כְבָשִׂים בְּנֵי שָׁנָה תְּמִימִם, וּשְׁנֵי עֶשְׂרֹנִים סֹלֶת מִנְחָה בְּלוּלָה בַשֶּׁמֶן וְנִסְכּוֹ. עֹלַת שַׁבַּת בְּשַׁבַּתּוֹ, עַל עֹלַת הַתָּמִיד וְנִסְכָּהּ.

וּבַחֹדֶשׁ הַשְּׁבִיעִי בְּאֶחָד לַחֹדֶשׁ מִקְרָא קֹדֶשׁ יִהְיֶה לָכֶם, כָּל מְלֶאכֶת עֲבֹדָה לֹא תַעֲשׂוּ יוֹם תְּרוּעָה יִהְיֶה לָכֶם. וַעֲשִׂיתֶם עֹלָה לְרֵיחַ נִיחֹחַ לַיי פַּר בֶּן בָּקָר אֶחָד אַיִל אֶחָד, כְּבָשִׂים בְּנֵי שָׁנָה שִׁבְעָה תְּמִימִם. וּמִנְחָתָם וְנִסְכֵּיהֶם כִּמְדֻבָּר, שְׁלֹשָׁה עֶשְׂרֹנִים לַפָּר וּשְׁנֵי עֶשְׂרֹנִים לָאָיִל, וְעִשָּׂרוֹן לַכֶּבֶשׂ, וְיַיִן כְּנִסְכּוֹ, וּשְׁנֵי שְׂעִירִים לְכַפֵּר, וּשְׁנֵי תְמִידִים כְּהִלְכָתָם. מִלְּבַד עֹלַת הַחֹדֶשׁ וּמִנְחָתָהּ, וְעֹלַת הַתָּמִיד וּמִנְחָתָהּ, וְנִסְכֵּיהֶם כְּמִשְׁפָּטָם, לְרֵיחַ נִיחֹחַ אִשֶּׁה לַיי.

בשבת מוסיפים:

יִשְׂמְחוּ בְמַלְכוּתְךָ שׁוֹמְרֵי שַׁבָּת וְקוֹרְאֵי עֹנֶג. עַם מְקַדְּשֵׁי שְׁבִיעִי, כֻּלָּם יִשְׂבְּעוּ וְיִתְעַנְּגוּ מִטּוּבֶךָ, וּבַשְּׁבִיעִי רָצִיתָ בּוֹ וְקִדַּשְׁתּוֹ, חֶמְדַּת יָמִים אוֹתוֹ קָרָאתָ, זֵכֶר לְמַעֲשֵׂה בְרֵאשִׁית.

עָלֵינוּ לְשַׁבֵּחַ לַאֲדוֹן הַכֹּל, לָתֵת גְּדֻלָּה לְיוֹצֵר בְּרֵאשִׁית
שֶׁלֹּא עָשָׂנוּ כְּגוֹיֵי הָאֲרָצוֹת, וְלֹא שָׂמָנוּ כְּמִשְׁפְּחוֹת הָאֲדָמָה
שֶׁלֹּא שָׂם חֶלְקֵנוּ כָּהֶם וְגוֹרָלֵנוּ כְּכָל הֲמוֹנָם.
שֶׁהֵם מִשְׁתַּחֲוִים לְהֶבֶל וָרִיק וּמִתְפַּלְּלִים אֶל אֵל לֹא יוֹשִׁיעַ.
וַאֲנַחְנוּ כּוֹרְעִים וּמִשְׁתַּחֲוִים וּמוֹדִים
לִפְנֵי מֶלֶךְ מַלְכֵי הַמְּלָכִים הַקָּדוֹשׁ בָּרוּךְ הוּא
שֶׁהוּא נוֹטֶה שָׁמַיִם וְיוֹסֵד אָרֶץ וּמוֹשַׁב יְקָרוֹ בַּשָּׁמַיִם מִמַּעַל
וּשְׁכִינַת עֻזּוֹ בְּגָבְהֵי מְרוֹמִים.
הוּא אֱלֹהֵינוּ, אֵין עוֹד.
אֱמֶת מַלְכֵּנוּ, אֶפֶס זוּלָתוֹ
כַּכָּתוּב בְּתוֹרָתוֹ, וְיָדַעְתָּ הַיּוֹם וַהֲשֵׁבֹתָ אֶל לְבָבֶךָ
כִּי יי הוּא הָאֱלֹהִים בַּשָּׁמַיִם מִמַּעַל וְעַל הָאָרֶץ מִתָּחַת
אֵין עוֹד.
וְעַל כֵּן נְקַוֶּה לְךָ יי אֱלֹהֵינוּ, לִרְאוֹת מְהֵרָה בְּתִפְאֶרֶת עֻזֶּךָ
לְהַעֲבִיר גִּלּוּלִים מִן הָאָרֶץ, וְהָאֱלִילִים כָּרוֹת יִכָּרֵתוּן
לְתַקֵּן עוֹלָם בְּמַלְכוּת שַׁדַּי.
וְכָל בְּנֵי בָשָׂר יִקְרְאוּ בִשְׁמֶךָ לְהַפְנוֹת אֵלֶיךָ כָּל רִשְׁעֵי אָרֶץ.
יַכִּירוּ וְיֵדְעוּ כָּל יוֹשְׁבֵי תֵבֵל
כִּי לְךָ תִּכְרַע כָּל בֶּרֶךְ, תִּשָּׁבַע כָּל לָשׁוֹן.
לְפָנֶיךָ יי אֱלֹהֵינוּ יִכְרְעוּ וְיִפֹּלוּ
וְלִכְבוֹד שִׁמְךָ יְקָר יִתֵּנוּ
וִיקַבְּלוּ כֻלָּם אֶת עֹל מַלְכוּתֶךָ, וְתִמְלֹךְ עֲלֵיהֶם מְהֵרָה לְעוֹלָם וָעֶד.
כִּי הַמַּלְכוּת שֶׁלְּךָ הִיא וּלְעוֹלְמֵי עַד תִּמְלֹךְ בְּכָבוֹד
כַּכָּתוּב בְּתוֹרָתֶךָ יי יִמְלֹךְ לְעֹלָם וָעֶד.

וְנֶאֱמַר
לֹא הִבִּיט אָוֶן בְּיַעֲקֹב וְלֹא רָאָה עָמָל בְּיִשְׂרָאֵל
יי אֱלֹהָיו עִמּוֹ וּתְרוּעַת מֶלֶךְ בּוֹ.
וְנֶאֱמַר
וַיְהִי בִישֻׁרוּן מֶלֶךְ, בְּהִתְאַסֵּף רָאשֵׁי עָם, יַחַד שִׁבְטֵי יִשְׂרָאֵל.

וּבְדִבְרֵי קָדְשְׁךָ כָּתוּב לֵאמֹר
כִּי לַיי הַמְּלוּכָה וּמֹשֵׁל בַּגּוֹיִם.
וְנֶאֱמַר
יי מָלָךְ גֵּאוּת לָבֵשׁ, לָבֵשׁ יי עֹז הִתְאַזָּר, אַף תִּכּוֹן תֵּבֵל בַּל תִּמּוֹט.
וְנֶאֱמַר
שְׂאוּ שְׁעָרִים רָאשֵׁיכֶם וְהִנָּשְׂאוּ פִּתְחֵי עוֹלָם, וְיָבוֹא מֶלֶךְ הַכָּבוֹד.
מִי זֶה מֶלֶךְ הַכָּבוֹד יי עִזּוּז וְגִבּוֹר, יי גִּבּוֹר מִלְחָמָה.
שְׂאוּ שְׁעָרִים רָאשֵׁיכֶם וּשְׂאוּ פִּתְחֵי עוֹלָם, וְיָבֹא מֶלֶךְ הַכָּבוֹד.
מִי הוּא זֶה מֶלֶךְ הַכָּבוֹד יי צְבָאוֹת הוּא מֶלֶךְ הַכָּבוֹד סֶלָה.

וְעַל יְדֵי עֲבָדֶיךָ הַנְּבִיאִים כָּתוּב לֵאמֹר
כֹּה אָמַר יי מֶלֶךְ יִשְׂרָאֵל וְגֹאֲלוֹ יי צְבָאוֹת
אֲנִי רִאשׁוֹן וַאֲנִי אַחֲרוֹן וּמִבַּלְעָדַי אֵין אֱלֹהִים.
וְנֶאֱמַר
וְעָלוּ מוֹשִׁעִים בְּהַר צִיּוֹן לִשְׁפֹּט אֶת הַר עֵשָׂו
וְהָיְתָה לַיי הַמְּלוּכָה.
וְנֶאֱמַר
וְהָיָה יי לְמֶלֶךְ עַל כָּל הָאָרֶץ
בַּיּוֹם הַהוּא יִהְיֶה יי אֶחָד וּשְׁמוֹ אֶחָד.
וּבְתוֹרָתְךָ כָּתוּב לֵאמֹר
שְׁמַע יִשְׂרָאֵל, יי אֱלֹהֵינוּ, יי אֶחָד.

אֱלֹהֵינוּ וֵאלֹהֵי אֲבוֹתֵינוּ
מְלֹךְ עַל כָּל הָעוֹלָם כֻּלּוֹ בִּכְבוֹדֶךָ וְהִנָּשֵׂא עַל כָּל הָאָרֶץ בִּיקָרֶךָ
וְהוֹפַע בַּהֲדַר גְּאוֹן עֻזֶּךָ עַל כָּל יוֹשְׁבֵי תֵבֵל אַרְצֶךָ.
וְיֵדַע כָּל פָּעוּל כִּי אַתָּה פְעַלְתּוֹ
וְיָבִין כָּל יָצוּר כִּי אַתָּה יְצַרְתּוֹ
וְיֹאמַר כֹּל אֲשֶׁר נְשָׁמָה בְּאַפּוֹ
יי אֱלֹהֵי יִשְׂרָאֵל מֶלֶךְ וּמַלְכוּתוֹ בַּכֹּל מָשָׁלָה.

בשבת: אֱלֹהֵינוּ וֵאלֹהֵי אֲבוֹתֵינוּ, רְצֵה נָא בִמְנוּחָתֵנוּ

קַדְּשֵׁנוּ בְּמִצְוֹתֶיךָ וְתֵן חֶלְקֵנוּ בְּתוֹרָתֶךָ
שַׂבְּעֵנוּ מִטּוּבֶךָ וְשַׂמַּח נַפְשֵׁנוּ בִּישׁוּעָתֶךָ

בשבת: וְהַנְחִילֵנוּ יי אֱלֹהֵינוּ בְּאַהֲבָה וּבְרָצוֹן שַׁבַּת קָדְשֶׁךָ
וְיָנוּחוּ בוֹ כָּל יִשְׂרָאֵל מְקַדְּשֵׁי שְׁמֶךָ

וְטַהֵר לִבֵּנוּ לְעָבְדְּךָ בֶּאֱמֶת
כִּי אַתָּה אֱלֹהִים אֱמֶת וּדְבָרְךָ אֱמֶת וְקַיָּם לָעַד.
בָּרוּךְ אַתָּה יי
מֶלֶךְ עַל כָּל הָאָרֶץ, מְקַדֵּשׁ /בשבת: הַשַּׁבָּת וְ/
יִשְׂרָאֵל וְיוֹם הַזִּכָּרוֹן.

יש שנוהגים לתקוע ולומר "היום הרת עולם": (ובשבת אין תוקעים)

תְּקִיעָה שְׁבָרִים תְּרוּעָה תְּקִיעָה
תְּקִיעָה שְׁבָרִים תְּקִיעָה
תְּקִיעָה תְּרוּעָה תְּקִיעָה

הַיּוֹם הֲרַת עוֹלָם הַיּוֹם יַעֲמִיד בַּמִּשְׁפָּט כָּל יְצוּרֵי עוֹלָמִים, אִם כְּבָנִים
אִם כַּעֲבָדִים. אִם כְּבָנִים רַחֲמֵנוּ כְּרַחֵם אָב עַל בָּנִים, וְאִם כַּעֲבָדִים
עֵינֵינוּ לְךָ תְלוּיוֹת עַד שֶׁתְּחָנֵּנוּ וְתוֹצִיא כָאוֹר מִשְׁפָּטֵנוּ, אָיוֹם קָדוֹשׁ.

אַתָּה זוֹכֵר מַעֲשֵׂה עוֹלָם וּפוֹקֵד כָּל יְצוּרֵי קֶדֶם
לְפָנֶיךָ נִגְלוּ כָּל תַּעֲלוּמוֹת וַהֲמוֹן נִסְתָּרוֹת שֶׁמִּבְּרֵאשִׁית
כִּי אֵין שִׁכְחָה לִפְנֵי כִסֵּא כְבוֹדֶךָ וְאֵין נִסְתָּר מִנֶּגֶד עֵינֶיךָ.

אַתָּה זוֹכֵר אֶת כָּל הַמִּפְעָל וְגַם כָּל הַיְצוּר לֹא נִכְחַד מִמֶּךָּ.
הַכֹּל גָּלוּי וְיָדוּעַ לְפָנֶיךָ יי אֱלֹהֵינוּ
צוֹפֶה וּמַבִּיט עַד סוֹף כָּל הַדּוֹרוֹת
כִּי תָבִיא חֹק זִכָּרוֹן לְהִפָּקֵד כָּל רוּחַ וָנֶפֶשׁ
לְהִזָּכֵר מַעֲשִׂים רַבִּים וַהֲמוֹן בְּרִיּוֹת לְאֵין תַּכְלִית.
מֵרֵאשִׁית כָּזֹאת הוֹדָעְתָּ
וּמִלְּפָנִים אוֹתָהּ גִּלִּיתָ.
זֶה הַיּוֹם תְּחִלַּת מַעֲשֶׂיךָ, זִכָּרוֹן לְיוֹם רִאשׁוֹן
כִּי חֹק לְיִשְׂרָאֵל הוּא, מִשְׁפָּט לֵאלֹהֵי יַעֲקֹב.

וְעַל הַמְּדִינוֹת בּוֹ יֵאָמֵר
אֵיזוֹ לַחֶרֶב וְאֵיזוֹ לַשָּׁלוֹם
אֵיזוֹ לָרָעָב וְאֵיזוֹ לַשֹּׂבַע
וּבְרִיּוֹת בּוֹ יִפָּקֵדוּ לְהַזְכִּירָם לְחַיִּים וְלַמָּוֶת.
מִי לֹא נִפְקַד כְּהַיּוֹם הַזֶּה
כִּי זֵכֶר כָּל הַיְצוּר לְפָנֶיךָ בָּא
מַעֲשֵׂה אִישׁ וּפְקֻדָּתוֹ, וַעֲלִילוֹת מִצְעֲדֵי גָבֶר
מַחְשְׁבוֹת אָדָם וְתַחְבּוּלוֹתָיו וְיִצְרֵי מַעַלְלֵי אִישׁ.
אַשְׁרֵי אִישׁ שֶׁלֹּא יִשְׁכָּחֶךָּ, וּבֶן אָדָם יִתְאַמֶּץ בָּךְ
כִּי דוֹרְשֶׁיךָ לְעוֹלָם לֹא יִכָּשֵׁלוּ, וְלֹא יִכָּלְמוּ לָנֶצַח כָּל הַחוֹסִים בָּךְ.
כִּי זֵכֶר כָּל הַמַּעֲשִׂים לְפָנֶיךָ בָּא, וְאַתָּה דוֹרֵשׁ מַעֲשֵׂה כֻלָּם.

וְגַם אֶת נֹחַ בְּאַהֲבָה זָכַרְתָּ וַתִּפְקְדֵהוּ בִּדְבַר יְשׁוּעָה וְרַחֲמִים
בַּהֲבִיאֲךָ אֶת מֵי הַמַּבּוּל לְשַׁחֵת כָּל בָּשָׂר מִפְּנֵי רֹעַ מַעַלְלֵיהֶם
עַל כֵּן זִכְרוֹנוֹ בָּא לְפָנֶיךָ, יי אֱלֹהֵינוּ
לְהַרְבּוֹת זַרְעוֹ כְּעַפְרוֹת תֵּבֵל וְצֶאֱצָאָיו כְּחוֹל הַיָּם.

כַּכָּתוּב בְּתוֹרָתֶךָ
וַיִּזְכֹּר אֱלֹהִים אֶת נֹחַ וְאֵת כָּל הַחַיָּה וְאֶת כָּל הַבְּהֵמָה אֲשֶׁר אִתּוֹ
בַּתֵּבָה
וַיַּעֲבֵר אֱלֹהִים רוּחַ עַל הָאָרֶץ, וַיָּשֹׁכּוּ הַמָּיִם.
וְנֶאֱמַר
וַיִּשְׁמַע אֱלֹהִים אֶת נַאֲקָתָם, וַיִּזְכֹּר אֱלֹהִים אֶת בְּרִיתוֹ
אֶת אַבְרָהָם אֶת יִצְחָק וְאֶת יַעֲקֹב.
וְנֶאֱמַר
וְזָכַרְתִּי אֶת בְּרִיתִי יַעֲקוֹב וְאַף אֶת בְּרִיתִי יִצְחָק וְאַף אֶת בְּרִיתִי
אַבְרָהָם אֶזְכֹּר וְהָאָרֶץ אֶזְכֹּר.

וּבְדִבְרֵי קָדְשְׁךָ כָּתוּב לֵאמֹר
זֵכֶר עָשָׂה לְנִפְלְאוֹתָיו, חַנּוּן וְרַחוּם יי.
וְנֶאֱמַר
טֶרֶף נָתַן לִירֵאָיו, יִזְכֹּר לְעוֹלָם בְּרִיתוֹ.
וְנֶאֱמַר
וַיִּזְכֹּר לָהֶם בְּרִיתוֹ, וַיִּנָּחֵם כְּרֹב חֲסָדָו.

וְעַל יְדֵי עֲבָדֶיךָ הַנְּבִיאִים כָּתוּב לֵאמֹר
הָלֹךְ וְקָרָאתָ בְאָזְנֵי יְרוּשָׁלַיִם לֵאמֹר
כֹּה אָמַר יי זָכַרְתִּי לָךְ חֶסֶד נְעוּרַיִךְ אַהֲבַת כְּלוּלֹתָיִךְ
לֶכְתֵּךְ אַחֲרַי בַּמִּדְבָּר בְּאֶרֶץ לֹא זְרוּעָה.

וְנֶאֱמַר
וְזָכַרְתִּי אֲנִי אֶת בְּרִיתִי אוֹתָךְ בִּימֵי נְעוּרָיִךְ
וַהֲקִימוֹתִי לָךְ בְּרִית עוֹלָם.
וְנֶאֱמַר
הֲבֵן יַקִּיר לִי אֶפְרַיִם, אִם יֶלֶד שַׁעֲשׁוּעִים
כִּי מִדֵּי דַבְּרִי בּוֹ זָכֹר אֶזְכְּרֶנּוּ עוֹד
עַל כֵּן הָמוּ מֵעַי לוֹ, רַחֵם אֲרַחֲמֶנּוּ, נְאֻם יי.

אֱלֹהֵינוּ וֵאלֹהֵי אֲבוֹתֵינוּ
זָכְרֵנוּ בְּזִכָּרוֹן טוֹב לְפָנֶיךָ
וּפָקְדֵנוּ בִּפְקֻדַּת יְשׁוּעָה וְרַחֲמִים מִשְּׁמֵי שְׁמֵי קֶדֶם
וּזְכָר לָנוּ יי אֱלֹהֵינוּ, אֶת הַבְּרִית וְאֶת הַחֶסֶד וְאֶת הַשְּׁבוּעָה
אֲשֶׁר נִשְׁבַּעְתָּ לְאַבְרָהָם אָבִינוּ בְּהַר הַמּוֹרִיָּה
וְתֵרָאֶה לְפָנֶיךָ עֲקֵדָה שֶׁעָקַד אַבְרָהָם אָבִינוּ אֶת יִצְחָק בְּנוֹ
עַל גַּבֵּי הַמִּזְבֵּחַ
וְכָבַשׁ רַחֲמָיו לַעֲשׂוֹת רְצוֹנְךָ בְּלֵבָב שָׁלֵם
כֵּן יִכְבְּשׁוּ רַחֲמֶיךָ אֶת כַּעַסְךָ מֵעָלֵינוּ
וּבְטוּבְךָ הַגָּדוֹל יָשׁוּב חֲרוֹן אַפְּךָ מֵעַמְּךָ וּמֵעִירְךָ וּמֵאַרְצְךָ וּמִנַּחֲלָתֶךָ.
וְקַיֶּם לָנוּ יי אֱלֹהֵינוּ אֶת הַדָּבָר שֶׁהִבְטַחְתָּנוּ בְּתוֹרָתֶךָ
עַל יְדֵי מֹשֶׁה עַבְדֶּךָ, מִפִּי כְבוֹדֶךָ,
כָּאָמוּר
וְזָכַרְתִּי לָהֶם בְּרִית רִאשׁוֹנִים
אֲשֶׁר הוֹצֵאתִי אֹתָם מֵאֶרֶץ מִצְרַיִם
לְעֵינֵי הַגּוֹיִם לִהְיוֹת לָהֶם לֵאלֹהִים
אֲנִי יי.

כִּי זוֹכֵר כָּל הַנִּשְׁכָּחוֹת אַתָּה הוּא מֵעוֹלָם
וְאֵין שִׁכְחָה לִפְנֵי כִּסֵּא כְבוֹדֶךָ
וַעֲקֵדַת יִצְחָק לְזַרְעוֹ הַיּוֹם בְּרַחֲמִים תִּזְכֹּר.
בָּרוּךְ אַתָּה יְיָ, זוֹכֵר הַבְּרִית.

יש שנוהגים לתקוע ולומר ״היום הרת עולם״:
(ובשבת אין תוקעים)

תקיעה	שברים תרועה	תקיעה
תקיעה	שברים	תקיעה
תקיעה	תרועה	תקיעה

הַיּוֹם הֲרַת עוֹלָם הַיּוֹם יַעֲמִיד בַּמִּשְׁפָּט כָּל יְצוּרֵי עוֹלָמִים, אִם כְּבָנִים אִם כַּעֲבָדִים. אִם כְּבָנִים רַחֲמֵנוּ כְּרַחֵם אָב עַל בָּנִים, וְאִם כַּעֲבָדִים עֵינֵינוּ לְךָ תְלוּיוֹת עַד שֶׁתְּחָנֵּנוּ וְתוֹצִיא כָאוֹר מִשְׁפָּטֵנוּ, אָיֹם קָדוֹשׁ.

אַתָּה נִגְלֵיתָ בַּעֲנַן כְּבוֹדֶךָ עַל עַם קָדְשֶׁךָ לְדַבֵּר עִמָּם
מִן הַשָּׁמַיִם הִשְׁמַעְתָּם קוֹלֶךָ, וְנִגְלֵיתָ עֲלֵיהֶם בְּעַרְפְלֵּי טֹהַר.
גַּם כָּל הָעוֹלָם כֻּלּוֹ חָל מִפָּנֶיךָ, וּבְרִיּוֹת בְּרֵאשִׁית חָרְדוּ מִמֶּךָּ
בְּהִגָּלוֹתְךָ מַלְכֵּנוּ עַל הַר סִינַי, לְלַמֵּד לְעַמְּךָ תּוֹרָה וּמִצְוֹת
וַתַּשְׁמִיעֵם אֶת הוֹד קוֹלֶךָ, וְדִבְּרוֹת קָדְשְׁךָ מִלַּהֲבוֹת אֵשׁ.
בְּקוֹלוֹת וּבְרָקִים עֲלֵיהֶם נִגְלֵיתָ, וּבְקוֹל שׁוֹפָר עֲלֵיהֶם הוֹפָעְתָּ.
כַּכָּתוּב בְּתוֹרָתֶךָ
וַיְהִי בַיּוֹם הַשְּׁלִישִׁי בִּהְיֹת הַבֹּקֶר
וַיְהִי קֹלֹת וּבְרָקִים וְעָנָן כָּבֵד עַל הָהָר
וְקֹל שֹׁפָר חָזָק מְאֹד
וַיֶּחֱרַד כָּל הָעָם אֲשֶׁר בַּמַּחֲנֶה.

וְנֶאֱמַר
וַיְהִי קוֹל הַשֹּׁפָר הוֹלֵךְ וְחָזֵק מְאֹד
מֹשֶׁה יְדַבֵּר וְהָאֱלֹהִים יַעֲנֶנּוּ בְקוֹל.

וְנֶאֱמַר
וְכָל הָעָם רֹאִים אֶת הַקּוֹלֹת וְאֶת הַלַּפִּידִם
וְאֵת קוֹל הַשּׁוֹפָר וְאֶת הָהָר עָשֵׁן
וַיַּרְא הָעָם וַיָּנֻעוּ וַיַּעַמְדוּ מֵרָחֹק.

וּבְדִבְרֵי קָדְשְׁךָ כָּתוּב לֵאמֹר
עָלָה אֱלֹהִים בִּתְרוּעָה, יי בְּקוֹל שׁוֹפָר.

וְנֶאֱמַר
בַּחֲצֹצְרוֹת וְקוֹל שׁוֹפָר, הָרִיעוּ לִפְנֵי הַמֶּלֶךְ יי.

וְנֶאֱמַר
תִּקְעוּ בַחֹדֶשׁ שׁוֹפָר, בַּכֶּסֶה לְיוֹם חַגֵּנוּ.
כִּי חֹק לְיִשְׂרָאֵל הוּא, מִשְׁפָּט לֵאלֹהֵי יַעֲקֹב.

וְנֶאֱמַר
הַלְלוּיָהּ, הַלְלוּ אֵל בְּקָדְשׁוֹ הַלְלוּהוּ בִּרְקִיעַ עֻזּוֹ.
הַלְלוּהוּ בִגְבוּרֹתָיו הַלְלוּהוּ כְּרֹב גֻּדְלוֹ.
הַלְלוּהוּ בְּתֵקַע שׁוֹפָר הַלְלוּהוּ בְּנֵבֶל וְכִנּוֹר.
הַלְלוּהוּ בְּתֹף וּמָחוֹל הַלְלוּהוּ בְּמִנִּים וְעֻגָב.
הַלְלוּהוּ בְצִלְצְלֵי שָׁמַע הַלְלוּהוּ בְּצִלְצְלֵי תְרוּעָה.
כֹּל הַנְּשָׁמָה תְּהַלֵּל יָהּ
הַלְלוּיָהּ.

וְעַל יְדֵי עֲבָדֶיךָ הַנְּבִיאִים כָּתוּב לֵאמֹר
כָּל יֹשְׁבֵי תֵבֵל וְשֹׁכְנֵי אָרֶץ
כִּנְשֹׂא נֵס הָרִים תִּרְאוּ וְכִתְקֹעַ שׁוֹפָר תִּשְׁמָעוּ.

וְנֶאֱמַר
וְהָיָה בַּיּוֹם הַהוּא יִתָּקַע בְּשׁוֹפָר גָּדוֹל
וּבָאוּ הָאֹבְדִים בְּאֶרֶץ אַשּׁוּר וְהַנִּדָּחִים בְּאֶרֶץ מִצְרָיִם
וְהִשְׁתַּחֲווּ לַיי בְּהַר הַקֹּדֶשׁ בִּירוּשָׁלָיִם.
וְנֶאֱמַר
וַיי עֲלֵיהֶם יֵרָאֶה, וְיָצָא כַבָּרָק חִצּוֹ
וַאדֹנָי יֱהֹוִה בַּשּׁוֹפָר יִתְקָע וְהָלַךְ בְּסַעֲרוֹת תֵּימָן.
יי צְבָאוֹת יָגֵן עֲלֵיהֶם, כֵּן תָּגֵן עַל עַמְּךָ יִשְׂרָאֵל בִּשְׁלוֹמֶךָ.

אֱלֹהֵינוּ וֵאלֹהֵי אֲבוֹתֵינוּ
תְּקַע בְּשׁוֹפָר גָּדוֹל לְחֵרוּתֵנוּ, וְשָׂא נֵס לְקַבֵּץ גָּלֻיּוֹתֵינוּ
וְקָרֵב פְּזוּרֵינוּ מִבֵּין הַגּוֹיִם, וּנְפוּצוֹתֵינוּ כַּנֵּס מִיַּרְכְּתֵי אָרֶץ.
וַהֲבִיאֵנוּ לְצִיּוֹן עִירְךָ בְּרִנָּה וְלִירוּשָׁלַיִם בֵּית מִקְדָּשְׁךָ בְּשִׂמְחַת עוֹלָם
וְשָׁם נַעֲשֶׂה לְפָנֶיךָ אֶת קָרְבְּנוֹת חוֹבוֹתֵינוּ כִּמְצֻוֶּה עָלֵינוּ בְּתוֹרָתֶךָ
עַל יְדֵי מֹשֶׁה עַבְדֶּךָ, מִפִּי כְבוֹדֶךָ, כָּאָמוּר
וּבְיוֹם שִׂמְחַתְכֶם וּבְמוֹעֲדֵיכֶם וּבְרָאשֵׁי חָדְשֵׁכֶם
וּתְקַעְתֶּם בַּחֲצֹצְרֹת עַל עֹלֹתֵיכֶם וְעַל זִבְחֵי שַׁלְמֵיכֶם
וְהָיוּ לָכֶם לְזִכָּרוֹן לִפְנֵי אֱלֹהֵיכֶם
אֲנִי יי אֱלֹהֵיכֶם.
כִּי אַתָּה שׁוֹמֵעַ קוֹל שׁוֹפָר וּמַאֲזִין תְּרוּעָה וְאֵין דּוֹמֶה לָּךְ.
בָּרוּךְ אַתָּה יי, שׁוֹמֵעַ קוֹל תְּרוּעַת עַמּוֹ יִשְׂרָאֵל בְּרַחֲמִים.

יש שנוהגים לתקוע ולומר "היום הרת עולם": (ובשבת אין תוקעים)

תקיעה		שברים תרועה	תקיעה
תקיעה		שברים	תקיעה
תקיעה		תרועה	תקיעה

הַיּוֹם הֲרַת עוֹלָם הַיּוֹם יַעֲמִיד בַּמִּשְׁפָּט כָּל יְצוּרֵי עוֹלָמִים, אִם כְּבָנִים אִם כַּעֲבָדִים. אִם כְּבָנִים רַחֲמֵנוּ כְּרַחֵם אָב עַל בָּנִים, וְאִם כַּעֲבָדִים עֵינֵינוּ לְךָ תְלוּיוֹת עַד שֶׁתְּחָנֵּנוּ וְתוֹצִיא כָאוֹר מִשְׁפָּטֵנוּ, אָיֹם קָדוֹשׁ.

רְצֵה יי אֱלֹהֵינוּ בְּעַמְּךָ יִשְׂרָאֵל וְלִתְפִלָּתָם שְׁעֵה, וְהָשֵׁב אֶת הָעֲבוֹדָה לִדְבִיר בֵּיתֶךָ, וְאִשֵּׁי יִשְׂרָאֵל וּתְפִלָּתָם מְהֵרָה בְּאַהֲבָה תְקַבֵּל בְּרָצוֹן, וּתְהִי לְרָצוֹן תָּמִיד עֲבוֹדַת יִשְׂרָאֵל עַמֶּךָ. וְתֶחֱזֶינָה עֵינֵינוּ בְּשׁוּבְךָ לְצִיּוֹן בְּרַחֲמִים. בָּרוּךְ אַתָּה יי, הַמַּחֲזִיר שְׁכִינָתוֹ לְצִיּוֹן.

מוֹדִים אֲנַחְנוּ לָךְ שָׁאַתָּה הוּא יי אֱלֹהֵינוּ וֵאלֹהֵי אֲבוֹתֵינוּ לְעוֹלָם וָעֶד, צוּר חַיֵּינוּ, מָגֵן יִשְׁעֵנוּ אַתָּה הוּא לְדוֹר וָדוֹר. נוֹדֶה לְךָ וּנְסַפֵּר תְּהִלָּתֶךָ עַל חַיֵּינוּ הַמְּסוּרִים בְּיָדֶךָ וְעַל נִשְׁמוֹתֵינוּ הַפְּקוּדוֹת לָךְ, וְעַל נִסֶּיךָ שֶׁבְּכָל יוֹם עִמָּנוּ, וְעַל נִפְלְאוֹתֶיךָ וְטוֹבוֹתֶיךָ שֶׁבְּכָל עֵת, עֶרֶב וָבֹקֶר וְצָהֳרָיִם. הַטּוֹב כִּי לֹא כָלוּ רַחֲמֶיךָ, וְהַמְרַחֵם כִּי לֹא תַמּוּ חֲסָדֶיךָ, כִּי מֵעוֹלָם קִוִּינוּ לָךְ.

וְעַל כֻּלָּם יִתְבָּרַךְ וְיִתְרוֹמַם וְיִתְנַשֵּׂא שִׁמְךָ מַלְכֵּנוּ תָּמִיד לְעוֹלָם וָעֶד.

וּכְתֹב לְחַיִּים טוֹבִים כָּל בְּנֵי בְרִיתֶךָ.

וְכָל הַחַיִּים יוֹדוּךָ סֶּלָה, וִיהַלְלוּ וִיבָרְכוּ אֶת שִׁמְךָ הַגָּדוֹל בֶּאֱמֶת לְעוֹלָם כִּי טוֹב, הָאֵל יְשׁוּעָתֵנוּ וְעֶזְרָתֵנוּ סֶלָה, הָאֵל הַטּוֹב. בָּרוּךְ אַתָּה יי, הַטּוֹב שִׁמְךָ וּלְךָ נָאֶה לְהוֹדוֹת.

שִׂים שָׁלוֹם טוֹבָה וּבְרָכָה, חַיִּים חֵן וָחֶסֶד וְרַחֲמִים עָלֵינוּ וְעַל כָּל יִשְׂרָאֵל עַמֶּךָ. בָּרְכֵנוּ אָבִינוּ כֻּלָּנוּ כְּאֶחָד בְּאוֹר פָּנֶיךָ, כִּי בְאוֹר פָּנֶיךָ נָתַתָּ לָּנוּ יי אֱלֹהֵינוּ תּוֹרַת חַיִּים וְאַהֲבַת חֶסֶד, וּצְדָקָה וּבְרָכָה וְרַחֲמִים

וְחַיִּים וְשָׁלוֹם. וְטוֹב יִהְיֶה בְעֵינֶיךָ לְבָרְכֵנוּ וּלְבָרֵךְ אֶת כָּל עַמְּךָ יִשְׂרָאֵל בְּכָל עֵת וּבְכָל שָׁעָה בִּשְׁלוֹמֶךָ.
בְּסֵפֶר חַיִּים, בְּרָכָה וְשָׁלוֹם, וּפַרְנָסָה טוֹבָה, וּגְזֵרוֹת טוֹבוֹת, יְשׁוּעוֹת וְנֶחָמוֹת, נִזָּכֵר וְנִכָּתֵב לְפָנֶיךָ, אֲנַחְנוּ וְכָל עַמְּךָ בֵּית יִשְׂרָאֵל, לְחַיִּים טוֹבִים וּלְשָׁלוֹם.
בָּרוּךְ אַתָּה יי, הַמְבָרֵךְ אֶת עַמּוֹ יִשְׂרָאֵל בַּשָּׁלוֹם.

יִהְיוּ לְרָצוֹן אִמְרֵי פִי וְהֶגְיוֹן לִבִּי לְפָנֶיךָ, יי צוּרִי וְגֹאֲלִי.

אֱלֹהַי, נְצֹר לְשׁוֹנִי מֵרָע וּשְׂפָתַי מִדַּבֵּר מִרְמָה, וְלִמְקַלְלַי נַפְשִׁי תִדֹּם, וְנַפְשִׁי כֶּעָפָר לַכֹּל תִּהְיֶה. פְּתַח לִבִּי בְּתוֹרָתֶךָ, וְאַחֲרֵי מִצְוֹתֶיךָ תִּרְדֹּף נַפְשִׁי. וְכָל הַקָּמִים וְהַחוֹשְׁבִים עָלַי רָעָה, מְהֵרָה הָפֵר עֲצָתָם וְקַלְקֵל מַחֲשַׁבְתָּם.

יְהִי רָצוֹן מִלְּפָנֶיךָ יי אֱלֹהַי וֵאלֹהֵי אֲבוֹתַי, שֶׁלֹּא תַעֲלֶה קִנְאַת אָדָם עָלַי וְלֹא קִנְאָתִי עַל אֲחֵרִים, וְשֶׁלֹּא אֶכְעוֹס הַיּוֹם וְשֶׁלֹּא אַכְעִיסֶךָ, וְתַצִּילֵנִי מִיֵּצֶר הָרָע, וְתֵן בְּלִבִּי הַכְנָעָה וַעֲנָוָה. מַלְכֵּנוּ וֵאלֹהֵינוּ יַחֵד שִׁמְךָ בְּעוֹלָמֶךָ, בְּנֵה עִירֶךָ, יַסֵּד בֵּיתֶךָ וְשַׁכְלֵל הֵיכָלֶךָ, וְקַבֵּץ קִבּוּץ גָּלֻיּוֹת, וּפְדֵה צֹאנֶךָ וְשַׂמַּח עֲדָתֶךָ.

עֲשֵׂה לְמַעַן שְׁמֶךָ, עֲשֵׂה לְמַעַן יְמִינֶךָ, עֲשֵׂה לְמַעַן תּוֹרָתֶךָ, עֲשֵׂה לְמַעַן קְדֻשָּׁתֶךָ. לְמַעַן יֵחָלְצוּן יְדִידֶיךָ הוֹשִׁיעָה יְמִינְךָ וַעֲנֵנִי. יִהְיוּ לְרָצוֹן אִמְרֵי פִי וְהֶגְיוֹן לִבִּי לְפָנֶיךָ, יי צוּרִי וְגֹאֲלִי. עֹשֶׂה הַשָּׁלוֹם בִּמְרוֹמָיו, הוּא יַעֲשֶׂה שָׁלוֹם עָלֵינוּ וְעַל כָּל יִשְׂרָאֵל, וְאִמְרוּ אָמֵן.

יְהִי רָצוֹן מִלְּפָנֶיךָ יי אֱלֹהֵינוּ וֵאלֹהֵי אֲבוֹתֵינוּ, שֶׁיִּבָּנֶה בֵּית הַמִּקְדָּשׁ בִּמְהֵרָה בְיָמֵינוּ, וְתֵן חֶלְקֵנוּ בְּתוֹרָתֶךָ. וְשָׁם נַעֲבָדְךָ בְּיִרְאָה כִּימֵי עוֹלָם וּכְשָׁנִים קַדְמֹנִיּוֹת. וְעָרְבָה לַיי מִנְחַת יְהוּדָה וִירוּשָׁלָיִם כִּימֵי עוֹלָם וּכְשָׁנִים קַדְמֹנִיּוֹת.

פותחים את ארון הקודש

אֲדֹנָי, שְׂפָתַי תִּפְתָּח וּפִי יַגִּיד תְּהִלָּתֶךָ

בָּרוּךְ אַתָּה יי, אֱלֹהֵינוּ וֵאלֹהֵי אֲבוֹתֵינוּ, אֱלֹהֵי אַבְרָהָם, אֱלֹהֵי יִצְחָק, וֵאלֹהֵי יַעֲקֹב, הָאֵל הַגָּדוֹל הַגִּבּוֹר וְהַנּוֹרָא, אֵל עֶלְיוֹן, גּוֹמֵל חֲסָדִים טוֹבִים, קוֹנֵה הַכֹּל, וְזוֹכֵר חַסְדֵי אָבוֹת וּמֵבִיא גוֹאֵל לִבְנֵי בְנֵיהֶם לְמַעַן שְׁמוֹ בְּאַהֲבָה.

ממחבר עלוס סס.

מִסּוֹד חֲכָמִים וּנְבוֹנִים
וּמִלֶּמֶד דַּעַת מְבִינִים
אֶפְתְּחָה פִּי בִּתְפִלָּה וּבְתַחֲנוּנִים
לְחַלּוֹת וּלְחַנֵּן פְּנֵי מֶלֶךְ מַלְכֵי הַמְּלָכִים וַאֲדוֹנֵי הָאֲדוֹנִים.

סוגרים את ארון הקודש

מסוד חכמים ונבונים הש״ץ נוטל רשות להפסיק את הברכה בפיוט מענינא דיומא, והוא מצהיר שלא בדה מלבו את הדרשות הכלולות בו אלא לקחם ממה שדרשו חז״ל, והוא מסוד חכמים ונבונים, מסוד ל׳ בסודם אל תבא נפשי (ברא׳ מט ו), ר״ל מתוך מה שדרשו חכמים ונבונים בבית מדרשם. **אפתחה פי בתפלה ובתחנונים לחלות ולחנן פני... ואדוני האדונים** התאמה של הנוסח הכללי (אפתחה פי בשיר ורננים / להודות ולהלל פני שוכן מעונים) לצרכי הימים הנוראים. **לחלות** ל׳ ויחל משה (שמות לב יא), ואצל הפייטנים בלי ׳פני׳. **לחנן** להתחנן.

סימן: א"ב. [מחברו אלעזר ב"ר קליר.]

אֻפַּד מֵאָז לְשֶׁפֶט הַיּוֹם / בְּחוֹן מַעֲשֵׂה כָל יוֹם
גִּישַׁת יְקוּמִים פְּנֵי אָיוֹם / דִּינָם בּוֹ לְפַלֵּס לְפִדְיוֹם.

הָרִאשׁוֹן אָדָם בּוֹ נוֹצָר / וְצֻוָּה חֹק וְלֹא נָצָר
זֶה מֵלִיץ כְּהִרְחִיב בַּצָּר / חֲקָקוֹ לַמִּשְׁפָּט וְלַדּוֹרוֹת מֻנְצָר.

טִיעַת חוֹצֵב גְּבָעוֹת וְצוּרִים / יְלָדוּ בוֹ מֵרֹאשׁ צוּרִים
כְּיוֹשְׁבֵי נְטָעִים הֵמָּה הַיּוֹצְרִים / לְלַמֵּד בּוֹ צֶדֶק לַעֲצוּרִים.

1 אופד מאז לשפט היום יום זה של ראש השנה הותקן והותאם לדין מאז, היינו מבריאת העולם — אופד, ל' ואפדת לו (שמות כט ה), שתורגומו ותתקן ליה, ושפט (דוגמת בדק) הוא מחידושי הפייטן — עי' ויק"ר כ"ט א' ע' תרסח (והמקבילות הרשומות שם). דברים רבה (מהד' ליברמן) ע' 11. פסיקתא רבתי מ' (דף קס"ו ב') על דיון אדם הראשון שהיה — לפי דעה אחת — בר"ה, ומזה יבואר שהיום נקבע לדין מאז. **בחון** לבחון. **2 גישת יקומים פני איום** גישת כל היקום (ל' בראי ז כג) פני הקב"ה הנקרא איום (חבק' א ז). **דינם בו לפלס** פי' לשקול במאזנים (ל' פלס, משלי טז יא). **3 הראשון אדם** (ל' איוב טו ז) **בו נוצר** אדם הראשון נברא בר"ה, עי' במדרשים הנ"ל. **וצווה חוק** שלא לאכול מעץ הדעת **ולא נצר** ולא שמרו. **4 זה** הקב"ה, ע"ש שה"ש ב ט **מליץ כהרחיב בצר** המליץ בעדו והרויח לו את היום, עי' ב"ר י"ט ח' (ע' 178). פסיקתא רבתי מ"ו דף קפ"ו ב'. **חקקו למשפט** קבע אותו למשפט לדורות, עי' ויק"ר (שם) אמר לו הקב"ה אדם אתה סימן לבניך, מה אתה נכנסת לפני בדין ונתתי לך דימיס (פי' שחרור), אף בניך יכנסו לפני בדין ואני נותן להם דימיס. אימתי. בראש השנה. ועי' ג"כ פס"ר מ"א דף קס"ז א'. **5 טיעת חוצב גבעות וצורים** נטיעת הקב"ה שהוא חוצב גבעות וצורים (המליצה ע"ש ישע' נא א הביטו אל צור חוצבתם) **ילדו בו מראש צורים** והנטיעה היא האבות שעליהם כונן עולמו, כדרשת חז"ל שמות רבה ט"ו ז' (ובקיצור גם במדבר רבה כ' י"ט) כי מראש צורים אראנו (במד' כג ט) אלו האבות, שנאמר (מיכה ו ב) שמעו הרים את ריב ה' והאיתנים מוסדי ארץ. כשבא הקב"ה לברוא את העולם לא היה מוצא מקום לכונן עולמו...כיון שבאו האבות וזכו אמר על אלו אני מכונן את העולם... **6 כיושבי נטעים המה היוצרים** ל' דה"א ד כג, ודרשוהו במדרש ב"ר ח' ז' (ע' 61) על נפשות הצדיקים שבהן נמלך הקב"ה וברא העולם. **ללמד בו צדק לעצורים** ללמד זכות על ישראל העומדים בעצרה ('עצורים' במשמעות זו גם בקרובת 'שושן עמק', מגן, 5-6), וי"מ העצורים

מְיֻחָס שְׁמוֹ בְּשֵׁם אֵיתָנִים / נֵס לְהִתְנוֹסֵס עֶלְיוֹנִים וְתַחְתּוֹנִים
סְפָרִים נִפְתָּחִים וּמַעֲשִׂים מִתַּנִּים / עוֹבְרִים לְפָנֶיךָ וְחֶשְׁבּוֹן נוֹתְנִים.
פָּקִיד הוּכַן לְתִקּוּן מוֹעֲדֶיךָ / צֹאן לְהַעֲבִיר בַּשֵּׁבֶט עֲדֶיךָ
קֶרֶן בְּמָשְׁכָם (בשבת: בְּזָכְרָם) הַיּוֹם עֵדֶיךָ / רַחוּם זְכֹר שְׁבוּעַת עֲבָדֶיךָ.
נַעֲלָה (בשבת: זִכְרוֹן) שׁוֹפָר עִם תַּחֲנוּן / שַׁדַּי לְפַתּוֹתְךָ בָּם בְּחִנּוּן
תָּשִׁיב לְנִדָּן בְּרַק הַשָּׁנוּן / תַּחֲזִיק מָגֵן לְגוֹנְנִי בְּגִנּוּן.

זָכְרֵנוּ לְחַיִּים, מֶלֶךְ חָפֵץ בַּחַיִּים, וְכָתְבֵנוּ בְּסֵפֶר הַחַיִּים
לְמַעַנְךָ אֱלֹהִים חַיִּים.
מֶלֶךְ עוֹזֵר וּמוֹשִׁיעַ וּמָגֵן. בָּרוּךְ אַתָּה יְיָ, מָגֵן אַבְרָהָם.

בגלות. 7 **מיוחס שמו בשם איתנים** חודש תשרי נקרא ירח האיתנים (מ״א ח ב), והוא על שם האבות הנקראים איתנים (מיכה ו ב), ועי׳ ירו׳ ר״ה א׳ ב׳ דף נ״ו ד׳. **נס להתנוסס עליונים ותחתונים** ע״ש תהל׳ ס ו נתתה ליראיך נס להתנוסס מפני קושט סלה, ר״ל לנסות בו עליונים ותחתונים ע״פ הדרשה ב״ר נ״ה א׳ (ע׳ 584)...נסיון אחר נסיון גדלון אחר גדלון בשביל לנסותם בעולם... ועי׳ ג״כ תנחומא (בובר) בראׁ׳ מ״ג דף נ״ה ב׳. 8 **ספרים נפתחים** כדרשת חז״ל ירו׳ ר״ה א׳ ג׳ דף נ״ז א׳ שלש פינקסיות הם אחת של צדיקים גמורים ואחת של רשעים גמורים ואחת של בינוניים... **ומעשים מתנים** ר״ל מעשיהם של בני אדם מעידים נגדם. **עוברים לפניך** כל באי עולם עוברים לפני הקב״ה בר״ה לפי המשנה (ר״ה א׳ ב׳). 9 **פקיד הוכן לתיקון מועדיך** חודש זה הוכן כפקיד שהופקד עליו תיקון המועדות, לפי המשנה (ר״ה א׳ ג׳) על ששה חדשים השלוחין יוצאין... על תשרי מפני תקנת המועדות. **צאן להעביר בשבט עדיך** ע״ש יחז׳ כ לז והעברתי אתכם תחת השבט והבאתי אתכם במסרת הברית, ועיין לעיל 8. 10 **קרן במשכם היום עדיך** ישראל, ע״ש ישע׳ מג י אתם עדי נאם ה׳, כשתוקעים בשופר (ל׳ במשוך קרן היובל, יהושע ו ה, ועי׳ ג״כ מה שדרשו במשנה, ר״ה ג׳ ב׳, א״ר יוסי והלא כל השופרות נקראו קרן...). **זכור שבועת עבדיך** השבועה שנשבעת לאבות (דבר׳ ז ח). 11 **נעלה שופר** (דוגמת נעלה הענן, במד׳ י יא ועוד) **עם תחנון**, וי״מ נעלה פי׳ חשוב, ע״ש תהל׳ מז י מאד נעלה. 12 **תשיב לנדן ברק השנון** חודו של חרבך (ע״ש דבר׳ לב מא אם שנותי ברק חרבי) תשיב לתיק, ע״ש דה״א כא כז ויאמר ה׳ למלאך וישב חרבו אל נדנה. **תחזק מגן** ע״ש תהל׳ לה ב החזק מגן וצנה וקומה בעזרתי.

אַתָּה גִּבּוֹר לְעוֹלָם אֲדֹנָי, מְחַיֵּה מֵתִים אַתָּה, רַב לְהוֹשִׁיעַ, מוֹרִיד הַטָּל. מְכַלְכֵּל חַיִּים בְּחֶסֶד, מְחַיֵּה מֵתִים בְּרַחֲמִים רַבִּים, סוֹמֵךְ נוֹפְלִים, וְרוֹפֵא חוֹלִים, וּמַתִּיר אֲסוּרִים, וּמְקַיֵּם אֱמוּנָתוֹ לִישֵׁנֵי עָפָר. מִי כָמוֹךָ בַּעַל גְּבוּרוֹת וּמִי דּוֹמֶה לָּךְ, מֶלֶךְ מֵמִית וּמְחַיֶּה וּמַצְמִיחַ יְשׁוּעָה.

סימן: תסר"ק.

תֵּפֶן בְּמָכוֹן לְכֵס שֶׁבֶת / שְׁעוֹן וּמוּסָר כְּעָלוּ בְמַחֲשָׁבֶת
רָם תְּהִי נָא אָזְנְךָ קַשֶּׁבֶת /
קוֹל שׁוֹפָר (בשבת: זִכְרוֹן שׁוֹפָר) שְׁעוֹת מְנוּשָּׁבֶת.

צָרַת אֹמֶר לֹא יָדוֹן / פַּעֲמַיִם לֹא תָקוּם לַאֲבַדּוֹן
עוֹלָם אֲשֶׁר בְּאַרְבָּעָה נִדּוֹן / סְמֹךְ בְּחַסְדְּךָ וּבַאֲמִתְּךָ אָדוֹן.

נוֹעָדִים בְּיוֹם קְרָב וְנִלְחָמִים / מוּל אֶבֶן נֶגֶף מִתְלַחֲמִים
לִבּוּב תְּרוּעָתָם שְׁעֵה מִמְּרוֹמִים / כִּסֵּא דִין לְהָמִיר בְּשֶׁל רַחֲמִים.

1 תפן במכון לכס שבת תפן במכון שבתך השמים לכסא הכבוד שאיקונין של יעקב חקוקה בו (עי' ב"ר פ"ב ב' ע' 978. תנחומא בדבר י"ט ועוד), והפייטן מניח ענין זה כידוע — כך פירשו גם בכי"י, כגון ואט. 298, ומסתבר — וי"מ תפן מכסא הדין לכסא רחמים, ובקושי מתבארים בזה דברי הפייטן. **שעון ומוסר כעלו במחשבת** כשאתה מתחשב באפשרות לחוס או לייסר. עלו במחשבת כלשון המדרש, כגון ב"ר א' י"ג ע' 12 את השמים, שמים שעלו במחשבה, ואת הארץ, הארץ שעלת במחשבה. 'שעון' בשפת הפייטן הוא 'להיות נשען', עי' לעיל את חיל, משלש 2. אשא דעי (מוסף י"כ 1), וכאן כנראה במשמעות 'להשעין'. **2 רם תהי נא אזנך קשבת** נחמ' א ו. **קול שופר שעות** לשעות לקול שופר העולה **מנושבת** מהארץ, ע"ש שמות טז לה. **3 צרת אומר לא ידון / פעמיים לא תקום לאבדון** צרת מאמרך 'לא ידון רוחי באדם לעולם', הקודם למבול, לא תתקיים עוד פעם למשחית (ע"ש נחום א ט לא תקום פעמים צרה). **4 עולם אשר בארבעה נידון** לפי מאמר המשנה (ר"ה א' ב') בארבעה פרקים העולם נדון. **סמוך**, מל' סומך נופלים, תהל' קמה יג. **5 נועדים ביום קרב ונלחמים** ע"ש זכר' יד ג כיום הלחמו ביום קרב. **מול אבן נגף מתלחמים**, ע"ש ישע' ח יד, ר"ל מול יצר הרע, שאחד משבעה שמותיו הוא אבן נגף (סוכה דף נ"ב א'-ב'), וי"מ נגד השטן או קטיגור. **6 ליבוב תרועתם שעה ממרומים** קול תרועתם, כלשון

יָחִיד אֲשֶׁר בְּעֵקֶד נִשְׁפָּט / טְלָאָיו בּוֹ יְחֻנְּנוּ מִלְּהִשָּׁפֵט
חָלִילָה לְּךָ אֱלֹהֵי הַמִּשְׁפָּט / זְכוֹר לֹא יַעֲשֶׂה מִשְׁפָּט.

וְאִם כְּאָדָם עָבְרוּ בְרִית / הָאֵל כָּאֵל הַבֵּט בַּבְּרִית
דִּבְרוֹת אֵלֶּה דִּבְרֵי הַבְּרִית / גַּלֵּה בְּזִכְרוֹן שְׁלוֹשׁ בְּרִית.

עוֹלָם בְּבַקֶּרְךָ בְּרֹאשׁ הַשָּׁנָה / בְּהַכְרָעַת צֶדֶק תַּכְרִיעַ שָׁנָה
אֲסוּמָה טְלוּלָה גְּשׁוּמָה אִם שְׁחוּנָה
אֲטוּמִים לְהַחֲיוֹת בְּטַלְלֵי שֵׁנָה.

מִי כָמוֹךָ אָב הָרַחֲמָן, זוֹכֵר יְצוּרָיו לְחַיִּים בְּרַחֲמִים.
וְנֶאֱמָן אַתָּה לְהַחֲיוֹת מֵתִים. בָּרוּךְ אַתָּה יי, מְחַיֵּה הַמֵּתִים.

המדרש (מדרש תהל׳ יח יד דף ע״ב א׳ חזר פרעה והיה מלבב במיני בוקינוס וקרנות ושופרות וסלפינוס), ועל הוראות מלה זו בשימוש פייטני א״י ע״י זולאי, ידיעות המכון ו׳ ע׳ רב-רו. **כסא דין להמיר בשל רחמים** כדרשת חז״ל ויק״ר כ״ט ג׳ ע׳ תרעד-ה עלה אלהים בתרועה ה׳ בקול שופר (תהל׳ מז ו). כשהקב״ה עולה לישב על כסא הדין בראש השנה לדין הוא עולה. הה״ד עלה אלהים בתרועה. וכיון שישראל נוטלין שופרותיהן ותוקעין, מיד ה׳ בקול שופר, מה הקב״ה עושה, עומד מכסא הדין ויושב על כסא הרחמים ומתמלא עליהם רחמים וכו׳. **7 יחיד אשר בעקד נשפט** יצחק שנשפט בעקידה. **טלאיו** ילדיו. **8 חלילה לך** בראי׳ יח כה. **אלהי המשפט** מלאכי ב יז. **זכור לא יעשה משפט** זכור תפלת אברהם שאמר ׳חלילה לך השופט כל הארץ לא יעשה משפט׳ (בראי׳ יח כה), ועי׳ לעיל (את חיל,3). **9 ואם כאדם עברו ברית** אם לפי טבע בני אדם עברו בריתך, ע״ש דבר׳ יז ב לעבור בריתו. **כאל הבט בברית** לפי מדותיך, שאבר רחום וחנון, הבט לברית, תהל׳ עד כ. **10 דברות אלה דברי הברית** התוכחות שבספר דברים המסתיימות ׳אלה דברי הברית׳ (דבר׳ כח סט). **גלה**, כנראה במקום ׳גול׳, פי׳ הסר, ע״ש יהושע ה ט גלותי את חרפת מצרים. תהל׳ קיט כב גל מעלי חרפתה. **בזכרון שילוש ברית** הכתובה בתורה (ויק׳ כו מב) וזכרתי את בריתי יעקוב וכו׳. **11 עולם בבקרך בראש השנה / בהכרעת צדק תכריע שנה** ר״ל תכריע עלינו שנה בהכרעת הזכיות על החטאים. **12 אסומה** ברוכה באסמים. **טלולה** ברוכה בטללים. **גשומה אם שחונה** גשומה אם היא חמה, כתפלת כהן גדול, תענית דף כ״ד ב׳. **אטומים להחיות** המתים האטומים בעפר. **בטללי שינה** כנראה ר״ל הטללים המעירים את ישיני עפר משנתם לתחייה (עי׳ בטללי תחי, לעיל שחרית, מחיה 14), ולפי זה יש לפרש טללי שינה הטללים המיועדים לשינה.

סימן: א״ת ב״ש.

אַף אֹרַח מִשְׁפָּטֶיךָ קִוִּינוּךָ / תַּאֲוַת לֵב בְּצַר פְּקָדוּךָ
בָּרִי לֵבָב מֵאֶתְמוֹל קִדַּמְנוּךָ / שׁוֹפַר תְּרוּעָה טֶרֶם שִׁמַּעְנוּךָ.

גְּזֵרָה חֻקַּת מִיצִירַת בְּרֵאשִׁית / רֹאשׁ דְּבָרְךָ תְּשׁוּבָה לְהָשִׁית
דִּין טֶרֶם הֶעֱרַךְ מֵרֵאשִׁית / קָדְמָה לְמַלֵּט שׁוֹבָבִים מֵחֲרִישִׁית.

הַיּוֹצֵר יַחַד שְׁנֵי לְבָבֵיהֶם / צוֹפֶה וּמַבִּיט סַרְעַף קִרְבֵיהֶם
וְאִם אָוֶן נִרְאָה בְּמַחֲבוֹאֵיהֶם / פָּקוֹד תִּפְקֹד לָמוֹ קְרוֹבֵיהֶם.

זֵכֶר הֲסָרַת שִׁכְמוֹ מִסֵּבֶל / עֶבֶד כְּהָחְפַּשׁ מֵעִנּוּי כֶּבֶל
חֲנִיטָיו אִם תָּעֲתְעוּ בְּתֶבֶל / שִׂיחוֹ יְחוֹנְנֵם לְחַיֵּי הֶבֶל.

1 אף ארח משפטיך קוינוך ישע׳ כו ח, ר״ל אף כשתנהג בנו בדרך משפטיך אנו מקוים לך. **תאות לב** (שם) **בצר פקדנוך** ישע׳ כו טז. **2 ברי לבב** תהל׳ כד ד. **מאתמול קידמנוך** עי׳ לעיל (שחרית, אופן 7) על המנהג העתיק שהגדולים מתענים בערב ראש השנה. **שופר תרועה טרם שימענוך** עדיין לא השמענו תרועת השופר, ר״ל תקיעות דמעומד. **3 גזרה חקת** (במקום חקות, על משפט פעלי ע״ו) **מיצירת בראשית / ראש דברך** (ע״ש תהל׳ קיט קס) **תשובה להשית** לפי ברייתא פסחים דף נ״ד א׳ [ועוד] שבעה דברים נבראו קודם שנברא העולם, ואלו הן תורה ותשובה... **4 דין טרם הערך מראשית / קדמה למלט שובבים מחרישית** קודם שנערך המשפט קדמה התשובה למלט את השבים (שובבים, ע״ש ירמ׳ ג יד) מרוח חמה של גיהנם (חרישית, ע״ש יונה ד ח, במשמעות זו גם בתקיעתא, זכרונות 4, להלן). **5 היוצר יחד שני לבביהם** ע״ש תהל׳ לג טו היוצר יחד לבם, ר״ל יצר טוב ויצר הרע. **סרעף קרביהם** לבם, ע״ש תהל׳ צד יח ברב שרעפי בקרבי. **6 ואם און נראה במחבואיהם** בסתרי לבם. **פקוד תפקוד למו קרוביהם** תזכור להם זכות אבותם. **7 זכר הסרת שכם מסבל** זכרו של יוסף שבראש השנה יצא מבית האסורים, שנאמר (תהל׳ פא ו-ז) עדות ביהוסף שמו... הסירותי מסבל שכמו, לפי דרשת חז״ל ר״ה דף י״א ב׳. מדרש תהלים פ״א ז׳ (ע׳ 368). **עבד כהחפש מענוי כבל** העבד שיצא לחופש מעינוי הכבל, ע״ש תהל׳ קה יח ענו בכבל רגלו. **8 חניטיו** ילדיו, ע״ש הפרי שחנט, כגון שה״ש ב יג התאנה חנטה פגיה. **אם תעתעו בתבל** אם חטאו בזנות (ע״ש ויק׳ כ יב תבל עשו). **שיחו יחוננם לחיי הבל** דיבורו שהוא ידבר כמליץ יושר יחון אותם לחיי העולם הזה שהם חיי הבל. **9 טמינת לב ונקימת קץ** הנקם הסופי ברשעים הטמון בלבו של הקב״ה (ע״פ דבר׳ לב לד-לה

טְמִינַת לֵב וּנְקִימַת קֵץ / נִדָּחִים לֶאֱסוֹף בּוֹ בְּקֵץ
יוֹם מוּכָן עִתִּים לְהָקֵץ / מִיָּמִים יָמִימָה וּמִקֵּץ לְקֵץ.

כֶּסֶא לְהַקְפּוֹת חֹדֶשׁ לִקּוֹב / כְּסוּחִים בְּלַהֲטוֹ לְהַבְהֵב לִרְקוֹב
לְהָסִיר מִכְשׁוֹל מִלֵּב הֶעָקֹב / לְהִזָּכֵר לְאַבְרָהָם לְיִצְחָק וּלְיַעֲקֹב.

קהל וש״ץ:

יִמְלֹךְ יי לְעוֹלָם, אֱלֹהַיִךְ צִיּוֹן לְדֹר וָדֹר, הַלְלוּיָהּ.
וְאַתָּה קָדוֹשׁ יוֹשֵׁב תְּהִלּוֹת יִשְׂרָאֵל. אֵל נָא.

ש״ץ וקהל:

אֵל אֱמוּנָה בְּעָרְכְּךָ דִּין / אִם תְּמַצֶּה עֹמֶק הַדִּין
מִי יִצְדַּק לְפָנֶיךָ בַּדִּין / קָדוֹשׁ.
אִם לֹא לְמַעֲנוֹ יַעַשׂ / וְיָסִיר חֲרוֹן אַף וָכַעַס
אֵין לְבַקֵּר וְלִמְצֹא מַעַשׂ / קָדוֹשׁ.

הלא הוא כמוס עמדי... לי נקם ושלם...) וקיבוץ הנדחים בו ביום, היינו בר״ה (כשיטת ר׳ אליעזר שבתשרי עתידין ליגאל, מכילתא בא י״ד [ע׳ 52] ועוד). **10 יום מוכן עתים להקץ** היום הזה מוכן הוא לשים קץ לעתים שהיו — משחק מלים זה ׳קץ — הקיץ׳ ע״פ יחזק׳ ז ו בא הקץ הקיץ אליך — **מימים ימימה** מדי שנה בשנה (שמות יג י). **11 כסא להקפות** לגלות את הכסא המכוסה (כנראה חידוש הפייטן הוא לתפוס מלת ׳הקפות׳ במשמעות זו). **חדש לקוב** לקבוע את החדש. **כסוחים בלהטו** כשילהט את כל עושי רשעה (ע״פ מלאכי ג יט כי הנה היום בא בוער כתנור והיו כל זדים וכל עושה רשעה קש ולהט אותם היום הבא...) הנמשלים לקוצים כסוחים (ישע׳ לג יב). **להבהב** אותם באור (מלה תלמודית, כגון ירו׳ מע״ש ד׳ א׳ דף נ״א א׳ המהבהב שבולין באור). (וי״מ להבהב לגיהנם הנקרא הבהב, ע״פ הדרשה ע״ז דף י״ז א׳, וקשה לומר להבהב לרקוב, וצ״ל בהבהב). **לרקוב** עד שירקבו. **12 להסיר מכשול מלב העקוב** ע״ש ירמ׳ יז ט, ר״ל להסיר את יצר הרע מלבם. **להזכר** ... כדי שתיזכר להם זכות האבות.

אל אמונה דבר׳ לב ד. **אם תמצה עומק הדין** ר״ל אם תדקדק עד תכלית הדין. **מי יצדק לפניך בדין** ע״ש תהל׳ קמג ב כי לא יצדק לפניך כל חי, וכדומה. **אין לבקר ולמצוא מעש** אין זה כדאי לבקר מעשי אנוש כדי למצוא זכות.

סימן: אלעזר בירבי קליר.

אֹמֶץ אַדִּירֵי כָּל חֵפֶץ / בְּהִתְבַּקְּרָם בַּדִּין חֻיְּבוּ לְנַפֵּץ
כְּלֹא נִמְצָא בָהֶם חֵפֶץ.

אָדָם יְצִיר עָפָר מֵאֲדָמָה / לְאֵילֵי מָרוֹם אוֹתוֹ דִּמָּה
לֹא בָן וְלַהֶבֶל דָּמָה.

לַעֲבוֹד וְלִשְׁמוֹר גַּן הִפְרִישׁוֹ / וְעָבַר עַל צִוּוּיוֹ וַיְגָרְשׁוֹ
וְיוֹם זֶה לְיֹשֶׁר דְּרָשׁוֹ.

אֵל אֱמוּנָה בְּעָרְכְּךָ דִּין / אִם תְּמַצֶּה עֹמֶק הַדִּין / מִי יִצְדַּק לְפָנֶיךָ בַּדִּין / קָדוֹשׁ.

לְעֵת הֵעִיר אֶזְרָח מִמַּאֲפָל / עוֹלָם הָיָה תֹהוּ וּמְאֻפָּל
עֶשְׂרִים דּוֹר בָּזוּי וְשָׁפָל.

5 עִקְּשִׁים לְמִישׁוֹר מִסְלוּל יִדַּע / וְעַל נָאֳמוֹ בַּמָּה אֵדַע
נִדּוֹן בְּקַו יָדוֹעַ תֵּדַע.

1 אומץ אדירי כל חפץ ע״ש תהל׳ טז ג. **חוייבו לנפץ** (לְנַפֵּץ, כן מנוקד בפירוש עתיק) לפיזור, לעונש (נפץ=להכות, לשבר) **כלא נמצא בהם חפץ** המליצה ע״פ ירמ׳ מח לח ככלי אין חפץ בו. **2 אדם יציר עפר מאדמה** ע״ש בראש׳ ב ז, ר״ל אדם הראשון. **לאילי מרום** למלאכי השרת **אותו דימה** עי׳ תהל׳ ח ז ותחסרהו מעט מאלהים. **לא בן** לא הבין (ויתכן שייחס לו הפייטן לאדם הראשון את הפסוק תהל׳ מט כא ואדם ביקר ולא יבין, כמו שדרשו עליו את הפסוק מט יג ואדם ביקר בל ילין, ב״ר י״א ב׳ (ע׳ 88). פסיקתא רבתי כ״ג (דף קיח א׳. סנהד׳ ל״ח ב׳). **ולהבל דמה** תהל׳ קמד ג. **3 לעבוד ולשמור גן** בראש׳ ב טו. **ויום זה ליושר דרשו** שביום זה דנו ונתן לו דימים, עי׳ ויק״ר כ״ט א׳ ע׳ תרסח-סט והמקבילים שם (ורחוק הוא למצוא כאן רמז לדרשה אחרת, לפיה שמשה השבת כמליץ בעד אדם הראשון, כדאיתא בפרקי ר״א י״ט ובעוד מקורות). **4 לעת העיר אזרח ממאפל** אברהם, ע״ש ישע׳ מא ב מי העיר ממזרח וכו׳ שדרשוהו האיר, עי׳ ב״ר ב׳ ג׳ (ע׳ 16). מ״ב ג׳ (ע׳ 418). ואזרח ע״פ ויק״ר ט׳ א׳ ע׳ קעד. **עשרים דור** עשרה מאדם עד נח ועשרה מנח עד אברהם, עי׳ אבות ה׳ ב׳. **5 עקשים למישור מסלול ידע** עובדי ע״ז הדריך למישור, כדאיתא בכמה מדרשים. **ועל נאמו במה אדע** (בראש׳ טו ח) **נדון בקו ידוע תדע** (שם טו יג) ע״פ דרשת תנחומא קדושים י״ג (= י״ג דף מ׳ א׳ בובר) על שאמר במה אדע השיבו ידוע

6 עוֹבְרֵי בְּעֵמֶק הַבָּכָא לְהִבָּדֵק / אִם כְּפָעֳלָם בְּרִיב יְדֻקְדַּק
לִפְנֵי שׁוֹפֵט מִי יִצְטַדֵּק.

אִם לֹא לְמַעֲנוֹ יַעַשׂ / וְיָסִיר חֲרוֹן אַף וָכַעַס / אֵין לְבַקֵּר וְלִמְצֹא מַעַשׂ / קָדוֹשׁ.

זָךְ הַמַּשְׁלִים בְּעֵקֶד נֶפֶשׁ / בְּזֹקֶן לֹא מָצָא נֹפֶשׁ
וַתִּכְהֶיןָ עֵינָיו בְּעָשָׁן טִפֵּשׁ.

זַרְעוֹ רִגֵּל בְּאָהֳלֵי תוֹרָה / וְעַל אָמְרוֹ דַּרְכִּי נִסְתְּרָה
נִכְסָה מֶנּוּ פּוֹרָת בִּסְתִירָה.

רָשָׁע אֲשֶׁר בְּמַחֲבֵא יְחַתֵּר / צֶדֶק לְפָנָיו יְהַלֵּךְ וְיִנַּתֵּר
אוּלַי בְּיוֹם אַף יִסָּתֵר.

אֵל אֱמוּנָה בְּעָרְכְּךָ דִּין / אִם תְּמַצֶּה עֹמֶק הַדִּין / מִי יִצְדַּק לְפָנֶיךָ בַּדִּין / קָדוֹשׁ.

תדע... ועבדום וענו אותם... (ועי׳ ג״כ בבלי נדר׳ דף ל״ה א׳). **6 עוברי בעמק הבכא** תהל׳ פד ז, ר״ל אלה שהם שקועים בחטאם אם יעברו במשפט להיבדק. וייתכן שרמז הפייטן על דרש כעין עירובין דף י״ט א׳ עוברי בעמק הבכא — אלו בני אדם שעוברים על רצונו של הקב״ה... **בריב** בדין. **7 זך** יצחק **המשלים בעקד נפש** שמסר את נפשו עם עקידת גופו. משמעות זו ׳להשלים את הנפש׳ במקום ׳למסור את הנפש׳ נמצאת בלשון המדרש, כגון ב״ר ק׳ א׳ (ע׳ 1283) כי ה׳ הוא האלהים הוא עשנו ולו אנו משלימים את נפשותינו, ואצל כמה פייטנים, עי׳ צונץ, ל.ג. 641 ואילך. **בזוקן** בזקנה, בראׄ׳ מח י. **ותכהין עיניו** שם כז א. **בעשן טיפש** עי׳ תנחומא תולדות ח׳ ותכהינה עיניו. מה כתיב למעלה ותהיין מורת רוח ליצחק ואח״כ ותכהינה עיניו מפני הכעס שהיה מכעיסו לפי שהשכינה היתה שרויה בביתו של יצחק ועמד עשו ונטל מבנות כנען והיו נשיו מעשנות ומקטרות לע״ז שלהן ונסתלקה הימנו שכינה מיצחק והיה רואה יצחק ומיצר. אמר הקב״ה הריני מכהה את עיניו וכו׳. **8 זרעו** יעקב **ריגל באהלי תורה** היה יוצא ונכנס בהן, וי״מ ריגל = הרגיל, הדריך בדרכי תורה. **ועל אמרו דרכי נסתרה** ע״פ ישע׳ מ כח למה תאמר יעקב ותדבר ישראל נסתרה דרכי מה׳, שדרשוהו על יעקב אבינו בב״ר צ״א י׳ (ע׳ 1134) וצ״ד ד׳ (ע׳ 1174). תנחומא ויגש ב׳ ועוד. **נכסה מנו פורת בסתירה** נעלם ונסתר ממנו יוסף הנקרא בן פורת (בראׄ׳ מט כב) **9 רשע אשר במחבא יחתר** (דוגמת איוב כד טז חתר בחשך) במחבא, ישע׳ לב ב. **צדק לפניו יהלך** תהל׳ פה יד. **וינתר** יקפץ, ר״ל על אחת כמה וכמה צריך רשע לשוב בתשובה. וצדק יהלך לפניו ואף ינתר, כדי שימלט ביום רעה. **אולי ביום אף יסתר** ע״ש צפנ׳ ב ג אולי תסתרו ביום אף

רֵעִים שְׁנֵים עָשָׂר כְּהִבְדִּיק / בְּרִיב אוֹתָם לֹא הִצְדִּיק.
עַל מִכְרָם בְּכֶסֶף צַדִּיק.

בְּנֵי בְלִי שֵׁם בְּמִכְרָם עֲמוּסִים / בַּזּוֹנָה וּבַיַּיִן וּבְשֹׁד חֲמָסִים
אֵיךְ בַּדִּין יִהְיוּ נֶעֱמָסִים.

בְּהִתְיַצְּבוּ לָרִיב בְּעָמְדוֹ לָדִין / עַל זֹאת אוֹתָם יָדִין
לְמַעַן יֵדְעוּן שַׁדּוּן בַּדִּין.

אִם לֹא לְמַעֲנוֹ יַעַשׂ / וְיָסִיר חֲרוֹן אַף וָכַעַס / אֵין לְבַקֵּר וְלִמְצֹא מַעַשׂ / קָדוֹשׁ.

יָרַד אֲשֶׁר הוֹרִיד אֲמָרִים / וְהִדְרִיר בְּכוֹר שׁוֹר מֵחֲמוֹרִים
וְנֶעֱנַשׁ בְּשָׁמְעוּ נָא הַמּוֹרִים.

יַעַן אֲשֶׁר נוֹקַשׁ בְּעֶשֶׂר / נֶחֶרְתוּ בוֹ מִיתוֹת עֶשֶׂר
וּבְגָעַ גְּבוּל כְּבַל בְּאֹסֶר.

ה׳. **10 רעים שנים עשר** י״ב אחים בני יעקב. **בריב** בדין. **על מכרם בכסף צדיק** (לה״כ עמוס ב ו) ר״ל על מכירת אחיהם. **11 בני בלי שם** כנוי לרשעים, ע״פ איוב ל ח בני נבל גם בני בלי שם. **במכרם עמוסים** ישראל העמוסים מני בטן, ישע׳ מו ג. **בזונה וביין** ע״פ יואל ד ג ויתנו הילד בזונה והילדה מכרו ביין. **איך בדין יהיו נעמסים** בעונש ובסבל. **12 בהתיצבו לריב בעמדו לדין** ע״פ ישע׳ ג יג נצב לריב ה׳ ועומד לדין עמים. **למען ידעון שדון בדין** איוב יט כט למען תדעון שדון, לפי דעת כמה מפרשים: למען תדעון שיש דין בעולם (וכן, ע״פ הקרי ׳שדין׳, דורשים אותו בשמות רבה ל׳ כ״ד). **13 ירד אשר הוריד אמרים** משה רבנו הנקרא ירד (ע״פ חידוש הפייטן) ע״ש משלי כא כב עיר גבורים עלה חכם וירד עוז מבטחה, שדרשוהו על משה שמות רבה מ״ג ב׳. נ׳ ב׳, וביתר אריכות ויק״ר ל״א ה׳ (ע׳ תשכב), שהוריד אמרים, ר״ל את התורה. **והדריר בכור שור מחמורים** והוציא לחרות (הדריר, ל׳ דרור, ויק״ר כה י) את ישראל הנקרא בכור שור (ע״ש דבר׳ לג יז) מעבדות מצרים שנמשלו לחמורים (ע״ש יחזק׳ כג כ אשר בשר חמורים בשרם). **ונענש בשמעו נא המורים** על ענין מי המריבה (במד׳ כ י). **14 יען אשר נוקש בעשר** שנכשל גם הוא במסגרת עשרה הנסיונות שנסו אבותינו להקב״ה (אבות ה׳ ד׳) כמו שנתבארו בתלמוד (ערכין דף ט״ו א׳). **נחרתו בו מיתות עשר** כמבואר בפסיקתא דר״כ (דף ד׳ ב׳) עשר מיתות כתובות על משה (ר״ל י׳ פעמים נזכרה מיתת משה בתורה) ואלו הן: הן קרבו ימיך למות וכו׳ ועי׳ ג״כ דברים רבה י״א י׳. **וכגע גבול** כשהגיע לגבול הארץ **כובל באוסר** נאסר בכבלי ברזל (תהל׳ קמט ח) שלא להיכנס לארץ. **15 ראשיה אשר בשחד ישפטו** לה״כ מיכה ג

רָאשֶׁיהָ אֲשֶׁר בְּשֹׁחַד יִשְׁפֹּטוּ / אֵיךְ בְּקַו צֶדֶק יִשָּׁפֵטוּ
כִּי אִם כְּמוֹ שָׁפָטוּ.

אֵל אֱמוּנָה בְּעָרְכְּךָ דִּין / אִם תְּמַצֶּה עֹמֶק הַדִּין / מִי יִצְדַּק לְפָנֶיךָ בַּדִּין / קָדוֹשׁ.

רוֹבִים עָלַי אֵשׁ זָרָה / פָּגְעָה בָם בְּאַף גְּזֵרָה
לְלַמֵּד בָּם פּוֹשְׁעֵי פְזוּרָה.

בַּעַר חָמַד מִן הַחֵרֶם / וְנִלְכַּד הוּא וְכָל אֲשֶׁר לוֹ בַּחֵרֶם
מִגָּדִישׁ וְעַד קָמָה וָכָרֶם.

בּוֹגֵד וְשׁוֹדֵד מַה מּוֹעִיל / וְהוֹן בְּעֶבְרָה לֹא יוֹעִיל
לְחַלּוֹת פְּנֵי מְלַמֵּד לְהוֹעִיל.

אִם לֹא לְמַעֲנוֹ יַעַשׂ / וְיָסִיר חֲרוֹן אַף וָכַעַס / אֵין לְבַקֵּר וְלִמְצֹא מַעַשׂ / קָדוֹשׁ.

יָד שָׁלַח אֲחוּז בָּאָרוֹן / וְנַעֲשָׂה בוֹ מִשְׁפָּט וְחָרוֹן
מַה יַּעֲשׂוּ עוֹבְרֵי כִּבְנֵי מָרוֹן.

יא. **כי אם כמו שפטו** ע״ש יחזק׳ ז כז ובמשפטיהם אשפטם. **16 רובים** נערים (ל׳ רביא בארמית), ר״ל נדב ואביהו **עלי אש זרה** שהקריבו, ויק׳ י א. **פגעה בם באף גזירה** בחוטם שלהם, כדאיתא בספרא, שמיני א׳ כ״ג שני חוטין של אש יצאו... ונחלקו לארבע ונכנסו שנים בחוטמו של זה ושנים בחוטמו של זה. **ללמד בם פושעי פזורה** ללמד בדוגמתם פושעי ישראל הנקראת שה פזורה (ירמ׳ נ יז) על ענין עונש השריפה, כדאיתא בספרא, שם א׳ מ״א, מה שריפה האמורה כאן שריפת נשמה וגוף קיים, אף שריפה האמורה להלן שריפת נשמה וגוף קיים. **17 בער חמד מן החרם** זה עכן (יהושע ז יח), ונמנה בין הצדיקים, מפני שודויו כיפר לו וזכה לעוה״ב, כדאיתא במשנה סנהדר׳ ו׳ ב׳ ובכמה מדרשים, עי׳ גינצברג, אגדות היהודים כרך ו׳ ע׳ 176. **ונלכד הוא וכל אשר לו** (ע״ש וילכד, יהושע שם). **מגדיש ועד קמה וכרם** (ע״ש שופט׳ טו ה), והסיפור ע״פ המדרש (פרקי ר׳ אליעזר ל״ח) לקח יהושע את עכן ואת הכסף ואת האדרת ואת לשון הזהב ואת בניו ואת בנותיו ואת כל אשר לו והעלם בעמק עכור וכו׳ (והמדרש מנמק מפני מה נענשו גם בני ביתו). **18 בוגד ושודד מה מועיל** ר״ל מה מועיל להיות בוגד ושודד, **והון בעברה לא יועיל** משלי יא ד, כי אם **לחלות פני מלמד להועיל** ישע׳ מח יא, ר״ל פני הקב״ה. **19 יד שלח אחוז בארון** עוזה הכהן, ע״פ ש״ב ו ו וישלח עזה אל ארון האלהים ויאחז

יוֹדֵעַ נַגֵּן כְּפָץ בְּחָנֵנִי / נִבְחַן וְנָם חִנָּם חָנֵּנִי
וְאַל תָּבֹא בְמִשְׁפָּט לְדִינֵנִי.

קוֹרְאֵי בְגָרוֹן וְקוֹל שׁוֹפָר / אִם פִּשְׁעָם בַּדִּין יְסֻפָּר
בְּמַתְּנַת חִנָּם הַיּוֹם יְכֻפָּר.

אֵל אֱמוּנָה בְּעָרְכְּךָ דִין / אִם תְּמַצֶּה עֹמֶק הַדִּין / מִי יִצְדַּק לְפָנֶיךָ בַּדִּין / קָדוֹשׁ.

קָצִין כְּגָאָה לְקַטֵּר לַשֵּׁם / נֶגַע בְּמִצְחוֹ זָרַח לְהֵרָשֵׁם
וְנִשְׁפַּט בְּלֹא יָדַע וְאָשֵׁם.

לְעֵת תָּמוּט רֶגֶל זֵדִים / אֲשֶׁר בָּאוּ לְהֵיכָל מְזִידִים
יִשָּׁפְטוּ בְמַכְנִיעַ עַם זֵדִים.

לְעֵת יְבַקְּרוּ פּוֹעֲלֵי שֶׁקֶר / לְהִשָּׁפֵט בְּוֹכּוּחַ אַף וָחֵקֶר.
יִסָּכֵר פִּי דוֹבְרֵי שָׁקֶר.

אִם לֹא לְמַעֲנוֹ יַעַשׂ / וְיָסִיר חֲרוֹן אַף וָכַעַס / אֵין לְבַקֵּר וְלִמְצֹא מַעַשׂ / קָדוֹשׁ.

בו כי שמטו הבקר **ונעשה בו משפט וחרון** שנ׳ ויחר אף ה׳ בעזה וכו׳ **מה יעשו עוברי כבני מרון** ר״ה א׳ ב׳ (במשנה). **20 יודע נגן** ש״א טז יח, זה דוד בן ישי. **כפץ בחנני** כשאמר בחנני ה׳ ונסני (תהל׳ כו ב), כאברהם ויצחק, ע׳ מדרש תהלים שם. **נבחן** בענין בת שבע, שנ׳ בחנת לבי פקדת לילה (תהל׳ יז ג) **ונם חנם חנני** ואח״כ כשבא אליו נתן הנביא, אמר חנני אלהים כחסדך (תהל׳ נא ב-ג) מתנת חנם בקש מאחר שנכשל בעונו. **ואל תבא במשפט לדינני** תהל׳ קמג ב. **קוראי בגרון וקול שופר** ישע׳ נח א. ר״ל ישראל **אם פשעם בדין יסופר** ויכריע ח״ו על הזכיות. **במתנת חנם היום יכופר** כמו שבקש דוד (והלשון ע״פ המשנה, מעשר שני א׳ א׳ ועוד). **22 קצין כגאה לקטר לשם** עוזיה מלך יהודה (קצין, שופט׳ יא ו ועוד, במקום מלך) שגבה לבו עד להשחית ובא אל ההיכל להקטיר קטורת (דה״ב כו טז) **נגע במצחו זרח** שם יט והצרעת זרחה במצחו **להרשם** לעשות רושם. **ונשפט בלא ידע ואשם** (ל׳ ויק״ר ה׳ י״ז) כדאיתא בתנחומא נח י״ג בעוזיה כתיב כי אוהב אדמה היה (דה״ב כו י) שהיה מלך והפקיד עצמו לאדמה ולא נזקק לתורה (ר״ל הזניח בתלמוד תורה). יום אחד נזקק לבית הוועד אמר להם במה אתם עוסקים. אמרו לו והזר הקרב יומת (במד׳ א נא) אמר להם הקב״ה מלך ואני מלך. נאה למלך לשמש לפני מלך ולהקטיר לפני מלך וכו׳ — ר״ל שנשפט על אי־ידיעת דין זר שפסול להקטרה. **23 לעת תמוט**

25 יָשָׁר מִתְהַלֵּךְ לְפָנָיו בֶּאֱמֶת / אֵיךְ אַחֲרֵי הַדְּבָרִים וְהָאֱמֶת
חִשֵּׁב פָּעֳלוֹ אֱלֹהִים אֱמֶת.
יְדִיד אֲשֶׁר לְפָנָיו וְאַחֲרָיו / לֹא קָם כָּמוֹהוּ בִּבְחִירָיו
וְאַחֲרֵי כָּל זֹאת דִּקְדֵּק אַחֲרָיו.
יָבִינוּ כָּל יְצוּרֵי אֶרֶץ / אִם כֵּן בִּמְצוּקֵי אֶרֶץ
מַה יַּעֲשׂוּ רִשְׁעֵי אָרֶץ.

אֵל אֱמוּנָה בְּעָרְכְּךָ דִין / אִם תְּמַצֶּה עֹמֶק הַדִּין / מִי יִצְדַּק לְפָנֶיךָ בַּדִּין / קָדוֹשׁ.

רָאָה יִרְאוּ יַעֲרֵי שִׂיחִים / אִם אֵשׁ אָחֲזָה בַּלַּחִים
אָז יָנוּעוּ יְבֵשִׁים כְּסוּחִים.
רְאֵה כִּי אֵין אִישׁ / לְהַפְגִּיעַ בְּעַד בְּנֵי אִישׁ
וְאַתָּה אֵל וְלֹא אִישׁ.

רגל **זדים** לה״כ דבר׳ לב לה **אשר באו להיכל מזידים** ע״ש תהל׳ עט א. **ישפטו במכניע עם זדים** לשון ברכת המינים. 24 **לעת יבוקרו פועלי שקר** ע״ש משלי כא ו פעל אוצרות בלשון שקר. **יסכר פי דוברי שקר** לה״כ תהל׳ סג יב. 25 **ישר מתהלך לפניו באמת** חזקיה מלך יהודה שאמר (מ״ב כ ג) זכר נא את אשר התהלכתי לפניך באמת ובלבב שלם. **אחרי הדברים והאמת** לה״כ דה״ב לב א. **חשב פעלו** שהתגאה בפני מלאכי בבל והראם את האוצרות (ישע׳ לט ב) ועוד שפתח את הארון והראה להם את הלוחות ואמר בזה אנו עושין מלחמה ונוצחין (פרקי ר״א נ״ה) ונתבשר (ישע׳ לט ו) הנה ימים באים ונשא כל אשר בביתך... בבל... ומבניך... יקחו והיו סריסים בהיכל מלך בבל. עי׳ ג״כ סנהד׳ דף ק״ד א׳. **אלהים אמת** ירמ׳ י׳. 26 **ידיד אשר לפניו ואחריו לא קם כמוהו בבחיריו** יאשיהו מלך יהודה, ע״פ מ״ב כג כה. **ואחרי כל זאת דקדק אחריו** ונפל במלחמה (דה״ב לה כג) על שלא התיעץ עם ירמיהו הנביא, כדאיתא בבבלי תענ׳ דף כ״ב ב׳ ובאיכה רבה א׳ י״ח (מ״ו א׳ בובר). 27 **יבינו כל יצורי ארץ אם כן במצוקי ארץ** ש״א ב ח. **מה יעשו רשעי ארץ** תהל׳ עה ט. 28 **יערי שיחים** יערי אילנות, והפייטן מקיש אדם לעץ השדה. **אם אש אחזה בלחים** בעלי זכויות. **אז ינועו יבשים כסוחים** הרשעים, ע״פ ישע׳ לג יב. 29 **ראה כי אין איש** (לה״כ שמות ב יב) **להפגיע בעד בני איש** להתפלל בעדנו (להפגיע ע״ש איוב לו לב ויצו עליה במפגיע, לפי דרשת חז״ל תענית דף ז׳ ב׳ אין פגיעה אלא תפלה), ועי׳ מה

רָשׁוּם בִּכְתָב אֱמֶת אֲשַׁנְּנָה / מַעֲשֵׂה כָּל יְמוֹת הַשָּׁנָה
לִרְצוֹתְךָ בְּשׁוֹפָר (בשבת בְּזִכְרוֹן שׁוֹפָר) בְּזֶה רֹאשׁ הַשָּׁנָה.

אִם לֹא לְמַעֲנוֹ יַעַשׂ / וְיָסִיר חֲרוֹן אַף וָכַעַס / אֵין לְבַקֵּר וְלִמְצֹא מַעַשׂ / קָדוֹשׁ.

שדרשו חז״ל יומא דף א׳ על הפסוק אם חטא איש לאיש (ש״א ב כה) אם יחטא איש לאיש ופללו אלהים ימחל לו, ואם לה׳ יחטא איש מי יתפלל בעדו תשובה ומעשים טובים. **כי אתה אל ולא איש** ע״ש הושע יא ט. **30 רשום בכתב אמת** לה״כ דני׳ י כא. **אשננה** אספר (ל׳ דבר׳ ו ז) היינו מעשי בני אדם הרשומים בספר (אבות ב׳ א׳).

פותחים את ארון הקודש

וּבְכֵן, וַיְהִי בִישֻׁרוּן מֶלֶךְ

סימן: א״ב משולש.

1 מֶלֶךְ עֶלְיוֹן
אֵל דָּר בַּמָּרוֹם / אַדִּיר בַּמָּרוֹם / אֹמֶץ יָדוֹ תָּרוֹם
לַעֲדֵי עַד יִמְלֹךְ.

מֶלֶךְ אֶבְיוֹן
בָּלֶה וְיֹרֵד שַׁחַת / בִּשְׁאוֹל וּבְתַחַת / בְּלֵאוּת בְּלִי נַחַת
עַד מָתַי יִמְלֹךְ.

מֶלֶךְ עֶלְיוֹן
גִּבּוֹר לְהָקִים / גּוֹזֵר וּמֵקִים / גּוֹלֶה עֲמֻקִּים
לַעֲדֵי עַד יִמְלֹךְ.

1 אל דר במרום ישע׳ לג טז הוא מרומים ישכון. **אדיר במרום** תהל׳ צג ד. **אמץ ידו תרום** ע״ש מיכה ה ח תרום ידך על צריך. והפייטן לא דקדק לכתוב ׳ירום׳ אלא כתב ׳תרום׳ לפי ׳ידו׳. **2 בלה** ע״ש איוב יג כח והוא כרקב יבלה. **ורד שחת בשאול ותחת** עי׳ איוב יז יג־יד. **בליאות** בטורח. **3 גבור להקים** (במקום להקות, ל׳ להקת הנביאים, ש״א יט כ) ר״ל גבור בצבאות קדושים. **גוזר**

מֶלֶךְ אֶבְיוֹן
דָּוֶה כַּדָּבָר / דּוֹבֵר וְעוֹבֵר / דּוֹמֶה לְעִוֵּר
עַד מָתַי יִמְלֹךְ.

מֶלֶךְ עֶלְיוֹן 5
הַמְדַבֵּר בִּצְדָקָה / הַלּוֹבֵשׁ צְדָקָה / הַמַּאֲזִין צְעָקָה
לַעֲדֵי עַד יִמְלֹךְ.

מֶלֶךְ אֶבְיוֹן
וְחָפֵץ בְּרֶשַׁע / וְעוֹשֶׂה רֶשַׁע / וּמוּכָן לְפֶשַׁע
עַד מָתַי יִמְלֹךְ.

מֶלֶךְ עֶלְיוֹן
זוֹכֵר צוּרִים / זַכּוּת יְצוּרִים / זוֹעֵם צָרִים
לַעֲדֵי עַד יִמְלֹךְ.

מֶלֶךְ אֶבְיוֹן
חוֹשֵׁב וְשׁוֹכֵחַ / חָשׁ וּמִשְׁתַּכֵּחַ / חָב וּמִתְוַכֵּחַ
עַד מָתַי יִמְלֹךְ.

מֶלֶךְ עֶלְיוֹן
טוֹב שׁוֹכֵן עַד / טוּבוֹ לָעַד / טִפַּח שְׁמֵי עַד
לַעֲדֵי עַד יִמְלֹךְ.

ומקים ומקיים. **גולה עמוקים** איוב יב כב מגלה עמוקות מני חשך. 4 **דוה כדבר** איכה א יג כל היום דוה. 5 **המדבר בצדקה** ישע׳ סג א. **הלובש צדקה** ישע׳ נט יז וילבש צדקה כשרין. 6 **וחפץ ברשע** ע״ש תהל׳ ה ה כי לא אל חפץ רשע אתה. **ועושה רשע** מלאכי ג טו עושי רשעה. 7 **זוכר צורים** זוכר זכות אבות, ע״ש הביטו אל צור חוצבתם, ישע׳ נא א. **זכות יצורים** כדי לזכותם. **זועם צרים** ע״ש תהל׳ ז יב ואל זועם בכל יום. 8 **חש ומשתכח** ממהר להשתכח. **חב** חוטא, מתחייב. 9 **טוב שוכן עד** ישע׳ נז טו. **טיפח שמי עד** ע״ש ישע׳ מח יג וימיני טפחה

מֶלֶךְ אֶבְיוֹן
יָמָיו טְפָחוֹת / יוֹמוֹ לְמַפָּחוֹת / יְחוּם טְפוּחוֹת
עַד מָתַי יִמְלֹךְ.

מֶלֶךְ עֶלְיוֹן
כַּשַּׂלְמָה עוֹטֶה אוֹר / כָּל מְאוֹרֵי אוֹר / כַּבִּיר וְנָאוֹר
לַעֲדֵי עַד יִמְלֹךְ.

מֶלֶךְ אֶבְיוֹן
לְצַלְמָוֶת יִשָּׁפֵל / לְרֶגֶב יְאֻפַּל / לְאַשְׁמַן יִקָּפֵל
עַד מָתַי יִמְלֹךְ.

מֶלֶךְ עֶלְיוֹן
מֶלֶךְ עוֹלָמִים / מְפַעֲנֵחַ נֶעֱלָמִים / מֵשִׂיחַ אִלְּמִים
לַעֲדֵי עַד יִמְלֹךְ.

מֶלֶךְ אֶבְיוֹן
נֶגַע לִרְגָעִים / נֶחְפָּז מִפְּגָעִים / נִבְהָל בְּשִׁגּוּעִים
עַד מָתַי יִמְלֹךְ.

שמים. **10 ימיו טפחות** ע״ש תהל׳ לט ו הנה טפחות נתת ימי. **יומו למפחות** ר״ל לאכזבה, ע״ש איוב יא כ ותקותם מפח נפש. **יחום טפוחות** בן מטופח (יחום ע״ש תהל׳ נא ז ובחטא יחמתני אמי. טפוחות ע״ש איכה ב כ עוללי טפוחים). **11 כשלמה עוטה אור** תהל׳ קד ב. **כל מאורי אור** יחז׳ לב ח. **כביר** ע״ש איוב לו ה הן אל כביר. **ונאות** תהל׳ עו ה. **12 לרגב יאופל** לצרור אדמה (איוב לח לח). **לאשמן** לחשך ואפילה (במשמעות זו אצל הפייטנים, עי׳ מלון בן יהודה א׳, 424). **13 מלך עולמים** ע״ש תהל׳ קמה יג מלכותך מלכות כל עולמים. **מפענח נעלמים. משיח אלמים** שניהם נמצאים בתפלת נשמת כל חי, לפי נוסח ספרד ורומניא. מפענח, פי׳ פותר, מגלה, ועי׳ צונץ, ס.פ. 444. **14 נחפז** נטרד (נבהלו נחפזו תהל׳ מח ו). **נבהל** תהל׳ שם. **בשגועים** בשגעונות. **15 סובל כל. סב ומבלה כל** ע״ש ישע׳ מו ד ועד זקנה אני הוא ועד שיבה

מֶלֶךְ עֶלְיוֹן 15

סוֹבֵל כֹּל / סָב וּמְבַלֶּה כֹל / סוֹקֵר בַּכֹּל

לַעֲדֵי עַד יִמְלֹךְ.

מֶלֶךְ אֶבְיוֹן

עוֹבֵר וּמִתְעַבֵּר / עַפְעַפָּיו מְעַוֵּר / עֲפָרוֹ צוֹבֵר

עַד מָתַי יִמְלֹךְ.

מֶלֶךְ עֶלְיוֹן

פְּאֵרוֹ עֹז / פֹּעַל יְמִינוֹ תָעֹז / פּוֹדֶה וּמָעוֹז

לַעֲדֵי עַד יִמְלֹךְ.

מֶלֶךְ אֶבְיוֹן

צַחֲנָה תְבוֹאֵישֶׁנּוּ / צוֹאָה תַלְבִּישֶׁנּוּ / צִיָּה תִירָשֶׁנּוּ

עַד מָתַי יִמְלֹךְ.

מֶלֶךְ עֶלְיוֹן

קְדוֹשָׁיו לַהַב / קוֹרֵא מֵי רַהַב / קָרוֹב לְקוֹרְאָיו בְּאַהַב

לַעֲדֵי עַד יִמְלֹךְ.

אני אסבל. סב ל׳ זקנה, ומבלה הכל עי׳ ויק״ר ד׳ ח׳ (ע׳ 13) נפש זו סובלת את הגוף והקב״ה סובל
את עולמו... **סוקר בכל** רואה ומביט (מלה רגילה אצל הפייטנים, מל׳ ומשקרות עינים, ישע׳ ג
טז). **16 עובר ומתעבר** זמנו עובר ומתעבר (שני בטויים מקבילים). **עפרו צובר** ע״ש חבקוק א י
ויצבר עפר. **17 פארו עוז** ע״ש תהל׳ צו ו עוז ותפארת במקדשו. פט יח כי תפארת עזמו אתה.
פועל ימינו תעוז ע״ש תהל׳ פט יד תעוז ידך תרום ימינך (והפייטן כותב תעוז (במקום יעוז) לפי
״ימינו׳. **פודה ומעוז** תהל׳ כז א ה׳ מעוז חיי, וכדומה. **18 צחנה תבאישנו** ע״ש יואל ב כ ועלה
באשו ותעל צחנתו, פי׳ הסרחון, ר״ל החטא. וי״ג תבישנו, ומסתבר. ציה יובש. **19 קדושיו להב**
ע״ש תהל׳ קד ד משרתיו אש לוהט. **קורא מי רהב** קורא מי הים (ע״ש עמוס ה ח) ורהב (גיאות)
שמו של שר הים (ב״ב דף ע״ד ב׳). **קרוב לקוראיו באהב** תהל׳ קמה יח. באהב = באהבה.

20 מֶלֶךְ אֶבְיוֹן

רִמָּה לוֹבֵשׁ / רָטֹב וְיָבֵשׁ / רָשׁוּף בְּמַיִם וּבְאֵשׁ

עַד מָתַי יִמְלֹךְ.

מֶלֶךְ עֶלְיוֹן

שֵׁנָה אֵין לְפָנָיו / שֶׁקֶט בִּפְנִינָיו / שֶׁבַח טוֹב בְּמַצְפּוּנָיו

לַעֲדֵי עַד יִמְלֹךְ.

סוגרים את ארון הקודש

מֶלֶךְ אֶבְיוֹן

בָּלֶה וְיָרֵד שַׁחַת / בִּשְׁאוֹל וּבְתַחַת / בְּלֵאוּת בְּלִי נַחַת

עַד מָתַי יִמְלֹךְ.

מֶלֶךְ אֶבְיוֹן

22 תְּנוּמָה תְעוּפֶנּוּ / תַּרְדֵּמָה תְעוֹפְפֶנּוּ / תֹּהוּ יְשׁוּפֶנּוּ

עַד מָתַי יִמְלֹךְ.

פותחים את ארון הקודש

אֲבָל מֶלֶךְ עֶלְיוֹן

תָּקְפּוֹ לָעַד / תִּפְאַרְתּוֹ עֲדֵי עַד / תְּהִלָּתוֹ עוֹמֶדֶת לָעַד

לַעֲדֵי עַד יִמְלֹךְ.

20 רמה לובש איוב ז ה לבש בשרי רמה. **רטוב ויבש** ע״ש איוב ח טז רטוב הוא לפני שמש, ושם ח יב ולפני כל חציר ייבש. **רשוף במים ובאש** נשרף (ל׳ רשפי אש׳ שה״ש ח ו. בני רשף, איוב ה ז) לשון נופל רק על אש, והפייטן מביאו במשמעות ׳טבוע׳, ועי׳ זולאי, ידיעות המכון ד׳ עמ׳ רי. **21 שינה אין לפניו** תהל׳ קכא ד הנה לא ינום ולא יישן, ולשון הפייטן כלשון המשנה (כגון אבות ד׳ כ״ט שאין לפניו לא עולה ולא שכחה...) **שקט בפניניו** במלאכיו המשמשים בפניו ונכנסים לפנאי ולפנים (כנראה לפי דרשת חז״ל על הפסוק משלי ג טו יקרה היא מפנינים: מכהן גדול הנכנס לפני ולפנים, הוריות דף י״ג א׳ ועוד). **שבח טוב במצפוניו** שבח טוב צפון לצדיקים (תהל׳ לא כ) במצפוניו, במקום שהוא גונז את טובו, דוגמת עובד׳ א ו. **24 תנומה תעופנו** (כנראה משחק הפייטן בשתי משמעויות המלה ׳עוף׳) תאפיל לו (תעופה, איוב יא יז), או תעוף מסביב לו. **תרדמה תעופפנו** תסובב אותו. **תוהו ישופנו** ע״ש איוב ט יז אשר בשערה ישופני. **25 תקפו לעד** תקפו ל׳ אסתר י ב. **תפארתו עדי עד** ע״ש תהל׳ עא ח כל היום תפארתך. **תהלתו עומדת לעד** תהל׳ קיא י.

וּבְכֵן לְךָ תַעֲלֶה קְדֻשָּׁה, כִּי אַתָּה אֱלֹהֵינוּ מֶלֶךְ.

וּנְתַנֶּה תֹּקֶף קְדֻשַּׁת הַיּוֹם / כִּי הוּא נוֹרָא וְאָיוֹם
וּבוֹ תִנָּשֵׂא מַלְכוּתֶךָ / וְיִכּוֹן בְּחֶסֶד כִּסְאֶךָ
וְתֵשֵׁב עָלָיו בֶּאֱמֶת / אֱמֶת כִּי אַתָּה הוּא דַיָּן
וּמוֹכִיחַ וְיוֹדֵעַ וָעֵד / וְכוֹתֵב וְחוֹתֵם וְסוֹפֵר וּמוֹנֶה
וְתִזְכֹּר כָּל הַנִּשְׁכָּחוֹת / וְתִפְתַּח אֶת סֵפֶר הַזִּכְרוֹנוֹת
וּמֵאֵלָיו יִקָּרֵא / וְחוֹתָם יַד כָּל אָדָם בּוֹ
וּבְשׁוֹפָר גָּדוֹל יִתָּקַע / וְקוֹל דְּמָמָה דַקָּה יִשָּׁמַע
וּמַלְאָכִים יֵחָפֵזוּן / וְחִיל וּרְעָדָה יֹאחֵזוּן
וְיֹאמְרוּ הִנֵּה יוֹם הַדִּין / לִפְקוֹד עַל צְבָא מָרוֹם בַּדִּין
כִּי לֹא יִזְכּוּ בְעֵינֶיךָ בַּדִּין / וְכָל בָּאֵי עוֹלָם יַעַבְרוּן לְפָנֶיךָ כִּבְנֵי מָרוֹן.

ונתנה תוקף. לפי הרווי״ה מוסב החלק הראשון על יום הדין שלעתיד לבא (עי׳ שם), ומהפיסקא ׳וכל באי עולם׳ עובר המחבר לר״ה של כל השנה, מה שאינו מתקבל על הדעת. ויותר נראה שהוא מתאר את סדר ר״ה של כל השנה בשמים בתמונת יום הדין הסופי שבמקרא, בלי שיש מקור לזה באגדה ידועה.

1 **ונתנה תוקף קדושת היום,** ר״ל נספר קדושת ר״ה. ובקטע הגניזה הוא ממשיך: כנגד שלש תקיעות היום, לפי הרעיון הידוע. **כי הוא** ר״ל היום. **נורא ואיום** לשון חבקוק א ז. 2 **ובו תנשא מלכותך** במד׳ כד ז. **ויכון בחסד כסאך** 3 **ותשב עליו באמת** ע״ש ישע׳ טז ה והוכן בחסד כסא וישב עליו באמת. **אמת כי אתה הוא דיין ומוכיח ויודע ועד** כמאמר חז״ל (אבות ד׳ כ״ב) לידע להודיע ולהודע שהוא... הוא הדיין והוא עד הוא בעל דין וכו׳. 5 **ותזכור כל הנשכחות** ע״פ נוסח הברכה הנשנית במשנה (תענית ב׳ ד׳) זוכר הנשכחות. **ותפתח את ספר הזכרונות** (ל׳ אסתר ו א) ע״פ מאמר חז״ל ירו׳ ר״ה א׳ ג׳ דף נ״ז א׳ שלש פינקסיות הם... 6 **ומאליו יקרא** מעצמו נקרא. **וחותם יד כל אדם בו** ע״ש איוב לז ז ודרשת חז״ל (ספרי דברים ש״ז, ועוד) שהחוטא בעצמו חותם (בשעת פטירתו מן העולם, והפייטנים העבירו כלל זה לר״ה) על מעשיו. 7 **ובשופר גדול יתקע** ע״ש והיה ביום ההוא יתקע בשופר גדול, ישע׳ כז יג. **וקול דממה דקה ישמע** ע״ש איוב ד טז דממה וקול אשמע. 8 **ומלאכים יחפזון** איוב ד יח הן בעבדיו לא יאמין ובמלאכיו ישים תהלה. **וחיל ורעדה יאחזון** (הלשון ע״ש תהל׳ מח ז רעדה אחזתם שם חיל כיולדה, והיה צ״ל יאחז אותם). 9 **ויאמרו הנה יום הדין.**

כְּבַקָּרַת רוֹעֶה עֶדְרוֹ / מַעֲבִיר צֹאנוֹ תַּחַת שִׁבְטוֹ
כֵּן תַּעֲבִיר וְתִסְפֹּר וְתִמְנֶה / וְתִפְקֹד נֶפֶשׁ כָּל חָי
וְתַחְתֹּךְ קִצְבָה לְכָל בְּרִיָּה / וְתִכְתֹּב אֶת גְּזַר דִּינָם.

בְּרֹאשׁ הַשָּׁנָה יִכָּתֵבוּן / וּבְיוֹם צוֹם כִּפּוּר יֵחָתֵמוּן
כַּמָּה יַעַבְרוּן וְכַמָּה יִבָּרֵאוּן / מִי יִחְיֶה וּמִי יָמוּת
מִי בְקִצּוֹ וּמִי לֹא בְקִצּוֹ / מִי בַמַּיִם וּמִי בָאֵשׁ
מִי בַחֶרֶב וּמִי בַחַיָּה / מִי בָרָעָב וּמִי בַצָּמָא
מִי בָרַעַשׁ וּמִי בַמַּגֵּפָה / מִי בַחֲנִיקָה וּמִי בַסְּקִילָה
מִי יָנוּחַ וּמִי יָנוּעַ / מִי יִשָּׁקֵט וּמִי יִטָּרֵף
מִי יִשָּׁלֵו וּמִי יִתְיַסָּר / מִי יֵעָנִי וּמִי יֵעָשֵׁיר / מִי יִשָּׁפֵל וּמִי יָרוּם.

...

לפקוד על צבא מרום בדין ע״ש ישע׳ והיה ביום ההוא יפקוד ה׳ על צבא מרום במרום... **10 כי לא יזכו בעיניך בדין** ע״ש איוב טו טו הן בקדושיו לא יאמין ושמים לא זכו בעיניו. **וכל באי עולם יעברון לפניך כבני מרון** לשון המשנה ר״ה א׳ ב׳. **11 כבקרת רועה עדרו** יחזק׳ לד יב. **מעביר צאנו תחת שבטו** ע״ש ויק׳ כז לב כל אשר יעבור תחת השבט, והתמונה לקוחה מפעולת העישור. **12 כן תעביר ותספור ותמנה** ע״ש ירמ׳ לג יג עוד תעבורנה הצאן על ידי מונה. **13 ותחתוך קצבה לכל בריה** תפסוק ותקציב להם (במשמעות זו של חתיכת הדין ל׳ התלמוד, סנהד׳ דף ז׳ ב׳ צדק את הדין וחתכהו). **ותכתב את גזר דינם** ע״פ הדיעה המקובלת (ירו׳ ר״ה א׳ ג׳ דף נ״ז א׳) כולהם נידונין בר״ה וגזר דינו של כאו״א מתחתם ביה״כ. **14 בראש השנה יכתבון וביו״כ...** דובר כאן על הבינוניים, לפי המאמר (ירו׳ ר״ה שם) ...צדיקים גמורים כבר נטלו איפופיס (פי׳ פסק דין) של חיים מר״ה... רשעים גמורין כבר נטלו אפופיס שלהן מר״ה... בינוניים כבר ניתן להם עשרת ימי תשובה שבין ר״ה ליוה״כ. אם עשו תשובה נכתבין עם הצדיקים ואם לאו נכתבין עם הרשעים. **15 כמה יעבורון** מן העולם (לשון המשנה אבות ה׳ כ״א, ועבר ובטל מן העולם.) (וי״מ יַעֲבְּרוּן או יעוּבְּרוּן, ר״ל כמה יאבדו במעי אמם, עי׳ ברלינר, ראנד־בעמערקונגען כרך ב, 1912, ע׳ 63, וקשה להצדיק צורה שכזו.) **וכמה יבראון** כמה יוולדו. **16 מי בקצו** בקץ המיועד לו. **מי במים ומי באש** תהל׳ סו יב באנו באש ובמים. **17 מי בחרב ומי בחיה** (נ״א ברעב) ע״ש יחזק׳ ה יז ושלחתי עליכם רעב וחיה רעה... וחרב אביא עליך... **19 מי ינוח ומי ינוע** ע״ש תהל׳ קז כז יחוגו וינועו כשכור, וכדומה. **מי ישקיט** (ישקוט?) **ומי יטורף** מי יחיה בשקט (ע״ש ישע׳ ל טו בהשקט ובבטחה) ומי יהיה מטולטל ממקום למקום. **20 מי יעשיר** מי יהיה עשיר (לפי שמוש בנין הפעיל גם בתנ״ך (כגון תהל׳ מט יז) גם בשפת המשנה (כגון גטין ג׳ ד׳). **21 ותשובה ותפלה וצדקה מעבירין את רוע הגזירה** ע״פ מאמר חז״ל בב״ר מ״ד י״ג ע׳

צום קול ממון

וּתְשׁוּבָה וּתְפִלָּה וּצְדָקָה / מַעֲבִירִין אֶת רֹעַ הַגְּזֵרָה.

כִּי כְּשִׁמְךָ כֵּן תְּהִלָּתֶךָ / קָשֶׁה לִכְעוֹס וְנוֹחַ לִרְצוֹת
כִּי לֹא תַחְפֹּץ בְּמוֹת הַמֵּת / כִּי אִם בְּשׁוּבוֹ מִדַּרְכּוֹ וְחָיָה
וְעַד יוֹם מוֹתוֹ תְּחַכֶּה לוֹ / אִם יָשׁוּב מִיַּד תְּקַבְּלוֹ
אֱמֶת כִּי אַתָּה הוּא יוֹצְרָם / וְיוֹדֵעַ יִצְרָם
כִּי הֵם בָּשָׂר וָדָם.
אָדָם יְסוֹדוֹ מֵעָפָר / וְסוֹפוֹ לֶעָפָר
בְּנַפְשׁוֹ יָבִיא לַחְמוֹ / מָשׁוּל כַּחֶרֶס הַנִּשְׁבָּר
כְּחָצִיר יָבֵשׁ וּכְצִיץ נוֹבֵל / כְּצֵל עוֹבֵר וּכְעָנָן כָּלֶה
וּכְרוּחַ נוֹשָׁבֶת וּכְאָבָק פּוֹרֵחַ / וְכַחֲלוֹם יָעוּף.

434 שלשה דברים מבטלים את הגזירה, ואילו הן תפלה וצדקה ותשובה, ושלשתן בפסוק אחד: ויכנעו עמי אשר נקרא שמי עליו ויתפללו (דה״ב ז יד) הרי תפלה, ויבקשו פני, הרי צדקה... וישובו מדרכם הרעה, הרי תשובה, ואחר כך אסלח לעונם. וע׳ ג״כ ר״ה דף יז ב׳ גדולה תשובה שמקרעת גזר דינו של אדם. שם ט״ז ב׳ ד׳ דברים מקרעין גזר דינו של אדם. אלו הן צדקה צעקה שנוי השם ושנוי המעשה. צדקה דכתיב (משלי י ב) וצדקה תציל ממות. צעקה דכתיב (תהל׳ קז כח) ויצעקו אל ה׳ בצר להם וממצוקותיהם יוציאם וכו׳. **22 כי כשמך כן תהלתך** תהל׳ מח יא, וכנראה רומז לשמות הידועים ה׳ ה׳ אל רחום וחנון וכו׳. **קשה לכעוס ונוח לרצות** לשון המשנה אבות ה׳ י״א, והיא מדת החסידות. **23 כי לא תחפוץ במות המת** ע״ש יחזק׳ יח לב **כי אם בשובו מדרכו וחיה** ע״ש יחזק׳ יח כג. לג יא. **24 ועד יום מותו תחכה לו אם ישוב מיד תקבלו** שימינו של הקב״ה פשוטה לקבל שבים בכל יום (פרקי ר׳ אליעזר מ״ג). **25 אמת כי אתה הוא יוצרם ויודע יצרם** ע״פ תהל׳ לג טו היוצר יחד לבם וכו׳. **26 כי הם בשר ודם** הכינוי הרגיל לבן אדם (באפסיותו) באגדה. **27 אדם יסודו מעפר וסופו לעפר** ע״פ בראש׳ ג יט כי עפר אתה ואל עפר תשוב. **28 בנפשו יביא לחמו** ע״ש איכה ה ט. **משול כחרס הנשבר** שאין לו תקנה, בניגוד לכלי זכוכית שנשבר שיש לו תקנה (ב״ר י״ד ז׳ ע׳ 130). **29 כחציר יבש וכציץ נובל** ע״ש תהל׳ קג טו אנוש כחציר ימיו כציץ השדה כן יציץ. כי רוח עברה בו ואיננו... ויותר ע״ש ישע׳ מ ו-ז כל הבשר חציר וכל חסדו כציץ השדה. יבש חציר נבל ציץ... **כצל עובר** תהל׳ קמד ד. **וכענן כלה** ע״ש איוב ז ט כלה ענן וילך כן יורד שאול לא יעלה. **30 וכרוח נושבת** הלשון ע״ש ישע׳ מ ז כי

וְאַתָּה הוּא מֶלֶךְ / אֵל חַי וְקַיָּם. — סוגרים את ארון הקודש

אֵין קִצְבָּה לִשְׁנוֹתֶיךָ / וְאֵין קֵץ לְאֹרֶךְ יָמֶיךָ
וְאֵין לְשַׁעֵר מַרְכְּבוֹת כְּבוֹדֶךָ / וְאֵין לְפָרֵשׁ עֵילוּם שְׁמֶךָ
שִׁמְךָ נָאֶה לְךָ / וְאַתָּה נָאֶה לִשְׁמֶךָ
וּשְׁמֵנוּ קָרָאתָ בִּשְׁמֶךָ / עֲשֵׂה לְמַעַן שְׁמֶךָ
וְקַדֵּשׁ אֶת שִׁמְךָ / עַל מַקְדִּישֵׁי שְׁמֶךָ
בַּעֲבוּר כְּבוֹד שִׁמְךָ / הַנַּעֲרָץ וְהַנִּקְדָּשׁ
כְּסוֹד שִׂיחַ שַׂרְפֵי קֹדֶשׁ / הַמַּקְדִּישִׁים שִׁמְךָ בַּקֹּדֶשׁ
דָּרֵי מַעְלָה עִם דָּרֵי מַטָּה /
קוֹרְאִים וּמְשַׁלְּשִׁים בְּשִׁלּוּשׁ קְדֻשָּׁה בַּקֹּדֶשׁ.

רוח ה׳ נשבה בו. **וכאבק פורח** ע״ש ישע׳ ה כד ופרחם כאבק יעלה. **וכחלום יעוף** לה״כ איוב כ ח. **31 ואתה הוא מלך אל חי וקיים** שבח רגיל להקב״ה באגדה (כגון ברכות דף ל״ב א׳ מה שמך הגדול חי וקיים לעולם...) ובתפלה (כגון בתפלת שחרית למלך אל חי וקיים זמירות יאמרו...). **32 אין קצבה לשנותיך ואין קץ לארך ימיך** ע״ש תהל׳ קב כח ואתה הוא ושנותיך לא יתמו. **33 ואין לשער מרכבות כבודך** לה״כ ישע׳ כב יח, וכאן פי׳ אין לקבוע שיעור לגדודי המלאכים המשרתים את כבודו. **ואין לפרש עילום שמך** שניתן להעלמה ולא לפירוש ברבים, ע״י מה שדרשו קהלת רבה ג׳ ג׳ (על קהל׳ ג יא גם את העלם נתן בלבם, שכתיב חסר) העולם הועלם מהם שם המפורש, ובירושלמי יומא ג׳ ז׳ דף מ׳ ד׳ (על וידוי כ״ג בשם המפורש) לא היו זזים משם עד שהוא מתעלם מהן... זה שמי לעלם. ובבבלי דרשו (פסח׳ דף נ׳ א׳ = קדושין דף ע״א א׳) סבר רבא למדרשה בפירקא, א״ל ההוא סבא לעלם כתיב (ר״ל בפסוק שמות ג טו כתיב זה שמי לעלם, חסר וא״ו) היינו להעלמה. ושם ממשיכים ר׳ אבינא רמי כתיב זה שמי לעלם וזה זכרי לדור דור, אמר הקב״ה לא כשאני נכתב אני נקרא. נכתב אני ביו״ד ה״א ונקרא אני באל״ף דל״ת. ולשון הפייטן ע״פ דה״ב לג ז אשים את שמי לעילום. השינוי ׳ואין לפרש׳ ע״פ תשב״ץ סי׳ קי״ט. **34 שמך נאה לך** מתאים לך, מפני שהוא מעיד על תכונותיך, וכן **אתה נאה לשמך**. ומה שנוסף **35 ושמנו קראת בשמך** מוסב על שם ישראל ששמו של הקב״ה כלול בו, כדכתיב (דבר׳ כח י) כי שם ה׳ נקרא עליך, ועוד בכמה מקומות במקרא. **עשה...** **36 וקדש את שמך על מקדישי שמך** על ישראל שמקדשים את שם הקב״ה בכל יום כשם כשמקדשין אותו בשמים. **38 כסוד שיח שרפי קדש המקדישים שמך בקדש** ההקדמה לקדושה הרגילה בנוסח ׳נעריצך׳ בתוספת המלים **39 דרי מעלה עם דרי מטה** ר״ל יחד המלאכים ובני אדם.

כֶּתֶר יִתְּנוּ לְךָ, יי אֱלֹהֵינוּ
מַלְאָכִים הֲמוֹנֵי מַעְלָה, עִם עַמְּךָ יִשְׂרָאֵל קְבוּצֵי מַטָּה
יַחַד כֻּלָּם קְדֻשָּׁה לְךָ יְשַׁלֵּשׁוּ, כַּדָּבָר הָאָמוּר עַל יַד נְבִיאֶךָ
וְקָרָא זֶה אֶל זֶה וְאָמַר
קָדוֹשׁ, קָדוֹשׁ, קָדוֹשׁ יי צְבָאוֹת, מְלֹא כָל הָאָרֶץ כְּבוֹדוֹ.

כְּבוֹדוֹ מָלֵא עוֹלָם
מְשָׁרְתָיו שׁוֹאֲלִים זֶה לָזֶה, אַיֵּה מְקוֹם כְּבוֹדוֹ לְהַעֲרִיצוֹ
לְעֻמָּתָם מְשַׁבְּחִים וְאוֹמְרִים
בָּרוּךְ כְּבוֹד יי מִמְּקוֹמוֹ.

מִמְּקוֹמוֹ הוּא יִפֶן בְּרַחֲמָיו לְעַמּוֹ
וְיָחֹן עַם הַמְיַחֲדִים שְׁמוֹ עֶרֶב וָבֹקֶר בְּכָל יוֹם תָּמִיד
פַּעֲמַיִם בְּאַהֲבָה שְׁמַע אוֹמְרִים
שְׁמַע יִשְׂרָאֵל, יי אֱלֹהֵינוּ, יי אֶחָד.

הוּא אֱלֹהֵינוּ, הוּא אָבִינוּ
הוּא מַלְכֵּנוּ, הוּא מוֹשִׁיעֵנוּ
וְהוּא יוֹשִׁיעֵנוּ וְיִגְאָלֵנוּ שֵׁנִית
וְיַשְׁמִיעֵנוּ בְּרַחֲמָיו לְעֵינֵי כָּל חַי לֵאמֹר
הֵן גָּאַלְתִּי אֶתְכֶם אַחֲרִית כְּרֵאשִׁית לִהְיוֹת לָכֶם לֵאלֹהִים
אֲנִי יי אֱלֹהֵיכֶם.

אַדִּיר אַדִּירֵנוּ יי אֲדֹנֵינוּ
מָה אַדִּיר שִׁמְךָ בְּכָל הָאָרֶץ.
וְהָיָה יי לְמֶלֶךְ עַל כָּל הָאָרֶץ
בַּיּוֹם הַהוּא יִהְיֶה יי אֶחָד וּשְׁמוֹ אֶחָד.

וּבְדִבְרֵי קָדְשְׁךָ כָּתוּב לֵאמֹר
יִמְלֹךְ יי לְעוֹלָם, אֱלֹהַיִךְ צִיּוֹן לְדֹר וָדֹר, הַלְלוּיָהּ.

לְדוֹר וָדוֹר נַגִּיד גָּדְלֶךָ וּלְנֵצַח נְצָחִים קְדֻשָּׁתְךָ נַקְדִּישׁ
וְשִׁבְחֲךָ אֱלֹהֵינוּ מִפִּינוּ לֹא יָמוּשׁ לְעוֹלָם וָעֶד
כִּי אֵל מֶלֶךְ גָּדוֹל וְקָדוֹשׁ אָתָּה.

לְדוֹר וָדוֹר הַמְלִיכוּ לָאֵל, כִּי הוּא לְבַדּוֹ מָרוֹם וְקָדוֹשׁ.

חֲמוֹל עַל מַעֲשֶׂיךָ
וְתִשְׂמַח בְּמַעֲשֶׂיךָ
וְיֹאמְרוּ לְךָ חוֹסֶיךָ
בְּצַדֶּקְךָ עֲמוּסֶיךָ
תֻּקְדַּשׁ אָדוֹן עַל כָּל מַעֲשֶׂיךָ.

1 חמול על מעשיך ע״ש תהל׳ קמה ט ורחמיו על כל מעשיו. **2 ותשמח במעשיך** ע״ש תהל׳ קד לא ישמח ה׳ במעשיו. **3 חוסיך** החוסים בך (ע״ש תהל׳ יח לא וכדומה). **4 עמוסיך** ישראל, ע״ש ישע׳ מו ג העמוסים מני בטן.

פיוט מורכב מחלקים שונים.

כִּי מַקְדִּישֶׁיךָ בִּקְדֻשָּׁתְךָ קִדַּשְׁתָּ
נָאֶה לְקָדוֹשׁ פְּאֵר מִקְּדוֹשִׁים.

וּבְכֵן יִתְקַדַּשׁ שִׁמְךָ יי אֱלֹהֵינוּ
עַל יִשְׂרָאֵל עַמֶּךָ

1 כי מקדישיך עי׳ תנחומא ריש קדושים אמר הקב״ה לישראל אני מתקדש בכם, שנ׳ (ישע׳ כט כג) כי בראותו ילדיו מעשה ידי בקרבו יקדישו שמי, וכן הוא אומר (שם מט ג) ישראל אשר בך אתפאר, ואתם מתקדשים בי, שנא׳ (ויק׳ יא מד) והתקדשתם והייתם קדושים. **2 נאה לקדוש פאר מקדושים** ע״ש ישע׳ מט ג ישראל אשר בך אתפאר. **3 ובכן יתקדש שמך וכו׳** נוסח ידוע

וְעַל יְרוּשָׁלַיִם עִירֶךָ
וְעַל צִיּוֹן מִשְׁכַּן כְּבוֹדֶךָ
וְעַל מַלְכוּת בֵּית דָּוִד מְשִׁיחֶךָ
וְעַל מְכוֹנְךָ וְהֵיכָלֶךָ.

עוֹד יִזְכֹּר לָנוּ אַהֲבַת אֵיתָן, אֲדוֹנֵינוּ
וּבַבֵּן הַנֶּעֱקָד יַשְׁבִּית מְדַיְּנֵינוּ
וּבִזְכוּת הַתָּם יוֹצִיא הַיּוֹם לְצֶדֶק דִּינֵנוּ
כִּי קָדוֹשׁ הַיּוֹם לַאֲדוֹנֵינוּ.

בְּאֵין מֵלִיץ יֹשֶׁר
מוּל מַגִּיד פֶּשַׁע
תַּגִּיד לְיַעֲקֹב דְּבַר חֹק וּמִשְׁפָּט
וְצַדְּקֵנוּ בַּמִּשְׁפָּט הַמֶּלֶךְ הַמִּשְׁפָּט.

גם מתפלות אחרות. **6 משכן כבודך** תהל׳ כו ח. **8 מכונך והיכלך** ע״ש ישע׳ ד ה. שמות טו יז. **9 עוד יזכר לנו אהבת איתן אדונינו** עוד יזכר לנו אדונינו את אהבתו של אברהם הנקרא איתן האזרחי ע״פ תהל׳ פט א ודרשת חז״ל ב״ב דף ט״ו א׳. **10 ובבן הנעקד** למען יצחק הנעקד על גבי המזבח יושיע את ישראל. **11 ובזכות התם** יעקב (ברא׳ כה כז). ויש שהוסיפו ביום כפור (או גם בר״ה) היום, מה ששינו אח״כ לנוסח **איום**, ע״ש חבק׳ א ז (והמלה נראית מיותרת). **12 כי קדוש היום לאדונינו** לה״כ נחמ׳ ח י. **13 באין מליץ יושר** (לשון מחודש ע״י הפייטן) ע״פ איוב לג כג אם יש עליו מלאך מליץ אחד מני אלף להגיד לאדם ישרו. **14 מול מגיד פשע** מול הקטיגור. **15 תגיד ליעקב דבר חק ומשפט** ע״פ תהל׳ קמז יט, ודרשו בתנחומא בחקותי א׳ (ע׳ 108 בובר)... ולמי נתנם לישראל, שנאמר מגיד דבריו ליעקב חקיו ומשפטיו לישראל... אמר הקב״ה לישראל אם עשיתם חוקי אין השטן נוגע בכם. **16 וצדקנו במשפט המלך המשפט** נוסח תפלת י״ח לחול; ועל צורת ׳המלך המשפט׳ עי׳ סדור עבודת ישראל ע׳ 93. ברם יותר מתקבלת על הדעת גירסת קצת כי״י **וצדקנו המלך הקדוש במשפט**, המתאימה לברכת קדושת השם.

סימן: א׳־ב׳. [מחברו: ייני(?)]. פותחים את ארון הקודש

הש״ץ: הָאוֹחֵז בְּיַד מִדַּת מִשְׁפָּט
הקהל: וְכֹל מַאֲמִינִים שֶׁהוּא אֵל אֱמוּנָה.

הש״ץ: הַבּוֹחֵן וּבוֹדֵק גִּנְזֵי נִסְתָּרוֹת
הקהל: וְכֹל מַאֲמִינִים שֶׁהוּא בּוֹחֵן כְּלָיוֹת.

הש״ץ: הַגּוֹאֵל מִמָּוֶת וּפוֹדֶה מִשַּׁחַת
הקהל: וְכֹל מַאֲמִינִים שֶׁהוּא גּוֹאֵל חָזָק.

הש״ץ: הַדָּן יְחִידִי לְבָאֵי עוֹלָם
הקהל: וְכֹל מַאֲמִינִים שֶׁהוּא דַּיַּן אֱמֶת.

הש״ץ: הֶהָגוּי בְּאֶהְיֶה אֲשֶׁר אֶהְיֶה
הקהל: וְכֹל מַאֲמִינִים שֶׁהוּא הָיָה וְהֹוֶה וְיִהְיֶה.

הש״ץ: הַוַּדַּאי כִּשְׁמוֹ כֵּן תְּהִלָּתוֹ
הקהל: וְכֹל מַאֲמִינִים שֶׁהוּא וְאֵין בִּלְתּוֹ.

1 האוחז ביד מדת משפט ע״ש דבר׳ לב מא ותאחז במשפט ידי, וע״פ הדרשה שמו״ר ל׳ א׳ אמר הקב״ה לישראל כשם שאני יכול לעבור את הדין על האומות ואני איני מעביר אלא תופס אני בדין, כך אתם לא תצאו חוץ לדין. **אל אמונה** דבר׳ לב ד. **גנזי נסתרות** מה שנסתר בלב האדם. **בוחן כליות** ירמ׳ יא כ. **3 הגואל ממות ופודה משחת** הושע יג יד מיד שאול אפדם ממות אגאלם. **גואל חזק** ירמ׳ נ לד גאלם חזק. **4 הדן יחידי** עי׳ אבות ד׳ ח׳ שאין דן יחידי אלא אחד. **לבאי עולם** לשון המשנה, ר״ה א׳ ב׳. **דין אמת** ל׳ המשנה ברכות ט׳ ב׳. **5 ההגוי באהיה אשר אהיה** ששמו מתבטא במלים אהיה...(שמות ג יד) היה ויהי (כצ״ל). **6 הודאי** אחד הכינויים של הקב״ה השנויים בתלמוד (ברכות ל״ג ב׳) בתפלת ההוא דנחית קמיה דר׳ חנינא: האל הגדול הגבור והנורא והאדיר...והודאי והנכבד. **כשמו כן תהלתו** ע״ש תהל׳ מח יא. **אין בלתו** ע״ש ש״א ב ב

הש״ץ: הַזּוֹכֵר לְמַזְכִּירָיו טוֹבוֹת זִכְרוֹנוֹת

הקהל: וְכֹל מַאֲמִינִים שֶׁהוּא זוֹכֵר הַבְּרִית.

הש״ץ: הַחוֹתֵךְ חַיִּים לְכָל חַי

הקהל: וְכֹל מַאֲמִינִים שֶׁהוּא חַי וְקַיָּם.

הש״ץ: הַטּוֹב וּמֵיטִיב לָרָעִים וְלַטּוֹבִים

הקהל: וְכֹל מַאֲמִינִים שֶׁהוּא טוֹב לַכֹּל.

הש״ץ: הַיּוֹדֵעַ יֵצֶר כָּל יְצוּרִים

הקהל: וְכֹל מַאֲמִינִים שֶׁהוּא יוֹצְרָם בַּבָּטֶן.

הש״ץ: הַכֹּל יָכוֹל וְכוֹלְלָם יָחַד

הקהל: וְכֹל מַאֲמִינִים שֶׁהוּא כֹּל יָכוֹל.

הש״ץ: הַלָּן בְּסֵתֶר בְּצֵל שַׁדַּי

הקהל: וְכֹל מַאֲמִינִים שֶׁהוּא לְבַדּוֹ הוּא.

כי אין בלתך. **7 הזוכר למזכיריו טובות זכרונות** הלשון ע״ש תפלה עתיקה: זכרנו בזכרון טוב לפניך (בתפלת מוסף ר״ה בברכת הזכרונות וגם בתפלת א״מ) ר״ל הזוכר את ישראל המזכירים את שמו (ע״ש ישע׳ סב ו המזכירים את ה׳) לטובה. **זוכר הברית** ע״ש ברא׳ ט טו (לשון הברכה, ברכות דף נ״ט א׳) ועוד. **8 החותך חיים לכל חי** להקציב את הקצבה (עי׳ לעיל בפיוט ונתנה תוקף, 13) לכל חי (לה״כ ברא׳ ג כ. ה ה. איוב ל כג ועוד.) **חי וקיים** ע״ש דני׳ ו כז חיא וקים לעלמין. **9 הטוב ומטיב לרעים ולטובים** וע״ש תהל׳ קכה ד היטיבה ה׳ לטובים וכו׳, וכנראה דורש הפייטן את הכתוב ׳טוב ה׳ לכל׳ בכוון זה. ודומה לו עירובין דף כ״ב א׳ ארך אפים לצדיקים אף לרשעים. **טוב לכל** תהל׳ קמה ט. **10 היודע יצר כל יצורים** ע״ש תהל׳ קג יד כי הוא ידע יצרנו. **יוצרם בבטן** ע״ש ישע׳ מט ה יוצרי מבטן לעבד לו, וכן מד ב. כד. תהל׳ כב י גוחי מבטן. **11 הכל יכול** ע״ש איוב מב ב ידעתי כי כל תוכל (ע״ס זה כתב הרוו״ה הכל **יוכל**). **וכוללם יחד** כילה וגמר יצירתם כאחד, עי׳ פרקי ר״א ג׳ בעשרה מאמרות נברא העולם... ובשלושה כוללו (פי׳ נגמרו), ועי׳ על הוראה זו זולאי, ידיעות המכון ו׳ ע׳ קצט-רא. **12 הלן בסתר בצל שדי** ע״ש תהל׳ צא א יושב בסתר עליון בצל שדי יתלונן, והפייטן תפס את הכתוב מוסב על הקב״ה שהוא

הש״ץ: הַמַּמְלִיךְ מְלָכִים וְלוֹ הַמְּלוּכָה

הקהל: וְכֹל מַאֲמִינִים שֶׁהוּא מֶלֶךְ עוֹלָם.

הש״ץ: הַנּוֹהֵג בְּחַסְדּוֹ עִם כָּל דּוֹר

הקהל: וְכֹל מַאֲמִינִים שֶׁהוּא נוֹצֵר חֶסֶד.

הש״ץ: הַסּוֹבֵל וּמַעְלִים עַיִן מִסּוֹרְרִים

הקהל: וְכֹל מַאֲמִינִים שֶׁהוּא סוֹלֵחַ סֶלָה.

הש״ץ: הָעֶלְיוֹן וְעֵינָיו עַל יְרֵאָיו

הקהל: וְכֹל מַאֲמִינִים שֶׁהוּא עוֹנֶה לָחַשׁ.

הש״ץ: הַפּוֹתֵחַ שַׁעַר לְדוֹפְקֵי בִּתְשׁוּבָה

הקהל: וְכֹל מַאֲמִינִים שֶׁהוּא פְּתוּחָה יָדוֹ.

הש״ץ: הַצּוֹפֶה רָשָׁע וְחָפֵץ לְהַצְדִּיקוֹ

הקהל: וְכֹל מַאֲמִינִים שֶׁהוּא צַדִּיק וְיָשָׁר.

עצמו מתלונן בסתר בצל שדי (לפי הגירסא העתיקה!), כלשון התרגום שם: דאשרי שכינתיה ברזא עלאה בטלל ענני יקרא דשדי יבית. **לבדו הוא** ע״ש נחמי׳ ט ו אתה הוא ה׳ לבדך. **13 הממליך מלכים** ע״ש איוב לו ז ואת מלכים לכסא ויושיבם לנצח... **ולו המלוכה** ע״ש תהל׳ כב כט כי לה׳ המלוכה. עובד׳ א כא. **מלך עולם** ע״ש תהל׳ כט י וישב ה׳ מלך לעולם. **14 נוצר חסד** שמות לד ז. **15 הסובל** ל׳ חכמים (כגון תנחומא במד׳ ע׳ 80 (בובר) עד מתי אני סובל, עד מתי לעדה הרעה הזאת. **ומעלים עין** ל׳ הכתוב ישע׳ א טו. **מסוררים** ישע׳ ל א ועוד, פי׳ הקב״ה נוהג בהם בסבלנות שמא ישובו. **סולח** ע״ש תהל׳ פו ה כי אתה ה׳ טוב וסלח. **16 העליון** ברא׳ יד כב ועוד. **ועיניו על יראיו** תהל׳ לג יח, ולפיו שינו את הנוסח: עינו אל יראיו. **עונה לחש** עונה תפלה, ע״פ ישע׳ כו טז צקון לחש. **17 הפותח שער לדופקי בתשובה** תמונת פתח של התשובה שהקב״ה פותח לחוטאים ידועה מהמדרש העתיק, עי׳ ב״ר כא ו (ע׳ 201) לח ט (ע׳ 359). מט ו (ע׳ 504) ועוד. **פתוחה ידו** ע״ש תהל׳ קמה טז פותח את ידך. **18 הצופה רשע** התמונה לקוחה מיחזק׳ ג יז ואילך בן אדם צופה נתתיך לבית ישראל... באמרי לרשע מות תמות, ולא הזהרתו... **וחפץ להצדיקו** שם יח כג. לג יא, ר״ל אם עשה תשובה (והלשון ע״פ שמות כג ז

הש״ץ: הַקָּצֵר בְּזַעַם וּמַאֲרִיךְ אַף
הקהל: וְכֹל מַאֲמִינִים שֶׁהוּא קָשֶׁה לִכְעוֹס.

הש״ץ: הָרַחוּם וּמַקְדִּים רַחֲמִים לְרֹגֶז
הקהל: וְכֹל מַאֲמִינִים שֶׁהוּא רַךְ לִרְצוֹת.

הש״ץ: הַשָּׁוֶה וּמַשְׁוֶה קָטֹן וְגָדוֹל
הקהל: וְכֹל מַאֲמִינִים שֶׁהוּא שׁוֹפֵט צֶדֶק.

הש״ץ: הַתָּם וּמִתַּמֵּם עִם תְּמִימִים
הקהל: וְכֹל מַאֲמִינִים שֶׁהוּא תָּמִים פָּעֳלוֹ.

סוגרים את ארון הקודש

תִּשְׂגַּב לְבַדֶּךָ וְתִמְלֹךְ עַל כֹּל בְּיִחוּד.
כַּכָּתוּב עַל יַד נְבִיאֶךָ
וְהָיָה יי לְמֶלֶךְ עַל כָּל הָאָרֶץ
בַּיּוֹם הַהוּא יִהְיֶה יי אֶחָד וּשְׁמוֹ אֶחָד.

כי לא אצדיק רשע.) **צדיק וישר** דבר׳ לב ד. **19 הקוצף בזעף** כך כנראה הגירסא המקורית, והוא ע״פ תהל׳ ז יב אלהים שופט צדיק ואל זועם בכל יום. את הנוסח הזה (המופיע בקצת כי״י בשיבוש קל (הקופץ) שינו כנראה בכוונה לנוסח ׳הקוצר׳ (ר״ל המקצר) — נוסחה זו נדחתה ע״י מהר״ם מרוטנבורג, עי׳ תשב״ץ סי׳ קי״ט, ונשתבשה לצורת ׳הקָצר בזעם׳ או הקָצר זעם׳ (שניהם נגד חוקי הלשון) או הקָצֵר בזעם — כדי להבליט את הרעיון כי רגע הוא רותח, לפי דרשת חז״ל (ברכות דף ז׳ א׳ ועוד) ע״פ תהל׳ ל ו כי רגע באפו וכו׳. **ומאריך אף** ע״ש ישע׳ מח ט למען שמי אאריך אפי. **קשה לכעוס** לשון המשנה, אבות ה׳ י״א, והיא מדת חסידות. **20 הרחום ומקדים רחמים לרוגז** ע״פ שמות לד ו אל רחום, ומדה זו קודמת למדת ׳נקה לא ינקה׳ לפי דרשת חז״ל (יומא דף פ״ו א׳) מנקה הוא לשבין ואינו מנקה לשאינן שבין. **רך לרצות** במקום ׳נוח לרצות׳ שבלשון המשנה שם, בנגוד ל׳קשה׳ הקודם. **21 השוה** שאינו משתנה, ע״פ מלאכי ג ו אני ה׳ לא שניתי. **ומשוה קטון וגדול** בלי הכרת פנים. ע״פ דבר׳ א יז כקטן כגדול תשמעון. **שופט צדק** תהל׳ ט ה ישבת לכסא שופט צדק. **22 התם** כנראה במשמעות ׳תמים׳ ע״ש דבר׳ לב ד הצור תמים פעלו. **ומתמם עם תמימים** ע״ש ש״ב כב כו עם גבור תמים תתמם. **תמים פעלו** דבר׳ לב ד.

וּבְכֵן תֵּן פַּחְדְּךָ יי אֱלֹהֵינוּ עַל כָּל מַעֲשֶׂיךָ, וְאֵימָתְךָ עַל כָּל מַה שֶּׁבָּרָאתָ
וְיִירָאוּךָ כָּל הַמַּעֲשִׂים, וְיִשְׁתַּחֲווּ לְפָנֶיךָ כָּל הַבְּרוּאִים
וְיֵעָשׂוּ כֻלָּם אֲגֻדָּה אַחַת לַעֲשׂוֹת רְצוֹנְךָ בְּלֵבָב שָׁלֵם
כְּמוֹ שֶׁיָּדַעְנוּ יי אֱלֹהֵינוּ שֶׁהַשִּׁלְטוֹן לְפָנֶיךָ, עֹז בְּיָדְךָ וּגְבוּרָה בִּימִינֶךָ
וְשִׁמְךָ נוֹרָא עַל כָּל מַה שֶּׁבָּרָאתָ.

וּבְכֵן תֵּן כָּבוֹד יי לְעַמֶּךָ, תְּהִלָּה לִירֵאֶיךָ וְתִקְוָה טוֹבָה לְדוֹרְשֶׁיךָ
וּפִתְחוֹן פֶּה לַמְיַחֲלִים לָךְ
שִׂמְחָה לְאַרְצֶךָ, וְשָׂשׂוֹן לְעִירֶךָ, וּצְמִיחַת קֶרֶן לְדָוִד עַבְדֶּךָ
וַעֲרִיכַת נֵר לְבֶן יִשַׁי מְשִׁיחֶךָ, בִּמְהֵרָה בְיָמֵינוּ.

וּבְכֵן צַדִּיקִים יִרְאוּ וְיִשְׂמָחוּ, וִישָׁרִים יַעֲלֹזוּ וַחֲסִידִים בְּרִנָּה יָגִילוּ
וְעוֹלָתָה תִּקְפָּץ פִּיהָ, וְכָל הָרִשְׁעָה כֻּלָּהּ כְּעָשָׁן תִּכְלֶה
כִּי תַעֲבִיר מֶמְשֶׁלֶת זָדוֹן מִן הָאָרֶץ.

סימן: א"ב.

1 וְיֶאֱתָיוּ כֹל לְעָבְדֶךָ / וִיבָרְכוּ שֵׁם כְּבוֹדֶךָ
וְיַגִּידוּ בָאִיִּים צִדְקֶךָ / וְיִדְרְשׁוּךָ עַמִּים לֹא יְדָעוּךָ
וִיהַלְלוּךָ כָּל אַפְסֵי אָרֶץ / וְיֹאמְרוּ תָמִיד יִגְדַּל יי
וְיִזְנְחוּ אֶת עֲצַבֵּיהֶם / וְיַחְפְּרוּ עִם פְּסִילֵיהֶם

1 ויאתיו ויבאו, כגון ישע' מא ה קרבו ויאתיון. ויברכו שם כבודך נחמ' ט ה. 2 ויגידו באיים צדקך ע"ש ישע' מב יב ותהלתו באיים יגידו. וידרשוך עמים לא ידעוך ע"ש ישע' נה ה וגוי לא ידעוך אליך ירוצו. 3 ויהללוך כל אפסי ארץ דוגמת תהל' סז ח וייראו אותו כל אפסי ארץ, או כדומה. ויאמרו תמיד יגדל ה' תהל' לה כז ועוד. 4 ויזבחו לך את זבחיהם דוגמת ויזבחו זבחי תודה תהל' קז כב, או כדומה (ויזנחו את עצביהם עי' ש"ב ה כא.) ויחפרו ויבושו, כגון תהל' פג

וְיָטוּ שְׁכֶם אֶחָד לְעָבְדֶךָ / וְיִירָאוּךָ עִם שֶׁמֶשׁ מְבַקְשֵׁי פָנֶיךָ
וְיַכִּירוּ כֹּחַ מַלְכוּתֶךָ / וִילַמְּדוּ תוֹעִים בִּינָה
וִימַלְּלוּ אֶת גְּבוּרָתֶךָ / וִינַשְּׂאוּךָ מִתְנַשֵּׂא לְכֹל לְרֹאשׁ
וִיסַלְּדוּ בְחִילָה פָּנֶיךָ / וִיעַטְּרוּךָ נֵזֶר תִּפְאָרָה
וְיִפְצְחוּ הָרִים רִנָּה / וְיִצְהֲלוּ אִיִּים בְּמָלְכֶךָ
וִיקַבְּלוּ עֹל מַלְכוּתְךָ עֲלֵיהֶם / וִירוֹמְמוּךָ בִּקְהַל עָם
וְיִשְׁמְעוּ רְחוֹקִים וְיָבוֹאוּ / וְיִתְּנוּ לְךָ כֶּתֶר מְלוּכָה.

וְתִמְלֹךְ אַתָּה הוּא יי אֱלֹהֵינוּ מְהֵרָה לְבַדֶּךָ עַל כָּל מַעֲשֶׂיךָ, בְּהַר צִיּוֹן מִשְׁכַּן כְּבוֹדֶךָ, וּבִירוּשָׁלַיִם עִיר קָדְשֶׁךָ, כַּכָּתוּב בְּדִבְרֵי קָדְשֶׁךָ, יִמְלֹךְ יי לְעוֹלָם, אֱלֹהַיִךְ צִיּוֹן לְדֹר וָדֹר, הַלְלוּיָהּ.

קָדוֹשׁ אַתָּה וְנוֹרָא שְׁמֶךָ, וְאֵין אֱלוֹהַּ מִבַּלְעָדֶיךָ, כַּכָּתוּב, וַיִּגְבַּהּ יי צְבָאוֹת בַּמִּשְׁפָּט, וְהָאֵל הַקָּדוֹשׁ נִקְדַּשׁ בִּצְדָקָה.
בָּרוּךְ אַתָּה יי, הַמֶּלֶךְ הַקָּדוֹשׁ.

יח, והענין ע״פ תהל׳ צז ז יבושו כל עובדי פסל. **5 ויטו שכם אחד לעבדך** ע״ש צפני׳ ג ט לעבדו שכם אחד. **וייראוך עם שמש** תהל׳ עב ה. **מבקשי פניך** תהל׳ כד ו. **6 ויכירו כח מלכותך** ויכירו כי אתה מלך (דוגמת מ״א כ מא), והצורה דוגמת תהל׳ קמה יא כבוד מלכותך יאמרו. **וילמדו תועים בינה** ע״ש ישע׳ כט כד וידעו תועי רוח בינה ורוגנים ילמדו לקח. **7 וימללו את גבורתך** (צ״ל גבורותיך?) ע״ש תהל׳ קו ב מי ימלל גבורות ה׳. **וינשאוך מתנשא לכל לראש** ע״ש דה״א כט יא. **8 ויסלדו בחילה פניך** ע״ש איוב ו י ואסלדה בחילה. **ויעטרוך נזר תפארה** עטרת תפארה (ישע׳ סב ג). **9 ויפצחו הרים רנה** ישע׳ מד כג. **ויצהלו איים במלכך** ע״ש ישע׳ נד א פצחי רנה וצהלי, ושם צז א ישמחו איים רבים. **10 ויקבלו עול מלכותך [עליהם]** לשון המשנה, כגון ברכות ב׳ ב׳ כדי שמקבל עליו עול מלכות שמים תחלה, וכן בתפלות עתיקות. **וירוממוך בקהל עם** תהל׳ קז לא. **11 וישמעו רחוקים ויבואו** ע״ש ישע׳ לג יג שמעו רחוקים אשר עשיתי. **ויתנו לך כתר מלוכה** ע״ש עובד׳ א כא והיתה לה׳ המלוכה.

אַתָּה בְחַרְתָּנוּ מִכָּל הָעַמִּים, אָהַבְתָּ אוֹתָנוּ וְרָצִיתָ בָּנוּ
וְרוֹמַמְתָּנוּ מִכָּל הַלְּשׁוֹנוֹת, וְקִדַּשְׁתָּנוּ בְּמִצְוֹתֶיךָ
וְקֵרַבְתָּנוּ מַלְכֵּנוּ לַעֲבוֹדָתֶךָ, וְשִׁמְךָ הַגָּדוֹל וְהַקָּדוֹשׁ עָלֵינוּ קָרָאתָ.

וַתִּתֶּן לָנוּ יי אֱלֹהֵינוּ בְּאַהֲבָה אֶת יוֹם /בשבת: הַשַּׁבָּת הַזֶּה וְאֶת יוֹם/
הַזִּכָּרוֹן הַזֶּה, יוֹם /בשבת: זִכְרוֹן/
תְּרוּעָה /בשבת: בְּאַהֲבָה/
מִקְרָא קֹדֶשׁ, זֵכֶר לִיצִיאַת מִצְרָיִם.

וּמִפְּנֵי חֲטָאֵינוּ גָּלִינוּ מֵאַרְצֵנוּ וְנִתְרַחַקְנוּ מֵעַל אַדְמָתֵנוּ
וְאֵין אֲנוּ יְכוֹלִים לַעֲשׂוֹת חוֹבוֹתֵינוּ בְּבֵית בְּחִירָתֶךָ
בַּבַּיִת הַגָּדוֹל וְהַקָּדוֹשׁ שֶׁנִּקְרָא שִׁמְךָ עָלָיו
מִפְּנֵי הַיָּד שֶׁנִּשְׁתַּלְּחָה בְּמִקְדָּשֶׁךָ.

יְהִי רָצוֹן מִלְּפָנֶיךָ יי אֱלֹהֵינוּ וֵאלֹהֵי אֲבוֹתֵינוּ מֶלֶךְ רַחֲמָן
שֶׁתָּשׁוּב וּתְרַחֵם עָלֵינוּ וְעַל מִקְדָּשְׁךָ בְּרַחֲמֶיךָ הָרַבִּים
וְתִבְנֵהוּ מְהֵרָה וּתְגַדֵּל כְּבוֹדוֹ.

אָבִינוּ מַלְכֵּנוּ, גַּלֵּה כְּבוֹד מַלְכוּתְךָ עָלֵינוּ מְהֵרָה
וְהוֹפַע וְהִנָּשֵׂא עָלֵינוּ לְעֵינֵי כָּל חָי
וְקָרֵב פְּזוּרֵינוּ מִבֵּין הַגּוֹיִם וּנְפוּצוֹתֵינוּ כַּנֵּס מִיַּרְכְּתֵי אָרֶץ.
וַהֲבִיאֵנוּ לְצִיּוֹן עִירְךָ בְּרִנָּה, וְלִירוּשָׁלַיִם בֵּית מִקְדָּשְׁךָ בְּשִׂמְחַת עוֹלָם
וְשָׁם נַעֲשֶׂה לְפָנֶיךָ אֶת קָרְבְּנוֹת חוֹבוֹתֵינוּ
תְּמִידִים כְּסִדְרָם וּמוּסָפִים כְּהִלְכָתָם.

וְאֶת מוּסְפֵי יוֹם /בשבת: הַשַּׁבָּת הַזֶּה וְיוֹם/ הַזִּכָּרוֹן הַזֶּה
נַעֲשֶׂה וְנַקְרִיב לְפָנֶיךָ בְּאַהֲבָה כְּמִצְוַת רְצוֹנֶךָ
כְּמוֹ שֶׁכָּתַבְתָּ עָלֵינוּ בְּתוֹרָתֶךָ
עַל יְדֵי מֹשֶׁה עַבְדֶּךָ מִפִּי כְבוֹדֶךָ, כָּאָמוּר

בשבת מוסיפים:

וּבְיוֹם הַשַּׁבָּת שְׁנֵי כְבָשִׂים בְּנֵי שָׁנָה תְּמִימִם, וּשְׁנֵי עֶשְׂרֹנִים סֹלֶת מִנְחָה בְּלוּלָה בַשֶּׁמֶן וְנִסְכּוֹ. עֹלַת שַׁבַּת בְּשַׁבַּתּוֹ, עַל עֹלַת הַתָּמִיד וְנִסְכָּהּ.

וּבַחֹדֶשׁ הַשְּׁבִיעִי בְּאֶחָד לַחֹדֶשׁ מִקְרָא קֹדֶשׁ יִהְיֶה לָכֶם, כָּל מְלֶאכֶת עֲבֹדָה לֹא תַעֲשׂוּ, יוֹם תְּרוּעָה יִהְיֶה לָכֶם. וַעֲשִׂיתֶם עֹלָה לְרֵיחַ נִיחֹחַ לַיי פַּר בֶּן בָּקָר אֶחָד אַיִל אֶחָד, כְּבָשִׂים בְּנֵי שָׁנָה שִׁבְעָה תְּמִימִם.
וּמִנְחָתָם וְנִסְכֵּיהֶם כִּמְדֻבָּר, שְׁלֹשָׁה עֶשְׂרֹנִים לַפָּר וּשְׁנֵי עֶשְׂרֹנִים לָאָיִל, וְעִשָּׂרוֹן לַכֶּבֶשׂ, וְיַיִן כְּנִסְכּוֹ, וּשְׁנֵי שְׂעִירִים לְכַפֵּר, וּשְׁנֵי תְמִידִים כְּהִלְכָתָם. מִלְּבַד עֹלַת הַחֹדֶשׁ וּמִנְחָתָהּ, וְעֹלַת הַתָּמִיד וּמִנְחָתָהּ, וְנִסְכֵּיהֶם כְּמִשְׁפָּטָם, לְרֵיחַ נִיחֹחַ אִשֶּׁה לַיי.

בשבת מוסיפים:

יִשְׂמְחוּ בְמַלְכוּתְךָ שׁוֹמְרֵי שַׁבָּת וְקוֹרְאֵי עֹנֶג. עַם מְקַדְּשֵׁי שְׁבִיעִי, כֻּלָּם יִשְׂבְּעוּ וְיִתְעַנְּגוּ מִטּוּבֶךָ, וּבַשְּׁבִיעִי רָצִיתָ בּוֹ וְקִדַּשְׁתּוֹ, חֶמְדַּת יָמִים אוֹתוֹ קָרָאתָ, זֵכֶר לְמַעֲשֵׂה בְרֵאשִׁית.

פותחים את ארון הקודש

עָלֵינוּ לְשַׁבֵּחַ לַאֲדוֹן הַכֹּל, לָתֵת גְּדֻלָּה לְיוֹצֵר בְּרֵאשִׁית
שֶׁלֹּא עָשָׂנוּ כְּגוֹיֵי הָאֲרָצוֹת, וְלֹא שָׂמָנוּ כְּמִשְׁפְּחוֹת הָאֲדָמָה

סוגרים את ארון הקודש

שֶׁלֹּא שָׂם חֶלְקֵנוּ כָּהֶם וְגוֹרָלֵנוּ כְּכָל הֲמוֹנָם.
שֶׁהֵם מִשְׁתַּחֲוִים לְהֶבֶל וָרִיק וּמִתְפַּלְּלִים אֶל אֵל לֹא יוֹשִׁיעַ.

פותחים את ארון הקודש

וַאֲנַחְנוּ כּוֹרְעִים וּמִשְׁתַּחֲוִים וּמוֹדִים לִפְנֵי מֶלֶךְ מַלְכֵי הַמְּלָכִים הַקָּדוֹשׁ בָּרוּךְ הוּא, שֶׁהוּא נוֹטֶה שָׁמַיִם וְיוֹסֵד אָרֶץ וּמוֹשַׁב יְקָרוֹ בַּשָּׁמַיִם מִמַּעַל, וּשְׁכִינַת עֻזּוֹ בְּגָבְהֵי מְרוֹמִים. הוּא אֱלֹהֵינוּ, אֵין עוֹד. אֱמֶת מַלְכֵּנוּ, אֶפֶס זוּלָתוֹ, כַּכָּתוּב בְּתוֹרָתוֹ, וְיָדַעְתָּ הַיּוֹם וַהֲשֵׁבֹתָ אֶל לְבָבֶךָ, כִּי יי הוּא הָאֱלֹהִים בַּשָּׁמַיִם מִמַּעַל וְעַל הָאָרֶץ מִתָּחַת, אֵין עוֹד.

בזמן שהציבור אומר ״הוא אלהינו״, אומר הש״ץ:

אַתָּה הָרְאֵתָ לָדַעַת כִּי יי הוּא הָאֱלֹהִים, אֵין עוֹד מִלְּבַדּוֹ. וְיָדַעְתָּ הַיּוֹם וַהֲשֵׁבֹתָ אֶל לְבָבֶךָ, כִּי יי הוּא הָאֱלֹהִים בַּשָּׁמַיִם מִמַּעַל וְעַל הָאָרֶץ מִתָּחַת, אֵין עוֹד. שְׁמַע יִשְׂרָאֵל, יי אֱלֹהֵינוּ, יי אֶחָד. הֵן לַיי אֱלֹהֶיךָ הַשָּׁמַיִם וּשְׁמֵי הַשָּׁמָיִם, הָאָרֶץ וְכָל אֲשֶׁר בָּהּ. כִּי יי אֱלֹהֵיכֶם הוּא אֱלֹהֵי הָאֱלֹהִים וַאֲדֹנֵי הָאֲדֹנִים, הָאֵל הַגָּדֹל הַגִּבֹּר וְהַנּוֹרָא אֲשֶׁר לֹא יִשָּׂא פָנִים וְלֹא יִקַּח שֹׁחַד. כִּי שֵׁם יי אֶקְרָא, הָבוּ גֹדֶל לֵאלֹהֵינוּ. יְהִי שֵׁם יי מְבֹרָךְ מֵעַתָּה וְעַד עוֹלָם.

סוגרים את ארון הקודש

נוסח מורכב

אֱלֹהֵינוּ וֵאלֹהֵי אֲבוֹתֵינוּ 1

הֱיֵה עִם פִּיפִיּוֹת שְׁלוּחֵי עַמְּךָ בֵּית יִשְׂרָאֵל

הָעוֹמְדִים לְבַקֵּשׁ תְּפִלָּה וְתַחֲנוּנִים מִלְּפָנֶיךָ עַל עַמְּךָ בֵּית יִשְׂרָאֵל.

הוֹרֵם מַה שֶּׁיֹּאמְרוּ / הֲבִינֵם מַה שֶּׁיְּדַבֵּרוּ

הֲשִׁיבֵם מַה שֶּׁיִּשְׁאֲלוּ / יַדְּעֵם הֵיךְ יְפָאֵרוּ.

כל תפלת ש״ץ זו מבוססת על מאמר המשנה (ברכות ה׳ ה׳) המתפלל וטעה סימן רע לו, ואם שליח צבור הוא סימן רע לשולחיו, מפני ששלוחו של אדם כמותו.

1 או״א **היה עם פיפיות שלוחי עמך בית ישראל** ע״ש שמות ד טו ואנכי אהיה עם פיך ועם פיהו, ול׳ פיפיות (הנאמר במקרא על החרב, כגון ישע׳ מא טו. תהל׳ קמט ו) במקום ׳פיות׳ בלשון חכמים, כגון בברכת התורה ׳הערב נא...את דברי תורתך בפינו ובפיפיות עמך בית ישראל (ברכ׳ דף י״א ב׳). שלוחי עמך, ר״ל שלוחי הצבור, כלשון המשנה (יומא א׳ ה׳) אנו שלוחי בית דין ואתה שלוחנו. **לבקש תפלה ותחנונים** לה״כ דני׳ ט ג ובמדרש ויק״ר י״א ו׳ ע׳ רכח. **3 הורם מה שיאמרו** שמות (שם) והוריתי אתכם את אשר תעשון. **הבינם** למדם כמו ישע׳ מ יד את מי נועץ ויבינהו וילמדהו בארח משפט. **4 השיבם** ע״ש והשיבני דבר, בראש׳ לז יד, פי׳ הודיעם. **מה שישאלו** מה שיבקשו. **ידעם** הודע אותם, כמו איוב לח ידעתה השחר מקומו. **5 באור פניך**

בְּאוֹר פָּנֶיךָ יְהַלֵּכוּן / בָּרֵךְ לְךָ יְבָרְכוּן
עַמְּךָ בְּפִיהֶם יְבָרְכוּן / וּמִבִּרְכוֹת פִּיךָ כֻּלָּם יִתְבָּרְכוּן.

עַמְּךָ לְפָנֶיךָ יַעֲבִירוּן / וְהֵם בְּתוֹךְ יַעֲבוֹרוּן
עֵינֵי עַמְּךָ בָּם תְּלוּיוֹת / וְעֵינֵיהֶם לְךָ מְיַחֲלוֹת.

גָּשִׁים מוּל אֲרוֹן הַקֹּדֶשׁ בְּאֵימָה / לְשַׁכֵּךְ כַּעַס וְחֵימָה
וְעַמְּךָ מְסַבְּבִים אוֹתָם כַּחוֹמָה
וְאַתָּה מִן הַשָּׁמַיִם תַּשְׁגִּיחַ אוֹתָם לְרַחֲמָה.

עַיִן נוֹשְׂאִים לְךָ לַשָּׁמַיִם / לֵב שׁוֹפְכִים נִכְחָךְ כַּמַּיִם
וְאַתָּה תִּשְׁמַע מִן הַשָּׁמַיִם.

שֶׁלֹּא יִכָּשְׁלוּ בִלְשׁוֹנָם / וְלֹא יִנָּקְשׁוּ בְשִׁנּוּנָם
וְלֹא יֵבוֹשׁוּ בְּמַשְׁעֵנָם / וְלֹא יִכָּלְמוּ בָם שְׁאוֹנָם

יהלכון לה״כ תהל׳ פט טז. **ברך לך יברכון** ע״ש תהל׳ צה ו ונברכה לפני ה׳ (כ״ה הגירסא העתיקה, וברוב כי״י נשתנתה ל״כרעון״ ע״פ ישע׳ מה כג כי לי תכרע כל ברך, שלא לפי החריזה). **6 עמך בפיהם יברכון** (ע״ש תהל׳ סב ה בפיו יברכו) ר״ל שלוחי צבור מברכין את העם בברכות שהם מתפללים בפניהם. **ומברכות פיך כלם יתברכון** ע״ש ש״ב ז כט ומברכתך יבורך בית עבדך. **7 עמך לפניך יעבירון והם בתוך יעבורון** באמצע העם, כי ש״ץ עומד באמצע והעם משני הצדדים. **8 עיני עמך בם** (נ״א בך) **תלויות ועיניהם לך מיחלות** עי׳ מדרש תהלים כ״ה דף ק״ו א׳ ש״ץ יורד לפני התיבה לפי שעיניהם של צבור תלויות בו ועיניו תלויות בהקב״ה שהוא שומע תפלתם. **9 לשכך כעס וחימה** ע״ש אסתר ז י וחמת המלך שככה. **10 ועמך מסביבים אותם כחומה** (במקום סובבים אותם) כחומה סביב, ויק׳ כה לא ועוד. **ואתה מן השמים תשגיח** ע״ש תהל׳ לג יד ממכון שבתו השגיח (וכאן בלי משלים, כמו שה״ש ב ט משגיח מן החלונות). **אותם לרחמה** לרחם עליהם (אותם כמו ירמ׳ מב יב ועוד). **11 עין נושאים לך לשמים** ע״ש ישע׳ נא ו שאו לשמים עיניכם. **לב שופכים נכחך כמים** ע״ש איכה ב יט שפכי כמים לבך. **12 ואתה תשמע השמים** לה״כ מ״א ח לב ועוד (מן השמים דה״ב ו כג ועוד). **13 שלא יכשלו בלשונם** (ע״ש תהל׳ סד ט ויכשילוהו עלימו לשונם). **ולא ינקשו בשינונם** (ע״ש דבר׳ יב ל פן תנקש אחריהם) במה שהם משננים לעם. **14 ולא יבושו במשענם** בקהלם השולח אותם שהם נשענים עליו, וי״מ בהקב״ה שהוא משען ומשענה (ישע׳ ג א). **ולא יכלמו בם שאונם** קהלם, המונם

15 וְאַל יֹאמַר פִּיהֶם דָּבָר שֶׁלֹּא כִרְצוֹנֶךָ.

כִּי חֲנוּנֶיךָ יי אֱלֹהֵינוּ הֵמָּה חֲנוּנִים / וּמְלֻמָּדֶיךָ הֵמָּה מְלֻמָּדִים.

כְּמָה שֶׁיָּדַעְנוּ יי אֱלֹהֵינוּ, אֵת אֲשֶׁר תָּחֹן יוּחַן, וְאֵת אֲשֶׁר תְּרַחֵם יְרֻחָם. כַּכָּתוּב בְּתוֹרָתֶךָ, וַיֹּאמֶר, אֲנִי אַעֲבִיר כָּל טוּבִי עַל פָּנֶיךָ, וְקָרָאתִי בְשֵׁם יי לְפָנֶיךָ, וְחַנֹּתִי אֶת אֲשֶׁר אָחֹן וְרִחַמְתִּי אֶת אֲשֶׁר אֲרַחֵם. וְנֶאֱמַר, אַל יֵבֹשׁוּ בִי קֹוֶיךָ, אֲדֹנָי אֱלֹהִים צְבָאוֹת, אַל יִכָּלְמוּ בִי מְבַקְשֶׁיךָ, אֱלֹהֵי יִשְׂרָאֵל.

פותחים את ארון הקודש

סימן: א מרובע.

1 אוֹחִילָה לָאֵל אֲחַלֶּה פָנָיו

אֶשְׁאֲלָה מִמֶּנּוּ מַעֲנֵה לָשׁוֹן

אֲשֶׁר בִּקְהַל עָם אָשִׁירָה עֻזּוֹ

אַבִּיעָה רְנָנוֹת בְּעַד מִפְעָלָיו.

לְאָדָם מַעַרְכֵי לֵב, וּמֵיי מַעֲנֵה לָשׁוֹן.

אֲדֹנָי, שְׂפָתַי תִּפְתָּח וּפִי יַגִּיד תְּהִלָּתֶךָ.

יִהְיוּ לְרָצוֹן אִמְרֵי פִי וְהֶגְיוֹן לִבִּי לְפָנֶיךָ, יי צוּרִי וְגֹאֲלִי.

סוגרים את ארון הקודש

הפיוט ״אנסיכה מלכי״ בעמוד 402.

הפיוט ״אהללה״ (לשבת) בעמוד 404.

(ע״ש ישע׳ סו ו קול שאון מעיר, וכדומה) ומסמך לו הכתוב תהל׳ סט ז אל יבושו בי קויך וכו׳. **15 ואל יאמר פיהם דבר שלא כרצונך** פירוש למלים שלא יכשלו בלשונם? **16 כי חנוניך המה חנונים ומלומדיך המה מלומדים** (כ״ה הגירסא העתיקה ששינו אח״כ: ומרוחמיך המה מרוחמים, בהתאם לפסוק המובא). **כמו שידענו** כלשון תפלת ׳ובכן תן פחדך׳.

1 אוחילה לאל ע״ש מיכה ז ז אוחילה לאלהי ישעי. **אחלה פניו** ע״ש מלאכי א ט חלו נא פני אל, ועוד. **2 אשאלה ממנו מענה לשון** אבקש שיענה את תפלתי, ע״ש משלי טז א. **3 בקהל עם** שופט׳ כ ב. **אשירה עוזו** ע״ש תהל׳ נט יז ואני אשיר עזך. **4 אביעה רננות** ע״ש תהל׳ סג ו ושפתי רננות יהלל פי.

וְעַל כֵּן נְקַוֶּה לְּךָ יי אֱלֹהֵינוּ, לִרְאוֹת מְהֵרָה בְּתִפְאֶרֶת עֻזֶּךָ, לְהַעֲבִיר גִּלּוּלִים מִן הָאָרֶץ, וְהָאֱלִילִים כָּרוֹת יִכָּרֵתוּן, לְתַקֵּן עוֹלָם בְּמַלְכוּת שַׁדַּי. וְכָל בְּנֵי בָשָׂר יִקְרְאוּ בִשְׁמֶךָ לְהַפְנוֹת אֵלֶיךָ כָּל רִשְׁעֵי אָרֶץ. יַכִּירוּ וְיֵדְעוּ כָּל יוֹשְׁבֵי תֵבֵל, כִּי לְךָ תִּכְרַע כָּל בֶּרֶךְ, תִּשָּׁבַע כָּל לָשׁוֹן. לְפָנֶיךָ יי אֱלֹהֵינוּ יִכְרְעוּ וְיִפֹּלוּ, וְלִכְבוֹד שִׁמְךָ יְקָר יִתֵּנוּ, וִיקַבְּלוּ כֻלָּם אֶת עֹל מַלְכוּתֶךָ וְתִמְלֹךְ עֲלֵיהֶם מְהֵרָה לְעוֹלָם וָעֶד. כִּי הַמַּלְכוּת שֶׁלְּךָ הִיא וּלְעוֹלְמֵי עַד תִּמְלוֹךְ בְּכָבוֹד, כַּכָּתוּב בְּתוֹרָתֶךָ, יי יִמְלֹךְ לְעֹלָם וָעֶד.

וְנֶאֱמַר
לֹא הִבִּיט אָוֶן בְּיַעֲקֹב וְלֹא רָאָה עָמָל בְּיִשְׂרָאֵל, יי אֱלֹהָיו עִמּוֹ וּתְרוּעַת מֶלֶךְ בּוֹ.

וְנֶאֱמַר
וַיְהִי בִישֻׁרוּן מֶלֶךְ, בְּהִתְאַסֵּף רָאשֵׁי עָם, יַחַד שִׁבְטֵי יִשְׂרָאֵל.

וּבְדִבְרֵי קָדְשְׁךָ כָּתוּב לֵאמֹר, כִּי לַיי הַמְּלוּכָה וּמֹשֵׁל בַּגּוֹיִם.

וְנֶאֱמַר
יי מָלָךְ גֵּאוּת לָבֵשׁ, לָבֵשׁ יי עֹז הִתְאַזָּר, אַף תִּכּוֹן תֵּבֵל בַּל תִּמּוֹט.

וְנֶאֱמַר
שְׂאוּ שְׁעָרִים רָאשֵׁיכֶם וְהִנָּשְׂאוּ פִּתְחֵי עוֹלָם, וְיָבוֹא מֶלֶךְ הַכָּבוֹד. מִי זֶה מֶלֶךְ הַכָּבוֹד, יי עִזּוּז וְגִבּוֹר, יי גִּבּוֹר מִלְחָמָה. שְׂאוּ שְׁעָרִים רָאשֵׁיכֶם וּשְׂאוּ פִּתְחֵי עוֹלָם, וְיָבֹא מֶלֶךְ הַכָּבוֹד. מִי הוּא זֶה מֶלֶךְ הַכָּבוֹד, יי צְבָאוֹת הוּא מֶלֶךְ הַכָּבוֹד סֶלָה.

וְעַל יְדֵי עֲבָדֶיךָ הַנְּבִיאִים כָּתוּב לֵאמֹר
כֹּה אָמַר יי מֶלֶךְ יִשְׂרָאֵל וְגֹאֲלוֹ יי צְבָאוֹת, אֲנִי רִאשׁוֹן וַאֲנִי אַחֲרוֹן וּמִבַּלְעָדַי אֵין אֱלֹהִים.

וְנֶאֱמַר
וְעָלוּ מוֹשִׁעִים בְּהַר צִיּוֹן לִשְׁפֹּט אֶת הַר עֵשָׂו, וְהָיְתָה לַיי הַמְּלוּכָה.

וְנֶאֱמַר
וְהָיָה יי לְמֶלֶךְ עַל כָּל הָאָרֶץ, בַּיּוֹם הַהוּא יִהְיֶה יי אֶחָד וּשְׁמוֹ אֶחָד.

וּבְתוֹרָתְךָ כָּתוּב לֵאמֹר, שְׁמַע יִשְׂרָאֵל, יי אֱלֹהֵינוּ, יי אֶחָד.

אֱלֹהֵינוּ וֵאלֹהֵי אֲבוֹתֵינוּ
מְלֹךְ עַל כָּל הָעוֹלָם כֻּלּוֹ בִּכְבוֹדֶךָ וְהִנָּשֵׂא עַל כָּל הָאָרֶץ בִּיקָרֶךָ, וְהוֹפַע בַּהֲדַר גְּאוֹן עֻזֶּךָ עַל כָּל יוֹשְׁבֵי תֵבֵל אַרְצֶךָ. וְיֵדַע כָּל פָּעוּל כִּי אַתָּה פְעַלְתּוֹ, וְיָבִין כָּל יָצוּר כִּי אַתָּה יְצַרְתּוֹ, וְיֹאמַר כֹּל אֲשֶׁר נְשָׁמָה בְּאַפּוֹ, יי אֱלֹהֵי יִשְׂרָאֵל מֶלֶךְ וּמַלְכוּתוֹ בַּכֹּל מָשָׁלָה.

בשבת: אֱלֹהֵינוּ וֵאלֹהֵי אֲבוֹתֵינוּ, רְצֵה נָא בִמְנוּחָתֵנוּ

קַדְּשֵׁנוּ בְּמִצְוֹתֶיךָ וְתֵן חֶלְקֵנוּ בְּתוֹרָתֶךָ, שַׂבְּעֵנוּ מִטּוּבֶךָ וְשַׂמַּח נַפְשֵׁנוּ בִּישׁוּעָתֶךָ

בשבת: וְהַנְחִילֵנוּ יי אֱלֹהֵינוּ בְּאַהֲבָה וּבְרָצוֹן שַׁבַּת קָדְשֶׁךָ, וְיָנוּחוּ בוֹ כָּל יִשְׂרָאֵל מְקַדְּשֵׁי שְׁמֶךָ

וְטַהֵר לִבֵּנוּ לְעָבְדְּךָ בֶּאֱמֶת, כִּי אַתָּה אֱלֹהִים אֱמֶת וּדְבָרְךָ אֱמֶת וְקַיָּם לָעַד. בָּרוּךְ אַתָּה יי, מֶלֶךְ עַל כָּל הָאָרֶץ, מְקַדֵּשׁ /בשבת: הַשַּׁבָּת וְ/ יִשְׂרָאֵל וְיוֹם הַזִּכָּרוֹן.

תוקעים:		
תקיעה	שברים תרועה	תקיעה
תקיעה	שברים	תקיעה
תקיעה	תרועה	תקיעה

(ובשבת אין תוקעים)

הַיּוֹם הֲרַת עוֹלָם הַיּוֹם יַעֲמִיד בַּמִּשְׁפָּט כָּל יְצוּרֵי עוֹלָמִים
אִם כְּבָנִים אִם כַּעֲבָדִים.
אִם כְּבָנִים רַחֲמֵנוּ כְּרַחֵם אָב עַל בָּנִים
וְאִם כַּעֲבָדִים עֵינֵינוּ לְךָ תְלוּיוֹת עַד שֶׁתְּחָנֵּנוּ
וְתוֹצִיא כָאוֹר מִשְׁפָּטֵנוּ, אָיוֹם קָדוֹשׁ.

בשבת אין אומרים
אֲרֶשֶׁת שְׂפָתֵינוּ יֶעֱרַב לְפָנֶיךָ אֵל רָם וְנִשָּׂא.
מֵבִין וּמַאֲזִין מַבִּיט וּמַקְשִׁיב לְקוֹל תְּקִיעָתֵנוּ
וּתְקַבֵּל בְּרַחֲמִים וּבְרָצוֹן סֵדֶר מַלְכֻיּוֹתֵינוּ.

הפיוט ״זכר תחילת כל מעש״ בעמ׳ 406. הפיוט ״אפחד במעשי״ (לשבת) בעמ׳ 408.

אַתָּה זוֹכֵר מַעֲשֵׂה עוֹלָם וּפוֹקֵד כָּל יְצוּרֵי קֶדֶם, לְפָנֶיךָ נִגְלוּ כָּל תַּעֲלוּמוֹת וַהֲמוֹן נִסְתָּרוֹת שֶׁמִּבְּרֵאשִׁית, כִּי אֵין שִׁכְחָה לִפְנֵי כִסֵּא כְבוֹדֶךָ, וְאֵין נִסְתָּר מִנֶּגֶד עֵינֶיךָ.

אַתָּה זוֹכֵר אֶת כָּל הַמִּפְעָל וְגַם כָּל הַיְצוּר לֹא נִכְחַד מִמֶּךָּ. הַכֹּל גָּלוּי וְיָדוּעַ לְפָנֶיךָ יי אֱלֹהֵינוּ, צוֹפֶה וּמַבִּיט עַד סוֹף כָּל הַדּוֹרוֹת, כִּי תָבִיא חֹק זִכָּרוֹן לְהִפָּקֵד כָּל רוּחַ וָנֶפֶשׁ, לְהִזָּכֵר מַעֲשִׂים רַבִּים וַהֲמוֹן בְּרִיּוֹת לְאֵין תַּכְלִית. מֵרֵאשִׁית כָּזֹאת הוֹדַעְתָּ, וּמִלְּפָנִים אוֹתָהּ גִּלִּיתָ. זֶה הַיּוֹם תְּחִלַּת מַעֲשֶׂיךָ, זִכָּרוֹן לְיוֹם רִאשׁוֹן, כִּי חֹק לְיִשְׂרָאֵל הוּא, מִשְׁפָּט לֵאלֹהֵי יַעֲקֹב.

1 היום הרת עולם (ע״ש ירמ׳ כ יז ורחמה הרת עולם) ר״ל היום נברא העולם, והוא ע״פ שיטת ר׳ אליעזר שאמר (ר״ה דף י ב׳) בתשרי נברא העולם, ואמרינן (שם כ״ז א׳) כמאן מצלינן האידנא זה היום תחילת מעשיך זכרון ליום ראשון, כמאן כר׳ אליעזר דאמר בתשרי נברא העולם. ועי׳ ג״כ פסיקתא דר׳ כהנא דף ק״נ א׳ ועוד מקורות. **היום יעמיד במשפט כל יצורי עולמים** ע״ש משלי כט ד מלך במשפט יעמיד ארץ, ותהל׳ קיט צא למשפטיך עמדו היום כי הכל עבדיך, והענין ע״פ המשנה (ר״ה א׳ ה׳) באחד בתשרי כל באי עולם עוברין לפניך כבני מרון. **2 אם כבנים אם כעבדים** ר״ל או כך או כך. ומכאן והלאה בפנייה ישירה אל הקב״ה. **3 אם כבנים רחמנו כרחם אב על בנים** ע״ש תהל׳ קג יג כרחם אב על בנים רחם ה׳ על יראיו. **4 ואם כעבדים עינינו לך תלויות עד שתחננו** ע״ש תהל׳ קכג ב הנה כעיני עבדים אל יד אדוניהם... כן עינינו אל ה׳ אלהינו עד שיחננו. עינינו לך תלויות, כלשון התלמוד והמדרש, כגון ב״ר צ״ח ב׳ (ע׳ 1251) תלה עיניו והביט במלך. שמו״ר כ״א ה׳ תלו עיניהם למרום. **5 ותוציא לאור משפטנו** (כן הגירסא העתיקה, וכ״ה בשאר המנהגים) ע״ש צפני׳ ג ה משפטו יתן לאור. מיכה ז ט ועשה משפטי יוציאני לאור (וכנראה תוקן הנוסח אח״כ ע״פ תהל׳ לז ו והוציא כאור צדקך ומשפטך כצהרים). **היום** המלה נמחקה ע״פ בעלי ההלכה, כי חתימת הדין רק ביו״כ. ויש שהגיהו **איום**.

ארשת שפתינו ע״ש תהל׳ כא ג ארשת שפתיו בל מנעת, ר״ל דבורנו, תפלתנו. **יערב לפניך** ע״ש תהל׳ קד לד יערב עליו שיחי, וכנראה נגרם ע״י השפעת המובא האי־דיוק ׳יערב׳ במקום ׳תערב׳; לפניך (במקום עליך או לך) על דרך התרגומים (כגון מלאכי ג ד וערבה לה׳ מנחת יהודה וכו׳ ת״י ויתגלי קדם ה׳) מחשש ההגשמה בלשונות המוסבים אל הגבוה. **ותקבל ברחמים וברצון** כנוסח תפלת חול ו׳אבינו מלכנו׳.

וְעַל הַמְּדִינוֹת בּוֹ יֵאָמֵר, אֵיזוֹ לַחֶרֶב וְאֵיזוֹ לַשָּׁלוֹם, אֵיזוֹ לָרָעָב וְאֵיזוֹ לַשֹּׂבַע, וּבְרִיּוֹת בּוֹ יִפָּקֵדוּ לְהַזְכִּירָם לַחַיִּים וְלַמָּוֶת. מִי לֹא נִפְקַד כְּהַיּוֹם הַזֶּה כִּי זֵכֶר כָּל הַיְצוּר לְפָנֶיךָ בָּא, מַעֲשֵׂה אִישׁ וּפְקֻדָּתוֹ, וַעֲלִילוֹת מִצְעֲדֵי גָבֶר, מַחְשְׁבוֹת אָדָם וְתַחְבּוּלוֹתָיו וְיִצְרֵי מַעַלְלֵי אִישׁ. אַשְׁרֵי אִישׁ שֶׁלֹּא יִשְׁכָּחֶךָּ, וּבֶן אָדָם יִתְאַמֶּץ בָּךְ, כִּי דוֹרְשֶׁיךָ לְעוֹלָם לֹא יִכָּשֵׁלוּ, וְלֹא יִכָּלְמוּ לָנֶצַח כָּל הַחוֹסִים בָּךְ. כִּי זֵכֶר כָּל הַמַּעֲשִׂים לְפָנֶיךָ בָּא, וְאַתָּה דוֹרֵשׁ מַעֲשֵׂה כֻלָּם.

וְגַם אֶת נֹחַ בְּאַהֲבָה זָכַרְתָּ וַתִּפְקְדֵהוּ בִּדְבַר יְשׁוּעָה וְרַחֲמִים, בַּהֲבִיאֲךָ אֶת מֵי הַמַּבּוּל לְשַׁחֵת כָּל בָּשָׂר מִפְּנֵי רֹעַ מַעַלְלֵיהֶם, עַל כֵּן זִכְרוֹנוֹ בָּא לְפָנֶיךָ, יי אֱלֹהֵינוּ, לְהַרְבּוֹת זַרְעוֹ כְּעַפְרוֹת תֵּבֵל וְצֶאֱצָאָיו כְּחוֹל הַיָּם.

כַּכָּתוּב בְּתוֹרָתֶךָ

וַיִּזְכֹּר אֱלֹהִים אֶת נֹחַ וְאֵת כָּל הַחַיָּה וְאֶת כָּל הַבְּהֵמָה אֲשֶׁר אִתּוֹ בַּתֵּבָה, וַיַּעֲבֵר אֱלֹהִים רוּחַ עַל הָאָרֶץ, וַיָּשֹׁכּוּ הַמָּיִם.

וְנֶאֱמַר

וַיִּשְׁמַע אֱלֹהִים אֶת נַאֲקָתָם, וַיִּזְכֹּר אֱלֹהִים אֶת בְּרִיתוֹ, אֶת אַבְרָהָם אֶת יִצְחָק וְאֶת יַעֲקֹב.

וְנֶאֱמַר

וְזָכַרְתִּי אֶת בְּרִיתִי יַעֲקוֹב וְאַף אֶת בְּרִיתִי יִצְחָק וְאַף אֶת בְּרִיתִי אַבְרָהָם אֶזְכֹּר, וְהָאָרֶץ אֶזְכֹּר.

וּבְדִבְרֵי קָדְשְׁךָ כָּתוּב לֵאמֹר

זֵכֶר עָשָׂה לְנִפְלְאוֹתָיו, חַנּוּן וְרַחוּם יי.

וְנֶאֱמַר

טֶרֶף נָתַן לִירֵאָיו, יִזְכֹּר לְעוֹלָם בְּרִיתוֹ.

וְנֶאֱמַר

וַיִּזְכֹּר לָהֶם בְּרִיתוֹ, וַיִּנָּחֵם כְּרֹב חֲסָדָו.

וְעַל יְדֵי עֲבָדֶיךָ הַנְּבִיאִים כָּתוּב לֵאמֹר

הָלֹךְ וְקָרָאתָ בְאָזְנֵי יְרוּשָׁלַיִם לֵאמֹר, כֹּה אָמַר יי זָכַרְתִּי לָךְ חֶסֶד נְעוּרַיִךְ אַהֲבַת כְּלוּלֹתָיִךְ, לֶכְתֵּךְ אַחֲרַי בַּמִּדְבָּר בְּאֶרֶץ לֹא זְרוּעָה.

וְנֶאֱמַר

וְזָכַרְתִּי אֲנִי אֶת בְּרִיתִי אוֹתָךְ בִּימֵי נְעוּרָיִךְ, וַהֲקִימוֹתִי לָךְ בְּרִית עוֹלָם.

וְנֶאֱמַר

הֲבֵן יַקִּיר לִי אֶפְרַיִם, אִם יֶלֶד שַׁעֲשׁוּעִים, כִּי מִדֵּי דַבְּרִי בּוֹ זָכֹר אֶזְכְּרֶנּוּ עוֹד, עַל כֵּן הָמוּ מֵעַי לוֹ, רַחֵם אֲרַחֲמֶנּוּ, נְאֻם יי.

אֱלֹהֵינוּ וֵאלֹהֵי אֲבוֹתֵינוּ

זָכְרֵנוּ בְּזִכָּרוֹן טוֹב לְפָנֶיךָ, וּפָקְדֵנוּ בִּפְקֻדַּת יְשׁוּעָה וְרַחֲמִים מִשְּׁמֵי שְׁמֵי קֶדֶם, וּזְכָר לָנוּ יי אֱלֹהֵינוּ, אֶת הַבְּרִית וְאֶת הַחֶסֶד וְאֶת הַשְּׁבוּעָה, אֲשֶׁר נִשְׁבַּעְתָּ לְאַבְרָהָם אָבִינוּ בְּהַר הַמּוֹרִיָּה, וְתֵרָאֶה לְפָנֶיךָ עֲקֵדָה שֶׁעָקַד אַבְרָהָם אָבִינוּ אֶת יִצְחָק בְּנוֹ עַל גַּבֵּי הַמִּזְבֵּחַ, וְכָבַשׁ רַחֲמָיו לַעֲשׂוֹת רְצוֹנְךָ בְּלֵבָב שָׁלֵם, כֵּן יִכְבְּשׁוּ רַחֲמֶיךָ אֶת כַּעַסְךָ מֵעָלֵינוּ, וּבְטוּבְךָ הַגָּדוֹל יָשׁוּב חֲרוֹן אַפְּךָ מֵעַמְּךָ וּמֵעִירְךָ וּמֵאַרְצְךָ וּמִנַּחֲלָתֶךָ. וְקַיֶּם לָנוּ יי אֱלֹהֵינוּ אֶת הַדָּבָר שֶׁהִבְטַחְתָּנוּ בְּתוֹרָתֶךָ עַל יְדֵי מֹשֶׁה עַבְדֶּךָ, מִפִּי כְבוֹדֶךָ,

כָּאָמוּר

וְזָכַרְתִּי לָהֶם בְּרִית רִאשׁוֹנִים, אֲשֶׁר הוֹצֵאתִי אֹתָם מֵאֶרֶץ מִצְרַיִם, לְעֵינֵי הַגּוֹיִם לִהְיוֹת לָהֶם לֵאלֹהִים, אֲנִי יי.

כִּי זוֹכֵר כָּל הַנִּשְׁכָּחוֹת אַתָּה הוּא מֵעוֹלָם, וְאֵין שִׁכְחָה לִפְנֵי כִסֵּא כְבוֹדֶךָ, וַעֲקֵדַת יִצְחָק לְזַרְעוֹ הַיּוֹם בְּרַחֲמִים תִּזְכֹּר. בָּרוּךְ אַתָּה יי, זוֹכֵר הַבְּרִית.

תוקעים: תְּקִיעָה שְׁבָרִים תְּרוּעָה תְּקִיעָה

(ובשבת אין תוקעים) תְּקִיעָה שְׁבָרִים תְּקִיעָה

תְּקִיעָה תְּרוּעָה תְּקִיעָה

הַיּוֹם הֲרַת עוֹלָם הַיּוֹם יַעֲמִיד בַּמִּשְׁפָּט כָּל יְצוּרֵי עוֹלָמִים
אִם כְּבָנִים אִם כַּעֲבָדִים.
אִם כְּבָנִים רַחֲמֵנוּ כְּרַחֵם אָב עַל בָּנִים
וְאִם כַּעֲבָדִים עֵינֵינוּ לְךָ תְלוּיוֹת עַד שֶׁתְּחָנֵּנוּ
וְתוֹצִיא כָאוֹר מִשְׁפָּטֵנוּ, אָיֹם קָדוֹשׁ.

בשבת אין אומרים
אֲרֶשֶׁת שְׂפָתֵינוּ יֶעֱרַב לְפָנֶיךָ אֵל רָם וְנִשָּׂא.
מֵבִין וּמַאֲזִין מַבִּיט וּמַקְשִׁיב לְקוֹל תְּקִיעָתֵנוּ
וּתְקַבֵּל בְּרַחֲמִים וּבְרָצוֹן סֵדֶר זִכְרוֹנוֹתֵינוּ.

הפיוט ״אשא דעי״ בעמ׳ 410. הפיוט ״אנוסה לעזרה״ (לשבת) בעמ׳ 412.

אַתָּה נִגְלֵיתָ בַּעֲנַן כְּבוֹדֶךָ עַל עַם קָדְשְׁךָ לְדַבֵּר עִמָּם, מִן הַשָּׁמַיִם הִשְׁמַעְתָּם קוֹלֶךָ, וְנִגְלֵיתָ עֲלֵיהֶם בְּעַרְפְלֵּי טֹהַר. גַּם כָּל הָעוֹלָם כֻּלּוֹ חָל מִפָּנֶיךָ, וּבְרִיּוֹת בְּרֵאשִׁית חָרְדוּ מִמֶּךָּ, בְּהִגָּלוֹתְךָ מַלְכֵּנוּ עַל הַר סִינַי, לְלַמֵּד לְעַמְּךָ תּוֹרָה וּמִצְוֹת, וַתַּשְׁמִיעֵם אֶת הוֹד קוֹלֶךָ, וְדִבְּרוֹת קָדְשְׁךָ מִלַּהֲבוֹת אֵשׁ. בְּקוֹלוֹת וּבְרָקִים עֲלֵיהֶם נִגְלֵיתָ, וּבְקוֹל שׁוֹפָר עֲלֵיהֶם הוֹפָעְתָּ.
כַּכָּתוּב בְּתוֹרָתֶךָ

וַיְהִי בַיּוֹם הַשְּׁלִישִׁי בִּהְיֹת הַבֹּקֶר, וַיְהִי קֹלֹת וּבְרָקִים וְעָנָן כָּבֵד עַל הָהָר, וְקֹל שֹׁפָר חָזָק מְאֹד, וַיֶּחֱרַד כָּל הָעָם אֲשֶׁר בַּמַּחֲנֶה.
וְנֶאֱמַר
וַיְהִי קוֹל הַשֹּׁפָר הוֹלֵךְ וְחָזֵק מְאֹד, מֹשֶׁה יְדַבֵּר וְהָאֱלֹהִים יַעֲנֶנּוּ בְקוֹל.
וְנֶאֱמַר
וְכָל הָעָם רֹאִים אֶת הַקּוֹלֹת וְאֶת הַלַּפִּידִם, וְאֵת קוֹל הַשֹּׁפָר וְאֶת הָהָר עָשֵׁן, וַיַּרְא הָעָם וַיָּנֻעוּ וַיַּעַמְדוּ מֵרָחֹק.

וּבְדִבְרֵי קָדְשְׁךָ כָּתוּב לֵאמֹר
עָלָה אֱלֹהִים בִּתְרוּעָה, יי בְּקוֹל שׁוֹפָר.

וְנֶאֱמַר
בַּחֲצֹצְרוֹת וְקוֹל שׁוֹפָר, הָרִיעוּ לִפְנֵי הַמֶּלֶךְ יי.

וְנֶאֱמַר
תִּקְעוּ בַחֹדֶשׁ שׁוֹפָר, בַּכֶּסֶה לְיוֹם חַגֵּנוּ. כִּי חֹק לְיִשְׂרָאֵל הוּא מִשְׁפָּט לֵאלֹהֵי יַעֲקֹב.

וְנֶאֱמַר
הַלְלוּיָהּ, הַלְלוּ אֵל בְּקָדְשׁוֹ הַלְלוּהוּ בִּרְקִיעַ עֻזּוֹ.
הַלְלוּהוּ בִגְבוּרֹתָיו הַלְלוּהוּ כְּרֹב גֻּדְלוֹ.
הַלְלוּהוּ בְּתֵקַע שׁוֹפָר הַלְלוּהוּ בְּנֵבֶל וְכִנּוֹר.
הַלְלוּהוּ בְתֹף וּמָחוֹל הַלְלוּהוּ בְּמִנִּים וְעֻגָב.
הַלְלוּהוּ בְצִלְצְלֵי שָׁמַע הַלְלוּהוּ בְּצִלְצְלֵי תְרוּעָה.
כֹּל הַנְּשָׁמָה תְּהַלֵּל יָהּ
הַלְלוּיָהּ.

וְעַל יְדֵי עֲבָדֶיךָ הַנְּבִיאִים כָּתוּב לֵאמֹר
כָּל יֹשְׁבֵי תֵבֵל וְשֹׁכְנֵי אָרֶץ, כִּנְשֹׂא נֵס הָרִים תִּרְאוּ וְכִתְקֹעַ שׁוֹפָר תִּשְׁמָעוּ.

וְנֶאֱמַר
וְהָיָה בַּיּוֹם הַהוּא יִתָּקַע בְּשׁוֹפָר גָּדוֹל, וּבָאוּ הָאֹבְדִים בְּאֶרֶץ אַשּׁוּר וְהַנִּדָּחִים בְּאֶרֶץ מִצְרָיִם, וְהִשְׁתַּחֲווּ לַיי בְּהַר הַקֹּדֶשׁ בִּירוּשָׁלָםִ.

וְנֶאֱמַר
וַיי עֲלֵיהֶם יֵרָאֶה, וְיָצָא כַבָּרָק חִצּוֹ, וַאדֹנָי יֱהֹוִה בַּשּׁוֹפָר יִתְקָע וְהָלַךְ בְּסַעֲרוֹת תֵּימָן. יי צְבָאוֹת יָגֵן עֲלֵיהֶם, כֵּן תָּגֵן עַל עַמְּךָ יִשְׂרָאֵל בִּשְׁלוֹמֶךָ.

אֱלֹהֵינוּ וֵאלֹהֵי אֲבוֹתֵינוּ

תְּקַע בְּשׁוֹפָר גָּדוֹל לְחֵרוּתֵנוּ, וְשָׂא נֵס לְקַבֵּץ גָּלֻיּוֹתֵינוּ, וְקָרֵב פְּזוּרֵינוּ מִבֵּין הַגּוֹיִם, וּנְפוּצוֹתֵינוּ כַּנֵּס מִיַּרְכְּתֵי אָרֶץ. וַהֲבִיאֵנוּ לְצִיּוֹן עִירְךָ בְּרִנָּה וְלִירוּשָׁלַיִם בֵּית מִקְדָּשְׁךָ בְּשִׂמְחַת עוֹלָם, וְשָׁם נַעֲשֶׂה לְפָנֶיךָ אֶת

קָרְבְּנוֹת חוֹבוֹתֵינוּ כְּמִצְוָה עָלֵינוּ בְּתוֹרָתֶךָ, עַל יְדֵי מֹשֶׁה עַבְדֶּךָ, מִפִּי כְבוֹדֶךָ, כָּאָמוּר, וּבְיוֹם שִׂמְחַתְכֶם וּבְמוֹעֲדֵיכֶם וּבְרָאשֵׁי חָדְשֵׁכֶם, וּתְקַעְתֶּם בַּחֲצֹצְרֹת עַל עֹלֹתֵיכֶם וְעַל זִבְחֵי שַׁלְמֵיכֶם, וְהָיוּ לָכֶם לְזִכָּרוֹן לִפְנֵי אֱלֹהֵיכֶם, אֲנִי יי אֱלֹהֵיכֶם.

כִּי אַתָּה שׁוֹמֵעַ קוֹל שׁוֹפָר וּמַאֲזִין תְּרוּעָה וְאֵין דּוֹמֶה לָּךְ.
בָּרוּךְ אַתָּה יי, שׁוֹמֵעַ קוֹל תְּרוּעַת עַמּוֹ יִשְׂרָאֵל בְּרַחֲמִים.

תוקעים: תקיעה שברים תרועה תקיעה
(ובשבת אין תוקעים) תקיעה שברים תקיעה
תקיעה תרועה תקיעה

הַיּוֹם הֲרַת עוֹלָם הַיּוֹם יַעֲמִיד בַּמִּשְׁפָּט כָּל יְצוּרֵי עוֹלָמִים
אִם כְּבָנִים אִם כַּעֲבָדִים.
אִם כְּבָנִים רַחֲמֵנוּ כְּרַחֵם אָב עַל בָּנִים
וְאִם כַּעֲבָדִים עֵינֵינוּ לְךָ תְלוּיוֹת עַד שֶׁתְּחָנֵּנוּ
וְתוֹצִיא כָאוֹר מִשְׁפָּטֵנוּ, אָיֹם קָדוֹשׁ.

בשבת אין אומרים

אֲרֶשֶׁת שְׂפָתֵינוּ יֶעֱרַב לְפָנֶיךָ אֵל רָם וְנִשָּׂא.
מֵבִין וּמַאֲזִין מַבִּיט וּמַקְשִׁיב לְקוֹל תְּקִיעָתֵנוּ
וּתְקַבֵּל בְּרַחֲמִים וּבְרָצוֹן סֵדֶר שׁוֹפְרוֹתֵינוּ.

רְצֵה יי אֱלֹהֵינוּ בְּעַמְּךָ יִשְׂרָאֵל וְלִתְפִלָּתָם שְׁעֵה, וְהָשֵׁב אֶת הָעֲבוֹדָה לִדְבִיר בֵּיתֶךָ, וְאִשֵּׁי יִשְׂרָאֵל וּתְפִלָּתָם מְהֵרָה בְּאַהֲבָה תְקַבֵּל בְּרָצוֹן, וּתְהִי לְרָצוֹן תָּמִיד עֲבוֹדַת יִשְׂרָאֵל עַמֶּךָ.

קהל וש״ץ:

וְתֶעֱרַב עָלֶיךָ עֲתִירָתֵנוּ כְּעוֹלָה וּכְקָרְבָּן. אָנָּא רַחוּם בְּרַחֲמֶיךָ הָרַבִּים הָשֵׁב שְׁכִינָתְךָ לְצִיּוֹן עִירְךָ וְסֵדֶר הָעֲבוֹדָה לִירוּשָׁלָיִם. וְתֶחֱזֶינָה עֵינֵינוּ בְּשׁוּבְךָ לְצִיּוֹן בְּרַחֲמִים. וְשָׁם נַעֲבָדְךָ בְּיִרְאָה כִּימֵי עוֹלָם וּכְשָׁנִים קַדְמוֹנִיּוֹת.

והש״ץ מסיים:

בָּרוּךְ אַתָּה יי, שֶׁאוֹתְךָ לְבַדְּךָ בְּיִרְאָה נַעֲבוֹד.

מוֹדִים אֲנַחְנוּ לָךְ שָׁאַתָּה הוּא יי אֱלֹהֵינוּ וֵאלֹהֵי אֲבוֹתֵינוּ לְעוֹלָם וָעֶד, צוּר חַיֵּינוּ, מָגֵן יִשְׁעֵנוּ אַתָּה הוּא לְדוֹר וָדוֹר. נוֹדֶה לְּךָ וּנְסַפֵּר תְּהִלָּתֶךָ עַל חַיֵּינוּ הַמְּסוּרִים בְּיָדֶךָ וְעַל נִשְׁמוֹתֵינוּ הַפְּקוּדוֹת לָךְ, וְעַל נִסֶּיךָ שֶׁבְּכָל יוֹם עִמָּנוּ, וְעַל נִפְלְאוֹתֶיךָ וְטוֹבוֹתֶיךָ שֶׁבְּכָל עֵת, עֶרֶב וָבֹקֶר וְצָהֳרָיִם.

מודים דרבנן:

מוֹדִים אֲנַחְנוּ לָךְ שָׁאַתָּה הוּא יי אֱלֹהֵינוּ וֵאלֹהֵי אֲבוֹתֵינוּ, אֱלֹהֵי כָל בָּשָׂר, יוֹצְרֵנוּ יוֹצֵר בְּרֵאשִׁית. בְּרָכוֹת וְהוֹדָאוֹת לְשִׁמְךָ הַגָּדוֹל וְהַקָּדוֹשׁ עַל שֶׁהֶחֱיִיתָנוּ וְקִיַּמְתָּנוּ. כֵּן תְּחַיֵּנוּ וּתְקַיְּמֵנוּ וְתֶאֱסֹף גָּלֻיּוֹתֵינוּ לְחַצְרוֹת קָדְשֶׁךָ לִשְׁמֹר חֻקֶּיךָ וְלַעֲשׂוֹת רְצוֹנֶךָ וּלְעָבְדְּךָ בְּלֵבָב שָׁלֵם, עַל שֶׁאֲנוּ מוֹדִים לָךְ, בָּרוּךְ אֵל הַהוֹדָאוֹת.

הַטּוֹב כִּי לֹא כָלוּ רַחֲמֶיךָ, וְהַמְרַחֵם כִּי לֹא תַמּוּ חֲסָדֶיךָ, כִּי מֵעוֹלָם קִוִּינוּ לָךְ. וְעַל כֻּלָּם יִתְבָּרַךְ וְיִתְרוֹמַם וְיִתְנַשֵּׂא שִׁמְךָ מַלְכֵּנוּ תָּמִיד לְעוֹלָם וָעֶד.

קהל וש״ץ:

אָבִינוּ מַלְכֵּנוּ, זְכֹר רַחֲמֶיךָ וּכְבֹשׁ כַּעַסְךָ, וְכַלֵּה דֶבֶר, וְחֶרֶב, וְרָעָב, וּשְׁבִי, וּמַשְׁחִית, וְעָוֹן, וּמַגֵּפָה, וּפֶגַע רָע, וְכָל מַחֲלָה, וְכָל תַּקָּלָה, וְכָל קְטָטָה, וְכָל מִינֵי פֻרְעָנִיּוֹת, וְכָל גְּזֵרָה רָעָה, וְשִׂנְאַת חִנָּם, מֵעָלֵינוּ וּמֵעַל כָּל בְּנֵי בְרִיתֶךָ.

וּכְתֹב לְחַיִּים טוֹבִים כָּל בְּנֵי בְרִיתֶךָ.

וְכֹל הַחַיִּים יוֹדוּךָ סֶּלָה, וִיהַלְלוּ וִיבָרְכוּ אֶת שִׁמְךָ הַגָּדוֹל בֶּאֱמֶת לְעוֹלָם כִּי טוֹב, הָאֵל יְשׁוּעָתֵנוּ וְעֶזְרָתֵנוּ סֶלָה, הָאֵל הַטּוֹב. בָּרוּךְ אַתָּה יי, הַטּוֹב שִׁמְךָ וּלְךָ נָאֶה לְהוֹדוֹת.

ברכת כהנים

בָּרוּךְ אַתָּה יי אֱלֹהֵינוּ מֶלֶךְ הָעוֹלָם, אֲשֶׁר קִדְּשָׁנוּ בִּקְדֻשָּׁתוֹ שֶׁל אַהֲרֹן, וְצִוָּנוּ לְבָרֵךְ אֶת עַמּוֹ יִשְׂרָאֵל בְּאַהֲבָה.

הש״ץ מקריא מלה במלה: יְבָרֶכְךָ יי וְיִשְׁמְרֶךָ.

יָאֵר יי פָּנָיו אֵלֶיךָ וִיחֻנֶּךָּ.

יִשָּׂא יי פָּנָיו אֵלֶיךָ וְיָשֵׂם לְךָ שָׁלוֹם.

הכהנים אומרים:

רִבּוֹנוֹ שֶׁל עוֹלָם, עָשִׂינוּ מַה שֶּׁגָּזַרְתָּ עָלֵינוּ, אַף אַתָּה עֲשֵׂה עִמָּנוּ כְּמוֹ שֶׁהִבְטַחְתָּנוּ. הַשְׁקִיפָה מִמְּעוֹן קָדְשְׁךָ מִן הַשָּׁמַיִם וּבָרֵךְ אֶת עַמְּךָ אֶת יִשְׂרָאֵל וְאֵת הָאֲדָמָה אֲשֶׁר נָתַתָּה לָנוּ, כַּאֲשֶׁר נִשְׁבַּעְתָּ לַאֲבוֹתֵינוּ אֶרֶץ זָבַת חָלָב וּדְבָשׁ.

הציבור אומר:

אַדִּיר בַּמָּרוֹם שׁוֹכֵן בִּגְבוּרָה, אַתָּה שָׁלוֹם וְשִׁמְךָ שָׁלוֹם. יְהִי רָצוֹן שֶׁתָּשִׂים עָלֵינוּ וְעַל כָּל עַמְּךָ בֵּית יִשְׂרָאֵל חַיִּים וּבְרָכָה לְמִשְׁמֶרֶת שָׁלוֹם.

אם אין כהנים אומר הש״ץ:

אֱלֹהֵינוּ וֵאלֹהֵי אֲבוֹתֵינוּ, בָּרְכֵנוּ בַּבְּרָכָה הַמְשֻׁלֶּשֶׁת בַּתּוֹרָה הַכְּתוּבָה עַל יְדֵי מֹשֶׁה עַבְדֶּךָ, הָאֲמוּרָה מִפִּי אַהֲרֹן וּבָנָיו כֹּהֲנִים עַם קְדוֹשֶׁךָ, כָּאָמוּר, יְבָרֶכְךָ יי וְיִשְׁמְרֶךָ. יָאֵר יי פָּנָיו אֵלֶיךָ וִיחֻנֶּךָּ. יִשָּׂא יי פָּנָיו אֵלֶיךָ וְיָשֵׂם לְךָ שָׁלוֹם.

שִׂים שָׁלוֹם טוֹבָה וּבְרָכָה, חַיִּים חֵן וָחֶסֶד וְרַחֲמִים, עָלֵינוּ וְעַל כָּל יִשְׂרָאֵל עַמֶּךָ. בָּרְכֵנוּ אָבִינוּ כֻּלָּנוּ כְּאֶחָד בְּאוֹר פָּנֶיךָ, כִּי בְאוֹר פָּנֶיךָ נָתַתָּ לָנוּ יי אֱלֹהֵינוּ תּוֹרַת חַיִּים וְאַהֲבַת חֶסֶד, וּצְדָקָה וּבְרָכָה וְרַחֲמִים וְחַיִּים וְשָׁלוֹם. וְטוֹב יִהְיֶה בְעֵינֶיךָ לְבָרְכֵנוּ וּלְבָרֵךְ אֶת כָּל עַמְּךָ יִשְׂרָאֵל, בְּכָל עֵת וּבְכָל שָׁעָה בִּשְׁלוֹמֶךָ.

בְּסֵפֶר חַיִּים, בְּרָכָה וְשָׁלוֹם, וּפַרְנָסָה טוֹבָה, וּגְזֵרוֹת טוֹבוֹת, יְשׁוּעוֹת וְנֶחָמוֹת, נִזָּכֵר וְנִכָּתֵב לְפָנֶיךָ, אֲנַחְנוּ וְכָל עַמְּךָ בֵּית יִשְׂרָאֵל, לְחַיִּים טוֹבִים וּלְשָׁלוֹם.

קהל וש״ץ:

וְנֶאֱמַר, כִּי בִי יִרְבּוּ יָמֶיךָ וְיוֹסִיפוּ לְךָ שְׁנוֹת חַיִּים. לְחַיִּים טוֹבִים תִּכְתְּבֵנוּ, אֱלֹהִים חַיִּים, כָּתְבֵנוּ בְּסֵפֶר הַחַיִּים.
כַּכָּתוּב, וְאַתֶּם הַדְּבֵקִים בַּיי אֱלֹהֵיכֶם, חַיִּים כֻּלְּכֶם הַיּוֹם.

פותחים את ארון הקודש

סימן: א״ב.

קהל וש״ץ:

הַיּוֹם תְּאַמְּצֵנוּ. אמן
הַיּוֹם תְּבָרְכֵנוּ. אמן
הַיּוֹם תְּגַדְּלֵנוּ. אמן
הַיּוֹם תִּדְרְשֵׁנוּ לְטוֹבָה. אמן

הַיּוֹם תְּהַדְּרֵנוּ.
הַיּוֹם תְּוַעֲדֵנוּ.
הַיּוֹם תִּזְכְּרֵנוּ בְּרַחֲמֶיךָ.
הַיּוֹם תְּחָסְנֵנוּ.
הַיּוֹם תְּטַהֲרֵנוּ מִכָּל חֵטְא.
הַיּוֹם תְּיַשְּׁרֵנוּ לְפָנֶיךָ.
הַיּוֹם תְּכַבְּדֵנוּ.
הַיּוֹם תְּלַבְּבֵנוּ.
הַיּוֹם תְּמַלְּטֵנוּ מִכָּל רָע.
הַיּוֹם תְּנַקֵּנוּ מֵעָוֹן.
הַיּוֹם תִּסְמְכֵנוּ.
הַיּוֹם תַּעֲנֵנוּ.
הַיּוֹם תִּפְקְדֵנוּ לְחַיִּים וְלִבְרָכָה.
הַיּוֹם תְּצַדְּקֵנוּ.
הַיּוֹם תְּקוֹמְמֵנוּ.
הַיּוֹם תְּרַחֲמֵנוּ.
הַיּוֹם תִּשְׁמַע שַׁוְעָתֵנוּ.
הַיּוֹם תְּתַמְּכֵנוּ.

הַיּוֹם תִּשְׁמַע שַׁוְעָתֵנוּ. אמן
הַיּוֹם תְּקַבֵּל בְּרַחֲמִים וּבְרָצוֹן אֶת תְּפִלָּתֵנוּ. אמן
הַיּוֹם תִּתְמְכֵנוּ בִּימִין צִדְקֶךָ. אמן

סוגרים את ארון הקודש

1 היום תאמצנו ע״ש ישע׳ מא י. **2 תגדלנו** ע״ש דה״א כט יב ובידך לגדל ולחזק לכל. **תדרשנו לטובה** תדאג לנו (כמו ירמ׳ ל יז דורש אין לה). וי״ג **תדגלנו** תפאר אותנו (מל׳ דגול). **3 תהדרנו** ל׳ והדרת פני זקן, ויק׳ יט לב. **תועדנו** תידענו לעבודתך. **5 תישרנו** תישר דרכינו. **6 תלבבנו** ל׳ לבבתיני, שה״ש ד ט.
תתמכנו בימין צדקך ע״ש ישע׳ מא י אף תמכתיך בימין צדקי.

קהל וש״ץ:

כְּהַיּוֹם הַזֶּה תְּבִיאֵנוּ שָׂשִׂים וּשְׂמֵחִים בְּבִנְיַן שָׁלֵם.

כַּכָּתוּב
וַהֲבִיאוֹתִים אֶל הַר קָדְשִׁי וְשִׂמַּחְתִּים בְּבֵית תְּפִלָּתִי
עוֹלֹתֵיהֶם וְזִבְחֵיהֶם לְרָצוֹן עַל מִזְבְּחִי
כִּי בֵיתִי בֵּית תְּפִלָּה יִקָּרֵא לְכָל הָעַמִּים.

וְנֶאֱמַר
וַיְצַוֵּנוּ יי לַעֲשׂוֹת אֶת כָּל הַחֻקִּים הָאֵלֶּה
לְיִרְאָה אֶת יי אֱלֹהֵינוּ
לְטוֹב לָנוּ כָּל הַיָּמִים לְחַיֹּתֵנוּ כְּהַיּוֹם הַזֶּה.

וְנֶאֱמַר
וּצְדָקָה תִּהְיֶה לָּנוּ, כִּי נִשְׁמֹר לַעֲשׂוֹת אֶת כָּל הַמִּצְוָה הַזֹּאת
לִפְנֵי יי אֱלֹהֵינוּ כַּאֲשֶׁר צִוָּנוּ.
וּצְדָקָה וּבְרָכָה וְרַחֲמִים וְחַיִּים וְשָׁלוֹם
יִהְיֶה לָנוּ וּלְכָל יִשְׂרָאֵל עַד הָעוֹלָם.

הש״ץ מסיים:

בָּרוּךְ אַתָּה יי, הַמְבָרֵךְ אֶת עַמּוֹ יִשְׂרָאֵל בַּשָּׁלוֹם.

יִהְיוּ לְרָצוֹן אִמְרֵי פִי וְהֶגְיוֹן לִבִּי לְפָנֶיךָ, יי צוּרִי וְגֹאֲלִי.

השי״ץ אומר קדיש שלם:

יִתְגַּדַּל וְיִתְקַדַּשׁ שְׁמֵהּ רַבָּא
בְּעָלְמָא דִּי בְרָא כִרְעוּתֵהּ
וְיַמְלִיךְ מַלְכוּתֵהּ וְיַצְמַח פֻּרְקָנֵהּ וִיקָרֵב מְשִׁיחֵהּ
בְּחַיֵּיכוֹן וּבְיוֹמֵיכוֹן וּבְחַיֵּי דְכָל בֵּית יִשְׂרָאֵל
בַּעֲגָלָא וּבִזְמַן קָרִיב
וְאִמְרוּ אָמֵן.
יְהֵא שְׁמֵהּ רַבָּא מְבָרַךְ לְעָלַם וּלְעָלְמֵי עָלְמַיָּא.
יִתְבָּרַךְ וְיִשְׁתַּבַּח וְיִתְפָּאַר וְיִתְרוֹמַם וְיִתְנַשֵּׂא
וְיִתְהַדָּר וְיִתְעַלֶּה וְיִתְהַלָּל שְׁמֵהּ דְּקֻדְשָׁא בְּרִיךְ הוּא
לְעֵלָּא לְעֵלָּא מִכָּל בִּרְכָתָא וְשִׁירָתָא
תֻּשְׁבְּחָתָא וְנֶחֱמָתָא דַּאֲמִירָן בְּעָלְמָא
וְאִמְרוּ אָמֵן.

תוקעים:	תקיעה	שברים תרועה	תקיעה
(ובשבת אין תוקעים)	תקיעה	שברים	תקיעה
	תקיעה	תרועה	תקיעה גדולה

תִּתְקַבַּל צְלוֹתְהוֹן וּבָעוּתְהוֹן דְּכָל בֵּית יִשְׂרָאֵל
קֳדָם אֲבוּהוֹן דִּי בִשְׁמַיָּא
וְאִמְרוּ אָמֵן.
יְהֵא שְׁלָמָא רַבָּא מִן שְׁמַיָּא
וְחַיִּים טוֹבִים עָלֵינוּ וְעַל כָּל יִשְׂרָאֵל
וְאִמְרוּ אָמֵן.
עֹשֶׂה הַשָּׁלוֹם בִּמְרוֹמָיו
הוּא יַעֲשֶׂה שָׁלוֹם עָלֵינוּ וְעַל כָּל יִשְׂרָאֵל וְאִמְרוּ אָמֵן.

קַוֵּה אֶל יי, חֲזַק וְיַאֲמֵץ לִבֶּךָ, וְקַוֵּה אֶל יי. אֵין קָדוֹשׁ כַּיי, כִּי אֵין בִּלְתֶּךָ, וְאֵין צוּר כֵּאלֹהֵינוּ. כִּי מִי אֱלוֹהַּ מִבַּלְעֲדֵי יי, וּמִי צוּר זוּלָתִי אֱלֹהֵינוּ.

אֵין כֵּאלֹהֵינוּ, אֵין כַּאדוֹנֵינוּ, אֵין כְּמַלְכֵּנוּ, אֵין כְּמוֹשִׁיעֵנוּ.
מִי כֵאלֹהֵינוּ, מִי כַאדוֹנֵינוּ, מִי כְמַלְכֵּנוּ, מִי כְמוֹשִׁיעֵנוּ.
נוֹדֶה לֵאלֹהֵינוּ, נוֹדֶה לַאדוֹנֵינוּ, נוֹדֶה לְמַלְכֵּנוּ, נוֹדֶה לְמוֹשִׁיעֵנוּ.
בָּרוּךְ אֱלֹהֵינוּ, בָּרוּךְ אֲדוֹנֵינוּ, בָּרוּךְ מַלְכֵּנוּ, בָּרוּךְ מוֹשִׁיעֵנוּ.
אַתָּה הוּא אֱלֹהֵינוּ, אַתָּה הוּא אֲדוֹנֵינוּ,
אַתָּה הוּא מַלְכֵּנוּ, אַתָּה הוּא מוֹשִׁיעֵנוּ.
אַתָּה הוּא שֶׁהִקְטִירוּ אֲבוֹתֵינוּ לְפָנֶיךָ אֶת קְטֹרֶת הַסַּמִּים.

פִּטּוּם הַקְּטֹרֶת. הַצֳּרִי וְהַצִּפֹּרֶן, הַחֶלְבְּנָה וְהַלְּבוֹנָה, מִשְׁקַל שִׁבְעִים שִׁבְעִים מָנֶה, מֹר, וּקְצִיעָה, שִׁבֹּלֶת נֵרְדְּ, וְכַרְכֹּם, מִשְׁקַל שִׁשָּׁה עָשָׂר שִׁשָּׁה עָשָׂר מָנֶה, הַקֹּשְׁטְ שְׁנֵים עָשָׂר, וְקִלּוּפָה שְׁלֹשָׁה, וְקִנָּמוֹן תִּשְׁעָה. בֹּרִית כַּרְשִׁינָה תִּשְׁעָה קַבִּין, יֵין קַפְרִיסִין סְאִין תְּלָת וְקַבִּין תְּלָתָא, וְאִם אֵין לוֹ יֵין קַפְרִיסִין מֵבִיא חֲמַר חִוַּרְיָן עַתִּיק. מֶלַח סְדוֹמִית רֹבַע, מַעֲלֶה עָשָׁן כָּל שֶׁהוּא. רַבִּי נָתָן הַבַּבְלִי אוֹמֵר. אַף כִּפַּת הַיַּרְדֵּן כָּל שֶׁהוּא, וְאִם נָתַן בָּהּ דְּבַשׁ פְּסָלָהּ, וְאִם חִסַּר אַחַד מִכָּל סַמָּנֶיהָ חַיָּב מִיתָה.

רַבָּן שִׁמְעוֹן בֶּן גַּמְלִיאֵל אוֹמֵר. הַצֳּרִי אֵינוֹ אֶלָּא שְׂרָף הַנּוֹטֵף מֵעֲצֵי הַקְּטָף. בֹּרִית כַּרְשִׁינָה שֶׁשָּׁפִין בָּהּ אֶת הַצִּפֹּרֶן, כְּדֵי שֶׁתְּהֵא נָאָה, יֵין קַפְרִיסִין שֶׁשּׁוֹרִין בּוֹ אֶת הַצִּפֹּרֶן, כְּדֵי שֶׁתְּהֵא עַזָּה. וַהֲלֹא מֵי רַגְלַיִם יָפִין לָהּ, אֶלָּא שֶׁאֵין מַכְנִיסִין מֵי רַגְלַיִם בַּמִּקְדָּשׁ, מִפְּנֵי הַכָּבוֹד.

הַשִּׁיר שֶׁהַלְוִיִּם הָיוּ אוֹמְרִים בְּבֵית הַמִּקְדָּשׁ.
בַּיּוֹם הָרִאשׁוֹן הָיוּ אוֹמְרִים, לַיי הָאָרֶץ וּמְלוֹאָהּ, תֵּבֵל וְיֹשְׁבֵי בָהּ.
בַּשֵּׁנִי הָיוּ אוֹמְרִים, גָּדוֹל יי וּמְהֻלָּל מְאֹד, בְּעִיר אֱלֹהֵינוּ הַר קָדְשׁוֹ.
בַּשְּׁלִישִׁי הָיוּ אוֹמְרִים, אֱלֹהִים נִצָּב בַּעֲדַת אֵל, בְּקֶרֶב אֱלֹהִים יִשְׁפֹּט.
בָּרְבִיעִי הָיוּ אוֹמְרִים, אֵל נְקָמוֹת יי, אֵל נְקָמוֹת הוֹפִיעַ.
בַּחֲמִישִׁי הָיוּ אוֹמְרִים, הַרְנִינוּ לֵאלֹהִים עוּזֵּנוּ, הָרִיעוּ לֵאלֹהֵי יַעֲקֹב.
בַּשִּׁשִּׁי הָיוּ אוֹמְרִים, יי מָלָךְ גֵּאוּת לָבֵשׁ, לָבֵשׁ יי עֹז הִתְאַזָּר, אַף תִּכּוֹן תֵּבֵל בַּל תִּמּוֹט.
בַּשַּׁבָּת הָיוּ אוֹמְרִים, מִזְמוֹר שִׁיר לְיוֹם הַשַּׁבָּת.
מִזְמוֹר שִׁיר לֶעָתִיד לָבוֹא, לְיוֹם שֶׁכֻּלּוֹ שַׁבָּת וּמְנוּחָה לְחַיֵּי הָעוֹלָמִים.

תָּנָא דְבֵי אֵלִיָּהוּ. כָּל הַשּׁוֹנֶה הֲלָכוֹת בְּכָל יוֹם, מֻבְטָח לוֹ שֶׁהוּא בֶּן עוֹלָם הַבָּא, שֶׁנֶּאֱמַר, הֲלִיכוֹת עוֹלָם לוֹ. אַל תִּקְרֵי הֲלִיכוֹת אֶלָּא הֲלָכוֹת.

אָמַר רַבִּי אֶלְעָזָר אָמַר רַבִּי חֲנִינָא. תַּלְמִידֵי חֲכָמִים מַרְבִּים שָׁלוֹם בָּעוֹלָם, שֶׁנֶּאֱמַר, וְכָל בָּנַיִךְ לִמּוּדֵי יי וְרַב שְׁלוֹם בָּנָיִךְ. אַל תִּקְרֵי בָּנָיִךְ, אֶלָּא בּוֹנָיִךְ. שָׁלוֹם רָב לְאֹהֲבֵי תוֹרָתֶךָ, וְאֵין לָמוֹ מִכְשׁוֹל. יְהִי שָׁלוֹם בְּחֵילֵךְ, שַׁלְוָה בְּאַרְמְנוֹתָיִךְ. לְמַעַן אַחַי וְרֵעָי אֲדַבְּרָה נָּא שָׁלוֹם בָּךְ. לְמַעַן בֵּית יי אֱלֹהֵינוּ אֲבַקְשָׁה טוֹב לָךְ. יי עֹז לְעַמּוֹ יִתֵּן, יי יְבָרֵךְ אֶת עַמּוֹ בַשָּׁלוֹם.

קדיש דרבנן:

יִתְגַּדַּל וְיִתְקַדַּשׁ שְׁמֵהּ רַבָּא, בְּעָלְמָא דִּי בְרָא כִרְעוּתֵהּ וְיַמְלִיךְ מַלְכוּתֵהּ וְיַצְמַח פֻּרְקָנֵהּ וִיקָרֵב מְשִׁיחֵהּ, בְּחַיֵּיכוֹן וּבְיוֹמֵיכוֹן וּבְחַיֵּי דְכָל בֵּית יִשְׂרָאֵל בַּעֲגָלָא וּבִזְמַן קָרִיב, וְאִמְרוּ אָמֵן.

יְהֵא שְׁמֵהּ רַבָּא מְבָרַךְ לְעָלַם וּלְעָלְמֵי עָלְמַיָּא.

יִתְבָּרַךְ וְיִשְׁתַּבַּח וְיִתְפָּאַר וְיִתְרוֹמַם וְיִתְנַשֵּׂא וְיִתְהַדָּר וְיִתְעַלֶּה וְיִתְהַלָּל שְׁמֵהּ דְּקֻדְשָׁא, בְּרִיךְ הוּא, לְעֵלָּא לְעֵלָּא מִכָּל בִּרְכָתָא וְשִׁירָתָא, תֻּשְׁבְּחָתָא וְנֶחֱמָתָא דַּאֲמִירָן בְּעָלְמָא, וְאִמְרוּ אָמֵן. עַל יִשְׂרָאֵל וְעַל רַבָּנָן וְעַל תַּלְמִידֵיהוֹן וְעַל כָּל תַּלְמִידֵי תַלְמִידֵיהוֹן וְעַל כָּל מָאן דְּעָסְקִין בְּאוֹרַיְתָא, דִּי בְאַתְרָא קַדִּישָׁא* הָדֵין וְדִי בְכָל אֲתַר וַאֲתַר, יְהֵא לְהוֹן וּלְכוֹן שְׁלָמָא רַבָּא חִנָּא וְחִסְדָּא וְרַחֲמֵי, וְחַיֵּי אֲרִיכֵי וּמְזוֹנֵי רְוִיחֵי וּפֻרְקָנָא מִן קֳדָם אֲבוּהוֹן דִּי בִשְׁמַיָּא וְאַרְעָא, וְאִמְרוּ אָמֵן. יְהֵא שְׁלָמָא רַבָּא מִן שְׁמַיָּא וְחַיִּים טוֹבִים עָלֵינוּ וְעַל כָּל יִשְׂרָאֵל, וְאִמְרוּ אָמֵן. עֹשֶׂה הַשָּׁלוֹם בִּמְרוֹמָיו הוּא בְּרַחֲמָיו יַעֲשֶׂה שָׁלוֹם עָלֵינוּ וְעַל כָּל יִשְׂרָאֵל, וְאִמְרוּ אָמֵן.

* בחו״ל אין אומרים ״קדישא״.

בקהילות שנוהגים
שלא לתקוע בתפילה בלחש תוקעים:

תקיעה שברים תרועה תקיעה
תקיעה שברים תרועה תקיעה
תקיעה שברים תרועה תקיעה

תקיעה שברים תקיעה
תקיעה שברים תקיעה
תקיעה שברים תקיעה

תקיעה תרועה תקיעה
תקיעה תרועה תקיעה
תקיעה תרועה תקיעה גדולה

עָלֵינוּ לְשַׁבֵּחַ לַאֲדוֹן הַכֹּל, לָתֵת גְּדֻלָּה לְיוֹצֵר בְּרֵאשִׁית
שֶׁלֹּא עָשָׂנוּ כְּגוֹיֵי הָאֲרָצוֹת, וְלֹא שָׂמָנוּ כְּמִשְׁפְּחוֹת הָאֲדָמָה
שֶׁלֹּא שָׂם חֶלְקֵנוּ כָּהֶם וְגוֹרָלֵנוּ כְּכָל הֲמוֹנָם.
שֶׁהֵם מִשְׁתַּחֲוִים לְהֶבֶל וָרִיק וּמִתְפַּלְּלִים אֶל אֵל לֹא יוֹשִׁיעַ.
וַאֲנַחְנוּ כּוֹרְעִים וּמִשְׁתַּחֲוִים וּמוֹדִים לִפְנֵי מֶלֶךְ מַלְכֵי הַמְּלָכִים
הַקָּדוֹשׁ בָּרוּךְ הוּא
שֶׁהוּא נוֹטֶה שָׁמַיִם וְיוֹסֵד אָרֶץ וּמוֹשַׁב יְקָרוֹ בַּשָּׁמַיִם מִמַּעַל
וּשְׁכִינַת עֻזּוֹ בְּגָבְהֵי מְרוֹמִים.
הוּא אֱלֹהֵינוּ, אֵין עוֹד.
אֱמֶת מַלְכֵּנוּ, אֶפֶס זוּלָתוֹ, כַּכָּתוּב בְּתוֹרָתוֹ
וְיָדַעְתָּ הַיּוֹם וַהֲשֵׁבֹתָ אֶל לְבָבֶךָ
כִּי יי הוּא הָאֱלֹהִים בַּשָּׁמַיִם מִמַּעַל וְעַל הָאָרֶץ מִתָּחַת, אֵין עוֹד.

וְעַל כֵּן נְקַוֶּה לְּךָ יי אֱלֹהֵינוּ
לִרְאוֹת מְהֵרָה בְּתִפְאֶרֶת עֻזֶּךָ, לְהַעֲבִיר גִּלּוּלִים מִן הָאָרֶץ
וְהָאֱלִילִים כָּרוֹת יִכָּרֵתוּן
לְתַקֵּן עוֹלָם בְּמַלְכוּת שַׁדַּי.
וְכָל בְּנֵי בָשָׂר יִקְרְאוּ בִשְׁמֶךָ לְהַפְנוֹת אֵלֶיךָ כָּל רִשְׁעֵי אָרֶץ.
יַכִּירוּ וְיֵדְעוּ כָּל יוֹשְׁבֵי תֵבֵל
כִּי לְךָ תִּכְרַע כָּל בֶּרֶךְ, תִּשָּׁבַע כָּל לָשׁוֹן.
לְפָנֶיךָ יי אֱלֹהֵינוּ יִכְרְעוּ וְיִפֹּלוּ
וְלִכְבוֹד שִׁמְךָ יְקָר יִתֵּנוּ
וִיקַבְּלוּ כֻלָּם אֶת עֹל מַלְכוּתֶךָ
וְתִמְלֹךְ עֲלֵיהֶם מְהֵרָה לְעוֹלָם וָעֶד.
כִּי הַמַּלְכוּת שֶׁלְּךָ הִיא וּלְעוֹלְמֵי עַד תִּמְלוֹךְ בְּכָבוֹד
כַּכָּתוּב בְּתוֹרָתֶךָ, יי יִמְלֹךְ לְעֹלָם וָעֶד.
וְנֶאֱמַר, וְהָיָה יי לְמֶלֶךְ עַל כָּל הָאָרֶץ
בַּיּוֹם הַהוּא יִהְיֶה יי אֶחָד וּשְׁמוֹ אֶחָד.

קדיש יתום: יִתְגַּדַּל וְיִתְקַדַּשׁ שְׁמֵהּ רַבָּא
בְּעָלְמָא דִּי בְרָא כִרְעוּתֵהּ
וְיַמְלִיךְ מַלְכוּתֵהּ וְיַצְמַח פֻּרְקָנֵהּ
וִיקָרֵב מְשִׁיחֵהּ
בְּחַיֵּיכוֹן וּבְיוֹמֵיכוֹן וּבְחַיֵּי דְכָל בֵּית יִשְׂרָאֵל
בַּעֲגָלָא וּבִזְמַן קָרִיב
וְאִמְרוּ אָמֵן.
יְהֵא שְׁמֵהּ רַבָּא מְבָרַךְ לְעָלַם וּלְעָלְמֵי עָלְמַיָּא.
יִתְבָּרַךְ וְיִשְׁתַּבַּח וְיִתְפָּאַר וְיִתְרוֹמַם וְיִתְנַשֵּׂא
וְיִתְהַדָּר וְיִתְעַלֶּה וְיִתְהַלָּל שְׁמֵהּ דְּקֻדְשָׁא
בְּרִיךְ הוּא
לְעֵלָּא לְעֵלָּא מִכָּל בִּרְכָתָא וְשִׁירָתָא
תֻּשְׁבְּחָתָא וְנֶחֱמָתָא
דַּאֲמִירָן בְּעָלְמָא
וְאִמְרוּ אָמֵן.
יְהֵא שְׁלָמָא רַבָּא מִן שְׁמַיָּא
וְחַיִּים טוֹבִים עָלֵינוּ וְעַל כָּל יִשְׂרָאֵל
וְאִמְרוּ אָמֵן.
עֹשֶׂה הַשָּׁלוֹם בִּמְרוֹמָיו
הוּא יַעֲשֶׂה שָׁלוֹם עָלֵינוּ
וְעַל כָּל יִשְׂרָאֵל
וְאִמְרוּ אָמֵן.

פותחים את ארון הקודש.

חזן אַנְעִים זְמִירוֹת וְשִׁירִים אֶאֱרֹג, כִּי אֵלֶיךָ נַפְשִׁי תַעֲרֹג.
קהל נַפְשִׁי חָמְדָה בְּצֵל יָדֶךָ, לָדַעַת כָּל רָז סוֹדֶךָ.

חזן מִדֵּי דַבְּרִי בִּכְבוֹדֶךָ, הוֹמֶה לִבִּי אֶל דּוֹדֶיךָ.
קהל עַל כֵּן אֲדַבֵּר בְּךָ נִכְבָּדוֹת, וְשִׁמְךָ אֲכַבֵּד בְּשִׁירֵי יְדִידוֹת.

חזן אֲסַפְּרָה כְבוֹדְךָ וְלֹא רְאִיתִיךָ, אֲדַמְּךָ אֲכַנְּךָ וְלֹא יְדַעְתִּיךָ.
קהל בְּיַד נְבִיאֶיךָ בְּסוֹד עֲבָדֶיךָ, דִּמִּיתָ הֲדַר כְּבוֹד הוֹדֶךָ.

חזן גְּדֻלָּתְךָ וּגְבוּרָתֶךָ, כִּנּוּ לְתֹקֶף פְּעֻלָּתֶךָ.
קהל דִּמּוּ אוֹתְךָ וְלֹא כְּפִי יֶשְׁךָ, וַיְשַׁוּוּךָ לְפִי מַעֲשֶׂיךָ.

חזן הִמְשִׁילוּךָ בְּרֹב חֶזְיוֹנוֹת, הִנְּךָ אֶחָד בְּכָל דִּמְיוֹנוֹת.
קהל וַיֶּחֱזוּ בְךָ זִקְנָה וּבַחֲרוּת, וּשְׂעַר רֹאשְׁךָ בְּשֵׂיבָה וְשַׁחֲרוּת.

חזן זִקְנָה בְּיוֹם דִּין וּבַחֲרוּת בְּיוֹם קְרָב, כְּאִישׁ מִלְחָמוֹת יָדָיו לוֹ רָב.
קהל חָבַשׁ כּוֹבַע יְשׁוּעָה בְּרֹאשׁוֹ, הוֹשִׁיעָה לּוֹ יְמִינוֹ וּזְרוֹעַ קָדְשׁוֹ.

חזן טַלְלֵי אוֹרוֹת רֹאשׁוֹ נִמְלָא, קְוֻצּוֹתָיו רְסִיסֵי לָיְלָה.
קהל יִתְפָּאֵר בִּי כִּי חָפֵץ בִּי, וְהוּא יִהְיֶה לִּי לַעֲטֶרֶת צְבִי.

חזן כֶּתֶם טָהוֹר פָּז דְּמוּת רֹאשׁוֹ, וְחַק עַל מֵצַח כְּבוֹד שֵׁם קָדְשׁוֹ.
קהל לְחֵן וּלְכָבוֹד צְבִי תִפְאָרָה, אֻמָּתוֹ לוֹ עִטְּרָה עֲטָרָה.

חזן מַחְלְפוֹת רֹאשׁוֹ כְּבִימֵי בְחוּרוֹת, קְוֻצּוֹתָיו תַּלְתַּלִּים שְׁחוֹרוֹת.
קהל נְוֵה הַצֶּדֶק צְבִי תִפְאַרְתּוֹ, יַעֲלֶה נָּא עַל רֹאשׁ שִׂמְחָתוֹ.

חזן סְגֻלָּתוֹ תְּהִי בְיָדוֹ עֲטֶרֶת, וּצְנִיף מְלוּכָה צְבִי תִפְאֶרֶת.
קהל עֲמוּסִים נְשָׂאָם, עֲטֶרֶת עִנְּדָם, מֵאֲשֶׁר יָקְרוּ בְעֵינָיו כִּבְּדָם.

חזן פְּאֵרוֹ עָלַי וּפְאֵרִי עָלָיו, וְקָרוֹב אֵלַי בְּקָרְאִי אֵלָיו.
קהל צַח וְאָדֹם לִלְבוּשׁוֹ אָדֹם, פּוּרָה בְדָרְכוֹ בְּבוֹאוֹ מֵאֱדוֹם.

חזן קֶשֶׁר תְּפִלִּין הֶרְאָה לֶעָנָו, תְּמוּנַת יי לְנֶגֶד עֵינָיו.
קהל רוֹצֶה בְעַמּוֹ עֲנָוִים יְפָאֵר, יוֹשֵׁב תְּהִלּוֹת בָּם לְהִתְפָּאֵר.

חזן רֹאשׁ דְּבָרְךָ אֱמֶת קוֹרֵא מֵרֹאשׁ דּוֹר וָדוֹר, עַם דּוֹרֶשְׁךָ דְּרֹשׁ.
קהל שִׁית הֲמוֹן שִׁירַי נָא עָלֶיךָ, וְרִנָּתִי תִּקְרַב אֵלֶיךָ.

חזן תְּהִלָּתִי תְּהִי לְרֹאשְׁךָ עֲטֶרֶת, וּתְפִלָּתִי תִּכּוֹן קְטֹרֶת.
קהל תִּיקַר שִׁירַת רָשׁ בְּעֵינֶיךָ, כַּשִּׁיר יוּשַׁר עַל קָרְבָּנֶיךָ.

חזן בִּרְכָתִי תַעֲלֶה לְרֹאשׁ מַשְׁבִּיר, מְחוֹלֵל וּמוֹלִיד, צַדִּיק כַּבִּיר.
קהל וּבְבִרְכָתִי תְנַעֲנַע לִי רֹאשׁ, וְאוֹתָהּ קַח לְךָ כִּבְשָׂמִים רֹאשׁ.

חזן יֶעֱרַב נָא שִׂיחִי עָלֶיךָ, כִּי נַפְשִׁי תַעֲרֹג אֵלֶיךָ.

סוגרים את ארון הקודש.

לְךָ יי הַגְּדֻלָּה וְהַגְּבוּרָה
וְהַתִּפְאֶרֶת וְהַנֵּצַח וְהַהוֹד
כִּי כֹל בַּשָּׁמַיִם וּבָאָרֶץ
לְךָ יי הַמַּמְלָכָה וְהַמִּתְנַשֵּׂא לְכֹל לְרֹאשׁ.
מִי יְמַלֵּל גְּבוּרוֹת יי, יַשְׁמִיעַ כָּל תְּהִלָּתוֹ.

קידושא רבה

בשבת: וְשָׁמְרוּ בְנֵי־יִשְׂרָאֵל אֶת־הַשַּׁבָּת, לַעֲשׂוֹת אֶת־הַשַּׁבָּת לְדֹרֹתָם בְּרִית עוֹלָם: בֵּינִי וּבֵין בְּנֵי יִשְׂרָאֵל אוֹת הִוא לְעֹלָם, כִּי־שֵׁשֶׁת יָמִים עָשָׂה יהוה אֶת־הַשָּׁמַיִם וְאֶת־הָאָרֶץ וּבַיּוֹם הַשְּׁבִיעִי שָׁבַת וַיִּנָּפַשׁ:

תִּקְעוּ בַחֹדֶשׁ שׁוֹפָר, בַּכֶּסֶה לְיוֹם חַגֵּנוּ:
כִּי חֹק לְיִשְׂרָאֵל הוּא, מִשְׁפָּט לֵאלֹהֵי יַעֲקֹב:

סַבְרִי מָרָנָן

בָּרוּךְ אַתָּה יי אֱלֹהֵינוּ מֶלֶךְ הָעוֹלָם, בּוֹרֵא פְּרִי הַגָּפֶן.

נוהגים לומר לפני תפלת מנחה סדר הקרבנות (פרשת הכיור, פרשת התמיד, סדר הקטרת עד אחרי "אנא בכח").

אַשְׁרֵי יוֹשְׁבֵי בֵיתֶךָ עוֹד יְהַלְלוּךָ סֶּלָה:
אַשְׁרֵי הָעָם שֶׁכָּכָה לּוֹ אַשְׁרֵי הָעָם שֶׁיהוה אֱלֹהָיו:
קמה תְּהִלָּה לְדָוִד אֲרוֹמִמְךָ אֱלוֹהַי הַמֶּלֶךְ וַאֲבָרְכָה שִׁמְךָ לְעוֹלָם וָעֶד:
בְּכָל־יוֹם אֲבָרְכֶךָּ וַאֲהַלְלָה שִׁמְךָ לְעוֹלָם וָעֶד:
גָּדוֹל יהוה וּמְהֻלָּל מְאֹד וְלִגְדֻלָּתוֹ אֵין חֵקֶר:
דּוֹר לְדוֹר יְשַׁבַּח מַעֲשֶׂיךָ וּגְבוּרֹתֶיךָ יַגִּידוּ:
הֲדַר כְּבוֹד הוֹדֶךָ וְדִבְרֵי נִפְלְאֹתֶיךָ אָשִׂיחָה:
וֶעֱזוּז נוֹרְאֹתֶיךָ יֹאמֵרוּ וּגְדוּלָּתְךָ אֲסַפְּרֶנָּה:
זֵכֶר רַב־טוּבְךָ יַבִּיעוּ וְצִדְקָתְךָ יְרַנֵּנוּ:
חַנּוּן וְרַחוּם יהוה אֶרֶךְ אַפַּיִם וּגְדָל־חָסֶד:
טוֹב־יהוה לַכֹּל וְרַחֲמָיו עַל־כָּל־מַעֲשָׂיו:
יוֹדוּךָ יהוה כָּל־מַעֲשֶׂיךָ וַחֲסִידֶיךָ יְבָרְכוּכָה:
כְּבוֹד מַלְכוּתְךָ יֹאמֵרוּ וּגְבוּרָתְךָ יְדַבֵּרוּ:
לְהוֹדִיעַ לִבְנֵי הָאָדָם גְּבוּרֹתָיו וּכְבוֹד הֲדַר מַלְכוּתוֹ:
מַלְכוּתְךָ מַלְכוּת כָּל־עֹלָמִים וּמֶמְשַׁלְתְּךָ בְּכָל־דּוֹר וָדֹר:
סוֹמֵךְ יהוה לְכָל־הַנֹּפְלִים וְזוֹקֵף לְכָל־הַכְּפוּפִים:
עֵינֵי־כֹל אֵלֶיךָ יְשַׂבֵּרוּ וְאַתָּה נוֹתֵן־לָהֶם אֶת־אָכְלָם בְּעִתּוֹ:
פּוֹתֵחַ אֶת־יָדֶךָ וּמַשְׂבִּיעַ לְכָל־חַי רָצוֹן:
צַדִּיק יהוה בְּכָל־דְּרָכָיו וְחָסִיד בְּכָל־מַעֲשָׂיו:
קָרוֹב יהוה לְכָל־קֹרְאָיו לְכֹל אֲשֶׁר יִקְרָאֻהוּ בֶאֱמֶת:
רְצוֹן־יְרֵאָיו יַעֲשֶׂה וְאֶת־שַׁוְעָתָם יִשְׁמַע וְיוֹשִׁיעֵם:
שׁוֹמֵר יהוה אֶת־כָּל־אֹהֲבָיו וְאֵת כָּל־הָרְשָׁעִים יַשְׁמִיד:
תְּהִלַּת יהוה יְדַבֶּר פִּי וִיבָרֵךְ כָּל־בָּשָׂר שֵׁם קָדְשׁוֹ לְעוֹלָם וָעֶד:
וַאֲנַחְנוּ נְבָרֵךְ יָהּ מֵעַתָּה וְעַד־עוֹלָם הַלְלוּיָהּ:

וּבָא לְצִיּוֹן גּוֹאֵל וּלְשָׁבֵי פֶשַׁע בְּיַעֲקֹב, נְאֻם יי.

וַאֲנִי זֹאת בְּרִיתִי אוֹתָם, אָמַר יי, רוּחִי אֲשֶׁר עָלֶיךָ וּדְבָרַי אֲשֶׁר שַׂמְתִּי בְּפִיךָ, לֹא יָמוּשׁוּ מִפִּיךָ וּמִפִּי זַרְעֲךָ וּמִפִּי זֶרַע זַרְעֲךָ, אָמַר יי, מֵעַתָּה וְעַד עוֹלָם.

וְאַתָּה קָדוֹשׁ יוֹשֵׁב תְּהִלּוֹת יִשְׂרָאֵל. וְקָרָא זֶה אֶל זֶה וְאָמַר. קָדוֹשׁ, קָדוֹשׁ, קָדוֹשׁ יי צְבָאוֹת, מְלֹא כָל הָאָרֶץ כְּבוֹדוֹ.

וּמְקַבְּלִין דֵּין מִן דֵּין וְאָמְרִין. קַדִּישׁ בִּשְׁמֵי מְרוֹמָא עִלָּאָה בֵּית שְׁכִינְתֵּהּ, קַדִּישׁ עַל אַרְעָא עוֹבַד גְּבוּרְתֵּהּ, קַדִּישׁ לְעָלַם וּלְעָלְמֵי עָלְמַיָּא, יי צְבָאוֹת מַלְיָא כָל אַרְעָא זִיו יְקָרֵהּ.

וַתִּשָּׂאֵנִי רוּחַ, וָאֶשְׁמַע אַחֲרַי קוֹל רַעַשׁ גָּדוֹל. בָּרוּךְ כְּבוֹד יי מִמְּקוֹמוֹ.

וּנְטָלַתְנִי רוּחָא, וְשִׁמְעֵית בַּתְרַי קָל זִיעַ סַגִּיא דִּמְשַׁבְּחִין וְאָמְרִין. בְּרִיךְ יְקָרָא דַיי מֵאֲתַר בֵּית שְׁכִינְתֵּהּ.

יי יִמְלֹךְ לְעֹלָם וָעֶד.
יי מַלְכוּתֵהּ קָאֵם לְעָלַם וּלְעָלְמֵי עָלְמַיָּא.

יי אֱלֹהֵי אַבְרָהָם יִצְחָק וְיִשְׂרָאֵל אֲבוֹתֵינוּ, שָׁמְרָה זֹּאת לְעוֹלָם לְיֵצֶר מַחְשְׁבוֹת לְבַב עַמֶּךָ, וְהָכֵן לְבָבָם אֵלֶיךָ. וְהוּא רַחוּם יְכַפֵּר עָוֹן וְלֹא יַשְׁחִית, וְהִרְבָּה לְהָשִׁיב אַפּוֹ, וְלֹא יָעִיר כָּל חֲמָתוֹ. כִּי אַתָּה אֲדֹנָי טוֹב וְסַלָּח, וְרַב חֶסֶד לְכָל קֹרְאֶיךָ. צִדְקָתְךָ צֶדֶק לְעוֹלָם וְתוֹרָתְךָ אֱמֶת. תִּתֵּן אֱמֶת לְיַעֲקֹב, חֶסֶד לְאַבְרָהָם, אֲשֶׁר נִשְׁבַּעְתָּ לַאֲבֹתֵינוּ מִימֵי קֶדֶם. בָּרוּךְ אֲדֹנָי יוֹם יוֹם יַעֲמָס לָנוּ, הָאֵל יְשׁוּעָתֵנוּ סֶלָה. יי צְבָאוֹת עִמָּנוּ, מִשְׂגָּב לָנוּ אֱלֹהֵי יַעֲקֹב סֶלָה. יי צְבָאוֹת, אַשְׁרֵי אָדָם בֹּטֵחַ בָּךְ. יי הוֹשִׁיעָה, הַמֶּלֶךְ יַעֲנֵנוּ בְיוֹם קָרְאֵנוּ. בָּרוּךְ הוּא אֱלֹהֵינוּ שֶׁבְּרָאָנוּ לִכְבוֹדוֹ, וְהִבְדִּילָנוּ מִן הַתּוֹעִים, וְנָתַן לָנוּ תּוֹרַת אֱמֶת, וְחַיֵּי עוֹלָם נָטַע בְּתוֹכֵנוּ. הוּא יִפְתַּח לִבֵּנוּ בְּתוֹרָתוֹ, וְיָשֵׂם בְּלִבֵּנוּ אַהֲבָתוֹ וְיִרְאָתוֹ וְלַעֲשׂוֹת רְצוֹנוֹ וּלְעָבְדוֹ בְּלֵבָב שָׁלֵם, לְמַעַן לֹא נִיגַע לָרִיק וְלֹא נֵלֵד לַבֶּהָלָה.

יְהִי רָצוֹן מִלְּפָנֶיךָ יי אֱלֹהֵינוּ וֵאלֹהֵי אֲבוֹתֵינוּ, שֶׁנִּשְׁמֹר חֻקֶּיךָ בָּעוֹלָם הַזֶּה, וְנִזְכֶּה וְנִחְיֶה וְנִרְאֶה וְנִירַשׁ טוֹבָה וּבְרָכָה לִשְׁנֵי יְמוֹת הַמָּשִׁיחַ וּלְחַיֵּי הָעוֹלָם הַבָּא. לְמַעַן יְזַמֶּרְךָ כָבוֹד וְלֹא יִדֹּם, יי אֱלֹהַי לְעוֹלָם אוֹדֶךָּ. בָּרוּךְ הַגֶּבֶר אֲשֶׁר יִבְטַח בַּיי, וְהָיָה יי מִבְטַחוֹ. בִּטְחוּ בַיי עֲדֵי עַד, כִּי בְּיָהּ יי צוּר עוֹלָמִים. וְיִבְטְחוּ בְךָ יוֹדְעֵי שְׁמֶךָ, כִּי לֹא עָזַבְתָּ דֹרְשֶׁיךָ, יי. יי חָפֵץ לְמַעַן צִדְקוֹ, יַגְדִּיל תּוֹרָה וְיַאְדִּיר.

השׁ״ץ אומר חצי קדיש:

יִתְגַּדַּל וְיִתְקַדַּשׁ שְׁמֵהּ רַבָּא בְּעָלְמָא דִּי בְרָא כִרְעוּתֵהּ
וְיַמְלִיךְ מַלְכוּתֵהּ וְיַצְמַח פֻּרְקָנֵהּ וִיקָרֵב מְשִׁיחֵהּ
בְּחַיֵּיכוֹן וּבְיוֹמֵיכוֹן וּבְחַיֵּי דְכָל בֵּית יִשְׂרָאֵל
בַּעֲגָלָא וּבִזְמַן קָרִיב, וְאִמְרוּ אָמֵן.
יְהֵא שְׁמֵהּ רַבָּא מְבָרַךְ לְעָלַם וּלְעָלְמֵי עָלְמַיָּא.
יִתְבָּרַךְ וְיִשְׁתַּבַּח וְיִתְפָּאַר וְיִתְרוֹמַם וְיִתְנַשֵּׂא
וְיִתְהַדָּר וְיִתְעַלֶּה וְיִתְהַלָּל שְׁמֵהּ דְּקֻדְשָׁא בְּרִיךְ הוּא
לְעֵלָּא לְעֵלָּא מִכָּל בִּרְכָתָא וְשִׁירָתָא תֻּשְׁבְּחָתָא וְנֶחֱמָתָא
דַּאֲמִירָן בְּעָלְמָא, וְאִמְרוּ אָמֵן.

כשראש השנה חל ביום חול ממשיכים בתפילת עמידה (עמ׳ 241)
ואם חל בשבת מוציאים ספר תורה וקוראים בפרשת ״האזינו״.

וַאֲנִי תְפִלָּתִי לְךָ, יי, עֵת רָצוֹן, אֱלֹהִים בְּרָב חַסְדֶּךָ עֲנֵנִי בֶּאֱמֶת יִשְׁעֶךָ.

הוצאת ספר תורה:

וַיְהִי בִּנְסֹעַ הָאָרֹן וַיֹּאמֶר מֹשֶׁה. קוּמָה יי וְיָפֻצוּ אֹיְבֶיךָ וְיָנֻסוּ מְשַׂנְאֶיךָ מִפָּנֶיךָ. כִּי מִצִּיּוֹן תֵּצֵא תוֹרָה וּדְבַר יי מִירוּשָׁלָיִם. בָּרוּךְ שֶׁנָּתַן תּוֹרָה לְעַמּוֹ יִשְׂרָאֵל בִּקְדֻשָּׁתוֹ.

בְּרִיךְ שְׁמֵהּ דְּמָרֵא עָלְמָא, בְּרִיךְ כִּתְרָךְ וְאַתְרָךְ. יְהֵא רְעוּתָךְ עִם עַמָּךְ יִשְׂרָאֵל לְעָלַם, וּפֻרְקַן יְמִינָךְ אַחֲזֵי לְעַמָּךְ בְּבֵית מַקְדְּשָׁךְ וּלְאַמְטוּיֵי לָנָא מִטּוּב נְהוֹרָךְ וּלְקַבֵּל צְלוֹתָנָא בְּרַחֲמִין. יְהֵא רַעֲוָא קֳדָמָךְ דְּתוֹרִיךְ לָן חַיִּין בְּטִיבוּ וְלֶהֱוֵי אֲנָא פְּקִידָא בְּגוֹ צַדִּיקַיָּא לְמִרְחַם עָלַי וּלְמִנְטַר יָתִי וְיַת כָּל דִּי לִי וְדִי לְעַמָּךְ יִשְׂרָאֵל. אַנְתְּ הוּא זָן לְכֹלָּא וּמְפַרְנֵס לְכֹלָּא, אַנְתְּ הוּא שַׁלִּיט עַל כֹּלָּא אַנְתְּ הוּא דְּשַׁלִּיט עַל מַלְכַיָּא וּמַלְכוּתָא דִּילָךְ הִיא. אֲנָא עַבְדָּא דְקֻדְשָׁא בְּרִיךְ הוּא, דְּסָגִידְנָא קַמֵּהּ וּמִקַּמֵּי דִּיקַר אוֹרַיְתֵהּ בְּכָל עִדָּן וְעִדָּן. לָא עַל אֱנָשׁ רָחִיצְנָא וְלָא עַל בַּר אֱלָהִין סָמִיכְנָא, אֶלָּא בֶּאֱלָהָא דִשְׁמַיָּא, דְּהוּא אֱלָהָא קְשׁוֹט וְאוֹרַיְתֵהּ קְשׁוֹט, וּנְבִיאוֹהִי קְשׁוֹט, וּמַסְגֵּא לְמֶעְבַּד טַבְוָן וּקְשׁוֹט. בֵּהּ אֲנָא רָחִיץ, וְלִשְׁמֵהּ קַדִּישָׁא יַקִּירָא אֲנָא אֵמַר תֻּשְׁבְּחָן. יְהֵא רַעֲוָא קֳדָמָךְ דְּתִפְתַּח לִבָּאִי בְּאוֹרַיְתָא וְתַשְׁלִים מִשְׁאֲלִין דְּלִבָּאִי וְלִבָּא דְכָל עַמָּךְ יִשְׂרָאֵל לְטַב וּלְחַיִּין וְלִשְׁלָם.

הש״ץ לוקח את ספר התורה בימינו ואומר:

גַּדְּלוּ לַיי אִתִּי וּנְרוֹמְמָה שְׁמוֹ יַחְדָּו.

הש״ץ נושא את הספר אל הבימה והקהל אומר:

לְךָ יי הַגְּדֻלָּה וְהַגְּבוּרָה וְהַתִּפְאֶרֶת וְהַנֵּצַח וְהַהוֹד, כִּי כֹל בַּשָּׁמַיִם וּבָאָרֶץ. לְךָ יי הַמַּמְלָכָה וְהַמִּתְנַשֵּׂא לְכֹל לְרֹאשׁ.

רוֹמְמוּ יי אֱלֹהֵינוּ וְהִשְׁתַּחֲווּ לַהֲדֹם רַגְלָיו קָדוֹשׁ הוּא. רוֹמְמוּ יי אֱלֹהֵינוּ וְהִשְׁתַּחֲווּ לְהַר קָדְשׁוֹ כִּי קָדוֹשׁ יי אֱלֹהֵינוּ.

אַב הָרַחֲמִים הוּא יְרַחֵם עַם עֲמוּסִים, וְיִזְכֹּר בְּרִית אֵיתָנִים, וְיַצִּיל נַפְשׁוֹתֵינוּ מִן הַשָּׁעוֹת הָרָעוֹת, וְיִגְעַר בְּיֵצֶר הָרָע מִן הַנְּשׂוּאִים, וְיָחֹן אוֹתָנוּ לִפְלֵיטַת עוֹלָמִים, וִימַלֵּא מִשְׁאֲלוֹתֵינוּ בְּמִדָּה טוֹבָה יְשׁוּעָה וְרַחֲמִים.

הקורא לעולים לתורה אומר:

וְתִגָּלֶה וְתֵרָאֶה מַלְכוּתוֹ עָלֵינוּ בִּזְמַן קָרוֹב וְיָחֹן פְּלֵיטָתֵנוּ וּפְלֵיטַת עַמּוֹ בֵּית יִשְׂרָאֵל לְחֵן וּלְחֶסֶד וּלְרַחֲמִים וּלְרָצוֹן, וְנֹאמַר אָמֵן.
הַכֹּל הָבוּ גֹדֶל לֵאלֹהֵינוּ וּתְנוּ כָבוֹד לַתּוֹרָה.
כֹּהֵן קְרַב, יַעֲמֹד (פלוני בן פלוני) הַכֹּהֵן.
בָּרוּךְ שֶׁנָּתַן תּוֹרָה לְעַמּוֹ יִשְׂרָאֵל בִּקְדֻשָּׁתוֹ.

הקהל עונה: וְאַתֶּם הַדְּבֵקִים בַּיי אֱלֹהֵיכֶם חַיִּים כֻּלְּכֶם הַיּוֹם.

העולה אומר: בָּרְכוּ אֶת יי הַמְבֹרָךְ.

ועונים הקהל: בָּרוּךְ יי הַמְבֹרָךְ לְעוֹלָם וָעֶד. והעולה חוזר

לפני הקריאה העולה מברך: בָּרוּךְ אַתָּה יי אֱלֹהֵינוּ מֶלֶךְ הָעוֹלָם
אֲשֶׁר בָּחַר בָּנוּ מִכָּל הָעַמִּים וְנָתַן לָנוּ אֶת תּוֹרָתוֹ.
בָּרוּךְ אַתָּה יי, נוֹתֵן הַתּוֹרָה.

לאחר הקריאה: בָּרוּךְ אַתָּה יי אֱלֹהֵינוּ מֶלֶךְ הָעוֹלָם
אֲשֶׁר נָתַן לָנוּ תּוֹרַת אֱמֶת וְחַיֵּי עוֹלָם נָטַע בְּתוֹכֵנוּ.
בָּרוּךְ אַתָּה יי, נוֹתֵן הַתּוֹרָה.

המגביה את הספר מראה לקהל את הספר הפתוח, ואומרים:

וְזֹאת הַתּוֹרָה אֲשֶׁר שָׂם מֹשֶׁה לִפְנֵי בְּנֵי יִשְׂרָאֵל
(עַל פִּי יי בְּיַד מֹשֶׁה).

הַאֲזִינוּ הַשָּׁמַיִם וַאֲדַבֵּרָה	וְתִשְׁמַע הָאָרֶץ אִמְרֵי־פִי׃	פרשת האזינו דברים לב
יַעֲרֹף כַּמָּטָר לִקְחִי	תִּזַּל כַּטַּל אִמְרָתִי	
כִּשְׂעִירִם עֲלֵי־דֶשֶׁא	וְכִרְבִיבִים עֲלֵי־עֵשֶׂב׃	
כִּי שֵׁם יהוה אֶקְרָא	הָבוּ גֹדֶל לֵאלֹהֵינוּ׃	
הַצּוּר תָּמִים פָּעֳלוֹ	כִּי כָל־דְּרָכָיו מִשְׁפָּט	שני
אֵל אֱמוּנָה וְאֵין עָוֶל	צַדִּיק וְיָשָׁר הוּא׃	
שִׁחֵת לוֹ לֹא בָּנָיו מוּמָם	דּוֹר עִקֵּשׁ וּפְתַלְתֹּל׃	
הַ לְיהוה תִּגְמְלוּ־זֹאת	עַם נָבָל וְלֹא חָכָם	
הֲלוֹא־הוּא אָבִיךָ קָּנֶךָ	הוּא עָשְׂךָ וַיְכֹנְנֶךָ׃	
זְכֹר יְמוֹת עוֹלָם	בִּינוּ שְׁנוֹת דֹּר־וָדֹר	שלישי
שְׁאַל אָבִיךָ וְיַגֵּדְךָ	זְקֵנֶיךָ וְיֹאמְרוּ לָךְ׃	
בְּהַנְחֵל עֶלְיוֹן גּוֹיִם	בְּהַפְרִידוֹ בְּנֵי אָדָם	
יַצֵּב גְּבֻלֹת עַמִּים	לְמִסְפַּר בְּנֵי יִשְׂרָאֵל׃	
כִּי חֵלֶק יהוה עַמּוֹ	יַעֲקֹב חֶבֶל נַחֲלָתוֹ׃	
יִמְצָאֵהוּ בְּאֶרֶץ מִדְבָּר	וּבְתֹהוּ יְלֵל יְשִׁמֹן	
יְסֹבְבֶנְהוּ יְבוֹנְנֵהוּ	יִצְּרֶנְהוּ כְּאִישׁוֹן עֵינוֹ׃	
כְּנֶשֶׁר יָעִיר קִנּוֹ	עַל־גּוֹזָלָיו יְרַחֵף	
יִפְרֹשׂ כְּנָפָיו יִקָּחֵהוּ	יִשָּׂאֵהוּ עַל־אֶבְרָתוֹ׃	
יהוה בָּדָד יַנְחֶנּוּ	וְאֵין עִמּוֹ אֵל נֵכָר׃	

מגביהים ספר תורה ("וזאת התורה...").

אחרי הגבהת ס״ת אומרים:

הַלְלוּיָהּ אוֹדֶה יהוה בְּכָל־לֵבָב בְּסוֹד יְשָׁרִים וְעֵדָה׃ גְּדֹלִים מַעֲשֵׂי יהוה דְּרוּשִׁים לְכָל־חֶפְצֵיהֶם׃ הוֹד־וְהָדָר פָּעֳלוֹ וְצִדְקָתוֹ עֹמֶדֶת לָעַד׃ זֵכֶר עָשָׂה לְנִפְלְאֹתָיו חַנּוּן וְרַחוּם יהוה׃ טֶרֶף נָתַן לִירֵאָיו יִזְכֹּר לְעוֹלָם בְּרִיתוֹ׃ כֹּחַ מַעֲשָׂיו הִגִּיד לְעַמּוֹ לָתֵת לָהֶם נַחֲלַת גּוֹיִם׃ מַעֲשֵׂי יָדָיו אֱמֶת וּמִשְׁפָּט נֶאֱמָנִים כָּל־פִּקּוּדָיו׃ סְמוּכִים לָעַד לְעוֹלָם עֲשׂוּיִם בֶּאֱמֶת וְיָשָׁר׃ פְּדוּת שָׁלַח לְעַמּוֹ צִוָּה־לְעוֹלָם בְּרִיתוֹ קָדוֹשׁ וְנוֹרָא שְׁמוֹ׃ רֵאשִׁית חָכְמָה יִרְאַת יהוה שֵׂכֶל טוֹב לְכָל־עֹשֵׂיהֶם תְּהִלָּתוֹ עֹמֶדֶת לָעַד׃

הַלְלוּיָהּ אַשְׁרֵי־אִישׁ יָרֵא אֶת־יְהוָה בְּמִצְוֹתָיו חָפֵץ מְאֹד: גִּבּוֹר בָּאָרֶץ יִהְיֶה זַרְעוֹ דּוֹר יְשָׁרִים יְבֹרָךְ: הוֹן־וָעֹשֶׁר בְּבֵיתוֹ וְצִדְקָתוֹ עֹמֶדֶת לָעַד: זָרַח בַּחֹשֶׁךְ אוֹר לַיְשָׁרִים חַנּוּן וְרַחוּם וְצַדִּיק: טוֹב־אִישׁ חוֹנֵן וּמַלְוֶה יְכַלְכֵּל דְּבָרָיו בְּמִשְׁפָּט: כִּי־לְעוֹלָם לֹא־יִמּוֹט לְזֵכֶר עוֹלָם יִהְיֶה צַדִּיק: מִשְּׁמוּעָה רָעָה לֹא יִירָא נָכוֹן לִבּוֹ בָּטֻחַ בַּיהוה: סָמוּךְ לִבּוֹ לֹא יִירָא עַד אֲשֶׁר־יִרְאֶה בְצָרָיו: פִּזַּר נָתַן לָאֶבְיוֹנִים צִדְקָתוֹ עֹמֶדֶת לָעַד קַרְנוֹ תָּרוּם בְּכָבוֹד: רָשָׁע יִרְאֶה וְכָעָס שִׁנָּיו יַחֲרֹק וְנָמָס תַּאֲוַת רְשָׁעִים תֹּאבֵד:

השי״ץ לוקח ס״ת ואומר: **יְהַלְלוּ אֶת שֵׁם יי, כִּי נִשְׂגָּב שְׁמוֹ לְבַדּוֹ.**

והקהל אתו: **הוֹדוֹ עַל אֶרֶץ וְשָׁמָיִם. וַיָּרֶם קֶרֶן לְעַמּוֹ תְּהִלָּה לְכָל חֲסִידָיו לִבְנֵי יִשְׂרָאֵל עַם קְרֹבוֹ, הַלְלוּיָהּ.**

לְדָוִד מִזְמוֹר לַיהוה הָאָרֶץ וּמְלוֹאָהּ תֵּבֵל וְיֹשְׁבֵי בָהּ: כִּי־הוּא עַל־יַמִּים יְסָדָהּ וְעַל־נְהָרוֹת יְכוֹנְנֶהָ: מִי־יַעֲלֶה בְהַר־יְהוָה וּמִי־יָקוּם בִּמְקוֹם קָדְשׁוֹ: נְקִי כַפַּיִם וּבַר־לֵבָב אֲשֶׁר לֹא־נָשָׂא לַשָּׁוְא נַפְשִׁי וְלֹא נִשְׁבַּע לְמִרְמָה: יִשָּׂא בְרָכָה מֵאֵת יהוה וּצְדָקָה מֵאֱלֹהֵי יִשְׁעוֹ: זֶה דּוֹר דֹּרְשָׁו מְבַקְשֵׁי פָנֶיךָ יַעֲקֹב סֶלָה: שְׂאוּ שְׁעָרִים רָאשֵׁיכֶם וְהִנָּשְׂאוּ פִּתְחֵי עוֹלָם וְיָבוֹא מֶלֶךְ הַכָּבוֹד: מִי זֶה מֶלֶךְ הַכָּבוֹד יהוה עִזּוּז וְגִבּוֹר יהוה גִּבּוֹר מִלְחָמָה: שְׂאוּ שְׁעָרִים רָאשֵׁיכֶם וּשְׂאוּ פִּתְחֵי עוֹלָם וְיָבֹא מֶלֶךְ הַכָּבוֹד: מִי הוּא זֶה מֶלֶךְ הַכָּבוֹד יהוה צְבָאוֹת הוּא מֶלֶךְ הַכָּבוֹד סֶלָה:

מכניסים את ספר התורה לארון הקדש ואומרים:

וּבְנֻחֹה יֹאמַר. שׁוּבָה יי רִבְבוֹת אַלְפֵי יִשְׂרָאֵל. קוּמָה יי לִמְנוּחָתֶךָ, אַתָּה וַאֲרוֹן עֻזֶּךָ. כֹּהֲנֶיךָ יִלְבְּשׁוּ צֶדֶק, וַחֲסִידֶיךָ יְרַנֵּנוּ. בַּעֲבוּר דָּוִד עַבְדֶּךָ אַל תָּשֵׁב פְּנֵי מְשִׁיחֶךָ. כִּי לֶקַח טוֹב נָתַתִּי לָכֶם, תּוֹרָתִי אַל תַּעֲזֹבוּ. עֵץ חַיִּים הִיא לַמַּחֲזִיקִים בָּהּ, וְתֹמְכֶיהָ מְאֻשָּׁר. דְּרָכֶיהָ דַרְכֵי נֹעַם וְכָל נְתִיבוֹתֶיהָ שָׁלוֹם. הֲשִׁיבֵנוּ יי אֵלֶיךָ וְנָשׁוּבָה, חַדֵּשׁ יָמֵינוּ כְּקֶדֶם.

חצי קדיש

כִּי שֵׁם יי אֶקְרָא הָבוּ גֹדֶל לֵאלֹהֵינוּ
אֲדֹנָי, שְׂפָתַי תִּפְתָּח וּפִי יַגִּיד תְּהִלָּתֶךָ

בָּרוּךְ אַתָּה יי, אֱלֹהֵינוּ וֵאלֹהֵי אֲבוֹתֵינוּ
אֱלֹהֵי אַבְרָהָם, אֱלֹהֵי יִצְחָק, וֵאלֹהֵי יַעֲקֹב
הָאֵל הַגָּדוֹל הַגִּבּוֹר וְהַנּוֹרָא, אֵל עֶלְיוֹן
גּוֹמֵל חֲסָדִים טוֹבִים, קוֹנֵה הַכֹּל
וְזוֹכֵר חַסְדֵי אָבוֹת וּמֵבִיא גוֹאֵל לִבְנֵי בְנֵיהֶם
לְמַעַן שְׁמוֹ בְּאַהֲבָה.
זָכְרֵנוּ לְחַיִּים, מֶלֶךְ חָפֵץ בַּחַיִּים
וְכָתְבֵנוּ בְּסֵפֶר הַחַיִּים, לְמַעַנְךָ אֱלֹהִים חַיִּים.
מֶלֶךְ עוֹזֵר וּמוֹשִׁיעַ וּמָגֵן.
בָּרוּךְ אַתָּה יי, מָגֵן אַבְרָהָם.

אַתָּה גִּבּוֹר לְעוֹלָם אֲדֹנָי
מְחַיֵּה מֵתִים אַתָּה, רַב לְהוֹשִׁיעַ
מוֹרִיד הַטָּל.
מְכַלְכֵּל חַיִּים בְּחֶסֶד, מְחַיֵּה מֵתִים בְּרַחֲמִים רַבִּים
סוֹמֵךְ נוֹפְלִים, וְרוֹפֵא חוֹלִים
וּמַתִּיר אֲסוּרִים, וּמְקַיֵּם אֱמוּנָתוֹ לִישֵׁנֵי עָפָר.
מִי כָמוֹךָ בַּעַל גְּבוּרוֹת וּמִי דּוֹמֶה לָּךְ
מֶלֶךְ מֵמִית וּמְחַיֶּה וּמַצְמִיחַ יְשׁוּעָה.
מִי כָמוֹךָ אַב הָרַחֲמָן, זוֹכֵר יְצוּרָיו לְחַיִּים בְּרַחֲמִים.
וְנֶאֱמָן אַתָּה לְהַחֲיוֹת מֵתִים.
בָּרוּךְ אַתָּה יי, מְחַיֵּה הַמֵּתִים.

קדושה – בחזרת הש״ץ:

נַקְדִּישָׁךְ וְנַעֲרִיצָךְ כְּנֹעַם שִׂיחַ סוֹד שַׂרְפֵי קֹדֶשׁ, הַמְשַׁלְּשִׁים לְךָ קְדֻשָּׁה
כַּכָּתוּב עַל יַד נְבִיאֶךָ, וְקָרָא זֶה אֶל זֶה וְאָמַר
קָדוֹשׁ, קָדוֹשׁ, קָדוֹשׁ יי צְבָאוֹת מְלֹא כָל הָאָרֶץ כְּבוֹדוֹ.
לְעֻמָּתָם מְשַׁבְּחִים וְאוֹמְרִים
בָּרוּךְ כְּבוֹד יי מִמְּקוֹמוֹ.
וּבְדִבְרֵי קָדְשְׁךָ כָּתוּב לֵאמֹר
יִמְלֹךְ יי לְעוֹלָם, אֱלֹהַיִךְ צִיּוֹן לְדֹר וָדֹר, הַלְלוּיָהּ.

אַתָּה קָדוֹשׁ וְשִׁמְךָ קָדוֹשׁ
וּקְדוֹשִׁים בְּכָל יוֹם יְהַלְלוּךָ סֶּלָה
כִּי אֵל מֶלֶךְ גָּדוֹל וְקָדוֹשׁ אָתָּה.

לְדוֹר וָדוֹר הַמְלִיכוּ לָאֵל, כִּי הוּא לְבַדּוֹ מָרוֹם וְקָדוֹשׁ.

וּבְכֵן יִתְקַדַּשׁ שִׁמְךָ יי אֱלֹהֵינוּ עַל יִשְׂרָאֵל עַמֶּךָ
וְעַל יְרוּשָׁלַיִם עִירֶךָ, וְעַל צִיּוֹן מִשְׁכַּן כְּבוֹדֶךָ
וְעַל מַלְכוּת בֵּית דָּוִד מְשִׁיחֶךָ, וְעַל מְכוֹנְךָ וְהֵיכָלֶךָ.
וּבְכֵן תֵּן פַּחְדְּךָ יי אֱלֹהֵינוּ עַל כָּל מַעֲשֶׂיךָ
וְאֵימָתְךָ עַל כָּל מַה שֶּׁבָּרָאתָ
וְיִירָאוּךָ כָּל הַמַּעֲשִׂים, וְיִשְׁתַּחֲווּ לְפָנֶיךָ כָּל הַבְּרוּאִים
וְיֵעָשׂוּ כֻלָּם אֲגֻדָּה אֶחָת לַעֲשׂוֹת רְצוֹנְךָ בְּלֵבָב שָׁלֵם
כְּמוֹ שֶׁיָּדַעְנוּ יי אֱלֹהֵינוּ שֶׁהַשִּׁלְטָן לְפָנֶיךָ
עֹז בְּיָדְךָ וּגְבוּרָה בִּימִינֶךָ
וְשִׁמְךָ נוֹרָא עַל כָּל מַה שֶּׁבָּרָאתָ.

וּבְכֵן תֵּן כָּבוֹד יי לְעַמֶּךָ
תְּהִלָּה לִירֵאֶיךָ וְתִקְוָה טוֹבָה לְדוֹרְשֶׁיךָ
וּפִתְחוֹן פֶּה לַמְיַחֲלִים לָךְ
שִׂמְחָה לְאַרְצֶךָ, וְשָׂשׂוֹן לְעִירֶךָ
וּצְמִיחַת קֶרֶן לְדָוִד עַבְדֶּךָ
וַעֲרִיכַת נֵר לְבֶן יִשַׁי מְשִׁיחֶךָ
בִּמְהֵרָה בְיָמֵינוּ.

וּבְכֵן צַדִּיקִים יִרְאוּ וְיִשְׂמָחוּ, וִישָׁרִים יַעֲלֹזוּ
וַחֲסִידִים בְּרִנָּה יָגִילוּ, וְעוֹלָתָה תִּקְפָּץ פִּיהָ
וְכָל הָרִשְׁעָה כֻּלָּהּ כְּעָשָׁן תִּכְלֶה
כִּי תַעֲבִיר מֶמְשֶׁלֶת זָדוֹן מִן הָאָרֶץ.

וְתִמְלֹךְ אַתָּה הוּא יי אֱלֹהֵינוּ
מְהֵרָה לְבַדֶּךָ עַל כָּל מַעֲשֶׂיךָ
בְּהַר צִיּוֹן מִשְׁכַּן כְּבוֹדֶךָ
וּבִירוּשָׁלַיִם עִיר קָדְשֶׁךָ
כַּכָּתוּב בְּדִבְרֵי קָדְשֶׁךָ
יִמְלֹךְ יי לְעוֹלָם, אֱלֹהַיִךְ צִיּוֹן לְדֹר וָדֹר, הַלְלוּיָהּ.

קָדוֹשׁ אַתָּה וְנוֹרָא שְׁמֶךָ, וְאֵין אֱלוֹהַּ מִבַּלְעָדֶיךָ
כַּכָּתוּב
וַיִּגְבַּהּ יי צְבָאוֹת בַּמִּשְׁפָּט
וְהָאֵל הַקָּדוֹשׁ נִקְדַּשׁ בִּצְדָקָה.
בָּרוּךְ אַתָּה יי, הַמֶּלֶךְ הַקָּדוֹשׁ.

אַתָּה בְחַרְתָּנוּ מִכָּל הָעַמִּים
אָהַבְתָּ אוֹתָנוּ וְרָצִיתָ בָּנוּ, וְרוֹמַמְתָּנוּ מִכָּל הַלְּשׁוֹנוֹת
וְקִדַּשְׁתָּנוּ בְּמִצְוֹתֶיךָ, וְקֵרַבְתָּנוּ מַלְכֵּנוּ לַעֲבוֹדָתֶךָ
וְשִׁמְךָ הַגָּדוֹל וְהַקָּדוֹשׁ עָלֵינוּ קָרָאתָ.

וַתִּתֶּן לָנוּ יי אֱלֹהֵינוּ בְּאַהֲבָה אֶת יוֹם /בשבת: הַשַּׁבָּת הַזֶּה וְאֶת יוֹם/
הַזִּכָּרוֹן הַזֶּה, יוֹם /בשבת: זִכְרוֹן/
תְּרוּעָה /בשבת: בְּאַהֲבָה/
מִקְרָא קֹדֶשׁ, זֵכֶר לִיצִיאַת מִצְרָיִם.

אֱלֹהֵינוּ וֵאלֹהֵי אֲבוֹתֵינוּ
יַעֲלֶה וְיָבוֹא וְיַגִּיעַ, וְיֵרָאֶה וְיֵרָצֶה וְיִשָּׁמַע
וְיִפָּקֵד וְיִזָּכֵר זִכְרוֹנֵנוּ וּפִקְדוֹנֵנוּ וְזִכְרוֹן אֲבוֹתֵינוּ
וְזִכְרוֹן מָשִׁיחַ בֶּן דָּוִד עַבְדֶּךָ
וְזִכְרוֹן יְרוּשָׁלַיִם עִיר קָדְשֶׁךָ
וְזִכְרוֹן כָּל עַמְּךָ בֵּית יִשְׂרָאֵל, לְפָנֶיךָ
לִפְלֵיטָה לְטוֹבָה, לְחֵן וּלְחֶסֶד וּלְרַחֲמִים, לְחַיִּים וּלְשָׁלוֹם
בְּיוֹם הַזִּכָּרוֹן הַזֶּה.
זָכְרֵנוּ יי אֱלֹהֵינוּ בּוֹ לְטוֹבָה
וּפָקְדֵנוּ בוֹ לִבְרָכָה
וְהוֹשִׁיעֵנוּ בוֹ לְחַיִּים טוֹבִים.
וּבִדְבַר יְשׁוּעָה וְרַחֲמִים
חוּס וְחָנֵּנוּ וְרַחֵם עָלֵינוּ וְהוֹשִׁיעֵנוּ, כִּי אֵלֶיךָ עֵינֵינוּ
כִּי אֵל מֶלֶךְ חַנּוּן וְרַחוּם אָתָּה.

אֱלֹהֵינוּ וֵאלֹהֵי אֲבוֹתֵינוּ
מְלֹךְ עַל כָּל הָעוֹלָם כֻּלּוֹ בִּכְבוֹדֶךָ
וְהִנָּשֵׂא עַל כָּל הָאָרֶץ בִּיקָרֶךָ
וְהוֹפַע בַּהֲדַר גְּאוֹן עֻזֶּךָ עַל כָּל יוֹשְׁבֵי תֵבֵל אַרְצֶךָ.
וְיֵדַע כָּל פָּעוּל כִּי אַתָּה פְעַלְתּוֹ, וְיָבִין כָּל יָצוּר כִּי אַתָּה יְצַרְתּוֹ
וְיֹאמַר כֹּל אֲשֶׁר נְשָׁמָה בְאַפּוֹ
יי אֱלֹהֵי יִשְׂרָאֵל מֶלֶךְ וּמַלְכוּתוֹ בַּכֹּל מָשָׁלָה.

בשבת: אֱלֹהֵינוּ וֵאלֹהֵי אֲבוֹתֵינוּ, רְצֵה נָא בִמְנוּחָתֵנוּ

קַדְּשֵׁנוּ בְּמִצְוֹתֶיךָ וְתֵן חֶלְקֵנוּ בְּתוֹרָתֶךָ
שַׂבְּעֵנוּ מִטּוּבֶךָ וְשַׂמַּח נַפְשֵׁנוּ בִּישׁוּעָתֶךָ

בשבת: וְהַנְחִילֵנוּ יי אֱלֹהֵינוּ בְּאַהֲבָה וּבְרָצוֹן שַׁבְּתוֹת קָדְשֶׁךָ
וְיָנוּחוּ בָם כָּל יִשְׂרָאֵל מְקַדְּשֵׁי שְׁמֶךָ

וְטַהֵר לִבֵּנוּ לְעָבְדְּךָ בֶּאֱמֶת
כִּי אַתָּה אֱלֹהִים אֱמֶת וּדְבָרְךָ אֱמֶת וְקַיָּם לָעַד.
בָּרוּךְ אַתָּה יי, מֶלֶךְ עַל כָּל הָאָרֶץ
מְקַדֵּשׁ /בשבת: הַשַּׁבָּת וְ/ יִשְׂרָאֵל וְיוֹם הַזִּכָּרוֹן.

רְצֵה יי אֱלֹהֵינוּ בְּעַמְּךָ יִשְׂרָאֵל וְלִתְפִלָּתָם שְׁעֵה
וְהָשֵׁב אֶת הָעֲבוֹדָה לִדְבִיר בֵּיתֶךָ
וְאִשֵּׁי יִשְׂרָאֵל וּתְפִלָּתָם מְהֵרָה בְּאַהֲבָה תְקַבֵּל בְּרָצוֹן
וּתְהִי לְרָצוֹן תָּמִיד עֲבוֹדַת יִשְׂרָאֵל עַמֶּךָ.
וְתֶחֱזֶינָה עֵינֵינוּ בְּשׁוּבְךָ לְצִיּוֹן בְּרַחֲמִים.
בָּרוּךְ אַתָּה יי, הַמַּחֲזִיר שְׁכִינָתוֹ לְצִיּוֹן.

מוֹדִים אֲנַחְנוּ לָךְ שָׁאַתָּה הוּא יי אֱלֹהֵינוּ וֵאלֹהֵי אֲבוֹתֵינוּ לְעוֹלָם וָעֶד, צוּר חַיֵּינוּ, מָגֵן יִשְׁעֵנוּ אַתָּה הוּא לְדוֹר וָדוֹר. נוֹדֶה לְּךָ וּנְסַפֵּר תְּהִלָּתֶךָ עַל חַיֵּינוּ הַמְּסוּרִים בְּיָדֶךָ, וְעַל נִשְׁמוֹתֵינוּ הַפְּקוּדוֹת לָךְ, וְעַל נִסֶּיךָ שֶׁבְּכָל יוֹם עִמָּנוּ, וְעַל נִפְלְאוֹתֶיךָ וְטוֹבוֹתֶיךָ שֶׁבְּכָל עֵת, עֶרֶב וָבֹקֶר וְצָהֳרָיִם.

מוֹדִים דְּרַבָּנָן:
מוֹדִים אֲנַחְנוּ לָךְ שָׁאַתָּה הוּא יי אֱלֹהֵינוּ וֵאלֹהֵי אֲבוֹתֵינוּ, אֱלֹהֵי כָל בָּשָׂר, יוֹצְרֵנוּ יוֹצֵר בְּרֵאשִׁית. בְּרָכוֹת וְהוֹדָאוֹת לְשִׁמְךָ הַגָּדוֹל וְהַקָּדוֹשׁ עַל שֶׁהֶחֱיִיתָנוּ וְקִיַּמְתָּנוּ. כֵּן תְּחַיֵּנוּ וּתְקַיְּמֵנוּ וְתֶאֱסֹף גָּלֻיּוֹתֵינוּ לְחַצְרוֹת קָדְשֶׁךָ לִשְׁמֹר חֻקֶּיךָ וְלַעֲשׂוֹת רְצוֹנֶךָ וּלְעָבְדְךָ בְּלֵבָב שָׁלֵם, עַל שֶׁאֲנוּ מוֹדִים לָךְ, בָּרוּךְ אֵל הַהוֹדָאוֹת.

הַטּוֹב כִּי לֹא כָלוּ רַחֲמֶיךָ, וְהַמְרַחֵם כִּי לֹא תַמּוּ חֲסָדֶיךָ, כִּי מֵעוֹלָם קִוִּינוּ לָךְ.

וְעַל כֻּלָּם יִתְבָּרַךְ וְיִתְרוֹמֵם וְיִתְנַשֵּׂא שִׁמְךָ מַלְכֵּנוּ תָּמִיד לְעוֹלָם וָעֶד. וּכְתֹב לְחַיִּים טוֹבִים כָּל בְּנֵי בְרִיתֶךָ.

וְכָל הַחַיִּים יוֹדוּךָ סֶּלָה, וִיהַלְלוּ וִיבָרְכוּ אֶת שִׁמְךָ הַגָּדוֹל בֶּאֱמֶת לְעוֹלָם כִּי טוֹב, הָאֵל יְשׁוּעָתֵנוּ וְעֶזְרָתֵנוּ סֶלָה, הָאֵל הַטּוֹב. בָּרוּךְ אַתָּה יי, הַטּוֹב שִׁמְךָ וּלְךָ נָאֶה לְהוֹדוֹת.

שִׂים שָׁלוֹם טוֹבָה וּבְרָכָה, חַיִּים חֵן וָחֶסֶד וְרַחֲמִים עָלֵינוּ וְעַל כָּל יִשְׂרָאֵל עַמֶּךָ. בָּרְכֵנוּ אָבִינוּ כֻּלָּנוּ כְּאֶחָד בְּאוֹר פָּנֶיךָ, כִּי בְאוֹר פָּנֶיךָ נָתַתָּ לָנוּ יי אֱלֹהֵינוּ תּוֹרַת חַיִּים וְאַהֲבַת חֶסֶד, וּצְדָקָה וּבְרָכָה וְרַחֲמִים וְחַיִּים וְשָׁלוֹם. וְטוֹב יִהְיֶה בְּעֵינֶיךָ לְבָרְכֵנוּ וּלְבָרֵךְ אֶת כָּל עַמְּךָ יִשְׂרָאֵל בְּכָל עֵת וּבְכָל שָׁעָה בִּשְׁלוֹמֶךָ.

בְּסֵפֶר חַיִּים, בְּרָכָה וְשָׁלוֹם, וּפַרְנָסָה טוֹבָה וּגְזֵרוֹת טוֹבוֹת, יְשׁוּעוֹת וְנֶחָמוֹת, נִזָּכֵר וְנִכָּתֵב לְפָנֶיךָ אֲנַחְנוּ וְכָל עַמְּךָ בֵּית יִשְׂרָאֵל, לְחַיִּים טוֹבִים וּלְשָׁלוֹם. בָּרוּךְ אַתָּה יי, הַמְבָרֵךְ אֶת עַמּוֹ יִשְׂרָאֵל בַּשָּׁלוֹם.

יִהְיוּ לְרָצוֹן אִמְרֵי פִי וְהֶגְיוֹן לִבִּי לְפָנֶיךָ, יי צוּרִי וְגֹאֲלִי.

אֱלֹהַי, נְצֹר לְשׁוֹנִי מֵרָע וּשְׂפָתַי מִדַּבֵּר מִרְמָה, וְלִמְקַלְלַי נַפְשִׁי תִדֹּם, וְנַפְשִׁי כֶּעָפָר לַכֹּל תִּהְיֶה. פְּתַח לִבִּי בְּתוֹרָתֶךָ, וְאַחֲרֵי מִצְוֹתֶיךָ תִּרְדֹּף נַפְשִׁי. וְכָל הַקָּמִים וְהַחוֹשְׁבִים עָלַי רָעָה, מְהֵרָה הָפֵר עֲצָתָם וְקַלְקֵל מַחֲשַׁבְתָּם.

יְהִי רָצוֹן מִלְּפָנֶיךָ יי אֱלֹהַי וֵאלֹהֵי אֲבוֹתַי, שֶׁלֹּא תַעֲלֶה קִנְאַת אָדָם עָלַי וְלֹא קִנְאָתִי עַל אֲחֵרִים, וְשֶׁלֹּא אֶכְעוֹס הַיּוֹם וְשֶׁלֹּא אַכְעִיסֶךָ, וְתַצִּילֵנִי מִיֵּצֶר הָרָע, וְתֵן בְּלִבִּי הַכְנָעָה וַעֲנָוָה. מַלְכֵּנוּ וֵאלֹהֵינוּ יַחֵד שִׁמְךָ בְּעוֹלָמֶךָ, בְּנֵה עִירֶךָ, יַסֵּד בֵּיתֶךָ וְשַׁכְלֵל הֵיכָלֶךָ, וְקַבֵּץ קִבּוּץ גָּלֻיּוֹת, וּפְדֵה צֹאנֶךָ וְשַׂמַּח עֲדָתֶךָ.

עֲשֵׂה לְמַעַן שְׁמֶךָ, עֲשֵׂה לְמַעַן יְמִינֶךָ, עֲשֵׂה לְמַעַן תּוֹרָתֶךָ, עֲשֵׂה לְמַעַן קְדֻשָּׁתֶךָ. לְמַעַן יֵחָלְצוּן יְדִידֶיךָ הוֹשִׁיעָה יְמִינְךָ וַעֲנֵנִי. יִהְיוּ לְרָצוֹן אִמְרֵי פִי וְהֶגְיוֹן לִבִּי לְפָנֶיךָ, יי צוּרִי וְגֹאֲלִי. עֹשֶׂה הַשָּׁלוֹם בִּמְרוֹמָיו, הוּא יַעֲשֶׂה שָׁלוֹם עָלֵינוּ וְעַל כָּל יִשְׂרָאֵל, וְאִמְרוּ אָמֵן.

יְהִי רָצוֹן מִלְּפָנֶיךָ יי אֱלֹהֵינוּ וֵאלֹהֵי אֲבוֹתֵינוּ, שֶׁיִּבָּנֶה בֵּית הַמִּקְדָּשׁ בִּמְהֵרָה בְיָמֵינוּ, וְתֵן חֶלְקֵנוּ בְּתוֹרָתֶךָ. וְשָׁם נַעֲבָדְךָ בְּיִרְאָה כִּימֵי עוֹלָם וּכְשָׁנִים קַדְמֹנִיּוֹת. וְעָרְבָה לַיי מִנְחַת יְהוּדָה וִירוּשָׁלָיִם כִּימֵי עוֹלָם וּכְשָׁנִים קַדְמֹנִיּוֹת.

בשבת אין אומרים "אבינו מלכנו"

פותחים את ארון הקודש

אָבִינוּ מַלְכֵּנוּ, חָטָאנוּ לְפָנֶיךָ.
אָבִינוּ מַלְכֵּנוּ, אֵין לָנוּ מֶלֶךְ אֶלָּא אָתָּה.
אָבִינוּ מַלְכֵּנוּ, עֲשֵׂה עִמָּנוּ לְמַעַן שְׁמֶךָ.
אָבִינוּ מַלְכֵּנוּ, חַדֵּשׁ עָלֵינוּ שָׁנָה טוֹבָה.
אָבִינוּ מַלְכֵּנוּ, בַּטֵּל מֵעָלֵינוּ כָּל גְּזֵרוֹת קָשׁוֹת.
אָבִינוּ מַלְכֵּנוּ, בַּטֵּל מַחְשְׁבוֹת שׂוֹנְאֵינוּ.
אָבִינוּ מַלְכֵּנוּ, הָפֵר עֲצַת אוֹיְבֵינוּ.
אָבִינוּ מַלְכֵּנוּ, כַּלֵּה כָּל צַר וּמַשְׂטִין מֵעָלֵינוּ.
אָבִינוּ מַלְכֵּנוּ, סְתֹם פִּיּוֹת מַשְׂטִינֵינוּ וּמְקַטְרְגֵינוּ.
אָבִינוּ מַלְכֵּנוּ, כַּלֵּה דֶּבֶר וְחֶרֶב וְרָעָב וּשְׁבִי וּמַשְׁחִית וְעָוֹן וּשְׁמַד מִבְּנֵי בְרִיתֶךָ.
אָבִינוּ מַלְכֵּנוּ, מְנַע מַגֵּפָה מִנַּחֲלָתֶךָ.
אָבִינוּ מַלְכֵּנוּ, סְלַח וּמְחַל לְכָל עֲוֹנוֹתֵינוּ.
אָבִינוּ מַלְכֵּנוּ, מְחֵה וְהַעֲבֵר פְּשָׁעֵינוּ וְחַטֹּאתֵינוּ מִנֶּגֶד עֵינֶיךָ.
אָבִינוּ מַלְכֵּנוּ, מְחֹק בְּרַחֲמֶיךָ הָרַבִּים כָּל שִׁטְרֵי חוֹבוֹתֵינוּ.
אָבִינוּ מַלְכֵּנוּ, הַחֲזִירֵנוּ בִּתְשׁוּבָה שְׁלֵמָה לְפָנֶיךָ.
אָבִינוּ מַלְכֵּנוּ, שְׁלַח רְפוּאָה שְׁלֵמָה לְחוֹלֵי עַמֶּךָ.
אָבִינוּ מַלְכֵּנוּ, קְרַע רֹעַ גְּזַר דִּינֵנוּ.
אָבִינוּ מַלְכֵּנוּ, זָכְרֵנוּ בְּזִכָּרוֹן טוֹב לְפָנֶיךָ.
אָבִינוּ מַלְכֵּנוּ, כָּתְבֵנוּ בְּסֵפֶר חַיִּים טוֹבִים.
אָבִינוּ מַלְכֵּנוּ, כָּתְבֵנוּ בְּסֵפֶר גְּאֻלָּה וִישׁוּעָה.
אָבִינוּ מַלְכֵּנוּ, כָּתְבֵנוּ בְּסֵפֶר פַּרְנָסָה וְכַלְכָּלָה.
אָבִינוּ מַלְכֵּנוּ, כָּתְבֵנוּ בְּסֵפֶר זְכֻיּוֹת.

אָבִינוּ מַלְכֵּנוּ, כָּתְבֵנוּ בְּסֵפֶר סְלִיחָה וּמְחִילָה.
אָבִינוּ מַלְכֵּנוּ, הַצְמַח לָנוּ יְשׁוּעָה בְּקָרוֹב.
אָבִינוּ מַלְכֵּנוּ, הָרֵם קֶרֶן יִשְׂרָאֵל עַמֶּךָ.
אָבִינוּ מַלְכֵּנוּ, הָרֵם קֶרֶן מְשִׁיחֶךָ.
אָבִינוּ מַלְכֵּנוּ, מַלֵּא יָדֵינוּ מִבִּרְכוֹתֶיךָ.
אָבִינוּ מַלְכֵּנוּ, מַלֵּא אֲסָמֵינוּ שָׂבָע.
אָבִינוּ מַלְכֵּנוּ, שְׁמַע קוֹלֵנוּ, חוּס וְרַחֵם עָלֵינוּ.
אָבִינוּ מַלְכֵּנוּ, קַבֵּל בְּרַחֲמִים וּבְרָצוֹן אֶת תְּפִלָּתֵנוּ.
אָבִינוּ מַלְכֵּנוּ, פְּתַח שַׁעֲרֵי שָׁמַיִם לִתְפִלָּתֵנוּ.
אָבִינוּ מַלְכֵּנוּ, זְכוֹר כִּי עָפָר אֲנָחְנוּ.
אָבִינוּ מַלְכֵּנוּ, נָא אַל תְּשִׁיבֵנוּ רֵיקָם מִלְּפָנֶיךָ.
אָבִינוּ מַלְכֵּנוּ, תְּהֵא הַשָּׁעָה הַזֹּאת שְׁעַת רַחֲמִים וְעֵת רָצוֹן מִלְּפָנֶיךָ.
אָבִינוּ מַלְכֵּנוּ, חֲמוֹל עָלֵינוּ וְעַל עוֹלָלֵינוּ וְטַפֵּנוּ.
אָבִינוּ מַלְכֵּנוּ, עֲשֵׂה לְמַעַן הֲרוּגִים עַל שֵׁם קָדְשֶׁךָ.
אָבִינוּ מַלְכֵּנוּ, עֲשֵׂה לְמַעַן טְבוּחִים עַל יִחוּדֶךָ.
אָבִינוּ מַלְכֵּנוּ, עֲשֵׂה לְמַעַן בָּאֵי בָאֵשׁ וּבַמַּיִם עַל קִדּוּשׁ שְׁמֶךָ.
אָבִינוּ מַלְכֵּנוּ, נְקוֹם לְעֵינֵינוּ נִקְמַת דַּם עֲבָדֶיךָ הַשָּׁפוּךְ.
אָבִינוּ מַלְכֵּנוּ, עֲשֵׂה לְמַעַנְךָ אִם לֹא לְמַעֲנֵנוּ.
אָבִינוּ מַלְכֵּנוּ, עֲשֵׂה לְמַעַנְךָ וְהוֹשִׁיעֵנוּ.
אָבִינוּ מַלְכֵּנוּ, עֲשֵׂה לְמַעַן רַחֲמֶיךָ הָרַבִּים.
אָבִינוּ מַלְכֵּנוּ, עֲשֵׂה לְמַעַן שִׁמְךָ הַגָּדוֹל הַגִּבּוֹר וְהַנּוֹרָא, שֶׁנִּקְרָא עָלֵינוּ.
אָבִינוּ מַלְכֵּנוּ, חָנֵּנוּ וַעֲנֵנוּ, כִּי אֵין בָּנוּ מַעֲשִׂים
עֲשֵׂה עִמָּנוּ צְדָקָה וָחֶסֶד וְהוֹשִׁיעֵנוּ.

סוגרים את ארון הקודש

קדיש שלם:

יִתְגַּדַּל וְיִתְקַדַּשׁ שְׁמֵהּ רַבָּא
בְּעָלְמָא דִּי בְרָא כִרְעוּתֵהּ
וְיַמְלִיךְ מַלְכוּתֵהּ וְיַצְמַח פֻּרְקָנֵהּ וִיקָרֵב מְשִׁיחֵהּ
בְּחַיֵּיכוֹן וּבְיוֹמֵיכוֹן וּבְחַיֵּי דְּכָל בֵּית יִשְׂרָאֵל
בַּעֲגָלָא וּבִזְמַן קָרִיב
וְאִמְרוּ אָמֵן.

יְהֵא שְׁמֵהּ רַבָּא מְבָרַךְ לְעָלַם וּלְעָלְמֵי עָלְמַיָּא.

יִתְבָּרַךְ וְיִשְׁתַּבַּח וְיִתְפָּאַר וְיִתְרוֹמַם וְיִתְנַשֵּׂא
וְיִתְהַדַּר וְיִתְעַלֶּה וְיִתְהַלָּל שְׁמֵהּ דְּקֻדְשָׁא
בְּרִיךְ הוּא
לְעֵלָּא לְעֵלָּא מִכָּל בִּרְכָתָא וְשִׁירָתָא
תֻּשְׁבְּחָתָא וְנֶחֱמָתָא דַּאֲמִירָן בְּעָלְמָא
וְאִמְרוּ אָמֵן.

תִּתְקַבַּל צְלוֹתְהוֹן וּבָעוּתְהוֹן
דְּכָל בֵּית יִשְׂרָאֵל
קֳדָם אֲבוּהוֹן דִּי בִשְׁמַיָּא
וְאִמְרוּ אָמֵן.

יְהֵא שְׁלָמָא רַבָּא מִן שְׁמַיָּא
וְחַיִּים טוֹבִים עָלֵינוּ
וְעַל כָּל יִשְׂרָאֵל
וְאִמְרוּ אָמֵן.

עֹשֶׂה הַשָּׁלוֹם בִּמְרוֹמָיו
הוּא יַעֲשֶׂה שָׁלוֹם עָלֵינוּ
וְעַל כָּל יִשְׂרָאֵל
וְאִמְרוּ אָמֵן.

עָלֵינוּ לְשַׁבֵּחַ לַאֲדוֹן הַכֹּל, לָתֵת גְּדֻלָּה לְיוֹצֵר בְּרֵאשִׁית
שֶׁלֹּא עָשָׂנוּ כְּגוֹיֵי הָאֲרָצוֹת, וְלֹא שָׂמָנוּ כְּמִשְׁפְּחוֹת הָאֲדָמָה
שֶׁלֹּא שָׂם חֶלְקֵנוּ כָּהֶם וְגוֹרָלֵנוּ כְּכָל הֲמוֹנָם.
שֶׁהֵם מִשְׁתַּחֲוִים לְהֶבֶל וָרִיק וּמִתְפַּלְּלִים אֶל אֵל לֹא יוֹשִׁיעַ.
וַאֲנַחְנוּ כּוֹרְעִים וּמִשְׁתַּחֲוִים וּמוֹדִים
לִפְנֵי מֶלֶךְ מַלְכֵי הַמְּלָכִים הַקָּדוֹשׁ בָּרוּךְ הוּא
שֶׁהוּא נוֹטֶה שָׁמַיִם וְיוֹסֵד אָרֶץ וּמוֹשַׁב יְקָרוֹ בַּשָּׁמַיִם מִמַּעַל
וּשְׁכִינַת עֻזּוֹ בְּגָבְהֵי מְרוֹמִים.
הוּא אֱלֹהֵינוּ, אֵין עוֹד.
אֱמֶת מַלְכֵּנוּ, אֶפֶס זוּלָתוֹ
כַּכָּתוּב בְּתוֹרָתוֹ, וְיָדַעְתָּ הַיּוֹם וַהֲשֵׁבֹתָ אֶל לְבָבֶךָ
כִּי יי הוּא הָאֱלֹהִים בַּשָּׁמַיִם מִמַּעַל וְעַל הָאָרֶץ מִתָּחַת אֵין עוֹד.

וְעַל כֵּן נְקַוֶּה לְךָ יי אֱלֹהֵינוּ, לִרְאוֹת מְהֵרָה בְּתִפְאֶרֶת עֻזֶּךָ
לְהַעֲבִיר גִּלּוּלִים מִן הָאָרֶץ, וְהָאֱלִילִים כָּרוֹת יִכָּרֵתוּן
לְתַקֵּן עוֹלָם בְּמַלְכוּת שַׁדַּי.
וְכָל בְּנֵי בָשָׂר יִקְרְאוּ בִשְׁמֶךָ לְהַפְנוֹת אֵלֶיךָ כָּל רִשְׁעֵי אָרֶץ.
יַכִּירוּ וְיֵדְעוּ כָּל יוֹשְׁבֵי תֵבֵל
כִּי לְךָ תִּכְרַע כָּל בֶּרֶךְ, תִּשָּׁבַע כָּל לָשׁוֹן.
לְפָנֶיךָ יי אֱלֹהֵינוּ יִכְרְעוּ וְיִפֹּלוּ
וְלִכְבוֹד שִׁמְךָ יְקָר יִתֵּנוּ
וִיקַבְּלוּ כֻלָּם אֶת עֹל מַלְכוּתֶךָ, וְתִמְלֹךְ עֲלֵיהֶם מְהֵרָה לְעוֹלָם וָעֶד.
כִּי הַמַּלְכוּת שֶׁלְּךָ הִיא וּלְעוֹלְמֵי עַד תִּמְלֹךְ בְּכָבוֹד
כַּכָּתוּב בְּתוֹרָתֶךָ, יי יִמְלֹךְ לְעֹלָם וָעֶד.
וְנֶאֱמַר, וְהָיָה יי לְמֶלֶךְ עַל כָּל הָאָרֶץ
בַּיּוֹם הַהוּא יִהְיֶה יי אֶחָד וּשְׁמוֹ אֶחָד.

קדיש יתום: יִתְגַּדַּל וְיִתְקַדַּשׁ שְׁמֵהּ רַבָּא בְּעָלְמָא דִּי בְרָא כִרְעוּתֵהּ
וְיַמְלִיךְ מַלְכוּתֵהּ וְיַצְמַח פֻּרְקָנֵהּ וִיקָרֵב מְשִׁיחֵהּ
בְּחַיֵּיכוֹן וּבְיוֹמֵיכוֹן וּבְחַיֵּי דְכָל בֵּית יִשְׂרָאֵל
בַּעֲגָלָא וּבִזְמַן קָרִיב, וְאִמְרוּ אָמֵן.
יְהֵא שְׁמֵהּ רַבָּא מְבָרַךְ לְעָלַם וּלְעָלְמֵי עָלְמַיָּא.
יִתְבָּרַךְ וְיִשְׁתַּבַּח וְיִתְפָּאַר וְיִתְרוֹמַם וְיִתְנַשֵּׂא
וְיִתְהַדָּר וְיִתְעַלֶּה וְיִתְהַלָּל שְׁמֵהּ דְּקֻדְשָׁא, בְּרִיךְ הוּא
לְעֵלָּא לְעֵלָּא מִכָּל בִּרְכָתָא וְשִׁירָתָא, תֻּשְׁבְּחָתָא וְנֶחֱמָתָא
דַּאֲמִירָן בְּעָלְמָא, וְאִמְרוּ אָמֵן.
יְהֵא שְׁלָמָא רַבָּא מִן שְׁמַיָּא
וְחַיִּים טוֹבִים עָלֵינוּ וְעַל כָּל יִשְׂרָאֵל, וְאִמְרוּ אָמֵן.
עֹשֶׂה הַשָּׁלוֹם בִּמְרוֹמָיו הוּא יַעֲשֶׂה שָׁלוֹם עָלֵינוּ
וְעַל כָּל יִשְׂרָאֵל, וְאִמְרוּ אָמֵן.

כו לְדָוִד יהוה אוֹרִי וְיִשְׁעִי מִמִּי אִירָא יהוה מָעוֹז־חַיַּי מִמִּי אֶפְחָד: בִּקְרֹב עָלַי מְרֵעִים לֶאֱכֹל אֶת־בְּשָׂרִי צָרַי וְאֹיְבַי לִי הֵמָּה כָשְׁלוּ וְנָפָלוּ: אִם־תַּחֲנֶה עָלַי מַחֲנֶה לֹא־יִירָא לִבִּי אִם־תָּקוּם עָלַי מִלְחָמָה בְּזֹאת אֲנִי בוֹטֵחַ: אַחַת שָׁאַלְתִּי מֵאֵת־יהוה אוֹתָהּ אֲבַקֵּשׁ שִׁבְתִּי בְּבֵית־יהוה כָּל־יְמֵי חַיַּי לַחֲזוֹת בְּנֹעַם־יהוה וּלְבַקֵּר בְּהֵיכָלוֹ: כִּי יִצְפְּנֵנִי בְּסֻכֹּה בְּיוֹם רָעָה יַסְתִּרֵנִי בְּסֵתֶר אָהֳלוֹ בְּצוּר יְרוֹמְמֵנִי: וְעַתָּה יָרוּם רֹאשִׁי עַל אֹיְבַי סְבִיבוֹתַי וְאֶזְבְּחָה בְאָהֳלוֹ זִבְחֵי תְרוּעָה אָשִׁירָה וַאֲזַמְּרָה לַיהוה: שְׁמַע־יהוה קוֹלִי אֶקְרָא וְחָנֵּנִי וַעֲנֵנִי: לְךָ אָמַר לִבִּי בַּקְּשׁוּ פָנָי אֶת־פָּנֶיךָ יהוה אֲבַקֵּשׁ: אַל־תַּסְתֵּר פָּנֶיךָ מִמֶּנִּי אַל תַּט־בְּאַף עַבְדֶּךָ עֶזְרָתִי הָיִיתָ אַל־תִּטְּשֵׁנִי וְאַל־תַּעַזְבֵנִי אֱלֹהֵי יִשְׁעִי: כִּי־אָבִי וְאִמִּי עֲזָבוּנִי וַיהוה יַאַסְפֵנִי: הוֹרֵנִי יהוה דַּרְכֶּךָ וּנְחֵנִי בְּאֹרַח מִישׁוֹר לְמַעַן שׁוֹרְרָי: אַל־תִּתְּנֵנִי בְּנֶפֶשׁ צָרָי כִּי קָמוּ־בִי עֵדֵי־שֶׁקֶר וִיפֵחַ חָמָס: לוּלֵא הֶאֱמַנְתִּי לִרְאוֹת בְּטוּב־יהוה בְּאֶרֶץ חַיִּים: קַוֵּה אֶל־יהוה חֲזַק וְיַאֲמֵץ לִבֶּךָ וְקַוֵּה אֶל־יהוה:

קדיש יתום:

יִתְגַּדַּל וְיִתְקַדַּשׁ שְׁמֵהּ רַבָּא, בְּעָלְמָא דִּי בְרָא כִרְעוּתֵהּ, וְיַמְלִיךְ מַלְכוּתֵהּ וְיַצְמַח פֻּרְקָנֵהּ וִיקָרֵב מְשִׁיחֵהּ, בְּחַיֵּיכוֹן וּבְיוֹמֵיכוֹן וּבְחַיֵּי דְכָל בֵּית יִשְׂרָאֵל, בַּעֲגָלָא וּבִזְמַן קָרִיב, וְאִמְרוּ אָמֵן.

יְהֵא שְׁמֵהּ רַבָּא מְבָרַךְ לְעָלַם וּלְעָלְמֵי עָלְמַיָּא.

יִתְבָּרַךְ וְיִשְׁתַּבַּח וְיִתְפָּאַר וְיִתְרוֹמַם וְיִתְנַשֵּׂא, וְיִתְהַדָּר וְיִתְעַלֶּה וְיִתְהַלָּל שְׁמֵהּ דְּקֻדְשָׁא בְּרִיךְ הוּא, לְעֵלָּא לְעֵלָּא מִכָּל בִּרְכָתָא וְשִׁירָתָא, תֻּשְׁבְּחָתָא וְנֶחֱמָתָא, דַּאֲמִירָן בְּעָלְמָא, וְאִמְרוּ אָמֵן.

יְהֵא שְׁלָמָא רַבָּא מִן שְׁמַיָּא, וְחַיִּים טוֹבִים עָלֵינוּ וְעַל כָּל יִשְׂרָאֵל, וְאִמְרוּ אָמֵן.

עֹשֶׂה הַשָּׁלוֹם בִּמְרוֹמָיו, הוּא יַעֲשֶׂה שָׁלוֹם עָלֵינוּ וְעַל כָּל יִשְׂרָאֵל, וְאִמְרוּ אָמֵן.

סדר תשליך

ביום א׳ של ראש השנה (ואם חל בשבת ביום ב׳ של ראש השנה) אחר מנחה הולכים אל הנהר או אל בור מים ואומרים:

מִי אֵל כָּמוֹךָ
נֹשֵׂא עָוֹן וְעוֹבֵר עַל פֶּשַׁע לִשְׁאֵרִית נַחֲלָתוֹ
לֹא הֶחֱזִיק לָעַד אַפּוֹ
כִּי חָפֵץ חֶסֶד הוּא.
יָשׁוּב יְרַחֲמֵנוּ יִכְבֹּשׁ עֲוֹנוֹתֵינוּ
וְתַשְׁלִיךְ בִּמְצֻלוֹת יָם כָּל חַטֹּאתָם.
תִּתֵּן אֱמֶת לְיַעֲקֹב חֶסֶד לְאַבְרָהָם
אֲשֶׁר נִשְׁבַּעְתָּ לַאֲבוֹתֵינוּ מִימֵי קֶדֶם. ג׳ פעמים

מִן הַמֵּצַר קָרָאתִי יָהּ, עָנָנִי בַמֶּרְחָב יָהּ.
יי לִי לֹא אִירָא, מַה יַּעֲשֶׂה לִי אָדָם.
יי לִי בְּעֹזְרָי, וַאֲנִי אֶרְאֶה בְשֹׂנְאָי.
טוֹב לַחֲסוֹת בַּיי, מִבְּטֹחַ בָּאָדָם.
טוֹב לַחֲסוֹת בַּיי, מִבְּטֹחַ בִּנְדִיבִים.

יש נוהגים להוסיף:

לג רַנְּנוּ צַדִּיקִים בַּיהוה לַיְשָׁרִים נָאוָה תְהִלָּה: הוֹדוּ לַיהוה בְּכִנּוֹר בְּנֵבֶל עָשׂוֹר זַמְּרוּ־לוֹ: שִׁירוּ־לוֹ שִׁיר חָדָשׁ הֵיטִיבוּ נַגֵּן בִּתְרוּעָה: כִּי־יָשָׁר דְּבַר־יהוה וְכָל־מַעֲשֵׂהוּ בֶּאֱמוּנָה: אֹהֵב צְדָקָה וּמִשְׁפָּט חֶסֶד יהוה מָלְאָה הָאָרֶץ: בִּדְבַר יהוה שָׁמַיִם נַעֲשׂוּ וּבְרוּחַ פִּיו כָּל־צְבָאָם: כֹּנֵס כַּנֵּד מֵי הַיָּם נֹתֵן בְּאוֹצָרוֹת תְּהוֹמוֹת: יִירְאוּ מֵיהוה כָּל־הָאָרֶץ מִמֶּנּוּ יָגוּרוּ כָּל־יֹשְׁבֵי תֵבֵל: כִּי הוּא אָמַר וַיֶּהִי הוּא־צִוָּה וַיַּעֲמֹד: יהוה הֵפִיר עֲצַת־גּוֹיִם הֵנִיא מַחְשְׁבוֹת עַמִּים: עֲצַת יהוה לְעוֹלָם תַּעֲמֹד מַחְשְׁבוֹת לִבּוֹ לְדֹר וָדֹר: אַשְׁרֵי הַגּוֹי אֲשֶׁר־יהוה אֱלֹהָיו הָעָם בָּחַר לְנַחֲלָה לוֹ: מִשָּׁמַיִם הִבִּיט יהוה רָאָה אֶת־כָּל־בְּנֵי הָאָדָם: מִמְּכוֹן־שִׁבְתּוֹ הִשְׁגִּיחַ אֶל כָּל־יֹשְׁבֵי הָאָרֶץ: הַיֹּצֵר יַחַד לִבָּם הַמֵּבִין אֶל־כָּל־מַעֲשֵׂיהֶם: אֵין־הַמֶּלֶךְ נוֹשָׁע בְּרָב־חָיִל גִּבּוֹר לֹא־יִנָּצֵל בְּרָב־כֹּחַ: שֶׁקֶר הַסּוּס לִתְשׁוּעָה וּבְרֹב חֵילוֹ לֹא יְמַלֵּט: הִנֵּה עֵין יהוה אֶל־יְרֵאָיו לַמְיַחֲלִים לְחַסְדּוֹ: לְהַצִּיל מִמָּוֶת נַפְשָׁם וּלְחַיּוֹתָם בָּרָעָב: נַפְשֵׁנוּ חִכְּתָה לַיהוה עֶזְרֵנוּ וּמָגִנֵּנוּ הוּא: כִּי־בוֹ יִשְׂמַח לִבֵּנוּ כִּי בְשֵׁם קָדְשׁוֹ בָטָחְנוּ: יְהִי־חַסְדְּךָ יהוה עָלֵינוּ כַּאֲשֶׁר יִחַלְנוּ לָךְ:

רִבּוֹנוֹ שֶׁל עוֹלָם, בְּהַעֲלוֹתֵנוּ עַל לְבָבֵנוּ רֹב קִצּוּרֵנוּ בַּעֲבוֹדָתֶךָ וּבְעֵסֶק תּוֹרָתְךָ הַקְּדוֹשָׁה וְקִיּוּם מִצְוֹתֶיךָ, כָּל עַצְמוֹתֵינוּ יֹאחֲזוּמוּ רַעַד וְנָמֵס לִבֵּנוּ וְהָיָה לְמָיִם. מַה נַּעֲנֶה וּמַה נֹּאמַר כִּי הַצַּר הַצּוֹרֵר בְּחֶבְרַת הַחֹמֶר הֶעָכוּר הָיָה בְּעוֹכְרֵנוּ, גַּם אָסוּר נִלְוָה עִמָּם אֲסוּרִים וּלְטוּשִׁים בְּגַלְיוֹת קָשִׁים גָּלוּת הַנֶּפֶשׁ וְהַגּוּף. הַאָמְנָם גָּלוּי וְיָדוּעַ לְפָנֶיךָ שֶׁרְצוֹנֵנוּ לַעֲשׂוֹת רְצוֹנְךָ וְלִשְׁקֹד עַל דַּלְתוֹתֶיךָ כִּי טוֹב יוֹם בַּחֲצֵרֶיךָ מֵאֶלֶף בָּחַרְנוּ, וִירֵאִים וַחֲרֵדִים אֲנַחְנוּ מֵאֵימַת דִּינְךָ הַקָּדוֹשׁ. עַל כֵּן בָּאנוּ אֵלֶיךָ בִּכְפִיפַת רֹאשׁ וּנְמִיכַת קוֹמָה וַחֲלִישַׁת חָיִל לְהַזְכִּיר וּלְעוֹרֵר רַחֲמֶיךָ.

וִיהִי רָצוֹן מִלְּפָנֶיךָ יי אֱלֹהַי וֵאלֹהֵי אֲבוֹתַי, אֵל עֶלְיוֹן מְכֻתָּר בְּתִלֵּיסַר מְכִילָן דְּרַחֲמֵי שֶׁתְּהֵא שָׁעָה זוֹ עֵת רָצוֹן לְפָנֶיךָ וְתִהְיֶה עוֹלָה לְפָנֶיךָ קְרִיאַת שְׁלֹשׁ עֶשְׂרֵה מִדּוֹת שֶׁל רַחֲמִים שֶׁבַּפְּסוּקִים מִי אֵל כָּמוֹךָ הַמְכֻוָּנִים אֶל שְׁלֹשׁ עֶשְׂרֵה מִדּוֹת אֵל רַחוּם וְחַנּוּן וגו׳,

אֲשֶׁר קָרִינוּ לְפָנֶיךָ כְּאִלּוּ הִשַּׂגְנוּ כָּל הַסּוֹדוֹת וְצֵרוּפֵי שֵׁמוֹת הַיּוֹצְאִים מֵהֶם וְזִוּוּגֵי מִדּוֹתֵיהֶם אֲשֶׁר אֶחָד בְּאֶחָד יִגַּשׁוּ לְהַמְתִּיק הַדִּינִים תַּקִּיפִים וְתַשְׁלִיךְ בִּמְצוּלוֹת יָם כָּל חַטֹּאתֵינוּ. וְאַתָּה בְּטוּבְךָ תְּעוֹרֵר רַחֲמֶיךָ וְנִהְיֶה נְקִיִּים מִכָּל טֻמְאָה וְחֶלְאָה וְזֻהֲמָא, וְיַעֲלוּ כָּל נִיצוֹצֵי הַקְּדֻשָּׁה אֲשֶׁר נִתְפַּזְּרוּ, וְיִתְבָּרְרוּ וְיִתְלַבְּנוּ בְּמִדַּת טוּבְךָ, אַתָּה אֵל יְשׁוּעָתֵנוּ נֹצֵר חֶסֶד לָאֲלָפִים, וּבְרֹב רַחֲמֶיךָ תִּתֵּן לָנוּ חַיִּים אֲרוּכִים חַיִּים שֶׁל שָׁלוֹם חַיִּים שֶׁל טוֹבָה חַיִּים שֶׁל בְּרָכָה חַיִּים שֶׁל פַּרְנָסָה טוֹבָה חַיִּים שֶׁל חִלּוּץ עֲצָמוֹת חַיִּים שֶׁיֵּשׁ בָּהֶם יִרְאַת שָׁמַיִם וְיִרְאַת חֵטְא חַיִּים שֶׁאֵין בָּהֶם בּוּשָׁה וּכְלִמָּה חַיִּים שֶׁל עֹשֶׁר וְכָבוֹד לַעֲבוֹדָתֶךָ, חַיִּים שֶׁתְּהֵא בָנוּ אַהֲבַת תּוֹרָה וְיִרְאַת שָׁמַיִם חַיִּים שֶׁתְּמַלֵּא כָּל מִשְׁאֲלוֹת לִבֵּנוּ לְטוֹבָה וְזָכְרֵנוּ לְחַיִּים מֶלֶךְ חָפֵץ בַּחַיִּים וְכָתְבֵנוּ בְּסֵפֶר הַחַיִּים לְמַעַנְךָ אֱלֹהִים חַיִּים וּקְרַע רֹעַ גְּזַר דִּינֵנוּ וְיִקָּרְאוּ לְפָנֶיךָ זָכֻיּוֹתֵינוּ.

אֵל מָלֵא רַחֲמִים יֶהֱמוּ נָא רַחֲמֶיךָ לְקַבֵּל בְּרָצוֹן הַכְנָעָתֵנוּ וְהִרְהוּרֵי תְּשׁוּבָה הַמִּתְנוֹצְצִים בָּנוּ בְּשַׁגָּם לִבֵּנוּ אָטוּם סָתוּם וְחָתוּם, לֹא אִתָּנוּ יוֹדֵעַ זוֹ הִיא בִיאָה זוֹ הִיא שִׁיבָה. מָה אָנוּ וּמָה בָּאנוּ לְתַקֵּן. רַב לְהוֹשִׁיעַ הָאֵר עֵינֵינוּ כַּאֲשֶׁר בְּגֹדֶל רַחֲמֶיךָ הִבְטַחְתָּנוּ פִּתְחוּ לִי פֶּתַח כְּחֻדּוֹ שֶׁל מַחַט וַאֲנִי אֶפְתַּח לָכֶם פֶּתַח כְּפִתְחוֹ שֶׁל אוּלָם וּרְאֵה כִּי אָזְלַת יָד וְאֶפֶס עָצוּר וְעָזוּב וְאֵין חוֹנֵן וְאֵין מְרַחֵם זוּלָתְךָ כִּי חֲנוּנֶיךָ הֵם חֲנוּנִים וּמְרֻחָמֶיךָ הֵם מְרֻחָמִים כִּדְכְתִיב וְחַנֹּתִי אֶת אֲשֶׁר אָחֹן וְרִחַמְתִּי אֶת אֲשֶׁר אֲרַחֵם. וּבְכֵן לֵב טָהוֹר בְּרָא לָנוּ אֱלֹהִים וְרוּחַ נָכוֹן חַדֵּשׁ בְּקִרְבֵּנוּ וְרִשְׁפֵּי הִתְעוֹרְרוּת לִבֵּנוּ בְּאַהֲבָתֶךָ וּבְתוֹרָתֶךָ יַתְמִידוּ וְיִתְרַבּוּ בְּלִי הֶפְסֵק. עָזְרֵנוּ אֱלֹהֵי יִשְׁעֵנוּ עַל דְּבַר כְּבוֹד שְׁמֶךָ תָּחֵל שָׁנָה וּבִרְכוֹתֶיהָ. וּתְזַכֵּנוּ שֶׁיְּהֵא לִבֵּנוּ נָכוֹן וּמָסוּר בְּיָדֵינוּ וְלֹא נִכְעַס וְלֹא נַכְעִיסֶךָ וְתַסְפִּיק בְּיָדֵינוּ לְהִתְרַחֵק מִכָּל הַמִּדּוֹת הָרָעוֹת וְהָאֲסוּרוֹת, וּבִפְרָט זַכֵּנוּ לְהִתְרַחֵק מֵהַגַּאֲוָה וְהַכַּעַס וְהַהַקְפָּדָה וְכָל גֹּבַהּ לֵב. וְנִהְיֶה מְיֻשָּׁבִים בְּדַעְתֵּנוּ וְנַכִּיר מִעוּט עֶרְכֵּנוּ וְנַפְשֵׁנוּ כֶּעָפָר לַכֹּל תִּהְיֶה וְלֹא נִתְכַּעֵס וְלֹא נַקְפִּיד. וְנִהְיֶה אוֹהֲבֵי שָׁלוֹם וּמַרְבִּים שָׁלוֹם וּבְצֵל כְּנָפֶיךָ נֶחֱסֶה. וּתְזַכֵּנוּ לְהִתְרַחֵק מִלֵּיצָנוּת וְשֶׁקֶר וַחֲנֻפָּה וְלָשׁוֹן הָרָע וְדִבּוּר חֹל בְּשַׁבָּת וְכָל דִּבּוּר אָסוּר. וִיהִי רֹב דִּבּוּרֵנוּ בַּתּוֹרָה וּבְסֵדֶר וְאֹפֶן עֲבוֹדָתֶךָ עֲבוֹדַת הַקֹּדֶשׁ. וּתְאַזְּרֵנוּ חַיִל לִשְׁמֹר לְפִינוּ מֵחֲטוֹא בִלְשׁוֹנֵנוּ.

אָב הָרַחֲמָן תֵּן בָּנוּ כֹּחַ וּבְרִיאוּת וְזַכֵּנוּ לְהִתְרַחֵק מִתַּאֲוֹת תַּעֲנוּגֵי וְהַבְלֵי הָעוֹלָם הַזֶּה וְנֹאכַל לָשֹׂבַע נַפְשֵׁנוּ וְכֵן בְּכָל צְרָכֵינוּ יִהְיוּ כָּל מַעֲשֵׂינוּ לְשֵׁם שָׁמָיִם. וּתְזַכֵּנוּ לִהְיוֹת שְׂמֵחִים בְּעֵסֶק תּוֹרָתֶךָ וּבְמִצְוֹתֶיךָ וְלִהְיוֹת בִּטְחוֹנֵנוּ בְּךָ תָּדִיר וְיִהְיֶה לָנוּ לֵב שָׂמֵחַ לַעֲבוֹדָתֶךָ.

אָנָּא מֶלֶךְ רַחוּם וְחַנּוּן, הַנְּשָׁמָה לָךְ וְהַגּוּף פָּעֳלָךְ חוּסָה עַל עֲמָלָךְ. וּבְכֵן יֶהֱמוּ נָא רַחֲמֶיךָ עָלֵינוּ וּתְזַכֵּנוּ לְהַשְׁלִים תִּקּוּן נר״ן בְּגִלְגּוּל זֶה וְלֹא נֹאבַד ח״ו וְתַשְׁפִּיעַ שֶׁפַע קֹדֶשׁ עַל נר״ן לְהַתְמִיד בַּעֲבוֹדָתֶךָ וְלַעֲשׂוֹת רְצוֹנֵנוּ כִּרְצוֹנֶךָ כָּל יְמֵי חַיֵּינוּ אֲנַחְנוּ וְזַרְעֵנוּ וְזֶרַע זַרְעֵנוּ, וּתְזַכֵּנוּ לַעֲסֹק בְּתוֹרָתְךָ הַקְּדוֹשָׁה לִשְׁמָהּ וּלְכַוֵּן לַאֲמִתָּהּ שֶׁל תּוֹרָה וְתַצִּיל מִלִּבֵּנוּ טָעוּת בַּהֲלָכָה וּבְהוֹרָאָה, וְאַל תַּצֵּל מִפִּינוּ דְּבַר אֱמֶת לְעוֹלָם. וְנִהְיֶה אֲנַחְנוּ וְצֶאֱצָאֵינוּ וְצֶאֱצָאֵי צֶאֱצָאֵינוּ כֻּלָּנוּ יוֹדְעֵי שְׁמֶךָ וְלוֹמְדֵי תוֹרָתֶךָ לִשְׁמָהּ וּמְקַיְּמֵי מִצְוֹתֶיךָ. וְלֹא יִמָּצֵא בָּנוּ וְלֹא בְּזַרְעֵנוּ וְלֹא בְּזֶרַע זַרְעֵנוּ שׁוּם פְּגַם וְשׁוּם פְּסוּל. וְלֹא יִתְחַלֵּל שִׁמְךָ עַל יָדֵינוּ ח״ו.

וּרְאֵה כִּי עַמְּךָ הַגּוֹי הַגָּדוֹל הַזֶּה זֶרַע אוֹהֲבֶיךָ אַבְרָהָם יִצְחָק וְיִשְׂרָאֵל עֲבָדֶיךָ בְּנֵי בְחוּנֶיךָ, וּבְגָלוּתָם וְדַלּוּתָם וְשִׁפְלוּתָם וְלַחֲצָם וְדָחְקָם זֶה כַּמָּה מֵאוֹת שָׁנִים קוֹרְאִים בְּשִׁמְךָ וּמַאֲמִינִים בְּךָ וּבְתוֹרָתְךָ וְכַמָּה אֲלָפִים וּרְבָבוֹת מָסְרוּ עַצְמָן לַהֲרִיגָה וְלִשְׂרֵפָה עַל קְדֻשַּׁת שְׁמֶךָ. נָא גִבּוֹר דּוֹרְשֵׁי יִחוּדְךָ כְּבָבַת שָׁמְרֵם. וְתִתְמַלֵּא רַחֲמִים עַל כָּל אַחֵינוּ בֵּית יִשְׂרָאֵל הַנְּפוּצִים בְּאַרְבַּע כַּנְפוֹת הָאָרֶץ וּבִפְרָט עַל יוֹשְׁבֵי אֶרֶץ יִשְׂרָאֵל וְעַל יוֹשְׁבֵי הָעִיר הַזֹּאת וְעַל כָּל הַקָּהָל הַקָּדוֹשׁ הַזֶּה וְתִרְחַם עָלֵינוּ וַעֲלֵיהֶם, וְתַצִּילֵנוּ מֵרָעָה וּמֵרָעָב וּמִשְּׁבִי וּבִזָּה וּמִכָּל חֵטְא וְתִשְׁלַח רְפוּאָה שְׁלֵמָה לְכָל חוֹלֵי עַמְּךָ יִשְׂרָאֵל, אֵל נָא רְפָא נָא לָהֶם וּתְקַיֵּם בְּכָל אֶחָד מֵהֶם מִקְרָא שֶׁכָּתוּב, יי יִסְעָדֶנּוּ עַל עֶרֶשׂ דְּוָי כָּל מִשְׁכָּבוֹ הָפַכְתָּ בְחָלְיוֹ. וְהַבְּרִיאִים מֵעַמְּךָ יִשְׂרָאֵל תַּתְמִיד בְּרִיאוּתָם שֶׁלֹּא יֶחֱלוּ חַס וְשָׁלוֹם. וְתַצִּילֵנוּ וְתַצִּיל לְכָל יִשְׂרָאֵל מִכָּל נֶזֶק וּמִכָּל צַר וּמַשְׂטִין וּמְקַטְרֵג וּמֵרוּחַ רָעָה וּמִדִּקְדּוּקֵי עֲנִיּוּת וּמִכָּל מִינֵי פֻרְעָנִיּוֹת הַמִּתְרַגְּשׁוֹת בָּעוֹלָם. וְתִפְקֹד בְּזֶרַע שֶׁל קַיָּמָא זֶרַע קֹדֶשׁ לְכָל חֲשׂוּכֵי בָנִים. וְהַיּוֹשְׁבוֹת עַל הַמַּשְׁבֵּר תּוֹצִיא אוֹתָן מֵאֲפֵלָה לְאוֹרָה וְיֵצֵא הַוָּלָד בְּשָׁעָה טוֹבָה וְלֹא יֶאֱרַע שׁוּם צַעַר וְשׁוּם נֶזֶק לֹא לְיוֹלְדוֹת וְלֹא לְיַלְדֵיהֶן, וְאַל יִמְשׁוֹל אַסְכָּרָה וְשֵׁדִין וְרוּחִין וְלִילִין לְכָל יַלְדֵי עַמְּךָ בֵּית יִשְׂרָאֵל, וּתְגַדְּלֵם לְתוֹרָתֶךָ וּלְמִצְוֹתֶיךָ בְּחַיֵּי אֲבִיהֶם וְאִמָּם.

וּבְנֵי יִשְׂרָאֵל עַמְּךָ יוֹרְדֵי הַיָּם פְּדֵם וְהַצִּילֵם מִמַּיִם רַבִּים מִיַּד בְּנֵי נֵכָר הַצִּילֵם מִטִּיט וְאַל יִטְבָּעוּ יִנָּצְלוּ מִשְּׁאוֹנָם וּמִמַּעֲמַקֵּי יָם. וּבְנֵי יִשְׂרָאֵל הַהוֹלְכִים בַּיַּבָּשָׁה הַדְרִיכֵם בְּדֶרֶךְ יְשָׁרָה לָלֶכֶת אֶל עִיר מוֹשָׁב וְתַצִּילֵם מִכַּף כָּל אוֹיֵב וְאוֹרֵב בַּדֶּרֶךְ. וְכָל הָאֲסוּרִים בַּכֶּלֶא מֵעַמְּךָ יִשְׂרָאֵל הַתֵּר מַאֲסֵרֵיהֶם וְתוֹצִיאֵם לִרְוָחָה, וְהָשֵׁב לְיִרְאָתְךָ כָּל הָאֲנוּסִים בְּיַד גֵּאִים, וְתִתֵּן זְכוּת אָבוֹת לְהוֹצִיא לָאוֹר מִשְׁפָּטֵנוּ, כָּתְבֵנוּ בְּסֵפֶר חַיִּים לְמַעַנְךָ אֱלֹהִים חַיִּים, וְהָאֵר פָּנֶיךָ עַל מִקְדָּשְׁךָ הַשָּׁמֵם לְמַעַן אֲדֹנָי.

אֱלֹהֵינוּ וֵאלֹהֵי אֲבוֹתֵינוּ מֶלֶךְ רַחֲמָן רַחֵם עָלֵינוּ, טוֹב וּמֵיטִיב הִדָּרֶשׁ לָנוּ, שׁוּבָה אֵלֵינוּ בַּהֲמוֹן רַחֲמֶיךָ בִּגְלַל אָבוֹת שֶׁעָשׂוּ רְצוֹנֶךָ, בְּנֵה בֵיתְךָ כְּבַתְּחִלָּה וְכוֹנֵן בֵּית מִקְדָּשְׁךָ עַל מְכוֹנוֹ וְהַרְאֵנוּ בְּבִנְיָנוֹ וְשַׂמְּחֵנוּ בְּתִקּוּנוֹ וְהָשֵׁב שְׁכִינָתְךָ לְתוֹכוֹ וְהָשֵׁב כֹּהֲנִים לַעֲבוֹדָתָם וּלְוִיִּם לְדוּכָנָם לְשִׁירָם וּלְזִמְרָם וְהָשֵׁב יִשְׂרָאֵל לִנְוֵיהֶם.

וּמָלְאָה הָאָרֶץ דֵּעָה אֶת יי לְיִרְאָה וּלְאַהֲבָה אֶת שִׁמְךָ הַגָּדוֹל וְהַנּוֹרָא, אָמֵן כֵּן יְהִי רָצוֹן.

כָּל כְּלִי יוּצַר עָלַיִךְ לֹא יִצְלָח, וְכָל לָשׁוֹן תָּקוּם אִתָּךְ לַמִּשְׁפָּט תַּרְשִׁיעִי זֹאת נַחֲלַת עַבְדֵי יי וְצִדְקָתָם מֵאִתִּי נְאֻם יי.

לֹא יָרֵעוּ וְלֹא יַשְׁחִיתוּ בְּכָל הַר קָדְשִׁי
כִּי מָלְאָה הָאָרֶץ דֵּעָה אֶת יי, כַּמַּיִם לַיָּם מְכַסִּים.

יְהִי רָצוֹן מִלְּפָנֶיךָ עַל יְדֵי הֶאָרַת תִּקּוּנִים עַתִּיקָא קַדִּישָׁא דְעַתִּיקִין בְּזֹעַר שֶׁבְּאָרִיךְ יִכְבְּשׁוּ רַחֲמֶיךָ אֶת כַּעַסְךָ, וְיִגֹּלוּ רַחֲמֶיךָ עַל מִדּוֹתֶיךָ, וְתִתְנַהֵג עִמָּנוּ בְּמִדַּת הָרַחֲמִים, וְתִתֶּן לָנוּ חַיִּים אֲרֻכִּים וְטוֹבִים בְּעִסְקֵי תוֹרָתֶךָ וּלְקַיֵּם מִצְוֹתֶיךָ וְלַעֲשׂוֹת רְצוֹנֶךָ, אָמֵן כֵּן יְהִי רָצוֹן.

שִׁיר הַמַּעֲלוֹת מִמַּעֲמַקִּים קְרָאתִיךָ יהוה: אֲדֹנָי שִׁמְעָה בְקוֹלִי תִּהְיֶינָה אָזְנֶיךָ קַשֻּׁבוֹת לְקוֹל תַּחֲנוּנָי: אִם־עֲוֺנוֹת תִּשְׁמָר־יָהּ אֲדֹנָי מִי יַעֲמֹד: כִּי־עִמְּךָ הַסְּלִיחָה לְמַעַן תִּוָּרֵא: קִוִּיתִי יהוה קִוְּתָה נַפְשִׁי וְלִדְבָרוֹ הוֹחָלְתִּי: נַפְשִׁי לַאדֹנָי מִשֹּׁמְרִים לַבֹּקֶר שֹׁמְרִים לַבֹּקֶר: יַחֵל יִשְׂרָאֵל אֶל־יהוה כִּי־עִם־יהוה הַחֶסֶד וְהַרְבֵּה עִמּוֹ פְדוּת: וְהוּא יִפְדֶּה אֶת־יִשְׂרָאֵל מִכֹּל עֲוֺנֹתָיו:

שבע פעמים:

לְעוֹלָם יי דְּבָרְךָ נִצָּב בַּשָּׁמָיִם.

יום ב׳
של ראש השנה

מִתְפַּלְּלִים תפילת שחרית כביום א׳ (עמ׳ 47).

פותחים את ארון הקודש

אֲדֹנָי, שְׂפָתַי תִּפְתָּח וּפִי יַגִּיד תְּהִלָּתֶךָ

בָּרוּךְ אַתָּה יי, אֱלֹהֵינוּ וֵאלֹהֵי אֲבוֹתֵינוּ, אֱלֹהֵי אַבְרָהָם, אֱלֹהֵי יִצְחָק, וֵאלֹהֵי יַעֲקֹב, הָאֵל הַגָּדוֹל הַגִּבּוֹר וְהַנּוֹרָא, אֵל עֶלְיוֹן, גּוֹמֵל חֲסָדִים טוֹבִים, קוֹנֵה הַכֹּל, וְזוֹכֵר חַסְדֵי אָבוֹת וּמֵבִיא גוֹאֵל לִבְנֵי בְנֵיהֶם לְמַעַן שְׁמוֹ בְּאַהֲבָה.

מִסּוֹד חֲכָמִים וּנְבוֹנִים
וּמִלֶּמֶד דַּעַת מְבִינִים
אֶפְתְּחָה פִּי בִּתְפִלָּה וּבְתַחֲנוּנִים
לְחַלּוֹת וּלְחַנֵּן פְּנֵי מֶלֶךְ מַלְכֵי הַמְּלָכִים וַאֲדוֹנֵי הָאֲדוֹנִים.

סימן: א״ב שמעון [בר יצחק].

1 אָתִיתִי לְחַנְּנָךְ בְּלֵב קָרוּעַ וּמֻרְתָּח / בַּקֵּשׁ רַחֲמִים כְּעָנִי בַּפֶּתַח
גַּלְגֵּל רַחֲמֶיךָ וְדִין אַל תִּמְתַּח / אֲדֹנָי שְׂפָתַי תִּפְתָּח.

דָּבָר אֵין בְּפִי וּבִלְשׁוֹנִי מִלָּה / הֵן יי יָדַעְתָּ כֻּלָּהּ
וּמִמַּעֲמַקֵּי הַלֵּב לְפָנֶיךָ אוֹחִילָה / אֶחֱסֶה בְּסֵתֶר כְּנָפֶיךָ סֶלָה.

1 אתיתי באתי (ל׳ הננו אתנו לך, ירמ׳ ג כב). **לחננך** להפיל חינון לפניך, וכנראה העז הפייטן לומר לחננך במקום להתחנן לך (ויש שהגיהו ׳להתחנן לך׳ ע״פ הגהת ר׳ אלעזר מגרמייזא, כגון כ״י פרמא 2579/1250). ועי׳ להלן בתקיעתא דיוסי בן יוסי, זכרונות, 2: אחנן לחק לי. **בלב קרוע** ע״ש יואל ב יג וקרעו לבבכם. **ומורתח** ע״ש תהל׳ לט ד חם לבי בקרבי, שתרגומו רתח לבי בגושמי. **בקש רחמים** לשון התלמוד, כגון סוטה דף י״ד א׳. **כעני בפתח** לשון המדרש, עי׳ ויק״ר ל״ד ט׳ (ע׳ תשצא) העני הזה עומד על פתחך והקב״ה עומד על ימינו. **2 גלגל רחמיך** לשון התלמוד, כגון ברכות דף ז׳ א׳ ויגולו רחמיך על מדותיך. תדב״א רבה ד׳ (עי׳ 17) מיד נתגלגלו

זַלְעָפָה וּפַלָּצוּת אֲחָזוּנִי בְּמוֹרָא / חַלּוֹת פְּנֵי נוֹרָא בְּנֶפֶשׁ יְקָרָה
טוּב טַעַם וָדַעַת קָטֹנְתִּי לַחְסֵרָה / עַל כֵּן זָחַלְתִּי וָאִירָא.

יָגַעְתִּי בְּאַנְחָתִי אֵיךְ לַעֲמֹד לְפָנֶיךָ / כִּי אֵין מַעֲשִׂים לִזְכּוֹת בְּעֵינֶיךָ
לְחַלּוֹתְךָ שְׁלָחוּנִי מַקְהֵלוֹת הֲמוֹנֶיךָ / תָּכִין לִבָּם תַּקְשִׁיב אָזְנֶךָ.

מָה אֲנִי וּמֶה חַיַּי תּוֹלֵעָה וְרִמָּה / נִבְעַר מִדַּעַת וּבְאֶפֶס מְזִמָּה
סָמַכְתִּי יִתֵדוֹתַי בְּסֵפֶר הַחָכְמָה / מַעֲנֶה רַךְ יָשִׁיב חֵמָה.

עֻזִּי אֵלֶיךָ אֶשְׁמֹרָה לְסַעֲדִי / פֵּתַח דְּבָרֶיךָ הָאֵר לְהַגִּידִי
צַדְּקֵנִי וְאַמְּצֵנִי וְתֵן לְאֵל יָדִי / כִּי אַתָּה מִשְׂגַּבִּי אֱלֹהֵי חַסְדִּי.

קְהָלְךָ עוֹמְדִים לְבַקֵּשׁ מְחִילָתֶךָ / רַחֲמֶיךָ יִכְמְרוּ לְרַחֲמָם בְּחֶמְלָתֶךָ
שׁוֹפְכִים לֵב כַּמַּיִם לְעֻמָּתֶךָ / וְאַתָּה תִּשְׁמַע הַשָּׁמַיִם מְכוֹן שִׁבְתֶּךָ.

רחמיו של הקב"ה, ר"ל נתעוררו. **ודין אל תמתח** אל תדקדק בדין, כלשון התלמוד ירו׳ מ"ק ג׳ ז׳ דף פ"ג ג׳ כל אותה השנה הדין מתוח. ועי׳ ב"ר ל"ה ג׳ (ע׳ 333) מדת הדין שהיתה מתוחה. **אדני שפתי תפתח** תהל׳ נא יז. **3 דבר אין בפי ובלשוני מלה** הן ה׳ ידעת כלה לה"כ תהל׳ קלט ד. **4 וממעמקי הלב** ל׳ התלמוד, יומא דף פ"ז ה׳ (כנוסח תפלה ידועה). **אחסה בסתר כנפיך סלה** תהל׳ סא ה. **5 זלעפה ופלצות אחזוני** התרגשות וחלחלה, ע"ש תהל׳ קיט נג זלעפה אחזתני, ואיוב כא ו ואחז בשרי פלצות. **במורא חלות פני נורא** מפחד לחלות פני הקב"ה. **בנפש יקרה** (לה"כ משלי ו כו), ר"ל בכבד ראש. **6 טוב טעם ודעת** (לה"כ תהל׳ קיט סו) **קטונתי לחסרה** ר"ל קטונתי מלהיות שליח צבור הגון, וחסר אני טוב טעם בתפלה. **על כן זחלתי ואירא** איוב לב ו. **7 יגעתי באנחתי** תהל׳ ו ז. **כי אין מעשים לזכות בעיניך** אין בידי מעשים טובים. **8 תכין לבם תקשיב אזנך** תהל׳ י יז. **9 מה אני ומה חיי** יומא דף פ"ז ב׳ מה אנו מה חיינו. **רמה ותולעה** ע"פ איוב כה ו אף כי אנוש רמה ובן אדם תולעה, ושניהם לקוחים מוידוי תפלת נעילה. **נבער מדעת** ירמ׳ י יד **באפס מזמה** בלי תבונה (מזמה מקבילה לדעת ותבונה, משלי ב י-יא). **10 סמכתי יתדותי** (דוגמת ׳תמכתי יתדותי׳ בפזמון ׳אזכרה אלהים ואהמיה׳ לר׳ אמתי בן שפטיה) שמתי מבטחי. **בספר החכמה** הוא ספר משלי. **מענה רך ישיב חמה** משלי טו א. **11 עוזי אליך אשמרה** תהל׳ נט י. **לסעדי** כדי שתסעדני (ע"ש תהל׳ צד יח חסדך ה׳ יסעדני). **פתח דבריך האר** תהל׳ קיט קל. **להגידי** כדי שאגיד את דברי. **12 ותן לאל ידי** ותן לי כח (ע"פ

תְּחַזֵּק לְעַמְּךָ יָדַם הָרָפָה / שְׁלַח מֵאִתְּךָ עֵזֶר וּתְרוּפָה
נָעֳמְךָ יַשִּׂיגוּ לְחַזֵּק וּלְתָקְפָּה / כָּל אִמְרַת אֱלוֹהַּ צְרוּפָה.

סוגרים את ארון הקודש

סימן: א״ב שמעון בר יצחק יחי.

אִמְרָתְךָ צְרוּפָה וְעֵדוֹתֶיךָ צֶדֶק / בָּאֵי עָדֶיךָ בְּרִיב אַל תְּדַקְדֵּק
גִּשְׁתְּךָ לְחַפֵּשׂ כָּל תַּעֲלוּם וָבֶדֶק / דִּין עֲנִיֶּיךָ בְּמִשְׁפָּט הַצֶּדֶק.

הֵן עוֹלָמְךָ בָּנִיתָ בְּחֶסֶד / וְרַב חֶסֶד מַטֶּה כְּלַפֵּי חֶסֶד
זְכֻיּוֹת הַכְרַע וְעֻזְּךָ תְּיַסֵּד / חֹן עַל נִינֵי מוּצָא מִכֶּשֶׂד.

טֶרֶם נִקְרָא וְאַתָּה תַעֲנֶה / יִמָּצֵא לָנוּ חֶסֶד בְּמַעֲנֶה
כְּפָקְדְךָ הַיּוֹם יְצוּרֶיךָ לְהִמָּנֵה / לָנוּ מַלְאָכְךָ סָבִיב יַחֲנֶה.

בראׄ לא כט יש לאל ידי, וכדומה). **כי אלהים** (וי״ג בשינוי **כי אתה**) **משגבי אלהי חסדי** תהל׳ נט יח. **14 שופכים לב כמים** ע״ש איכה ב יט שפכי כמים לבך. **ואתה תשמע השמים מכון שבתך** מ״א ח לט. **15 תחזק לעמך ידם הרפה** ע״ש איוב ד ג וידים רפות תחזק. **שלח מאתך עזר** ע״ש תהל׳ כ ג ישלח עזרך מקדש. **16 נעמך ישיגו** יזכו לנעם ה׳ (ע״ש תהל׳ צ יז) **כל אמרת אלוה צרופה** משלי ל ה.

1 אמרתך צרופה משלי ל ה. **ועדותיך צדק** תהל׳ קיט קמד. **באי עדיך** ע״ש תהל׳ סה ג עדיך כל בשר יבואו. **בריב אל תדקדק** במשפט עמהם אל תדקדק (ע״פ לשון התלמוד, כגון יבמות דף קכ״א ב׳ הקב״ה מדקדק עם סביביו כחוט השערה). **2 גשתך** ר״ל בגשתך. **כל תעלום ובדק** מה שנעלם מן העין (תעלומות לב, תהל׳ מד כב) וקלקול גלוי (בדק הבית, פי׳ סדק שבבית, מ״ב יב ו ועוד). **3 עולמך בנית בחסד** ע״ש תהל׳ פט ג עולם חסד יבנה. **ורב חסד מטה כלפי חסד** אחד מי״ג המדות (שמות לד ו) ׳ורב חסד׳ מפורשת ׳מטה כלפי חסד׳ ר״ה דף י״ז א׳. **4 זכויות הכרע** תגרום לכך שתכרענה הזכויות על העוונות. **ועוזך תייסד** ע״ש תהל׳ ח ג יסדת עוז. **חון על ניני מוצא מכשד** על זרע אברהם שהוצא מאור כשדים. **5 טרם נקרא ואתה תענה** ע״ש ישע׳ סה כד והיה טרם יקראו ואני אענה. **ימצא לנו חסד במענה** ר״ל ינתן לנו מענה של חסד. **6 להמנה** (במקום להמנות), ר״ל כשעוברים לפניך כל באי עולם היום כמו שמעבירין הצאן תחת השבט כדי

מִדַּת טוּבְךָ עָלֵינוּ הַגְבֵּר / נַקֵּנוּ מֵעָוֹן וּפְשָׁעֵינוּ הַעֲבֵר
שַׂגֵּב בִּזְרוֹעֲ לְמְקַוֶּיךָ בְּשֶׁבֶר / עֹז חֲלִיפַת כֹּחַ וַעֲלִיַּת אֵבֶר.

פְּעֻלַּת אֶזְרָחִי לְפָנֶיךָ תִּזָּכֵר / צִדְקוֹ יָלִיץ כֹּשֶׁר וּמַסְטִין יְסֻכַּר
קִבֵּל מוֹרָאֲךָ יִחוּדְךָ לְהַכֵּר / רָץ בְּפִקּוּדֶיךָ לְיַשֵּׁר וּלְיַקֵּר.

שָׁלֵם נִמְצָא בְּכָל אֲשֶׁר נִפְקָד / שֶׁעֲשַׁע כְּהַיּוֹם בְּחֹנֶט מְפַקְּדָה
תְּהִלָּה וָעֹז לִמְרַחֲמוֹ שָׁקַד / תְּמָתוֹ בְּעֵת אֲשֶׁר פָּקָד.

בּוֹ שֶׁעַנְנוּ מֵעוֹלָם וְיַעֲנֵנוּ נוֹרָאוֹת / בְּרִיצוּי חִנּוּנֵינוּ קַבֵּל כְּהַעֲלָאוֹת
יְחַלְּצֵנוּ בְּמָגִנּוֹ מִתַּחֲלוּאֵי תוֹצָאוֹת
כְּצִפֳּרִים עָפוֹת כֵּן יָגֵן יי צְבָאוֹת.

למנות אותם. **לנו מלאכך סביב יחנה** ע״ש תהל׳ לד חונה מלאך ה׳ סביב ליראיו. **7 מדת טובך עלינו הגבר** מדת הרחמים תגבר על מדת הדין. **נקנו מעון** ע״ש איוב י יד. **8 שגב בזרוע** חזק בזרועך. **למקויך בשבר** לישראל, המקוים לך בתקוות אמון (שבר ע״ש תהל׳ קיט קטז על תבישני משברי), חזק להם **עוז חליפות כח ועלית אבר** ע״ש וקוי ה׳ יחליפו כח יעלו אבר כנשרים, ישעי׳ מ לא. **9 פעולת אזרחי** פעולת אברהם, ע״ש תהל׳ פט א משכיל לאיתן האזרחי, שדרשוהו על אברהם ב״ב דף ט״ו א׳. **יליץ כושר** יליץ על מעשינו הכשרים. **ומסטין יסכר** ע״ש תהל׳ סג יב יסכר פי דוברי שקר. **10 קבל** ר״ל קבל עליו. **יחודך להכר** (במקום ׳להכיר׳) ע״פ מאמר חז״ל בן מ״ח שנה (ולפי מסורת אחרת בן ג׳ שנים) הכיר אברהם את בוראו, עי׳ ב״ר ס״ד ד׳ (ע׳ 703), ועי׳ שם כל המקבילות בהערה), ועי׳ נדרים דף ל״ב א׳. **רץ בפקודיך** היינו לעקדת יצחק. **11 שעשע כהיום בחנט מפקד** ה׳ שימח אותו בר״ה (לפי מאמר חז״ל ר״ה דף י׳ ב׳ בר״ה נפקדו שרה רחל וחנה) בבן שהופקד אצלו כפקדון. **12 תהלה ועוז למרחמו שקד** ר״ל שקד לתת תהלה ועוז להקב״ה **תמתו בעת אשר פקד** בעת שפקד את שרה (בראי כא א) תמתו (ע״ש שה״ש ה ב). **13 בו שועננו** (במקום ׳שועננו׳ בלשון המקרא) **מעולם** בו אנו נשענים. **ויעננו נוראות** ע״ש תהל׳ סה ו נוראות בצדק תעננו. **בריצוי חינוננו קבל כהעלאות** לקהל את ריצוי חינוננו כהעלאת קרבנות (וריצוי ל׳ פיוס הוא). **14 מתחלואי תוצאות** ע״ש תהל׳ סח כא למות תוצאות, וע״פ מאמר חז״ל ברכות דף ח׳ א׳ תשע מאות ושלשה מיני מיתה נבראו בעולם, שנאמר למות תוצאות, תוצאות בגימטריא הכי הוו. ר״ל יחלצנו מכל המחלות שהן במנין תוצאות. **כצפרים עפות כן יגן ה׳ צבאות** ישע׳ לא ה.

זָכְרֵנוּ לְחַיִּים, מֶלֶךְ חָפֵץ בַּחַיִּים
וְכָתְבֵנוּ בְּסֵפֶר הַחַיִּים, לְמַעַנְךָ אֱלֹהִים חַיִּים.
מֶלֶךְ עוֹזֵר וּמוֹשִׁיעַ וּמָגֵן. בָּרוּךְ אַתָּה יי, מָגֵן אַבְרָהָם.

אַתָּה גִּבּוֹר לְעוֹלָם אֲדֹנָי, מְחַיֵּה מֵתִים אַתָּה, רַב לְהוֹשִׁיעַ, מוֹרִיד הַטָּל. מְכַלְכֵּל חַיִּים בְּחֶסֶד, מְחַיֵּה מֵתִים בְּרַחֲמִים רַבִּים, סוֹמֵךְ נוֹפְלִים, וְרוֹפֵא חוֹלִים, וּמַתִּיר אֲסוּרִים, וּמְקַיֵּם אֱמוּנָתוֹ לִישֵׁנֵי עָפָר. מִי כָמוֹךָ בַּעַל גְּבוּרוֹת וּמִי דּוֹמֶה לָּךְ, מֶלֶךְ מֵמִית וּמְחַיֶּה וּמַצְמִיחַ יְשׁוּעָה.

סימן: תשר״ק. שמעון בר יצחק (כפול).

תָּמִים פָּעָלְךָ גְּדוֹל הָעֵצָה / שִׁחַרְנוּ פָּנֶיךָ וְצִדְקָתְךָ נִמְצָא
רַחֵץ טֶנֶף וְהָתֵם שִׁמְצָה / קַבֵּל אֶנֶק וּגְדֹר פִּרְצָה.
צֹאן לַטֶּבַח גָּזַר מִמִּכְלָה / פָּרִים וּכְבָשִׂים לִשְׁלָמִים וְעוֹלָה
עֲרִיכַת שָׂפָה נַעֲרֹךְ בִּתְפִלָּה / שִׂיחֵנוּ יְשֻׁפַּר כְּהֶקְטֵר וּבְלוּלָה.
נְתִיב יֹשֶׁר אִם נֶעֱקַל בְּלֶכֶת / מִשְׁלַחְתְּךָ לַעֲזוֹב לְהִתְרַפּוֹת בִּמְלֶאכֶת
לְנֶגְדְּךָ יִפָּקֵד מִזְבַּח מַעֲרֶכֶת / כִּמְאַכֶּלֶת הַמַּאֲכִילָה מֵאָז נֶעֱרֶכֶת.

1 **תמים פעלך** ע״ש דבר׳ לב ד הצור תמים פעלו. **גד״ל העצה** ירמ׳ לב יט. **שחרנו פניך וצדקתך נמצא** ע״ש משלי ז טו לשחר פניך ואמצאך. 2 **רחץ טנף והתם שמצה** נקה חטא ועון, ע״ש ישע׳ ד ד אם רחץ ה׳ את צאת בנות ציון, ודניאל ט כד ולהתם חטאת. **קבל אנק** אנקתנו. **וגדור פרצה** ע״ש עמוס ט יא וגדרתי את פרציהן. ישע׳ נח יב וקורא לך גודר פרץ. 3 **צאן לטבח** (ע״ש ירמ׳ יב ג כצאן לטבחה) **גזר ממכלה** ע״ש חבק׳ ג יז גזר ממכלה צאן, ר״ל אין בהמות לקרבן, וכן אין **פרים וכבשים לשלמים ועולה,** ולכן 4 **עריכת שפה נערוך בתפלה** ע״ש הושע יד ג ונשלמה פרים שפתינו, ר״ל נערוך ערך תפלה בשפתינו. **שיחנו יושפר** (ע״ש תהל׳ קד לד יערב עליו שיחי) **כהקטר ובלולה** כקטורת ומנחה. 5 **נתיב יושר אם נעקל בלכת** (ע״ש שופט׳ ה ו והולכי נתיבות ילכו ארחות עקלקלות) ר״ל אם עזבנו את הדרך הישרה. **משלחתך לעזוב** לעזוב את התורה השלוחה לנו ע״י הנביאים (דוגמאת זכר׳ ז יב). **להתרפות במלאכת** לפרוש מעבודתך, ע״ש משלי יח ט גם מתרפה ממלאכתו. 6 **לנגדך יופקד מזבח מערכת** לפניך

יַחַד אָב וּבֵן בְּלֶכְתָּם לְהַר מוֹר / טֶבַח לְהָכִין מִפְּקָדֶךָ לִשְׁמוֹר
חֲנִיטָם נִצֹּר רַחֲמִים לִכְמוֹר / זֵכֶר שְׁבוּעָה כִּקְטֹרֶת לִתְמוֹר.

וּבְשִׁבְתְּךָ הַיּוֹם לָדִין עַמִּים / הִמָּלֵא עַל צֶאֱצָאֵימוֹ רַחֲמִים
דִּינֵנוּ הַצְהֵר וְלֹא נֵצֵא נִכְלָמִים / גֶּפֶן מַטַּעְתְּךָ תָּכִין לְאֹרֶךְ יָמִים.

בִּזְכוּת נֶעֱקָד הַקְשִׁיבָה מִשַּׁחַק / אֶבְיוֹנֵי עַמְּךָ קוֹרְאֶיךָ מִדַּחַק
שְׂמֵנוּ עַל סִפְרְךָ לְחַיִּים יָחַק / וְנִיב שְׂפָתֵינוּ הַקְשֵׁב כְּוַיֶּעְתַּר יִצְחָק.

שְׂפָתֵינוּ מְדוּבָבוֹת עֹז וּבְצִדְקָתוֹ נִחְיֶה / בְּרַחֲמִים יַצְדִּקֵנוּ וְזַרְעֵנוּ יִהְיֶה
יְחַיֵּינוּ כְּקֶדֶם מִיּוֹמַיִם אֶהְיֶה / בַּיּוֹם הַשְּׁלִישִׁי יְקִמֵנוּ וְנִחְיֶה.

ייזכר המזבח שנערכה בו מערכת עקידת יצחק. **כמאכלת המאכילה מאז נערכת** כמו שנערכה ג״כ מאז המאכלת שבזכותה אנו אוכלים היום בשר, ע״פ מאמר חז״ל בב״ק נ״ו ג׳ (ע׳ 598) למה נקרא שמה מאכלת שמכשרת האוכלים... כל אכילות שישראל אוכלין בעולם הזה בזכות אותה המאכלת (וראה שם המקבילות). **7 יחד אב ובן** אברהם ויצחק. **בלכתם להר מור** להר המוריה, ע״פ דרשת חז״ל ב״ר נ״ה ז׳ (ע׳ 592) מקום שהקטורת קריבה, היך דאת אמר אלך לי אל הר המור (שה״ש ד ו). **טבח להכין** ע״ש בראי׳ מג טז. **8 חניטם נצור** שמור את ילדיהם (וי״ג חינוכם, ע״ש שהילדים הם חניכי ביתם). **רחמים לכמור** לעורר (ע״ש נכמרו רחמיו בראי׳ מג ל ועוד). **זכר שבועה כקטורת לתמור** ויה״ר שתהא הזכרת השבועה שנשבעת לאברהם אז כאילו הקטרנו קטורת שמתמרת ועולה (לשון התלמוד, יומא דף כ״ח ב׳ ועוד). **9 לדין עמים** ישע׳ ג יג. **המלא על צאצאימו רחמים** לשון המדרש, כגון ויק״ר כ״ט ד׳ (ע׳ תרעד) ומתמלא עליהם רחמים. **10 דיננו הצהר** ע״ש תהל׳ לז ו והוצא כאור צדקך ומשפטיך כצהרים. **גפן מטעתך** ישראל, ע״ש תהל׳ פ ט גפן ממצרים תסיע תגרש גוים ותטעה. **11 משחק** מן השמים. **אביוני עמך** שמות כג יא (וי״ג אביוני אדם, ע״ש ישע׳ כט יט). **12 שמנו על ספרך לחיים יוחק** ע״ש איוב יט כג מי יתן בספר ויוחקו. **ניב שפתינו** (ע״ש ישע׳ נז יט בורא ניב שפתים) **הקשב כויעתר יצחק** בראי׳ כה כא, ושם כתוב ויעתר לו ה׳. **13 שפתינו מדובבות** (ע״ש שה״ש ז י דובב שפתי ישנים) **עוז** פינו מודיע גבורות ה׳. **ובצדקתו נחיה** כי אין בנו מעשים. **וזרוענו יהיה** ע״ש ישע׳ לג ב ה׳ חננו לך קוינו היה זרועם לבקרים. **14 יחיינו כקדם מיומים אהיה** הקב״ה ששמו אהי׳ (שמות ג יד) יחיינו מיומים, ופירשוהו שכשם שגאלנו משתי גלויות יגאלנו מגלות השלישית, גלות אדום (רוו״ה ועוד, וכ״ה בכ״י ו 298). ויותר נראה שהפייטן נתן לפסוק מובן חדש זה: אחרי יומים של ר״ה יקימנו ביום השלישי, והוא יוה״כ, ויחתמנו לחיים (המפרש בשם י״מ, וכן י״מ זקש).

מִי כָמוֹךָ אָב הָרַחֲמָן, זוֹכֵר יְצוּרָיו לְחַיִּים בְּרַחֲמִים.
וְנֶאֱמָן אַתָּה לְהַחֲיוֹת מֵתִים. בָּרוּךְ אַתָּה יי, מְחַיֵּה הַמֵּתִים.

פותחים את ארון הקודש

סימן: שמעון בר יצחק (מרובע).

שְׁלַחְתִּי בְּמַלְאֲכוּת סֶגֶל חֲבוּרָה / שׁוֹמְרֵי אֱמוּנָתְךָ וּמְיַחֲדֶךָ בְּמוֹרָא
שָׁפַכְתִּי שִׂיחַ לְבַקֵּשׁ עֲתִירָה / שְׁמַע יי קוֹלִי אֶקְרָא.

סוגרים את ארון הקודש

מְדַבֵּר בִּצְדָקָה חוֹנֵן וּמִתְרַצֶּה / מַחֲסֶה וּמִסְתּוֹר לְדוֹרְשֶׁיךָ הַמָּצֵא
מֵתַח דִּינְךָ אִם בִּיצוּרִים תְּמַצֶּה / מִלְּפָנֶיךָ מִשְׁפָּטִי יֵצֵא.

עֶרֶךְ תְּקִיעָתֵנוּ שְׁעֵה בְּבֵירוּרִים / עַרְבֵב קַטֵּיגוֹר וְאַמֵּץ סַנֵּיגוֹרִים
עֲקֶרֶת בַּיִת וַחֲצוּבַת צוּרִים / עֵינֶיךָ תֶּחֱזֶינָה מֵישָׁרִים.

1 שולחתי במלאכות סגל חבורה נשלחתי בשליחות הקהלה, שהיא חבורת סגל, היינו סגולה מכל העמים (שמות יט ה), והכל היא תפלת ש״ץ. **שומרי אמונתך** ע״ש ישע׳ כו ב שומר אמונים. **2 שפכתי שיח** ע״ש תהל׳ קב א ולפני ה׳ ישפוך שיחו. **לבקש עתירה** (במקום להפיל עתירה, פי׳ תפלה, לפניו, דוגמת דני׳ ט ג לבקש תפלה ותחנונים, ועי׳ להלן בתפלת ׳היה עם פיפיות׳, 2) שמע ה׳ קולי אקרא תהל׳ כז ז. **3 מדבר בצדקה** הקב״ה, ישע׳ סג א. **מחסה ומסתור ל׳** ישע׳ ד ו, וע״ש תהל׳ צא ט כי אתה ה׳ מחסי. **לדורשיך המצא** ע״ש ישע׳ נה ו דרשו ה׳ בהמצאו. **4 מתח דינך אם ביצורים תמצה** ר״ל אם תמתח את קו הדין עד לתמצית (חיקוי ללשון הקלירי ׳אם תמצה עומק הדין׳ להלן) ביצוריך. **מלפניך משפטי יצא** תהל׳ יז ב, ר״ל אהיה זכאי בדין, מפני שאתה חונן ומתרצה. **5 ערך תקיעתנו** סדר התקיעות. **שעה בברורים** תקבל בלי פקפוק. **ערבב קטיגור** לשון התלמוד (ר״ה דף ט״ז ב׳) כדי לערבב את השטן. **ואמץ סניגורים** המלמדים זכות על ישראל לפי ירו׳ ר״ה א׳ ג׳ דף נ״ז ב׳ אמרו בית דין היום ר״ה הקב״ה אומר למלאכים העמידו בימה יעמדו סניגורין יעמדו קטיגורין. **6 עקרת בית** (ע״ש תהל׳ קיג ט) כנסת ישראל, לפי דרשת חז״ל פסח׳ דף קי״ח ה׳ מאי דכתיב מושיבי עקרת הבית. אמרה כנסת ישראל לפני הקב״ה רבש״ע שמוני בניך כחולדה זו הדרה בעיקרי בתים. **וחצובת צורים** גם זה תואר לכנסת ישראל (ע״ש ישע׳ נא א הביטו אל צור חוצבתם ואל מקבת בור נוקרתם) ר״ל צאצאי האבות. **עיניך תחזינה מישרים** תהל׳ יז ב (המשך למובא לעיל), ר״ל עיניך תחזינה את מעשיה

וְיִזְכֹּר לְפָנֶיךָ צִדְקַת הַתָּם / וְעַד אֹהָלֶיךָ וּבְכִסְאֲךָ נֶחְתָּם
וְחַלְּצֵנִי מִפֶּשַׁע וּמֵעָוֹן נִכְתָּם / אַל יִמְשְׁלוּ בִי אָז אֵיתָם.

נוֹהֵג בְּחֶסֶד זוֹכֵר הַבְּרִית / נַקֵּנוּ מִנִּסְתָּרוֹת וְנִזְכֶּה כְּבוֹרִית
נְחֵנוּ בַּאֲמִתֶּךָ וּתְנֵנוּ לְאַחֲרִית / נֹשֵׂא עָוֹן וְעֹבֵר עַל פֶּשַׁע לִשְׁאֵרִית.

בְּהִנָּשְׂאֲךָ לְכִסֵּא נוֹרָא וְאָיֹם / בּוֹרְאֵי חֶלֶד לְהִשָּׁפֵט כְּהַיּוֹם
בְּרַחֲמֶיךָ עָלֵינוּ הַמְצִיאֵנוּ פִדְיוֹם / בֵּאלֹהִים הִלַּלְנוּ כָל הַיּוֹם.

רֹעַ יִצְרֵנוּ הָסֵר בְּחֶמְלָתֶךָ / רְצֵנוּ וְסוֹכְכֵנוּ בְּמַחֲסֵה אֶבְרָתֶךָ
רְצֵה תְשׁוּבָתֵנוּ וְהַרְבֵּה מְחִילָתֶךָ / רְעֵה עַמְּךָ בְשִׁבְטֶךָ צֹאן נַחֲלָתֶךָ.

יַדְּעֵנוּ דְרָכֶיךָ וְאָרְחוֹתֶיךָ לִתְמוֹד / יֹשֶׁר פִּקּוּדֶיךָ בְּלִבֵּנוּ לִצְמוֹד
יִכְמְרוּ רַחֲמֶיךָ סְלִיחָתֵנוּ לַחְמוֹד / יָדַעְנוּ כִּי חָטָאנוּ וְאֵין מִי יַעֲמֹד.

ההגונים של כנסת ישראל שהיא עקרת בית וחצובת צורים. **7 ויזכר לפניך צדקת התם** יעקב, ע״ש בראשית כה כז ויעקב איש תם. **ויעד אהליך** בראשית שם יושב אהלים, והם אהלי תורה, ע״ש במדבר כד ה מה טובו אהליך יעקב שדרשו על בתי כנסיות ובתי מדרשות סנהדרין דף ק״ה ב׳. **ובכסאך נחתם** תמונת יעקב חקוקה בכסא הכבוד, עי׳ תנחומא במדבר י״ט א״ל הקב״ה ליעקב יעקב הרבה אתה יקר בעיני למה כביכול קבעתי איקונין שלך בכסא הכבוד, ועי׳ ג״כ ב״ר פ״ב ב׳ (ע׳ 978) יעקב שאיקונין שלו חקוקה בכסאי על אחת כמה וכמה שאני נגלה עליו ומברכו. **8 וחלצני מפשע ומעון נכתם** ע״ש ירמ׳ ב כב נכתם עונך לפני. **אל ימשלו בי אז איתם** תהל׳ יט יד, ר״ל שלא ימשלו בי פשע ועון. **9 נוהג בחסד** ר״ל עמנו **זוכר הברית** טופס ברכה ידוע, ע״ש ויק׳ כו מב וזכרתי את בריתי יעקוב וכו׳. **נקנו מנסתרות** ע״ש תהל׳ יט יג. **ונזכה כבורית** ונהיה נקיים כמנוקי בורית (ע״ש ירמ׳ ב כב). **10 נחנו באמתך** ע״ש תהל׳ כה ה הדריכני באמתך. **ותננו לאחרית** תצילנו שתהא לנו אחרית. **נושא עון ועבר על פשע לשארית** [נחלתו] מיכה ז יח. **11 בהנשאך לכסא** כשתשב בכסא דין. **נורא ואיום** חבק׳ א ז. **בוראי חלד** בני אדם, ע״ש תהל׳ מט ב כל יושבי חלד. **12 המציאנו פדיום** במשפט. **באלהים הללנו כל היום** תהל׳ מד ט. **13 רצנו וסוככנו במחס** (=במחסה) **אברתך** ע״ש תהל׳ צא ד באברתו יסך לך ותחת כנפיו תחסה. **14 רעה עמך בשבטך צאן נחלתך** מיכה ז יד. **15 ידענו דרכיך וארחותיך לתמוד** למדנו ללכת תמיד בדרכיך, ע״ש תהל׳ כה ד דרכיך ה׳ הודיעני ארחותיך למדני. **לישר פקודיך בלבנו לצמוד** לקשור (דוגמת משלי ו כא קשרם על לבך תמיד) ע״ש תהל׳ קיט סט ואני בכל לב

צַוֵּה יְשׁוּעָתְךָ לְרַעְיָתְךָ הָאֲהוּבָה / צָמְאָה לְחַסְדְּךָ כַּמֶּהָה וְתָאֵבָה
צְפֵה וְהַבֵּט כִּי מְאֹד נִכְאָבָה / צִדְקָתְךָ כְּהַרְרֵי אֵל מִשְׁפָּטֶיךָ תְּהוֹם רַבָּה.

חֲפֹץ בְּהֶגְיוֹנֵנוּ וּבְקוֹל תְּרוּעָתֵנוּ / חֲטָאֵינוּ הַלְבֵּן וְהַפְקֵר שְׁגָגֵנוּ
חַבֵּל וְהַצְמֵת קָדְקֹד מַשְׂטִינֵנוּ / חָנֵּנוּ אֱלֹהִים חָנֵּנוּ כִּי בְךָ חָסְיָה נַפְשֵׁנוּ.

קָרְבֵנוּ לְיֶשְׁעֲךָ בְּזֶה רֹאשׁ שְׁנָתִי / קַבֵּץ נְפוּצוֹתֵינוּ לְמִרְבַּץ קִרְיָתִי
קָמִים יֶחֱזוּ כִּי מֵאִתְּךָ תְּהִלָּתִי / קַוֹּה קִוִּיתִי יי תּוֹחַלְתִּי.

ש״ץ וקהל:

יִמְלֹךְ יי לְעוֹלָם, אֱלֹהַיִךְ צִיּוֹן לְדֹר וָדֹר, הַלְלוּיָהּ.
וְאַתָּה קָדוֹשׁ, יוֹשֵׁב תְּהִלּוֹת יִשְׂרָאֵל.

אצר פקודיך. **16 יכמרו רחמיך** ע״ש בראי מג ל וכדומה. **סליחתנו לחמוד** כי הקב״ה רוצה בתשובה. **ידענו כי חטאנו ואין מי יעמוד** פיסקא מתוך תחינת ׳והוא רחום׳ (הנמצאת בצורה זו במחזור ויטרי והיתה כנראה כבר נהוגה בזמן המחבר) הבאה כאן במקום פסוק מהמקרא, ובמקורו ההמשך: ואין מי יעמוד בעדנו, והפייטן נתן לו משמעות שונה ע״פ תהל׳ קל ג אם עונות תשמר יה אדני מי יעמוד. **17 צוה ישועתך** ע״ש תהל׳ מד ה צוה ישועות יעקב. **לרעיתך האהובה** לכנסת ישראל, ע״ש שה״ש ב יג. **צמאה לחסדך כמהה ותאבה** שלש לשונות של תשוקה, ע״ש תהל׳ סג ב צמאה לך נפשי כמה לך בשרי, ושם קיט קעד תאבתי לישועתך ה׳. **18 צדקתך כהררי אל משפטיך תהום רבה** תהל׳ לו ז. **19 חטאינו הלבן** ע״ש ישע׳ א יח אם יהיו חטאיכם כשנים כשלג ילבינו. **והפקר שגגנו** השלך את השגגות למקום הפקר, ויהיו נחשבים כאפס. **20 חבל והצמת** לשון השחתה. **חננו אלהים חננו כי בך חסיה נפשנו** תהל׳ נז ב (בלשון רבים). **21 קרבנו לישעך** ע״ש תהל׳ פה י קרוב ליראיו ישעו. **קבץ נפוצותינו** ע״ש ישע׳ יא יב ונפוצות יהודה יקבץ. **למרבץ קריתי** לירושלם שהיא מקום מרבץ שלי, לשון מרבץ צאן (יחזק׳ כה ה), ע״ש ישע׳ יד ל ואביונים לבטח ירבצו. **22 קמים יחזו** אויבי יראו. **כי מאתך תהלתי** תהל׳ כב כו. **קוה קויתי אדני תוחלתי** תהל׳ מ ב קוה קויתי ה׳... שם לט ח ועתה מה קויתי אדני תוחלתי לך היא.

אֵל נָא.

הש״ץ: אַתָּה הוּא אֱלֹהֵינוּ
הקהל: בַּשָּׁמַיִם וּבָאָרֶץ.

הש״ץ: גִּבּוֹר וְנַעֲרָץ
הקהל: דָּגוּל מֵרְבָבָה.

הש״ץ: הוּא שָׂח וַיֶּהִי
הקהל: וְצִוָּה וְנִבְרָאוּ.

הש״ץ: זִכְרוֹ לָנֶצַח
הקהל: חַי עוֹלָמִים.

הש״ץ: טְהוֹר עֵינַיִם
הקהל: יוֹשֵׁב סֵתֶר.

פותחים את ארון הקודש

הש״ץ: כִּתְרוֹ יְשׁוּעָה
הקהל: לְבוּשׁוֹ צְדָקָה.

הש״ץ: מַעֲטֵהוּ קִנְאָה
הקהל: נֶאְפָּד נְקָמָה.

הש״ץ: סִתְרוֹ יֹשֶׁר
הקהל: עֲצָתוֹ אֱמוּנָה.

הש״ץ: פְּעֻלָּתוֹ אֱמֶת
הקהל: צַדִּיק וְיָשָׁר.

הש״ץ: קָרוֹב לְקוֹרְאָיו בֶּאֱמֶת
הקהל: רָם וּמִתְנַשֵּׂא.

הש״ץ: שׁוֹכֵן שְׁחָקִים
הקהל: תּוֹלֶה אֶרֶץ עַל בְּלִימָה.

קהל וש״ץ: חַי וְקַיָּם נוֹרָא וּמָרוֹם וְקָדוֹשׁ.

סוגרים את ארון הקודש

אם יום ב׳ של ראש השנה חל ביום ראשון בשבוע אומרים את הסדר בעמ׳ 281.

1 אתה הוא אלהינו בשמים ובארץ דבר׳ ג כד. **2 גבור** דבר׳ י יז ועוד. **ונערץ** תהל׳ פט ח. **דגול מרבבה** שה״ש ה י. **3 הוא שח ויהי. וצוה ונבראו** תהל׳ לג ט. קמח ה. **4 זכרו לנצח** שמות ג טו. תהל׳ קלה יג ועוד. **חי עולמים** לשון התלמוד, כגון ירו׳ סנהד׳ ח׳ ט׳ דף כ״ו ג׳, וטופס ידוע לברכות, כגון בורא נפשות רבות, ירו׳ ברכות ו׳ א׳ דף י׳ ב׳, וישתבח. **5 טהור עינים** חבק׳ א יג. **יושב סתר** (עבים סתר לו, איוב כב יד) הלשון ע״פ תהל׳ צא א. **6 כתרו ישועה. לבושו צדקה. מעטהו קנאה. נאפד נקמה** ישע׳ נט יז. **8 סתרו יושר** אין לו מקור בכתובים, ושמא יש כאן שיבוש (סתרו חשך? תהל׳ יח יב), או הפייטן תפס ׳סתרו׳ במובן ׳סודו׳. **עצתו אמונה** ישע׳ כה א. **9 פעולתו אמת** ע״ש ישע׳ מ י פעולתו לפניו, ותהל׳ קיא ז מעשי ידיו אמת ומשפט. **צדיק וישר** דבר׳ לב ד. **10 קרוב לקוראיו באמת** תהל׳ קמה יח. **רם ומתנשא** ישע׳ נז טו רם ונשא, ודה״א כט יא. **11 שוכן שחקים** ע״ש תהל׳ סח לה ועוזו בשחקים. **תולה ארץ על בלימה** איוב כו ז.

סימן: שמעון (6) ח״ב.

1 שְׁמוֹ מְפָאֲרִים עֲדַת חֶבְלוֹ
וְנַעֲרָץ בְּאֶרְאֶלֵּי קֹדֶשׁ הִלּוּלוֹ
וּבְהֵיכָלוֹ כָּבוֹד אוֹמֵר כֻּלּוֹ
קָדוֹשׁ.

2 שׁוֹמְרֵי מִצְוֹתָיו עוֹד יְשׁוּבוּן לְבִצָּרוֹן
נִדְבָּרִים יִרְאָיו בְּהַכְשֵׁר וְיִתְרוֹן
וַיַּקְשֵׁב יי וַיִּשְׁמָע וַיִּכָּתֵב סֵפֶר זִכָּרוֹן
קָדוֹשׁ.

3 שַׁפְּרוּ מַעֲשֵׂיכֶם וּבְרִית לֹא תוּפַר
נַאֲקַתְכֶם יַאֲזִין שְׁחָקִים שִׁפַּר
וְתִיטַב לַיי מִשּׁוֹר פָּר
קָדוֹשׁ.

שבעת החרוזים שלפנינו, שהם כעין כותרות או רפריינים לשאר חרוזי הפיוט, הם על סדר מלכויות זכרונות ושופרות. **1 שמו מפארים עדת חבלו** ישראל, ע״ש דבר׳ לב ט יעקב חבל נחלתו. **ונערץ באראלי קדש הילולו** ע״ש תהל׳ פט ח אל נערץ בסוד קדושים רבה. **ובהיכלו כבוד אומר כלו** תהל׳ כט ט. **2 ישובון לבצרון** לירושלם עיר מבצרים, ע״ש זכר׳ ט יב שובו לבצרון אסירי התקוה. **נדברים יראיו בהכשר ויתרון** תלמידי חכמים עוסקים בתורה, כדרשת חז״ל שבת דף ס״ג א׳ שני תלמידי חכמים הנוחין זה לזה בהלכה (פירש״י נושאין ונותנין בה בנחת רוח מתעסקין כדי שילמדו זה מזה, ובלשון הפייטן: נדברים בהכשר ויתרון) הקב״ה מקשיב להן, שנאמר (מלאכי ג טז) אז נדברו יראי ה׳ איש אל רעהו, וההמשך: **ויקשב ה׳ וישמע ויכתב ספר זכרון** שם. **3 שפרו מעשיכם** ע״פ דרשת חז״ל ויק״ר כ״ט ו׳ (ע׳ תרעז), ועי׳ בתקיעתא ׳אנסיכה מלכי׳, שופרות, 19. אבל הפייטן משתמש בלשון המדרש בפנייה אל הקהל. **וברית לא תופר** הלשון ע״פ ויק׳ כו מד. **שחקים שפר** ע״ש איוב כו יג ברוחו שמים שפרה, והפייטן נותן לו משמעות מיוחדת בגירסתו. **ותיטב לה׳ משור פר** תהל׳ סט לב. **4 שבטי מקוראך** שבטי

4 שִׁבְטֵי מִקְרָאֵךְ עַלֵּה וְהַמְשֵׁל
נְטִישׁוֹת צָרִים בְּהַתִּיזֵךְ לְנַשֵּׁל
כִּי לַיְיָ הַמְּלוּכָה וּמוֹשֵׁל
קָדוֹשׁ.

5 שְׁבוּתֵנוּ מִמֶּרְחָק עֲלוֹת לְהַר קָדְשׁוֹ
וּנְפָאֲרֶנּוּ תָמִיד בִּדְבִיר מִקְדָּשׁוֹ
כִּי זָכַר אֶת דְּבַר קָדְשׁוֹ
קָדוֹשׁ.

6 שֶׁבַח מִגְדַּל עוֹז שֵׁם הַגָּדוֹל
נֶצַח בְּתִתּוֹ לְמַלְכּוֹ עֹז וּמִגְדֹּל
בַּיּוֹם הַהוּא יִתָּקַע בְּשׁוֹפָר גָּדוֹל
קָדוֹשׁ.

7 כָּל יוֹשְׁבֵי תֵבֵל וְשׁוֹכְנֵי אָרֶץ
יֹאמְרוּ תָמִיד הִגְדִּיל יְיָ לַעֲשׂוֹת בָּאָרֶץ
וְהָיָה יְיָ לְמֶלֶךְ עַל כָּל הָאָרֶץ
קָדוֹשׁ.

ישראל, ע״ש ישע׳ מח יב וישראל מקוראי. **עלה והמשל** העלה אותם לממשלה. **נטישות צרים**
בהתיזך לנשל (ע״ש ישע׳ יח ה וכרת הזלזלים במזמרות ואת הנטישות הסיר התז) ר״ל בהכריתך
את ענפי האויבים לאבד אותם (לנשל ל׳ כי ישל זיתך, דבר׳ כח מ; ונשל גוים רבים, שם ז א). **כי**
לה׳ המלוכה ומושל תהל׳ כב כט. 5 **שבותנו ממרחק עלות להר קדשו** (בהמשך למשפט
הקודם) ר״ל כדי שיעלו שבותנו להר קדשו לירושלם (ע״ש ישע׳ כז יג). **בדביר מקדשו** ע״ש
תהל׳ כח ב אל דביר קדשך. **כי זכר את דבר קדשו** תהל׳ קה מב. 6 **שבח מגדל עוז שם הגדול**
ע״ש משלי יח י מגדל עז שם ה׳, וע״פ הדרשה במדרש תהלים י״ח ל״ו דף פ״א ב׳ ומהו הגדול,
שנעשה להם מלך המשיח כמגדל, וכן הוא אומר מגדל עז שם ה׳ בו ירוץ צדיק ונשגב, ועל זה
אומר הפייטן: **נצח בתתו למלכו עוז ומגדול** ר״ל למלך המשיח. **ביום ההוא יתקע בשופר**
גדול ישע׳ כז יג. 7 **כל יושבי תבל ושוכני ארץ** ישע׳ יח ג. **יאמרו תמיד הגדיל ה׳ לעשות**
תהל׳ מ יז. יואל ב כא ועוד. **והיה ה׳ למלך על כל הארץ** זכר׳ יד ט.

אֶדֶר וָהוֹד אֶתֵּן בְּצִבְיוֹן / שֶׁוַע אֶעֱרֹךְ בְּנִיב וְהִגָּיוֹן
אֶקְרָא לֵאלֹהִים עֶלְיוֹן.
בַּיּוֹם הַנִּבְחָר מִשְּׁמֵי עֶרֶץ / מֵישָׁרִים לִשְׁפּוֹט קְדֻשָּׁתוֹ לְהַעֲרֵץ
יי מֶלֶךְ תָּגֵל הָאָרֶץ.
גַּאֲוָתוֹ גָּדְלָה עוֹלָם מֵהָכִיל / עֱזוּזוֹ לְסַפֵּר כֹּחַ מִי יָכִיל
מֶלֶךְ כָּל הָאָרֶץ אֱלֹהִים זַמְּרוּ מַשְׂכִּיל.

שְׁמוֹ מְפָאֲרִים עֲדַת חֲבָלוֹ / וְנַעֲרָץ בְּאֶרְאֶלֵּי קֹדֶשׁ הִלּוּלוֹ
וּבְהֵיכָלוֹ כָּבוֹד אֹמֵר כֻּלּוֹ
קָדוֹשׁ.

דֵּעַ יָשִׂימוּ כָּל בְּרִיּוֹתָיו / וְיֵדְעוּ כִּי גָדְלוּ גְּבוּרוֹתָיו
זֵכֶר עָשָׂה לְנִפְלְאוֹתָיו.
הִצִּיב וְיָרָה אֶבֶן פִּנָּתוֹ / נַחֲלִיאֵל עֲבוּר לְשַׁעֲשֵׁעַ בְּאֻמָּתוֹ
זָכַר לְעוֹלָם בְּרִיתוֹ.

1 אדר והוד גדולה ומלכות **אתן** דוגמת תהל׳ סח לה תנו עוז לאלהים, ירמ׳ יג טז תנו לה׳...כבוד (וייתכן שיש גם רמז לתהל׳ ח ב תנה הודך על השמים). **בצביון** ברצון (המלה היא תלמודית ומדרשית, כגון מגלה דף ט״ו ב׳ לעושין צביונו. ב״ר י׳ ה׳ (עמ׳ 78) צביונו של אדם). **שוע אערוך** ע״ש איוב לו יט היערך שועך לא בצר, או ע״ש תהל׳ ה ד בקר אערך לך, ר״ל תפלתי, לפי מה שפירשו המפרשים. **בניב** והגיון בניב שפתים (ע״ש ישע׳ נז יט) ובהגיון לב (ע״ש תהל׳ יט טו). **אקרא לאלהים עליון** תהל׳ נז ג. **2 ביום הנבחר משמי ערץ מישרים לשפוט** (המשך המשפט הקודם) בר״ה הנבחר בשמים (הנקראים שמי ערץ אצל הפייטנים ע״ש תהל׳ פט ח אל נערץ בסוד קדושים רבה) לשפוט את העמים במישרים, ע״ש תהל׳ צו י ועוד **קדושתו להערץ** (במקום להעריץ) כדי שיעריצו את קדושתו. **ה׳ מלך תגל הארץ** תהל׳ צז א. **3 גאותו גדלה עולם מהכיל** (ע״ש ובגאותו שחקים, דבר׳ לג כו ועוד) גדולתו גדלה עד שכל העולם אינו יכול להכיל אותו. **עזוזו לספר** ע״ש תהל׳ קמה ו ועזוז נוראותיך יאמרו. **כח מי יכיל** (במקום מי יעצר כח, דה״ב ב ה ועוד כדומה). **מלך כל הארץ אלהים זמרו משכיל** תהל׳ מז ח. **4 דע ישימו** ישימו לב (שימו לבבכם, דבר׳ לב מו ועוד) וכנראה חידש הפייטן לשון זה. **זכר עשה לנפלאותיו**

6 וְרַשַׁם בְּחֹק דָּת הֶגְיוֹנִי / בְּכָל שָׁנָה וְשָׁנָה לִזְכּוֹר זִכְרוֹנַי
לְזִכָּרוֹן בְּהֵיכַל יי.

שׁוֹמְרֵי מִצְוֹתָיו עוֹד יְשׁוּבוּן לְבִצָּרוֹן / נִדְבָּרִים יִרְאָיו בְּהַכְשֵׁר וְיִתָּרוֹן
וַיַּקְשֵׁב יי וַיִּשְׁמָע וַיִּכָּתֵב סֵפֶר זִכָּרוֹן
קָדוֹשׁ.

זֶבַח קֹדֶשׁ כְּהַכְשֵׁר אָז בְּעֵינָיו / רִגֵּל תְּמוּרָתוֹ אַיִל לְהַקְרִיב לְפָנָיו
אַחַר נֶאֱחַז בַּסְּבַךְ בְּקַרְנָיו.
חִכֵּם חֲנִיטָיו לִתְקוֹעַ בְּזֶה חֹדֶשׁ / יוֹם זֶה אִם יִקָּרֶה בְּשַׁבַּת קֹדֶשׁ
זִכְרוֹן תְּרוּעָה מִקְרָא קֹדֶשׁ.
טִבְעוּ אִם בְּחֹל יְבוֹאֲכֶם / צֻוּוּ לִתְקוֹעַ בְּכָל גְּבוּלְכֶם
יוֹם תְּרוּעָה יִהְיֶה לָכֶם.

שַׁפְּרוּ מַעֲשֵׂיכֶם וּבְרִית לֹא תוּפַר / נַאֲקַתְכֶם יַאֲזִין שְׁחָקִים שְׁפַר
וְתִיטַב לַיי מִשּׁוֹר פָּר
קָדוֹשׁ.

תהל׳ קיא ד. **5 הציב וירה אבן פנתו** (ע״ש איוב לח ו או מי ירה אבן פנתה) היא אבן שתיה שממנה הושתת העולם, ע״פ דרשת חז״ל יומא דף נ״ד ב׳. **נחליאל** ע״ש במד׳ כא יט וממתנה נחליאל, שדרשוהו על התורה שנתנה במתנה, עירובין דף נ״ד א׳ = נדרים דף נ״ה א׳. **עבור לשעשע באומתו** ר״ל כדי לשעשע את התורה בישראל כמו שהיתה שעשועים אצלו קודם בריאת העולם, כמו שדרשו חז״ל ב״ר ח׳ ב׳ (עמ׳ 57), ויק״ר י״ט א׳ (עמ׳ תיג) ועוד. **זכר לעולם בריתו** תהל׳ קה ח. **6 ורשם בחוק** (צ״ל כחוק?) **דת הגיוני. בכל שנה ושנה לזכור זכרוני** קבע כחוק את אמירת הזכרונות, ע״פ מאמר חז״ל ר״ה דף ל״ד ב׳ אמר הקב״ה אמרו לפני בר״ה מלכיות זכרונות ושופרות... זכרונות כדי שיבא לפני זכרונכם לטובה... **לזכרון בהיכל ה׳** זכר׳ ו יד. **7 זבח קדש כהוכשר אז בעיניו** עקידת יצחק שנראית בעיניו זבח כשר. **ריגל תמורתו איל** הקב״ה גרם לכך שאיל רץ ובא להתקרב תחת יצחק, כדאיתא בפרקי דר׳ אליעזר ל״א. **אחר נאחז בקרניו** ברא׳ כב יג. **8 חיכם חניטיו** לימד את בניו של יצחק **לתקוע בזה חדש** ר״ל בראש החדש הזה. **אם יקרה בשבת קדש** אין לתקוע אלא **זכרון תרועה מקרא קדש** לפי דרשת חז״ל ר״ה דף כ״ט ב׳. **9 טבעו אם בחול יבואכם** (יבואכם דוגמת ׳יבאנו׳ משלי כח כב) אם קדשו ב״ד

יָרוּם צוּר יִשְׁעִי בְּפִי כָל אֻמִּים / חֲשׂף זְרוֹעֲךָ לְהוֹשִׁיעַ מִמִּתְקוֹמְמִים
מַלְכוּתְךָ מַלְכוּת כָּל עוֹלָמִים.
כְּהִגָּלוֹתְךָ לְעֵין כֹּל שִׁכְנְךָ לְהִוָּעֵד / קְהִלּוֹת וּרְבָבוֹת בְּפִימוֹ לְהָעֵד
יי יִמְלֹךְ לְעֹלָם וָעֶד.
לְךָ יָאֲתָה כָּבוֹד וָעֹז הַגּוֹיִם / חֶלֶד וְשׁוֹכְנֶיהָ וְכָל הָאִיִּים
מִי לֹא יִרָאֲךָ מֶלֶךְ הַגּוֹיִם.

שִׁבְטֵי מִקְרָאֲךָ עַלֵּה וְהַמְשֵׁל / נְטִישׁוֹת צָרִים בַּהֲתִּיךְ לְנַשֵּׁל
כִּי לַיי הַמְּלוּכָה וּמֹשֵׁל
קָדוֹשׁ.

מוֹטוֹת צָרִים שַׁבֵּר וְהַכְחִידֵם / זְרוּיֶיךָ קַבֵּץ וְחִנָּם תִּפְדֵּם
זְכֹר עֲדָתְךָ קָנִיתָ קֶּדֶם.
נְדִיבֵי עַמִּים יְנֻחֲמוּ בְּכִפְלַיִם / קָמֵיהֶם עַל פָּנֵימוֹ גַּלֵּה שׁוּלַיִם
זְכֹר יי לִבְנֵי אֱדוֹם אֵת יוֹם יְרוּשָׁלָיִם.

את החדש בחול וטבעוהו לר״ה, אז צוו לתקוע **בכל גבולכם** ע״ש ויק׳ כה ט תעבירו שופר בכל ארצכם. **יום תרועה יהיה לכם** במד׳ כט א. **10 ירום צור ישעי** לה״כ ש״ב כב מז. **חשוף זרועך** גלה זרועך, ע״ש ישע׳ נב י חשף ה׳ את זרוע קדשו לעיני כל הגוים. **להושיע ממתקוממים** ע״ש תהל׳ יז ז הפלה חסדיך מושיע חוסים ממתקוממים בימינך. **מלכותך מלכות כל עולמים** תהל׳ קמה יג. **11 שכנך להועד** ר״ל להופיע בבית המקדש, ע״ש דבר׳ יב ה לשכנו תדרשו ובאת שמה, וע״ש שמות ל ו אשר אועד לך שמה, וכדומה. **קהלות רבבות בפימו להעד** כך שיעידו קהלות ישראל: **ה׳ ימלך לעולם ועד** שמות טו יח. **12 לך יאתה** ע״ש ירמ׳ י ז. **כבוד ועוז** תהל׳ כט א. **הגויים** אמורים (ל׳ לא יהגו בגרונם, תהל׳ קטו ז). **חלד** אחד מהשמות שנקראו לארץ, עי׳ מדרש משלי ח׳ ט׳ (דף ל׳ א׳ בובר) ובהערה שם. **ושוכניה** ע״ש תהל׳ מט ב כל יושבי חלד. ישע׳ יח ג כל יושבי תבל ושוכני ארץ. **האיים — מי לא ייראך מלך הגוים** ירמ׳ י ז, וכנראה מצטרפים שני משפטים אלה. **13 מוטות צרים שבר** ע״ש ויק׳ כו יג ואשבר מטות עלכם. **והכחידם** והשמידם

סְלוּל מְסִלָּתֵנוּ יַשֵּׁר לִצְעוֹד / וּבֵן יַקִּירְךָ קַרְסֹל לֹא יִמְעַד
כִּנְאֻמַתְּ זָכֹר אֶזְכְּרֶנּוּ עוֹד.

שְׁבוּתֵנוּ מִמֶּרְחָק עֲלוֹת לְהַר קָדְשׁוֹ / וְנִפְאַרְנוּ תָמִיד בִּדְבִיר מִקְדָּשׁוֹ.
כִּי זָכַר אֶת דְּבַר קָדְשׁוֹ
קָדוֹשׁ.

עֲמוּסֶיךָ תּוֹקְעִים וּמְרִיעִים בַּשּׁוֹפָר / אִמְרָתְךָ לְקַיֵּם כַּחֹק הַמְּסֻפָּר
תִּקְעוּ בַחֹדֶשׁ שׁוֹפָר.
פִּשְׁעָם הַעֲבֵר וַעֲוֹנָם יְכֻפַּר / מַעֲנָם יֶעֱרַב כְּהַקְרָבַת כְּבָשִׂים וָפָר
בַּחֲצֹצְרוֹת וְקוֹל שׁוֹפָר.
צִמְחֵיהֶם יִרְבּוּ כַּחוֹל אֵין מִסְפָּר / צְבָרֵיהֶם יְעוֹרְרוּ וְיַעֲלוּ מֵעָפָר
כִּנְשֹׂא נֵס הָרִים תִּרְאוּ וְכִתְקֹעַ שׁוֹפָר.

שֶׁבַח מְגַדֵּל עוֹז שֵׁם הַגָּדוֹל / נֶצַח בִּתְתוֹ לְמַלְכּוֹ עֹז וּמִגְדּוֹל
בַּיּוֹם הַהוּא יִתָּקַע בְּשׁוֹפָר גָּדוֹל
קָדוֹשׁ.

ע״ש שמות כג כג. **זרוייך קבץ** הנפוצים בגולה, ע״ש ירמ׳ לא ט מזרה ישראל יקבצנו. **וחנם תפדם** ע״ש ישע׳ נב ג ולא בכסף תגאלו. **זכור עדתך קנית קדם** תהל׳ עד ב. **14 נדיבי עמים** תהל׳ מז י. **ינוחמו בכפלים** ע״פ הדרשה איכה רבתי א׳ כ״ב (דף מ״ח א׳ בובר) חטאו בכפלים ולקו בכפלים ומתנחמים בכפלים. חטאו בכפלים. חטא חטאה ירושלם (איכה א ח) ולקו בכפלים. כי לקחה מיד ה׳ כפלים בכל חטאתיה (ישע׳ מ ב) ומתנחמים בכפלים נחמו נחמו עמי (מ א). **קמיהם על פנימו גלה שולים** ע״ש נחום ג ה וגליתי שוליך על פניך, ר״ל הכנע את צריהם. **זכור ה׳ לבני אדום את יום ירושלם** תהל׳ קלז ז. **15 סלול מסלתנו ישר לצעוד** ע״ש ישע׳ מ ג ישרו בערבה מסלה לאלהינו. **ובן יקירך** ע״ש ירמ׳ לא יט הבן יקיר לי אפרים. **קרסול לא ימעוד** ע״ש ש״ב כב לז ולא מעדו קרסולי. **זכור אזכרנו עוד** ירמ׳ לא יט. **16 עמוסיך** ישראל העמוסים מני בטן (ישע׳ מו ג). **תוקעים ומריעים בשופר** לשון המשנה, ר״ה ד׳ ט׳. **כחוק המספר** החוק הכתוב בספר (וייתכן שיש כאן רמז לתהל׳ ב ז אספרה אל חוק), ר״ל לפי הסדר והמספר הקבוע.

קִרְיַת מָשׂוֹשׂ הֵיכָל וְאוּלָם / מִזְבֵּחַ יָשִׁיב וּכְלֵי שָׁרֵת כֻּלָּם
יי יִמְלֹךְ לְעוֹלָם.
שָׁמַיִם וָאָרֶץ יְרַנְּנוּ לִשְׁמוֹ / יְעָרוֹת יִמְחֲאוּ כַף לְהַנְעִימוֹ
כִּי פָקַד יי אֶת עַמּוֹ.
תֹּקֶף אֶרְאֶלִּים וְכוֹכְבֵי צְפָר / תְּהִלּוֹת יִתְּנוּ שֶׁבַח לְהַשְׁפַּר
הַלְלוּהוּ בְּתֵקַע שׁוֹפָר.

כָּל יוֹשְׁבֵי תֵבֵל וְשׁוֹכְנֵי אָרֶץ / יֹאמְרוּ תָמִיד הִגְדִּיל יי לַעֲשׂוֹת בָּאָרֶץ.
וְהָיָה יי לְמֶלֶךְ עַל כָּל הָאָרֶץ
קָדוֹשׁ.

תקעו בחדש שופר תהל׳ פא ד. **17 מענם יערב** ע״ש תהל׳ קד לד יערב עליו שיחי. **בחצוצרות וקול שופר** תהל׳ צח ו. **18 צמחיהם** פי׳ ילדיהם **ירבו כחול אין מספר** ע״ש בראי׳ כב יז. לב יג. **צבוריהם** המתים שהעפר צבור עליהם (ל׳ חבק׳ א י ויצבר עפר, ועוד). **ויעלו מעפר** בזמן תחיית המתים. **כנשוא נס הרים תראו וכתקוע שופר** ישע׳ יח ג. **19 קרית משוש** ע״ש תהל׳ מח ג. ירמ׳ מט כה. **היכל ואולם.** מזבח יחז׳ ח טז. **ה׳ ימלך לעולם** שמות טו יח. **20 ימחאו כף** תהל׳ צח ח. ישע׳ נה יב. **להנעימו** להנעים לו ומירות. **כי פקד ה׳ את עמו** רות א ו. **21 תוקף אראלים** הוד המלאכים **וכוכבי צפר** כוכבי בקר (והמלה צפר באה בניקוד ארמי במקום צֶפֶר). **תהלות יתנו** ע״ש איוב לח ז ברן יחד כוכבי בקר ויריעו כל בני אלהים. **להשפר** להנעים. **הללוהו בתקע שופר** תהל׳ קנ ג.

יִשְׁפֹּט תֵּבֵל בְּצֶדֶק וּלְאֻמִּים בְּמֵישָׁרִים.
הָאֵל קָדוֹשׁ.
וְהוּא בְאֶחָד וּמִי יְשִׁיבֶנּוּ, וְנַפְשׁוֹ אִוְּתָה וַיָּעַשׂ.
נוֹרָא וְקָדוֹשׁ.

ישפוט תבל בצדק ולאומים במישרים תהל׳ ט ט. **והוא באחד ומי ישיבנו ונפשו אותה ויעש** איוב כג, יג, פי׳ הוא מושל יחיד, ומי יעכבנו מלעשות מה שברצונו לעשות.

סימן: א״ב. שמעון בר יצחק חזק.

אֶתֵּן לְפֹעֲלִי צֶדֶק / בְּיוֹם הַנִּבְחָר מֵעֵשׂ לְהִבָּדֵק.

יִשְׁפֹּט תֵּבֵל בְּצֶדֶק וּלְאֻמִּים בְּמֵישָׁרִים. הָאֵל קָדוֹשׁ.

גַּאֲוָתוֹ מְאֹד גָּדְלָה / דֶּרֶךְ עַנְוָתוֹ לְפִי הַגְּדֻלָּה.

וְהוּא בְאֶחָד וּמִי יְשִׁיבֶנּוּ, וְנַפְשׁוֹ אִוְּתָה וַיָּעַשׂ. נוֹרָא וְקָדוֹשׁ.

הוּא אֲדוֹן הָעוֹלָם / וּמִי הִקְשָׁה אֵלָיו וַיִּשְׁלָם.

יִשְׁפֹּט תֵּבֵל בְּצֶדֶק וּלְאֻמִּים בְּמֵישָׁרִים. הָאֵל קָדוֹשׁ.

זוֹכֵר הוֹלֵךְ בַּתֹּם / חוֹנֵן וְעֹשֵׂה דִּין יָתוֹם.

וְהוּא בְאֶחָד וּמִי יְשִׁיבֶנּוּ, וְנַפְשׁוֹ אִוְּתָה וַיָּעַשׂ. נוֹרָא וְקָדוֹשׁ.

טָהוֹר מָרוֹם וְנִשָּׂא / יָפֶה בְעִתּוֹ הַכֹּל עָשָׂה.

יִשְׁפֹּט תֵּבֵל בְּצֶדֶק וּלְאֻמִּים בְּמֵישָׁרִים. הָאֵל קָדוֹשׁ.

כַּבִּיר לֹא יִמְאַס / לְנִבְזֶה בְעֵינָיו נִמְאָס.

וְהוּא בְאֶחָד וּמִי יְשִׁיבֶנּוּ, וְנַפְשׁוֹ אִוְּתָה וַיָּעַשׂ. נוֹרָא וְקָדוֹשׁ.

1 **אתן לפועלי צדק** ע״ש איוב לו ג, פי׳ אפרש את צדקת ה׳. **ביום הנבחר מעש להבדק** בר״ה. 2 **דרך ענותו לפי הגדולה** ע״פ מאמר חז״ל מגילה דף ל״א א׳ כל מקום שאתה מוצא גדולתו של הקב״ה אתה מוצא ענותנותו. והפייטן הולך ומסביר כלל זה, כדרך שמסבירים אותו בתלמוד: דבר זה כתוב בתורה ושנוי בנביאים וכו׳. 3 **הוא אדון העולם** ע״ש תהל׳ צז ה (ועוד) אדון כל הארץ. **ומי הקשה אליו וישלם** איוב ט ד, פי׳ מי הקשה לבבו כנגדו. ואעפ״כ 4 **זוכר הולך בתום** ע״ש משלי י ט הולך בתם ילך בטח. **חונן ועושה דין יתום** ע״ש דבר׳ י יח עושה משפט יתום ואלמנה, והוא ע״פ המשך המאמר הנ״ל כתוב בתורה כי ה׳ אלהיכם הוא אלהי האלהים... וכתיב בתריה עושה משפט יתום וכו׳. 5 **מרום ונשא** ע״ש ישע׳ נז טו רם ונשא. **יפה בעתו הכל עשה** קהל׳ ג יא. 6 **כביר לא ימאס** איוב לו ה. **לנבזה בעיניו נמאס** תהל׳ טו ד, ר״ל לא ימאס הקב״ה למי

מְפֹאָר רֹכֵב עֲרָבוֹת / נֹגַהּ נֶגְדּוֹ וְאֵשׁ לֶהָבוֹת.

יִשְׁפֹּט תֵּבֵל בְּצֶדֶק וּלְאֻמִּים בְּמֵישָׁרִים. הָאֵל קָדוֹשׁ.

סוֹעֵף בַּחֲרָבוֹת שְׁנוּנוֹת / עֲבוּר יְתוֹמִים וְאַלְמָנוֹת.

וְהוּא בְאֶחָד וּמִי יְשִׁיבֶנּוּ, וְנַפְשׁוֹ אִוְּתָה וַיָּעַשׂ. נוֹרָא וְקָדוֹשׁ.

פֹּעַל אָדָם יְשַׁלֵּם / צָר פֶּה וּמֵשִׂים אִלֵּם.

יִשְׁפֹּט תֵּבֵל בְּצֶדֶק וּלְאֻמִּים בְּמֵישָׁרִים. הָאֵל קָדוֹשׁ.

קֹנֵה הַכֹּל בְּרַחֲמִים / רָם וּמַשְׁפִּיל רָמִים.

וְהוּא בְאֶחָד וּמִי יְשִׁיבֶנּוּ, וְנַפְשׁוֹ אִוְּתָה וַיָּעַשׂ. נוֹרָא וְקָדוֹשׁ.

שׁוֹפֵט יְצוּרָיו בַּחֲנִינָה / תְּמִים פֹּעַל אֵל אֱמוּנָה.

יִשְׁפֹּט תֵּבֵל בְּצֶדֶק וּלְאֻמִּים בְּמֵישָׁרִים. הָאֵל קָדוֹשׁ.

שׁוֹפְטֵי אֶרֶץ כַּתֹּהוּ / מִפַּחְדּוֹ יִבָּהֲלוּ וְיִתְמָהוּ.

וְהוּא בְאֶחָד וּמִי יְשִׁיבֶנּוּ, וְנַפְשׁוֹ אִוְּתָה וַיָּעַשׂ. נוֹרָא וְקָדוֹשׁ.

עוֹשֶׂה מִשְׁפַּט עַמּוֹ / וּתְחִלָּה מְקַדְּמָם מִפְּנֵי זַעְמוֹ.

יִשְׁפֹּט תֵּבֵל בְּצֶדֶק וּלְאֻמִּים בְּמֵישָׁרִים. הָאֵל קָדוֹשׁ.

שהוא שפל בעיני עצמו, והוא ע״פ המשך המאמר הנ״ל שנוי בנביאים (ישע׳ נז טו) כי כה אמר רם ונשא... ואת דכא ושפל רוח וכו׳. **7 מפואר רוכב ערבות** ע״ש תהל׳ סח ה סולו לרוכב בערבות. **נוגה נגדו ואש להבות** ע״ש ש״ב כב יג מנגה נגדו בערו גחלי אש. **8 סועף בחרבות שנונות** ע״ש משלי כה יח מפיץ חרב וחץ שנון, וסועף ל׳ מסעף (ישע׳ י לג), פי׳ כורת. **עבור יתומים ואלמנות** ע״פ המשך המאמר הנ״ל משולש בכתובים דכתיב (תהל׳ סח ה) שירו לאלהים... וכתיב בתריה אבי יתומים ודין אלמנות וכו׳. **9 פועל אדם ישלם** איוב לד יא. **צר פה** יצר לאדם פה **ומשים אלם** ע״ש שמות ד יא מי שם פה לאדם או מי ישום אלם וכו׳. **10 קונה הכל ברחמים** לשון ברכת האבות בתפלת העמידה, והוא ע״פ ברא׳ יד יט קונה שמים וארץ. **רם ומשפיל רמים** ע״ש ש״א ב ז משפיל אף מרומם. **11 תמים פועל אל אמונה** דבר׳ לבד. **12 שופטי ארץ**

נְדִיבִים בְּדִקְדּוּקָם יָחִילוּ / בַּאֲשֶׁר מִשְׁפָּטוֹ פָּעָלוּ.

וְהוּא בְאֶחָד וּמִי יְשִׁיבֶנּוּ, וְנַפְשׁוֹ אִוְּתָה וַיָּעַשׂ. נוֹרָא וְקָדוֹשׁ.

15 רוֹאֶה כָּל תַּעֲלוּמוֹת / יוֹשֵׁב בְּגָבְהֵי מְרוֹמוֹת.

יִשְׁפֹּט תֵּבֵל בְּצֶדֶק וּלְאֻמִּים בְּמֵישָׁרִים. הָאֵל קָדוֹשׁ.

צוֹפֶה כָּל נוֹלָדוֹת / חוֹפֵשׂ כָּל הָעֲתִידוֹת.

וְהוּא בְאֶחָד וּמִי יְשִׁיבֶנּוּ, וְנַפְשׁוֹ אִוְּתָה וַיָּעַשׂ. נוֹרָא וְקָדוֹשׁ.

קוֹרֵא הַדּוֹרוֹת מֵרֹאשׁ / חִקְרֵי לֵב לָתוּר וְלִדְרוֹשׁ.

יִשְׁפֹּט תֵּבֵל בְּצֶדֶק וּלְאֻמִּים בְּמֵישָׁרִים. הָאֵל קָדוֹשׁ.

זוֹכֵר בְּרִית רִאשׁוֹנִים / קַיֵּם שְׁבוּעָה לָאַחֲרוֹנִים.

וְהוּא בְאֶחָד וּמִי יְשִׁיבֶנּוּ, וְנַפְשׁוֹ אִוְּתָה וַיָּעַשׂ. נוֹרָא וְקָדוֹשׁ.

ממשיכים בעמ׳ 286.

כתוהו ישע׳ מ כג. מפחדו יבהלו ויתמהו ע״ש תהל׳ מח ו כן תמהו נבהלו נחפזו. **13 עושה משפט עמו** ע״ש מ״א ח נט לעשות משפט עבדו ומשפט עמו ישראל. **ותחלה מקדמם מפני זעמו** ע״ש דרשת חז״ל ר״ה דף ח׳ ב׳ כי חק לישראל הוא: מלמד שישראל נכנסין תחילה לדין, כדרב חסדא, דא״ר חסדא מלך וציבור מלך נכנס תחלה לדין...מאי טעמא...מקמי דליפוש חרון אף (טרם יחרה חרון אף בתוקף). **14 נדיבים בדקדוקם יחילו** הצדיקים יפחדו מפני הדקדוק שמדקדקים בהם בדין, ע״פ מאמר חז״ל יבמות דף קכ״א ב׳ שנא׳ וסביביו נשערה מאד (תהל׳ נ ג), מלמד שהקב״ה מדקדק עם סביביו כחוט השערה. **באשר משפטו פעלו** ע״פ דרשת חז״ל יבמות דף ע״ח ב׳ מאי דכתיב (צפנ׳ ב ג) בקשו את ה׳ כל ענוי ארץ אשר משפטו פעלו, באשר משפטו שם פעלו, פירש״י במקום שדנין את האדם שם מזכירין פועל צדקותיו. **15 רואה כל תעלומות** ע״ש תהל׳ מד כב כי הוא יודע תעלומות לב. **יושב בגבהי מרומות** ע״ש ישע׳ לג טז הוא מרומים ישכן. **16 צופה כל נולדות** במקום הלשון התלמודי הרואה את הנולד (אבות ב׳ ט׳ ועוד). **חופש כל העתידות** ע״ש דבר׳ לב לה וחש עתידות למו. **17 קורא הדורות מראש** ישע׳ מא ד. **חקרי לב** שופט׳ ה טז. **18 זוכר ברית ראשונים** ע״ש ויק׳ כו מה וזכרתי להם ברית ראשונים. **קים שבועה לאחרונים** לשון בקשה. וי״מ במקום מקיים, דוגמה ושבח אני את המתים (קהלת ד ב), כי אם מאן אתה לשלח את עמי (שמות י ד), ורחוק הוא.

כשחל יום א׳ של ראש השנה בשבת אומרים סדר זה

ש״ץ וקהל: **תָּעִיר וְתָרִיעַ, לְהַכְרִית כָּל מֵרִיעַ**
וְתֶקְדַּשׁ בְּיוֹדְעֵי לְהָרִיעַ. קָדוֹשׁ.

תעיר ותריע להכרית כל מריע ע״ש ישע׳ מה יב ה׳ כגבור יצא כאיש מלחמות יעיר קנאה יריע אף יצריח על אויביו יתגבר. **ביודעי להריע** ע״ש תהל׳ פט טז אשרי העם יודעי תרועה.

סימן : אלעזר בירבי קליר.

אַדֶּרֶת מַמְלָכָה / עַל מָה הֻשְׁלָכָה / וְעוֹד לֹא מָלְכָה.
לַבֵּל הִמְלִיכָה / וְאַחֲרָיו הָלְכָה / שֶׁלֹּא כַהֲלָכָה.
עָלֶיהָ הֻמְלְכָה / גְּבֶרֶת מַמְלָכָה / עַד תּוֹפִיעַ מְלוּכָה.

זְבוּלִי חָרְבָה / מַתְמִימֵי פָּרְכָה / וְנִתַּן לָהּ אַרְכָה.
רָחֲבָה וְאָרְכָה / וְקֶשֶׁת דָּרְכָה / וְעֹל הֶאֱרִיכָה
בִּעֲתָה בְּרַכָּה / וְהִנֵּה דְרוּכָה / וְעַד עַתָּה מוֹלְכָה.

1 **אדרת ממלכה על מה הושלכה** ע״ש זכר׳ יא יג השליכהו אל היוצר אדר היקר..., וע״ש איכה ב א השליך משמים ארץ תפארת ישראל. **ועוד לא מלכה** מזמן שהושלכה, וי״ג ועוד לא מולכה. 2 **לבל המליכה** היתה נאלצת להמליך עליה את עובדי ע״ז (בל ע״פ ירמ׳ נ ב, אליל בבל). **ואחריו הלכה באונס שלא כהלכה** כדי לקיים את גזרות או״ה. 3 **גברת ממלכה** ע״ש ישע׳ מז ה גברת ממלכות, תאר למלכות הכשדים ומכוון כאן על מלכות אדום, כמו כל הפיוט. **עד תופיע מלוכה** מלכות הקב״ה. 4 **זבולי חרבה** את בית המקדש שרפה (זבולי ע״ש מ״א ח יג. חרבה ע״ש משלי יב כז). **מתמימי** המתמימים את עצמם, הנוהגים תמימות. **פרכה** העבידה בפרך. **וניתן לה ארכה** ניתנה לה הארכה, והמלה ארמית היא (דני׳ ד כד. ז יב), וכ״ה במדבר רבה י״ד ו׳ נָתן להם ארכה ולבסוף פרע מהן. ושמא צ״ל גם כאן נָתן (כי ארכה שם נקבה היא) או שצ״ל ניתנה. 5 **רחבה וארכה** נתפשטה לאורך ולרוחב. **וקשת דרכה** ע״ש איכה ב ד דרך קשתו כאויב. **ועול האריכה** על ישראל. 6 **ביעתה ברכה** הפחידה את ישראל הנקראת רכה, ע״ש דבר׳ כח נו הרכה בך והענוגה. **והנה דרוכה** ודרוסה תחת רגלי מלכות אדום. 7 **יסודות ערימה** יסודות בית המקדש,

יְסוֹדוֹת עֲרֵמָה / עֵרָה וְהֶחֱרִימָה / וְעַד יְסוֹד עֶרְמָה.
רֹאשׁ הֵרִימָה / וְסוֹד הֶעֱרִימָה / וְיָדָהּ רָמָה.
בָּעֲרָה מֵעָרְמָה / וְעַד שַׁחַק רוֹמָה / וְתֶאְפַּד מְלוּכָה.

יְרִיעוֹתַי גְּדוּדָה / אָהֳלַי שְׁדוּדָה / וְחָרְשָׁה וְשִׂדְּדָה.
קְצִינוּת רָפְדָה / וּמַלְכוּת אָפְדָה / וְזֹאת הִקְפִּידָה.
יָזְמָה וּמָרְדָה / עֲבוֹד לְזָר חָרְדָה / וְחִלְּלָה מְלוּכָה.

לְחָצָה בְּנֵי מֶלֶךְ / וּפָצָה לְעֵין מֶלֶךְ / מִי לִי בְּדוֹק מֶלֶךְ.
יָהֲרָה בְּכֵס מֶלֶךְ / זוּלָתִי אֵין מֶלֶךְ / אֲנִי וְאַפְסִי מֶלֶךְ.
רָם עַל כָּל מֶלֶךְ / תְּגַעִילֶנָּה מִמֶּלֶךְ / וּלְךָ תָּשִׁיב מְלוּכָה.

תעיר...

כנראה ע״פ דרשה על שה״ש ז ג בטנך ערמת חטים, והלשון ע״פ דה״ב לא ז. **ערה והחרימה** ע״ש תהל׳ קלז ז האומרים ערו ערו עד היסוד בה. **ועד יסוד ערמה** נשארה ערומה עד היסוד. **8 ראש הרימה** ע״פ תהל׳ פג ג ומשנאיך נשאו ראש. **וסוד הערימה** ע״ש תהל׳ פג ד על עמך יערימו סוד. **וידה רמה** ע״ש דבר׳ לב כז פן יאמרו ידנו רמה. **9 בערה מערמה** דוגמת ירמ׳ נא יז נבערה מדעת. **ועד שחק רומה** וגאותה היתה עד לשמים (רום כנראה שם עצם, דוגמת ישע׳ ב יא. ירמ׳ מח׳ כט ועוד), ע״ש ירמ׳ נא ט ונשא עד שחקים. **ותאפד מלוכה** ותחגור בחגורת מלך. **10 יריעותי גדדה** כרתה, גזרה, כלשון המדרש, כגון תנחומא כי תשא י״ג ומגדד משכנותיהם ומשתותיהם של אומות העולם. **אהלי שדדה** ע״ש ירמ׳ י כ אהלי שדד. **וחרשה ושדדה** ע״ש ישע׳ כח כד הכל היום יחרש החורש לזרע יפתח וישדד אדמתו, פי׳ החליקה ויישרה את האדמה במקום שעמד בית המקדש. **11 קצינות רפדה** תיקנה, ל׳ רפידתו זהב (שה״ש ג י). **ומלכות אפדה** התקשטה במלוכה, ועי׳ לעיל 9. **וזאת הקפידה** הכעיסה את ישראל הנקראת זאת, ע״ש שה״ש ג ו מי זאת עולה מן המדבר, שדרשוהו על ישראל. **12 יזמה** (דוגמת ברא׳ יא ו כל אשר יזמו לעשות) חשבה מזמות. **ומרדה** בה׳. **עבוד לזר חרדה** השתדלה (במשמעות זו מ״ב ד יג חרדת את כל החרדה הזאת). **13 לחצה בני מלך** ר״ל את ישראל. **ופצה לעיל מלך** ופצתה את פיה, ואמרה (כדרך הפייטנים תפס בצורת פועלי ע״ו) לעיני הקב״ה. **מי לי בדוק מלך** מי לי בשמים (תהל׳ עג כה), ודוק כנוי לשמים, ע״ש ישע׳ מ כב הנוטה כדוק שמים. **14 יהרה בכס מלך** התגאתה, התנהגה ביוהרא (והמלה היא ארמית). **אני ואפסי מלך** ישע׳ מז ח. **15 תגעילנה ממלך** תשליכנה, והלשון לקוח מהגעלת הכלים במים רותחין, כלשון המשנה (ע״ז ה׳ י״ב הלוקח כלי תשמיש מן העכו״ם, את שדרכו להטביל יטביל, להגעיל יגעיל), ר״ל תשפשפנה, שלא תישאר המלוכה.

מֶלֶךְ מְמַלֵּט מֵרָעָה, לְיוֹדְעֵי תְרוּעָה.
הָאֵל קָדוֹשׁ.
מֶלֶךְ זְכוֹר אֲחוּז קֶרֶן, לְתוֹקְעֵי לְךָ הַיּוֹם בְּקֶרֶן.
נוֹרָא וְקָדוֹשׁ.

מלך מלט מרעה... מלך זכור אחוז קרן... (נוסח זה — הנמצא בכי״י צרפת ורומניא — נראה כמקורי, לעומת נוסח כי״י אשכנז ׳ממלט... זוכר׳ הכולל רק פנייה אל׳ הגבוה בלי שום משפט) אין קשר בין תוכן הכותרות לתוכן הפיוט, וסוף הפיוט מתאים יותר לסילוק מאשר למקום שנמצא בו לפנינו. **ליודעי תרועה** לישראל, תהל׳ פט טז, והחיבור (׳ליודעי׳ במקום ׳יודעי׳) ע״פ השפה הארמית. **אחוז קרן** האיל הנאחז בסבך בקרניו (בראׁ כב יג), ר״ל זכור עקדת יצחק, והוא ע״פ המאמר ר״ה דף ט״ז א׳ אמר הקב״ה תקעו לפני בשופר של איל כדי שאזכור לכם עקדת יצחק בן אברהם.

סימן: א״ב כפול.

אַאְפִּיד נֵזֶר אָיֹם / בְּשִׁלּוּשׁ קְדֻשָּׁה בַּיּוֹם.
גִּבּוֹרֵי כֹחַ גְּדֻלָּה / דַּהֲרוּהוּ בְּבֵית דְּגִילָה.

הוֹגֵי הֶגֶה הַמְּלָה / וַתְּקוּהוּ בְּהַלֵּל וּמִלָּה.
זוֹכֵר לָעַד זְכֻיּוֹת / חַדְּשׁוּהוּ זֶמֶר חַיּוֹת.

1 **אאפיד** (מל׳ ויאפד, ויק׳ ח ז) **נזר איום** אעטיר את הקב״ה עטרה. **בשילוש קדושה** בקדושה משולשת. 2 **גבורי כח גדולה** ע״ש תהל׳ קג כ ברכו ה׳ מלאכיו גבורי כח עושי דברו (וכנראה מבין הפייטן כח גדולה כמו כח גדול או כח וגדולה). והפייטן קורא למלאכים לפי סוגיהם ובסוף לקהל ישראל (ומה שפירשו גבורי כח אלו ישראל שהקדימו נעשה לנשמע, כדרשת חז״ל שבת פ״ח א׳, או לפי מה שדרשו ריש ויקרא רבה, אינו מסתבר). **דהרוהו** רוצו, קפצו לפניו, והתמונה לקוחה מדהרת סוסים (שופט׳ ה כב). **בבית דגילה** במקום שמתאספים דגלים דגלים. 3 **הוגי הגה המולה** המלאכים, ע״ש יחזק׳ א כד קול המולה כקול המחנה. **ותקוהו** האדירוהו, שגבוהו, והמלה מחודשת היא ע״י הפייטן. 4 **חדשוהו זמר חיות** כנראה ר״ל חיות, שירו לו שיר חדש,

טוֹב עוֹמֵס טֹרַח / יַחֲדוּהוּ בְּחִדּוּשׁ יָרֵחַ.
כּוֹבֵשׁ כָּל כְּעָסִים / לְבַל אַף לְהָשִׂים.

מְשָׁרְתֵי בְּחִיל מוֹרָא / נָחְכָם הַלְלוּ נוֹרָא.
שַׂרְפֵי סְבִיב סְעָרָה / עֱנוּ לְמַעֲבִיר עֶבְרָה.

פְּלִיאִים פִּצְחוּ פֶּה / צַלְצְלוּ הַכֹּל צוֹפֶה.
קְהִלּוֹת עַם קְדוֹשִׁים / רוֹמְמוּהוּ רִבְבוֹת רוֹעֲשִׁים.

שֵׁמַע קוֹל שׁוֹפָר / תַּאֲזִין וְאַשְׁמָה תוֹפֵר.
תְּשַׁלֵּשׁ שׁוֹפָרוֹת בְּהַר הַקֹּדֶשׁ / וַאֲשַׁלֵּשׁ קְדֻשָּׁה בַּקֹּדֶשׁ.

מלך זכור...

והתחביר (חדשוהו במקום חדשו לו) נועז. **5 טוב עומס טורח** הקב״ה (שהוא טוב לכל, תהל׳ קמה ט) העומס ונושא בשבילנו את הטורח שלנו, ע״ש תהל׳ סח כ ברוך ה׳ יום יום יעמס לנו. **יחדוהו** הביעו שהוא אחד ויחיד (והלשון רגיל במדרשים). **בחידוש ירח** בראש חדש, ר״ל בר״ה. **6 כובש כל כעסים** לשון התלמוד, כגון ברכ׳ דף ז׳ א׳ שיכבשו רחמי את כעסי...יומא דף ס״ט ב׳ שכובש את כעסו. **לבל אף להשים** שלא לשפוך את חמתו, ע״ש תהל׳ עח לח והרבה להשיב אפו. **7 משרתי בחיל מורא** המשרתים בחיל של מורא, ר״ל המלאכים, וייתכן שכוונת הפייטן אל האופנים שמקומם בין החיות לשרפים. **נכחם** נוכח ישראל. **8 שרפי סביב סערה** השרפים המסובבים ע״י סערת השכינה, ע״ש תהל׳ נ ג וסביביו נשערה מאד. **9 פליאים** המלאכים ששמם פליא (שופט׳ יג יח). **צלצלו** שבחו **הכל צופה** את ה׳ הרואה הכל. **10 קהלות עם קדושים** ישראל, ע״ש דבר׳ ז ו, ועוד. **12 תשלש שופרות בהר הקדש** עי׳ מכילתא יתרו, בחדש, פ״ד (ע׳ 216) כל מקום שנאמר שופר הרי זה סימן יפה לישראל, שנאמר (תהל׳ מז ו) עלה אלהים בתרועה ה׳ בקול שופר. ואומר (ישע׳ כ״ז יג) והיה ביום ההוא יתקע בשופר גדול וכו׳. ואומר (זכרי׳ ט יד)... לה׳ אלהים בשופר יתקע והלך בסערות תימן. ועי׳ ג״כ סדר אליהו זוטא (כ״ב) ע׳ 38. ובפירושי כי״י למחזור (כגון ו 306) מובא מאמר שעתיד הקב״ה לתקוע בג׳ שופרות, אחד לקיבוץ גלויות ואחד לפחד האומות ואחד לתחית המתים, וכנראה אין מאמר זה ידוע מהמקורות שבידינו.

שֶׁבַח מִגְדַּל עוֹז שֵׁם הַגָּדוֹל / נֶצַח בְּתִתּוֹ לְמַלְכּוֹ עֹז וּמַגְדִּל
בַּיּוֹם הַהוּא יִתָּקַע בְּשׁוֹפָר גָּדוֹל
קָדוֹשׁ.

כָּל יוֹשְׁבֵי תֵבֵל וְשׁוֹכְנֵי אָרֶץ / יֹאמְרוּ תָמִיד הִגְדִּיל יי לַעֲשׂוֹת בָּאָרֶץ
וְהָיָה יי לְמֶלֶךְ עַל כָּל הָאָרֶץ
קָדוֹשׁ.

עֲמוּסֶיךָ תּוֹקְעִים וּמְרִיעִים בַּשּׁוֹפָר / אִמְרָתְךָ לְקַיֵּם כַּחֹק הַמְּסֻפָּר
תִּקְעוּ בַחֹדֶשׁ שׁוֹפָר.

פִּשְׁעָם הַעֲבֵר וַעֲוֹנָם יְכַפֵּר / מַעֲנָם יֶעֱרַב כְּהַקְרָבַת כְּבָשִׂים וָפָר
בַּחֲצֹצְרוֹת וְקוֹל שׁוֹפָר.

צִמְחֵיהֶם יִרְבּוּ כַּחוֹל אֵין מִסְפָּר / צְבָרֵיהֶם יְעוֹרְרוּ וְיַעֲלוּ מֵעָפָר
כִּנְשֹׂא נֵס הָרִים תִּרְאוּ וְכִתְקֹעַ שׁוֹפָר.

שֶׁבַח מִגְדַּל עוֹז שֵׁם הַגָּדוֹל / נֶצַח בְּתִתּוֹ לְמַלְכּוֹ עֹז וּמַגְדִּל
בַּיּוֹם הַהוּא יִתָּקַע בְּשׁוֹפָר גָּדוֹל
קָדוֹשׁ.

אָדוֹן אִם מַעֲשִׂים אֵין בָּנוּ / שִׁמְךָ הַגָּדוֹל יַעֲמָד לָנוּ
וְאַל תָּבוֹא בְמִשְׁפָּט עִמָּנוּ

קָדוֹשׁ.

הֵן לֹא יַאֲמִין בִּקְדֹשָׁיו / וְתָהֳלָה יָשִׂים בְּאֵלֵי תַרְשִׁישָׁיו
וְאֵיךְ יִצְדְּקוּ קְרוּצֵי גוּשָׁיו

קָדוֹשׁ.

אדון אם מעשים אין בנו. שמך הגדול יעמד לנו דומה לתחינה לשני וחמישי, פסקא ב׳: ידענו כי חטאנו ואין מי יעמוד בעדנו שמך הגדול יעמד לנו בעת צרה. ידענו כי אין בנו מעשים. צדקה עשה עמנו למען שמך. **ואל תבא במשפט עמנו** תהל׳ קמג ב (בשינוי הנהוג בתפלות). **הן לא יאמין בקדושיו** איוב טו טו. **ותהלה ישים באילי תרשישיו** ע״ש איוב ד יח ובמלאכיו ישים תהלה. ותרשיש (מין אבן יקרה שמות כח כ ועוד) משמש שם או תאר למלאכים אצל הפייטנים, החל מר׳ אלעזר הקלירי, ובמדרשים מאוחרים. **ואיך יצדקו קרוצי גושיו** יצורי אדמה, ע״ש איוב לג ו מחומר קורצתי גם אני.

סימן: שמעון בר יצחק (כפול) הקטן חזק.

1 שַׁבְתִּי וְרָאֹה תַּחַת הַשָּׁמֶשׁ / אֵין טוֹב לֶאֱנוֹשׁ מֵהִתְחַמֵּשׁ
בְּיִרְאַת מָעֻזּוֹ לְהִתְחַזֵּק וְלֹא לְהָמֵשׁ.

שׁוּרַת הַדִּין רָאֲתָה עֵינִי / נָבִין תְּחִלָּה מֵאָדָם הַקַּדְמוֹנִי
בְּצֶלֶם אֱלֹהִים נִבְרָא בְּעֵדֶן גַּנִּי.

1 שבתי וראה תחת השמש קהל׳ ט יא. **אין טוב לאנוש מהתחמש** להצטייד בחימוש (ל׳ ואתם תעברו חמושים, יהושע א יד). **ביראת מעוזו** ביראת ה׳, ע״ש ירמ׳ טז יט ה׳ עזי ומעוזי. **להתחזק ולא להמש** ולא להסיר אותה מלבו. **2 שורת הדין** מושג תלמודי, במשנה (גיטין ד׳ ד׳) ובמדרשים (עי׳ מכילתא יתרו ב׳ ע׳ 198 ואת המעשה, זו שורת הדין וכו׳), וכאן הוא הולך ומונה דוגמאות לחטא ועונש. **מאדם הקדמוני** אדם הראשון. **בצלם אלהים נברא** ברא׳ א כז. **בעדן גני** בגן עדן (השינוי מחמת החרוז). **3 מעת הפר פי ממלכת** צווי מלכות שמים. **ביקר לא לן** ע״פ הדרשה ב״ר י״א ב׳ ע׳ 88 (=י״ב ו׳ ע׳ 103) אדם הראשון לא לן בכבודו, מ״ט אדם ביקר בל ילין (תהל׳ מט יג). **ונגרש בשלכת** גורש בהשלכה (כנראה השתמש הפייטן במלה שלכת (ישע׳ ו יג) במשמעות זו). **ואת להט החרב המתהפכת** ברא׳ ג כד, ר״ל וישכן מקדם לגן עדן את הכרובים

מֵעֵת הֵפֵר פִּי מַמְלֶכֶת / בִּיקֵר לֹא לָן וְנִגְרַשׁ בְּשַׁלֶּכֶת
וְאֵת לַהַט הַחֶרֶב הַמִּתְהַפֶּכֶת.

אָדוֹן אִם מַעֲשִׂים אֵין בָּנוּ / שִׁמְךָ הַגָּדוֹל יַעֲמֹד לָנוּ / וְאַל תָּבוֹא בְמִשְׁפָּט עִמָּנוּ
קָדוֹשׁ.

מִדְרָךְ בְּדֶרֶךְ טוֹבִים לְהוֹעִילוֹ / מִמִּזְרַח הָאִיר עֶלֶט מַאֲפֵלוֹ
צֶדֶק יִקְרָאֵהוּ לְרַגְלוֹ.

עַל נַסּוֹתוֹ מַבְטִיחוֹ בִּבְחִינָה / וּפָץ לְהוֹדִיעוֹ אִם יִירָשֶׁנָּה
נִגְרְרוּ גְזָעָיו גֵּרוּת אַרְבַּע מֵאוֹת שָׁנָה.

עוּרוּ נְדִיבִים וְהִתְאוֹשְׁשׁוּ לְתַאֲוָה / בַּקְּשׁוּ צֶדֶק בַּקְּשׁוּ עֲנָוָה
אוּלַי יֵשׁ תִּקְוָה.

הֵן לֹא יַאֲמִין בִּקְדֹשָׁיו / וְתָהֳלָה יָשִׂים בְּאֶלֵי תַרְשִׁישָׁיו / וְאֵיךְ יִצְדְּקוּ קְרוּצֵי גוּשָׁיו
קָדוֹשׁ.

ואת להט החרב וכו׳, והפייטן הסתפק ברמיזה. **4 מודרך בדרך טובים להועילו** (ע״ש ישע׳ מח יז אני ה׳ אלהיך מלמדך להועיל מדריכך בדרך תלך) זה אברהם. **ממזרח האיר עלט מאפלו** ע״ש ישע׳ מא ב מי העיר ממזרח צדק יקראהו לרגלו, שדרשוהו בב״ר מ״ג ג׳ (ע׳ 418) חי עולמים שהיה מאיר לו בכל מקום שהיה הולך (כאילו כתיב ״מאיר״). וזהו שאמר הפייטן: והאיר עלט (ר״ל עלטה, פי׳ חשכה, ברא׳ טו יז) מאפלו. **צדק יקראהו לרגלו** ישע׳ שם. **5 על נסותו מבטיחו** ר״ל את הקב״ה כשהבטיח לו לתת לזרעו את הארץ, וי״ג מבטחו, ע״ש ירמ׳ יז ז ועוד. **ופץ** ופצה פה בבקשה **להודיעו אם יירשנה** ר״ל את הארץ, כדכתיב (ברא׳ טו ח) במה אדע כי אירשנה. **נגררו גזעיו ארבע מאות שנה** שנאמר (שם טו יג) ידוע תדע כי גר יהיה זרעך...ארבע מאות שנה, והוא ע״פ דרשות חז״ל שנחשב לאברהם כחטא מה ששאל את השאלה במה אדע, ע׳ נדרים דף ל״ב א׳ מפני מה נענש אברהם אבינו ונשתעבדו בניו למצרים מאתים ועשר שנים... מפני שהפריז על מדותיו של הקב״ה, שנ׳ במה אדע כי אירשנה. וע׳ תנחומא קדושים י״ג (=דף מ׳ א׳ בובר) אוי לו לאדם שמוציא דבר מפיו ואינו יודע היאך מוציאו. על שאמר במה אדע נתחיבו בניו להשתעבד במצרים ארבע מאות שנה. פרקי ר״א מ״ח. ויקרא רבה י״א ה׳ ע׳ רכד־רכה, ועוד מקורות הרשומים אצל גינצבורג ה׳, ע׳ 228. **6 עורו נדיבים והתאוששו לתאוה והתחזקו** (ע״ש ישע׳ מו ח זכרו זאת והתאוששו) כדי שלא תמשול בכם התאוה. **בקשו צדק בקשו ענוה**

וְתִיק הַנֶּעֱלָה בְּאַחַד הֶהָרִים / לִשְׁמוֹנָה קִיֵּם בְּרִית בְּשָׂרִים
וְזֶרַע וּמָצָא מֵאָה שְׁעָרִים.

ולְשִׁשִּׁים נֶחֱנַט בְּמֵצִיק וּמְשַׁעֲשֵׁעַ / וּלְשֵׂיבָה כָּהָה מְאוֹרוֹ לְהָשַׁע
עֲבוּר שֵׁאתוֹ פְּנֵי הָרָשָׁע.

נָא שִׂימוּ עַל לֵב מוֹרָאוֹת / וְהָשִׁיבוּ יָד מֵעָוֶל לְהִמָּלֵט מִתְּלָאוֹת
אוּלַי יְחֻנַּן יי אֱלֹהֵי צְבָאוֹת.

אָדוֹן אִם מַעֲשִׂים אֵין בָּנוּ / שִׁמְךָ הַגָּדוֹל יַעֲמָד לָנוּ / וְאַל תָּבוֹא בְמִשְׁפָּט עִמָּנוּ
קָדוֹשׁ.

נָעִים אֲשֶׁר טֹבוּ אֹהָלָיו / וְתָאֳרוֹ חָקוּק בְּכֵס זְבוּלָיו
וְהִנֵּה יי נִצָּב עָלָיו.

בְּשׁוּבוֹ מִפַּדָּן וְנֶחֱלַץ מִתְּלָאָה / וְנִדְרוֹ אֵחַר לְאֵל לוֹ נִרְאָה
נִכְשַׁל בְּדִינָה בַּת לֵאָה.

צפני׳ ב ג. **אולי יש תקוה** איכה ג כט. **7 ותיק הנעלה באחד ההרים** הקרב לעולה ע״פ בראׄ כב ב והעלהו שם לעולה על אחד ההרים. **לשמונה קיים ברית בשרים** נימול בן שמונת ימים (והלשון רומז על ׳ברית בתרים׳ של אברהם). **וזרע ומצא מאה שערים** בראׄ כו יב. **8 ולששים נחנט במציק ומשעשע** בן ששים היה (בראׄ כה כו) כשנולדו לו חניטיו, היינו עשו שקוראו מציק על שהציק להוריו, ויעקב שקוראו משעשע מפני שהיה עוסק בתורה שהיא שעשועים. **ולשיבה כהה מאורו להשע** ע״פ בראׄ כז א ויהי כי זקן יצחק ותכהינה עיניו מראות. להשע, פי׳ לעור, ע״ש ישעׄ ו י ועיניו השע. **עבור שאתו פני הרשע** עי׳ ב״ר ס״ה ה׳ (ע׳ 716) יצחק על ידי שהצדיק את הרשע עיניו כהות, ושם י׳ ר׳ אלעזר בן עזריה אמר מראות ברעתו של רשע, ועי׳ מגילה דף כ״ח א׳ משום דאסתכל בעשו הרשע. **9 מוראות** מורא שמים. **והשיבו יד מעול** ע״ש יחזק׳ יח ח מעול ישיב ידו. **אולי יחנן ה׳ אלהי צבאות** עמוס ה טו. **10 נעים** תואר ליעקב, כנראה חידוש הפייטן. **אשר טובו אהליו** ע״ש במד׳ כד ה מה טובו אהליך יעקב. **ותארו חקוק בכס זבוליו** איקונין של יעקב חקוק בכסא הכבוד, עי׳ תנחומא במדבר י״ט. ב״ר פ״ב ב׳ (ע׳ 978) **והנה ה׳ נצב עליו** בראׄ כח יג. **11 ונחלץ** וניצול. **ונדרו אחר לאל לו נראה** ע״ש בראׄ לה א וע״פ הדרשה ב״ר פ״א א׳ (ע׳ 968) איחר אדם את נדרו נתבקרה פינקסו...תדע לך שכן אבינו יעקב על

12 **בִּינוּ יְצוּרִים לְרַחֲמָיו לִשְׁאַף / גּוּרוּ לָכֶם מִפְּנֵי סַעֲרַת חֲרוֹן אַף**
אוּלַי תִּסָּתְרוּ בְּיוֹם אָף.

הֵן לֹא יַאֲמִין בִּקְדֹשָׁיו / וְתָהֳלָה יָשִׂים בְּאֵלֵי תַרְשִׁישָׁיו / וְאֵיךְ יִצְדְּקוּ קְרוּצֵי גוּשָׁיו
קָדוֹשׁ.

רֵעִים וְאַחִים בְּנֵי הַיִּצְהָר / אֲשֶׁר אָצוּ בְּמִשְׁלַחְתָּם כִּצְבִי לְמַהֵר
וְהִגְבִּילוּ סְגֻלָּה בְּתַחְתִּית הָהָר.

רֻבֵּי תוֹרָה כָּתְבוּ לָעָם / וְהוֹרוּם דַּרְכֵי יֹשֶׁר וּמִשְׁפְּטֵי נֹעַם
וּבְמֵי מְרִיבָה הָפְקְדוּ בְּזַעַם.

ידי שאיחר את נדרו נתבקרה פינקסו, עכ״ל, ובתנחומא וישלח ח׳ הולך ומונה כמה צרות שהביא הקב״ה על יעקב זו אחר זו בגלל איחור נדרו, ביניהן ענין דינה. **נכשל בדינה בת לאה** הפייטן תופס בענין זה דוקא, אע״פ שלפי דרשות עתיקות באה צרת דינה על יעקב על בטחונו בעצמו, כיון שאמר (בראש׳ ל לג) וענתה בי צדקתי, או מפני שלא קיים הבטחתו להשיאה לעשו והשיאה לאיוב (ב״ר פ׳ ד׳ ע׳ 954). וייתכן שהיתה לפניו דרשה כעין זו שנשתמרה לנו במדרש הגדול לבראשית ל״ה א׳ (ע׳ תקצב מהד׳ מרגליות) בא וראה שכל הנודר ומאחר את נדרו נכשל בשלש עברות קשות ע״ז וגילוי עריות ושפיכות דמים. ממי את למד, מיעקב אבינו, ע״י שאיחר את נדרו ונתאחר בסכות נכשל בשלש עבירות. בע״ז דכתיב ויאמר יעקב הסירו את אלהי הניכר. בגילוי עריות דכתיב ותצא דינה. בשפיכות דמים דכתיב ויקחו שני בני יעקב...ויהרגו כל זכר. 12 **בינו יצורים** בני אדם. **לרחמיו לשאף** (במקום ׳לשאוף׳) להשתדל לזכות ברחמיו. **גורו לכם** איוב יט כט. **מפני סערת חרון אף** ע״ש ירמ׳ כג יט הנה סערת ה׳ חמה יצאה, וע״ש דבר׳ ט יט כי יגרתי מפני האף והחמה. **אולי תסתרו ביום אף** צפני׳ ב ג. 13 **רעים ואחים** משה ואהרן. **בני היצהר** זכרי׳ ד יד שדרשוהו על משה ואהרן בשמות רבה ט״ו ג׳ א״ר לוי מלמד שהיה הקב״ה חוזר ומבקש באיזה דבר לגאול את ישראל ולא היה מוצא, עד שמצא זכותו של משה ושל אהרן והיא עמדה להם. הה״ד אלה שני בני היצהר העומדין על אדון כל הארץ. **אשר אצו במשלחתם** (ר״ל בשליחותם) **כצבי למהר** (דוגמת לשון המשנה (אבות ה׳ כ׳) הוי...רץ כצבי, ולשון המדרש (במד׳ רבה י״ד י״א) שהיה רץ במשלחתו כאיל) ר״ל למהר כצבי, והפייטן חידש שימוש הבנין הקל במקום הפיעל. **והגבילו סגולה בתחתית ההר** ע״פ שמות יט יז ויתיצבו בתחתית ההר. והעם נקרא סגולה ע״ש שמות יט ה. 14 **רובי תורה כתבו לעם** ע״ש הושע ח יב אכתב לו רבי תורתי. **והורום דרכי יושר ומשפטי נועם** ע״ש משלי ג יז דרכיה דרכי נועם. **ובמי מריבה** במד׳ כ יג.

יֵדְעוּ זֹאת כָּל יוֹשְׁבֵי אֲדָמָה / אִם כֵּן בִּתְמִימֵי חָכְמָה
מַה יַּעֲשׂוּ מְלֵאֵי מִרְמָה.

אָדוֹן אִם מַעֲשִׂים אֵין בָּנוּ / שִׁמְךָ הַגָּדוֹל יַעֲמָד לָנוּ / וְאַל תָּבוֹא בְמִשְׁפָּט עִמָּנוּ
קָדוֹשׁ.

יְדִיד יי אֲשֶׁר מָלַךְ תְּחִלָּה / כְּבֶן שָׁנָה נָקִי מִכָּל עַוְלָה
וְלֹא נֶעֱצַל מִמִּלְחֶמֶת עֲבוּר הַצָּלָה.

צִוָּה עַל מְחִיַּת הַמְזַנֵּב / שִׁנָּה מִפְקָד וְהוּבִישׁ כְּגוֹנֵב
בְּחָמְלוֹ מַעֲדַנּוֹת בִּכְשָׁפָיו מִתְגַּנֵּב.

צוּר נִחַם כִּי הִמְלִיכוֹ / וּבְיַד אֹיְבָיו הִפִּילוֹ לְדָעֲכוֹ
וּמַה יַּעֲשׂוּ מְפֵירֵי דִין כְּעָרְכוֹ.

הֵן לֹא יַאֲמִין בִּקְדֹשָׁיו / וְתָהֳלָה יָשִׂים בְּאֵלֵי תַרְשִׁישָׁיו / וְאֵיךְ יִצְדְּקוּ קְרוּצֵי גוּשָׁיו
קָדוֹשׁ.

הופקדו בזעם נענשו. **15 מלאי מרמה** ירמ׳ ה כז. **16 ידיד ה׳** שאול המלך, והלשון ע״פ דבר׳ לג יב לבנימין אמר ידיד ה׳. וייתכן שיש כאן רמז למוצא שאול שהוא בן ימיני (ש״א ט כא). **מלך תחלה כבן שנה נקי מכל עולה** ע״פ ש״א יג א בן שנה היה שאול במלכו, וע״פ הדרשה יומא דף כ״ה ב׳ כבן שנה, שלא טעם טעם חטא. **ולא נעצל ממלחמת** ולא נתעצל להלחם. **17 צווה על מחיית המזנב** על מחיית עמלק המזנב (ע״ש דבר׳ כה יח ויזנב בך כל הנחשלים אחריך). **שינה מפקד** סטה מן הציווי. **והוביש כגונב** ונתבייש כגנב. **בחמלו מעדנות** ע״פ ש״א טו ט ויחמול שאול והעם על אגג (מעדנות ע״פ טו לב וילך אליו אגג מעדנת, לפי התרגום מפנקא, איש מפונק במעדנים). **בכשפיו מתגנב** מתגנב ומתכסה היה מפני שאול ע״י כשפים, כך פירשו המפרשים, ואין דרשה כזו ידועה לנו מהמדרשים, וייתכן שהיתה לפני הפייטן. אבל מה שהציע ר״מ לטריס, שהמלים מוסבות על שאול עצמו מפני שהיה מתגנב לשאול באשת אוב אחרי שכרת בעצמו ובכבודו את האובות והידעונים מן הארץ, אינו מסתבר מפני שאינו מן הענין. **18 צור נחם כי המליכו** ע״פ ש״א טו יא נחמתי כי המלכתי את שאול למלך וכו׳. **וביד אויביו הפילו** לפי הסיפור שם לא ג ואילך. **לדעכו** לכבות את נרו (ע״ש ירמ׳ מג יז), להשמידו. **ומה יעשו מפירי דין** מפירי משפט, ע״ש איוב מ ח. **כערכו** כשיערוך את הדין. **19 חסיד** דוד המלך. **המנעים זמירות לקונו**

חָסִיד הַמַּנְעִים זְמִירוֹת לְקוֹנוֹ / וְהוּכַן בַּחֶסֶד כִּסֵּא גְאוֹנוֹ
וְעָשָׂה מִשְׁפָּט וּצְדָקָה לַהֲמוֹנוֹ.

20 חֹתַף לִבְרוֹחַ מִפְּנֵי פְּרִי בִטְנוֹ / וְהִקְדִּימוֹ רָכִיל מְשַׁקֵּר עַל אֲדוֹנוֹ
וְחִלֵּק לוֹ שָׂדֶה בְּחֵלֶק לְשׁוֹנוֹ.

קוֹל הַחִלּוּק כְּהִסְכִּית מִמְּעוֹנוֹ / חִלֵּק מַלְכוּתוֹ בֵּין עַבְדּוֹ וּבֵין בְּנוֹ
וּמַה יַּעֲשֶׂה מְלָשְׁנִי כִּפְקוֹד עָלָיו חֲרוֹנוֹ.

אָדוֹן אִם מַעֲשִׂים אֵין בָּנוּ / שִׁמְךָ הַגָּדוֹל יַעֲמָד לָנוּ / וְאַל תָּבוֹא בְמִשְׁפָּט עִמָּנוּ
קָדוֹשׁ.

קְהִלּוֹת וּרְבָבוֹת וַאֲלָפִים / אֲשֶׁר לְפָנֵינוּ עָבְרוּ חֲלוּפִים
וְלֹא יָכְלוּ לְהִצְטַדֵּק הֱיוֹת חַפִּים.

הֵן שָׁמַיִם בְּעֵינָיו לֹא זַכּוּ / וְכָל לִגְיוֹנֵי שַׁחַק כַּפִּשְׁתָּה דָּעֵכוּ
וְנִתְעָב וְנֶאֱלָח מַה יִּזְכּוּ.

ע"ש ש"ב כג א נעים זמירות ישראל. **והוכן בחסד כסא גאונו** ע"ש ישע׳ טז ה והוכן בחסד כסא וישב עליו באמת באהל דוד. **ועשה משפט וצדקה להמונו** ע"פ ש"ב ח טו ויהי דוד עושה משפט וצדקה לכל עמו. **20 חותף לברוח מפני פרי בטנו** נרדף, גורש והיה צריך לברוח מפני אבשלום בנו. **והקדימו רכיל משקר על אדונו** ר"ל שקידם אותו ציבא עבד מפיבשת ברכילות ושקרים על אדונו (שהיה נכדו של שאול), ש"ב טז א ואילך, ושם יט כח וירגל בעבדך וכו׳. **וחלק לו שדה** ע"פ ש"ב יט ל אתה וציבא תחלקו את השדה. **בחלק לשונו** ע"ש משלי ז כא בחלק שפתיה תדיחנו, ושם ו כד מחלקת לשון נכריה. **21 קול החילוק כהסכית ממעונו** כששמע הקב"ה את הצעתו ׳תחלקו׳ **חילק מלכותו בין עבדו ובין בנו** ע"פ דרשת חז"ל שבת דף נ"ו ב׳ בשעה שאמר דוד למפיבשת אתה וציבא תחלקו את השדה יצתה בת קול ואמרה לו רחבעם וירבעם יחלקו את המלוכה...(שם) אלמלא לא קיבל דוד לשון הרע לא נחלקה מלכות בית דוד וכו׳. **ומה יעשה מלשני** מלשין, ע"ש תהל׳ קא ה מלשני בסתר רעהו. **22 עברו חלופים** עברו חלפו, ע"ש חבק׳ א יא אז חלף רוח ויעבר. **היות חפים** נקיים מפשע, ע"ש איוב לג ט חף אנכי. **23 הן שמים בעיניו לא זכו** לה"כ איוב טו טו. **וכל לגיוני שחק** חיל השמים (והוא ע"פ איוב ד יח ובמלאכיו ישים תהלה) **כפשתה דעכו** ע"ש ישע׳ מג יז דעכו כפשתה כבו. **ונתעב ונאלח מה**

קוֹבֵץ מִרְמָה וּמִסְתַּתֵּר בְּעִנְיָנָיו / אִם יֹאמַר בְּלִבּוֹ מִי יְעִידֵנִי לְפָנָיו
קוֹרוֹתָיו וְרָהִיטָיו עֵצָיו וַאֲבָנָיו.

הֵן לֹא יַאֲמִין בִּקְדשָׁיו / וְתָהֳלָה יָשִׂים בְּאֵלֵי תַרְשִׁישָׁיו / וְאֵיךְ יִצְדְּקוּ קְרוּצֵי גוּשָׁיו
קָדוֹשׁ.

25 טְהוֹר עֵינַיִם בְּרַע מֵרְאוֹת / הַצֵּל חֲטָאֵינוּ בְּעִמְקֵי מַחֲבוֹאוֹת
וַעֲשֵׂה עִמָּנוּ לְטוֹבָה אוֹת.

נַחְנוּ אִם פָּשַׁעְנוּ מֵאַחֲרֶיךָ / הִזָּכֵר לַאֲבוֹת הָעוֹלָם בְּחִירֶיךָ
וְאַל תִּתְעַלַּם מִתַּחַן מְשַׁחֲרֶיךָ.

חֵלֶף פָּרִים וּמִנְחָה הֲגוּנָה / זְכֹר הֶגְיוֹנֵנוּ וְתֶן לָנוּ חֲנִינָה
קַיְּמֵנוּ לְחַיִּים טוֹבִים בְּזֶה רֹאשׁ הַשָּׁנָה.

אָדוֹן אִם מַעֲשִׂים אֵין בָּנוּ / שִׁמְךָ הַגָּדוֹל יַעֲמָד לָנוּ / וְאַל תָּבוֹא בְמִשְׁפָּט עִמָּנוּ
קָדוֹשׁ.

יזכו בני אדם, ע״ש איוב טו טז סוף כי נתעב ונאלח איש שותה כמים עולה. **24 קובץ מרמה** מוסיף מרמה על מרמה. **ומסתתר בעניניו** עושה פשעיו בסתר. **אם יאמר בלבו מי יעידני** מי יעיד בי. **קורותיו ורהיטיו עציו ואבניו** יעידו בו, ע״פ מאמר חז״ל תעני׳ דף י״א א׳ ושמא יאמר אדם מי יעיד בי, אבני ביתו של אדם וקורות ביתו של אדם מעידים בו. **25 טהור עינים ברע מראות** ע״ש חבק׳ א יג טהור עינים מראות רע (ברע ע״פ ישע׳ לג טו). פנייה אל הקב״ה. **הצלל חטאינו בעמקי מחבואות** ע״ש מיכה ז יט ותשליך במצולות ים כל חטאתם (הצלל ל׳ צללו כעופרת, שמות טו י). **ועשה עמנו לטובה אות** תהל׳ פו יז. **26 נחנו אם פשענו** איכה ג מב. **מאחריך** ר״ל פשענו ושבנו מאחריך. **ואל תתעלם מתחן משחריך** ע״ש תהל׳ נה ב ואל תתעלם מתחנתי. **27 חלף פרים ומנחה הגונה זכור הגיוננו** קבל תפלתנו במקום קרבנות. **ותן לנו חנינה** ע״ש ירמ׳ טז יג.

פותחים את ארון הקודש

וּבְכֵן וַיְהִי בִישֻׁרוּן מֶלֶךְ

סימן: א״ב שמעון.

מֶלֶךְ עֶלְיוֹן
אַמִּיץ הַמְנֻשָּׂא / לְכֹל לְרֹאשׁ מִתְנַשֵּׂא
אוֹמֵר וְעוֹשֶׂה / מָעוֹז וּמַחְסֶה
נֹשֵׂא וְנוֹשָׂא / מוֹשִׁיב מְלָכִים לַכִּסֵּא
לַעֲדֵי עַד יִמְלֹךְ.

מֶלֶךְ אֶבְיוֹן
בָּזוּי וּמְשֻׁסֶּה / פְּשָׁעָיו מְכַסֶּה
בָּהוּל וּמְתֻשֶּׁה / עָוֹן פּוֹשֶׂה
נִבְחָן בְּכָל מַעֲשֶׂה / וְאוֹצָרוֹ יְשֻׁסֶּה
וְאֵיךְ יִמְלֹךְ.

מֶלֶךְ עֶלְיוֹן
גִּבּוֹר בִּגְבוּרוֹת / קֹרֵא הַדּוֹרוֹת
גּוֹלֶה נִסְתָּרוֹת / אִמְרוֹתָיו טְהוֹרוֹת
יוֹדֵעַ סְפוֹרוֹת / לְתוֹצָאוֹת מַזָּרוֹת
לַעֲדֵי עַד יִמְלֹךְ.

מלך עליון. המנשא (במקום המנשׂא). **לכל לראש מתנשא** דה״א כט יא. **2 אומר ועושה** לשון התלמוד, ירו׳ ברכות ט׳ א׳ דף י״ב ד׳, וכ״ה בתפלת ברוך שאמר. **מעוז ומחסה** ע״ש ישע׳ כה ג כי היית מעוז לדל...מחסה מזרם... **3 נשא** ע״ש ישע׳ נז טו. **ונושא** הכל, דוגמת איוב כו ז תולה ארץ על בלימה. **מושיב מלכים לכסא** ע״ש איוב לו ז ואת מלכים לכסא ויושיבם לנצח. **4 בזוי ומשוסה** ע״ש ישע׳ מב כב עם בזוז ושסוי. **פשעיו מכסה** משלי כח יג. **5 בהול** נבהל **ומתשה** (או **מתושה**) שתש כחו (אם הגירסה נכונה, חידש הפייטן ׳תשה׳ במקום ׳תש׳). ויותר נראה נוסח כ״י אחד ׳מעושה׳ או מְעֻשֶׂה, פי׳ נלחץ ונדחק, או צ״ל מְנֻסֶּה, ר״ל טרוד בנסיונות. **עון פושה** כצרעת (ע״ש ויק׳ יג ה ועוד). **6 ואוצרו ישסה** ע״ש הושע יג טו הוא ישסה כל כלי

מֶלֶךְ אֶבְיוֹן
דָּגוּר מֵעֲפָרוֹת / נִכְשָׁל בַּעֲבֵרוֹת
יוּבַל לִקְבָרוֹת / נִסְגָּר בְּמַסְגֵּרוֹת
נוֹפֵל בְּמַהֲמוֹרוֹת / וְגָוַר בִּגְזֵרוֹת
וְאֵיךְ יִמְלֹךְ.

מֶלֶךְ עֶלְיוֹן
הַמְפֹאָר בְּפִי כֹל / וְהוּא כֹּל יָכוֹל
הַמְרַחֵם אֶת הַכֹּל / וְנוֹתֵן מִחְיָה לַכֹּל
וְנֶעְלָם מֵעֵין כֹּל / וְעֵינָיו מְשׁוֹטְטוֹת בַּכֹּל
לַעֲדֵי עַד יִמְלֹךְ.

מֶלֶךְ אֶבְיוֹן
וְנִכְאָב בְּחֳלָיו / וְנִגְרַע תְּלָיו
וְנוֹסָף בִּכְיוֹ / וְיִגְוַע וְאַיּוֹ
וְלֹא דַיּוֹ / לַמִּשְׁפָּט יְבִיאוֹ
וְאֵיךְ יִמְלֹךְ.

המדה. **7 גבור בגבורות** ע״ש תהל׳ עא טז אבא בגבורות. **קורא הדורות** ע״ש ישע׳ מא ג, ר״ל מסדר את הדורות מראש וקורא לכל אחד לעמוד בעתו. **8 גולה נסתרות** גלויות לפניו הנסתרות (דבר׳ כט כח). **אמרותיו טהורות** תהל׳ יב ז. **9 יודע ספורות** ע״ש תהל׳ עא טו כי לא ידעתי ספורות. **לתוצאות מזרות** ע״ש איוב לח לב התוציא מזרות בעתו, וההמשך ר״ל ה׳ יודע מנינם של המזרות להוציאם בעתו. **10 דגור מעפרות** יציר עפר מן האדמה (׳דגור׳ מושאל מדגירת התרנגולת, ועי׳ ישע׳ לד טו). **11 יובל לקברות** איוב כא לב. **נסגר במסגרות** בכלא, דוגמת ישע׳ מב ז. **12 נופל במהמורות** במקומות עמוקים (ע״ש תהל׳ קמ יא במהמרות בל יקומו), ובירו׳ סנהד׳ ו׳ י״ב דף כ״ג ד׳ מקום קבורת הנענשים במיתות ב״ד. **13 המפואר בפי כל** ע״פ תהל׳ קנ ו. **והוא כל יכול** ע״ש איוב מב ב ידעתי כי כל תוכל. **14 המרחם את כל** ע״פ תהל׳ קמה ט ורחמיו על כל מעשיו. **ונותן מחיה לכל** הל׳ ע״פ עזרא ט ט. **15 ונעלם מעין כל** ל׳ איוב כח כא. **ועיניו משוטטות בכל** ל׳ דה״ב טז ט. **16 ונכאב בחליו** כואב. **ונגרע תליו** כלי זיינו, ע״ש בראש׳ כז ג. **18 למשפט יביאו** הקב״ה. **19 חוקר טוחות** כליות ולב, ע״ש איוב לח לו.

מֶלֶךְ עֶלְיוֹן
זוֹכֵר נִשְׁכָּחוֹת / חוֹקֵר טְחוֹת
עֵינָיו פְּקֻחוֹת / מַגִּיד שֵׂחוֹת
אֱלֹהֵי הָרוּחוֹת / אִמְרוֹתָיו נְכֹחוֹת
לַעֲדֵי עַד יִמְלֹךְ.

מֶלֶךְ אֶבְיוֹן
חוֹנֵף וְתוֹעֶה / אֱוִילִי רוֹעֶה
סוֹעֵר וְסוֹעֶה / לְטַרְפּוֹ גוֹעֶה
בִּסְגוֹר צוֹעֶה / כַּיּוֹלֵדָה יִפְעֶה
וְאֵיךְ יִמְלֹךְ.

מֶלֶךְ עֶלְיוֹן
טָהוֹר בִּזְבוּלָיו / אוֹת הוּא בְּאֶרְאֶלָּיו
אֵין עָרוֹךְ אֵלָיו / לִפְעוֹל כְּמִפְעָלָיו
חוֹל שָׂם גְּבוּלָיו / כַּהֲמוֹת יָם לְגַלָּיו
לַעֲדֵי עַד יִמְלֹךְ.

20 עיניו פקוחות ירמ׳ לב יט. **מגיד שיחות** ע״ש עמוס ד יג ומגיד לאדם מה שיחו. **21 אלהי הרוחות** במד׳ טז כב, ועוד. **אמרותיו נכוחות** ישרות ונכונות. **22 חונף** ע״ש ירמ׳ כג יא. **ותועה** ישע׳ כט כד. **אוילי רועה** זכרי׳ יא טו. **23 סוער וסועה** ע״ש תהל׳ נה ט מרוח סועה מסער. **לטרפו גועה** ע״ש ישע׳ לא ד כאשר יהגה כפיר על טרפו. **24 בסגור צועה** כפוף וקשור במצוק (צועה ע״ש ישע׳ נא יד מהר צועה להפתח, לפי כמה מפרשים; סגור פי׳ סוגר, ע״ש הושע יג ח סגור לבם). **כיולדה יפעה** ע״ש ישע׳ מב יד, פי׳ יצעק. **25 בזבוליו** בבית מושבו. **אות הוא באראליו** לפי דרשת חז״ל חגיגה דף ט״ז א׳ ואתא מרבבות קדש (דבר׳ לג ב) אות הוא ברבבה שלו... ה׳ צבאות שמו (ישע׳ מח ב) אדון הוא בצבא שלו. **26 אין ערוך אליו** ע״ש תהל׳ מ ו אין ערוך אליך... **27 חול שם גבוליו כהמות ים לגליו** ע״ש ירמ׳ ה כב אשר שמתי חול גבול לים... והמו גליו ולא יעברנהו. **28 יהיר בזדון** ע״ש משלי כא כד זד יהיר לץ שמו. **מגרה מדון** ע״ש

מֶלֶךְ אֶבְיוֹן
יְהִיר בְּזָדוֹן / מְגָרֶה מָדוֹן
בְּחַיָּיו נִדּוֹן / בְּמוֹתוֹ לַאֲבַדּוֹן
רוּחוֹ יָדוֹן / וְיֵדַע שַׁדּוּן
וְאֵיךְ יִמְלֹךְ.

מֶלֶךְ עֶלְיוֹן
כּוֹנֵס מֵי הַיָּם / רֹגַע גַּלֵּי יָם
סוֹעֵר שְׁאוֹן דָּכְיָם / מְלֹא הָעוֹלָם דַּיָּם
מַשְׁבִּיחָם בְּעַיָּם / וְשָׁבִים אָחוֹר וְאַיָּם
לַעֲדֵי עַד יִמְלֹךְ.

מֶלֶךְ אֶבְיוֹן
לִבּוֹ יִמַּס / זוֹעֵק חָמָס
חֶסֶד לָמָּס / עֹל נֶעְמָס
כְּטִיט נִרְמָס / וְכַדּוֹנַג נָמָס
וְאֵיךְ יִמְלֹךְ.

משלי טו יח איש חמה יגרה מדון. **30 רוחו ידון** ע״ש בראי׳ ו ג לא ידון רוחי באדם לעולם. **וידע שדון** ע״ש איוב יט כט למען תדעון שדון, ר״ל שיש דין. **31 כונס מי הים** תהל׳ לג ז. **רוגע גלי ים** ע״ש ישע׳ נא טו רוגע הים ויהמו גליו. **32 סוער שאון דכים** (ע״ש תהל׳ צג ג ישאו נהרות דכים) **מלא העולם דים** ר״ל כיסוער (הצורה כמו הושע יג ג) דכים של גלי הים, דים שישטפו את העולם כולו. **33 משביחם בעים** מרגיע אותם (ע״ש תהל׳ סה ח משביח שאון ימים שאון גליהם) בכח (ע״ש ישע׳ יא טו והניף ידו על הנהר בעים רוחו). **34 לבו ימס** ע״ש הושע ה א וכדו׳. **זועק חמס** ע״ש חבק׳ א ב אזעק אליך חמס. **35 חסד למס** ע״ש איוב ו יד למס מרעהו חסד, ר״ל מבקש חסד למסכן. **עול נעמס** עמוס עול. **36 כטיט נרמס** ע״ש ישע׳ מא כה וכמו יוצר ירמס טיט. **וכדונג נמס** ע״ש תהל׳ צז ה הרים כדונג נמסו. **37 מושל בגבורה** ע״ש תהל׳ סו ז מושל בגבורתו עולם. **דרכו סופה וסערה** ע״ש נחום א ג ה׳ בסופה ובשערה דרכו. **38 עוטה**

מֶלֶךְ עֶלְיוֹן

מוֹשֵׁל בִּגְבוּרָה / דַּרְכּוֹ סוּפָה וּסְעָרָה

עוֹטֶה אוֹרָה / לַיְלָה כַּיּוֹם לְהָאִירָה

עֲרָפֶל לוֹ סִתְרָה / וְעִמֵּהּ שְׁרֵא נְהוֹרָא

לַעֲדֵי עַד יִמְלֹךְ.

מֶלֶךְ אֶבְיוֹן

נְשׁוּי טוֹבָה / בְּעֶצֶב לְהַעֲצִיבָה

תַּחֲרוּת וְאֵיבָה / אֵלָיו קְרוֹבָה

בְּרֹב חוֹבָה / יִהְיֶה לְחָרְבָּה

וְאֵיךְ יִמְלֹךְ.

מֶלֶךְ עֶלְיוֹן

סִתְרוֹ עָבִים / סְבִיבָיו לְהָבִים

רְכוּבוֹ כְּרוּבִים / מְשָׁרְתָיו שְׁבִיבִים

מַזָּרוֹת וְכוֹכָבִים / הִלּוּלוֹ מַרְבִּים

לַעֲדֵי עַד יִמְלֹךְ.

אורה תהל׳ קד ב עוטה אור כשלמה. **לילה כיום להאירה** ע״ש תהל׳ קלט יב ולילה כיום יאיר. 39 **ערפל לו סתרה** ע״ש תהל׳ יח יב ישת חשך סתרו. **ועמה שרא נהורא** דני׳ ב כב. 40 **נשוי טובה** ע״י איכה ג יז נשיתי טובה. **בעצב להעציבה** להעציב אותו. 41 **תחרות ואיבה** ל׳ מחלוקת, והוא לשון התלמוד (כגון שבת קט״ז א׳ הללו שמטילין קנאה ואיבה ותחרות בין ישראל לאביהן שבשמים). 42 **ברוב חובה** ברוב עונותיו. 43 **סתרו עבים** ע״ש איוב כב יד עבים סתר לו **סביביו להבים** ע״ש יואל ב ג לפניו אכלה אש ואחריו תלהט להבה, או כדומה. 44 **רכובו כרובים** ע״ש תהל׳ קד ד משרתיו אש לוהט. 45 **מזרות וכוכבים הלולו מרבים** ע״ש תהל׳ קמח ג הללוהו כל כוכבי אור. 46 **עלוב** (לשון התלמוד, שבת דף פ״ח ב׳), נכלם. 47 **חטאו**

מֶלֶךְ אֶבְיוֹן
עָלוּב וְשָׁפָל / בְּחֹשֶׁךְ מְאֹפָל
עֲוֹנוֹ מְכֻפָּל / חֲטָאוֹ מְטֻפָּל
בִּגְלָלוֹ יֻשְׁפָּל / מִגָּבְהוֹ נָפָל
וְאֵיךְ יִמְלֹךְ.

מֶלֶךְ עֶלְיוֹן
פּוֹתֵחַ יָד וּמַשְׂבִּיעַ / צוֹרֵר מַיִם וּמַנְבִּיעַ
יַבֶּשֶׁת לְהַטְבִּיעַ / לְשַׁלִּישׁ וּלְרַבִּיעַ
יוֹם לְיוֹם יַבִּיעַ / שִׁבְחוֹ לְהַבִּיעַ
לַעֲדֵי עַד יִמְלֹךְ.

מֶלֶךְ אֶבְיוֹן
צְפוּי אֱלֵי חָרֶב / בַּבֹּקֶר וּבָעֶרֶב
מִקּוֹר וּמֵחוֹרֶב / יְזֹרֵב וְיִשְׁתָּרֵב
נִכְרַת מִקֶּרֶב / מָוֶת לוֹ מְאָרֵב
וְאֵיךְ יִמְלֹךְ.

מוטפל מדובק בו. **49 פותח יד ומשביע** תהל׳ קמה טז. **צור מים** בעביו, איוב כו ח. **ומנביע** המים מהעבים. **50 יבשת להטביע** להמטיר עליה מי גשמים, ולא בבת אחת אלא **לשליש ולרביע** על חלקי הארץ השונים (עי׳ עמוס ד ז). וייתכן ג״כ שהפייטן מדבר כאן על הים הגדול שהקב״ה צורר אותו בגבולותיו ואינו נותן לו להטביע את היבשת אלא לשליש ולרביע, ולפי השקפת הקדמונים שהים הוא שליש הארץ והיישוב שליש והמדבר שליש, עי׳ תנחומא בראשית ה׳ השמים האלה פרושים על הים ועל היישוב ועל המדבר... (ועי׳ רש״י ומהר״י קרא לישע׳ מ יב). וי״מ אותו כרמז על הצפת שליש הארץ בדורו של אנוש, ב״ר כ״ג ד׳ ע׳ 227, שרומזים עליה בכמה מקורות כגון מכילתא בחדש ו׳ (ע׳ 223). ספרי דברים מ״ג, ורחוק הוא. **51 יום ליום יביע** תהל׳ יט ג. **52 צפוי אלי חרב** איוב טו כב, פי׳ סופו ליהרג. **53 מקור ומחורב יזורב וישתרב** ייפגע (יזורב ע״ש איוב ו יז בעת יזורבו נצמתו) ע״י הקור וייפגע (ישתרב פי׳ ייפגע ע״י השרב, לשון ספרא קדושים ב׳ אל תאמרו לו... צא בצהרים בשביל שישתרב) ע״י החורב (בראי׳ לא מ). **54 נכרת מקרב** ע״ש ויק׳ יז ד ונכרת האיש ההוא מקרב עמו. **מות לו מארב** במקום ׳מארבת׳.

מֶלֶךְ עֶלְיוֹן

קָדוֹשׁ וְנוֹרָא / בְּמוֹפֵת וּבְמוֹרָא

מְמַדֵּי אֶרֶץ קָרָא / וְאֶבֶן פִּנָּתָהּ יָרָה

וְכָל הַנִּבְרָא / לִכְבוֹדוֹ בָרָא

לַעֲדֵי עַד יִמְלֹךְ.

מֶלֶךְ אֶבְיוֹן

רַחֲמָיו שְׁחוּתִים / מְדוֹתָיו פְּחוּתִים

דְּרָכָיו חַתְחַתִּים / פְּשָׁעָיו חֲרוּתִים

וְחַיָּתוֹ לַמְמִיתִים / כְּבִקְרֵי רְפָתִים

וְאֵיךְ יִמְלֹךְ.

מֶלֶךְ עֶלְיוֹן

שׁוֹמֵעַ אֶל אֶבְיוֹנִים / וּמַאֲזִין חִנּוּנִים

מַאֲרִיךְ רְצוֹנִים / וּמְקַצֵּר חֲרוֹנִים

רִאשׁוֹן לָרִאשׁוֹנִים / וְאַחֲרוֹן לָאַחֲרוֹנִים

לַעֲדֵי עַד יִמְלֹךְ.

55 **קדוש ונורא** תהל׳ קיא ט. **במופת ובמורא** ע"ש דבר׳ ד לד. 56 **ממדי ארץ קרא ואבן פנתה ירה** ע"ש איוב לח ה-ו מי שם ממדיה... או מי ירה אבן פנתה. 57 **וכל הנברא** (נ"א **הנקרא**) **לכבודו ברא** ע"פ מאמר חז"ל (סוף פרק קנין התורה) כל מה שברא הקב"ה לא בראו אלא לכבודו, שנ׳ (ישע׳ מג ז) וכל הנקרא בשמי ולכבודי בראתיו וכו׳. 58 **רחמיו שחותים** ע"ש עמוס א יא ושחת רחמיו. **מדותיו פחותים** מדותיו הטובות מועטות. 59 **דרכיו חתחתים** ע"ש קהל׳ יב ה וחתחתים בדרך, פי׳ בהלה. **פשעיו חרותים** רשומים (שמות לב טז). 60 **וחיתו לממיתים** ונפשו מסורה לממיתים (חיתו דוגמת תהל׳ עד יט ועוד). **כבקרי רפתים** ע"ש חבק׳ ג יז ואין בקר ברפתים. 61 **שומע אל אביונים** תהל׳ סט לד. **ומאזין חינונים** ע"ש תהל׳ קמג א האזינה אל תחנוני. 62 **מאריך רצונים ומקצר חרונים** ע"ש תהל׳ ל ו כי רגע באפו חיים ברצונו. 63 **ראשון לראשונים ואחרון לאחרונים** ע"ש ישע׳ מד ו אני ראשון ואני אחרון וכו׳.

מֶלֶךְ אֶבְיוֹן
תּוֹחַלְתּוֹ נִכְזָבָה / תִּקְוָתוֹ נֶעֱלָבָה
65 גְּוִיָּתוֹ נִרְקָבָה / נִשְׁמָתוֹ נִכְאָבָה
נִשְׁבָּר וְנִשְׁבָּה / מִלַּהַט הַיּוֹם הַבָּא
וְאֵיךְ יִמְלֹךְ.

סוגרים את ארון הקודש

מֶלֶךְ אֶבְיוֹן
בָּלֶה וְיָרֵד שַׁחַת / בִּשְׁאוֹל וּבְתַחַת
בְּלֵאוּת בְּלִי נַחַת / עַד מָתַי יִמְלֹךְ.

מֶלֶךְ אֶבְיוֹן
תְּנוּמָה תְעוּפֶנּוּ / תַּרְדֵּמָה תְעוֹפְפֶנּוּ
תֹּהוּ יְשׁוּפֶנּוּ / עַד מָתַי יִמְלֹךְ.

פותחים את ארון הקודש

אֲבָל מֶלֶךְ עֶלְיוֹן
67 שׁוֹפֵט הָאֱמֶת / מַעְבָדָיו אֱמֶת
עוֹשֶׂה חֶסֶד וֶאֱמֶת / וְרַב חֶסֶד וֶאֱמֶת
נְתִיבָתוֹ אֱמֶת / וְחוֹתָמוֹ אֱמֶת
לַעֲדֵי עַד יִמְלֹךְ.

64 **תוחלתו נכזבה** איוב מא א. **תקותו נעלבה** בטלה לעלבונו. **65 גויתו נרקבה** בקבר. **נשמתו נכאבה** כשיתן דין וחשבון על מעשיו. **66 מלהט היום הבא** ע״ש מלאכי ג יט ולהט אותם היום הבא. **67 שופט האמת** ע״ש משלי כט יד. **מעבדיו אמת** מעשיו אמת, ע״ש תהל׳ קיא ז. **68 עושה חסד ואמת** ע״ש ירמ׳ ט כג. **ורב חסד ואמת** שמות לד ו. **69 נתיבתו אמת** דרכו דרך אמת, ע״ש הושע יד י כי ישרים דרכי ה׳. **וחותמו אמת** לפי דרשת חז״ל יומא דף ס״ט ב׳ (ובאריכות ירו׳ סנהד׳ א׳ א׳ דף י״ח א׳).

יי מֶלֶךְ יי מָלָךְ יי יִמְלֹךְ לְעוֹלָם וָעֶד.

סימן: שמעון בר יצחק (מרובע) חזק — א״ב יצחק אלחנן (כפול).

כָּל שִׁנְאַנֵּי שַׁחַק בְּאֹמֶר מַאֲמִירִים יי מֶלֶךְ.
כָּל שׁוֹכְנֵי שֶׁקֶט בִּבְרָכָה מְבָרְכִים יי מָלָךְ.
אֵלּוּ וָאֵלּוּ בְּגֹבַהּ מְגַדְּלִים יי יִמְלֹךְ.

יי מֶלֶךְ יי מָלָךְ יי יִמְלֹךְ לְעוֹלָם וָעֶד.

כָּל מַלְאֲכֵי מַעְלָה בְּדֵעָה מַדְגִּילִים יי מֶלֶךְ.
כָּל מוֹשְׁלֵי מַטָּה בְּהַלֵּל מְהַלְלִים יי מָלָךְ.
אֵלּוּ וָאֵלּוּ בְּוַדַּאי מוֹדִים יי יִמְלֹךְ.

יי מֶלֶךְ יי מָלָךְ יי יִמְלֹךְ לְעוֹלָם וָעֶד.

כָּל עָרִיצֵי עֶלְיוֹנִים בְּזֶמֶר מְזַמְּרִים יי מֶלֶךְ.
כָּל עוֹבְרֵי עוֹלָמִים בְּחַיִל מְחַסְּנִים יי מָלָךְ.
אֵלּוּ וָאֵלּוּ בְּטַעַם מְטַכְּסִים יי יִמְלֹךְ.

יי מֶלֶךְ יי מָלָךְ יי יִמְלֹךְ לְעוֹלָם וָעֶד.

הפייטן תופס בפסוק המורכב ׳ה׳ מלך ה׳ מלך׳ וכו׳ באופן שהוא חולק את החלק הראשון לצבא מעלה והשני לברואי מטה והשלישי לשניהם. בהרבה מקומות בולט המשחק במלים דומות (פיגורה אטימולוגית).

1 שנאני שחק מלאכי השמים (במשמעות זו תפסו הפייטנים את המלה שנאן תהל׳ סח יח). **מאמירים** משבחים, ע״ש דבר׳ כו יז (וי״ג מאדירים). **2 שוכני שקט** שוכני ארץ (ישעי׳ יח ג ע״ש איוב לז יז בהשקט ארץ מדרום. **4 מדגילים** מל׳ בשם אלהינו נדגל, תהל׳ כ ו. **6 בודאי**

כָּל וְעוּדֵי וָעַד   בְּיֹשֶׁר מְיַפִּים   יי מֶלֶךְ.
כָּל וָתִיקֵי וֶסֶת   בְּכֹשֶׁר מְכַלְּלִים   יי מָלָךְ.
אֵלּוּ וָאֵלּוּ   בְּלַהַג מְלַהֲגִים   יי יִמְלֹךְ.

יי מֶלֶךְ יי מָלָךְ יי יִמְלֹךְ לְעוֹלָם וָעֶד.

כָּל נְדִיבֵי נְדָבוֹת   בְּמֶלֶל מְמַלְּלִים   יי מֶלֶךְ.
כָּל נִכְבַּדֵּי נֹעַם   בְּנִצּוּחַ מְנַצְּחִים   יי מָלָךְ.
אֵלּוּ וָאֵלּוּ   בְּשִׂיחַ מְשׂוֹחֲחִים   יי יִמְלֹךְ.

יי מֶלֶךְ יי מָלָךְ יי יִמְלֹךְ לְעוֹלָם וָעֶד.

כָּל בַּעֲלֵי בִינָה   בְּעִלּוּי מְעַלִּים   יי מֶלֶךְ.
כָּל בְּרוּאֵי בְרִיָּה   בְּפֶצַח מְפַצְּחִים   יי מָלָךְ.
אֵלּוּ וָאֵלּוּ   בְּצִפְצוּף מְצַפְצְפִים   יי יִמְלֹךְ.

יי מֶלֶךְ יי מָלָךְ יי יִמְלֹךְ לְעוֹלָם וָעֶד.

מודים באמת ובאמונה מודים שה׳ ימלוך. **7 עריצי עליונים** המלאכים הנוראים (מלאכי חבלה). **8 עוברי עולמים** באי עולם. **בחיל מחסנים** מהללים אותו כחסין (תהל׳ פט ט). **9 מטכסים** מתקנים, מסדרים, ל׳ טכסיס. **10 ועודי ועד** העומדים בגדודי המלאכים. **11 ותיקי וסת** העומדים ברציניות על מנהגם (חיקוי לשון ר״א הקלירי, בקינה איכה אצת: ועוד ותק וסת). **בכשר מכללים** כוללים יחד, וי״מ מעטרים בכליל תפארת. **12 בלהג מלהגים** בדיבור (להג, קהל׳ יב יב). **13 נדיבי נדבות** כנוי למלאכים המתנדבים לשליחותם. ויש מפרשים המלאכים הממונים על הגשמים, ע״ש תהל׳ סח י גשם נדבות תניף. **14 נכבדי נועם** הנכבדים בנועם ה׳ (תהל׳ צ יז ועוד). וי״מ ישראל המכובדים בקבלת התורה שדרכיה דרכי נועם. **16 בעילוי מעלים** מרוממים ומשבחים בדברים (לשון המשנה(?), פסח׳ י׳ ה׳, לעלה ולקלס). **17 ברואי בריה** בני אדם,

כָּל רִשְׁפֵּי רוּמָה בְּקוֹל מַקְדִּישִׁים יי מֶלֶךְ.
כָּל רָאשֵׁי רֹן בְּרֶנֶן מְרַנְּנִים יי מָלָךְ.
אֵלּוּ וָאֵלּוּ בְּשִׁירָה מְשׁוֹרְרִים יי יִמְלֹךְ.

יי מֶלֶךְ יי מָלָךְ יי יִמְלֹךְ לְעוֹלָם וָעֶד.

כָּל יְקִירֵי יֹפִי בְּתֹקֶף מְתַנִּים יי מֶלֶךְ.
כָּל יֹשְׁבֵי יִשּׁוּב בְּיִחוּד מְיַחֲדִים יי מָלָךְ.
אֵלּוּ וָאֵלּוּ בְּאֶדֶר מְאַדְּרִים יי יִמְלֹךְ.

יי מֶלֶךְ יי מָלָךְ יי יִמְלֹךְ לְעוֹלָם וָעֶד.

כָּל צוֹבְאֵי צָבָא בְּלֶמֶד מְלַמְּדִים יי מֶלֶךְ.
כָּל צְנוּפֵי צְפִירָה בְּצֶדֶק מַצְדִּיקִים יי מָלָךְ.
אֵלּוּ וָאֵלּוּ בְּחִיל מְחַזְּרִים יי יִמְלֹךְ.

יי מֶלֶךְ יי מָלָךְ יי יִמְלֹךְ לְעוֹלָם וָעֶד.

והלשון ע״פ במד׳ טז ל. **בפצח מפצחים** ע״פ תהל׳ צח ד פצחו ורננו וזמרו. **18 בצפצוף מצפצפים** לשון דיבור, דוגמת ישע׳ י יד פוצה פה ומצפצף. **19 רשפי רומה** מלאכי אש, ע״ש שה״ש ח ו רשפיה רשפי אש שלהבתיה. **20** ׳**ראשי רון** הראשונים ברנה, ר״ל ישראל המקדימים למלאכים בשיר, ע״פ מאמר חז״ל (חולין דף צ״א ב׳) אין מלאכי השרת אומרין שירה למעלה עד שיאמרו ישראל למטה. **22 יקירי יופי** מלאכי מרום. **בתוקף מתנים** מצהירים בחוזק. **23 יושבי ישוב** בני אדם יושבי ארץ נושבת. **ביחוד מיחדים** מכירים ביחוד ה׳. **24 באדר מאדירים** מחלקים לו אדר והוד. **25 צובאי צבא** ר״ל צבא מעלה. **26 צנופי צפירה** ישראל המעוטרים בכתר תורה, צנופים ע״ש ישע׳ סב ג וצניף מלוכה בכף אלהיך; וצפירה ע״ש ישע׳ כח ה ביום ההוא יהיה ה׳ צבאות לעטרת צבי ולצפירת תפארה לשאר עמו. **27 בחיל מחזרים**

כָּל חֲיָלֵי חֹסֶן בַּחֲרָדָה מְחַלִּים יי מֶלֶךְ.
כָּל חֲשׁוּקֵי חֶמֶד בְּחֶזְקָה מְחַזְּקִים יי מָלָךְ.
אֵלּוּ וָאֵלּוּ בְּנִגּוּן מְנַגְּנִים יי יִמְלֹךְ.

יי מֶלֶךְ יי מָלָךְ יי יִמְלֹךְ לְעוֹלָם וָעֶד.

כָּל קְדוֹשֵׁי קָדוֹשׁ בִּקְדֻשָּׁה מַקְדִּישִׁים יי מֶלֶךְ.
כָּל קְבוּצֵי קָהָל בְּקֹשֶׁט מְקַשְּׁטִים יי מָלָךְ.
אֵלּוּ וָאֵלּוּ בְּנֹעַם מַנְעִימִים יי יִמְלֹךְ.

יי מֶלֶךְ יי מָלָךְ יי יִמְלֹךְ לְעוֹלָם וָעֶד.

כָּל חַשְׁמַלֵּי זִקִּים לַבְּקָרִים מִתְחַדְּשִׁים יי מֶלֶךְ.
כָּל תַּרְשִׁישֵׁי גֹּבַהּ בִּדְמָמָה מְלַחֲשִׁים יי מָלָךְ.
אֵלּוּ וָאֵלּוּ בְּשִׁלּוּשׁ מְשַׁלְּשִׁים יי יִמְלֹךְ.

יי מֶלֶךְ יי מָלָךְ יי יִמְלֹךְ לְעוֹלָם וָעֶד.

חוזרים ומשיבים. **28 חילי חוסן** חילי כח וגבורה. **29 חשוקי חמד** (דוגמת בחורי חמד, יחזק׳ כג ו ועוד) ע״ש דבר׳ ז ז חשק ה׳ בכם ויבחר בכם, ושם י טו רק באבותיך חשק ה׳ לאהבה אותם ויבחר בזרעם אחריהם בכם וכו׳. וחשוקי חמד ר״ל החשוקים בחמדת ה׳. **31 קדושי קדוש** המלאכים. **32 קבוצי קהל** ישראל קבוצי מטה. **בקושט מקשטים** ישר יורם כחץ, מכוונים את דבריהם. **34 חשמלי זיקים** מין מלאכים המפיצים אש וזיקים. **לבקרים מתחדשים** ע״פ דרשת חז״ל חגיגה דף י״ד א׳ כל יומא ויומא נבראין מלאכי השרת מנהר דינור ואמרי שירה ובטלי, שנאמר (איכה ג כג) חדשים לבקרים רבה אמונתך. ור״ל בהתחדשם מחדשים את הדיבור ה׳ מלך. **35 תרשישי גובה** גם זה שם סוג מלאכים, והפייטן סטה מתכניתו לשים ברואי מעלה כנגד ברואי מטה. **בדממה מלחשים** בקול דממה דקה (מא יט יב). **36 בשלוש משלשים** ר״ל בשלוש הקדושה.

בקצת קהילות אין אומרים ״לאל עורך דין״ בשחרית.

סימן: ה״ג.

וּבְכֵן לְךָ הַכֹּל יַכְתִּירוּ.

הש״ץ: לְאֵל עוֹרֵךְ דִּין
הקהל: לְבוֹחֵן לְבָבוֹת בְּיוֹם דִּין.

הש״ץ: לְגוֹלֶה עֲמֻקּוֹת בַּדִּין
הקהל: לְדוֹבֵר מֵישָׁרִים בְּיוֹם דִּין.

הש״ץ: לְהוֹגֶה דֵעוֹת בַּדִּין
הקהל: לְוָתִיק וְעוֹשֶׂה חֶסֶד בְּיוֹם דִּין.

הש״ץ: לְזוֹכֵר בְּרִיתוֹ בַּדִּין
הקהל: לְחוֹמֵל מַעֲשָׂיו בְּיוֹם דִּין.

5 הש״ץ: לְטַהֵר חוֹסָיו בַּדִּין
הקהל: לְיוֹדֵעַ מַחֲשָׁבוֹת בְּיוֹם דִּין.

ובכן לך הכל יכתירו, ומצורף לו: **לאל עורך דין** ר״ל עורך משפט, ע״ש איוב יג יח הנה נא ערכתי משפט. **לבוחן לבבות** ע״ש משלי יז ג ובוחן לבות ה׳. 2 **לגולה עמוקות** ע״ש איוב יב כב מגלה עמוקות מני חשך, ודני׳ ב כב גלי עמיקתא ומסתרתא. **לדובר מישרים** ע״ש ישע׳ לג טו. 3 **להוגה דעות** ע״ש ש״א ב ג כי אל דעות ה׳. **לותיק** פי׳ רציני, זריז. **ועושה חסד** ירמ׳ ט כג ועוד. 4 **לזוכר בריתו** ע״ש תהל׳ קיא ה יזכר לעולם בריתו. **לחומל מעשיו** ע״ש מלאכי ג יז וחמלתי עליהם. 5 **לטהר חוסיו** במקום ׳למטהר׳ החוסים בו (וייתכן שהוא בא בניקוד טַהָר, ר״ל מטהר, ועי׳ את גירסת כי״י הצרפתיים) ויש שפירש אותו על דוגמת קהל׳ ד ב ושבח אני את המתים... שמות י ד כי אם מאן אתה לשלח, אבל אינו מסתבר שזה מתאים לסגנון הפיוט העתיק.

הש״ץ: לְכוֹבֵשׁ כַּעְסוֹ בַּדִּין

הקהל: לְלוֹבֵשׁ צְדָקוֹת בְּיוֹם דִּין.

הש״ץ: לְמוֹחֵל עֲוֹנוֹת בַּדִּין

הקהל: לְנוֹרָא תְהִלּוֹת בְּיוֹם דִּין.

הש״ץ: לְסוֹלֵחַ לַעֲמוּסָיו בַּדִּין

הקהל: לְעוֹנֶה לְקוֹרְאָיו בְּיוֹם דִּין.

הש״ץ: לְפוֹעֵל רַחֲמָיו בַּדִּין

הקהל: לְצוֹפֶה נִסְתָּרוֹת בְּיוֹם דִּין.

הש״ץ: לְקוֹנֶה עֲבָדָיו בַּדִּין

הקהל: לְרַחֵם עַמּוֹ בְּיוֹם דִּין.

הש״ץ: לְשׁוֹמֵר אֹהֲבָיו בַּדִּין

הקהל: לְתוֹמֵךְ תְּמִימָיו בְּיוֹם דִּין.

סוגרים את ארון הקודש

ליודע מחשבות ע״ש תהל׳ צד יא ה׳ יודע מחשבות אדם. **6 לכובש כעסו** עי׳ לעיל (אאפיד,6) ל׳כובש כל כעסים׳. **ללובש צדקות** ע״ש ישעי׳ נט יז וילבש צדקה כשרין. **7 לנורא תהלות** שמות טו יא. **8 לסולח לעמוסיו** לישראל העמוסים מני בטן (ישע׳ מו ג). **לעונה לקוראיו** ע״ש ישע׳ סה כד והיה טרם יקראו ואני אענה וכו׳. **9 לפועל רחמיו** דוגמת פועל ישועות, תהל׳ עד יב. **לצופה נסתרות** ע״ש דבר׳ כט כח הנסתרות לה׳ אלהינו. **10 לקונה עבדיו** ע״ש ישע׳ יא יא יוסיף ה׳ שנית ידו לקנות את שאר עמו. **לרחם עמו** למרחם על עמו, ועי׳ לעיל 5 על לטהר. **11 לשומר אוהביו** ע״ש תהל׳ קמה כ שומר ה׳ את כל אוהביו. **לתומך תמימיו** ע״ש ישע׳ מא י אף תמכתיך בימין צדקי.

וּבְכֵן לְךָ תַעֲלֶה קְדֻשָּׁה, כִּי אַתָּה אֱלֹהֵינוּ מֶלֶךְ.

הפיוט ״אשר מי יעשה״ בעמ׳ 398.

נַקְדִּישְׁךָ וְנַעֲרִיצְךָ כְּנֹעַם שִׂיחַ סוֹד שַׂרְפֵי קֹדֶשׁ, הַמְשַׁלְּשִׁים לְךָ קְדֻשָּׁה
כַּכָּתוּב עַל יַד נְבִיאֶךָ
וְקָרָא זֶה אֶל זֶה וְאָמַר
קָדוֹשׁ, קָדוֹשׁ, קָדוֹשׁ יי צְבָאוֹת מְלֹא כָל הָאָרֶץ כְּבוֹדוֹ.

אָז בְּקוֹל רַעַשׁ גָּדוֹל אַדִּיר וְחָזָק מַשְׁמִיעִים קוֹל
מִתְנַשְּׂאִים לְעֻמַּת שְׂרָפִים ,לְעֻמָּתָם מְשַׁבְּחִים וְאוֹמְרִים
בָּרוּךְ כְּבוֹד יי מִמְּקוֹמוֹ.

מִמְּקוֹמְךָ מַלְכֵּנוּ תוֹפִיעַ וְתִמְלֹךְ עָלֵינוּ, כִּי מְחַכִּים אֲנַחְנוּ לָךְ
מָתַי תִּמְלֹךְ בְּצִיּוֹן, בְּקָרוֹב בְּיָמֵינוּ לְעוֹלָם וָעֶד תִּשְׁכֹּן
תִּתְגַּדַּל וְתִתְקַדַּשׁ בְּתוֹךְ יְרוּשָׁלַיִם עִירְךָ לְדוֹר וָדוֹר וּלְנֵצַח נְצָחִים
וְעֵינֵינוּ תִרְאֶינָה מַלְכוּתֶךָ כַּדָּבָר הָאָמוּר בְּשִׁירֵי עֻזֶּךָ
עַל יְדֵי דָוִד מְשִׁיחַ צִדְקֶךָ
יִמְלֹךְ יי לְעוֹלָם, אֱלֹהַיִךְ צִיּוֹן לְדֹר וָדֹר, הַלְלוּיָהּ.

אַתָּה קָדוֹשׁ וְשִׁמְךָ קָדוֹשׁ, וּקְדוֹשִׁים בְּכָל יוֹם יְהַלְלוּךָ סֶּלָה
כִּי אֵל מֶלֶךְ גָּדוֹל וְקָדוֹשׁ אָתָּה.

לְדוֹר וָדוֹר הַמְלִיכוּ לָאֵל
כִּי הוּא לְבַדּוֹ מָרוֹם וְקָדוֹשׁ.

וּבְכֵן יִתְקַדַּשׁ שִׁמְךָ יי אֱלֹהֵינוּ עַל יִשְׂרָאֵל עַמֶּךָ
וְעַל יְרוּשָׁלַיִם עִירֶךָ, וְעַל צִיּוֹן מִשְׁכַּן כְּבוֹדֶךָ
וְעַל מַלְכוּת בֵּית דָּוִד מְשִׁיחֶךָ, וְעַל מְכוֹנְךָ וְהֵיכָלֶךָ.

וּבְכֵן תֵּן פַּחְדְּךָ יי אֱלֹהֵינוּ עַל כָּל מַעֲשֶׂיךָ
וְאֵימָתְךָ עַל כָּל מַה שֶּׁבָּרָאתָ
וְיִירָאוּךָ כָּל הַמַּעֲשִׂים
וְיִשְׁתַּחֲווּ לְפָנֶיךָ כָּל הַבְּרוּאִים
וְיֵעָשׂוּ כֻלָּם אֲגֻדָּה אֶחָת לַעֲשׂוֹת רְצוֹנְךָ בְּלֵבָב שָׁלֵם
כְּמוֹ שֶׁיָּדַעְנוּ יי אֱלֹהֵינוּ שֶׁהַשִּׁלְטוֹן לְפָנֶיךָ
עֹז בְּיָדְךָ וּגְבוּרָה בִּימִינֶךָ
וְשִׁמְךָ נוֹרָא עַל כָּל מַה שֶּׁבָּרָאתָ.

וּבְכֵן תֵּן כָּבוֹד יי לְעַמֶּךָ
תְּהִלָּה לִירֵאֶיךָ וְתִקְוָה טוֹבָה לְדוֹרְשֶׁיךָ
וּפִתְחוֹן פֶּה לַמְיַחֲלִים לָךְ
שִׂמְחָה לְאַרְצֶךָ, וְשָׂשׂוֹן לְעִירֶךָ
וּצְמִיחַת קֶרֶן לְדָוִד עַבְדֶּךָ
וַעֲרִיכַת נֵר לְבֶן יִשַׁי מְשִׁיחֶךָ
בִּמְהֵרָה בְיָמֵינוּ.

וּבְכֵן צַדִּיקִים יִרְאוּ וְיִשְׂמָחוּ, וִישָׁרִים יַעֲלֹזוּ
וַחֲסִידִים בְּרִנָּה יָגִילוּ, וְעוֹלָתָה תִּקְפָּץ פִּיהָ
וְכָל הָרִשְׁעָה כֻּלָּהּ כְּעָשָׁן תִּכְלֶה
כִּי תַעֲבִיר מֶמְשֶׁלֶת זָדוֹן מִן הָאָרֶץ.

וְתִמְלֹךְ אַתָּה הוּא יי אֱלֹהֵינוּ מְהֵרָה לְבַדֶּךָ עַל כָּל מַעֲשֶׂיךָ
בְּהַר צִיּוֹן מִשְׁכַּן כְּבוֹדֶךָ
וּבִירוּשָׁלַיִם עִיר קָדְשֶׁךָ
כַּכָּתוּב בְּדִבְרֵי קָדְשֶׁךָ
יִמְלֹךְ יי לְעוֹלָם, אֱלֹהַיִךְ צִיּוֹן לְדֹר וָדֹר, הַלְלוּיָהּ.

קָדוֹשׁ אַתָּה וְנוֹרָא שְׁמֶךָ, וְאֵין אֱלוֹהַּ מִבַּלְעָדֶיךָ
כַּכָּתוּב, וַיִּגְבַּהּ יי צְבָאוֹת בַּמִּשְׁפָּט, וְהָאֵל הַקָּדוֹשׁ נִקְדַּשׁ בִּצְדָקָה.
בָּרוּךְ אַתָּה יי, הַמֶּלֶךְ הַקָּדוֹשׁ.

אַתָּה בְחַרְתָּנוּ מִכָּל הָעַמִּים
אָהַבְתָּ אוֹתָנוּ וְרָצִיתָ בָּנוּ
וְרוֹמַמְתָּנוּ מִכָּל הַלְּשׁוֹנוֹת
וְקִדַּשְׁתָּנוּ בְּמִצְוֹתֶיךָ
וְקֵרַבְתָּנוּ מַלְכֵּנוּ לַעֲבוֹדָתֶךָ
וְשִׁמְךָ הַגָּדוֹל וְהַקָּדוֹשׁ עָלֵינוּ קָרָאתָ.

וַתִּתֶּן לָנוּ יי אֱלֹהֵינוּ בְּאַהֲבָה אֶת יוֹם הַזִּכָּרוֹן הַזֶּה, יוֹם תְּרוּעָה
מִקְרָא קֹדֶשׁ, זֵכֶר לִיצִיאַת מִצְרָיִם.

אֱלֹהֵינוּ וֵאלֹהֵי אֲבוֹתֵינוּ
יַעֲלֶה וְיָבוֹא וְיַגִּיעַ, וְיֵרָאֶה וְיֵרָצֶה וְיִשָּׁמַע
וְיִפָּקֵד וְיִזָּכֵר זִכְרוֹנֵנוּ וּפִקְדוֹנֵנוּ וְזִכְרוֹן אֲבוֹתֵינוּ
וְזִכְרוֹן מָשִׁיחַ בֶּן דָּוִד עַבְדֶּךָ
וְזִכְרוֹן יְרוּשָׁלַיִם עִיר קָדְשֶׁךָ
וְזִכְרוֹן כָּל עַמְּךָ בֵּית יִשְׂרָאֵל, לְפָנֶיךָ,
לִפְלֵיטָה לְטוֹבָה, לְחֵן וּלְחֶסֶד וּלְרַחֲמִים, לְחַיִּים וּלְשָׁלוֹם
בְּיוֹם הַזִּכָּרוֹן הַזֶּה.
זָכְרֵנוּ יי אֱלֹהֵינוּ בּוֹ לְטוֹבָה וּפָקְדֵנוּ בוֹ לִבְרָכָה
וְהוֹשִׁיעֵנוּ בוֹ לְחַיִּים טוֹבִים.
וּבִדְבַר יְשׁוּעָה וְרַחֲמִים
חוּס וְחָנֵּנוּ וְרַחֵם עָלֵינוּ וְהוֹשִׁיעֵנוּ, כִּי אֵלֶיךָ עֵינֵינוּ
כִּי אֵל מֶלֶךְ חַנּוּן וְרַחוּם אָתָּה.

אֱלֹהֵינוּ וֵאלֹהֵי אֲבוֹתֵינוּ

מְלֹךְ עַל כָּל הָעוֹלָם כֻּלּוֹ בִּכְבוֹדֶךָ וְהִנָּשֵׂא עַל כָּל הָאָרֶץ בִּיקָרֶךָ

וְהוֹפַע בַּהֲדַר גְּאוֹן עֻזֶּךָ עַל כָּל יוֹשְׁבֵי תֵבֵל אַרְצֶךָ.

וְיֵדַע כָּל פָּעוּל כִּי אַתָּה פְעַלְתּוֹ וְיָבִין כָּל יָצוּר כִּי אַתָּה יְצַרְתּוֹ

וְיֹאמַר כֹּל אֲשֶׁר נְשָׁמָה בְאַפּוֹ

יי אֱלֹהֵי יִשְׂרָאֵל מֶלֶךְ וּמַלְכוּתוֹ בַּכֹּל מָשָׁלָה.

קַדְּשֵׁנוּ בְּמִצְוֹתֶיךָ וְתֵן חֶלְקֵנוּ בְּתוֹרָתֶךָ

שַׂבְּעֵנוּ מִטּוּבֶךָ וְשַׂמַּח נַפְשֵׁנוּ בִּישׁוּעָתֶךָ וְטַהֵר לִבֵּנוּ לְעָבְדְּךָ בֶּאֱמֶת

כִּי אַתָּה אֱלֹהִים אֱמֶת וּדְבָרְךָ אֱמֶת וְקַיָּם לָעַד.

בָּרוּךְ אַתָּה יי, מֶלֶךְ עַל כָּל הָאָרֶץ, מְקַדֵּשׁ יִשְׂרָאֵל וְיוֹם הַזִּכָּרוֹן.

רְצֵה יי אֱלֹהֵינוּ בְּעַמְּךָ יִשְׂרָאֵל וְלִתְפִלָּתָם שְׁעֵה, וְהָשֵׁב אֶת הָעֲבוֹדָה לִדְבִיר בֵּיתֶךָ, וְאִשֵּׁי יִשְׂרָאֵל וּתְפִלָּתָם מְהֵרָה בְּאַהֲבָה תְקַבֵּל בְּרָצוֹן, וּתְהִי לְרָצוֹן תָּמִיד עֲבוֹדַת יִשְׂרָאֵל עַמֶּךָ.

וְתֶחֱזֶינָה עֵינֵינוּ בְּשׁוּבְךָ לְצִיּוֹן בְּרַחֲמִים.

בָּרוּךְ אַתָּה יי, הַמַּחֲזִיר שְׁכִינָתוֹ לְצִיּוֹן.

מוֹדִים אֲנַחְנוּ לָךְ שָׁאַתָּה הוּא יי אֱלֹהֵינוּ וֵאלֹהֵי אֲבוֹתֵינוּ לְעוֹלָם וָעֶד, צוּר חַיֵּינוּ, מָגֵן יִשְׁעֵנוּ אַתָּה הוּא לְדוֹר וָדוֹר. נוֹדֶה לְּךָ וּנְסַפֵּר תְּהִלָּתֶךָ עַל חַיֵּינוּ הַמְּסוּרִים בְּיָדֶךָ וְעַל נִשְׁמוֹתֵינוּ הַפְּקוּדוֹת לָךְ, וְעַל נִסֶּיךָ שֶׁבְּכָל יוֹם עִמָּנוּ, וְעַל נִפְלְאוֹתֶיךָ וְטוֹבוֹתֶיךָ שֶׁבְּכָל עֵת, עֶרֶב וָבֹקֶר וְצָהֳרָיִם.

מודים דרבנן:

מוֹדִים אֲנַחְנוּ לָךְ שָׁאַתָּה הוּא יי אֱלֹהֵינוּ וֵאלֹהֵי אֲבוֹתֵינוּ, אֱלֹהֵי כָל בָּשָׂר, יוֹצְרֵנוּ יוֹצֵר בְּרֵאשִׁית. בְּרָכוֹת וְהוֹדָאוֹת לְשִׁמְךָ הַגָּדוֹל וְהַקָּדוֹשׁ עַל שֶׁהֶחֱיִיתָנוּ וְקִיַּמְתָּנוּ. כֵּן תְּחַיֵּנוּ וּתְקַיְּמֵנוּ וְתֶאֱסֹף גָּלֻיּוֹתֵינוּ לְחַצְרוֹת קָדְשֶׁךָ לִשְׁמֹר חֻקֶּיךָ וְלַעֲשׂוֹת רְצוֹנֶךָ וּלְעָבְדְּךָ בְּלֵבָב שָׁלֵם, עַל שֶׁאֲנַחְנוּ מוֹדִים לָךְ, בָּרוּךְ אֵל הַהוֹדָאוֹת.

הַטּוֹב כִּי לֹא כָלוּ רַחֲמֶיךָ, וְהַמְרַחֵם כִּי לֹא תַמּוּ חֲסָדֶיךָ, כִּי מֵעוֹלָם קִוִּינוּ לָךְ.

וְעַל כֻּלָּם יִתְבָּרַךְ וְיִתְרוֹמַם וְיִתְנַשֵּׂא שִׁמְךָ מַלְכֵּנוּ
תָּמִיד לְעוֹלָם וָעֶד.
וּכְתֹב לְחַיִּים טוֹבִים כָּל בְּנֵי בְרִיתֶךָ.
וְכֹל הַחַיִּים יוֹדוּךָ סֶּלָה
וִיהַלְלוּ וִיבָרְכוּ אֶת שִׁמְךָ הַגָּדוֹל בֶּאֱמֶת לְעוֹלָם כִּי טוֹב
הָאֵל יְשׁוּעָתֵנוּ וְעֶזְרָתֵנוּ סֶלָה, הָאֵל הַטּוֹב.
בָּרוּךְ אַתָּה יי, הַטּוֹב שִׁמְךָ וּלְךָ נָאֶה לְהוֹדוֹת.

ברכת כהנים

בָּרוּךְ אַתָּה יי אֱלֹהֵינוּ מֶלֶךְ הָעוֹלָם, אֲשֶׁר קִדְּשָׁנוּ בִּקְדֻשָּׁתוֹ שֶׁל אַהֲרֹן,
וְצִוָּנוּ לְבָרֵךְ אֶת עַמּוֹ יִשְׂרָאֵל בְּאַהֲבָה.

השי״ץ מקריא מלה במלה: יְבָרֶכְךָ יי וְיִשְׁמְרֶךָ.
יָאֵר יי פָּנָיו אֵלֶיךָ וִיחֻנֶּךָּ.
יִשָּׂא יי פָּנָיו אֵלֶיךָ וְיָשֵׂם לְךָ שָׁלוֹם.

הכהנים אומרים:

רִבּוֹנוֹ שֶׁל עוֹלָם, עָשִׂינוּ מַה שֶּׁגָּזַרְתָּ עָלֵינוּ, אַף אַתָּה עֲשֵׂה עִמָּנוּ כְּמוֹ שֶׁהִבְטַחְתָּנוּ. הַשְׁקִיפָה מִמְּעוֹן קָדְשְׁךָ מִן הַשָּׁמַיִם וּבָרֵךְ אֶת עַמְּךָ אֶת יִשְׂרָאֵל וְאֵת הָאֲדָמָה אֲשֶׁר נָתַתָּה לָנוּ, כַּאֲשֶׁר נִשְׁבַּעְתָּ לַאֲבוֹתֵינוּ אֶרֶץ זָבַת חָלָב וּדְבָשׁ.

הציבור אומר:

אַדִּיר בַּמָּרוֹם שׁוֹכֵן בִּגְבוּרָה, אַתָּה שָׁלוֹם וְשִׁמְךָ שָׁלוֹם. יְהִי רָצוֹן שֶׁתָּשִׂים עָלֵינוּ וְעַל כָּל עַמְּךָ בֵּית יִשְׂרָאֵל חַיִּים וּבְרָכָה לְמִשְׁמֶרֶת שָׁלוֹם.

אם אין כהנים אומר הש״ץ:

אֱלֹהֵינוּ וֵאלֹהֵי אֲבוֹתֵינוּ, בָּרְכֵנוּ בַּבְּרָכָה הַמְשֻׁלֶּשֶׁת בַּתּוֹרָה הַכְּתוּבָה עַל יְדֵי מֹשֶׁה עַבְדֶּךָ, הָאֲמוּרָה מִפִּי אַהֲרֹן וּבָנָיו כֹּהֲנִים עַם קְדוֹשֶׁךָ, כָּאָמוּר, יְבָרֶכְךָ יי וְיִשְׁמְרֶךָ. יָאֵר יי פָּנָיו אֵלֶיךָ וִיחֻנֶּךָּ. יִשָּׂא יי פָּנָיו אֵלֶיךָ וְיָשֵׂם לְךָ שָׁלוֹם.

שִׂים שָׁלוֹם טוֹבָה וּבְרָכָה, חַיִּים חֵן וָחֶסֶד וְרַחֲמִים
עָלֵינוּ וְעַל כָּל יִשְׂרָאֵל עַמֶּךָ.
בָּרְכֵנוּ אָבִינוּ כֻּלָּנוּ כְּאֶחָד בְּאוֹר פָּנֶיךָ
כִּי בְאוֹר פָּנֶיךָ נָתַתָּ לָּנוּ יי אֱלֹהֵינוּ תּוֹרַת חַיִּים וְאַהֲבַת חֶסֶד
וּצְדָקָה וּבְרָכָה וְרַחֲמִים וְחַיִּים וְשָׁלוֹם.
וְטוֹב יִהְיֶה בְּעֵינֶיךָ לְבָרְכֵנוּ וּלְבָרֵךְ אֶת כָּל עַמְּךָ יִשְׂרָאֵל
בְּכָל עֵת וּבְכָל שָׁעָה בִּשְׁלוֹמֶךָ.
בְּסֵפֶר חַיִּים, בְּרָכָה וְשָׁלוֹם, וּפַרְנָסָה טוֹבָה
וּגְזֵרוֹת טוֹבוֹת, יְשׁוּעוֹת וְנֶחָמוֹת
נִזָּכֵר וְנִכָּתֵב לְפָנֶיךָ
אֲנַחְנוּ וְכָל עַמְּךָ בֵּית יִשְׂרָאֵל
לְחַיִּים טוֹבִים וּלְשָׁלוֹם.
בָּרוּךְ אַתָּה יי, הַמְבָרֵךְ אֶת עַמּוֹ יִשְׂרָאֵל בַּשָּׁלוֹם.

יִהְיוּ לְרָצוֹן אִמְרֵי פִי וְהֶגְיוֹן לִבִּי לְפָנֶיךָ, יי צוּרִי וְגֹאֲלִי.

פותחים את ארון הקודש

אָבִינוּ מַלְכֵּנוּ, חָטָאנוּ לְפָנֶיךָ.
אָבִינוּ מַלְכֵּנוּ, אֵין לָנוּ מֶלֶךְ אֶלָּא אָתָּה.
אָבִינוּ מַלְכֵּנוּ, עֲשֵׂה עִמָּנוּ לְמַעַן שְׁמֶךָ.
אָבִינוּ מַלְכֵּנוּ, חַדֵּשׁ עָלֵינוּ שָׁנָה טוֹבָה.
אָבִינוּ מַלְכֵּנוּ, בַּטֵּל מֵעָלֵינוּ כָּל גְּזֵרוֹת קָשׁוֹת.
אָבִינוּ מַלְכֵּנוּ, בַּטֵּל מַחְשְׁבוֹת שׂוֹנְאֵינוּ.
אָבִינוּ מַלְכֵּנוּ, הָפֵר עֲצַת אוֹיְבֵינוּ.
אָבִינוּ מַלְכֵּנוּ, כַּלֵּה כָּל צַר וּמַשְׂטִין מֵעָלֵינוּ.
אָבִינוּ מַלְכֵּנוּ, סְתוֹם פִּיּוֹת מַשְׂטִינֵנוּ וּמְקַטְרְגֵינוּ.
אָבִינוּ מַלְכֵּנוּ, כַּלֵּה דֶּבֶר וְחֶרֶב וְרָעָב וּשְׁבִי וּמַשְׁחִית וְעָוֹן וּשְׁמַד מִבְּנֵי בְרִיתֶךָ.
אָבִינוּ מַלְכֵּנוּ, מְנַע מַגֵּפָה מִנַּחֲלָתֶךָ.
אָבִינוּ מַלְכֵּנוּ, סְלַח וּמְחַל לְכָל עֲוֹנוֹתֵינוּ.
אָבִינוּ מַלְכֵּנוּ, מְחֵה וְהַעֲבֵר פְּשָׁעֵינוּ וְחַטֹּאתֵינוּ מִנֶּגֶד עֵינֶיךָ.
אָבִינוּ מַלְכֵּנוּ, מְחוֹק בְּרַחֲמֶיךָ הָרַבִּים כָּל שִׁטְרֵי חוֹבוֹתֵינוּ.
אָבִינוּ מַלְכֵּנוּ, הַחֲזִירֵנוּ בִּתְשׁוּבָה שְׁלֵמָה לְפָנֶיךָ.
אָבִינוּ מַלְכֵּנוּ, שְׁלַח רְפוּאָה שְׁלֵמָה לְחוֹלֵי עַמֶּךָ.
אָבִינוּ מַלְכֵּנוּ, קְרַע רֹעַ גְּזַר דִּינֵנוּ.
אָבִינוּ מַלְכֵּנוּ, זָכְרֵנוּ בְּזִכָּרוֹן טוֹב לְפָנֶיךָ.
אָבִינוּ מַלְכֵּנוּ, כָּתְבֵנוּ בְּסֵפֶר חַיִּים טוֹבִים.
אָבִינוּ מַלְכֵּנוּ, כָּתְבֵנוּ בְּסֵפֶר גְּאֻלָּה וִישׁוּעָה.
אָבִינוּ מַלְכֵּנוּ, כָּתְבֵנוּ בְּסֵפֶר פַּרְנָסָה וְכַלְכָּלָה.
אָבִינוּ מַלְכֵּנוּ, כָּתְבֵנוּ בְּסֵפֶר זְכֻיּוֹת.

אָבִינוּ מַלְכֵּנוּ, כָּתְבֵנוּ בְּסֵפֶר סְלִיחָה וּמְחִילָה.
אָבִינוּ מַלְכֵּנוּ, הַצְמַח לָנוּ יְשׁוּעָה בְּקָרוֹב.
אָבִינוּ מַלְכֵּנוּ, הָרֵם קֶרֶן יִשְׂרָאֵל עַמֶּךָ.
אָבִינוּ מַלְכֵּנוּ, הָרֵם קֶרֶן מְשִׁיחֶךָ.
אָבִינוּ מַלְכֵּנוּ, מַלֵּא יָדֵינוּ מִבִּרְכוֹתֶיךָ.
אָבִינוּ מַלְכֵּנוּ, מַלֵּא אֲסָמֵינוּ שָׂבָע.
אָבִינוּ מַלְכֵּנוּ, שְׁמַע קוֹלֵנוּ, חוּס וְרַחֵם עָלֵינוּ.
אָבִינוּ מַלְכֵּנוּ, קַבֵּל בְּרַחֲמִים וּבְרָצוֹן אֶת תְּפִלָּתֵנוּ.
אָבִינוּ מַלְכֵּנוּ, פְּתַח שַׁעֲרֵי שָׁמַיִם לִתְפִלָּתֵנוּ.
אָבִינוּ מַלְכֵּנוּ, זְכוֹר כִּי עָפָר אֲנָחְנוּ.
אָבִינוּ מַלְכֵּנוּ, נָא אַל תְּשִׁיבֵנוּ רֵיקָם מִלְּפָנֶיךָ.
אָבִינוּ מַלְכֵּנוּ, תְּהֵא הַשָּׁעָה הַזֹּאת שְׁעַת רַחֲמִים וְעֵת רָצוֹן מִלְּפָנֶיךָ.
אָבִינוּ מַלְכֵּנוּ, חֲמוֹל עָלֵינוּ וְעַל עוֹלָלֵינוּ וְטַפֵּנוּ.
אָבִינוּ מַלְכֵּנוּ, עֲשֵׂה לְמַעַן הֲרוּגִים עַל שֵׁם קָדְשֶׁךָ.
אָבִינוּ מַלְכֵּנוּ, עֲשֵׂה לְמַעַן טְבוּחִים עַל יִחוּדֶךָ.
אָבִינוּ מַלְכֵּנוּ, עֲשֵׂה לְמַעַן בָּאֵי בָאֵשׁ וּבַמַּיִם עַל קִדּוּשׁ שְׁמֶךָ.
אָבִינוּ מַלְכֵּנוּ, נְקוֹם לְעֵינֵינוּ נִקְמַת דַּם עֲבָדֶיךָ הַשָּׁפוּךְ.
אָבִינוּ מַלְכֵּנוּ, עֲשֵׂה לְמַעַנְךָ אִם לֹא לְמַעֲנֵנוּ.
אָבִינוּ מַלְכֵּנוּ, עֲשֵׂה לְמַעַנְךָ וְהוֹשִׁיעֵנוּ.
אָבִינוּ מַלְכֵּנוּ, עֲשֵׂה לְמַעַן רַחֲמֶיךָ הָרַבִּים.
אָבִינוּ מַלְכֵּנוּ, עֲשֵׂה לְמַעַן שִׁמְךָ הַגָּדוֹל הַגִּבּוֹר וְהַנּוֹרָא, שֶׁנִּקְרָא עָלֵינוּ.
אָבִינוּ מַלְכֵּנוּ, חָנֵּנוּ וַעֲנֵנוּ, כִּי אֵין בָּנוּ מַעֲשִׂים
עֲשֵׂה עִמָּנוּ צְדָקָה וָחֶסֶד וְהוֹשִׁיעֵנוּ.

סוגרים את ארון הקודש

קדיש שלם:

יִתְגַּדַּל וְיִתְקַדַּשׁ שְׁמֵהּ רַבָּא
בְּעָלְמָא דִּי בְרָא כִרְעוּתֵהּ
וְיַמְלִיךְ מַלְכוּתֵהּ וְיַצְמַח פֻּרְקָנֵהּ וִיקָרֵב מְשִׁיחֵהּ
בְּחַיֵּיכוֹן וּבְיוֹמֵיכוֹן וּבְחַיֵּי דְכָל בֵּית יִשְׂרָאֵל
בַּעֲגָלָא וּבִזְמַן קָרִיב
וְאִמְרוּ אָמֵן.
יְהֵא שְׁמֵהּ רַבָּא מְבָרַךְ לְעָלַם וּלְעָלְמֵי עָלְמַיָּא.
יִתְבָּרַךְ וְיִשְׁתַּבַּח וְיִתְפָּאַר וְיִתְרוֹמַם וְיִתְנַשֵּׂא
וְיִתְהַדָּר וְיִתְעַלֶּה וְיִתְהַלָּל שְׁמֵהּ דְּקֻדְשָׁא בְּרִיךְ הוּא
לְעֵלָּא לְעֵלָּא מִכָּל בִּרְכָתָא וְשִׁירָתָא
תֻּשְׁבְּחָתָא וְנֶחֱמָתָא דַּאֲמִירָן בְּעָלְמָא
וְאִמְרוּ אָמֵן.
תִּתְקַבַּל צְלוֹתְהוֹן וּבָעוּתְהוֹן דְּכָל בֵּית יִשְׂרָאֵל
קֳדָם אֲבוּהוֹן דִּי בִשְׁמַיָּא
וְאִמְרוּ אָמֵן.
יְהֵא שְׁלָמָא רַבָּא מִן שְׁמַיָּא
וְחַיִּים טוֹבִים עָלֵינוּ וְעַל כָּל יִשְׂרָאֵל
וְאִמְרוּ אָמֵן.
עֹשֶׂה הַשָּׁלוֹם בִּמְרוֹמָיו
הוּא יַעֲשֶׂה שָׁלוֹם עָלֵינוּ וְעַל כָּל יִשְׂרָאֵל
וְאִמְרוּ אָמֵן.

ליום א׳: הַיּוֹם יוֹם רִאשׁוֹן בְּשַׁבָּת, שֶׁבּוֹ הָיוּ הַלְוִיִּם אוֹמְרִים בְּבֵית הַמִּקְדָּשׁ:

כד לְדָוִד מִזְמוֹר לַיהוה הָאָרֶץ וּמְלוֹאָהּ תֵּבֵל וְיֹשְׁבֵי בָהּ: כִּי־הוּא
עַל־יַמִּים יְסָדָהּ וְעַל־נְהָרוֹת יְכוֹנְנֶהָ: מִי־יַעֲלֶה בְהַר־יְהוָה וּמִי־
יָקוּם בִּמְקוֹם קָדְשׁוֹ: נְקִי כַפַּיִם וּבַר־לֵבָב אֲשֶׁר לֹא־נָשָׂא לַשָּׁוְא
נַפְשִׁי וְלֹא נִשְׁבַּע לְמִרְמָה: יִשָּׂא בְרָכָה מֵאֵת יְהוָה וּצְדָקָה
מֵאֱלֹהֵי יִשְׁעוֹ: זֶה דּוֹר דֹּרְשָׁו מְבַקְשֵׁי פָנֶיךָ יַעֲקֹב סֶלָה:
שְׂאוּ שְׁעָרִים רָאשֵׁיכֶם וְהִנָּשְׂאוּ פִּתְחֵי עוֹלָם וְיָבוֹא מֶלֶךְ
הַכָּבוֹד: מִי זֶה מֶלֶךְ הַכָּבוֹד יהוה עִזּוּז וְגִבּוֹר יהוה גִּבּוֹר
מִלְחָמָה: שְׂאוּ שְׁעָרִים רָאשֵׁיכֶם וּשְׂאוּ פִּתְחֵי עוֹלָם וְיָבֹא
מֶלֶךְ הַכָּבוֹד: מִי הוּא זֶה מֶלֶךְ הַכָּבוֹד יהוה צְבָאוֹת הוּא
מֶלֶךְ הַכָּבוֹד סֶלָה:

ליום ג׳: הַיּוֹם יוֹם שְׁלִישִׁי בְּשַׁבָּת, שֶׁבּוֹ הָיוּ הַלְוִיִּם אוֹמְרִים בְּבֵית הַמִּקְדָּשׁ:

פב מִזְמוֹר לְאָסָף אֱלֹהִים נִצָּב בַּעֲדַת־אֵל בְּקֶרֶב אֱלֹהִים יִשְׁפֹּט:
עַד־מָתַי תִּשְׁפְּטוּ־עָוֶל וּפְנֵי רְשָׁעִים תִּשְׂאוּ־סֶלָה: שִׁפְטוּ־דַל
וְיָתוֹם עָנִי וָרָשׁ הַצְדִּיקוּ: פַּלְּטוּ־דַל וְאֶבְיוֹן מִיַּד רְשָׁעִים הַצִּילוּ:
לֹא יָדְעוּ וְלֹא יָבִינוּ בַּחֲשֵׁכָה יִתְהַלָּכוּ יִמּוֹטוּ כָּל־מוֹסְדֵי אָרֶץ:
אֲנִי־אָמַרְתִּי אֱלֹהִים אַתֶּם וּבְנֵי עֶלְיוֹן כֻּלְּכֶם: אָכֵן כְּאָדָם
תְּמוּתוּן וּכְאַחַד הַשָּׂרִים תִּפֹּלוּ: קוּמָה אֱלֹהִים שָׁפְטָה הָאָרֶץ
כִּי־אַתָּה תִנְחַל בְּכָל־הַגּוֹיִם:

ליום ד׳: הַיּוֹם יוֹם רְבִיעִי בְּשַׁבָּת, שֶׁבּוֹ הָיוּ הַלְוִיִּם אוֹמְרִים בְּבֵית הַמִּקְדָּשׁ:

צד אֵל־נְקָמוֹת יהוה אֵל נְקָמוֹת הוֹפִיעַ: הִנָּשֵׂא שֹׁפֵט הָאָרֶץ הָשֵׁב
גְּמוּל עַל־גֵּאִים: עַד־מָתַי רְשָׁעִים יהוה עַד־מָתַי רְשָׁעִים יַעֲלֹזוּ:
יַבִּיעוּ יְדַבְּרוּ עָתָק יִתְאַמְּרוּ כָּל־פֹּעֲלֵי אָוֶן: עַמְּךָ יהוה יְדַכְּאוּ
וְנַחֲלָתְךָ יְעַנּוּ: אַלְמָנָה וְגֵר יַהֲרֹגוּ וִיתוֹמִים יְרַצֵּחוּ: וַיֹּאמְרוּ לֹא
יִרְאֶה־יָּהּ וְלֹא־יָבִין אֱלֹהֵי יַעֲקֹב: בִּינוּ בֹּעֲרִים בָּעָם וּכְסִילִים
מָתַי תַּשְׂכִּילוּ: הֲנֹטַע אֹזֶן הֲלֹא יִשְׁמָע אִם־יֹצֵר עַיִן הֲלֹא יַבִּיט:
הֲיֹסֵר גּוֹיִם הֲלֹא יוֹכִיחַ הַמְלַמֵּד אָדָם דָּעַת: יהוה יֹדֵעַ מַחְשְׁבוֹת
אָדָם כִּי־הֵמָּה הָבֶל: אַשְׁרֵי הַגֶּבֶר אֲשֶׁר־תְּיַסְּרֶנּוּ יָּהּ וּמִתּוֹרָתְךָ

תְּלַמְּדֶנּוּ: לְהַשְׁקִיט לוֹ מִימֵי רָע עַד יִכָּרֶה לָרָשָׁע שָׁחַת: כִּי
לֹא־יִטֹּשׁ יהוה עַמּוֹ וְנַחֲלָתוֹ לֹא יַעֲזֹב: כִּי־עַד־צֶדֶק יָשׁוּב מִשְׁפָּט
וְאַחֲרָיו כָּל־יִשְׁרֵי־לֵב: מִי־יָקוּם לִי עִם־מְרֵעִים מִי־יִתְיַצֵּב לִי
עִם־פֹּעֲלֵי אָוֶן: לוּלֵי יהוה עֶזְרָתָה לִּי כִּמְעַט שָׁכְנָה דוּמָה
נַפְשִׁי: אִם־אָמַרְתִּי מָטָה רַגְלִי חַסְדְּךָ יהוה יִסְעָדֵנִי: בְּרֹב
שַׂרְעַפַּי בְּקִרְבִּי תַּנְחוּמֶיךָ יְשַׁעַשְׁעוּ נַפְשִׁי: הַיְחָבְרְךָ כִּסֵּא הַוּוֹת
יֹצֵר עָמָל עֲלֵי־חֹק: יָגוֹדּוּ עַל־נֶפֶשׁ צַדִּיק וְדָם נָקִי יַרְשִׁיעוּ: וַיְהִי
יהוה לִי לְמִשְׂגָּב וֵאלֹהַי לְצוּר מַחְסִי: וַיָּשֶׁב עֲלֵיהֶם אֶת־אוֹנָם
וּבְרָעָתָם יַצְמִיתֵם יַצְמִיתֵם יהוה אֱלֹהֵינוּ:
לְכוּ נְרַנְּנָה לַיהוה נָרִיעָה לְצוּר יִשְׁעֵנוּ: נְקַדְּמָה פָנָיו בְּתוֹדָה
בִּזְמִרוֹת נָרִיעַ לוֹ: כִּי אֵל גָּדוֹל יהוה וּמֶלֶךְ גָּדוֹל עַל־כָּל־אֱלֹהִים:

ליום ו׳: הַיּוֹם יוֹם שִׁשִּׁי בְּשַׁבָּת, שֶׁבּוֹ הָיוּ הַלְוִיִּם אוֹמְרִים בְּבֵית הַמִּקְדָּשׁ:

צג יהוה מָלָךְ גֵּאוּת לָבֵשׁ לָבֵשׁ יהוה עֹז הִתְאַזָּר אַף־תִּכּוֹן תֵּבֵל
בַּל־תִּמּוֹט: נָכוֹן כִּסְאֲךָ מֵאָז מֵעוֹלָם אָתָּה: נָשְׂאוּ נְהָרוֹת יהוה
נָשְׂאוּ נְהָרוֹת קוֹלָם יִשְׂאוּ נְהָרוֹת דָּכְיָם: מִקֹּלוֹת מַיִם רַבִּים
אַדִּירִים מִשְׁבְּרֵי־יָם אַדִּיר בַּמָּרוֹם יהוה: עֵדֹתֶיךָ נֶאֶמְנוּ מְאֹד
לְבֵיתְךָ נַאֲוָה־קֹדֶשׁ יהוה לְאֹרֶךְ יָמִים:

קדיש יתום:

יִתְגַּדַּל וְיִתְקַדַּשׁ שְׁמֵהּ רַבָּא
בְּעָלְמָא דִּי בְרָא כִרְעוּתֵהּ, וְיַמְלִיךְ מַלְכוּתֵהּ וְיַצְמַח פֻּרְקָנֵהּ וִיקָרֵב מְשִׁיחֵהּ
בְּחַיֵּיכוֹן וּבְיוֹמֵיכוֹן וּבְחַיֵּי דְכָל בֵּית יִשְׂרָאֵל, בַּעֲגָלָא וּבִזְמַן קָרִיב, וְאִמְרוּ אָמֵן.
יְהֵא שְׁמֵהּ רַבָּא מְבָרַךְ לְעָלַם וּלְעָלְמֵי עָלְמַיָּא.
יִתְבָּרַךְ וְיִשְׁתַּבַּח וְיִתְפָּאַר וְיִתְרוֹמַם וְיִתְנַשֵּׂא,
וְיִתְהַדַּר וְיִתְעַלֶּה וְיִתְהַלָּל שְׁמֵהּ דְּקֻדְשָׁא בְּרִיךְ הוּא
לְעֵלָּא לְעֵלָּא מִכָּל בִּרְכָתָא וְשִׁירָתָא, תֻּשְׁבְּחָתָא וְנֶחֱמָתָא
דַּאֲמִירָן בְּעָלְמָא, וְאִמְרוּ אָמֵן.
יְהֵא שְׁלָמָא רַבָּא מִן שְׁמַיָּא, וְחַיִּים טוֹבִים עָלֵינוּ וְעַל כָּל יִשְׂרָאֵל, וְאִמְרוּ אָמֵן.
עֹשֶׂה הַשָּׁלוֹם בִּמְרוֹמָיו, הוּא יַעֲשֶׂה שָׁלוֹם עָלֵינוּ וְעַל כָּל יִשְׂרָאֵל, וְאִמְרוּ אָמֵן.

כז לְדָוִד יהוה אוֹרִי וְיִשְׁעִי מִמִּי אִירָא יהוה מָעוֹז־חַיַּי מִמִּי
אֶפְחָד: בִּקְרֹב עָלַי מְרֵעִים לֶאֱכֹל אֶת־בְּשָׂרִי צָרַי וְאֹיְבַי לִי
הֵמָּה כָשְׁלוּ וְנָפָלוּ: אִם־תַּחֲנֶה עָלַי מַחֲנֶה לֹא־יִירָא לִבִּי אִם־
תָּקוּם עָלַי מִלְחָמָה בְּזֹאת אֲנִי בוֹטֵחַ: אַחַת שָׁאַלְתִּי מֵאֵת־
יהוה אוֹתָהּ אֲבַקֵּשׁ שִׁבְתִּי בְּבֵית־יהוה כָּל־יְמֵי חַיַּי לַחֲזוֹת
בְּנֹעַם־יהוה וּלְבַקֵּר בְּהֵיכָלוֹ: כִּי יִצְפְּנֵנִי בְּסֻכֹּה בְּיוֹם רָעָה
יַסְתִּרֵנִי בְּסֵתֶר אָהֳלוֹ בְּצוּר יְרוֹמְמֵנִי: וְעַתָּה יָרוּם רֹאשִׁי עַל
אֹיְבַי סְבִיבוֹתַי וְאֶזְבְּחָה בְאָהֳלוֹ זִבְחֵי תְרוּעָה אָשִׁירָה וַאֲזַמְּרָה
לַיהוה: שְׁמַע־יהוה קוֹלִי אֶקְרָא וְחָנֵּנִי וַעֲנֵנִי: לְךָ אָמַר לִבִּי
בַּקְּשׁוּ פָנָי אֶת־פָּנֶיךָ יהוה אֲבַקֵּשׁ: אַל־תַּסְתֵּר פָּנֶיךָ מִמֶּנִּי אַל
תַּט־בְּאַף עַבְדֶּךָ עֶזְרָתִי הָיִיתָ אַל־תִּטְּשֵׁנִי וְאַל־תַּעַזְבֵנִי אֱלֹהֵי
יִשְׁעִי: כִּי־אָבִי וְאִמִּי עֲזָבוּנִי וַיהוה יַאַסְפֵנִי: הוֹרֵנִי יהוה דַּרְכֶּךָ
וּנְחֵנִי בְּאֹרַח מִישׁוֹר לְמַעַן שׁוֹרְרָי: אַל־תִּתְּנֵנִי בְּנֶפֶשׁ צָרָי כִּי
קָמוּ־בִי עֵדֵי־שֶׁקֶר וִיפֵחַ חָמָס: לוּלֵא הֶאֱמַנְתִּי לִרְאוֹת
בְּטוּב־יהוה בְּאֶרֶץ חַיִּים: קַוֵּה אֶל־יהוה חֲזַק וְיַאֲמֵץ לִבֶּךָ
וְקַוֵּה אֶל־יהוה:

קדיש יתום:

יִתְגַּדַּל וְיִתְקַדַּשׁ שְׁמֵהּ רַבָּא, בְּעָלְמָא דִּי בְרָא כִרְעוּתֵהּ, וְיַמְלִיךְ מַלְכוּתֵהּ וְיַצְמַח פֻּרְקָנֵהּ וִיקָרֵב מְשִׁיחֵהּ, בְּחַיֵּיכוֹן וּבְיוֹמֵיכוֹן וּבְחַיֵּי דְכָל בֵּית יִשְׂרָאֵל, בַּעֲגָלָא וּבִזְמַן קָרִיב, וְאִמְרוּ אָמֵן.

יְהֵא שְׁמֵהּ רַבָּא מְבָרַךְ לְעָלַם וּלְעָלְמֵי עָלְמַיָּא.

יִתְבָּרַךְ וְיִשְׁתַּבַּח וְיִתְפָּאַר וְיִתְרוֹמַם וְיִתְנַשֵּׂא, וְיִתְהַדָּר וְיִתְעַלֶּה וְיִתְהַלָּל שְׁמֵהּ דְּקֻדְשָׁא בְּרִיךְ הוּא, לְעֵלָּא לְעֵלָּא מִכָּל בִּרְכָתָא וְשִׁירָתָא, תֻּשְׁבְּחָתָא וְנֶחֱמָתָא, דַּאֲמִירָן בְּעָלְמָא, וְאִמְרוּ אָמֵן.

יְהֵא שְׁלָמָא רַבָּא מִן שְׁמַיָּא, וְחַיִּים טוֹבִים עָלֵינוּ וְעַל כָּל יִשְׂרָאֵל, וְאִמְרוּ אָמֵן.

עֹשֶׂה הַשָּׁלוֹם בִּמְרוֹמָיו, הוּא יַעֲשֶׂה שָׁלוֹם עָלֵינוּ וְעַל כָּל יִשְׂרָאֵל, וְאִמְרוּ אָמֵן.

הוצאת ספר תורה

אַתָּה הָרְאֵתָ לָדַעַת, כִּי יי הוא הָאֱלֹהִים, אֵין עוד מִלְּבַדּוֹ. אֵין כָּמוֹךָ בָאֱלֹהִים, אֲדֹנָי, וְאֵין כְּמַעֲשֶׂיךָ. מַלְכוּתְךָ מַלְכוּת כָּל עֹלָמִים, וּמֶמְשַׁלְתְּךָ בְּכָל דור וָדֹר. יי מֶלֶךְ, יי מָלָךְ, יי יִמְלֹךְ לְעֹלָם וָעֶד. יי עֹז לְעַמּוֹ יִתֵּן, יי יְבָרֵךְ אֶת עַמּוֹ בַשָּׁלוֹם. אַב הָרַחֲמִים, הֵיטִיבָה בִרְצוֹנְךָ אֶת צִיּוֹן תִּבְנֶה חוֹמוֹת יְרוּשָׁלָיִם. כִּי בְךָ לְבַד בָּטָחְנוּ, מֶלֶךְ אֵל רָם וְנִשָּׂא, אֲדוֹן עוֹלָמִים.

בפתיחת ארון הקודש אומרים:

וַיְהִי בִּנְסֹעַ הָאָרֹן וַיֹּאמֶר מֹשֶׁה.

קוּמָה יי וְיָפֻצוּ אֹיְבֶיךָ וְיָנֻסוּ מְשַׂנְאֶיךָ מִפָּנֶיךָ.

כִּי מִצִּיּוֹן תֵּצֵא תוֹרָה, וּדְבַר יי מִירוּשָׁלָיִם.

בָּרוּךְ שֶׁנָּתַן תּוֹרָה לְעַמּוֹ יִשְׂרָאֵל בִּקְדֻשָּׁתוֹ.

ג׳ פעמים: יי, יי, אֵל רַחוּם וְחַנּוּן, אֶרֶךְ אַפַּיִם וְרַב חֶסֶד וֶאֱמֶת.
נֹצֵר חֶסֶד לָאֲלָפִים, נֹשֵׂא עָוֹן וָפֶשַׁע וְחַטָּאָה, וְנַקֵּה.

רִבּוֹנוֹ שֶׁל עוֹלָם, מַלֵּא מִשְׁאֲלוֹתַי לְטוֹבָה, וְהָפֵק רְצוֹנִי, וְתֵן שְׁאֵלָתִי, וּמְחוֹל לִי עַל כָּל עֲוֹנוֹתַי וְעַל כָּל עֲוֹנוֹת אַנְשֵׁי בֵיתִי, מְחִילָה בְּחֶסֶד מְחִילָה בְּרַחֲמִים, וְטַהֲרֵנִי מֵחֲטָאַי וּמֵעֲוֹנַי וּמִפְּשָׁעַי, וְזָכְרֵנִי בְּזִכָּרוֹן טוֹב לְפָנֶיךָ, וּפָקְדֵנִי בִּפְקֻדַּת יְשׁוּעָה וְרַחֲמִים. וְזָכְרֵנוּ לְחַיִּים טוֹבִים וּלְשָׁלוֹם וּפַרְנָסָה וְכַלְכָּלָה וְלֶחֶם לֶאֱכוֹל וּבֶגֶד לִלְבּוֹשׁ, וְעוֹשֶׁר וְכָבוֹד וַאֲרִיכַת יָמִים בְּתוֹרָתֶךָ וּבְמִצְוֹתֶיךָ, וְשֵׂכֶל וּבִינָה לְהָבִין וּלְהַשְׂכִּיל עִמְקֵי סוֹדוֹתֶיךָ. וְהָפֵק רְפוּאָה לְכָל מַכְאוֹבֵינוּ, וּבָרֵךְ כָּל מַעֲשֵׂה יָדֵינוּ, וּגְזוֹר עָלֵינוּ גְּזֵרוֹת טוֹבוֹת יְשׁוּעוֹת וְנֶחָמוֹת, וּבַטֵּל מֵעָלֵינוּ כָּל גְּזֵרוֹת קָשׁוֹת וְרָעוֹת, וְתֵן בְּלֵב הַמַּלְכוּת וְיוֹעֲצָיו וְשָׂרָיו עָלֵינוּ לְטוֹבָה. אָמֵן וְכֵן יְהִי רָצוֹן.

יִהְיוּ לְרָצוֹן אִמְרֵי פִי וְהֶגְיוֹן לִבִּי לְפָנֶיךָ, יי צוּרִי וְגֹאֲלִי.
ג׳ פעמים: וַאֲנִי תְפִלָּתִי לְךָ, יי, עֵת רָצוֹן, אֱלֹהִים בְּרָב חַסְדֶּךָ
עֲנֵנִי בֶּאֱמֶת יִשְׁעֶךָ.

בְּרִיךְ שְׁמֵהּ דְּמָרֵא עָלְמָא, בְּרִיךְ כִּתְרָךְ וְאַתְרָךְ. יְהֵא רְעוּתָךְ עִם עַמָּךְ יִשְׂרָאֵל לְעָלַם, וּפֻרְקַן יְמִינָךְ אַחֲזֵי לְעַמָּךְ בְּבֵית מַקְדְּשָׁךְ וּלְאַמְטוּיֵי לָנָא מִטּוּב נְהוֹרָךְ וּלְקַבֵּל צְלוֹתָנָא בְּרַחֲמִין. יְהֵא רַעֲוָא קֳדָמָךְ דְּתוֹרִיךְ לָן חַיִּין בְּטִיבוּ וְלֶהֱוֵי אֲנָא פְקִידָא בְּגוֹ צַדִּיקַיָּא לְמִרְחַם עָלַי וּלְמִנְטַר יָתִי וְיַת כָּל דִּי לִי וְדִי לְעַמָּךְ יִשְׂרָאֵל. אַנְתְּ הוּא זָן לְכֹלָּא וּמְפַרְנֵס לְכֹלָּא, אַנְתְּ הוּא שַׁלִּיט עַל כֹּלָּא אַנְתְּ הוּא דְשַׁלִּיט עַל מַלְכַיָּא וּמַלְכוּתָא דִּילָךְ הִיא. אֲנָא עַבְדָּא דְקֻדְשָׁא בְּרִיךְ הוּא, דְּסָגִידְנָא קַמֵּהּ וּמִקַּמֵּי דִּיקַר אוֹרַיְתֵהּ בְּכָל עִדָּן וְעִדָּן. לָא עַל אֱנָשׁ רָחִיצְנָא וְלָא עַל בַּר אֱלָהִין סָמִיכְנָא, אֶלָּא בֶּאֱלָהָא דִשְׁמַיָּא, דְּהוּא אֱלָהָא קְשׁוֹט וְאוֹרַיְתֵהּ קְשׁוֹט, וּנְבִיאוֹהִי קְשׁוֹט, וּמַסְגֵּא לְמֶעְבַּד טַבְוָן וּקְשׁוֹט. בֵּהּ אֲנָא רָחִיץ, וְלִשְׁמֵהּ קַדִּישָׁא יַקִּירָא אֲנָא אֵמַר תֻּשְׁבְּחָן. יְהֵא רַעֲוָא קֳדָמָךְ דְּתִפְתַּח לִבָּאִי בְּאוֹרַיְתָא וְתַשְׁלִים מִשְׁאֲלִין דְּלִבָּאִי וְלִבָּא דְכָל עַמָּךְ יִשְׂרָאֵל לְטָב וּלְחַיִּין וְלִשְׁלָם.

מוציאים שני ספרי תורה, והש״ץ נוטל ספר התורה הראשון ואומר:

שְׁמַע יִשְׂרָאֵל, יי אֱלֹהֵינוּ, יי אֶחָד. הקהל חוזר

אֶחָד אֱלֹהֵינוּ, גָּדוֹל אֲדוֹנֵינוּ, קָדוֹשׁ וְנוֹרָא שְׁמוֹ. הקהל חוזר

גַּדְּלוּ לַיי אִתִּי וּנְרוֹמְמָה שְׁמוֹ יַחְדָּו.

הקהל עונה:

לְךָ יי הַגְּדֻלָּה וְהַגְּבוּרָה וְהַתִּפְאֶרֶת וְהַנֵּצַח וְהַהוֹד, כִּי כֹל בַּשָּׁמַיִם וּבָאָרֶץ, לְךָ יי הַמַּמְלָכָה וְהַמִּתְנַשֵּׂא לְכֹל לְרֹאשׁ. רוֹמְמוּ יי אֱלֹהֵינוּ וְהִשְׁתַּחֲווּ לַהֲדֹם רַגְלָיו, קָדוֹשׁ הוּא. רוֹמְמוּ יי אֱלֹהֵינוּ וְהִשְׁתַּחֲווּ לְהַר קָדְשׁוֹ, כִּי קָדוֹשׁ יי אֱלֹהֵינוּ.

עַל הַכֹּל יִתְגַּדַּל וְיִתְקַדַּשׁ וְיִשְׁתַּבַּח וְיִתְפָּאַר וְיִתְרוֹמַם וְיִתְנַשֵּׂא שְׁמוֹ שֶׁל מֶלֶךְ מַלְכֵי הַמְּלָכִים הַקָּדוֹשׁ בָּרוּךְ הוּא, בָּעוֹלָמוֹת שֶׁבָּרָא, הָעוֹלָם הַזֶּה וְהָעוֹלָם הַבָּא, כִּרְצוֹנוֹ וְכִרְצוֹן יְרֵאָיו וְכִרְצוֹן כָּל בֵּית יִשְׂרָאֵל. צוּר הָעוֹלָמִים, אֲדוֹן כָּל הַבְּרִיּוֹת, אֱלוֹהַּ כָּל הַנְּפָשׁוֹת, הַיּוֹשֵׁב בְּמֶרְחֲבֵי מָרוֹם, הַשּׁוֹכֵן בִּשְׁמֵי שְׁמֵי קֶדֶם, קְדֻשָּׁתוֹ עַל הַחַיּוֹת, וּקְדֻשָּׁתוֹ עַל כִּסֵּא הַכָּבוֹד. וּבְכֵן יִתְקַדַּשׁ שִׁמְךָ בָּנוּ יי אֱלֹהֵינוּ לְעֵינֵי כָּל חָי, וְנֹאמַר לְפָנָיו שִׁיר חָדָשׁ, כַּכָּתוּב, שִׁירוּ לֵאלֹהִים זַמְּרוּ שְׁמוֹ, סֹלּוּ לָרֹכֵב בָּעֲרָבוֹת, בְּיָהּ שְׁמוֹ, וְעִלְזוּ לְפָנָיו. וְנִרְאֵהוּ עַיִן בְּעַיִן בְּשׁוּבוֹ אֶל נָוֵהוּ, כַּכָּתוּב, כִּי עַיִן בְּעַיִן יִרְאוּ בְּשׁוּב יי צִיּוֹן. וְנֶאֱמַר, וְנִגְלָה כְּבוֹד יי, וְרָאוּ כָל בָּשָׂר יַחְדָּו כִּי פִּי יי דִּבֵּר.

אַב הָרַחֲמִים הוּא יְרַחֵם עַם עֲמוּסִים, וְיִזְכֹּר בְּרִית אֵיתָנִים, וְיַצִּיל נַפְשׁוֹתֵינוּ מִן הַשָּׁעוֹת הָרָעוֹת, וְיִגְעַר בְּיֵצֶר הָרָע מִן הַנְּשׂוּאִים, וְיָחֹן אוֹתָנוּ לִפְלֵיטַת עוֹלָמִים, וִימַלֵּא מִשְׁאֲלוֹתֵינוּ בְּמִדָּה טוֹבָה יְשׁוּעָה וְרַחֲמִים.

הש״ץ מניח את הספר על שולחן הקריאה, והקורא את העולים אומר:

וְיַעֲזֹר וְיָגֵן וְיוֹשִׁיעַ לְכֹל הַחוֹסִים בּוֹ, וְנֹאמַר אָמֵן. הַכֹּל הָבוּ גֹדֶל לֵאלֹהֵינוּ וּתְנוּ כָבוֹד לַתּוֹרָה. כֹּהֵן קְרַב, יַעֲמֹד (פלוני בן פלוני) הַכֹּהֵן. בָּרוּךְ שֶׁנָּתַן תּוֹרָה לְעַמּוֹ יִשְׂרָאֵל בִּקְדֻשָּׁתוֹ.

הקהל: וְאַתֶּם הַדְּבֵקִים בַּיי אֱלֹהֵיכֶם חַיִּים כֻּלְּכֶם הַיּוֹם.

לפני הקריאה

אומר העולה: בָּרְכוּ אֶת יי הַמְבֹרָךְ.

ועונים הקהל: בָּרוּךְ יי הַמְבֹרָךְ לְעוֹלָם וָעֶד. והעולה חוזר

ומברך: בָּרוּךְ אַתָּה יי אֱלֹהֵינוּ מֶלֶךְ הָעוֹלָם
אֲשֶׁר בָּחַר בָּנוּ מִכָּל הָעַמִּים וְנָתַן לָנוּ אֶת תּוֹרָתוֹ.
בָּרוּךְ אַתָּה יי, נוֹתֵן הַתּוֹרָה.

לאחר הקריאה: בָּרוּךְ אַתָּה יי אֱלֹהֵינוּ מֶלֶךְ הָעוֹלָם
אֲשֶׁר נָתַן לָנוּ תּוֹרַת אֱמֶת וְחַיֵּי עוֹלָם נָטַע בְּתוֹכֵנוּ.
בָּרוּךְ אַתָּה יי, נוֹתֵן הַתּוֹרָה.

ברכת הגומל

בָּרוּךְ אַתָּה יי אֱלֹהֵינוּ מֶלֶךְ הָעוֹלָם, הַגּוֹמֵל לְחַיָּבִים טוֹבוֹת, שֶׁגְּמָלַנִי כָּל טוֹב.

ועונים הקהל: אָמֵן. מִי שֶׁגְּמָלְךָ טוֹב, הוּא יִגְמָלְךָ כָּל טוֹב, סֶלָה.

ברכת בר־מצוה

ברכת אביו של נער הבר־מצוה לאחר עליתו לתורה בפעם הראשונה:

בָּרוּךְ שֶׁפְּטָרַנִי מֵעָנְשׁוֹ שֶׁלָּזֶה.

מי שברך לעולה לתורה:

מִי שֶׁבֵּרַךְ אֲבוֹתֵינוּ אַבְרָהָם יִצְחָק וְיַעֲקֹב
הוּא יְבָרֵךְ אֶת (פלוני בן פלוני) בַּעֲבוּר שֶׁעָלָה לִכְבוֹד הַמָּקוֹם וְלִכְבוֹד הַתּוֹרָה וְלִכְבוֹד יוֹם הַדִּין. בִּשְׂכַר זֶה הַקָּדוֹשׁ בָּרוּךְ הוּא יִשְׁמְרֵהוּ וְיַצִּילֵהוּ מִכָּל צָרָה וְצוּקָה וּמִכָּל נֶגַע וּמַחֲלָה, וְיִשְׁלַח בְּרָכָה וְהַצְלָחָה בְּכָל מַעֲשֵׂה יָדָיו וְיִכְתְּבֵהוּ וְיַחְתְּמֵהוּ לְחַיִּים טוֹבִים בְּיוֹם הַדִּין הַזֶּה עִם כָּל יִשְׂרָאֵל אֶחָיו, וְנֹאמַר אָמֵן.

מי שברך לחיילי צה״ל:

מִי שֶׁבֵּרַךְ אֲבוֹתֵינוּ אַבְרָהָם יִצְחָק וְיַעֲקֹב הוּא יְבָרֵךְ אֶת חַיָּלֵי צְבָא הַהֲגָנָה לְיִשְׂרָאֵל, הָעוֹמְדִים עַל מִשְׁמַר אַרְצֵנוּ וְעָרֵי אֱלֹהֵינוּ, מִגְּבוּל הַלְּבָנוֹן וְעַד מִדְבַּר מִצְרַיִם וּמִן הַיָּם הַגָּדוֹל עַד לְבוֹא הָעֲרָבָה, בַּיַּבָּשָׁה, בָּאֲוִיר וּבַיָּם. יִתֵּן יי אֶת אוֹיְבֵינוּ הַקָּמִים עָלֵינוּ נִגָּפִים לִפְנֵיהֶם. הַקָּדוֹשׁ בָּרוּךְ הוּא יִשְׁמֹר וְיַצִּיל אֶת חַיָּלֵינוּ מִכָּל צָרָה וְצוּקָה וּמִכָּל נֶגַע וּמַחֲלָה, וְיִשְׁלַח בְּרָכָה וְהַצְלָחָה בְּכָל מַעֲשֵׂי יְדֵיהֶם. יַדְבֵּר שׂוֹנְאֵינוּ תַּחְתֵּיהֶם וִיעַטְּרֵם בְּכֶתֶר יְשׁוּעָה וּבַעֲטֶרֶת נִצָּחוֹן. וִיקֻיַּם בָּהֶם הַכָּתוּב, כִּי יי אֱלֹהֵיכֶם הַהֹלֵךְ עִמָּכֶם לְהִלָּחֵם לָכֶם עִם אֹיְבֵיכֶם לְהוֹשִׁיעַ אֶתְכֶם, וְנֹאמַר אָמֵן.

ליולדת בן: **מִי שֶׁבֵּרַךְ אֲבוֹתֵינוּ אַבְרָהָם יִצְחָק וְיַעֲקֹב מֹשֶׁה וְאַהֲרֹן דָּוִד וּשְׁלֹמֹה, שָׂרָה רִבְקָה רָחֵל וְלֵאָה הוּא יְבָרֵךְ אֶת הָאִשָּׁה הַיּוֹלֶדֶת** (פלונית בת פלוני) **וְאֶת בְּנָהּ שֶׁנּוֹלַד לָהּ לְמַזָּל טוֹב בַּעֲבוּר שֶׁבַּעְלָהּ וְאָבִיו נוֹדֵר צְדָקָה בַּעֲדָם. בִּשְׂכַר זֶה יִזְכּוּ אָבִיו וְאִמּוֹ לְהַכְנִיסוֹ בִּבְרִיתוֹ שֶׁל אַבְרָהָם אָבִינוּ וּלְגַדְּלוֹ לְתוֹרָה וּלְחֻפָּה וּלְמַעֲשִׂים טוֹבִים, וְנֹאמַר אָמֵן.**

ליולדת בת: **מִי שֶׁבֵּרַךְ אֲבוֹתֵינוּ אַבְרָהָם יִצְחָק וְיַעֲקֹב מֹשֶׁה וְאַהֲרֹן דָּוִד וּשְׁלֹמֹה, שָׂרָה רִבְקָה רָחֵל וְלֵאָה הוּא יְבָרֵךְ אֶת הָאִשָּׁה הַיּוֹלֶדֶת** (פלונית בת פלוני) **וְאֶת בִּתָּהּ שֶׁנּוֹלְדָה לָהּ לְמַזָּל טוֹב וְיִקָּרֵא שְׁמָהּ בְּיִשְׂרָאֵל** (פלונית בת פלוני) **בַּעֲבוּר שֶׁבַּעְלָהּ וְאָבִיהָ נוֹדֵר צְדָקָה בַּעֲדָן. בִּשְׂכַר זֶה יִזְכּוּ אָבִיהָ וְאִמָּהּ לְגַדְּלָהּ לְתוֹרָה וּלְחֻפָּה וּלְמַעֲשִׂים טוֹבִים, וְנֹאמַר אָמֵן.**

לחולה:

מִי שֶׁבֵּרַךְ אֲבוֹתֵינוּ אַבְרָהָם יִצְחָק וְיַעֲקֹב, מֹשֶׁה וְאַהֲרֹן דָּוִד וּשְׁלֹמֹה הוּא יְבָרֵךְ וִירַפֵּא אֶת הַחוֹלֶה (פלוני בן פלונית) / לנקבה: **הַחוֹלָה** (פלונית בת פלונית) **בַּעֲבוּר** (שפלוני בן פלוני) **נוֹדֵר צְדָקָה בַּעֲבוּרוֹ** /לנקבה: **בַּעֲבוּרָהּ**/. **בִּשְׂכַר זֶה הַקָּדוֹשׁ בָּרוּךְ הוּא יִמָּלֵא רַחֲמִים**

לזכר: **עָלָיו לְהַחֲלִימוֹ וּלְרַפְּאֹתוֹ וּלְהַחֲזִיקוֹ וּלְהַחֲיוֹתוֹ וְיִשְׁלַח לוֹ מְהֵרָה רְפוּאָה שְׁלֵמָה מִן הַשָּׁמַיִם לִרְמַ״ח אֵבָרָיו וּשְׁסַ״ה גִּידָיו**

לנקבה: **עָלֶיהָ לְהַחֲלִימָהּ וּלְרַפְּאֹתָהּ וּלְהַחֲזִיקָהּ וּלְהַחֲיוֹתָהּ וְיִשְׁלַח לָהּ מְהֵרָה רְפוּאָה שְׁלֵמָה מִן הַשָּׁמַיִם לְכָל אֵבָרֶיהָ וּלְכָל גִּידֶיהָ**

בְּתוֹךְ שְׁאָר חוֹלֵי יִשְׂרָאֵל, רְפוּאַת הַנֶּפֶשׁ וּרְפוּאַת הַגּוּף. הַשְׁתָּא בַּעֲגָלָא וּבִזְמַן קָרִיב, וְנֹאמַר אָמֵן.

בראשית כב וַיְהִי אַחַר הַדְּבָרִים הָאֵלֶּה וְהָאֱלֹהִים נִסָּה אֶת־אַבְרָהָם וַיֹּאמֶר
אֵלָיו אַבְרָהָם וַיֹּאמֶר הִנֵּנִי׃ וַיֹּאמֶר קַח־נָא אֶת־בִּנְךָ אֶת־
יְחִידְךָ אֲשֶׁר־אָהַבְתָּ אֶת־יִצְחָק וְלֶךְ־לְךָ אֶל־אֶרֶץ הַמֹּרִיָּה
וְהַעֲלֵהוּ שָׁם לְעֹלָה עַל אַחַד הֶהָרִים אֲשֶׁר אֹמַר אֵלֶיךָ׃ וַיַּשְׁכֵּם
אַבְרָהָם בַּבֹּקֶר וַיַּחֲבֹשׁ אֶת־חֲמֹרוֹ וַיִּקַּח אֶת־שְׁנֵי נְעָרָיו אִתּוֹ
וְאֵת יִצְחָק בְּנוֹ וַיְבַקַּע עֲצֵי עֹלָה וַיָּקָם וַיֵּלֶךְ אֶל־הַמָּקוֹם אֲשֶׁר־
שני אָמַר־לוֹ הָאֱלֹהִים׃ בַּיּוֹם הַשְּׁלִישִׁי וַיִּשָּׂא אַבְרָהָם אֶת־עֵינָיו
וַיַּרְא אֶת־הַמָּקוֹם מֵרָחֹק׃ וַיֹּאמֶר אַבְרָהָם אֶל־נְעָרָיו שְׁבוּ־לָכֶם
פֹּה עִם־הַחֲמוֹר וַאֲנִי וְהַנַּעַר נֵלְכָה עַד־כֹּה וְנִשְׁתַּחֲוֶה וְנָשׁוּבָה
אֲלֵיכֶם׃ וַיִּקַּח אַבְרָהָם אֶת־עֲצֵי הָעֹלָה וַיָּשֶׂם עַל־יִצְחָק בְּנוֹ
וַיִּקַּח בְּיָדוֹ אֶת־הָאֵשׁ וְאֶת־הַמַּאֲכֶלֶת וַיֵּלְכוּ שְׁנֵיהֶם יַחְדָּו׃
וַיֹּאמֶר יִצְחָק אֶל־אַבְרָהָם אָבִיו וַיֹּאמֶר אָבִי וַיֹּאמֶר הִנֶּנִּי בְנִי
וַיֹּאמֶר הִנֵּה הָאֵשׁ וְהָעֵצִים וְאַיֵּה הַשֶּׂה לְעֹלָה׃ וַיֹּאמֶר אַבְרָהָם
שלישי אֱלֹהִים יִרְאֶה־לּוֹ הַשֶּׂה לְעֹלָה בְּנִי וַיֵּלְכוּ שְׁנֵיהֶם יַחְדָּו׃ וַיָּבֹאוּ
אֶל־הַמָּקוֹם אֲשֶׁר אָמַר־לוֹ הָאֱלֹהִים וַיִּבֶן שָׁם אַבְרָהָם אֶת־
הַמִּזְבֵּחַ וַיַּעֲרֹךְ אֶת־הָעֵצִים וַיַּעֲקֹד אֶת־יִצְחָק בְּנוֹ וַיָּשֶׂם אֹתוֹ
עַל־הַמִּזְבֵּחַ מִמַּעַל לָעֵצִים׃ וַיִּשְׁלַח אַבְרָהָם אֶת־יָדוֹ וַיִּקַּח
אֶת־הַמַּאֲכֶלֶת לִשְׁחֹט אֶת־בְּנוֹ׃ וַיִּקְרָא אֵלָיו מַלְאַךְ יְהוָה
מִן־הַשָּׁמַיִם וַיֹּאמֶר אַבְרָהָם ׀ אַבְרָהָם וַיֹּאמֶר הִנֵּנִי׃ וַיֹּאמֶר אַל־
תִּשְׁלַח יָדְךָ אֶל־הַנַּעַר וְאַל־תַּעַשׂ לוֹ מְאוּמָה כִּי ׀ עַתָּה יָדַעְתִּי
כִּי־יְרֵא אֱלֹהִים אַתָּה וְלֹא חָשַׂכְתָּ אֶת־בִּנְךָ אֶת־יְחִידְךָ מִמֶּנִּי׃
וַיִּשָּׂא אַבְרָהָם אֶת־עֵינָיו וַיַּרְא וְהִנֵּה־אַיִל אַחַר נֶאֱחַז בַּסְּבַךְ
בְּקַרְנָיו וַיֵּלֶךְ אַבְרָהָם וַיִּקַּח אֶת־הָאַיִל וַיַּעֲלֵהוּ לְעֹלָה תַּחַת
בְּנוֹ׃ וַיִּקְרָא אַבְרָהָם שֵׁם־הַמָּקוֹם הַהוּא יְהוָה ׀ יִרְאֶה אֲשֶׁר
רביעי יֵאָמֵר הַיּוֹם בְּהַר יְהוָה יֵרָאֶה׃ וַיִּקְרָא מַלְאַךְ יְהוָה אֶל־אַבְרָהָם
שֵׁנִית מִן־הַשָּׁמָיִם׃ וַיֹּאמֶר בִּי נִשְׁבַּעְתִּי נְאֻם־יְהוָה כִּי יַעַן אֲשֶׁר

עָשִׂיתָ אֶת־הַדָּבָר הַזֶּה וְלֹא חָשַׂכְתָּ אֶת־בִּנְךָ אֶת־יְחִידֶךָ: כִּי־
בָרֵךְ אֲבָרֶכְךָ וְהַרְבָּה אַרְבֶּה אֶת־זַרְעֲךָ כְּכוֹכְבֵי הַשָּׁמַיִם וְכַחוֹל
אֲשֶׁר עַל־שְׂפַת הַיָּם וְיִרַשׁ זַרְעֲךָ אֵת שַׁעַר אֹיְבָיו: וְהִתְבָּרְכוּ
בְזַרְעֲךָ כֹּל גּוֹיֵי הָאָרֶץ עֵקֶב אֲשֶׁר שָׁמַעְתָּ בְּקֹלִי: וַיָּשָׁב אַבְרָהָם
אֶל־נְעָרָיו וַיָּקֻמוּ וַיֵּלְכוּ יַחְדָּו אֶל־בְּאֵר שָׁבַע וַיֵּשֶׁב אַבְרָהָם
בִּבְאֵר שָׁבַע:

חמישי וַיְהִי אַחֲרֵי הַדְּבָרִים הָאֵלֶּה וַיֻּגַּד לְאַבְרָהָם לֵאמֹר הִנֵּה יָלְדָה
מִלְכָּה גַם־הִוא בָּנִים לְנָחוֹר אָחִיךָ: אֶת־עוּץ בְּכֹרוֹ וְאֶת־בּוּז
אָחִיו וְאֶת־קְמוּאֵל אֲבִי אֲרָם: וְאֶת־כֶּשֶׂד וְאֶת־חֲזוֹ וְאֶת־
פִּלְדָּשׁ וְאֶת־יִדְלָף וְאֵת בְּתוּאֵל: וּבְתוּאֵל יָלַד אֶת־רִבְקָה
שְׁמֹנָה אֵלֶּה יָלְדָה מִלְכָּה לְנָחוֹר אֲחִי אַבְרָהָם: וּפִילַגְשׁוֹ
וּשְׁמָהּ רְאוּמָה וַתֵּלֶד גַּם־הִוא אֶת־טֶבַח וְאֶת־גַּחַם וְאֶת־
תַּחַשׁ וְאֶת־מַעֲכָה:

מניחים את הספר השני ליד הראשון, הקורא אומר חצי קדיש.

מגביהים את הספר הראשון והקהל אומרים:

וְזֹאת הַתּוֹרָה אֲשֶׁר שָׂם מֹשֶׁה לִפְנֵי בְּנֵי יִשְׂרָאֵל (עַל פִּי יי בְּיַד מֹשֶׁה).

ויש מוסיפים:

עֵץ חַיִּים הִיא לַמַּחֲזִיקִים בָּהּ וְתֹמְכֶיהָ מְאֻשָּׁר. דְּרָכֶיהָ דַרְכֵי נֹעַם וְכָל נְתִיבוֹתֶיהָ שָׁלוֹם. אֹרֶךְ יָמִים בִּימִינָהּ בִּשְׂמֹאלָהּ עֹשֶׁר וְכָבוֹד. יי חָפֵץ לְמַעַן צִדְקוֹ יַגְדִּיל תּוֹרָה וְיַאְדִּיר.

קוראים למפטיר בספר שני

במדבר כט וּבַחֹדֶשׁ הַשְּׁבִיעִי בְּאֶחָד לַחֹדֶשׁ מִקְרָא־קֹדֶשׁ יִהְיֶה לָכֶם כָּל־
מְלֶאכֶת עֲבֹדָה לֹא תַעֲשׂוּ יוֹם תְּרוּעָה יִהְיֶה לָכֶם: וַעֲשִׂיתֶם
עֹלָה לְרֵיחַ נִיחֹחַ לַיהוָה פַּר בֶּן־בָּקָר אֶחָד אַיִל אֶחָד כְּבָשִׂים
בְּנֵי־שָׁנָה שִׁבְעָה תְּמִימִם: וּמִנְחָתָם סֹלֶת בְּלוּלָה בַשָּׁמֶן שְׁלֹשָׁה
עֶשְׂרֹנִים לַפָּר שְׁנֵי עֶשְׂרֹנִים לָאָיִל: וְעִשָּׂרוֹן אֶחָד לַכֶּבֶשׂ הָאֶחָד

לְשִׁבְעַת הַכְּבָשִׂים: וּשְׂעִיר־עִזִּים אֶחָד חַטָּאת לְכַפֵּר עֲלֵיכֶם:
מִלְּבַד עֹלַת הַחֹדֶשׁ וּמִנְחָתָהּ וְעֹלַת הַתָּמִיד וּמִנְחָתָהּ וְנִסְכֵּיהֶם
כְּמִשְׁפָּטָם לְרֵיחַ נִיחֹחַ אִשֶּׁה לַיהוָה:

מגביהים ספר תורה („וזאת התורה״)

לפני קריאת ההפטרה מברך המפטיר:

בָּרוּךְ אַתָּה יי אֱלֹהֵינוּ מֶלֶךְ הָעוֹלָם, אֲשֶׁר בָּחַר בִּנְבִיאִים טוֹבִים וְרָצָה בְדִבְרֵיהֶם הַנֶּאֱמָרִים בֶּאֱמֶת. בָּרוּךְ אַתָּה יי, הַבּוֹחֵר בַּתּוֹרָה וּבְמֹשֶׁה עַבְדּוֹ וּבְיִשְׂרָאֵל עַמּוֹ וּבִנְבִיאֵי הָאֱמֶת וָצֶדֶק.

ירמיהו לא כֹּה אָמַר יְהוָה מָצָא חֵן בַּמִּדְבָּר עַם
שְׂרִידֵי חָרֶב הָלוֹךְ לְהַרְגִּיעוֹ יִשְׂרָאֵל: מֵרָחוֹק יְהוָה נִרְאָה לִי
וְאַהֲבַת עוֹלָם אֲהַבְתִּיךְ עַל־כֵּן מְשַׁכְתִּיךְ חָסֶד: עוֹד אֶבְנֵךְ
וְנִבְנֵית בְּתוּלַת יִשְׂרָאֵל עוֹד תַּעְדִּי תֻפַּיִךְ וְיָצָאת בִּמְחוֹל
מְשַׂחֲקִים: עוֹד תִּטְּעִי כְרָמִים בְּהָרֵי שֹׁמְרוֹן נָטְעוּ נֹטְעִים
וְחִלֵּלוּ: כִּי יֶשׁ־יוֹם קָרְאוּ נֹצְרִים בְּהַר אֶפְרָיִם קוּמוּ וְנַעֲלֶה צִיּוֹן
אֶל־יְהוָה אֱלֹהֵינוּ: כִּי־כֹה | אָמַר יְהוָה רָנּוּ
לְיַעֲקֹב שִׂמְחָה וְצַהֲלוּ בְּרֹאשׁ הַגּוֹיִם הַשְׁמִיעוּ הַלְלוּ וְאִמְרוּ
הוֹשַׁע יְהוָה אֶת־עַמְּךָ אֵת שְׁאֵרִית יִשְׂרָאֵל: הִנְנִי מֵבִיא אוֹתָם
מֵאֶרֶץ צָפוֹן וְקִבַּצְתִּים מִיַּרְכְּתֵי־אָרֶץ בָּם עִוֵּר וּפִסֵּחַ הָרָה
וְיֹלֶדֶת יַחְדָּו קָהָל גָּדוֹל יָשׁוּבוּ הֵנָּה: בִּבְכִי יָבֹאוּ וּבְתַחֲנוּנִים
אוֹבִילֵם אוֹלִיכֵם אֶל־נַחֲלֵי מַיִם בְּדֶרֶךְ יָשָׁר לֹא יִכָּשְׁלוּ בָּהּ כִּי־
הָיִיתִי לְיִשְׂרָאֵל לְאָב וְאֶפְרַיִם בְּכֹרִי הוּא: שִׁמְעוּ
דְבַר־יְהוָה גּוֹיִם וְהַגִּידוּ בָאִיִּים מִמֶּרְחָק וְאִמְרוּ מְזָרֵה יִשְׂרָאֵל
יְקַבְּצֶנּוּ וּשְׁמָרוֹ כְּרֹעֶה עֶדְרוֹ: כִּי־פָדָה יְהוָה אֶת־יַעֲקֹב וּגְאָלוֹ
מִיַּד חָזָק מִמֶּנּוּ: וּבָאוּ וְרִנְּנוּ בִמְרוֹם־צִיּוֹן וְנָהֲרוּ אֶל־טוּב יְהוָה
עַל־דָּגָן וְעַל־תִּירֹשׁ וְעַל־יִצְהָר וְעַל־בְּנֵי־צֹאן וּבָקָר וְהָיְתָה

נַפְשָׁם כְּגַן רָוֶה וְלֹא־יוֹסִיפוּ לְדַאֲבָה עוֹד׃ אָז תִּשְׂמַח בְּתוּלָה
בְּמָחוֹל וּבַחֻרִים וּזְקֵנִים יַחְדָּו וְהָפַכְתִּי אֶבְלָם לְשָׂשׂוֹן וְנִחַמְתִּים
וְשִׂמַּחְתִּים מִיגוֹנָם׃ וְרִוֵּיתִי נֶפֶשׁ הַכֹּהֲנִים דָּשֶׁן וְעַמִּי אֶת־טוּבִי
יִשְׂבָּעוּ נְאֻם־יְהוָה׃ כֹּה ׀ אָמַר יְהוָה קוֹל בְּרָמָה
נִשְׁמָע נְהִי בְּכִי תַמְרוּרִים רָחֵל מְבַכָּה עַל־בָּנֶיהָ מֵאֲנָה לְהִנָּחֵם
עַל־בָּנֶיהָ כִּי אֵינֶנּוּ׃ כֹּה ׀ אָמַר יְהוָה מִנְעִי קוֹלֵךְ
מִבֶּכִי וְעֵינַיִךְ מִדִּמְעָה כִּי יֵשׁ שָׂכָר לִפְעֻלָּתֵךְ נְאֻם־יְהוָה וְשָׁבוּ
מֵאֶרֶץ אוֹיֵב׃ וְיֵשׁ־תִּקְוָה לְאַחֲרִיתֵךְ נְאֻם־יְהוָה וְשָׁבוּ בָנִים
לִגְבוּלָם׃ שָׁמוֹעַ שָׁמַעְתִּי אֶפְרַיִם מִתְנוֹדֵד יִסַּרְתַּנִי וָאִוָּסֵר כְּעֵגֶל
לֹא לֻמָּד הֲשִׁבֵנִי וְאָשׁוּבָה כִּי אַתָּה יְהוָה אֱלֹהָי׃ כִּי־אַחֲרֵי שׁוּבִי
נִחַמְתִּי וְאַחֲרֵי הִוָּדְעִי סָפַקְתִּי עַל־יָרֵךְ בֹּשְׁתִּי וְגַם־נִכְלַמְתִּי כִּי
נָשָׂאתִי חֶרְפַּת נְעוּרָי׃ הֲבֵן יַקִּיר לִי אֶפְרַיִם אִם יֶלֶד שַׁעֲשֻׁעִים
כִּי־מִדֵּי דַבְּרִי בּוֹ זָכֹר אֶזְכְּרֶנּוּ עוֹד עַל־כֵּן הָמוּ מֵעַי לוֹ רַחֵם
אֲרַחֲמֶנּוּ נְאֻם־יְהוָה׃

אחרי קריאת ההפטרה מברך המפטיר:

בָּרוּךְ אַתָּה יי אֱלֹהֵינוּ מֶלֶךְ הָעוֹלָם, צוּר כָּל הָעוֹלָמִים, צַדִּיק בְּכָל הַדּוֹרוֹת, הָאֵל הַנֶּאֱמָן, הָאוֹמֵר וְעוֹשֶׂה, הַמְדַבֵּר וּמְקַיֵּם, שֶׁכָּל דְּבָרָיו אֱמֶת וָצֶדֶק. נֶאֱמָן אַתָּה הוּא יי אֱלֹהֵינוּ וְנֶאֱמָנִים דְּבָרֶיךָ, וְדָבָר אֶחָד מִדְּבָרֶיךָ אָחוֹר לֹא יָשׁוּב רֵיקָם, כִּי אֵל מֶלֶךְ נֶאֱמָן וְרַחֲמָן אָתָּה.
בָּרוּךְ אַתָּה יי, הָאֵל הַנֶּאֱמָן בְּכָל דְּבָרָיו.

רַחֵם עַל צִיּוֹן, כִּי הִיא בֵּית חַיֵּינוּ, וְלַעֲלוּבַת נֶפֶשׁ תּוֹשִׁיעַ בִּמְהֵרָה בְיָמֵינוּ.
בָּרוּךְ אַתָּה יי, מְשַׂמֵּחַ צִיּוֹן בְּבָנֶיהָ.

שַׂמְּחֵנוּ יי אֱלֹהֵינוּ בְּאֵלִיָּהוּ הַנָּבִיא עַבְדֶּךָ, וּבְמַלְכוּת בֵּית דָּוִד מְשִׁיחֶךָ, בִּמְהֵרָה יָבוֹא וְיָגֵל לִבֵּנוּ. עַל כִּסְאוֹ לֹא יֵשֵׁב זָר, וְלֹא יִנְחֲלוּ עוֹד אֲחֵרִים אֶת כְּבוֹדוֹ, כִּי בְשֵׁם קָדְשְׁךָ נִשְׁבַּעְתָּ לּוֹ, שֶׁלֹּא יִכְבֶּה נֵרוֹ לְעוֹלָם וָעֶד.
בָּרוּךְ אַתָּה יי, מָגֵן דָּוִד.

עַל הַתּוֹרָה וְעַל הָעֲבוֹדָה וְעַל הַנְּבִיאִים וְעַל יוֹם הַזִּכָּרוֹן הַזֶּה, שֶׁנָּתַתָּ לָּנוּ, יי אֱלֹהֵינוּ, לְכָבוֹד וּלְתִפְאָרֶת. עַל הַכֹּל, יי אֱלֹהֵינוּ, אֲנַחְנוּ מוֹדִים לָךְ וּמְבָרְכִים אוֹתָךְ. יִתְבָּרַךְ שִׁמְךָ בְּפִי כָּל חַי תָּמִיד לְעוֹלָם וָעֶד, וּדְבָרְךָ אֱמֶת וְקַיָּם לָעַד. בָּרוּךְ אַתָּה יי, מֶלֶךְ עַל כָּל הָאָרֶץ, מְקַדֵּשׁ יִשְׂרָאֵל וְיוֹם הַזִּכָּרוֹן.

תפילה לשלום המדינה

אָבִינוּ שֶׁבַּשָּׁמַיִם, צוּר יִשְׂרָאֵל וְגוֹאֲלוֹ, בָּרֵךְ אֶת מְדִינַת יִשְׂרָאֵל, רֵאשִׁית צְמִיחַת גְּאֻלָּתֵנוּ. הָגֵן עָלֶיהָ בְּאֶבְרַת חַסְדֶּךָ וּפְרֹשׂ עָלֶיהָ סֻכַּת שְׁלוֹמֶךָ וּשְׁלַח אוֹרְךָ וַאֲמִתְּךָ לְרָאשֶׁיהָ, שָׂרֶיהָ וְיוֹעֲצֶיהָ, וְתַקְּנֵם בְּעֵצָה טוֹבָה מִלְּפָנֶיךָ.
חַזֵּק אֶת יְדֵי מְגִנֵּי אֶרֶץ קָדְשֵׁנוּ וְהַנְחִילֵם אֱלֹהֵינוּ יְשׁוּעָה וַעֲטֶרֶת נִצָּחוֹן תְּעַטְּרֵם, וְנָתַתָּ שָׁלוֹם בָּאָרֶץ, וְשִׂמְחַת עוֹלָם לְיוֹשְׁבֶיהָ.
וְאֶת אַחֵינוּ כָּל בֵּית יִשְׂרָאֵל, פְּקָד נָא בְּכָל אַרְצוֹת פְּזוּרֵיהֶם וְתוֹלִיכֵם מְהֵרָה קוֹמְמִיּוּת לְצִיּוֹן עִירֶךָ וְלִירוּשָׁלַיִם מִשְׁכַּן שְׁמֶךָ, כַּכָּתוּב בְּתוֹרַת מֹשֶׁה עַבְדֶּךָ, אִם יִהְיֶה נִדַּחֲךָ בִּקְצֵה הַשָּׁמָיִם, מִשָּׁם יְקַבֶּצְךָ יי אֱלֹהֶיךָ וּמִשָּׁם יִקָּחֶךָ. וֶהֱבִיאֲךָ יי אֱלֹהֶיךָ אֶל הָאָרֶץ, אֲשֶׁר יָרְשׁוּ אֲבֹתֶיךָ וִירִשְׁתָּהּ, וְהֵיטִבְךָ וְהִרְבְּךָ מֵאֲבֹתֶיךָ.
וּמָל יי אֱלֹהֶיךָ אֶת לְבָבְךָ וְאֶת לְבַב זַרְעֶךָ, לְאַהֲבָה אֶת יי אֱלֹהֶיךָ בְּכָל לְבָבְךָ וּבְכָל נַפְשְׁךָ לְמַעַן חַיֶּיךָ.
וְיַחֵד לְבָבֵנוּ לְאַהֲבָה וּלְיִרְאָה אֶת שְׁמֶךָ, וְלִשְׁמֹר אֶת כָּל דִּבְרֵי תוֹרָתֶךָ, וּשְׁלַח לָנוּ מְהֵרָה בֶּן דָּוִד מְשִׁיחַ צִדְקֶךָ, לִפְדּוֹת מְחַכֵּי קֵץ יְשׁוּעָתֶךָ.
וְהוֹפַע בַּהֲדַר גְּאוֹן עֻזֶּךָ עַל כָּל יוֹשְׁבֵי תֵבֵל אַרְצֶךָ וְיֹאמַר כֹּל אֲשֶׁר נְשָׁמָה בְאַפּוֹ, יי אֱלֹהֵי יִשְׂרָאֵל מֶלֶךְ וּמַלְכוּתוֹ בַּכֹּל מָשָׁלָה, אָמֵן סֶלָה.

סדר תקיעת שופר

שבע פעמים:

לַמְנַצֵּחַ לִבְנֵי־קֹרַח מִזְמוֹר:
כָּל־הָעַמִּים תִּקְעוּ־כָף, הָרִיעוּ לֵאלֹהִים בְּקוֹל רִנָּה:
כִּי־יהוה עֶלְיוֹן נוֹרָא, מֶלֶךְ גָּדוֹל עַל־כָּל־הָאָרֶץ:
יַדְבֵּר עַמִּים תַּחְתֵּינוּ, וּלְאֻמִּים תַּחַת רַגְלֵינוּ:
יִבְחַר־לָנוּ אֶת־נַחֲלָתֵנוּ, אֶת גְּאוֹן יַעֲקֹב אֲשֶׁר־אָהֵב סֶלָה:
עָלָה אֱלֹהִים בִּתְרוּעָה, יהוה בְּקוֹל שׁוֹפָר:
זַמְּרוּ אֱלֹהִים זַמֵּרוּ, זַמְּרוּ לְמַלְכֵּנוּ זַמֵּרוּ:
כִּי מֶלֶךְ כָּל־הָאָרֶץ אֱלֹהִים זַמְּרוּ מַשְׂכִּיל:
מָלַךְ אֱלֹהִים עַל־גּוֹיִם, אֱלֹהִים יָשַׁב עַל־כִּסֵּא קָדְשׁוֹ:
נְדִיבֵי עַמִּים נֶאֱסָפוּ, עַם אֱלֹהֵי אַבְרָהָם
כִּי לֵאלֹהִים מָגִנֵּי־אֶרֶץ מְאֹד נַעֲלָה:

תחנה לתוקע

רִבּוֹן הָעוֹלָמִים, בָּנֶיךָ בְּנֵי רְחוּמֶיךָ שָׂמוּ פְּנֵיהֶם לְנֶגְדְּךָ וּבָטְחוּ עַל רֹב חֲסָדֶיךָ וְשָׂמוּנִי שָׁלִיחַ לִתְקוֹעַ בְּשׁוֹפָר לְפָנֶיךָ כְּמוֹ שֶׁצִּוִּיתָנוּ בְּתוֹרָתֶךָ, וְאַתָּה תִּזְכּוֹר לָהֶם זְכוּת אַבְרָהָם אָבִינוּ אֲשֶׁר הִתְהַלֵּךְ לְפָנֶיךָ וְהָיָה תָמִים, וּזְכוּת יִצְחָק אָבִינוּ וַעֲקֵדָתוֹ כְּשֶׁנֶּעֱקַד עַל גַּב הַמִּזְבֵּחַ, וּזְכוּת יַעֲקֹב אָבִינוּ אִישׁ תָּם יֹשֵׁב אֹהָלִים, וּזְכוּת שֶׁל מֹשֶׁה וְאַהֲרֹן דָּוִד וּשְׁלֹמֹה וְכָל צַדִּיקֵי עוֹלָם, וְתַעֲמֹד מִכִּסֵּא הַדִּין וְתֵשֵׁב עַל כִּסֵּא הָרַחֲמִים כַּדָּבָר שֶׁנֶּאֱמַר עָלָה אֱלֹהִים בִּתְרוּעָה יי בְּקוֹל שׁוֹפָר. וַאֲנִי יוֹדֵעַ בְּעַצְמִי שֶׁאֵינֶנִּי כְּדַי לְבַקֵּשׁ עַל עַצְמִי וְכָל שֶׁכֵּן עַל אֲחֵרִים וְכָל שֶׁכֵּן שֶׁאֵין בִּי לֹא דַעַת וְלֹא חָכְמָה לְכַוֵּן כַּוָּנוֹת הַתְּקִיעוֹת וְצֵרוּפֵי שְׁמוֹתֶיךָ הַקְּדוֹשִׁים, אֲבָל בָּטַחְתִּי בְּרַחֲמֶיךָ הָרַבִּים וְיָדַעְתִּי כִּי לֹא תְשִׁיבֵנִי רֵיקָם מִלְּפָנֶיךָ,

וְאַתָּה בְּטוּבְךָ תְּעוֹרֵר רַחֲמֶיךָ וִיהִי נֹעַם אֲדֹנָי אֱלֹהֵינוּ עָלֵינוּ וּמַעֲשֵׂה יָדֵינוּ כּוֹנְנָה עָלֵינוּ וּמַעֲשֵׂה יָדֵינוּ כּוֹנְנֵהוּ, וּתְצָרֵף מַחֲשַׁבְתֵּנוּ הַטּוֹבָה לְמַעֲשֶׂה כְּאִלּוּ נִתְכַּוַּנּוּ בְּכָל כַּוָּנוֹת הַתְּקִיעוֹת וְיַעֲלוּ תְקִיעוֹתֵינוּ לְעוֹרֵר רַחֲמֶיךָ וּתְרַחֵם עַל בָּנֶיךָ וְתַהֲפֹךְ לָהֶם עַל יְדֵי תְקִיעוֹת אֵלֶּה מִדַּת הַדִּין לְמִדַּת הַחֶסֶד וְהָרַחֲמִים וְתִכָּנֵס לָהֶם לִפְנִים מִשּׁוּרַת הַדִּין, סְתֹם וַחֲתֹם פֶּה שָׂטָן וְאַל יַשְׂטִין עָלֵינוּ, וּבְבוֹא תוֹכֵחָה לְנֶגְדְּךָ שְׂמֵנוּ מִסִּפְרְךָ אַל תִּמַּח, וּכְתֹב לְחַיִּים טוֹבִים כָּל בְּנֵי בְרִיתֶנוּ. יִהְיוּ לְרָצוֹן אִמְרֵי פִי וְהֶגְיוֹן לִבִּי לְפָנֶיךָ יי צוּרִי וְגוֹאֲלִי, אָמֵן.

ויש מוסיפים

יְהִי רָצוֹן לְפָנֶיךָ יי אֱלֹהַי אֱלֹהֵי הַמִּשְׁפָּט שֶׁתְּהֵי עַתָּה עֵת רָצוֹן לְפָנֶיךָ וְתִקְרַע בְּרַחֲמֶיךָ הָרַבִּים וַחֲסָדֶיךָ הַגְּדוֹלִים אֶת כָּל הַמְּסַכִּים אֲשֶׁר הֵם מַבְדִּילִים בֵּינְךָ וּבֵין עַמְּךָ יִשְׂרָאֵל הַיּוֹם הַזֶּה, וְהַעֲבֵר מִלְּפָנֶיךָ כָּל הַמַּשְׂטִינִים וְהַמְקַטְרְגִים עַל עַמְּךָ יִשְׂרָאֵל, סְתוֹם פֶּה שָׂטָן וְאַל יַשְׂטִין עָלֵינוּ כִּי אֵלֶיךָ תְּלוּיוֹת עֵינֵינוּ, אֲרוֹמִמְךָ אֱלֹהַי הַמֶּלֶךְ אֱלֹהֵי הַמִּשְׁפָּט שֹׁמֵעַ קוֹל תְּפִלּוֹת וּתְרוּעוֹת עַמְּךָ יִשְׂרָאֵל הַיּוֹם בְּרַחֲמִים, אָמֵן.

התוקע והקהל אומרים פסוק בפסוק:

מִן הַמֵּצַר קָרָאתִי יָּהּ, עָנָנִי בַמֶּרְחָב יָהּ.
קוֹלִי שָׁמָעְתָּ, אַל תַּעְלֵם אָזְנְךָ לְרַוְחָתִי לְשַׁוְעָתִי.
רֹאשׁ דְּבָרְךָ אֱמֶת, וּלְעוֹלָם כָּל מִשְׁפַּט צִדְקֶךָ.
עֲרֹב עַבְדְּךָ לְטוֹב, אַל יַעַשְׁקֻנִי זֵדִים.
שָׂשׂ אָנֹכִי עַל אִמְרָתֶךָ, כְּמוֹצֵא שָׁלָל רָב.
טוּב טַעַם וָדַעַת לַמְּדֵנִי, כִּי בְמִצְוֹתֶיךָ הֶאֱמָנְתִּי.
נִדְבוֹת פִּי רְצֵה נָא יי, וּמִשְׁפָּטֶיךָ לַמְּדֵנִי.

התוקע מוסיף:

עָלָה אֱלֹהִים בִּתְרוּעָה, יי בְּקוֹל שׁוֹפָר.

ואומר התוקע:

הֲרֵי אֲנִי מוּכָן וּמְזֻמָּן לְקַיֵּם הַמִּצְוָה שֶׁצִּוָּנוּ בּוֹרְאֵנוּ לִתְקוֹעַ בְּשׁוֹפָר הַיּוֹם הַזֶּה כְּמוֹ שֶׁכָּתוּב בַּתּוֹרָה יוֹם תְּרוּעָה יִהְיֶה לָכֶם.

התוקע מברך ומתכוון להוציא ידי חובה את השומעים:

בָּרוּךְ אַתָּה יי אֱלֹהֵינוּ מֶלֶךְ הָעוֹלָם
אֲשֶׁר קִדְּשָׁנוּ בְּמִצְוֹתָיו וְצִוָּנוּ לִשְׁמוֹעַ קוֹל שׁוֹפָר.

בָּרוּךְ אַתָּה יי אֱלֹהֵינוּ מֶלֶךְ הָעוֹלָם
שֶׁהֶחֱיָנוּ וְקִיְּמָנוּ וְהִגִּיעָנוּ לַזְּמַן הַזֶּה.

המקריא קורא את התקיעות כסדרן אחת לאחת והתוקע יתקע:

תקיעה שברים תרועה תקיעה
תקיעה שברים תרועה תקיעה
תקיעה שברים תרועה תקיעה

יש נוהגים שלא לומר

יְהִי רָצוֹן לְפָנֶיךָ יי אֱלֹהַי וֵאלֹהֵי אֲבוֹתַי שֶׁתְּקִיעַת קשר״ק שֶׁאֲנַחְנוּ תּוֹקְעִים הַיּוֹם תַּעֲשֶׂה מִמֶּנָּה עֲטָרָה עַל יַד הַמְמֻנֶּה שרשי״ה לִהְיוֹת עוֹלָה וְלֵישֵׁב בְּרֹאשְׁךָ אֱלֹהַי, וַעֲשֵׂה עִמָּנוּ אוֹת לְטוֹבָה וְהִמָּלֵא עָלֵינוּ רַחֲמִים, בָּרוּךְ אַתָּה בַּעַל הָרַחֲמִים.

תקיעה שברים תקיעה
תקיעה שברים תקיעה
תקיעה שברים תקיעה

יש נוהגים שלא לומר

יְהִי רָצוֹן לְפָנֶיךָ יי אֱלֹהַי וֵאלֹהֵי אֲבוֹתַי שֶׁתְּקִיעַת תש״ת שֶׁאֲנַחְנוּ תּוֹקְעִים הַיּוֹם תְּהֵי מְרֻקֶּמֶת עַל הַיְרִיעָה עַל יַד הַמְמֻנֶּה טרטיא״ל וְתִתְקַבֵּל עַל יַד אֵלִיָּהוּ זָכוּר לַטּוֹב וִישׁעיה״ה שַׂר הַפָּנִים שַׂר מטטרו״ן, וְהִמָּלֵא עָלֵינוּ רַחֲמִים, בָּרוּךְ אַתָּה בַּעַל הָרַחֲמִים.

תקיעה תרועה תקיעה

תקיעה תרועה תקיעה

תקיעה תרועה תקיעה גדולה

יש נוהגים שלא לומר

וּבְכֵן יְהִי רָצוֹן לְפָנֶיךָ יי אֱלֹהֵינוּ וֵאלֹהֵי אֲבוֹתֵינוּ שֶׁיַּעֲלוּ כָּל הַמַּלְאָכִים הַמְמֻנִּים עַל הַשּׁוֹפָר וְעַל הַתְּקִיעָה וְעַל הַשְּׁבָרִים וְעַל הַתְּרוּעָה לִפְנֵי כִּסֵּא כְבוֹדֶךָ וְיַמְלִיצוּ טוֹב בַּעֲדֵינוּ לְכַפֵּר עַל כָּל חַטֹּאתֵינוּ.

הש״ץ אומר פסוקים אלו בקול רם והקהל חוזר:

אַשְׁרֵי הָעָם יוֹדְעֵי תְרוּעָה, יי בְּאוֹר פָּנֶיךָ יְהַלֵּכוּן.
בְּשִׁמְךָ יְגִילוּן כָּל הַיּוֹם, וּבְצִדְקָתְךָ יָרוּמוּ.
כִּי תִפְאֶרֶת עֻזָּמוֹ אָתָּה, וּבִרְצוֹנְךָ תָּרוּם קַרְנֵנוּ.

אַשְׁרֵי יוֹשְׁבֵי בֵיתֶךָ, עוֹד יְהַלְלוּךָ סֶּלָה:
אַשְׁרֵי הָעָם שֶׁכָּכָה לּוֹ, אַשְׁרֵי הָעָם שֶׁיהוה אֱלֹהָיו:
תְּהִלָּה לְדָוִד אֲרוֹמִמְךָ אֱלוֹהַי הַמֶּלֶךְ, וַאֲבָרְכָה שִׁמְךָ לְעוֹלָם וָעֶד: בְּכָל־יוֹם אֲבָרְכֶךָּ, וַאֲהַלְלָה שִׁמְךָ לְעוֹלָם וָעֶד: גָּדוֹל יהוה וּמְהֻלָּל מְאֹד, וְלִגְדֻלָּתוֹ אֵין חֵקֶר: דּוֹר לְדוֹר יְשַׁבַּח מַעֲשֶׂיךָ, וּגְבוּרֹתֶיךָ יַגִּידוּ: הֲדַר כְּבוֹד הוֹדֶךָ, וְדִבְרֵי נִפְלְאֹתֶיךָ אָשִׂיחָה: וֶעֱזוּז נוֹרְאֹתֶיךָ יֹאמֵרוּ, וּגְדוּלָּתְךָ אֲסַפְּרֶנָּה: זֵכֶר רַב־טוּבְךָ יַבִּיעוּ, וְצִדְקָתְךָ יְרַנֵּנוּ: חַנּוּן וְרַחוּם יהוה, אֶרֶךְ אַפַּיִם וּגְדָל־חָסֶד: טוֹב־יהוה לַכֹּל, וְרַחֲמָיו עַל־כָּל־מַעֲשָׂיו: יוֹדוּךָ יהוה כָּל־מַעֲשֶׂיךָ, וַחֲסִידֶיךָ יְבָרְכוּכָה: כְּבוֹד מַלְכוּתְךָ יֹאמֵרוּ, וּגְבוּרָתְךָ יְדַבֵּרוּ: לְהוֹדִיעַ לִבְנֵי הָאָדָם גְּבוּרֹתָיו, וּכְבוֹד הֲדַר מַלְכוּתוֹ: מַלְכוּתְךָ מַלְכוּת כָּל־עֹלָמִים, וּמֶמְשַׁלְתְּךָ בְּכָל־דּוֹר וָדֹר: סוֹמֵךְ יהוה לְכָל־הַנֹּפְלִים, וְזוֹקֵף לְכָל־הַכְּפוּפִים: עֵינֵי־כֹל אֵלֶיךָ יְשַׂבֵּרוּ, וְאַתָּה נוֹתֵן־לָהֶם אֶת־אָכְלָם בְּעִתּוֹ: פּוֹתֵחַ אֶת־יָדֶךָ, וּמַשְׂבִּיעַ לְכָל־חַי רָצוֹן: צַדִּיק יהוה בְּכָל־דְּרָכָיו, וְחָסִיד בְּכָל־מַעֲשָׂיו: קָרוֹב יהוה לְכָל־קֹרְאָיו, לְכֹל אֲשֶׁר יִקְרָאֻהוּ בֶאֱמֶת: רְצוֹן־יְרֵאָיו יַעֲשֶׂה, וְאֶת־שַׁוְעָתָם יִשְׁמַע וְיוֹשִׁיעֵם: שׁוֹמֵר יהוה אֶת־כָּל־אֹהֲבָיו, וְאֵת כָּל־הָרְשָׁעִים יַשְׁמִיד: תְּהִלַּת יהוה יְדַבֶּר פִּי, וִיבָרֵךְ כָּל־בָּשָׂר שֵׁם קָדְשׁוֹ לְעוֹלָם וָעֶד:
וַאֲנַחְנוּ נְבָרֵךְ יָהּ, מֵעַתָּה וְעַד־עוֹלָם הַלְלוּיָהּ:

הכנסת ספר תורה

לפני החזרת ספרי התורה לארון הקודש אומר הש״ץ:

יְהַלְלוּ אֶת שֵׁם יי, כִּי נִשְׂגָּב שְׁמוֹ לְבַדּוֹ

ואומרים הקהל:

הוֹדוֹ עַל אֶרֶץ וְשָׁמָיִם. וַיָּרֶם קֶרֶן לְעַמּוֹ, תְּהִלָּה לְכָל חֲסִידָיו
לִבְנֵי יִשְׂרָאֵל עַם קְרֹבוֹ, הַלְלוּיָהּ.

כד לְדָוִד מִזְמוֹר לַיהוה הָאָרֶץ וּמְלוֹאָהּ תֵּבֵל וְיֹשְׁבֵי בָהּ: כִּי־הוּא
עַל־יַמִּים יְסָדָהּ וְעַל־נְהָרוֹת יְכוֹנְנֶהָ: מִי־יַעֲלֶה בְהַר־יהוה וּמִי־
יָקוּם בִּמְקוֹם קָדְשׁוֹ: נְקִי כַפַּיִם וּבַר־לֵבָב אֲשֶׁר לֹא־נָשָׂא לַשָּׁוְא
נַפְשִׁי וְלֹא נִשְׁבַּע לְמִרְמָה: יִשָּׂא בְרָכָה מֵאֵת יהוה וּצְדָקָה
מֵאֱלֹהֵי יִשְׁעוֹ: זֶה דּוֹר דֹּרְשָׁו מְבַקְשֵׁי פָנֶיךָ יַעֲקֹב סֶלָה:
שְׂאוּ שְׁעָרִים רָאשֵׁיכֶם וְהִנָּשְׂאוּ פִּתְחֵי עוֹלָם וְיָבוֹא מֶלֶךְ
הַכָּבוֹד: מִי זֶה מֶלֶךְ הַכָּבוֹד יהוה עִזּוּז וְגִבּוֹר יהוה גִּבּוֹר
מִלְחָמָה: שְׂאוּ שְׁעָרִים רָאשֵׁיכֶם וּשְׂאוּ פִּתְחֵי עוֹלָם וְיָבֹא
מֶלֶךְ הַכָּבוֹד: מִי הוּא זֶה מֶלֶךְ הַכָּבוֹד יהוה צְבָאוֹת הוּא
מֶלֶךְ הַכָּבוֹד סֶלָה:

וּבְנֻחֹה יֹאמַר. שׁוּבָה יי רִבְבוֹת אַלְפֵי יִשְׂרָאֵל.
קוּמָה יי לִמְנוּחָתֶךָ, אַתָּה וַאֲרוֹן עֻזֶּךָ.
כֹּהֲנֶיךָ יִלְבְּשׁוּ צֶדֶק, וַחֲסִידֶיךָ יְרַנֵּנוּ.
בַּעֲבוּר דָּוִד עַבְדֶּךָ אַל תָּשֵׁב פְּנֵי מְשִׁיחֶךָ.
כִּי לֶקַח טוֹב נָתַתִּי לָכֶם, תּוֹרָתִי אַל תַּעֲזֹבוּ.
עֵץ חַיִּים הִיא לַמַּחֲזִיקִים בָּהּ, וְתֹמְכֶיהָ מְאֻשָּׁר.
דְּרָכֶיהָ דַרְכֵי נֹעַם וְכָל נְתִיבוֹתֶיהָ שָׁלוֹם.
הֲשִׁיבֵנוּ יי אֵלֶיךָ וְנָשׁוּבָה, חַדֵּשׁ יָמֵינוּ כְּקֶדֶם.

סוגרים את ארון הקודש

לפני תפילת מוסף אומר הש״ץ תפילה זו:

הִנְנִי הֶעָנִי מִמַּעַשׂ וְנִרְעָשׁ וְנִפְחָד מִפַּחַד יוֹשֵׁב תְּהִלּוֹת יִשְׂרָאֵל בָּאתִי לַעֲמוֹד וּלְחַנֵּן לְפָנֶיךָ עַל עַמְּךָ יִשְׂרָאֵל אֲשֶׁר שְׁלָחוּנִי וְאַף עַל פִּי שֶׁאֵינִי כְּדַי וְהָגוּן לְכָךְ. עַל כֵּן אֲבַקֶּשְׁךָ אֱלֹהֵי אַבְרָהָם אֱלֹהֵי יִצְחָק וֵאלֹהֵי יַעֲקֹב, יי יי, אֵל רַחוּם וְחַנּוּן, אֱלֹהִים, שַׁדַּי אָיוֹם וְנוֹרָא, הֱיֵה נָא מַצְלִיחַ דַּרְכִּי אֲשֶׁר אָנֹכִי הוֹלֵךְ לַעֲמוֹד לְבַקֵּשׁ רַחֲמִים עָלַי וְעַל שׁוֹלְחַי, וְנָא אַל תַּפְשִׁיעֵם בְּחַטֹּאתַי וְאַל תְּחַיְּבֵם בַּעֲוֹנוֹתַי כִּי חוֹטֵא וּפוֹשֵׁעַ אָנִי, וְאַל יִכָּלְמוּ בִּפְשָׁעַי וְאַל יֵבוֹשׁוּ בִּי וְאַל אֵבוֹשָׁה בָהֶם, וְקַבֵּל תְּפִלָּתִי כִּתְפִלַּת זָקֵן וְרָגִיל וּפִרְקוֹ נָאֶה וּזְקָנוֹ מְגֻדָּל וְקוֹלוֹ נָעִים וּמְעֹרָב בְּדַעַת עִם הַבְּרִיּוֹת, וְתִגְעַר בַּשָּׂטָן לְבַל יַשְׂטִינֵנוּ, וִיהִי נָא דִגְלֵנוּ עָלֶיךָ אַהֲבָה, לְכָל פְּשָׁעִים תְּכַסֶּה בְּאַהֲבָה, וְכָל צוֹמוֹתֵינוּ וְעִנּוּיֵינוּ הֲפָךְ לָנוּ וּלְכָל יִשְׂרָאֵל לְשָׂשׂוֹן וּלְשִׂמְחָה לְחַיִּים וּלְשָׁלוֹם, הָאֱמֶת וְהַשָּׁלוֹם אֱהָבוּ, וְאַל יְהִי שׁוּם מִכְשׁוֹל בִּתְפִלָּתִי.

וִיהִי רָצוֹן לְפָנֶיךָ יי אֱלֹהֵי אַבְרָהָם אֱלֹהֵי יִצְחָק וֵאלֹהֵי יַעֲקֹב הָאֵל הַגָּדוֹל הַגִּבּוֹר וְהַנּוֹרָא אֵל עֶלְיוֹן אֶהְיֶה אֲשֶׁר אֶהְיֶה, שֶׁכָּל הַמַּלְאָכִים שֶׁהֵם בַּעֲלֵי תְפִלּוֹת יָבִיאוּ תְפִלָּתִי לִפְנֵי כִּסֵּא כְבוֹדֶךָ וְיָפִיצוּ אוֹתָהּ לְפָנֶיךָ, בַּעֲבוּר כָּל הַצַּדִּיקִים וְהַחֲסִידִים הַתְּמִימִים וְהַיְשָׁרִים וּבַעֲבוּר כְּבוֹד שִׁמְךָ הַגָּדוֹל הַגִּבּוֹר וְהַנּוֹרָא, כִּי אַתָּה שׁוֹמֵעַ תְּפִלַּת עַמְּךָ יִשְׂרָאֵל בְּרַחֲמִים, בָּרוּךְ אַתָּה שׁוֹמֵעַ תְּפִלָּה.

הש״ץ אומר חצי קדיש: יִתְגַּדַּל וְיִתְקַדַּשׁ שְׁמֵהּ רַבָּא בְּעָלְמָא דִּי בְרָא כִרְעוּתֵהּ
וְיַמְלִיךְ מַלְכוּתֵהּ וְיַצְמַח פֻּרְקָנֵהּ וִיקָרֵב מְשִׁיחֵהּ
בְּחַיֵּיכוֹן וּבְיוֹמֵיכוֹן וּבְחַיֵּי דְכָל בֵּית יִשְׂרָאֵל
בַּעֲגָלָא וּבִזְמַן קָרִיב, וְאִמְרוּ אָמֵן.
יְהֵא שְׁמֵהּ רַבָּא מְבָרַךְ לְעָלַם וּלְעָלְמֵי עָלְמַיָּא.
יִתְבָּרַךְ וְיִשְׁתַּבַּח וְיִתְפָּאַר וְיִתְרוֹמַם וְיִתְנַשֵּׂא
וְיִתְהַדַּר וְיִתְעַלֶּה וְיִתְהַלָּל שְׁמֵהּ דְּקֻדְשָׁא, בְּרִיךְ הוּא
לְעֵלָּא לְעֵלָּא מִכָּל בִּרְכָתָא וְשִׁירָתָא תֻּשְׁבְּחָתָא וְנֶחֱמָתָא
דַּאֲמִירָן בְּעָלְמָא, וְאִמְרוּ אָמֵן.

כִּי שֵׁם יי אֶקְרָא הָבוּ גֹדֶל לֵאלֹהֵינוּ
אֲדֹנָי, שְׂפָתַי תִּפְתָּח וּפִי יַגִּיד תְּהִלָּתֶךָ

בָּרוּךְ אַתָּה יי, אֱלֹהֵינוּ וֵאלֹהֵי אֲבוֹתֵינוּ
אֱלֹהֵי אַבְרָהָם, אֱלֹהֵי יִצְחָק, וֵאלֹהֵי יַעֲקֹב
הָאֵל הַגָּדוֹל הַגִּבּוֹר וְהַנּוֹרָא, אֵל עֶלְיוֹן
גּוֹמֵל חֲסָדִים טוֹבִים, קוֹנֵה הַכֹּל
וְזוֹכֵר חַסְדֵי אָבוֹת וּמֵבִיא גוֹאֵל לִבְנֵי בְנֵיהֶם
לְמַעַן שְׁמוֹ בְּאַהֲבָה.
זָכְרֵנוּ לְחַיִּים, מֶלֶךְ חָפֵץ בַּחַיִּים
וְכָתְבֵנוּ בְּסֵפֶר הַחַיִּים לְמַעַנְךָ אֱלֹהִים חַיִּים.
מֶלֶךְ עוֹזֵר וּמוֹשִׁיעַ וּמָגֵן.
בָּרוּךְ אַתָּה יי, מָגֵן אַבְרָהָם.
אַתָּה גִּבּוֹר לְעוֹלָם אֲדֹנָי
מְחַיֵּה מֵתִים אַתָּה, רַב לְהוֹשִׁיעַ מוֹרִיד הַטָּל.
מְכַלְכֵּל חַיִּים בְּחֶסֶד
מְחַיֵּה מֵתִים בְּרַחֲמִים רַבִּים
סוֹמֵךְ נוֹפְלִים, וְרוֹפֵא חוֹלִים
וּמַתִּיר אֲסוּרִים, וּמְקַיֵּם אֱמוּנָתוֹ לִישֵׁנֵי עָפָר.
מִי כָמוֹךָ בַּעַל גְּבוּרוֹת וּמִי דּוֹמֶה לָּךְ
מֶלֶךְ מֵמִית וּמְחַיֶּה וּמַצְמִיחַ יְשׁוּעָה.
מִי כָמוֹךָ אַב הָרַחֲמָן, זוֹכֵר יְצוּרָיו לְחַיִּים בְּרַחֲמִים.
וְנֶאֱמָן אַתָּה לְהַחֲיוֹת מֵתִים.
בָּרוּךְ אַתָּה יי, מְחַיֵּה הַמֵּתִים.

אַתָּה קָדוֹשׁ וְשִׁמְךָ קָדוֹשׁ
וּקְדוֹשִׁים בְּכָל יוֹם יְהַלְלוּךָ סֶּלָה
כִּי אֵל מֶלֶךְ גָּדוֹל וְקָדוֹשׁ אָתָּה.

לְדוֹר וָדוֹר הַמְלִיכוּ לָאֵל, כִּי הוּא לְבַדּוֹ מָרוֹם וְקָדוֹשׁ.

וּבְכֵן יִתְקַדַּשׁ שִׁמְךָ יי אֱלֹהֵינוּ עַל יִשְׂרָאֵל עַמֶּךָ
וְעַל יְרוּשָׁלַיִם עִירֶךָ, וְעַל צִיּוֹן מִשְׁכַּן כְּבוֹדֶךָ
וְעַל מַלְכוּת בֵּית דָּוִד מְשִׁיחֶךָ, וְעַל מְכוֹנְךָ וְהֵיכָלֶךָ.

וּבְכֵן תֵּן פַּחְדְּךָ יי אֱלֹהֵינוּ עַל כָּל מַעֲשֶׂיךָ
וְאֵימָתְךָ עַל כֹּל מַה שֶּׁבָּרָאתָ
וְיִירָאוּךָ כָּל הַמַּעֲשִׂים, וְיִשְׁתַּחֲווּ לְפָנֶיךָ כָּל הַבְּרוּאִים
וְיֵעָשׂוּ כֻלָּם אֲגֻדָּה אַחַת לַעֲשׂוֹת רְצוֹנְךָ בְּלֵבָב שָׁלֵם
כְּמוֹ שֶׁיָּדַעְנוּ יי אֱלֹהֵינוּ שֶׁהַשִּׁלְטָן לְפָנֶיךָ, עֹז בְּיָדְךָ וּגְבוּרָה בִּימִינֶךָ
וְשִׁמְךָ נוֹרָא עַל כֹּל מַה שֶּׁבָּרָאתָ.

וּבְכֵן תֵּן כָּבוֹד יי לְעַמֶּךָ, תְּהִלָּה לִירֵאֶיךָ וְתִקְוָה טוֹבָה לְדוֹרְשֶׁיךָ
וּפִתְחוֹן פֶּה לַמְיַחֲלִים לָךְ
שִׂמְחָה לְאַרְצֶךָ, וְשָׂשׂוֹן לְעִירֶךָ, וּצְמִיחַת קֶרֶן לְדָוִד עַבְדֶּךָ
וַעֲרִיכַת נֵר לְבֶן יִשַׁי מְשִׁיחֶךָ, בִּמְהֵרָה בְיָמֵינוּ.

וּבְכֵן צַדִּיקִים יִרְאוּ וְיִשְׂמָחוּ, וִישָׁרִים יַעֲלֹזוּ וַחֲסִידִים בְּרִנָּה יָגִילוּ
וְעוֹלָתָה תִּקְפָּץ פִּיהָ, וְכָל הָרִשְׁעָה כֻּלָּהּ כְּעָשָׁן תִּכְלֶה
כִּי תַעֲבִיר מֶמְשֶׁלֶת זָדוֹן מִן הָאָרֶץ.

וְתִמְלֹךְ אַתָּה הוּא יי אֱלֹהֵינוּ מְהֵרָה לְבַדֶּךָ עַל כָּל מַעֲשֶׂיךָ
בְּהַר צִיּוֹן מִשְׁכַּן כְּבוֹדֶךָ, וּבִירוּשָׁלַיִם עִיר קָדְשֶׁךָ

כַּכָּתוּב בְּדִבְרֵי קָדְשֶׁךָ
יִמְלֹךְ יי לְעוֹלָם, אֱלֹהַיִךְ צִיּוֹן לְדֹר וָדֹר, הַלְלוּיָהּ.

קָדוֹשׁ אַתָּה וְנוֹרָא שְׁמֶךָ, וְאֵין אֱלוֹהַ מִבַּלְעָדֶיךָ
כַּכָּתוּב
וַיִּגְבַּהּ יי צְבָאוֹת בַּמִּשְׁפָּט, וְהָאֵל הַקָּדוֹשׁ נִקְדַּשׁ בִּצְדָקָה.
בָּרוּךְ אַתָּה יי, הַמֶּלֶךְ הַקָּדוֹשׁ.

אַתָּה בְחַרְתָּנוּ מִכָּל הָעַמִּים, אָהַבְתָּ אוֹתָנוּ וְרָצִיתָ בָּנוּ
וְרוֹמַמְתָּנוּ מִכָּל הַלְּשׁוֹנוֹת, וְקִדַּשְׁתָּנוּ בְּמִצְוֹתֶיךָ
וְקֵרַבְתָּנוּ מַלְכֵּנוּ לַעֲבוֹדָתֶךָ
וְשִׁמְךָ הַגָּדוֹל וְהַקָּדוֹשׁ עָלֵינוּ קָרָאתָ.

וַתִּתֶּן לָנוּ יי אֱלֹהֵינוּ בְּאַהֲבָה אֶת יוֹם הַזִּכָּרוֹן הַזֶּה
יוֹם תְּרוּעָה מִקְרָא קֹדֶשׁ, זֵכֶר לִיצִיאַת מִצְרָיִם.

וּמִפְּנֵי חֲטָאֵינוּ גָּלִינוּ מֵאַרְצֵנוּ וְנִתְרַחַקְנוּ מֵעַל אַדְמָתֵנוּ
וְאֵין אֲנוּ יְכוֹלִים לַעֲשׂוֹת חוֹבוֹתֵינוּ בְּבֵית בְּחִירָתֶךָ
בַּבַּיִת הַגָּדוֹל וְהַקָּדוֹשׁ שֶׁנִּקְרָא שִׁמְךָ עָלָיו
מִפְּנֵי הַיָּד שֶׁנִּשְׁתַּלְּחָה בְּמִקְדָּשֶׁךָ.

יְהִי רָצוֹן מִלְּפָנֶיךָ יי אֱלֹהֵינוּ וֵאלֹהֵי אֲבוֹתֵינוּ מֶלֶךְ רַחֲמָן
שֶׁתָּשׁוּב וּתְרַחֵם עָלֵינוּ וְעַל מִקְדָּשְׁךָ בְּרַחֲמֶיךָ הָרַבִּים
וְתִבְנֵהוּ מְהֵרָה וּתְגַדֵּל כְּבוֹדוֹ.

אָבִינוּ מַלְכֵּנוּ, גַּלֵּה כְּבוֹד מַלְכוּתְךָ עָלֵינוּ מְהֵרָה
וְהוֹפַע וְהִנָּשֵׂא עָלֵינוּ לְעֵינֵי כָּל חָי
וְקָרֵב פְּזוּרֵינוּ מִבֵּין הַגּוֹיִם וּנְפוּצוֹתֵינוּ כַּנֵּס מִיַּרְכְּתֵי אָרֶץ.

וַהֲבִיאֵנוּ לְצִיּוֹן עִירְךָ בְּרִנָּה
וְלִירוּשָׁלַיִם בֵּית מִקְדָּשְׁךָ בְּשִׂמְחַת עוֹלָם
וְשָׁם נַעֲשֶׂה לְפָנֶיךָ אֶת קָרְבְּנוֹת חוֹבוֹתֵינוּ
תְּמִידִים כְּסִדְרָם וּמוּסָפִים כְּהִלְכָתָם.
וְאֶת מוּסְפֵי יוֹם הַזִּכָּרוֹן הַזֶּה
נַעֲשֶׂה וְנַקְרִיב לְפָנֶיךָ בְּאַהֲבָה כְּמִצְוַת רְצוֹנֶךָ
כְּמוֹ שֶׁכָּתַבְתָּ עָלֵינוּ בְּתוֹרָתֶךָ
עַל יְדֵי מֹשֶׁה עַבְדֶּךָ
מִפִּי כְבוֹדֶךָ, כָּאָמוּר

וּבַחֹדֶשׁ הַשְּׁבִיעִי בְּאֶחָד לַחֹדֶשׁ
מִקְרָא קֹדֶשׁ יִהְיֶה לָכֶם
כָּל מְלֶאכֶת עֲבֹדָה לֹא תַעֲשׂוּ
יוֹם תְּרוּעָה יִהְיֶה לָכֶם.
וַעֲשִׂיתֶם עֹלָה לְרֵיחַ נִיחֹחַ לַייָ
פַּר בֶּן בָּקָר אֶחָד אַיִל אֶחָד
כְּבָשִׂים בְּנֵי שָׁנָה שִׁבְעָה תְּמִימִם.
וּמִנְחָתָם וְנִסְכֵּיהֶם כִּמְדֻבָּר
שְׁלֹשָׁה עֶשְׂרֹנִים לַפָּר וּשְׁנֵי עֶשְׂרֹנִים לָאָיִל
וְעִשָּׂרוֹן לַכֶּבֶשׂ, וְיַיִן כְּנִסְכּוֹ
וּשְׁנֵי שְׂעִירִים לְכַפֵּר, וּשְׁנֵי תְמִידִים כְּהִלְכָתָם.
מִלְּבַד עֹלַת הַחֹדֶשׁ וּמִנְחָתָהּ
וְעֹלַת הַתָּמִיד וּמִנְחָתָהּ
וְנִסְכֵּיהֶם כְּמִשְׁפָּטָם
לְרֵיחַ נִיחֹחַ אִשֶּׁה לַייָ.

עָלֵינוּ לְשַׁבֵּחַ לַאֲדוֹן הַכֹּל, לָתֵת גְּדֻלָּה לְיוֹצֵר בְּרֵאשִׁית
שֶׁלֹּא עָשָׂנוּ כְּגוֹיֵי הָאֲרָצוֹת, וְלֹא שָׂמָנוּ כְּמִשְׁפְּחוֹת הָאֲדָמָה
שֶׁלֹּא שָׂם חֶלְקֵנוּ כָּהֶם וְגוֹרָלֵנוּ כְּכָל הֲמוֹנָם.
שֶׁהֵם מִשְׁתַּחֲוִים לְהֶבֶל וָרִיק וּמִתְפַּלְלִים אֶל אֵל לֹא יוֹשִׁיעַ.
וַאֲנַחְנוּ כּוֹרְעִים וּמִשְׁתַּחֲוִים וּמוֹדִים
לִפְנֵי מֶלֶךְ מַלְכֵי הַמְּלָכִים הַקָּדוֹשׁ בָּרוּךְ הוּא
שֶׁהוּא נוֹטֶה שָׁמַיִם וְיוֹסֵד אָרֶץ וּמוֹשַׁב יְקָרוֹ בַּשָּׁמַיִם מִמַּעַל
וּשְׁכִינַת עֻזּוֹ בְּגָבְהֵי מְרוֹמִים.
הוּא אֱלֹהֵינוּ, אֵין עוֹד.
אֱמֶת מַלְכֵּנוּ, אֶפֶס זוּלָתוֹ
כַּכָּתוּב בְּתוֹרָתוֹ, וְיָדַעְתָּ הַיּוֹם וַהֲשֵׁבֹתָ אֶל לְבָבֶךָ
כִּי יי הוּא הָאֱלֹהִים בַּשָּׁמַיִם מִמַּעַל וְעַל הָאָרֶץ מִתָּחַת
אֵין עוֹד.

וְעַל כֵּן נְקַוֶּה לְּךָ יי אֱלֹהֵינוּ, לִרְאוֹת מְהֵרָה בְּתִפְאֶרֶת עֻזֶּךָ
לְהַעֲבִיר גִּלּוּלִים מִן הָאָרֶץ, וְהָאֱלִילִים כָּרוֹת יִכָּרֵתוּן
לְתַקֵּן עוֹלָם בְּמַלְכוּת שַׁדַּי.
וְכָל בְּנֵי בָשָׂר יִקְרְאוּ בִשְׁמֶךָ לְהַפְנוֹת אֵלֶיךָ כָּל רִשְׁעֵי אָרֶץ.
יַכִּירוּ וְיֵדְעוּ כָּל יוֹשְׁבֵי תֵבֵל
כִּי לְךָ תִּכְרַע כָּל בֶּרֶךְ, תִּשָּׁבַע כָּל לָשׁוֹן.
לְפָנֶיךָ יי אֱלֹהֵינוּ יִכְרְעוּ וְיִפֹּלוּ
וְלִכְבוֹד שִׁמְךָ יְקָר יִתֵּנוּ
וִיקַבְּלוּ כֻלָּם אֶת עֹל מַלְכוּתֶךָ, וְתִמְלֹךְ עֲלֵיהֶם מְהֵרָה לְעוֹלָם וָעֶד.
כִּי הַמַּלְכוּת שֶׁלְּךָ הִיא וּלְעוֹלְמֵי עַד תִּמְלֹךְ בְּכָבוֹד
כַּכָּתוּב בְּתוֹרָתֶךָ, יי יִמְלֹךְ לְעֹלָם וָעֶד.

וְנֶאֱמַר
לֹא הִבִּיט אָוֶן בְּיַעֲקֹב וְלֹא רָאָה עָמָל בְּיִשְׂרָאֵל
יי אֱלֹהָיו עִמּוֹ וּתְרוּעַת מֶלֶךְ בּוֹ.

וְנֶאֱמַר
וַיְהִי בִישֻׁרוּן מֶלֶךְ, בְּהִתְאַסֵּף רָאשֵׁי עָם, יַחַד שִׁבְטֵי יִשְׂרָאֵל.

וּבְדִבְרֵי קָדְשְׁךָ כָּתוּב לֵאמֹר
כִּי לַיי הַמְּלוּכָה וּמֹשֵׁל בַּגּוֹיִם.

וְנֶאֱמַר
יי מָלָךְ גֵּאוּת לָבֵשׁ, לָבֵשׁ יי עֹז הִתְאַזָּר, אַף תִּכּוֹן תֵּבֵל בַּל תִּמּוֹט.

וְנֶאֱמַר
שְׂאוּ שְׁעָרִים רָאשֵׁיכֶם וְהִנָּשְׂאוּ פִּתְחֵי עוֹלָם, וְיָבוֹא מֶלֶךְ הַכָּבוֹד.
מִי זֶה מֶלֶךְ הַכָּבוֹד יי עִזּוּז וְגִבּוֹר, יי גִּבּוֹר מִלְחָמָה.
שְׂאוּ שְׁעָרִים רָאשֵׁיכֶם וּשְׂאוּ פִּתְחֵי עוֹלָם, וְיָבֹא מֶלֶךְ הַכָּבוֹד.
מִי הוּא זֶה מֶלֶךְ הַכָּבוֹד יי צְבָאוֹת הוּא מֶלֶךְ הַכָּבוֹד סֶלָה.

וְעַל יְדֵי עֲבָדֶיךָ הַנְּבִיאִים כָּתוּב לֵאמֹר
כֹּה אָמַר יי מֶלֶךְ יִשְׂרָאֵל וְגֹאֲלוֹ יי צְבָאוֹת
אֲנִי רִאשׁוֹן וַאֲנִי אַחֲרוֹן וּמִבַּלְעָדַי אֵין אֱלֹהִים.

וְנֶאֱמַר
וְעָלוּ מוֹשִׁעִים בְּהַר צִיּוֹן לִשְׁפֹּט אֶת הַר עֵשָׂו
וְהָיְתָה לַיי הַמְּלוּכָה.

וְנֶאֱמַר
וְהָיָה יי לְמֶלֶךְ עַל כָּל הָאָרֶץ
בַּיּוֹם הַהוּא יִהְיֶה יי אֶחָד וּשְׁמוֹ אֶחָד.

וּבְתוֹרָתְךָ כָּתוּב לֵאמֹר
שְׁמַע יִשְׂרָאֵל, יי אֱלֹהֵינוּ, יי אֶחָד.

אֱלֹהֵינוּ וֵאלֹהֵי אֲבוֹתֵינוּ
מְלֹךְ עַל כָּל הָעוֹלָם כֻּלּוֹ בִּכְבוֹדֶךָ
וְהִנָּשֵׂא עַל כָּל הָאָרֶץ בִּיקָרֶךָ
וְהוֹפַע בַּהֲדַר גְּאוֹן עֻזֶּךָ
עַל כָּל יוֹשְׁבֵי תֵבֵל אַרְצֶךָ.
וְיֵדַע כָּל פָּעוּל כִּי אַתָּה פְעַלְתּוֹ
וְיָבִין כָּל יָצוּר כִּי אַתָּה יְצַרְתּוֹ
וְיֹאמַר כֹּל אֲשֶׁר נְשָׁמָה בְאַפּוֹ
יי אֱלֹהֵי יִשְׂרָאֵל מֶלֶךְ וּמַלְכוּתוֹ בַּכֹּל מָשָׁלָה.
קַדְּשֵׁנוּ בְּמִצְוֹתֶיךָ וְתֵן חֶלְקֵנוּ בְּתוֹרָתֶךָ
שַׂבְּעֵנוּ מִטּוּבֶךָ וְשַׂמַּח נַפְשֵׁנוּ בִּישׁוּעָתֶךָ
וְטַהֵר לִבֵּנוּ לְעָבְדְּךָ בֶּאֱמֶת
כִּי אַתָּה אֱלֹהִים אֱמֶת וּדְבָרְךָ אֱמֶת וְקַיָּם לָעַד.
בָּרוּךְ אַתָּה יי
מֶלֶךְ עַל כָּל הָאָרֶץ
מְקַדֵּשׁ יִשְׂרָאֵל וְיוֹם הַזִּכָּרוֹן.

יש שנוהגים לתקוע ולומר ״היום הרת עולם״:	תקיעה	שברים תרועה	תקיעה
	תקיעה	שברים	תקיעה
	תקיעה	תרועה	תקיעה

הַיּוֹם הֲרַת עוֹלָם הַיּוֹם יַעֲמִיד בַּמִּשְׁפָּט כָּל יְצוּרֵי עוֹלָמִים, אִם כְּבָנִים אִם כַּעֲבָדִים. אִם כְּבָנִים רַחֲמֵנוּ כְּרַחֵם אָב עַל בָּנִים, וְאִם כַּעֲבָדִים עֵינֵינוּ לְךָ תְלוּיוֹת עַד שֶׁתְּחָנֵּנוּ וְתוֹצִיא כָאוֹר מִשְׁפָּטֵנוּ, אָיֹם קָדוֹשׁ.

אַתָּה זוֹכֵר מַעֲשֵׂה עוֹלָם וּפוֹקֵד כָּל יְצוּרֵי קֶדֶם
לְפָנֶיךָ נִגְלוּ כָּל תַּעֲלוּמוֹת וַהֲמוֹן נִסְתָּרוֹת שֶׁמִּבְּרֵאשִׁית
כִּי אֵין שִׁכְחָה לִפְנֵי כִסֵּא כְבוֹדֶךָ וְאֵין נִסְתָּר מִנֶּגֶד עֵינֶיךָ.
אַתָּה זוֹכֵר אֶת כָּל הַמִּפְעָל וְגַם כָּל הַיְצוּר לֹא נִכְחַד מִמֶּךָּ.
הַכֹּל גָּלוּי וְיָדוּעַ לְפָנֶיךָ יי אֱלֹהֵינוּ
צוֹפֶה וּמַבִּיט עַד סוֹף כָּל הַדּוֹרוֹת
כִּי תָבִיא חֹק זִכָּרוֹן לְהִפָּקֵד כָּל רוּחַ וָנֶפֶשׁ
לְהִזָּכֵר מַעֲשִׂים רַבִּים וַהֲמוֹן בְּרִיּוֹת לְאֵין תַּכְלִית.
מֵרֵאשִׁית כָּזֹאת הוֹדָעְתָּ
וּמִלְּפָנִים אוֹתָהּ גִּלִּיתָ.
זֶה הַיּוֹם תְּחִלַּת מַעֲשֶׂיךָ, זִכָּרוֹן לְיוֹם רִאשׁוֹן
כִּי חֹק לְיִשְׂרָאֵל הוּא, מִשְׁפָּט לֵאלֹהֵי יַעֲקֹב.
וְעַל הַמְּדִינוֹת בּוֹ יֵאָמֵר
אֵיזוֹ לַחֶרֶב וְאֵיזוֹ לַשָּׁלוֹם
אֵיזוֹ לָרָעָב וְאֵיזוֹ לַשֹּׂבַע
וּבְרִיּוֹת בּוֹ יִפָּקֵדוּ לְהַזְכִּירָם לְחַיִּים וְלַמָּוֶת.
מִי לֹא נִפְקַד כְּהַיּוֹם הַזֶּה
כִּי זֵכֶר כָּל הַיְצוּר לְפָנֶיךָ בָּא
מַעֲשֵׂה אִישׁ וּפְקֻדָּתוֹ, וַעֲלִילוֹת מִצְעֲדֵי גָבֶר
מַחְשְׁבוֹת אָדָם וְתַחְבּוּלוֹתָיו וְיִצְרֵי מַעַלְלֵי אִישׁ.
אַשְׁרֵי אִישׁ שֶׁלֹּא יִשְׁכָּחֶךָּ, וּבֶן אָדָם יִתְאַמֶּץ בָּךְ
כִּי דוֹרְשֶׁיךָ לְעוֹלָם לֹא יִכָּשֵׁלוּ, וְלֹא יִכָּלְמוּ לָנֶצַח כָּל הַחוֹסִים בָּךְ.
כִּי זֵכֶר כָּל הַמַּעֲשִׂים לְפָנֶיךָ בָּא, וְאַתָּה דוֹרֵשׁ מַעֲשֵׂה כֻלָּם.

וְגַם אֶת נֹחַ בְּאַהֲבָה זָכַרְתָּ וַתִּפְקְדֵהוּ בִּדְבַר יְשׁוּעָה וְרַחֲמִים
בַּהֲבִיאֲךָ אֶת מֵי הַמַּבּוּל לְשַׁחֵת כָּל בָּשָׂר מִפְּנֵי רֹעַ מַעַלְלֵיהֶם
עַל כֵּן זִכְרוֹנוֹ בָּא לְפָנֶיךָ, יי אֱלֹהֵינוּ
לְהַרְבּוֹת זַרְעוֹ כְּעַפְרוֹת תֵּבֵל וְצֶאֱצָאָיו כְּחוֹל הַיָּם.

כַּכָּתוּב בְּתוֹרָתֶךָ
וַיִּזְכֹּר אֱלֹהִים אֶת נֹחַ וְאֵת כָּל הַחַיָּה וְאֶת כָּל הַבְּהֵמָה אֲשֶׁר אִתּוֹ בַּתֵּבָה
וַיַּעֲבֵר אֱלֹהִים רוּחַ עַל הָאָרֶץ, וַיָּשֹׁכּוּ הַמָּיִם.
וְנֶאֱמַר
וַיִּשְׁמַע אֱלֹהִים אֶת נַאֲקָתָם, וַיִּזְכֹּר אֱלֹהִים אֶת בְּרִיתוֹ
אֶת אַבְרָהָם אֶת יִצְחָק וְאֶת יַעֲקֹב.
וְנֶאֱמַר
וְזָכַרְתִּי אֶת בְּרִיתִי יַעֲקוֹב וְאַף אֶת בְּרִיתִי יִצְחָק וְאַף אֶת בְּרִיתִי
אַבְרָהָם אֶזְכֹּר וְהָאָרֶץ אֶזְכֹּר.

וּבְדִבְרֵי קָדְשְׁךָ כָּתוּב לֵאמֹר
זֵכֶר עָשָׂה לְנִפְלְאוֹתָיו, חַנּוּן וְרַחוּם יי.
וְנֶאֱמַר
טֶרֶף נָתַן לִירֵאָיו, יִזְכֹּר לְעוֹלָם בְּרִיתוֹ.
וְנֶאֱמַר
וַיִּזְכֹּר לָהֶם בְּרִיתוֹ, וַיִּנָּחֵם כְּרֹב חֲסָדָו.

וְעַל יְדֵי עֲבָדֶיךָ הַנְּבִיאִים כָּתוּב לֵאמֹר
הָלֹךְ וְקָרָאתָ בְאָזְנֵי יְרוּשָׁלַיִם לֵאמֹר
כֹּה אָמַר יי זָכַרְתִּי לָךְ חֶסֶד נְעוּרַיִךְ אַהֲבַת כְּלוּלֹתָיִךְ
לֶכְתֵּךְ אַחֲרַי בַּמִּדְבָּר בְּאֶרֶץ לֹא זְרוּעָה.

וְנֶאֱמַר
וְזָכַרְתִּי אֲנִי אֶת בְּרִיתִי אוֹתָךְ בִּימֵי נְעוּרָיִךְ
וַהֲקִימוֹתִי לָךְ בְּרִית עוֹלָם.
וְנֶאֱמַר
הֲבֵן יַקִּיר לִי אֶפְרַיִם, אִם יֶלֶד שַׁעֲשׁוּעִים
כִּי מִדֵּי דַבְּרִי בּוֹ זָכֹר אֶזְכְּרֶנּוּ עוֹד
עַל כֵּן הָמוּ מֵעַי לוֹ, רַחֵם אֲרַחֲמֶנּוּ, נְאֻם יי.

אֱלֹהֵינוּ וֵאלֹהֵי אֲבוֹתֵינוּ
זָכְרֵנוּ בְּזִכָּרוֹן טוֹב לְפָנֶיךָ
וּפָקְדֵנוּ בִּפְקֻדַּת יְשׁוּעָה וְרַחֲמִים מִשְּׁמֵי שְׁמֵי קֶדֶם
וּזְכָר לָנוּ יי אֱלֹהֵינוּ, אֶת הַבְּרִית וְאֶת הַחֶסֶד וְאֶת הַשְּׁבוּעָה
אֲשֶׁר נִשְׁבַּעְתָּ לְאַבְרָהָם אָבִינוּ בְּהַר הַמּוֹרִיָּה
וְתֵרָאֶה לְפָנֶיךָ עֲקֵדָה שֶׁעָקַד אַבְרָהָם אָבִינוּ אֶת יִצְחָק בְּנוֹ
עַל גַּבֵּי הַמִּזְבֵּחַ
וְכָבַשׁ רַחֲמָיו לַעֲשׂוֹת רְצוֹנְךָ בְּלֵבָב שָׁלֵם
כֵּן יִכְבְּשׁוּ רַחֲמֶיךָ אֶת כַּעַסְךָ מֵעָלֵינוּ
וּבְטוּבְךָ הַגָּדוֹל יָשׁוּב חֲרוֹן אַפְּךָ מֵעַמְּךָ וּמֵעִירְךָ וּמֵאַרְצְךָ וּמִנַּחֲלָתֶךָ.
וְקַיֶּם לָנוּ יי אֱלֹהֵינוּ אֶת הַדָּבָר שֶׁהִבְטַחְתָּנוּ בְּתוֹרָתֶךָ עַל יְדֵי מֹשֶׁה
עַבְדֶּךָ, מִפִּי כְבוֹדֶךָ
כָּאָמוּר
וְזָכַרְתִּי לָהֶם בְּרִית רִאשֹׁנִים
אֲשֶׁר הוֹצֵאתִי אֹתָם מֵאֶרֶץ מִצְרַיִם
לְעֵינֵי הַגּוֹיִם לִהְיוֹת לָהֶם לֵאלֹהִים
אֲנִי יי.

כִּי זוֹכֵר כָּל הַנִּשְׁכָּחוֹת אַתָּה הוּא מֵעוֹלָם
וְאֵין שִׁכְחָה לִפְנֵי כִסֵּא כְבוֹדֶךָ
וַעֲקֵדַת יִצְחָק לְזַרְעוֹ הַיּוֹם בְּרַחֲמִים תִּזְכֹּר.
בָּרוּךְ אַתָּה יְיָ, זוֹכֵר הַבְּרִית.

יש שנוהגים לתקוע ולומר ״היום הרת עולם״:

תקיעה	שברים תרועה	תקיעה
תקיעה	שברים	תקיעה
תקיעה	תרועה	תקיעה

הַיּוֹם הֲרַת עוֹלָם הַיּוֹם יַעֲמִיד בַּמִּשְׁפָּט כָּל יְצוּרֵי עוֹלָמִים, אִם כְּבָנִים אִם כַּעֲבָדִים. אִם כְּבָנִים רַחֲמֵנוּ כְּרַחֵם אָב עַל בָּנִים, וְאִם כַּעֲבָדִים עֵינֵינוּ לְךָ תְלוּיוֹת עַד שֶׁתְּחָנֵּנוּ וְתוֹצִיא כָאוֹר מִשְׁפָּטֵנוּ, אָיֹם קָדוֹשׁ.

אַתָּה נִגְלֵיתָ בַּעֲנַן כְּבוֹדֶךָ עַל עַם קָדְשְׁךָ לְדַבֵּר עִמָּם
מִן הַשָּׁמַיִם הִשְׁמַעְתָּם קוֹלֶךָ, וְנִגְלֵיתָ עֲלֵיהֶם בְּעַרְפִלֵּי טֹהַר.
גַּם כָּל הָעוֹלָם כֻּלּוֹ חָל מִפָּנֶיךָ, וּבְרִיּוֹת בְּרֵאשִׁית חָרְדוּ מִמֶּךָּ
בְּהִגָּלוֹתְךָ מַלְכֵּנוּ עַל הַר סִינַי, לְלַמֵּד לְעַמְּךָ תּוֹרָה וּמִצְוֹת
וַתַּשְׁמִיעֵם אֶת הוֹד קוֹלֶךָ, וְדִבְּרוֹת קָדְשְׁךָ מִלַּהֲבוֹת אֵשׁ.
בְּקוֹלוֹת וּבְרָקִים עֲלֵיהֶם נִגְלֵיתָ, וּבְקוֹל שׁוֹפָר עֲלֵיהֶם הוֹפָעְתָּ.
כַּכָּתוּב בְּתוֹרָתֶךָ

וַיְהִי בַיּוֹם הַשְּׁלִישִׁי בִּהְיֹת הַבֹּקֶר
וַיְהִי קֹלֹת וּבְרָקִים וְעָנָן כָּבֵד עַל הָהָר
וְקֹל שֹׁפָר חָזָק מְאֹד
וַיֶּחֱרַד כָּל הָעָם אֲשֶׁר בַּמַּחֲנֶה.

וְנֶאֱמַר
וַיְהִי קוֹל הַשֹּׁפָר הוֹלֵךְ וְחָזֵק מְאֹד
מֹשֶׁה יְדַבֵּר וְהָאֱלֹהִים יַעֲנֶנּוּ בְקוֹל.

וְנֶאֱמַר
וְכָל הָעָם רֹאִים אֶת הַקּוֹלֹת וְאֶת הַלַּפִּידִם
וְאֵת קוֹל הַשּׁוֹפָר וְאֶת הָהָר עָשֵׁן
וַיַּרְא הָעָם וַיָּנֻעוּ וַיַּעַמְדוּ מֵרָחֹק.

וּבְדִבְרֵי קָדְשְׁךָ כָּתוּב לֵאמֹר
עָלָה אֱלֹהִים בִּתְרוּעָה, יי בְּקוֹל שׁוֹפָר.

וְנֶאֱמַר
בַּחֲצֹצְרוֹת וְקוֹל שׁוֹפָר, הָרִיעוּ לִפְנֵי הַמֶּלֶךְ יי.

וְנֶאֱמַר
תִּקְעוּ בַחֹדֶשׁ שׁוֹפָר, בַּכֶּסֶה לְיוֹם חַגֵּנוּ.
כִּי חֹק לְיִשְׂרָאֵל הוּא מִשְׁפָּט לֵאלֹהֵי יַעֲקֹב.

וְנֶאֱמַר
הַלְלוּיָהּ, הַלְלוּ אֵל בְּקָדְשׁוֹ הַלְלוּהוּ בִּרְקִיעַ עֻזּוֹ.
הַלְלוּהוּ בִגְבוּרֹתָיו הַלְלוּהוּ כְּרֹב גֻּדְלוֹ.
הַלְלוּהוּ בְּתֵקַע שׁוֹפָר הַלְלוּהוּ בְּנֵבֶל וְכִנּוֹר.
הַלְלוּהוּ בְתֹף וּמָחוֹל הַלְלוּהוּ בְּמִנִּים וְעֻגָב.
הַלְלוּהוּ בְצִלְצְלֵי שָׁמַע הַלְלוּהוּ בְּצִלְצְלֵי תְרוּעָה.
כֹּל הַנְּשָׁמָה תְּהַלֵּל יָהּ
הַלְלוּיָהּ.

וְעַל יְדֵי עֲבָדֶיךָ הַנְּבִיאִים כָּתוּב לֵאמֹר
כָּל יֹשְׁבֵי תֵבֵל וְשֹׁכְנֵי אָרֶץ
כִּנְשֹׂא נֵס הָרִים תִּרְאוּ וְכִתְקֹעַ שׁוֹפָר תִּשְׁמָעוּ.

וְנֶאֱמַר

וְהָיָה בַּיּוֹם הַהוּא יִתָּקַע בְּשׁוֹפָר גָּדוֹל

וּבָאוּ הָאֹבְדִים בְּאֶרֶץ אַשּׁוּר וְהַנִּדָּחִים בְּאֶרֶץ מִצְרָיִם

וְהִשְׁתַּחֲווּ לַיי בְּהַר הַקֹּדֶשׁ בִּירוּשָׁלָיִם.

וְנֶאֱמַר

וַיי עֲלֵיהֶם יֵרָאֶה, וְיָצָא כַבָּרָק חִצּוֹ

וַאדֹנָי יֱהֹוִה בַּשּׁוֹפָר יִתְקָע וְהָלַךְ בְּסַעֲרוֹת תֵּימָן.

יי צְבָאוֹת יָגֵן עֲלֵיהֶם, כֵּן תָּגֵן עַל עַמְּךָ יִשְׂרָאֵל בִּשְׁלוֹמֶךָ.

אֱלֹהֵינוּ וֵאלֹהֵי אֲבוֹתֵינוּ

תְּקַע בְּשׁוֹפָר גָּדוֹל לְחֵרוּתֵנוּ, וְשָׂא נֵס לְקַבֵּץ גָּלֻיּוֹתֵינוּ

וְקָרֵב פְּזוּרֵינוּ מִבֵּין הַגּוֹיִם, וּנְפוּצוֹתֵינוּ כַּנֵּס מִיַּרְכְּתֵי אָרֶץ.

וַהֲבִיאֵנוּ לְצִיּוֹן עִירְךָ בְּרִנָּה וְלִירוּשָׁלַיִם בֵּית מִקְדָּשְׁךָ בְּשִׂמְחַת עוֹלָם

וְשָׁם נַעֲשֶׂה לְפָנֶיךָ אֶת קָרְבְּנוֹת חוֹבוֹתֵינוּ כְּמִצְוָה עָלֵינוּ בְּתוֹרָתֶךָ

עַל יְדֵי מֹשֶׁה עַבְדֶּךָ, מִפִּי כְבוֹדֶךָ, כָּאָמוּר

וּבְיוֹם שִׂמְחַתְכֶם וּבְמוֹעֲדֵיכֶם וּבְרָאשֵׁי חָדְשֵׁכֶם

וּתְקַעְתֶּם בַּחֲצֹצְרֹת עַל עֹלֹתֵיכֶם וְעַל זִבְחֵי שַׁלְמֵיכֶם

וְהָיוּ לָכֶם לְזִכָּרוֹן לִפְנֵי אֱלֹהֵיכֶם

אֲנִי יי אֱלֹהֵיכֶם.

כִּי אַתָּה שׁוֹמֵעַ קוֹל שׁוֹפָר וּמַאֲזִין תְּרוּעָה וְאֵין דּוֹמֶה לָךְ.

בָּרוּךְ אַתָּה יי, שׁוֹמֵעַ קוֹל תְּרוּעַת עַמּוֹ יִשְׂרָאֵל בְּרַחֲמִים.

יש שנוהגים לתקוע ולומר "היום הרת עולם":

תקיעה	שברים תרועה	תקיעה
תקיעה	שברים	תקיעה
תקיעה	תרועה	תקיעה

הַיּוֹם הֲרַת עוֹלָם הַיּוֹם יַעֲמִיד בַּמִּשְׁפָּט כָּל יְצוּרֵי עוֹלָמִים, אִם כְּבָנִים אִם כַּעֲבָדִים. אִם כְּבָנִים רַחֲמֵנוּ כְּרַחֵם אָב עַל בָּנִים, וְאִם כַּעֲבָדִים עֵינֵינוּ לְךָ תְלוּיוֹת עַד שֶׁתְּחָנֵּנוּ וְתוֹצִיא כָאוֹר מִשְׁפָּטֵנוּ, אָיוֹם קָדוֹשׁ.

רְצֵה יי אֱלֹהֵינוּ בְּעַמְּךָ יִשְׂרָאֵל וְלִתְפִלָּתָם שְׁעֵה, וְהָשֵׁב אֶת הָעֲבוֹדָה לִדְבִיר בֵּיתֶךָ, וְאִשֵּׁי יִשְׂרָאֵל וּתְפִלָּתָם מְהֵרָה בְּאַהֲבָה תְקַבֵּל בְּרָצוֹן, וּתְהִי לְרָצוֹן תָּמִיד עֲבוֹדַת יִשְׂרָאֵל עַמֶּךָ. וְתֶחֱזֶינָה עֵינֵינוּ בְּשׁוּבְךָ לְצִיּוֹן בְּרַחֲמִים. בָּרוּךְ אַתָּה יי, הַמַּחֲזִיר שְׁכִינָתוֹ לְצִיּוֹן.

מוֹדִים אֲנַחְנוּ לָךְ שָׁאַתָּה הוּא יי אֱלֹהֵינוּ וֵאלֹהֵי אֲבוֹתֵינוּ לְעוֹלָם וָעֶד, צוּר חַיֵּינוּ, מָגֵן יִשְׁעֵנוּ אַתָּה הוּא לְדוֹר וָדוֹר. נוֹדֶה לְּךָ וּנְסַפֵּר תְּהִלָּתֶךָ עַל חַיֵּינוּ הַמְּסוּרִים בְּיָדֶךָ וְעַל נִשְׁמוֹתֵינוּ הַפְּקוּדוֹת לָךְ, וְעַל נִסֶּיךָ שֶׁבְּכָל יוֹם עִמָּנוּ, וְעַל נִפְלְאוֹתֶיךָ וְטוֹבוֹתֶיךָ שֶׁבְּכָל עֵת, עֶרֶב וָבֹקֶר וְצָהֳרָיִם. הַטּוֹב כִּי לֹא כָלוּ רַחֲמֶיךָ, וְהַמְרַחֵם כִּי לֹא תַמּוּ חֲסָדֶיךָ, כִּי מֵעוֹלָם קִוִּינוּ לָךְ.

וְעַל כֻּלָּם יִתְבָּרַךְ וְיִתְרוֹמַם וְיִתְנַשֵּׂא שִׁמְךָ מַלְכֵּנוּ תָּמִיד לְעוֹלָם וָעֶד.
וּכְתֹב לְחַיִּים טוֹבִים כָּל בְּנֵי בְרִיתֶךָ.
וְכֹל הַחַיִּים יוֹדוּךָ סֶּלָה, וִיהַלְלוּ וִיבָרְכוּ אֶת שִׁמְךָ הַגָּדוֹל בֶּאֱמֶת לְעוֹלָם כִּי טוֹב, הָאֵל יְשׁוּעָתֵנוּ וְעֶזְרָתֵנוּ סֶלָה, הָאֵל הַטּוֹב. בָּרוּךְ אַתָּה יי, הַטּוֹב שִׁמְךָ וּלְךָ נָאֶה לְהוֹדוֹת.

שִׂים שָׁלוֹם טוֹבָה וּבְרָכָה, חַיִּים חֵן וָחֶסֶד וְרַחֲמִים עָלֵינוּ וְעַל כָּל יִשְׂרָאֵל עַמֶּךָ. בָּרְכֵנוּ אָבִינוּ כֻּלָּנוּ כְּאֶחָד בְּאוֹר פָּנֶיךָ, כִּי בְאוֹר פָּנֶיךָ נָתַתָּ לָּנוּ יי אֱלֹהֵינוּ תּוֹרַת חַיִּים וְאַהֲבַת חֶסֶד, וּצְדָקָה וּבְרָכָה וְרַחֲמִים

וְחַיִּים וְשָׁלוֹם. וְטוֹב יִהְיֶה בְעֵינֶיךָ לְבָרְכֵנוּ וּלְבָרֵךְ אֶת כָּל עַמְּךָ יִשְׂרָאֵל בְּכָל עֵת וּבְכָל שָׁעָה בִּשְׁלוֹמֶךָ.

בְּסֵפֶר חַיִּים, בְּרָכָה וְשָׁלוֹם, וּפַרְנָסָה טוֹבָה, וּגְזֵרוֹת טוֹבוֹת, יְשׁוּעוֹת וְנֶחָמוֹת, נִזָּכֵר וְנִכָּתֵב לְפָנֶיךָ, אֲנַחְנוּ וְכָל עַמְּךָ בֵּית יִשְׂרָאֵל, לְחַיִּים טוֹבִים וּלְשָׁלוֹם.

בָּרוּךְ אַתָּה יי, הַמְבָרֵךְ אֶת עַמּוֹ יִשְׂרָאֵל בַּשָּׁלוֹם.

יִהְיוּ לְרָצוֹן אִמְרֵי פִי וְהֶגְיוֹן לִבִּי לְפָנֶיךָ, יי צוּרִי וְגֹאֲלִי.

אֱלֹהַי, נְצֹר לְשׁוֹנִי מֵרָע וּשְׂפָתַי מִדַּבֵּר מִרְמָה, וְלִמְקַלְלַי נַפְשִׁי תִדֹּם, וְנַפְשִׁי כֶּעָפָר לַכֹּל תִּהְיֶה. פְּתַח לִבִּי בְּתוֹרָתֶךָ, וְאַחֲרֵי מִצְוֹתֶיךָ תִּרְדֹּף נַפְשִׁי. וְכָל הַקָּמִים וְהַחוֹשְׁבִים עָלַי רָעָה, מְהֵרָה הָפֵר עֲצָתָם וְקַלְקֵל מַחֲשַׁבְתָּם.

יְהִי רָצוֹן מִלְּפָנֶיךָ יי אֱלֹהַי וֵאלֹהֵי אֲבוֹתַי, שֶׁלֹּא תַעֲלֶה קִנְאַת אָדָם עָלַי וְלֹא קִנְאָתִי עַל אֲחֵרִים, וְשֶׁלֹּא אֶכְעוֹס הַיּוֹם וְשֶׁלֹּא אַכְעִיסֶךָ, וְתַצִּילֵנִי מִיֵּצֶר הָרָע, וְתֵן בְּלִבִּי הַכְנָעָה וַעֲנָוָה. מַלְכֵּנוּ וֵאלֹהֵינוּ יַחֵד שִׁמְךָ בְּעוֹלָמֶךָ, בְּנֵה עִירֶךָ, יַסֵּד בֵּיתֶךָ וְשַׁכְלֵל הֵיכָלֶךָ, וְקַבֵּץ קִבּוּץ גָּלֻיּוֹת, וּפְדֵה צֹאנֶךָ וְשַׂמַּח עֲדָתֶךָ.

עֲשֵׂה לְמַעַן שְׁמֶךָ, עֲשֵׂה לְמַעַן יְמִינֶךָ, עֲשֵׂה לְמַעַן תּוֹרָתֶךָ, עֲשֵׂה לְמַעַן קְדֻשָּׁתֶךָ. לְמַעַן יֵחָלְצוּן יְדִידֶיךָ הוֹשִׁיעָה יְמִינְךָ וַעֲנֵנִי. יִהְיוּ לְרָצוֹן אִמְרֵי פִי וְהֶגְיוֹן לִבִּי לְפָנֶיךָ, יי צוּרִי וְגֹאֲלִי. עֹשֶׂה הַשָּׁלוֹם בִּמְרוֹמָיו, הוּא יַעֲשֶׂה שָׁלוֹם עָלֵינוּ וְעַל כָּל יִשְׂרָאֵל, וְאִמְרוּ אָמֵן.

יְהִי רָצוֹן מִלְּפָנֶיךָ יי אֱלֹהֵינוּ וֵאלֹהֵי אֲבוֹתֵינוּ, שֶׁיִּבָּנֶה בֵּית הַמִּקְדָּשׁ בִּמְהֵרָה בְיָמֵינוּ, וְתֵן חֶלְקֵנוּ בְּתוֹרָתֶךָ. וְשָׁם נַעֲבָדְךָ בְּיִרְאָה כִּימֵי עוֹלָם וּכְשָׁנִים קַדְמוֹנִיּוֹת. וְעָרְבָה לַיי מִנְחַת יְהוּדָה וִירוּשָׁלָיִם כִּימֵי עוֹלָם וּכְשָׁנִים קַדְמוֹנִיּוֹת.

פותחים את ארון הקודש

אֲדֹנָי, שְׂפָתַי תִּפְתָּח וּפִי יַגִּיד תְּהִלָּתֶךָ

בָּרוּךְ אַתָּה יי, אֱלֹהֵינוּ וֵאלֹהֵי אֲבוֹתֵינוּ
אֱלֹהֵי אַבְרָהָם, אֱלֹהֵי יִצְחָק, וֵאלֹהֵי יַעֲקֹב
הָאֵל הַגָּדוֹל הַגִּבּוֹר וְהַנּוֹרָא, אֵל עֶלְיוֹן
גּוֹמֵל חֲסָדִים טוֹבִים, קוֹנֵה הַכֹּל, וְזוֹכֵר חַסְדֵי אָבוֹת
וּמֵבִיא גוֹאֵל לִבְנֵי בְנֵיהֶם לְמַעַן שְׁמוֹ בְּאַהֲבָה.
זָכְרֵנוּ לְחַיִּים, מֶלֶךְ חָפֵץ בַּחַיִּים
וְכָתְבֵנוּ בְּסֵפֶר הַחַיִּים, לְמַעַנְךָ אֱלֹהִים חַיִּים.
מֶלֶךְ עוֹזֵר וּמוֹשִׁיעַ וּמָגֵן. בָּרוּךְ אַתָּה יי, מָגֵן אַבְרָהָם.

אַתָּה גִּבּוֹר לְעוֹלָם אֲדֹנָי
מְחַיֵּה מֵתִים אַתָּה, רַב לְהוֹשִׁיעַ
מוֹרִיד הַטָּל.
מְכַלְכֵּל חַיִּים בְּחֶסֶד
מְחַיֵּה מֵתִים בְּרַחֲמִים רַבִּים
סוֹמֵךְ נוֹפְלִים, וְרוֹפֵא חוֹלִים, וּמַתִּיר אֲסוּרִים
וּמְקַיֵּם אֱמוּנָתוֹ לִישֵׁנֵי עָפָר.
מִי כָמוֹךָ בַּעַל גְּבוּרוֹת וּמִי דּוֹמֶה לָּךְ
מֶלֶךְ מֵמִית וּמְחַיֶּה וּמַצְמִיחַ יְשׁוּעָה.
מִי כָמוֹךָ אַב הָרַחֲמָן
זוֹכֵר יְצוּרָיו לְחַיִּים בְּרַחֲמִים.
וְנֶאֱמָן אַתָּה לְהַחֲיוֹת מֵתִים. בָּרוּךְ אַתָּה יי, מְחַיֵּה הַמֵּתִים.

יש קהלות שאומרים "לאל עורך דין" במוסף.

סימן: א"ב.

וּבְכֵן לְךָ הַכֹּל יַכְתִּירוּ.

הש"ץ: **לְאֵל עוֹרֵךְ דִּין**

הקהל: **לְבוֹחֵן לְבָבוֹת בְּיוֹם דִּין.**

הש"ץ: **לְגוֹלֶה עֲמֻקּוֹת בַּדִּין**

הקהל: **לְדוֹבֵר מֵישָׁרִים בְּיוֹם דִּין.**

הש"ץ: **לְהוֹגֶה דֵעוֹת בַּדִּין**

הקהל: **לְוָתִיק וְעוֹשֶׂה חֶסֶד בְּיוֹם דִּין.**

הש"ץ: **לְזוֹכֵר בְּרִיתוֹ בַּדִּין**

הקהל: **לְחוֹמֵל מַעֲשָׂיו בְּיוֹם דִּין.**

5 הש"ץ: **לְטַהֵר חוֹסָיו בַּדִּין**

הקהל: **לְיוֹדֵעַ מַחֲשָׁבוֹת בְּיוֹם דִּין.**

ובכן לך הכל יכתירו, ומצורף לו: **לאל עורך דין** ר"ל עורך משפט, ע"ש איוב יג יח הנה נא ערכתי משפט. **לבוחן לבבות** ע"ש משלי יז ג ובוחן לבות ה'. **2 לגולה עמוקות** ע"ש איוב יב כב מגלה עמוקות מני חשך, ודני' ב כב גלי עמיקתא ומסתרתא. **לדובר מישרים** ע"ש ישע' לג טו. **3 להוגה דעות** ע"ש ש"א ב ג כי אל דעות ה'. **לותיק** פי' רציני, זריז. **ועושה חסד** ירמ' ט כג ועוד. **4 לזוכר בריתו** ע"ש תהל' קיא ה יזכר לעולם בריתו. **לחומל מעשיו** ע"ש מלאכי ג יז וחמלתי עליהם. **5 לטהר חוסיו** במקום 'למטהר' החוסים בו (וייתכן שהוא בא בניקוד טַהֵר, ר"ל מטהר, ועי' את גירסת כ"י הצרפתיים) ויש שפירש אותו על דוגמת קהל' ד ב ושבח אני את המתים... שמות י ד כי אם מאן אתה לשלח, אבל אינו מסתבר שזה מתאים לסגנון הפיוט העתיק.

הש״ץ: לְכוֹבֵשׁ כַּעְסוֹ בַּדִּין
הקהל: לְלוֹבֵשׁ צְדָקוֹת בְּיוֹם דִּין.

הש״ץ: לְמוֹחֵל עֲוֹנוֹת בַּדִּין
הקהל: לְנוֹרָא תְהִלּוֹת בְּיוֹם דִּין.

הש״ץ: לְסוֹלֵחַ לַעֲמוּסָיו בַּדִּין
הקהל: לְעוֹנֶה לְקוֹרְאָיו בְּיוֹם דִּין.

הש״ץ: לְפוֹעֵל רַחֲמָיו בַּדִּין
הקהל: לְצוֹפֶה נִסְתָּרוֹת בְּיוֹם דִּין.

הש״ץ: לְקוֹנֶה עֲבָדָיו בַּדִּין
הקהל: לְרַחֵם עַמּוֹ בְּיוֹם דִּין.

הש״ץ: לְשׁוֹמֵר אֹהֲבָיו בַּדִּין
הקהל: לְתוֹמֵךְ תְּמִימָיו בְּיוֹם דִּין.

לידע מחשבות ע״ש תהל׳ צד יא ה׳ יודע מחשבות אדם. **6 לכובש כעסו** עי׳ לעיל (אאפיד,6) ל׳כובש כל כעסים׳. **ללובש צדקות** ע״ש ישעי׳ נט יז וילבש צדקה כשרין. **7 לנורא תהלות** שמות טו יא. **8 לסולח לעמוסיו** לישראל העמוסים מני בטן (ישע׳ מו ג). **לעונה לקוראיו** ע״ש ישע׳ סה כד והיה טרם יקראו ואני אענה וכו׳. **9 לפועל רחמיו** דוגמת פועל ישועות, תהל׳ עד יב. **לצופה נסתרות** ע״ש דבר׳ כט כח הנסתרות לה׳ אלהינו. **10 לקונה עבדיו** ע״ש ישע׳ יא יא יוסיף ה׳ שנית ידו לקנות את שאר עמו. **לרחם עמו** למרחם על עמו, ועי׳ לעיל 5 על לטהר. **11 לשומר אוהביו** ע״ש תהל׳ קמה כ שומר ה׳ את כל אוהביו. **לתומך תמימיו** ע״ש ישע׳ מא י אף תמכתיך בימין צדקי.

וּבְכֵן לְךָ תַעֲלֶה קְדֻשָּׁה, כִּי אַתָּה אֱלֹהֵינוּ מֶלֶךְ.

וּנְתַנֶּה תֹּקֶף קְדֻשַּׁת הַיּוֹם / כִּי הוּא נוֹרָא וְאָיֹם
וּבוֹ תִּנָּשֵׂא מַלְכוּתֶךָ / וְיִכּוֹן בְּחֶסֶד כִּסְאֶךָ
וְתֵשֵׁב עָלָיו בֶּאֱמֶת / אֱמֶת כִּי אַתָּה הוּא דַיָּן
וּמוֹכִיחַ וְיוֹדֵעַ וָעֵד / וְכוֹתֵב וְחוֹתֵם וְסוֹפֵר וּמוֹנֶה
וְתִזְכֹּר כָּל הַנִּשְׁכָּחוֹת / וְתִפְתַּח אֶת סֵפֶר הַזִּכְרוֹנוֹת
וּמֵאֵלָיו יִקָּרֵא / וְחוֹתַם יַד כָּל אָדָם בּוֹ
וּבְשׁוֹפָר גָּדוֹל יִתָּקַע / וְקוֹל דְּמָמָה דַקָּה יִשָּׁמַע
וּמַלְאָכִים יֵחָפֵזוּן / וְחִיל וּרְעָדָה יֹאחֵזוּן
וְיֹאמְרוּ הִנֵּה יוֹם הַדִּין / לִפְקוֹד עַל צְבָא מָרוֹם בַּדִּין
כִּי לֹא יִזְכּוּ בְעֵינֶיךָ בַּדִּין / וְכָל בָּאֵי עוֹלָם יַעַבְרוּן לְפָנֶיךָ כִּבְנֵי מָרוֹן.

ונתנה תוקף. לפי הרוו״ה מוסב החלק הראשון על יום הדין שלעתיד לבא (עי׳ שם), ומהפיסקא ׳וכל באי עולם׳ עובר המחבר לר״ה של כל השנה, מה שאינו מתקבל על הדעת. ויותר נראה שהוא מתאר את סדר ר״ה של כל השנה בשמים בתמונת יום הדין הסופי שבמקרא, בלי שיש מקור לזה באגדה ידועה.

1 ונתנה תוקף קדושת היום, ר״ל נספר קדושת ר״ה. ובקטע הגניזה הוא ממשיך: כנגד שלש תקיעות היום, לפי הרעיון הידוע. **כי הוא** ר״ל היום. **נורא ואיום** לשון חבקוק א ז. **2 ובו תנשא מלכותך** במד׳ כד ז **ויכון בחסד כסאך** **3 ותשב עליו באמת** ע״ש ישע׳ טז ה והוכן בחסד כסא וישב עליו באמת. **אמת כי אתה הוא דיין ומוכיח ויודע ועד** כמאמר חז״ל (אבות ד׳ כ״ב) לידע להודיע ולהודע שהוא... הוא הדיין והוא עד הוא בעל דין וכו׳. **5 ותזכור כל הנשכחות** ע״פ נוסח הברכה הנשנית במשנה (תענית ב׳ ד׳) זוכר הנשכחות. **ותפתח את ספר הזכרונות** (ל׳ אסתר ו א) ע״פ מאמר חז״ל ירו׳ ר״ה א׳ ג׳ דף נ״ז א׳ שלש פינקסיות הם... **6 ומאליו יקרא** מעצמו נקרא. **וחותם יד כל אדם בו** ע״ש איוב לז ז ודרשת חז״ל (ספרי דברים ש״ז, ועוד) שהחוטא בעצמו חותם (בשעת פטירתו מן העולם, והפייטנים העבירו כלל זה לר״ה) על מעשיו. **7 ובשופר גדול יתקע** ע״ש והיה ביום ההוא יתקע בשופר גדול, ישע׳ כז יג. **וקול דממה דקה ישמע** ע״ש איוב ד טז דממה וקול אשמע. **8 ומלאכים יחפזון** איוב ד יח הן בעבדיו לא יאמין ובמלאכיו ישים תהלה. **וחיל ורעדה יאחזון** (הלשון ע״ש תהל׳ מח ז רעדה אחזתם שם חיל כיולדה, והיה צ״ל יאחז אותם). **9 ויאמרו הנה יום הדין.**

כְּבַקָּרַת רוֹעֶה עֶדְרוֹ / מַעֲבִיר צֹאנוֹ תַּחַת שִׁבְטוֹ
כֵּן תַּעֲבִיר וְתִסְפֹּר וְתִמְנֶה / וְתִפְקֹד נֶפֶשׁ כָּל חָי
וְתַחְתֹּךְ קִצְבָה לְכָל בְּרִיָּה / וְתִכְתֹּב אֶת גְּזַר דִּינָם.

בְּרֹאשׁ הַשָּׁנָה יִכָּתֵבוּן / וּבְיוֹם צוֹם כִּפּוּר יֵחָתֵמוּן
כַּמָּה יַעַבְרוּן וְכַמָּה יִבָּרֵאוּן / מִי יִחְיֶה וּמִי יָמוּת
מִי בְקִצּוֹ וּמִי לֹא בְקִצּוֹ / מִי בַמַּיִם וּמִי בָאֵשׁ
מִי בַחֶרֶב וּמִי בַחַיָּה / מִי בָרָעָב וּמִי בַצָּמָא
מִי בָרַעַשׁ וּמִי בַמַּגֵּפָה / מִי בַחֲנִיקָה וּמִי בַסְּקִילָה
מִי יָנוּחַ וּמִי יָנוּעַ / מִי יַשְׁקִיט וּמִי יִטָּרֵף
מִי יִשָּׁלֵו וּמִי יִתְיַסָּר / מִי יֵעָנִי וּמִי יֵעָשֵׁר / מִי יִשָּׁפֵל וּמִי יָרוּם.

לפקוד על צבא מרום בדין ע״ש ישע׳ והיה ביום ההוא יפקוד ה׳ על צבא מרום במרום... **10 כי לא יזכו בעיניך בדין** ע״ש איוב טו טו הן בקדושיו לא יאמין ושמים לא זכו בעיניו. **וכל באי עולם יעברון לפניך כבני מרון** לשון המשנה ר״ה א׳ ב׳. **11 כבקרת רועה עדרו** יחזק׳ לד יב. **מעביר צאנו תחת שבטו** ע״ש ויק׳ כז לב כל אשר יעבור תחת השבט, והתמונה לקוחה מפעולת העישור. **12 כן תעביר ותספור ותמנה** ע״ש ירמ׳ לג יג עוד תעבורנה הצאן על ידי מונה. **13 ותחתוך קצבה לכל בריה** תפסוק ותקציב להם (במשמעות זו של חתיכת הדין ל׳ התלמוד, סנהד׳ דף ז׳ ב׳ צדק את הדין וחתכהו). **ותכתב את גזר דינם** ע״פ הדיעה המקובלת (ירו׳ ר״ה א׳ ג׳ דף נ״ז א׳) כולהם נידונין בר״ה וגזר דינו של כאו״א מתחתם ביה״כ. **14 בראש השנה יכתבון וביו״כ...** דובר כאן על הבינוניים, לפי המאמר (ירו׳ ר״ה שם) ...צדיקים גמורים כבר נטלו איפופיס (פי׳ פסק דין) של חיים מר״ה... רשעים גמורין כבר נטלו אפופיס שלהן מר״ה... בינוניים כבר ניתן להם עשרת ימי תשובה שבין ר״ה ליוה״כ. אם עשו תשובה נכתבין עם הצדיקים ואם לאו נכתבין עם הרשעים. **15 כמה יעבורון** מן העולם (לשון המשנה אבות ה׳ כ״א, ועבר ובטל מן העולם.) (וי״מ יעֻבָּרון או יעוּבְּרון, ר״ל כמה יאבדו במעי אמם, ע׳ ברלינר, ראנד-בעמערקונגען כרך ב, 1912, ע׳ 63, וקשה להצדיק צורה שכזו.) **וכמה יבראון** כמה יוולדו. **16 מי בקצו** בקץ המיועד לו. **מי במים ומי באש** תהל׳ סו יב באנו באש ובמים. **17 מי בחרב ומי בחיה** (נ״א ברעב) ע״ש יחזק׳ ה יז ושלחתי עליכם רעב וחיה רעה... וחרב אביא עליך... **19 מי ינוח ומי ינוע** ע״ש תהל׳ קז כז יחוגו וינועו כשכור, וכדומה. **מי ישקיט** (ישקוט ?) **ומי יטורף** מי יחיה בשקט (ע״ש ישע׳ ל טו בהשקט ובבטחה) ומי יהיה מטולטל ממקום למקום. **20 מי יעשיר** מי יהיה עשיר (לפי שמוש בנין הפעיל גם בתנ״ך (כגון תהל׳ מט יז) גם בשפת המשנה (כגון גטין ג׳

צום קול ממון

וּתְשׁוּבָה וּתְפִלָּה וּצְדָקָה / מַעֲבִירִין אֶת רֹעַ הַגְּזֵרָה.

כִּי כְּשִׁמְךָ כֵּן תְּהִלָּתֶךָ / קָשֶׁה לִכְעוֹס וְנוֹחַ לִרְצוֹת
כִּי לֹא תַחְפֹּץ בְּמוֹת הַמֵּת / כִּי אִם בְּשׁוּבוֹ מִדַּרְכּוֹ וְחָיָה
וְעַד יוֹם מוֹתוֹ תְּחַכֶּה לּוֹ / אִם יָשׁוּב מִיַּד תְּקַבְּלוֹ
אֱמֶת כִּי אַתָּה הוּא יוֹצְרָם / וְיוֹדֵעַ יִצְרָם
כִּי הֵם בָּשָׂר וָדָם.
אָדָם יְסוֹדוֹ מֵעָפָר / וְסוֹפוֹ לֶעָפָר
בְּנַפְשׁוֹ יָבִיא לַחְמוֹ / מָשׁוּל כַּחֶרֶס הַנִּשְׁבָּר
כְּחָצִיר יָבֵשׁ וּכְצִיץ נוֹבֵל / כְּצֵל עוֹבֵר וּכְעָנָן כָּלֶה
וּכְרוּחַ נוֹשָׁבֶת וּכְאָבָק פּוֹרֵחַ / וְכַחֲלוֹם יָעוּף.

ז׳). **21 ותשובה ותפלה וצדקה מעבירין את רוע הגזירה** ע״פ מאמר חז״ל בב״ר מ״ד י״ג ע׳ 434 שלשה דברים מבטלים את הגזירה, ואילו הן תפלה וצדקה ותשובה, ושלשתן בפסוק אחד: ויכנעו עמי אשר נקרא שמי עליו ויתפללו (דה״ב ז יד) הרי תפלה, ויבקשו פני, הרי צדקה... וישובו מדרכם הרעה, הרי תשובה, ואחר כך אסלח לעונם. וע׳ ג״כ ר״ה דף יז ב׳ גדולה תשובה שמקרעת גזר דינו של אדם. שם ט״ז ב׳ ד׳ דברים מקרעין גזר דינו של אדם. אלו הן צדקה צעקה שנוי השם ושנוי המעשה. צדקה דכתיב (משלי י ב) וצדקה תציל ממות. צעקה דכתיב (תהל׳ קז כח) ויצעקו אל ה׳ בצר להם וממצוקותיהם יוציאם וכו׳. **22 כי כשמך כן תהלתך** תהל׳ מח יא, וכנראה רומז לשמות הידועים ה׳ ה׳ אל רחום וחנון וכו׳. **קשה לכעוס ונוח לרצות** לשון המשנה אבות ה׳ י״א, והיא מדת החסידות. **23 כי לא תחפוץ במות המת** ע״ש יחזק׳ יח לב **כי אם בשובו מדרכו וחיה** ע״ש יחזק׳ יח כג. לג יא. **24 ועד יום מותו תחכה לו אם ישוב מיד תקבלו** שימינו של הקב״ה פשוטה לקבל שבים בכל יום (פרקי ר׳ אליעזר מ״ג). **25 אמת כי אתה הוא יוצרם ויודע יצרם** ע״פ תהל׳ לג טו היוצר יחד לבם וכו׳. **26 כי הם בשר ודם** הכינוי הרגיל לבן אדם (באפסיותו) באגדה. **27 אדם יסודו מעפר וסופו לעפר** ע״פ ברא׳ ג יט כי עפר אתה ואל עפר תשוב. **28 בנפשו יביא לחמו** ע״ש איכה ה ט. **משול כחרס הנשבר** שאין לו תקנה, בניגוד לכלי זכוכית שנשבר שיש לו תקנה (ב״ר י״ד ז׳ ע׳ 130). **29 כחציר יבש וכציץ נובל** ע״ש תהל׳ קג טו אנוש כחציר ימיו כציץ השדה כן יציץ. כי רוח עברה בו ואיננו... ויותר ע״ש ישע׳ מ ו-ז כל הבשר חציר וכל חסדו כציץ השדה. יבש חציר נבל ציץ... **כצל עובר** תהל׳ קמד ד. **וכענן כלה** ע״ש איוב ז ט כלה ענן וילך כן יורד שאול לא יעלה. **30 וכרוח נושבת** הלשון ע״ש ישע׳ מ ז כי

וְאַתָּה הוּא מֶלֶךְ / אֵל חַי וְקַיָּם.

סוגרים את ארון הקודש

אֵין קִצְבָה לִשְׁנוֹתֶיךָ / וְאֵין קֵץ לְאֹרֶךְ יָמֶיךָ
וְאֵין לְשַׁעֵר מַרְכְּבוֹת כְּבוֹדֶךָ / וְאֵין לְפָרֵשׁ עִילּוּם שְׁמֶךָ
שִׁמְךָ נָאֶה לְךָ / וְאַתָּה נָאֶה לִשְׁמֶךָ
וּשְׁמֵנוּ קָרָאתָ בִּשְׁמֶךָ / עֲשֵׂה לְמַעַן שְׁמֶךָ
וְקַדֵּשׁ אֶת שִׁמְךָ / עַל מַקְדִּישֵׁי שְׁמֶךָ
בַּעֲבוּר כְּבוֹד שִׁמְךָ / הַנַּעֲרָץ וְהַנִּקְדָּשׁ
כְּסוֹד שִׂיחַ שַׂרְפֵי קֹדֶשׁ / הַמַּקְדִּישִׁים שִׁמְךָ בַּקֹּדֶשׁ
דָּרֵי מַעְלָה עִם דָּרֵי מַטָּה /
קוֹרְאִים וּמְשַׁלְּשִׁים בְּשִׁלּוּשׁ קְדֻשָּׁה בַּקֹּדֶשׁ.

רוח ה׳ נשבה בו. **וכאבק פורח** ע״ש ישע׳ ה כד ופרחם כאבק יעלה. **וכחלום יעוף** לה״כ איוב כ ח. **31 ואתה הוא מלך אל חי וקיים** שבח רגיל להקב״ה באגדה (כגון ברכות דף ל״ב א׳ מה שמך הגדול חי וקיים לעולם...) ובתפלה (כגון בתפלת שחרית למלך אל חי וקיים זמירות יאמרו...). **32 אין קצבה לשנותיך ואין קץ לארך ימיך** ע״ש תהל׳ קב כח ואתה הוא ושנותיך לא יתמו. **33 ואין לשער מרכבות כבודך** לה״כ ישע׳ כב יח, וכאן פי׳ אין לקבוע שיעור לגדודי המלאכים המשרתים את כבודו. **ואין לפרש עילום שמך** שניתן להעלמה ולא לפירוש ברבים, עי׳ מה שדרשו קהלת רבה ג׳ ג׳ (על קהל׳ ג יא גם את העלם נתן בלבם, שכתיב חסר) העולם הועלם מהם שם המפורש, ובירושלמי יומא ג׳ ז׳ דף מ׳ ד׳ (על וידוי כ״ג בשם המפורש) לא היו זזים משם עד שהוא מתעלם מהן... זה שמי לעלם. ובבבלי דרשו (פסח׳ דף נ׳ א׳ = קדושין דף ע״א א׳) סבר רבא למדרשה בפירקא, א״ל ההוא סבא לעלם כתיב (ר״ל בפסוק שמות ג טו כתיב זה שמי לעלם, חסר וא״ו) היינו להעלמה. ושם ממשיכים ר׳ אבינא רמי כתיב זה שמי לעלם וזה זכרי לדור דור, אמר הקב״ה לא כשאני נכתב אני נקרא. נכתב אני ביו״ד ה״א ונקרא אני באל״ף דל״ת. ולשון הפייטן ע״פ דה״ב לג ז אשים את שמי לעילום. השינוי ׳ואין לפרש׳ ע״פ תשב״ץ סי׳ קי״ט. **34 שמך נאה לך** מתאים לך, מפני שהוא מעיד על תכונותיך, וכן **אתה נאה לשמך**. ומה שנוסף **35 ושמנו קראת בשמך** מוסב על שם ישראל ששמו של הקב״ה כלול בו, כדכתיב (דבר׳ כח י) כי שם ה׳ נקרא עליך, ועוד בכמה מקומות במקרא. **עשה...** **36 וקדש את שמך על מקדישי שמך** על ישראל שמקדשים את שם הקב״ה בכל יום כשם כשמקדשין אותו בשמים. **38 כסוד שיח שרפי קדש המקדישים שמך בקדש** ההקדמה לקדושה הרגילה בנוסח ׳נעריצך׳ בתוספת המלים **39 דרי מעלה עם דרי מטה** ר״ל יחד המלאכים ובני אדם.

כֶּתֶר יִתְּנוּ לְךָ, יי אֱלֹהֵינוּ
מַלְאָכִים הֲמוֹנֵי מַעְלָה, עִם עַמְּךָ יִשְׂרָאֵל קְבוּצֵי מַטָּה
יַחַד כֻּלָּם קְדֻשָּׁה לְךָ יְשַׁלֵּשׁוּ, כַּדָּבָר הָאָמוּר עַל יַד נְבִיאֶךָ
וְקָרָא זֶה אֶל זֶה וְאָמַר
קָדוֹשׁ, קָדוֹשׁ, קָדוֹשׁ יי צְבָאוֹת, מְלֹא כָל הָאָרֶץ כְּבוֹדוֹ.

כְּבוֹדוֹ מָלֵא עוֹלָם
מְשָׁרְתָיו שׁוֹאֲלִים זֶה לָזֶה, אַיֵּה מְקוֹם כְּבוֹדוֹ לְהַעֲרִיצוֹ
לְעֻמָּתָם מְשַׁבְּחִים וְאוֹמְרִים
בָּרוּךְ כְּבוֹד יי מִמְּקוֹמוֹ.

מִמְּקוֹמוֹ הוּא יִפֶן בְּרַחֲמָיו לְעַמּוֹ
וְיָחֹן עַם הַמְיַחֲדִים שְׁמוֹ עֶרֶב וָבֹקֶר בְּכָל יוֹם תָּמִיד
פַּעֲמַיִם בְּאַהֲבָה שְׁמַע אוֹמְרִים
שְׁמַע יִשְׂרָאֵל, יי אֱלֹהֵינוּ, יי אֶחָד.
הוּא אֱלֹהֵינוּ, הוּא אָבִינוּ
הוּא מַלְכֵּנוּ, הוּא מוֹשִׁיעֵנוּ
וְהוּא יוֹשִׁיעֵנוּ וְיִגְאָלֵנוּ שֵׁנִית
וְיַשְׁמִיעֵנוּ בְּרַחֲמָיו לְעֵינֵי כָּל חַי לֵאמֹר
הֵן גָּאַלְתִּי אֶתְכֶם אַחֲרִית כְּרֵאשִׁית לִהְיוֹת לָכֶם לֵאלֹהִים
אֲנִי יי אֱלֹהֵיכֶם.
אַדִּיר אַדִּירֵנוּ יי אֲדֹנֵינוּ
מָה אַדִּיר שִׁמְךָ בְּכָל הָאָרֶץ.
וְהָיָה יי לְמֶלֶךְ עַל כָּל הָאָרֶץ
בַּיּוֹם הַהוּא יִהְיֶה יי אֶחָד וּשְׁמוֹ אֶחָד.
וּבְדִבְרֵי קָדְשְׁךָ כָּתוּב לֵאמֹר
יִמְלֹךְ יי לְעוֹלָם, אֱלֹהַיִךְ צִיּוֹן לְדֹר וָדֹר, הַלְלוּיָהּ.

לְדוֹר וָדוֹר נַגִּיד גָּדְלֶךָ, וּלְנֵצַח נְצָחִים קְדֻשָּׁתְךָ נַקְדִּישׁ
וְשִׁבְחֲךָ אֱלֹהֵינוּ מִפִּינוּ לֹא יָמוּשׁ לְעוֹלָם וָעֶד
כִּי אֵל מֶלֶךְ גָּדוֹל וְקָדוֹשׁ אָתָּה.
לְדוֹר וָדוֹר הַמְלִיכוּ לָאֵל, כִּי הוּא לְבַדּוֹ מָרוֹם וְקָדוֹשׁ.

חֲמוֹל עַל מַעֲשֶׂיךָ
וְתִשְׂמַח בְּמַעֲשֶׂיךָ
וְיֹאמְרוּ לְךָ חוֹסֶיךָ
בְּצַדֶּקְךָ עֲמוּסֶיךָ
תֻּקְדַּשׁ אָדוֹן עַל כָּל מַעֲשֶׂיךָ.

1 **חמול על מעשיך** ע״ש תהל׳ קמה ט ורחמיו על כל מעשיו. 2 **ותשמח במעשיך** ע״ש תהל׳ קד לא ישמח ה׳ במעשיו. 3 **חוסיך** החוסים בך (ע״ש תהל׳ יח לא וכדומה). 4 **עמוסיך** ישראל, ע״ש ישע׳ מו ג העמוסים מני בטן.

פיוט מורכב מחלקים שונים.

1 כִּי מַקְדִּישֶׁיךָ בִּקְדֻשָּׁתְךָ קִדַּשְׁתָּ
נָאֶה לְקָדוֹשׁ פְּאֵר מִקְּדוֹשִׁים.
וּבְכֵן יִתְקַדַּשׁ שִׁמְךָ יי אֱלֹהֵינוּ
עַל יִשְׂרָאֵל עַמֶּךָ

1 **כי מקדישיך** עי׳ תנחומא ריש קדושים אמר הקב״ה לישראל אני מתקדש בכם, שנ׳ (ישע׳ כט כג) כי בראותו ילדיו מעשה ידי בקרבו יקדישו שמי, וכן הוא אומר (שם מט ג) ישראל אשר בך אתפאר, ואתם מתקדשים בי, שנא׳ (ויק׳ יא מד) והתקדשתם והייתם קדושים. 2 **נאה לקדוש פאר מקדושים** ע״ש ישע׳ מט ג ישראל אשר בך אתפאר. 3 **ובכן יתקדש שמך וכו׳** נוסח ידוע

וְעַל יְרוּשָׁלַיִם עִירֶךָ
וְעַל צִיּוֹן מִשְׁכַּן כְּבוֹדֶךָ
וְעַל מַלְכוּת בֵּית דָּוִד מְשִׁיחֶךָ
וְעַל מְכוֹנְךָ וְהֵיכָלֶךָ.

עוֹד יִזְכֹּר לָנוּ אַהֲבַת אֵיתָן, אֲדוֹנֵינוּ
וּבְבֵן הַנֶּעֱקָד יַשְׁבִּית מְדִינֵינוּ
וּבִזְכוּת הַתָּם יוֹצִיא הַיּוֹם לְצֶדֶק דִּינֵנוּ
כִּי קָדוֹשׁ הַיּוֹם לַאֲדוֹנֵינוּ.

בְּאֵין מֵלִיץ יֹשֶׁר
מוּל מַגִּיד פֶּשַׁע
תַּגִּיד לְיַעֲקֹב דְּבַר חֹק וּמִשְׁפָּט
וְצַדְּקֵנוּ בַּמִּשְׁפָּט הַמֶּלֶךְ הַמִּשְׁפָּט.

גם מתפלות אחרות. **6 משכן כבודך** תהל׳ כו ח. **8 מכונך והיכלך** ע״ש ישע׳ ד ה. שמות טו יז. **9 עוד יזכר לנו אהבת איתן אדונינו** עוד יזכר לנו אדונינו את אהבתו של אברהם הנקרא איתן האזרחי ע״פ תהל׳ פט א ודרשת חז״ל ב״ב דף ט״ו א׳. **10 ובבן הנעקד** למען יצחק הנעקד על גבי המזבח ישׁיע את ישראל. **11 ובזכות התם** יעקב (ברא׳ כה כז). ויש שהוסיפו ביום כפור (או גם בר״ה) היום, מה ששינו אח״כ לנוסח איום, ע״ש חבק׳ א ז (והמלה נראית מיותרת). **12 כי קדוש היום לאדונינו** לה״כ נחמ׳ ח י. **13 באין מליץ ישר** (לשון מחודש ע״י הפייטן) ע״פ איוב לג כג אם יש עליו מלאך מליץ אחד מני אלף להגיד לאדם ישרו. **14 מול מגיד פשע** מול הקטיגור. **15 תגיד ליעקב דבר חק ומשפט** ע״פ תהל׳ קמז יט, ודרשו בתנחומא בחקותי א׳ (ע׳ 108 בובר)... ולמי נתנם לישראל, שנאמר מגיד דבריו ליעקב חקיו ומשפטיו לישראל... אמר הקב״ה לישראל אם עשיתם חוקי אין השטן נוגע בכם. **16 וצדקנו במשפט המלך המשפט** נוסח תפלת י״ח לחול; ועל צורת ׳המלך המשפט׳ עי׳ סדור עבודת ישראל ע׳ 93. ברם יותר מתקבלת על הדעת גירסת קצת כי״ **וצדקנו המלך הקדוש במשפט**, המתאימה לברכת קדושת השם.

פותחים את ארון הקודש — סימן: א״ב. [מחברו: ייני(?)].

הש״ץ: הָאוֹחֵז בְּיַד מִדַּת מִשְׁפָּט

הקהל: וְכֹל מַאֲמִינִים שֶׁהוּא אֵל אֱמוּנָה.

הש״ץ: הַבּוֹחֵן וּבוֹדֵק גִּנְזֵי נִסְתָּרוֹת

הקהל: וְכֹל מַאֲמִינִים שֶׁהוּא בּוֹחֵן כְּלָיוֹת.

הש״ץ: הַגּוֹאֵל מִמָּוֶת וּפוֹדֶה מִשַּׁחַת

הקהל: וְכֹל מַאֲמִינִים שֶׁהוּא גּוֹאֵל חָזָק.

הש״ץ: הַדָּן יְחִידִי לְבָאֵי עוֹלָם

הקהל: וְכֹל מַאֲמִינִים שֶׁהוּא דַּיַּן אֱמֶת.

הש״ץ: הֶהָגוּי בְּאֶהְיֶה אֲשֶׁר אֶהְיֶה

הקהל: וְכֹל מַאֲמִינִים שֶׁהוּא הָיָה וְהֹוֶה וְיִהְיֶה.

הש״ץ: הַוַּדַּאי כִּשְׁמוֹ כֵּן תְּהִלָּתוֹ

הקהל: וְכֹל מַאֲמִינִים שֶׁהוּא וְאֵין בִּלְתּוֹ.

1 **האוחז ביד מדת משפט** ע״ש דבר׳ לב מא ותאחז במשפט ידי, וע״פ הדרשה שמו״ר ל׳ א׳ אמר הקב״ה לישראל כשם שאני יכול לעבור את הדין על האומות ואני איני מעביר אלא תופס אני בדין, כך אתם לא תצאו חוץ לדין. **אל אמונה** דבר׳ לב ד. **גנזי נסתרות** מה שנסתר בלב האדם. **בוחן כליות** ירמ׳ יא כ. 3 **הגואל ממות ופודה משחת** הושע יג יד מיד שאול אפדם ממות אגאלם. **גואל חזק** ירמ׳ נ לד גאלם חזק. 4 **הדן יחידי** ע׳ אבות ד׳ ח׳ שאין דן יחידי אלא אחד. **לבאי עולם** לשון המשנה, ר״ה א׳ ב׳. **דין אמת** ל׳ המשנה ברכות ט׳ ב׳. 5 **ההגוי באהיה אשר אהיה** ששמו מתבטא במלים אהיה...(שמות ג יד) **היה ויהי** (כצ״ל). 6 **הודאי** אחד הכינויים של הקב״ה השנויים בתלמוד (ברכות ל״ג ב׳) בתפלת ההוא דנחית קמיה דר׳ חנינא: האל הגדול הגבור והנורא והאדיר...והודאי והנכבד. **כשמו כן תהלתו** ע״ש תהל׳ מח יא. **אין בלתו** ע״ש ש״א ב ב

הש״ץ: הַזּוֹכֵר לְמַזְכִּירָיו טוֹבוֹת זִכְרוֹנוֹת
הקהל: וְכֹל מַאֲמִינִים שֶׁהוּא זוֹכֵר הַבְּרִית.

הש״ץ: הַחוֹתֵךְ חַיִּים לְכָל חָי
הקהל: וְכֹל מַאֲמִינִים שֶׁהוּא חַי וְקַיָּם.

הש״ץ: הַטּוֹב וּמֵיטִיב לָרָעִים וְלַטּוֹבִים
הקהל: וְכֹל מַאֲמִינִים שֶׁהוּא טוֹב לַכֹּל.

הש״ץ: הַיּוֹדֵעַ יֵצֶר כָּל יְצוּרִים
הקהל: וְכֹל מַאֲמִינִים שֶׁהוּא יוֹצְרָם בַּבָּטֶן.

הש״ץ: הַכֹּל יָכוֹל וְכוֹלְלָם יָחַד
הקהל: וְכֹל מַאֲמִינִים שֶׁהוּא כֹּל יָכוֹל.

הש״ץ: הַלָּן בְּסֵתֶר בְּצֵל שַׁדַּי
הקהל: וְכֹל מַאֲמִינִים שֶׁהוּא לְבַדּוֹ הוּא.

כי אין בלתך. **7 הזוכר למזכיריו טובות זכרונות** הלשון ע״ש תפלה עתיקה: זכרנו בזכרון טוב לפניך (בתפלת מוסף ר״ה בברכת הזכרונות וגם בתפלת א״מ) ר״ל הזוכר את ישראל המזכירים את שמו (ע״ש ישע׳ סב ו המזכירים את ה׳) לטובה. **זוכר הברית** ע״ש בראי ט טו (לשון הברכה, ברכות דף נ״ט א׳) ועוד. **8 החותך חיים לכל חי** להקציב את הקצבה (עי׳ לעיל בפיוט ונתנה תוקף, 13) לכל חי (לה״כ בראי ג כ. ה ה. איוב ל כג ועוד.) **חי וקיים** ע״ש דני׳ ו כז חיא וקים לעלמין. **9 הטוב ומטיב לרעים ולטובים** וע״ש תהל׳ קכה ד היטיבה ה׳ לטובים וכו׳, וכנראה דורש הפייטן את הכתוב ׳טוב ה׳ לכל׳ בכוון זה. ודומה לו עירובין דף כ״ב א׳ ארך אפים לצדיקים אף לרשעים. **טוב לכל** תהל׳ קמה ט. **10 היודע יצר כל יצורים** ע״ש תהל׳ קג יד כי הוא ידע יצרנו. **יוצרם בבטן** ע״ש ישע׳ מט ה יוצרי מבטן לעבד לו, וכן מד ב. כד. תהל׳ כב י גוחי מבטן. **11 הכל יכול** ע״ש איוב מב ב ידעתי כי כל תוכל (ע״ס זה כתב הרוו״ה הכל יוכל). **וכוללם יחד** כילה וגמר יצירתם כאחד, עי׳ פרקי ר״א ג׳ בעשרה מאמרות נברא העולם... ובשלושה כוללו (פי׳ נגמרו), ועי׳ על הוראה זו זולאי, ידיעות המכון ו׳ ע׳ קצט-רא. **12 הלן בסתר בצל שדי** ע״ש תהל׳ צא א יושב בסתר עליון בצל שדי יתלונן, והפייטן תפס את הכתוב מוסב על הקב״ה שהוא

הש״ץ: הַמַּמְלִיךְ מְלָכִים וְלוֹ הַמְּלוּכָה

הקהל: וְכֹל מַאֲמִינִים שֶׁהוּא מֶלֶךְ עוֹלָם.

הש״ץ: הַנּוֹהֵג בְּחַסְדּוֹ עִם כָּל דּוֹר

הקהל: וְכֹל מַאֲמִינִים שֶׁהוּא נוֹצֵר חֶסֶד.

הש״ץ: הַסּוֹבֵל וּמַעְלִים עַיִן מִסּוֹרְרִים

הקהל: וְכֹל מַאֲמִינִים שֶׁהוּא סוֹלֵחַ סֶלָה.

הש״ץ: הָעֶלְיוֹן וְעֵינָיו עַל יְרֵאָיו

הקהל: וְכֹל מַאֲמִינִים שֶׁהוּא עוֹנֶה לָחַשׁ.

הש״ץ: הַפּוֹתֵחַ שַׁעַר לְדוֹפְקֵי בִּתְשׁוּבָה

הקהל: וְכֹל מַאֲמִינִים שֶׁהוּא פְּתוּחָה יָדוֹ.

הש״ץ: הַצּוֹפֶה רָשָׁע וְחָפֵץ לְהַצְדִּיקוֹ

הקהל: וְכֹל מַאֲמִינִים שֶׁהוּא צַדִּיק וְיָשָׁר.

עצמו מתלונן בסתר בצל שדי (לפי הגירסא העתיקה!), כלשון התרגום שם: דאשרי שכינתיה ברזא עלאה בטלל ענני יקרא דשדי יבית. **לבדו הוא** ע״ש נחמי׳ ט ו אתה הוא ה׳ לבדך. **13 הממליך מלכים** ע״ש איוב לו ז ואת מלכים לכסא ויושיבם לנצח... **ולו המלוכה** ע״ש תהל׳ כב כט כי לה׳ המלוכה. עובד׳ א כא. **מלך עולם** ע״ש תהל׳ כט י וישב ה׳ מלך לעולם. **14 נוצר חסד** שמות לד ז. **15 הסובל** ל׳ חכמים (כגון תנחומא במד׳ ע׳ 80 (בובר) עד מתי אני סובל, עד מתי לעדה הרעה הזאת. **ומעלים עין** ל׳ הכתוב ישע׳ א טו. **מסוררים** ישע׳ ל א ועוד, פי׳ הקב״ה נוהג בהם בסבלנות שמא ישובו. **סולח** ע״ש תהל׳ פו ה כי אתה ה׳ טוב וסלח. **16 העליון** בו׳ יד כב ועוד. **ועיניו על יראיו** תהל׳ לג יח, ולפיו שינו את הנוסח: עינו אל יראיו. **עונה לחש** עונה תפלה, ע״פ ישע׳ כו טז צקון לחש. **17 הפותח שער לדופקי בתשובה** תמונת פתח של התשובה שהקב״ה פותח לחוטאים ידועה מהמדרש העתיק, עי׳ ב״ר כא ו (ע׳ 201) לח ט (ע׳ 359). מט ו (ע׳ 504) ועוד. **פתוחה ידו** ע״ש תהל׳ קמה טז פותח את ידך. **18 הצופה רשע** התמונה לקוחה מיחזק׳ ג יז ואילך בן אדם צופה נתתיך לבית ישראל... באמרי לרשע מות תמות, ולא הזהרתו... **וחפץ להצדיקו** שם יח כג. לג יא, ר״ל אם עשה תשובה (והלשון ע״פ שמות כג ז

הש״ץ: הַקָּצֵר בְּזַעַם וּמַאֲרִיךְ אַף

הקהל: וְכֹל מַאֲמִינִים שֶׁהוּא קָשֶׁה לִכְעוֹס.

הש״ץ: הָרַחוּם וּמַקְדִּים רַחֲמִים לְרֹגֶז

הקהל: וְכֹל מַאֲמִינִים שֶׁהוּא רַךְ לִרְצוֹת.

הש״ץ: הַשָּׁוֶה וּמַשְׁוֶה קָטֹן וְגָדוֹל

הקהל: וְכֹל מַאֲמִינִים שֶׁהוּא שׁוֹפֵט צֶדֶק.

הש״ץ: הַתָּם וּמִתַּמֵּם עִם תְּמִימִים

הקהל: וְכֹל מַאֲמִינִים שֶׁהוּא תָּמִים פָּעֳלוֹ.

סוגרים את ארון הקודש

תִּשְׂגַּב לְבַדֶּךָ וְתִמְלֹךְ עַל כֹּל בְּיִחוּד.
כַּכָּתוּב עַל יַד נְבִיאֶךָ
וְהָיָה יי לְמֶלֶךְ עַל כָּל הָאָרֶץ
בַּיּוֹם הַהוּא יִהְיֶה יי אֶחָד וּשְׁמוֹ אֶחָד.

כי לא אצדיק רשע.) **צדיק וישר** דבר׳ לב ד. **19 הקוצף בזעף** כך כנראה הגירסא המקורית, והוא ע״פ תהל׳ ז יב אלהים שופט צדיק ואל זועם בכל יום. את הנוסח הזה (המופיע בקצת כי״ בשיבוש קל (הקופץ) שינו כנראה בכוונה לנוסח ׳הקוצר׳ (ר״ל המקצר) — נוסחה זו נדחתה ע״י מהר״ם מרוטנבורג, עי׳ תשב״ץ סי׳ קי״ט, ונשתבשה לצורת ׳הקָצֵר בזעם׳ או הקְצַר זעם׳ (שניהם נגד חוקי הלשון) או הקָצֵר בזעם — כדי להבליט את הרעיון כי רגע הוא רותח, לפי דרשת חז״ל (ברכות דף ז׳ א׳ ועוד) ע״פ תהל׳ ל ו כי רגע באפו וכו׳. **ומאריך אף** ע״ש ישע׳ מח ט למען שמי אאריך אפי. **קשה לכעוס** לשון המשנה, אבות ה׳ י״א, והיא מדת חסידות. **20 הרחום ומקדים רחמים לרוגז** ע״פ שמות לד ו אל רחום, ומדה זו קודמת למדת ׳נקה לא ינקה׳ לפי דרשת חז״ל (יומא דף פ״ו א׳) מנקה הוא לשבין ואינו מנקה לשאינן שבין. **רך לרצות** במקום ׳נוח לרצות׳ שבלשון המשנה שם, בנגוד ל׳קשה׳ הקודם. **21 השוה** שאינו משתנה, ע״פ מלאכי ג ו אני ה׳ לא שניתי. **ומשוה קטון וגדול** בלי הכרת פנים. ע״פ דבר׳ א יז כקטן כגדול תשמעון. **שופט צדק** תהל׳ ט ה ישבת לכסא שופט צדק. **22 התם** כנראה במשמעות ׳תמים׳ ע״ש דבר׳ לב ד הצור תמים פעלו. **ומתמם עם תמימים** ע״ש ש״ב כב כו עם גבור תמים תתמם. **תמים פעלו** דבר׳ לב ד.

וּבְכֵן תֵּן פַּחְדְּךָ יי אֱלֹהֵינוּ עַל כָּל מַעֲשֶׂיךָ, וְאֵימָתְךָ עַל כָּל מַה שֶּׁבָּרָאתָ
וְיִירָאוּךָ כָּל הַמַּעֲשִׂים, וְיִשְׁתַּחֲווּ לְפָנֶיךָ כָּל הַבְּרוּאִים
וְיֵעָשׂוּ כֻלָּם אֲגֻדָּה אַחַת לַעֲשׂוֹת רְצוֹנְךָ בְּלֵבָב שָׁלֵם
כְּמוֹ שֶׁיָּדַעְנוּ יי אֱלֹהֵינוּ שֶׁהַשִּׁלְטוֹן לְפָנֶיךָ, עֹז בְּיָדְךָ וּגְבוּרָה בִּימִינֶךָ
וְשִׁמְךָ נוֹרָא עַל כָּל מַה שֶּׁבָּרָאתָ.

וּבְכֵן תֵּן כָּבוֹד יי לְעַמֶּךָ, תְּהִלָּה לִירֵאֶיךָ וְתִקְוָה טוֹבָה לְדוֹרְשֶׁיךָ
וּפִתְחוֹן פֶּה לַמְיַחֲלִים לָךְ
שִׂמְחָה לְאַרְצֶךָ, וְשָׂשׂוֹן לְעִירֶךָ, וּצְמִיחַת קֶרֶן לְדָוִד עַבְדֶּךָ
וַעֲרִיכַת נֵר לְבֶן יִשַׁי מְשִׁיחֶךָ, בִּמְהֵרָה בְיָמֵינוּ.

וּבְכֵן צַדִּיקִים יִרְאוּ וְיִשְׂמָחוּ, וִישָׁרִים יַעֲלֹזוּ וַחֲסִידִים בְּרִנָּה יָגִילוּ
וְעוֹלָתָה תִּקְפָּץ פִּיהָ, וְכָל הָרִשְׁעָה כֻּלָּהּ כְּעָשָׁן תִּכְלֶה
כִּי תַעֲבִיר מֶמְשֶׁלֶת זָדוֹן מִן הָאָרֶץ.

סימן: א״ב.

וְיֶאֱתָיוּ כֹּל לְעָבְדֶךָ / וִיבָרְכוּ שֵׁם כְּבוֹדֶךָ 1
וְיַגִּידוּ בָאִיִּים צִדְקֶךָ / וְיִדְרְשׁוּךָ עַמִּים לֹא יְדָעוּךָ
וִיהַלְלוּךָ כָּל אַפְסֵי אָרֶץ / וְיֹאמְרוּ תָמִיד יִגְדַּל יי
וְיִזְנְחוּ אֶת עֲצַבֵּיהֶם / וְיַחְפְּרוּ עִם פְּסִילֵיהֶם

1 ויאתיו ויבאו, כגון ישע׳ מא ה קרבו ויאתיון. ויברכו שם כבודך נחמ׳ ט ה. 2 ויגידו באיים צדקך ע״ש ישע׳ מב יב ותהלתו באיים יגידו. וידרשוך עמים לא ידעוך ע״ש ישע׳ נה ה וגוי לא ידעוך אליך ירוצו. 3 ויהללוך כל אפסי ארץ דוגמת תהל׳ סז ח וייראו אותו כל אפסי ארץ, או כדומה. ויאמרו תמיד יגדל ה׳ תהל׳ לה כז ועוד. 4 ויזבחו לך את זבחיהם דוגמת ויזבחו זבחי תודה תהל׳ קז כב, או כדומה (ויזנחו את עצביהם עי׳ ש״ב ה כא.) ויחפרו ויבושו, כגון תהל׳ פג

וְיַטּוּ שְׁכֶם אֶחָד לְעָבְדֶךָ / וְיִירָאוּךָ עִם שֶׁמֶשׁ מְבַקְשֵׁי פָנֶיךָ
וְיַכִּירוּ כֹּחַ מַלְכוּתֶךָ / וְיִלְמְדוּ תוֹעִים בִּינָה
וִימַלְּלוּ אֶת גְּבוּרָתֶךָ / וִינַשְּׂאוּךָ מִתְנַשֵּׂא לְכֹל לְרֹאשׁ
וִיסַלְּדוּ בְחִילָה פָּנֶיךָ / וִיעַטְּרוּךָ נֵזֶר תִּפְאָרָה
וְיִפְצְחוּ הָרִים רִנָּה / וְיִצְהֲלוּ אִיִּים בְּמָלְכֶךָ
וִיקַבְּלוּ עֹל מַלְכוּתְךָ עֲלֵיהֶם / וִירוֹמְמוּךָ בִּקְהַל עָם
וְיִשְׁמְעוּ רְחוֹקִים וְיָבוֹאוּ / וְיִתְּנוּ לְךָ כֶּתֶר מְלוּכָה.

וְתִמְלֹךְ אַתָּה הוּא יי אֱלֹהֵינוּ מְהֵרָה לְבַדֶּךָ עַל כָּל מַעֲשֶׂיךָ, בְּהַר צִיּוֹן מִשְׁכַּן כְּבוֹדֶךָ, וּבִירוּשָׁלַיִם עִיר קָדְשֶׁךָ, כַּכָּתוּב בְּדִבְרֵי קָדְשֶׁךָ, יִמְלֹךְ יי לְעוֹלָם, אֱלֹהַיִךְ צִיּוֹן לְדֹר וָדֹר, הַלְלוּיָהּ.

קָדוֹשׁ אַתָּה וְנוֹרָא שְׁמֶךָ, וְאֵין אֱלוֹהַּ מִבַּלְעָדֶיךָ, כַּכָּתוּב, וַיִּגְבַּהּ יי צְבָאוֹת בַּמִּשְׁפָּט, וְהָאֵל הַקָּדוֹשׁ נִקְדַּשׁ בִּצְדָקָה.
בָּרוּךְ אַתָּה יי, הַמֶּלֶךְ הַקָּדוֹשׁ.

יח, והענין ע״פ תהל׳ צז ז יבושו כל עובדי פסל. **5 ויטו שכם אחד לעבדך** ע״ש צפני׳ ג ט לעבדו שכם אחד. **וייראוך עם שמש** תהל׳ עב ה. **מבקשי פניך** תהל׳ כד ו. **6 ויכירו כח מלכותך** ויכירו כי אתה מלך (דוגמת מ״א כ מא), והצורה דוגמת תהל׳ קמה יא כבוד מלכותך יאמרו. **וילמדו תועים בינה** ע״ש ישע׳ כט כד וידעו תועי רוח בינה ורוגנים ילמדו לקח. **7 וימללו את גבורתך** (צ״ל גבורותיך?) ע״ש תהל׳ קו ב מי ימלל גבורות ה׳. **וינשאוך מתנשא לכל לראש** ע״ש דה״א כט יא. **8 ויסלדו בחילה פניך** ע״ש איוב ו י ואסלדה בחילה. **ויעטרוך נזר תפארה** עטרת תפארה (ישע׳ סב ג). **9 ויפצחו הרים רנה** ישע׳ מד כג. **ויצהלו איים במלכך** ע״ש ישע׳ נד א פצחי רנה וצהלי, ושם צז א שמחו איים רבים. **10 ויקבלו עול מלכותך [עליהם]** לשון המשנה, כגון ברכות ב׳ ב׳ כדי שמקבל עליו עול מלכות שמים תחלה, וכן בתפלות עתיקות. **וירוממוך בקהל עם** תהל׳ קז לא. **11 וישמעו רחוקים ויבואו** ע״ש ישע׳ לג יג שמעו רחוקים אשר עשיתי. **ויתנו לך כתר מלוכה** ע״ש עובד׳ א כא והיתה לה׳ המלוכה.

אַתָּה בְחַרְתָּנוּ מִכָּל הָעַמִּים, אָהַבְתָּ אוֹתָנוּ וְרָצִיתָ בָּנוּ
וְרוֹמַמְתָּנוּ מִכָּל הַלְּשׁוֹנוֹת, וְקִדַּשְׁתָּנוּ בְּמִצְוֹתֶיךָ
וְקֵרַבְתָּנוּ מַלְכֵּנוּ לַעֲבוֹדָתֶךָ
וְשִׁמְךָ הַגָּדוֹל וְהַקָּדוֹשׁ עָלֵינוּ קָרָאתָ.

וַתִּתֶּן לָנוּ יי אֱלֹהֵינוּ בְּאַהֲבָה אֶת יוֹם הַזִּכָּרוֹן הַזֶּה
יוֹם תְּרוּעָה מִקְרָא קֹדֶשׁ, זֵכֶר לִיצִיאַת מִצְרָיִם.

וּמִפְּנֵי חֲטָאֵינוּ גָּלִינוּ מֵאַרְצֵנוּ וְנִתְרַחַקְנוּ מֵעַל אַדְמָתֵנוּ
וְאֵין אֲנַחְנוּ יְכוֹלִים לַעֲשׂוֹת חוֹבוֹתֵינוּ בְּבֵית בְּחִירָתֶךָ
בַּבַּיִת הַגָּדוֹל וְהַקָּדוֹשׁ שֶׁנִּקְרָא שִׁמְךָ עָלָיו
מִפְּנֵי הַיָּד שֶׁנִּשְׁתַּלְּחָה בְּמִקְדָּשֶׁךָ.

יְהִי רָצוֹן מִלְּפָנֶיךָ יי אֱלֹהֵינוּ וֵאלֹהֵי אֲבוֹתֵינוּ מֶלֶךְ רַחֲמָן
שֶׁתָּשׁוּב וּתְרַחֵם עָלֵינוּ וְעַל מִקְדָּשְׁךָ בְּרַחֲמֶיךָ הָרַבִּים
וְתִבְנֵהוּ מְהֵרָה וּתְגַדֵּל כְּבוֹדוֹ.

אָבִינוּ מַלְכֵּנוּ, גַּלֵּה כְּבוֹד מַלְכוּתְךָ עָלֵינוּ מְהֵרָה
וְהוֹפַע וְהִנָּשֵׂא עָלֵינוּ לְעֵינֵי כָּל חָי
וְקָרֵב פְּזוּרֵינוּ מִבֵּין הַגּוֹיִם וּנְפוּצוֹתֵינוּ כַּנֵּס מִיַּרְכְּתֵי אָרֶץ.
וַהֲבִיאֵנוּ לְצִיּוֹן עִירְךָ בְּרִנָּה, וְלִירוּשָׁלַיִם בֵּית מִקְדָּשְׁךָ בְּשִׂמְחַת עוֹלָם
וְשָׁם נַעֲשֶׂה לְפָנֶיךָ אֶת קָרְבְּנוֹת חוֹבוֹתֵינוּ
תְּמִידִים כְּסִדְרָם וּמוּסָפִים כְּהִלְכָתָם.

וְאֶת מוּסְפֵי יוֹם הַזִּכָּרוֹן הַזֶּה
נַעֲשֶׂה וְנַקְרִיב לְפָנֶיךָ בְּאַהֲבָה כְּמִצְוַת רְצוֹנֶךָ
כְּמוֹ שֶׁכָּתַבְתָּ עָלֵינוּ בְּתוֹרָתֶךָ
עַל יְדֵי מֹשֶׁה עַבְדֶּךָ מִפִּי כְבוֹדֶךָ, כָּאָמוּר

וּבַחֹדֶשׁ הַשְּׁבִיעִי בְּאֶחָד לַחֹדֶשׁ מִקְרָא קֹדֶשׁ יִהְיֶה לָכֶם, כָּל מְלֶאכֶת עֲבֹדָה לֹא תַעֲשׂוּ, יוֹם תְּרוּעָה יִהְיֶה לָכֶם. וַעֲשִׂיתֶם עֹלָה לְרֵיחַ נִיחֹחַ לַיְיָ פַּר בֶּן בָּקָר אֶחָד אַיִל אֶחָד, כְּבָשִׂים בְּנֵי שָׁנָה שִׁבְעָה תְּמִימִם. וּמִנְחָתָם וְנִסְכֵּיהֶם כִּמְדֻבָּר, שְׁלֹשָׁה עֶשְׂרֹנִים לַפָּר וּשְׁנֵי עֶשְׂרֹנִים לָאָיִל, וְעִשָּׂרוֹן לַכֶּבֶשׂ, וְיַיִן כְּנִסְכּוֹ, וּשְׁנֵי שְׂעִירִים לְכַפֵּר, וּשְׁנֵי תְמִידִים כְּהִלְכָתָם. מִלְּבַד עֹלַת הַחֹדֶשׁ וּמִנְחָתָהּ, וְעֹלַת הַתָּמִיד וּמִנְחָתָהּ, וְנִסְכֵּיהֶם כְּמִשְׁפָּטָם, לְרֵיחַ נִיחֹחַ אִשֶּׁה לַיְיָ.

פותחים את ארון הקודש

עָלֵינוּ לְשַׁבֵּחַ לַאֲדוֹן הַכֹּל, לָתֵת גְּדֻלָּה לְיוֹצֵר בְּרֵאשִׁית
שֶׁלֹּא עָשָׂנוּ כְּגוֹיֵי הָאֲרָצוֹת, וְלֹא שָׂמָנוּ כְּמִשְׁפְּחוֹת הָאֲדָמָה
שֶׁלֹּא שָׂם חֶלְקֵנוּ כָּהֶם וְגוֹרָלֵנוּ כְּכָל הֲמוֹנָם.

סוגרים את ארון הקודש

שֶׁהֵם מִשְׁתַּחֲוִים לְהֶבֶל וָרִיק וּמִתְפַּלְלִים אֶל אֵל לֹא יוֹשִׁיעַ.

פותחים את ארון הקודש, וכורעים

וַאֲנַחְנוּ כּוֹרְעִים וּמִשְׁתַּחֲוִים וּמוֹדִים לִפְנֵי מֶלֶךְ מַלְכֵי הַמְּלָכִים הַקָּדוֹשׁ בָּרוּךְ הוּא, שֶׁהוּא נוֹטֶה שָׁמַיִם וְיוֹסֵד אָרֶץ וּמוֹשַׁב יְקָרוֹ בַּשָּׁמַיִם מִמַּעַל, וּשְׁכִינַת עֻזּוֹ בְּגָבְהֵי מְרוֹמִים. הוּא אֱלֹהֵינוּ, אֵין עוֹד. אֱמֶת מַלְכֵּנוּ, אֶפֶס זוּלָתוֹ, כַּכָּתוּב בְּתוֹרָתוֹ, וְיָדַעְתָּ הַיּוֹם וַהֲשֵׁבֹתָ אֶל לְבָבֶךָ, כִּי יְיָ הוּא הָאֱלֹהִים בַּשָּׁמַיִם מִמַּעַל וְעַל הָאָרֶץ מִתָּחַת, אֵין עוֹד.

בזמן שהציבור אומר "הוא אלהינו", אומר הש"ץ:

אַתָּה הָרְאֵתָ לָדַעַת כִּי יְיָ הוּא הָאֱלֹהִים, אֵין עוֹד מִלְבַדּוֹ. וְיָדַעְתָּ הַיּוֹם וַהֲשֵׁבֹתָ אֶל לְבָבֶךָ, כִּי יְיָ הוּא הָאֱלֹהִים בַּשָּׁמַיִם מִמַּעַל וְעַל הָאָרֶץ מִתָּחַת, אֵין עוֹד. שְׁמַע יִשְׂרָאֵל, יְיָ אֱלֹהֵינוּ, יְיָ אֶחָד. הֵן לַיְיָ אֱלֹהֶיךָ הַשָּׁמַיִם וּשְׁמֵי הַשָּׁמָיִם, הָאָרֶץ וְכָל אֲשֶׁר בָּהּ. כִּי יְיָ אֱלֹהֵיכֶם הוּא אֱלֹהֵי הָאֱלֹהִים וַאֲדֹנֵי הָאֲדֹנִים, הָאֵל הַגָּדֹל הַגִּבֹּר וְהַנּוֹרָא אֲשֶׁר לֹא יִשָּׂא פָנִים וְלֹא יִקַּח שֹׁחַד. כִּי שֵׁם יְיָ אֶקְרָא, הָבוּ גֹדֶל לֵאלֹהֵינוּ. יְהִי שֵׁם יְיָ מְבֹרָךְ מֵעַתָּה וְעַד עוֹלָם.

סוגרים את ארון הקודש

נוסח מורכב

אֱלֹהֵינוּ וֵאלֹהֵי אֲבוֹתֵינוּ

הֱיֵה עִם פִּיפִיּוֹת שְׁלוּחֵי עַמְּךָ בֵּית יִשְׂרָאֵל
הָעוֹמְדִים לְבַקֵּשׁ תְּפִלָּה וְתַחֲנוּנִים מִלְּפָנֶיךָ עַל עַמְּךָ בֵּית יִשְׂרָאֵל.

הוֹרֵם מַה שֶּׁיֹּאמְרוּ / הֲבִינֵם מַה שֶּׁיְּדַבֵּרוּ
הֲשִׁיבֵם מַה שֶּׁיִּשְׁאֲלוּ / יַדְּעֵם הֵיךְ יְפָאֵרוּ.

בְּאוֹר פָּנֶיךָ יְהַלֵּכוּן / בֶּרֶךְ לְךָ יְבָרְכוּן
עַמְּךָ בְּפִיהֶם יְבָרְכוּן / וּמִבִּרְכוֹת פִּיךָ כֻּלָּם יִתְבָּרְכוּן.

עַמְּךָ לְפָנֶיךָ יַעֲבִירוּן / וְהֵם בַּתָּוֶךְ יַעֲבוֹרוּן
עֵינֵי עַמְּךָ בָּם תְּלוּיוֹת / וְעֵינֵיהֶם לְךָ מְיַחֲלוֹת.

כל תפלת ש״ץ זו מבוססת על מאמר המשנה (ברכות ה׳ ה׳) המתפלל וטעה סימן רע לו, ואם שליח צבור הוא סימן רע לשולחיו, מפני ששלוחו של אדם כמותו.

1 או״א היה עם פיפיות שלוחי עמך בית ישראל ע״ש שמות ד טו ואנכי אהיה עם פיך ועם פיהו, ול׳ פיפיות (הנאמר במקרא על החרב, כגון ישע׳ מא טו. תהל׳ קמט ו) במקום ׳פיות׳ בלשון חכמים, כגון בברכת התורה ׳והערב נא...את דברי תורתך בפינו ובפיפיות עמך בית ישראל (ברכ׳ דף י״א ב׳). שלוחי עמך, ר״ל שלוחי הצבור, כלשון המשנה (יומא א׳ ה׳) אנו שלוחי בית דין ואתה שלוחנו. **לבקש תפלה ותחנונים** לה״כ דני׳ ט ג ובמדרש ויק״ר י״א ו׳ ע׳ רכח. **3 הורם מה שיאמרו** שמות (שם) והוריתי אתכם את אשר תעשון. **הבינם** למדם כמו ישע׳ מ יד את מי נועץ ויבינהו וילמדהו בארח משפט. **4 השיבם** ע״ש והשיבני דבר, בראו׳ לז יד, פי׳ הודיעם. **מה שישאלו** מה שיבקשו. **ידעם** הודע אותם, כמו איוב לח ידעתה השחר מקומו. **5 באור פניך יהלכון** לה״כ תהל׳ פט טז. **ברך לך יברכון** ע״ש תהל׳ צה ו נברכה לפני ה׳ (כ״ה הגירסא העתיקה, וברוב כי״ נשתנתה ל׳יכרעון׳ ע״פ ישע׳ מה כג כי לי תכרע כל ברך, שלא לפי החריזה).

6 עמך בפיהם יברכון (ע״ש תהל׳ סב ה בפיו יברכו) ר״ל שלוחי צבור מברכין את העם בברכות שהם מתפללים בפניהם. **ומברכות פיך כלם יתברכון** ע״ש ש״ב ז כט ומברכתך יבורך בית עבדך.

7 עמך לפניך יעבירון והם בתוך יעבורון באמצע העם, כי ש״ץ עומד באמצע והעם משני הצדדים. **8 עיני עמך בם** (נ״א בך) **תלויות ועיניהם לך מיחלות** עי׳ מדרש תהלים כ״ה דף ק״ו א׳ ש״ץ יורד לפני התיבה לפי שעיניהם של צבור תלויות בו ועיניו תלויות בהקב״ה שהוא שומע

גָּשִׁים מוּל אֲרוֹן הַקֹּדֶשׁ בְּאֵימָה / לְשַׁכֵּךְ כַּעַס וְחֵימָה
וְעַמְּךָ מְסַבְּבִים אוֹתָם כַּחוֹמָה
וְאַתָּה מִן הַשָּׁמַיִם תַּשְׁגִּיחַ אוֹתָם לְרַחֲמָה.

עַיִן נוֹשְׂאִים לְךָ לַשָּׁמַיִם / לֵב שׁוֹפְכִים נֹכַח כַּמַּיִם
וְאַתָּה תִּשְׁמַע מִן הַשָּׁמַיִם.

שֶׁלֹּא יִכָּשְׁלוּ בִלְשׁוֹנָם / וְלֹא יִנָּקְשׁוּ בְשִׁנּוּנָם
וְלֹא יֵבוֹשׁוּ בְּמִשְׁעֲנָם / וְלֹא יִכָּלְמוּ בָם שְׁאוֹנָם
וְאַל יֹאמַר פִּיהֶם דָּבָר שֶׁלֹּא כִרְצוֹנֶךָ.
כִּי חֲנוּנֶיךָ יי אֱלֹהֵינוּ הֵמָּה חֲנוּנִים / וּמְלֻמָּדֶיךָ הֵמָּה מְלֻמָּדִים.

כְּמָה שֶׁיְּדַעְנוּ יי אֱלֹהֵינוּ, אֵת אֲשֶׁר תָּחוֹן יוּחָן, וְאֵת אֲשֶׁר תְּרַחֵם יְרֻחָם. כַּכָּתוּב בְּתוֹרָתֶךָ, וַיֹּאמֶר, אֲנִי אַעֲבִיר כָּל טוּבִי עַל פָּנֶיךָ, וְקָרָאתִי בְשֵׁם יי לְפָנֶיךָ, וְחַנֹּתִי אֶת אֲשֶׁר אָחֹן וְרִחַמְתִּי אֶת אֲשֶׁר אֲרַחֵם. וְנֶאֱמַר, אַל יֵבֹשׁוּ בִי קֹוֶיךָ, אֲדֹנָי אֱלֹהִים צְבָאוֹת, אַל יִכָּלְמוּ בִי מְבַקְשֶׁיךָ, אֱלֹהֵי יִשְׂרָאֵל.

תפלתם. **9 לשכך כעס וחימה** ע״ש אסתר ז י וחמת המלך שככה. **10 ועמך מסביבים אותם כחומה** (במקום סובבים אותם) כחומה סביב, ויק׳ כה לא ועוד. **ואתה מן השמים תשגיח** ע״ש תהל׳ לג יד ממכון שבתו השגיח (וכאן בלי משלים, כמו שה״ש ב ט משגיח מן החלונות). **אותם לרחמה** לרחם עליהם (אותם כמו ירמ׳ מב יב ועוד). **11 עין נושאים לך לשמים** ע״ש ישע׳ נא ו שאו לשמים עיניכם. **לב שופכים נכחך כמים** ע״ש איכה ב יט שפכי כמים לבך. **12 ואתה תשמע השמים** לה״כ מ״א ח לב ועוד (מן השמים דה״ב ו כג ועוד). **13 שלא יכשלו בלשונם** (ע״ש תהל׳ סד ט ויכשילוהו עלימו לשונם). **ולא ינקשו בשינונם** (ע״ש דבר׳ יב ל פן תנקש אחריהם) במה שהם משננים לעם. **14 ולא יבושו במשענם** בקהלם השולח אותם שהם נשענים עליו, וי״מ בהקב״ה שהוא משען ומשענה (ישע׳ ג א). **ולא יכלמו בם שאונם** קהלם, המונם (ע״ש ישע׳ סו ו קול שאון מעיר, וכדומה) ומסמך לו הכתוב תהל׳ סט ז אל יבושו בי קויך וכו׳. **15 ואל יאמר פיהם דבר שלא כרצונך** פירוש למלים שלא יכשלו בלשונם? **16 כי חנוניך המה חנונים ומלומדיך המה מלומדים** (כ״ה הגירסא העתיקה ששינו אח״כ: ומרוחמיך המה מרוחמים, בהתאם לפסוק המובא). **כמו שידענו** כלשון תפלת ׳ובכן תן פחדך׳.

פותחים את ארון הקודש

סימן: א מרובע.

1 אוֹחִילָה לָאֵל אֲחַלֶּה פָנָיו

אֶשְׁאֲלָה מִמֶּנּוּ מַעֲנֵה לָשׁוֹן

אֲשֶׁר בִּקְהַל עָם אָשִׁירָה עֻזּוֹ

אַבִּיעָה רְנָנוֹת בְּעַד מִפְעָלָיו.

לְאָדָם מַעַרְכֵי לֵב, וּמֵיְיָ מַעֲנֵה לָשׁוֹן.

אֲדֹנָי, שְׂפָתַי תִּפְתָּח וּפִי יַגִּיד תְּהִלָּתֶךָ.

יִהְיוּ לְרָצוֹן אִמְרֵי פִי וְהֶגְיוֹן לִבִּי לְפָנֶיךָ, יי צוּרִי וְגוֹאֲלִי.

סוגרים את ארון הקודש

הפיוט ״אהללה״ בעמוד 404.

הפיוט ״אנסיכה מלכי״ (כשיום א׳ של ר״ה חל בשבת) בעמוד 402.

עַל כֵּן נְקַוֶּה לְּךָ יי אֱלֹהֵינוּ, לִרְאוֹת מְהֵרָה בְּתִפְאֶרֶת עֻזֶּךָ, לְהַעֲבִיר גִּלּוּלִים מִן הָאָרֶץ, וְהָאֱלִילִים כָּרוֹת יִכָּרֵתוּן, לְתַקֵּן עוֹלָם בְּמַלְכוּת שַׁדַּי. וְכָל בְּנֵי בָשָׂר יִקְרְאוּ בִשְׁמֶךָ לְהַפְנוֹת אֵלֶיךָ כָּל רִשְׁעֵי אָרֶץ. יַכִּירוּ וְיֵדְעוּ כָּל יוֹשְׁבֵי תֵבֵל, כִּי לְךָ תִּכְרַע כָּל בֶּרֶךְ, תִּשָּׁבַע כָּל לָשׁוֹן. לְפָנֶיךָ יי אֱלֹהֵינוּ יִכְרְעוּ וְיִפֹּלוּ, וְלִכְבוֹד שִׁמְךָ יְקָר יִתֵּנוּ, וִיקַבְּלוּ כֻלָּם אֶת עוֹל מַלְכוּתֶךָ וְתִמְלֹךְ עֲלֵיהֶם מְהֵרָה לְעוֹלָם וָעֶד. כִּי הַמַּלְכוּת שֶׁלְּךָ הִיא וּלְעוֹלְמֵי עַד תִּמְלוֹךְ בְּכָבוֹד, כַּכָּתוּב בְּתוֹרָתֶךָ, יי יִמְלֹךְ לְעֹלָם וָעֶד.

וְנֶאֱמַר

לֹא הִבִּיט אָוֶן בְּיַעֲקֹב וְלֹא רָאָה עָמָל בְּיִשְׂרָאֵל, יי אֱלֹהָיו עִמּוֹ וּתְרוּעַת מֶלֶךְ בּוֹ.

וְנֶאֱמַר

וַיְהִי בִישֻׁרוּן מֶלֶךְ, בְּהִתְאַסֵּף רָאשֵׁי עָם, יַחַד שִׁבְטֵי יִשְׂרָאֵל.

וּבְדִבְרֵי קָדְשְׁךָ כָּתוּב לֵאמֹר, כִּי לַיי הַמְּלוּכָה וּמוֹשֵׁל בַּגּוֹיִם.

1 אוחילה לאל ע״ש מיכה ז ז אוחילה לאלהי ישעי. אחלה פניו ע״ש מלאכי א ט חלו נא פני אל. ועוד. 2 אשאלה ממנו מענה לשון אבקש שיענה את תפלתי, ע״ש משלי טז א. 3 בקהל עם שופט׳ כ ב. אשירה עוזו ע״ש תהל׳ נט יז ואני אשיר עזך. 4 אביעה רננות ע״ש תהל׳ סג ו ושפתי רננות יהלל פי.

וְנֶאֱמַר
יי מָלָךְ גֵּאוּת לָבֵשׁ, לָבֵשׁ יי עֹז הִתְאַזָּר, אַף תִּכּוֹן תֵּבֵל בַּל תִּמּוֹט.
וְנֶאֱמַר
שְׂאוּ שְׁעָרִים רָאשֵׁיכֶם וְהִנָּשְׂאוּ פִּתְחֵי עוֹלָם, וְיָבוֹא מֶלֶךְ הַכָּבוֹד. מִי זֶה מֶלֶךְ הַכָּבוֹד, יי עִזּוּז וְגִבּוֹר, יי גִּבּוֹר מִלְחָמָה. שְׂאוּ שְׁעָרִים רָאשֵׁיכֶם וּשְׂאוּ פִּתְחֵי עוֹלָם, וְיָבֹא מֶלֶךְ הַכָּבוֹד. מִי הוּא זֶה מֶלֶךְ הַכָּבוֹד, יי צְבָאוֹת הוּא מֶלֶךְ הַכָּבוֹד סֶלָה.
וְעַל יְדֵי עֲבָדֶיךָ הַנְּבִיאִים כָּתוּב לֵאמֹר
כֹּה אָמַר יי מֶלֶךְ יִשְׂרָאֵל וְגֹאֲלוֹ יי צְבָאוֹת, אֲנִי רִאשׁוֹן וַאֲנִי אַחֲרוֹן וּמִבַּלְעָדַי אֵין אֱלֹהִים.
וְנֶאֱמַר
וְעָלוּ מוֹשִׁעִים בְּהַר צִיּוֹן לִשְׁפֹּט אֶת הַר עֵשָׂו, וְהָיְתָה לַיי הַמְּלוּכָה.
וְנֶאֱמַר
וְהָיָה יי לְמֶלֶךְ עַל כָּל הָאָרֶץ, בַּיּוֹם הַהוּא יִהְיֶה יי אֶחָד וּשְׁמוֹ אֶחָד.
וּבְתוֹרָתְךָ כָּתוּב לֵאמֹר, שְׁמַע יִשְׂרָאֵל, יי אֱלֹהֵינוּ, יי אֶחָד.
אֱלֹהֵינוּ וֵאלֹהֵי אֲבוֹתֵינוּ
מְלוֹךְ עַל כָּל הָעוֹלָם כֻּלּוֹ בִּכְבוֹדֶךָ וְהִנָּשֵׂא עַל כָּל הָאָרֶץ בִּיקָרֶךָ, וְהוֹפַע בַּהֲדַר גְּאוֹן עֻזֶּךָ עַל כָּל יוֹשְׁבֵי תֵבֵל אַרְצֶךָ. וְיֵדַע כָּל פָּעוּל כִּי אַתָּה פְעַלְתּוֹ, וְיָבִין כָּל יָצוּר כִּי אַתָּה יְצַרְתּוֹ, וְיֹאמַר כֹּל אֲשֶׁר נְשָׁמָה בְּאַפּוֹ, יי אֱלֹהֵי יִשְׂרָאֵל מֶלֶךְ וּמַלְכוּתוֹ בַּכֹּל מָשָׁלָה.
קַדְּשֵׁנוּ בְּמִצְוֹתֶיךָ וְתֵן חֶלְקֵנוּ בְּתוֹרָתֶךָ, שַׂבְּעֵנוּ מִטּוּבֶךָ וְשַׂמַּח נַפְשֵׁנוּ בִּישׁוּעָתֶךָ
וְטַהֵר לִבֵּנוּ לְעָבְדְּךָ בֶּאֱמֶת, כִּי אַתָּה אֱלֹהִים אֱמֶת וּדְבָרְךָ אֱמֶת וְקַיָּם לָעַד.
בָּרוּךְ אַתָּה יי, מֶלֶךְ עַל כָּל הָאָרֶץ, מְקַדֵּשׁ יִשְׂרָאֵל וְיוֹם הַזִּכָּרוֹן.

תוקעים:	תקיעה	שברים תרועה	תקיעה
	תקיעה	שברים	תקיעה
	תקיעה	תרועה	תקיעה

הַיּוֹם הֲרַת עוֹלָם הַיּוֹם יַעֲמִיד בַּמִּשְׁפָּט כָּל יְצוּרֵי עוֹלָמִים
אִם כְּבָנִים אִם כַּעֲבָדִים.
אִם כְּבָנִים רַחֲמֵנוּ כְּרַחֵם אָב עַל בָּנִים
וְאִם כַּעֲבָדִים עֵינֵינוּ לְךָ תְלוּיוֹת עַד שֶׁתְּחָנֵּנוּ
וְתוֹצִיא כָאוֹר מִשְׁפָּטֵנוּ, אָיֹם קָדוֹשׁ.

אֲרֶשֶׁת שְׂפָתֵינוּ יֶעֱרַב לְפָנֶיךָ אֵל רָם וְנִשָּׂא.
מֵבִין וּמַאֲזִין מַבִּיט וּמַקְשִׁיב לְקוֹל תְּקִיעָתֵנוּ
וּתְקַבֵּל בְּרַחֲמִים וּבְרָצוֹן סֵדֶר מַלְכִיּוֹתֵינוּ.

1 היום הרת עולם (ע״ש ירמ׳ כ יז ורחמה הרת עולם) ר״ל היום נברא העולם, והוא ע״פ שיטת ר׳ אליעזר שאמר (ר״ה דף י ב׳) בתשרי נברא העולם, ואמרינן (שם כ״ז א׳) כמאן מצלינן האידנא זה היום תחילת מעשיך זכרון ליום ראשון, כמאן כר׳ אליעזר דאמר בתשרי נברא העולם. ועי׳ ג״כ פסיקתא דר׳ כהנא דף ק״נ א׳ ועוד מקורות. **היום יעמיד במשפט כל יצורי עולמים** ע״ש משלי כט ד מלך במשפט יעמיד ארץ, ותהל׳ קיט צא למשפטיך עמדו היום כי הכל עבדיך, והענין ע״פ המשנה (ר״ה א׳ ה׳) באחד בתשרי כל באי עולם עוברין לפניך כבני מרון. **2 אם כבנים אם כעבדים** ר״ל או כך או כך. ומכאן והלאה בפנייה ישירה אל הקב״ה. **3 אם כבנים רחמנו כרחם אב על בנים** ע״ש תהל׳ קג יג כרחם אב על בנים רחם ה׳ על יראיו. **4 ואם כעבדים עינינו לך תלויות עד שתחננו** ע״ש תהל׳ קכג ב הנה כעיני עבדים אל יד אדוניהם... כן עינינו אל ה׳ אלהינו עד שיחננו. עינינו לך תלויות, כלשון התלמוד והמדרש, כגון ב״ר צ״ח ב׳ (ע׳ 1251) תלה עיניו והביט במלך. שמו״ר כ״א ה׳ תלו עיניהם למרום. **5 ותוציא לאור משפטנו** (כן הגירסא העתיקה, וכ״ה בשאר המנהגים) ע״ש צפני׳ ג ה משפטו יתן לאור. מיכה ז ט ועשה משפטי יוציאני לאור (וכנראה תוקן הנוסח אח״כ ע״פ תהל׳ לז ו והוציא כאור צדקך ומשפטך כצהרים). **היום** המלה נמחקה ע״פ בעלי ההלכה, כי חתימת הדין רק ביו״כ. ויש שהגיהו **איום**.

ארשת שפתינו ע״ש תהל׳ כא ג ארשת שפתיו בל מנעת, ר״ל דבורנו, תפלתנו. **יערב לפניך** ע״ש תהל׳ קד לד יערב עליו שיחי, וכנראה נגרם ע״י השפעת המובא האי־דיוק ׳יערב׳ במקום ׳תערב׳; לפניך (במקום עליך או לך) על דרך התרגומים (כגון מלאכי ג ד וערבה לה׳ מנחת יהודה וכו׳ ת״י ויתגלי קדם ה׳) מחשש ההגשמה בלשונות המוסבים אל הגבוה. **ותקבל ברחמים וברצון** כנוסח תפלת חול ו׳אבינו מלכנו׳.

הפיוט ״אפחד במעשי״ בעמ׳ 408.
הפיוט ״זכר תחילת כל מעש״ (כשיום א׳ של ר״ה חל בשבת) בעמ׳ 406.

אַתָּה זוֹכֵר מַעֲשֵׂה עוֹלָם וּפוֹקֵד כָּל יְצוּרֵי קֶדֶם, לְפָנֶיךָ נִגְלוּ כָּל תַּעֲלוּמוֹת וַהֲמוֹן נִסְתָּרוֹת שֶׁמִּבְּרֵאשִׁית, כִּי אֵין שִׁכְחָה לִפְנֵי כִסֵּא כְבוֹדֶךָ וְאֵין נִסְתָּר מִנֶּגֶד עֵינֶיךָ.

אַתָּה זוֹכֵר אֶת כָּל הַמִּפְעָל וְגַם כָּל הַיְצוּר לֹא נִכְחַד מִמֶּךָּ. הַכֹּל גָּלוּי וְיָדוּעַ לְפָנֶיךָ יי אֱלֹהֵינוּ, צוֹפֶה וּמַבִּיט עַד סוֹף כָּל הַדּוֹרוֹת, כִּי תָבִיא חֹק זִכָּרוֹן לְהִפָּקֵד כָּל רוּחַ וָנֶפֶשׁ, לְהִזָּכֵר מַעֲשִׂים רַבִּים וַהֲמוֹן בְּרִיּוֹת לְאֵין תַּכְלִית. מֵרֵאשִׁית כָּזֹאת הוֹדָעְתָּ, וּמִלְּפָנִים אוֹתָהּ גִּלִּיתָ. זֶה הַיּוֹם תְּחִלַּת מַעֲשֶׂיךָ, זִכָּרוֹן לְיוֹם רִאשׁוֹן, כִּי חֹק לְיִשְׂרָאֵל הוּא, מִשְׁפָּט לֵאלֹהֵי יַעֲקֹב.

וְעַל הַמְּדִינוֹת בּוֹ יֵאָמֵר, אֵיזוֹ לַחֶרֶב וְאֵיזוֹ לַשָּׁלוֹם, אֵיזוֹ לָרָעָב וְאֵיזוֹ לַשֹּׂבַע, וּבְרִיּוֹת בּוֹ יִפָּקֵדוּ לְהַזְכִּירָם לְחַיִּים וְלַמָּוֶת. מִי לֹא נִפְקָד כְּהַיּוֹם הַזֶּה כִּי זֵכֶר כָּל הַיְצוּר לְפָנֶיךָ בָּא, מַעֲשֵׂה אִישׁ וּפְקֻדָּתוֹ, וַעֲלִילוֹת מִצְעֲדֵי גָבֶר, מַחְשְׁבוֹת אָדָם וְתַחְבּוּלוֹתָיו וְיִצְרֵי מַעַלְלֵי אִישׁ. אַשְׁרֵי אִישׁ שֶׁלֹּא יִשְׁכָּחֶךָּ, וּבֶן אָדָם יִתְאַמֶּץ בָּךְ, כִּי דוֹרְשֶׁיךָ לְעוֹלָם לֹא יִכָּשֵׁלוּ, וְלֹא יִכָּלְמוּ לָנֶצַח כָּל הַחוֹסִים בָּךְ. כִּי זֵכֶר כָּל הַמַּעֲשִׂים לְפָנֶיךָ בָּא, וְאַתָּה דוֹרֵשׁ מַעֲשֵׂה כֻלָּם.

וְגַם אֶת נֹחַ בְּאַהֲבָה זָכַרְתָּ וַתִּפְקְדֵהוּ בִּדְבַר יְשׁוּעָה וְרַחֲמִים, בַּהֲבִיאֲךָ אֶת מֵי הַמַּבּוּל לְשַׁחֵת כָּל בָּשָׂר מִפְּנֵי רֹעַ מַעַלְלֵיהֶם, עַל כֵּן זִכְרוֹנוֹ בָּא לְפָנֶיךָ, יי אֱלֹהֵינוּ, לְהַרְבּוֹת זַרְעוֹ כְּעַפְרוֹת תֵּבֵל וְצֶאֱצָאָיו כְּחוֹל הַיָּם.

כַּכָּתוּב בְּתוֹרָתֶךָ
וַיִּזְכֹּר אֱלֹהִים אֶת נֹחַ וְאֵת כָּל הַחַיָּה וְאֶת כָּל הַבְּהֵמָה אֲשֶׁר אִתּוֹ בַּתֵּבָה, וַיַּעֲבֵר אֱלֹהִים רוּחַ עַל הָאָרֶץ, וַיָּשֹׁכּוּ הַמָּיִם.

וְנֶאֱמַר

וַיִּשְׁמַע אֱלֹהִים אֶת נַאֲקָתָם, וַיִּזְכֹּר אֱלֹהִים אֶת בְּרִיתוֹ, אֶת אַבְרָהָם אֶת יִצְחָק וְאֶת יַעֲקֹב.

וְנֶאֱמַר

וְזָכַרְתִּי אֶת בְּרִיתִי יַעֲקוֹב וְאַף אֶת בְּרִיתִי יִצְחָק וְאַף אֶת בְּרִיתִי אַבְרָהָם אֶזְכֹּר, וְהָאָרֶץ אֶזְכֹּר.

וּבְדִבְרֵי קָדְשְׁךָ כָּתוּב לֵאמֹר

זֵכֶר עָשָׂה לְנִפְלְאוֹתָיו, חַנּוּן וְרַחוּם יי.

וְנֶאֱמַר

טֶרֶף נָתַן לִירֵאָיו, יִזְכֹּר לְעוֹלָם בְּרִיתוֹ.

וְנֶאֱמַר

וַיִּזְכֹּר לָהֶם בְּרִיתוֹ, וַיִּנָּחֵם כְּרֹב חֲסָדָו.

וְעַל יְדֵי עֲבָדֶיךָ הַנְּבִיאִים כָּתוּב לֵאמֹר

הָלֹךְ וְקָרָאתָ בְאָזְנֵי יְרוּשָׁלַיִם לֵאמֹר, כֹּה אָמַר יי זָכַרְתִּי לָךְ חֶסֶד נְעוּרַיִךְ אַהֲבַת כְּלוּלֹתָיִךְ, לֶכְתֵּךְ אַחֲרַי בַּמִּדְבָּר בְּאֶרֶץ לֹא זְרוּעָה.

וְנֶאֱמַר

וְזָכַרְתִּי אֲנִי אֶת בְּרִיתִי אוֹתָךְ בִּימֵי נְעוּרָיִךְ, וַהֲקִימוֹתִי לָךְ בְּרִית עוֹלָם.

וְנֶאֱמַר

הֲבֵן יַקִּיר לִי אֶפְרַיִם, אִם יֶלֶד שַׁעֲשׁוּעִים, כִּי מִדֵּי דַבְּרִי בּוֹ זָכֹר אֶזְכְּרֶנּוּ עוֹד, עַל כֵּן הָמוּ מֵעַי לוֹ, רַחֵם אֲרַחֲמֶנּוּ, נְאֻם יי.

אֱלֹהֵינוּ וֵאלֹהֵי אֲבוֹתֵינוּ

זָכְרֵנוּ בְּזִכָּרוֹן טוֹב לְפָנֶיךָ, וּפָקְדֵנוּ בִּפְקֻדַּת יְשׁוּעָה וְרַחֲמִים מִשְּׁמֵי שְׁמֵי קֶדֶם, וּזְכָר לָנוּ יי אֱלֹהֵינוּ, אֶת הַבְּרִית וְאֶת הַחֶסֶד וְאֶת הַשְּׁבוּעָה, אֲשֶׁר נִשְׁבַּעְתָּ לְאַבְרָהָם אָבִינוּ בְּהַר הַמּוֹרִיָּה, וְתֵרָאֶה לְפָנֶיךָ עֲקֵדָה שֶׁעָקַד אַבְרָהָם אָבִינוּ אֶת יִצְחָק בְּנוֹ עַל גַּבֵּי הַמִּזְבֵּחַ, וְכָבַשׁ רַחֲמָיו לַעֲשׂוֹת רְצוֹנְךָ בְּלֵבָב שָׁלֵם, כֵּן יִכְבְּשׁוּ רַחֲמֶיךָ אֶת כַּעַסְךָ מֵעָלֵינוּ, וּבְטוּבְךָ הַגָּדוֹל יָשׁוּב

חֲרוֹן אַפְּךָ מֵעַמְּךָ וּמֵעִירְךָ וּמֵאַרְצְךָ וּמִנַּחֲלָתֶךָ. וְקַיֶּם לָנוּ יי אֱלֹהֵינוּ אֶת הַדָּבָר שֶׁהִבְטַחְתָּנוּ בְּתוֹרָתֶךָ עַל יְדֵי משֶׁה עַבְדֶּךָ, מִפִּי כְבוֹדֶךָ, כָּאָמוּר

וְזָכַרְתִּי לָהֶם בְּרִית רִאשׁוֹנִים, אֲשֶׁר הוֹצֵאתִי אֹתָם מֵאֶרֶץ מִצְרַיִם, לְעֵינֵי הַגּוֹיִם לִהְיוֹת לָהֶם לֵאלֹהִים, אֲנִי יי.

כִּי זוֹכֵר כָּל הַנִּשְׁכָּחוֹת אַתָּה הוּא מֵעוֹלָם, וְאֵין שִׁכְחָה לִפְנֵי כִסֵּא כְבוֹדֶךָ, וַעֲקֵדַת יִצְחָק לְזַרְעוֹ הַיּוֹם בְּרַחֲמִים תִּזְכּוֹר. בָּרוּךְ אַתָּה יי, זוֹכֵר הַבְּרִית.

תוקעים: תקיעה שברים תרועה תקיעה
תקיעה שברים תקיעה
תקיעה תרועה תקיעה

הַיּוֹם הֲרַת עוֹלָם הַיּוֹם יַעֲמִיד בַּמִּשְׁפָּט כָּל יְצוּרֵי עוֹלָמִים
אִם כְּבָנִים אִם כַּעֲבָדִים.
אִם כְּבָנִים רַחֲמֵנוּ כְּרַחֵם אָב עַל בָּנִים
וְאִם כַּעֲבָדִים עֵינֵינוּ לְךָ תְלוּיוֹת עַד שֶׁתְּחָנֵּנוּ
וְתוֹצִיא כָאוֹר מִשְׁפָּטֵנוּ, אָיוֹם קָדוֹשׁ.

אֲרֶשֶׁת שְׂפָתֵינוּ יֶעֱרַב לְפָנֶיךָ אֵל רָם וְנִשָּׂא.
מֵבִין וּמַאֲזִין מַבִּיט וּמַקְשִׁיב לְקוֹל תְּקִיעָתֵנוּ
וּתְקַבֵּל בְּרַחֲמִים וּבְרָצוֹן סֵדֶר זִכְרוֹנוֹתֵינוּ.

הפיוט "אנוסה לעזרה" בעמ׳ 412.

הפיוט "אשא דעי" (כשיום א׳ של ר״ה חל בשבת) בעמ׳ 410.

אַתָּה נִגְלֵיתָ בַּעֲנַן כְּבוֹדֶךָ עַל עַם קָדְשְׁךָ לְדַבֵּר עִמָּם, מִן הַשָּׁמַיִם הִשְׁמַעְתָּם קוֹלֶךָ, וְנִגְלֵיתָ עֲלֵיהֶם בְּעַרְפִלֵּי טֹהַר. גַּם כָּל הָעוֹלָם כֻּלּוֹ חָל מִפָּנֶיךָ, וּבְרִיּוֹת בְּרֵאשִׁית חָרְדוּ מִמֶּךָּ, בְּהִגָּלוֹתְךָ מַלְכֵּנוּ עַל הַר סִינַי, לְלַמֵּד לְעַמְּךָ תּוֹרָה וּמִצְוֹת, וַתַּשְׁמִיעֵם אֶת הוֹד קוֹלֶךָ, וְדִבְּרוֹת קָדְשְׁךָ מִלַּהֲבוֹת אֵשׁ. בְּקוֹלוֹת וּבְרָקִים עֲלֵיהֶם נִגְלֵיתָ, וּבְקוֹל שׁוֹפָר עֲלֵיהֶם הוֹפָעְתָּ.

כַּכָּתוּב בְּתוֹרָתֶךָ

וַיְהִי בַיּוֹם הַשְּׁלִישִׁי בִּהְיֹת הַבֹּקֶר, וַיְהִי קֹלֹת וּבְרָקִים וְעָנָן כָּבֵד עַל הָהָר, וְקֹל שֹׁפָר חָזָק מְאֹד, וַיֶּחֱרַד כָּל הָעָם אֲשֶׁר בַּמַּחֲנֶה.

וְנֶאֱמַר

וַיְהִי קוֹל הַשֹּׁפָר הוֹלֵךְ וְחָזֵק מְאֹד, מֹשֶׁה יְדַבֵּר וְהָאֱלֹהִים יַעֲנֶנּוּ בְקוֹל.

וְנֶאֱמַר

וְכָל הָעָם רֹאִים אֶת הַקּוֹלֹת וְאֶת הַלַּפִּידִם, וְאֵת קוֹל הַשֹּׁפָר וְאֶת הָהָר עָשֵׁן, וַיַּרְא הָעָם וַיָּנֻעוּ וַיַּעַמְדוּ מֵרָחֹק.

וּבְדִבְרֵי קָדְשְׁךָ כָּתוּב לֵאמֹר

עָלָה אֱלֹהִים בִּתְרוּעָה, יי בְּקוֹל שׁוֹפָר.

וְנֶאֱמַר

בַּחֲצֹצְרוֹת וְקוֹל שׁוֹפָר, הָרִיעוּ לִפְנֵי הַמֶּלֶךְ יי.

וְנֶאֱמַר

תִּקְעוּ בַחֹדֶשׁ שׁוֹפָר, בַּכֶּסֶה לְיוֹם חַגֵּנוּ. כִּי חֹק לְיִשְׂרָאֵל הוּא מִשְׁפָּט לֵאלֹהֵי יַעֲקֹב.

וְנֶאֱמַר

הַלְלוּיָהּ, הַלְלוּ אֵל בְּקָדְשׁוֹ הַלְלוּהוּ בִּרְקִיעַ עֻזּוֹ.
הַלְלוּהוּ בִגְבוּרֹתָיו הַלְלוּהוּ כְּרֹב גֻּדְלוֹ.
הַלְלוּהוּ בְּתֵקַע שׁוֹפָר הַלְלוּהוּ בְּנֵבֶל וְכִנּוֹר.
הַלְלוּהוּ בְתֹף וּמָחוֹל הַלְלוּהוּ בְּמִנִּים וְעוּגָב.
הַלְלוּהוּ בְצִלְצְלֵי שָׁמַע הַלְלוּהוּ בְּצִלְצְלֵי תְרוּעָה.

כֹּל הַנְּשָׁמָה תְּהַלֵּל יָהּ
הַלְלוּיָהּ.

וְעַל יְדֵי עֲבָדֶיךָ הַנְּבִיאִים כָּתוּב לֵאמֹר

כָּל יֹשְׁבֵי תֵבֵל וְשֹׁכְנֵי אָרֶץ, כִּנְשֹׂא נֵס הָרִים תִּרְאוּ וְכִתְקֹעַ שׁוֹפָר תִּשְׁמָעוּ.

וְנֶאֱמַר
וְהָיָה בַּיּוֹם הַהוּא יִתָּקַע בְּשׁוֹפָר גָּדוֹל, וּבָאוּ הָאֹבְדִים בְּאֶרֶץ אַשּׁוּר וְהַנִּדָּחִים בְּאֶרֶץ מִצְרָיִם, וְהִשְׁתַּחֲווּ לַיי בְּהַר הַקֹּדֶשׁ בִּירוּשָׁלָיִם.

וְנֶאֱמַר
וַיי עֲלֵיהֶם יֵרָאֶה, וְיָצָא כַבָּרָק חִצּוֹ, וַאדֹנָי יֱהוִה בַּשּׁוֹפָר יִתְקָע וְהָלַךְ בְּסַעֲרוֹת תֵּימָן. יי צְבָאוֹת יָגֵן עֲלֵיהֶם, כֵּן תָּגֵן עַל עַמְּךָ יִשְׂרָאֵל בִּשְׁלוֹמֶךָ.

אֱלֹהֵינוּ וֵאלֹהֵי אֲבוֹתֵינוּ
תְּקַע בְּשׁוֹפָר גָּדוֹל לְחֵרוּתֵנוּ, וְשָׂא נֵס לְקַבֵּץ גָּלֻיּוֹתֵינוּ, וְקָרֵב פְּזוּרֵינוּ מִבֵּין הַגּוֹיִם, וּנְפוּצוֹתֵינוּ כַּנֵּס מִיַּרְכְּתֵי אָרֶץ. וַהֲבִיאֵנוּ לְצִיּוֹן עִירְךָ בְּרִנָּה וְלִירוּשָׁלַיִם בֵּית מִקְדָּשְׁךָ בְּשִׂמְחַת עוֹלָם, וְשָׁם נַעֲשֶׂה לְפָנֶיךָ אֶת קָרְבְּנוֹת חוֹבוֹתֵינוּ כִּמְצֻוֶּה עָלֵינוּ בְּתוֹרָתֶךָ, עַל יְדֵי מֹשֶׁה עַבְדֶּךָ, מִפִּי כְבוֹדֶךָ, כָּאָמוּר, וּבְיוֹם שִׂמְחַתְכֶם וּבְמוֹעֲדֵיכֶם וּבְרָאשֵׁי חָדְשֵׁכֶם, וּתְקַעְתֶּם בַּחֲצֹצְרֹת עַל עֹלֹתֵיכֶם וְעַל זִבְחֵי שַׁלְמֵיכֶם, וְהָיוּ לָכֶם לְזִכָּרוֹן לִפְנֵי אֱלֹהֵיכֶם, אֲנִי יי אֱלֹהֵיכֶם.
כִּי אַתָּה שׁוֹמֵעַ קוֹל שׁוֹפָר וּמַאֲזִין תְּרוּעָה וְאֵין דּוֹמֶה לָּךְ.
בָּרוּךְ אַתָּה יי, שׁוֹמֵעַ קוֹל תְּרוּעַת עַמּוֹ יִשְׂרָאֵל בְּרַחֲמִים.

תוקעים:	תקיעה	שברים תרועה	תקיעה
	תקיעה	שברים	תקיעה
	תקיעה	תרועה	תקיעה

הַיּוֹם הֲרַת עוֹלָם הַיּוֹם יַעֲמִיד בַּמִּשְׁפָּט כָּל יְצוּרֵי עוֹלָמִים
אִם כְּבָנִים אִם כַּעֲבָדִים.
אִם כְּבָנִים רַחֲמֵנוּ כְּרַחֵם אָב עַל בָּנִים
וְאִם כַּעֲבָדִים עֵינֵינוּ לְךָ תְלוּיוֹת עַד שֶׁתְּחָנֵּנוּ
וְתוֹצִיא כָאוֹר מִשְׁפָּטֵנוּ, אָיֹם קָדוֹשׁ.

אֲרֶשֶׁת שְׂפָתֵינוּ יֶעֱרַב לְפָנֶיךָ אֵל רָם וְנִשָּׂא.
מֵבִין וּמַאֲזִין מַבִּיט וּמַקְשִׁיב לְקוֹל תְּקִיעָתֵנוּ
וּתְקַבֵּל בְּרַחֲמִים וּבְרָצוֹן סֵדֶר שׁוֹפְרוֹתֵינוּ.

רְצֵה יי אֱלֹהֵינוּ בְּעַמְּךָ יִשְׂרָאֵל וְלִתְפִלָּתָם שְׁעֵה, וְהָשֵׁב אֶת הָעֲבוֹדָה לִדְבִיר בֵּיתֶךָ, וְאִשֵּׁי יִשְׂרָאֵל וּתְפִלָּתָם מְהֵרָה בְּאַהֲבָה תְקַבֵּל בְּרָצוֹן, וּתְהִי לְרָצוֹן תָּמִיד עֲבוֹדַת יִשְׂרָאֵל עַמֶּךָ.

קהל וש״ץ:

וְתֶעֱרַב עָלֶיךָ עֲתִירָתֵנוּ כְּעוֹלָה וּכְקָרְבָּן. אָנָּא רַחוּם בְּרַחֲמֶיךָ הָרַבִּים הָשֵׁב שְׁכִינָתְךָ לְצִיּוֹן עִירְךָ וְסֵדֶר הָעֲבוֹדָה לִירוּשָׁלָיִם. וְתֶחֱזֶינָה עֵינֵינוּ בְּשׁוּבְךָ לְצִיּוֹן בְּרַחֲמִים. וְשָׁם נַעֲבָדְךָ בְּיִרְאָה כִּימֵי עוֹלָם וּכְשָׁנִים קַדְמוֹנִיּוֹת.

והש״ץ מסיים:

בָּרוּךְ אַתָּה יי, שֶׁאוֹתְךָ לְבַדְּךָ בְּיִרְאָה נַעֲבוֹד.

מוֹדִים אֲנַחְנוּ לָךְ שָׁאַתָּה הוּא יי אֱלֹהֵינוּ וֵאלֹהֵי אֲבוֹתֵינוּ לְעוֹלָם וָעֶד, צוּר חַיֵּינוּ, מָגֵן יִשְׁעֵנוּ אַתָּה הוּא לְדוֹר וָדוֹר. נוֹדֶה לְּךָ וּנְסַפֵּר תְּהִלָּתֶךָ עַל חַיֵּינוּ הַמְּסוּרִים בְּיָדֶךָ וְעַל נִשְׁמוֹתֵינוּ הַפְּקוּדוֹת לָךְ, וְעַל נִסֶּיךָ שֶׁבְּכָל יוֹם עִמָּנוּ, וְעַל נִפְלְאוֹתֶיךָ וְטוֹבוֹתֶיךָ שֶׁבְּכָל עֵת, עֶרֶב וָבֹקֶר וְצָהֳרָיִם.

מודים דרבנן:

מוֹדִים אֲנַחְנוּ לָךְ שָׁאַתָּה הוּא יי אֱלֹהֵינוּ וֵאלֹהֵי אֲבוֹתֵינוּ, אֱלֹהֵי כָל בָּשָׂר, יוֹצְרֵנוּ יוֹצֵר בְּרֵאשִׁית. בְּרָכוֹת וְהוֹדָאוֹת לְשִׁמְךָ הַגָּדוֹל וְהַקָּדוֹשׁ עַל שֶׁהֶחֱיִיתָנוּ וְקִיַּמְתָּנוּ. כֵּן תְּחַיֵּנוּ וּתְקַיְּמֵנוּ וְתֶאֱסֹף גָּלֻיּוֹתֵינוּ לְחַצְרוֹת קָדְשֶׁךָ לִשְׁמֹר חֻקֶּיךָ וְלַעֲשׂוֹת רְצוֹנֶךָ וּלְעָבְדְּךָ בְּלֵבָב שָׁלֵם, עַל שֶׁאֲנוּ מוֹדִים לָךְ, בָּרוּךְ אֵל הַהוֹדָאוֹת.

הַטּוֹב כִּי לֹא כָלוּ רַחֲמֶיךָ, וְהַמְרַחֵם כִּי לֹא תַמּוּ חֲסָדֶיךָ, כִּי מֵעוֹלָם קִוִּינוּ לָךְ.

וְעַל כֻּלָּם יִתְבָּרַךְ וְיִתְרוֹמַם וְיִתְנַשֵּׂא שִׁמְךָ מַלְכֵּנוּ תָּמִיד לְעוֹלָם וָעֶד.

קהל וש״ץ:

אָבִינוּ מַלְכֵּנוּ, זְכֹר רַחֲמֶיךָ וּכְבֹשׁ כַּעַסְךָ, וְכַלֵּה דֶבֶר, וְחֶרֶב, וְרָעָב, וּשְׁבִי, וּמַשְׁחִית, וְעָוֹן, וּמַגֵּפָה, וּפֶגַע רַע, וְכָל מַחֲלָה, וְכָל תַּקָּלָה, וְכָל קְטָטָה, וְכָל מִינֵי פֻרְעָנִיּוֹת, וְכָל גְּזֵרָה רָעָה, וְשִׂנְאַת חִנָּם, מֵעָלֵינוּ וּמֵעַל כָּל בְּנֵי בְרִיתֶךָ.

וּכְתוֹב לְחַיִּים טוֹבִים כָּל בְּנֵי בְרִיתֶךָ.

וְכֹל הַחַיִּים יוֹדוּךָ סֶּלָה, וִיהַלְלוּ וִיבָרְכוּ אֶת שִׁמְךָ הַגָּדוֹל בֶּאֱמֶת לְעוֹלָם כִּי טוֹב, הָאֵל יְשׁוּעָתֵנוּ וְעֶזְרָתֵנוּ סֶלָה, הָאֵל הַטּוֹב. בָּרוּךְ אַתָּה יי, הַטּוֹב שִׁמְךָ וּלְךָ נָאֶה לְהוֹדוֹת.

ברכת כהנים

בָּרוּךְ אַתָּה יי אֱלֹהֵינוּ מֶלֶךְ הָעוֹלָם, אֲשֶׁר קִדְּשָׁנוּ בִּקְדֻשָּׁתוֹ שֶׁל אַהֲרֹן, וְצִוָּנוּ לְבָרֵךְ אֶת עַמּוֹ יִשְׂרָאֵל בְּאַהֲבָה.

הש״ץ מקריא מלה במלה: יְבָרֶכְךָ יי וְיִשְׁמְרֶךָ.

יָאֵר יי פָּנָיו אֵלֶיךָ וִיחֻנֶּךָּ.

יִשָּׂא יי פָּנָיו אֵלֶיךָ וְיָשֵׂם לְךָ שָׁלוֹם.

הכהנים אומרים:

רִבּוֹנוֹ שֶׁל עוֹלָם, עָשִׂינוּ מַה שֶּׁגָּזַרְתָּ עָלֵינוּ, אַף אַתָּה עֲשֵׂה עִמָּנוּ כְּמוֹ שֶׁהִבְטַחְתָּנוּ, הַשְׁקִיפָה מִמְּעוֹן קָדְשְׁךָ מִן הַשָּׁמַיִם וּבָרֵךְ אֶת עַמְּךָ אֶת יִשְׂרָאֵל וְאֵת הָאֲדָמָה אֲשֶׁר נָתַתָּה לָנוּ, כַּאֲשֶׁר נִשְׁבַּעְתָּ לַאֲבוֹתֵינוּ אֶרֶץ זָבַת חָלָב וּדְבָשׁ.

הציבור אומר:

אַדִּיר בַּמָּרוֹם שׁוֹכֵן בִּגְבוּרָה, אַתָּה שָׁלוֹם וְשִׁמְךָ שָׁלוֹם. יְהִי רָצוֹן שֶׁתָּשִׂים עָלֵינוּ וְעַל כָּל עַמְּךָ בֵּית יִשְׂרָאֵל חַיִּים וּבְרָכָה לְמִשְׁמֶרֶת שָׁלוֹם.

אם אין כהנים אומר הש״ץ:

אֱלֹהֵינוּ וֵאלֹהֵי אֲבוֹתֵינוּ, בָּרְכֵנוּ בַבְּרָכָה הַמְשֻׁלֶּשֶׁת בַּתּוֹרָה הַכְּתוּבָה עַל יְדֵי מֹשֶׁה עַבְדֶּךָ, הָאֲמוּרָה מִפִּי אַהֲרֹן וּבָנָיו כֹּהֲנִים עַם קְדוֹשֶׁךָ, כָּאָמוּר, יְבָרֶכְךָ יי וְיִשְׁמְרֶךָ. יָאֵר יי פָּנָיו אֵלֶיךָ וִיחֻנֶּךָּ. יִשָּׂא יי פָּנָיו אֵלֶיךָ וְיָשֵׂם לְךָ שָׁלוֹם.

שִׂים שָׁלוֹם טוֹבָה וּבְרָכָה, חַיִּים חֵן וָחֶסֶד וְרַחֲמִים, עָלֵינוּ וְעַל כָּל יִשְׂרָאֵל עַמֶּךָ. בָּרְכֵנוּ אָבִינוּ כֻּלָּנוּ כְּאֶחָד בְּאוֹר פָּנֶיךָ, כִּי בְאוֹר פָּנֶיךָ נָתַתָּ לָּנוּ יי אֱלֹהֵינוּ תּוֹרַת חַיִּים וְאַהֲבַת חֶסֶד, וּצְדָקָה וּבְרָכָה וְרַחֲמִים וְחַיִּים וְשָׁלוֹם. וְטוֹב יִהְיֶה בְעֵינֶיךָ לְבָרְכֵנוּ וּלְבָרֵךְ אֶת כָּל עַמְּךָ יִשְׂרָאֵל, בְּכָל עֵת וּבְכָל שָׁעָה בִּשְׁלוֹמֶךָ.

בְּסֵפֶר חַיִּים, בְּרָכָה וְשָׁלוֹם, וּפַרְנָסָה טוֹבָה, וּגְזֵרוֹת טוֹבוֹת, יְשׁוּעוֹת וְנֶחָמוֹת, נִזָּכֵר וְנִכָּתֵב לְפָנֶיךָ, אֲנַחְנוּ וְכָל עַמְּךָ בֵּית יִשְׂרָאֵל, לְחַיִּים טוֹבִים וּלְשָׁלוֹם.

קהל וש״ץ:

וְנֶאֱמַר

כִּי בִי יִרְבּוּ יָמֶיךָ וְיוֹסִיפוּ לְךָ שְׁנוֹת חַיִּים. לְחַיִּים טוֹבִים תִּכְתְּבֵנוּ,
אֱלֹהִים חַיִּים, כָּתְבֵנוּ בְּסֵפֶר הַחַיִּים.

כַּכָּתוּב

וְאַתֶּם הַדְּבֵקִים בַּיי אֱלֹהֵיכֶם, חַיִּים כֻּלְּכֶם הַיּוֹם.

פותחים את ארון הקודש

סימן: א״ב.

קהל וש״ץ:

הַיּוֹם תְּאַמְּצֵנוּ. אמן	הַיּוֹם תְּבָרְכֵנוּ. אמן
הַיּוֹם תְּגַדְּלֵנוּ. אמן	הַיּוֹם תִּדְרְשֵׁנוּ לְטוֹבָה. אמן

הַיּוֹם תְּהַדְּרֵנוּ. הַיּוֹם תְּוַעֲדֵנוּ.

הַיּוֹם תִּזְכְּרֵנוּ בְּרַחֲמֶיךָ. הַיּוֹם תְּחַסְּנֵנוּ.

הַיּוֹם תְּטַהֲרֵנוּ מִכָּל חֵטְא. הַיּוֹם תְּיַשְּׁרֵנוּ לְפָנֶיךָ.

הַיּוֹם תְּכַבְּדֵנוּ. הַיּוֹם תְּלַבְּבֵנוּ.

הַיּוֹם תְּמַלְּטֵנוּ מִכָּל רָע. הַיּוֹם תְּנַקֵּנוּ מֵעָוֹן.

הַיּוֹם תִּסְמְכֵנוּ. הַיּוֹם תַּעֲנֵנוּ.

הַיּוֹם תִּפְקְדֵנוּ לְחַיִּים וְלִבְרָכָה. הַיּוֹם תְּצַדְּקֵנוּ.

הַיּוֹם תְּקוֹמְמֵנוּ. הַיּוֹם תְּרַחֲמֵנוּ.

הַיּוֹם תִּשְׁמַע שַׁוְעָתֵנוּ. הַיּוֹם תִּתְמְכֵנוּ.

הַיּוֹם תִּשְׁמַע שַׁוְעָתֵנוּ. אמן **הַיּוֹם תְּקַבֵּל בְּרַחֲמִים וּבְרָצוֹן אֶת תְּפִלָּתֵנוּ.** אמן

הַיּוֹם תִּתְמְכֵנוּ בִּימִין צִדְקֶךָ. אמן סוגרים את ארון הקודש

קהל וש״ץ:

כְּהַיּוֹם הַזֶּה תְּבִיאֵנוּ שָׂשִׂים וּשְׂמֵחִים בְּבִנְיַן שָׁלֵם.

כַּכָּתוּב

וַהֲבִיאוֹתִים אֶל הַר קָדְשִׁי וְשִׂמַּחְתִּים בְּבֵית תְּפִלָּתִי, עוֹלֹתֵיהֶם וְזִבְחֵיהֶם לְרָצוֹן עַל מִזְבְּחִי, כִּי בֵיתִי בֵּית תְּפִלָּה יִקָּרֵא לְכָל הָעַמִּים.

וְנֶאֱמַר

וַיְצַוֵּנוּ יי לַעֲשׂוֹת אֶת כָּל הַחֻקִּים הָאֵלֶּה, לְיִרְאָה אֶת יי אֱלֹהֵינוּ, לְטוֹב לָנוּ כָּל הַיָּמִים לְחַיֹּתֵנוּ כְּהַיּוֹם הַזֶּה.

1 היום תאמצנו ע״ש ישע׳ מא י. **2 תגדלנו** ע״ש דה״א כט יב ובידך לגדל ולחזק לכל. **תדרשנו** לטובה תדאג לנו (כמו ירמ׳ ל יז דורש אין לה). וי״ג **תדגלנו** תפאר אותנו (מל׳ דגול). **3 תהדרנו** ל׳ והדרת פני זקן, ויק׳ יט לב. **תועדנו** תידענו לעבודתך. **5 תישרנו** תישר דרכינו. **6 תלבבנו** ל׳ לבבתיני, שה״ש ד ט.

תתמכנו בימין צדקך ע״ש ישע׳ מא י אף תמכתיך בימין צדקי.

וְנֶאֱמַר

וּצְדָקָה תִּהְיֶה לָנוּ, כִּי נִשְׁמֹר לַעֲשׂוֹת אֶת כָּל הַמִּצְוָה הַזֹּאת, לִפְנֵי יי אֱלֹהֵינוּ כַּאֲשֶׁר צִוָּנוּ. וּצְדָקָה וּבְרָכָה וְרַחֲמִים וְחַיִּים וְשָׁלוֹם, יִהְיֶה לָנוּ וּלְכָל יִשְׂרָאֵל עַד הָעוֹלָם.

הש״ץ מסיים:

בָּרוּךְ אַתָּה יי, הַמְבָרֵךְ אֶת עַמּוֹ יִשְׂרָאֵל בַּשָּׁלוֹם.

יִהְיוּ לְרָצוֹן אִמְרֵי פִי וְהֶגְיוֹן לִבִּי לְפָנֶיךָ, יי צוּרִי וְגֹאֲלִי.

הש״ץ אומר קדיש שלם:

יִתְגַּדַּל וְיִתְקַדַּשׁ שְׁמֵהּ רַבָּא בְּעָלְמָא דִּי בְרָא כִרְעוּתֵהּ
וְיַמְלִיךְ מַלְכוּתֵהּ וְיַצְמַח פֻּרְקָנֵהּ וִיקָרֵב מְשִׁיחֵהּ
בְּחַיֵּיכוֹן וּבְיוֹמֵיכוֹן וּבְחַיֵּי דְכָל בֵּית יִשְׂרָאֵל
בַּעֲגָלָא וּבִזְמַן קָרִיב וְאִמְרוּ אָמֵן.
יְהֵא שְׁמֵהּ רַבָּא מְבָרַךְ לְעָלַם וּלְעָלְמֵי עָלְמַיָּא.
יִתְבָּרַךְ וְיִשְׁתַּבַּח וְיִתְפָּאַר וְיִתְרוֹמַם וְיִתְנַשֵּׂא
וְיִתְהַדַּר וְיִתְעַלֶּה וְיִתְהַלַּל שְׁמֵהּ דְּקֻדְשָׁא בְּרִיךְ הוּא
לְעֵלָּא לְעֵלָּא מִכָּל בִּרְכָתָא וְשִׁירָתָא
תֻּשְׁבְּחָתָא וְנֶחֱמָתָא דַּאֲמִירָן בְּעָלְמָא וְאִמְרוּ אָמֵן.

תוקעים: **תקיעה שברים תרועה תקיעה**
תקיעה שברים תקיעה
תקיעה תרועה תקיעה גדולה

תִּתְקַבַּל צְלוֹתְהוֹן וּבָעוּתְהוֹן דְּכָל בֵּית יִשְׂרָאֵל
קֳדָם אֲבוּהוֹן דִּי בִשְׁמַיָּא וְאִמְרוּ אָמֵן.
יְהֵא שְׁלָמָא רַבָּא מִן שְׁמַיָּא
וְחַיִּים טוֹבִים עָלֵינוּ וְעַל כָּל יִשְׂרָאֵל וְאִמְרוּ אָמֵן.
עֹשֶׂה הַשָּׁלוֹם בִּמְרוֹמָיו
הוּא יַעֲשֶׂה שָׁלוֹם עָלֵינוּ וְעַל כָּל יִשְׂרָאֵל וְאִמְרוּ אָמֵן.

קַוֵּה אֶל יי, חֲזַק וְיַאֲמֵץ לִבֶּךָ, וְקַוֵּה אֶל יי. אֵין קָדוֹשׁ כַּיי, כִּי אֵין בִּלְתֶּךָ, וְאֵין צוּר כֵּאלֹהֵינוּ. כִּי מִי אֱלוֹהַּ מִבַּלְעֲדֵי יי, וּמִי צוּר זוּלָתִי אֱלֹהֵינוּ.

אֵין כֵּאלֹהֵינוּ, אֵין כַּאדוֹנֵינוּ, אֵין כְּמַלְכֵּנוּ, אֵין כְּמוֹשִׁיעֵנוּ.
מִי כֵאלֹהֵינוּ, מִי כַאדוֹנֵינוּ, מִי כְמַלְכֵּנוּ, מִי כְמוֹשִׁיעֵנוּ.
נוֹדֶה לֵאלֹהֵינוּ, נוֹדֶה לַאדוֹנֵינוּ, נוֹדֶה לְמַלְכֵּנוּ, נוֹדֶה לְמוֹשִׁיעֵנוּ.
בָּרוּךְ אֱלֹהֵינוּ, בָּרוּךְ אֲדוֹנֵינוּ, בָּרוּךְ מַלְכֵּנוּ, בָּרוּךְ מוֹשִׁיעֵנוּ.
אַתָּה הוּא אֱלֹהֵינוּ, אַתָּה הוּא אֲדוֹנֵינוּ,
אַתָּה הוּא מַלְכֵּנוּ, אַתָּה הוּא מוֹשִׁיעֵנוּ.
אַתָּה הוּא שֶׁהִקְטִירוּ אֲבוֹתֵינוּ לְפָנֶיךָ אֶת קְטֹרֶת הַסַּמִּים.

פִּטּוּם הַקְּטֹרֶת. הַצֳּרִי וְהַצִּפֹּרֶן, הַחֶלְבְּנָה וְהַלְּבוֹנָה, מִשְׁקַל שִׁבְעִים שִׁבְעִים מָנֶה, מֹר, וּקְצִיעָה, שִׁבֹּלֶת נֵרְדְּ, וְכַרְכֹּם, מִשְׁקַל שִׁשָּׁה עָשָׂר שִׁשָּׁה עָשָׂר מָנֶה, הַקֹּשְׁטְ שְׁנֵים עָשָׂר, וְקִלּוּפָה שְׁלֹשָׁה, וְקִנָּמוֹן תִּשְׁעָה. בֹּרִית כַּרְשִׁינָה תִּשְׁעָה קַבִּין, יֵין קַפְרִיסִין סְאִין תְּלָת וְקַבִּין תְּלָתָא, וְאִם אֵין לוֹ יֵין קַפְרִיסִין מֵבִיא חֲמַר חִוַּרְיָן עַתִּיק. מֶלַח סְדוֹמִית רֹבַע, מַעֲלֶה עָשָׁן כָּל שֶׁהוּא. רַבִּי נָתָן הַבַּבְלִי אוֹמֵר. אַף כִּפַּת הַיַּרְדֵּן כָּל שֶׁהוּא, וְאִם נָתַן בָּהּ דְּבַשׁ פְּסָלָהּ, וְאִם חִסַּר אֶחָד מִכָּל סַמָּנֶיהָ חַיָּב מִיתָה.
רַבָּן שִׁמְעוֹן בֶּן גַּמְלִיאֵל אוֹמֵר. הַצֳּרִי אֵינוֹ אֶלָּא שְׂרָף הַנּוֹטֵף מֵעֲצֵי הַקְּטָף. בֹּרִית כַּרְשִׁינָה שֶׁשָּׁפִין בָּהּ אֶת הַצִּפֹּרֶן, כְּדֵי שֶׁתְּהֵא נָאָה, יֵין קַפְרִיסִין שֶׁשּׁוֹרִין בּוֹ אֶת הַצִּפֹּרֶן, כְּדֵי שֶׁתְּהֵא עַזָּה. וַהֲלֹא מֵי רַגְלַיִם יָפִין לָהּ, אֶלָּא שֶׁאֵין מַכְנִיסִין מֵי רַגְלַיִם בַּמִּקְדָּשׁ, מִפְּנֵי הַכָּבוֹד.

הַשִּׁיר שֶׁהַלְוִיִּם הָיוּ אוֹמְרִים בְּבֵית הַמִּקְדָּשׁ.
בַּיּוֹם הָרִאשׁוֹן הָיוּ אוֹמְרִים, לַיי הָאָרֶץ וּמְלוֹאָהּ, תֵּבֵל וְיֹשְׁבֵי בָהּ.
בַּשֵּׁנִי הָיוּ אוֹמְרִים, גָּדוֹל יי וּמְהֻלָּל מְאֹד, בְּעִיר אֱלֹהֵינוּ הַר קָדְשׁוֹ.
בַּשְּׁלִישִׁי הָיוּ אוֹמְרִים, אֱלֹהִים נִצָּב בַּעֲדַת אֵל, בְּקֶרֶב אֱלֹהִים יִשְׁפֹּט.
בָּרְבִיעִי הָיוּ אוֹמְרִים, אֵל נְקָמוֹת יי, אֵל נְקָמוֹת הוֹפִיעַ.
בַּחֲמִישִׁי הָיוּ אוֹמְרִים, הַרְנִינוּ לֵאלֹהִים עוּזֵּנוּ, הָרִיעוּ לֵאלֹהֵי יַעֲקֹב.
בַּשִּׁשִּׁי הָיוּ אוֹמְרִים, יי מָלָךְ גֵּאוּת לָבֵשׁ, לָבֵשׁ יי עֹז הִתְאַזָּר, אַף תִּכּוֹן תֵּבֵל בַּל תִּמּוֹט.
בַּשַּׁבָּת הָיוּ אוֹמְרִים, מִזְמוֹר שִׁיר לְיוֹם הַשַּׁבָּת.
מִזְמוֹר שִׁיר לֶעָתִיד לָבוֹא, לְיוֹם שֶׁכֻּלּוֹ שַׁבָּת וּמְנוּחָה לְחַיֵּי הָעוֹלָמִים.

תָּנָא דְבֵי אֵלִיָּהוּ. כָּל הַשּׁוֹנֶה הֲלָכוֹת בְּכָל יוֹם, מֻבְטָח לוֹ שֶׁהוּא בֶּן עוֹלָם הַבָּא, שֶׁנֶּאֱמַר, הֲלִיכוֹת עוֹלָם לוֹ. אַל תִּקְרֵי הֲלִיכוֹת אֶלָּא הֲלָכוֹת.

אָמַר רַבִּי אֶלְעָזָר אָמַר רַבִּי חֲנִינָא. תַּלְמִידֵי חֲכָמִים מַרְבִּים שָׁלוֹם בָּעוֹלָם, שֶׁנֶּאֱמַר, וְכָל בָּנַיִךְ לִמּוּדֵי יי וְרַב שְׁלוֹם בָּנָיִךְ. אַל תִּקְרֵי בָּנָיִךְ, אֶלָּא בּוֹנָיִךְ. שָׁלוֹם רָב לְאוֹהֲבֵי תוֹרָתֶךָ, וְאֵין לָמוֹ מִכְשׁוֹל. יְהִי שָׁלוֹם בְּחֵילֵךְ, שַׁלְוָה בְּאַרְמְנוֹתָיִךְ. לְמַעַן אַחַי וְרֵעָי אֲדַבְּרָה נָּא שָׁלוֹם בָּךְ. לְמַעַן בֵּית יי אֱלֹהֵינוּ אֲבַקְשָׁה טוֹב לָךְ. יי עֹז לְעַמּוֹ יִתֵּן, יי יְבָרֵךְ אֶת עַמּוֹ בַשָּׁלוֹם.

קדיש דרבנן:

יִתְגַּדַּל וְיִתְקַדַּשׁ שְׁמֵהּ רַבָּא, בְּעָלְמָא דִּי בְרָא כִרְעוּתֵהּ וְיַמְלִיךְ מַלְכוּתֵהּ וְיַצְמַח פֻּרְקָנֵהּ וִיקָרֵב מְשִׁיחֵהּ, בְּחַיֵּיכוֹן וּבְיוֹמֵיכוֹן וּבְחַיֵּי דְכָל בֵּית יִשְׂרָאֵל בַּעֲגָלָא וּבִזְמַן קָרִיב, וְאִמְרוּ אָמֵן.

יְהֵא שְׁמֵהּ רַבָּא מְבָרַךְ לְעָלַם וּלְעָלְמֵי עָלְמַיָּא.

יִתְבָּרַךְ וְיִשְׁתַּבַּח וְיִתְפָּאַר וְיִתְרוֹמַם וְיִתְנַשֵּׂא וְיִתְהַדָּר וְיִתְעַלֶּה וְיִתְהַלָּל שְׁמֵהּ דְּקֻדְשָׁא, בְּרִיךְ הוּא, לְעֵלָּא לְעֵלָּא מִכָּל בִּרְכָתָא וְשִׁירָתָא, תֻּשְׁבְּחָתָא וְנֶחֱמָתָא דַּאֲמִירָן בְּעָלְמָא, וְאִמְרוּ אָמֵן. עַל יִשְׂרָאֵל וְעַל רַבָּנָן וְעַל תַּלְמִידֵיהוֹן וְעַל כָּל תַּלְמִידֵי תַלְמִידֵיהוֹן וְעַל כָּל מָאן דְּעָסְקִין בְּאוֹרַיְתָא, דִּי בְאַתְרָא קַדִּישָׁא* הָדֵין וְדִי בְכָל אֲתַר וַאֲתַר, יְהֵא לְהוֹן וּלְכוֹן שְׁלָמָא רַבָּא חִנָּא וְחִסְדָּא וְרַחֲמֵי, וְחַיֵּי אֲרִיכֵי וּמְזוֹנֵי רְוִיחֵי וּפֻרְקָנָא מִן קֳדָם אֲבוּהוֹן דִּי בִשְׁמַיָּא וְאַרְעָא, וְאִמְרוּ אָמֵן. יְהֵא שְׁלָמָא רַבָּא מִן שְׁמַיָּא וְחַיִּים טוֹבִים עָלֵינוּ וְעַל כָּל יִשְׂרָאֵל, וְאִמְרוּ אָמֵן. עֹשֶׂה הַשָּׁלוֹם בִּמְרוֹמָיו הוּא בְּרַחֲמָיו יַעֲשֶׂה שָׁלוֹם עָלֵינוּ וְעַל כָּל יִשְׂרָאֵל, וְאִמְרוּ אָמֵן.

* בחו״ל אין אומרים ״קדישא״.

בקהלות שנוהגים
שלא לתקוע בתפילה בלחש תוקעים:

תקיעה	שברים תרועה	תקיעה
תקיעה	שברים תרועה	תקיעה
תקיעה	שברים תרועה	תקיעה
תקיעה	שברים	תקיעה
תקיעה	שברים	תקיעה
תקיעה	שברים	תקיעה
תקיעה	תרועה	תקיעה
תקיעה	תרועה	תקיעה
תקיעה	תרועה	תקיעה גדולה

עָלֵינוּ לְשַׁבֵּחַ לַאֲדוֹן הַכֹּל, לָתֵת גְּדֻלָּה לְיוֹצֵר בְּרֵאשִׁית
שֶׁלֹּא עָשָׂנוּ כְּגוֹיֵי הָאֲרָצוֹת, וְלֹא שָׂמָנוּ כְּמִשְׁפְּחוֹת הָאֲדָמָה
שֶׁלֹּא שָׂם חֶלְקֵנוּ כָּהֶם וְגוֹרָלֵנוּ כְּכָל הֲמוֹנָם.
שֶׁהֵם מִשְׁתַּחֲוִים לְהֶבֶל וָרִיק וּמִתְפַּלְּלִים אֶל אֵל לֹא יוֹשִׁיעַ.
וַאֲנַחְנוּ כּוֹרְעִים וּמִשְׁתַּחֲוִים וּמוֹדִים לִפְנֵי מֶלֶךְ מַלְכֵי הַמְּלָכִים
הַקָּדוֹשׁ בָּרוּךְ הוּא
שֶׁהוּא נוֹטֶה שָׁמַיִם וְיוֹסֵד אָרֶץ וּמוֹשַׁב יְקָרוֹ בַּשָּׁמַיִם מִמַּעַל
וּשְׁכִינַת עֻזּוֹ בְּגָבְהֵי מְרוֹמִים.
הוּא אֱלֹהֵינוּ, אֵין עוֹד.
אֱמֶת מַלְכֵּנוּ, אֶפֶס זוּלָתוֹ, כַּכָּתוּב בְּתוֹרָתוֹ
וְיָדַעְתָּ הַיּוֹם וַהֲשֵׁבֹתָ אֶל לְבָבֶךָ
כִּי יי הוּא הָאֱלֹהִים בַּשָּׁמַיִם מִמַּעַל וְעַל הָאָרֶץ מִתָּחַת, אֵין עוֹד.

וְעַל כֵּן נְקַוֶּה לְךָ יי אֱלֹהֵינוּ
לִרְאוֹת מְהֵרָה בְּתִפְאֶרֶת עֻזֶּךָ, לְהַעֲבִיר גִּלּוּלִים מִן הָאָרֶץ
וְהָאֱלִילִים כָּרוֹת יִכָּרֵתוּן
לְתַקֵּן עוֹלָם בְּמַלְכוּת שַׁדַּי.
וְכָל בְּנֵי בָשָׂר יִקְרְאוּ בִשְׁמֶךָ לְהַפְנוֹת אֵלֶיךָ כָּל רִשְׁעֵי אָרֶץ.
יַכִּירוּ וְיֵדְעוּ כָּל יוֹשְׁבֵי תֵבֵל
כִּי לְךָ תִּכְרַע כָּל בֶּרֶךְ, תִּשָּׁבַע כָּל לָשׁוֹן.
לְפָנֶיךָ יי אֱלֹהֵינוּ יִכְרְעוּ וְיִפֹּלוּ
וְלִכְבוֹד שִׁמְךָ יְקָר יִתֵּנוּ
וִיקַבְּלוּ כֻלָּם אֶת עֹל מַלְכוּתֶךָ
וְתִמְלֹךְ עֲלֵיהֶם מְהֵרָה לְעוֹלָם וָעֶד.
כִּי הַמַּלְכוּת שֶׁלְּךָ הִיא וּלְעוֹלְמֵי עַד תִּמְלֹךְ בְּכָבוֹד
כַּכָּתוּב בְּתוֹרָתֶךָ, יי יִמְלֹךְ לְעֹלָם וָעֶד.
וְנֶאֱמַר, וְהָיָה יי לְמֶלֶךְ עַל כָּל הָאָרֶץ
בַּיּוֹם הַהוּא יִהְיֶה יי אֶחָד וּשְׁמוֹ אֶחָד.

קדיש יתום: יִתְגַּדַּל וְיִתְקַדַּשׁ שְׁמֵהּ רַבָּא
בְּעָלְמָא דִּי בְרָא כִרְעוּתֵהּ
וְיַמְלִיךְ מַלְכוּתֵהּ וְיַצְמַח פֻּרְקָנֵהּ
וִיקָרֵב מְשִׁיחֵהּ
בְּחַיֵּיכוֹן וּבְיוֹמֵיכוֹן וּבְחַיֵּי דְכָל בֵּית יִשְׂרָאֵל
בַּעֲגָלָא וּבִזְמַן קָרִיב
וְאִמְרוּ אָמֵן.
יְהֵא שְׁמֵהּ רַבָּא מְבָרַךְ לְעָלַם וּלְעָלְמֵי עָלְמַיָּא.
יִתְבָּרַךְ וְיִשְׁתַּבַּח וְיִתְפָּאַר וְיִתְרוֹמַם וְיִתְנַשֵּׂא
וְיִתְהַדָּר וְיִתְעַלֶּה וְיִתְהַלָּל שְׁמֵהּ דְּקֻדְשָׁא
בְּרִיךְ הוּא
לְעֵלָּא לְעֵלָּא מִכָּל בִּרְכָתָא וְשִׁירָתָא
תֻּשְׁבְּחָתָא וְנֶחֱמָתָא
דַּאֲמִירָן בְּעָלְמָא
וְאִמְרוּ אָמֵן.
יְהֵא שְׁלָמָא רַבָּא מִן שְׁמַיָּא
וְחַיִּים טוֹבִים עָלֵינוּ וְעַל כָּל יִשְׂרָאֵל
וְאִמְרוּ אָמֵן.
עֹשֶׂה הַשָּׁלוֹם בִּמְרוֹמָיו
הוּא יַעֲשֶׂה שָׁלוֹם עָלֵינוּ
וְעַל כָּל יִשְׂרָאֵל
וְאִמְרוּ אָמֵן.

פותחים את ארון הקודש.

חזן אַנְעִים זְמִירוֹת וְשִׁירִים אֶאֱרֹג, כִּי אֵלֶיךָ נַפְשִׁי תַעֲרֹג.

קהל נַפְשִׁי חָמְדָה בְּצֵל יָדֶךָ, לָדַעַת כָּל רָז סוֹדֶךָ.

חזן מִדֵּי דַבְּרִי בִּכְבוֹדֶךָ, הוֹמֶה לִבִּי אֶל דּוֹדֶיךָ.

קהל עַל כֵּן אֲדַבֵּר בְּךָ נִכְבָּדוֹת, וְשִׁמְךָ אֲכַבֵּד בְּשִׁירֵי יְדִידוֹת.

חזן אֲסַפְּרָה כְבוֹדְךָ וְלֹא רְאִיתִיךָ, אֲדַמְּךָ אֲכַנְּךָ וְלֹא יְדַעְתִּיךָ.

קהל בְּיַד נְבִיאֶיךָ בְּסוֹד עֲבָדֶיךָ, דִּמִּיתָ הֲדַר כְּבוֹד הוֹדֶךָ.

חזן גְּדֻלָּתְךָ וּגְבוּרָתֶךָ, כִּנּוּ לְתֹקֶף פְּעֻלָּתֶךָ.

קהל דִּמּוּ אוֹתְךָ וְלֹא כְּפִי יֶשְׁךָ, וַיְשַׁוּוּךָ לְפִי מַעֲשֶׂיךָ.

חזן הִמְשִׁילוּךָ בְּרֹב חֶזְיוֹנוֹת, הִנְּךָ אֶחָד בְּכָל דִּמְיוֹנוֹת.

קהל וַיֶּחֱזוּ בְךָ זִקְנָה וּבַחֲרוּת, וּשְׂעַר רֹאשְׁךָ בְּשֵׂיבָה וְשַׁחֲרוּת.

חזן זִקְנָה בְּיוֹם דִּין וּבַחֲרוּת בְּיוֹם קְרָב, כְּאִישׁ מִלְחָמוֹת יָדָיו לוֹ רָב.

קהל חָבַשׁ כּוֹבַע יְשׁוּעָה בְּרֹאשׁוֹ, הוֹשִׁיעָה לּוֹ יְמִינוֹ וּזְרוֹעַ קָדְשׁוֹ.

חזן טַלְלֵי אוֹרוֹת רֹאשׁוֹ נִמְלָא, קְוֻצּוֹתָיו רְסִיסֵי לָיְלָה.

קהל יִתְפָּאֵר בִּי כִּי חָפֵץ בִּי, וְהוּא יִהְיֶה לִּי לַעֲטֶרֶת צְבִי.

חזן כֶּתֶם טָהוֹר פָּז דְּמוּת רֹאשׁוֹ, וְחַק עַל מֵצַח כְּבוֹד שֵׁם קָדְשׁוֹ.

קהל לְחֵן וּלְכָבוֹד צְבִי תִפְאָרָה, אֻמָּתוֹ לוֹ עִטְּרָה עֲטָרָה.

חזן מַחְלְפוֹת רֹאשׁוֹ כְּבִימֵי בְחוּרוֹת, קְוֻצּוֹתָיו תַּלְתַּלִּים שְׁחוֹרוֹת.

קהל נְוֵה הַצֶּדֶק צְבִי תִפְאַרְתּוֹ, יַעֲלֶה נָּא עַל רֹאשׁ שִׂמְחָתוֹ.

חזן סְגֻלָּתוֹ תְּהִי בְיָדוֹ עֲטֶרֶת, וּצְנִיף מְלוּכָה צְבִי תִפְאֶרֶת.
קהל עֲמוּסִים נְשָׂאָם, עֲטֶרֶת עִנְּדָם, מֵאֲשֶׁר יָקְרוּ בְעֵינָיו כִּבְּדָם.

חזן פְּאֵרוֹ עָלַי וּפְאֵרִי עָלָיו, וְקָרוֹב אֵלַי בְּקָרְאִי אֵלָיו.
קהל צַח וְאָדֹם לִלְבוּשׁוֹ אָדֹם, פּוּרָה בְדָרְכוֹ בְּבוֹאוֹ מֵאֱדוֹם.

חזן קֶשֶׁר תְּפִלִּין הֶרְאָה לֶעָנָו, תְּמוּנַת יי לְנֶגֶד עֵינָיו.
קהל רוֹצֶה בְעַמּוֹ עֲנָוִים יְפָאֵר, יוֹשֵׁב תְּהִלּוֹת בָּם לְהִתְפָּאֵר.

חזן רֹאשׁ דְּבָרְךָ אֱמֶת קוֹרֵא מֵרֹאשׁ דּוֹר וָדוֹר, עַם דּוֹרֶשְׁךָ דְּרֹשׁ.
קהל שִׁית הֲמוֹן שִׁירַי נָא עָלֶיךָ, וְרִנָּתִי תִּקְרַב אֵלֶיךָ.

חזן תְּהִלָּתִי תְּהִי לְרֹאשְׁךָ עֲטֶרֶת, וּתְפִלָּתִי תִּכּוֹן קְטֹרֶת.
קהל תִּיקַר שִׁירַת רָשׁ בְּעֵינֶיךָ, כַּשִּׁיר יוּשַׁר עַל קָרְבָּנֶיךָ.

חזן בִּרְכָתִי תַעֲלֶה לְרֹאשׁ מַשְׁבִּיר, מְחוֹלֵל וּמוֹלִיד, צַדִּיק כַּבִּיר.
קהל וּבְבִרְכָתִי תְנַעֲנַע לִי רֹאשׁ, וְאוֹתָהּ קַח לְךָ כִּבְשָׂמִים רֹאשׁ.

חזן יֶעֱרַב נָא שִׂיחִי עָלֶיךָ, כִּי נַפְשִׁי תַעֲרֹג אֵלֶיךָ.

סוגרים את ארון הקודש.

לְךָ יי הַגְּדֻלָּה וְהַגְּבוּרָה
וְהַתִּפְאֶרֶת וְהַנֵּצַח וְהַהוֹד
כִּי כֹל בַּשָּׁמַיִם וּבָאָרֶץ
לְךָ יי הַמַּמְלָכָה וְהַמִּתְנַשֵּׂא לְכֹל לְרֹאשׁ.
מִי יְמַלֵּל גְּבוּרוֹת יי, יַשְׁמִיעַ כָּל תְּהִלָּתוֹ.

קידושא רבה בעמ׳ 234.

פיוטים שנוהגים לומר
בקצת קהילות

יוצר ליום ראשון

סימן: א״ב. [מיוחס לר׳ אלעזר ב״ר קליר.]

מֶלֶךְ אָזוּר גְּבוּרָה / גָּדוֹל שִׁמְךָ בִּגְבוּרָה / לְךָ זְרוֹעַ עִם גְּבוּרָה.
מֶלֶךְ בִּגְדֵי נָקָם / לָבַשׁ בְּיוֹם נָקָם / לְצָרָיו יָשִׁיב אֶל חֵיקָם.
מֶלֶךְ גֵּאוּת לָבֵשׁ / יַמִּים מְיַבֵּשׁ / וְגַאֲוַת אֲפִיקִים מְכַבֵּשׁ.

מֶלֶךְ בַּעֲשָׂרָה לְבוּשִׁים / הִתְאַזֵּר בִּקְדוֹשִׁים / אֵל נַעֲרָץ בְּסוֹד קְדוֹשִׁים. קָדוֹשׁ.

מֶלֶךְ דָּר בִּנְהוֹרָא / עוֹטֶה אוֹרָה / מִשְׁפָּטֵנוּ יוֹצִיא לָאוֹרָה.
מֶלֶךְ הִתְאַזֵּר עֹז / יְמִינוֹ תָּעֹז / וֶאֱנוֹשׁ אַל יָעֹז.
מֶלֶךְ וַיִּלְבַּשׁ צְדָקָה / וְנִקְדַּשׁ בִּצְדָקָה / לְךָ יי הַצְּדָקָה.
מֶלֶךְ זֶה הָדוּר בִּלְבוּשׁוֹ / וְכוֹבַע יְשׁוּעָה בְּרֹאשׁוֹ / אֱלֹהִים יָשַׁב עַל כִּסֵּא קָדְשׁוֹ.
מֶלֶךְ חֲמוּץ בְּגָדִים / בְּדָרְכוֹ בוֹגְדִים / יִבְצֹר רוּחַ נְגִידִים.
מֶלֶךְ טַלִּיתוֹ כַּשֶּׁלֶג מְצַחְצֵחַ / צַח וּבְצַחְצָחוֹת יְצַחְצֵחַ / מְצַחְצְחִים פְּעָלִם לָנֶצַח.
מֶלֶךְ יַעַט קִנְאָה / קַנֹּא קַנָּא גָּאֹה גָּאָה / כְּאִישׁ מִלְחָמוֹת יָעִיר קִנְאָה.
מֶלֶךְ כָּל אַפְסֵי אָרֶץ / יִשְׁתַּחֲווּ לְמֶלֶךְ עַל כָּל הָאָרֶץ / כִּי בָא לִשְׁפּוֹט אֶת הָאָרֶץ.
מֶלֶךְ לְיוֹם קוּמוֹ לָעַד / כָּל יְצוּר לְפָנָיו יִרְעַד / רָם וְנִשָּׂא שׁוֹכֵן עַד.
מֶלֶךְ מוֹשֵׁל עוֹלָם בִּגְבוּרָתוֹ / יִרְעֲשׁוּ הָרִים בְּגַאֲוָתוֹ / וּכְאֵילִים יִרְקְדוּ מִגַּעֲרָתוֹ.
מֶלֶךְ נוֹרָא לְמַלְכֵי אָרֶץ / חוּל תָּחוּל הָאָרֶץ / מְיוֹשֵׁב הַכְּרוּבִים תָּנוּט הָאָרֶץ.
מֶלֶךְ שֶׁאִתּוֹ מִי יַעֲצֹר כֹּחַ / וְהוּא נוֹשֵׂא כֹּל בְּכֹחַ / נוֹתֵן לַיָּעֵף כֹּחַ.
מֶלֶךְ עָמְדוּ לַדִּין / בְּיוֹם הַדִּין / שׁוֹפֵט גֵּאִים בַּדִּין.
מֶלֶךְ פִּלֵּשׁ סוֹד הַמַּעֲמִיקִים / לַסְתִּיר עֵצָה בְּמַעֲמַקִּים / יַחְשֹׂף וִיגַלֶּה עֲמֻקִּים.
מֶלֶךְ צִוָּה מִכָּל רוּחַ / עָרִיצֵי גַּסֵּי הָרוּחַ / לְאַפְּפָם בְּשֶׁטֶף רוּחַ.
מֶלֶךְ קְהַל מַלְכֵי אֲדָמָה / בְּסַעֲרוֹ מַשָּׂא דוּמָה / יִפְקֹד עַל צְבָא רוּמָה.
מֶלֶךְ רָם וְגָבֹהַּ בַּמִּשְׁפָּט / וְעֹז מֶלֶךְ אָהֵב מִשְׁפָּט / מְכוֹן כִּסְאוֹ צֶדֶק וּמִשְׁפָּט.
מֶלֶךְ שׁוֹפֵט צֶדֶק / לְפָנָיו יְהַלֵּךְ צֶדֶק / לְהָלִיץ בְּעַד רוֹדְפֵי צֶדֶק.
מֶלֶךְ תַּקִּיף בְּמֶמְשָׁלָה / כִּסְאוֹ תָּלָה לְמַעְלָה / וּמַלְכוּתוֹ בַּכֹּל מָשָׁלָה.
מֶלֶךְ תַּחַת חֶלֶד מֵהַבִּיטוֹ / מַרְעִיד יְסוֹד בְּהַבִּיטוֹ / בַּכֹּל מְשׁוֹטֵט מַבָּטוֹ.
מֶלֶךְ תָּר בְּכָל פֹּעַל / בַּכֹּל מַה יִּפְעַל / בְּמַטָּה וּבְמָעַל.

מֶלֶךְ אֱלֹהֵי עוֹלָם / הַמְלִיכוּהוּ עַם עוֹלָם / יי יִמְלֹךְ לְעוֹלָם. קָדוֹשׁ.

יוצר ליום שני

סימן: א״ב שמעון בר יצחק, אלחנן בני יחי נחיי עולם אמן.

מֶלֶךְ אָמוֹן מַאֲמָרְךָ מֵרָחוֹק מֻצָּב / שִׁמְךָ יִתְפָּאֵר בַּעֲדָתְךָ תִּתְיַצָּב
לְעוֹלָם יי דְּבָרְךָ נִצָּב.

מֶלֶךְ בְּכַלּוֹתְךָ הַיּוֹם מַעֲשׂ אֻמָּנוּתֶךָ / מִדִּין הַצֵּלְתָּ מְרֻקָּם בִּתְמוּנָתֶךָ
לְדוֹר וָדוֹר אֱמוּנָתֶךָ.

מֶלֶךְ גָּזַרְתָּ כְּמוֹ כֵן לְצֶאֱצָאָיו פִּדְיוֹם / עֲבוּר לְהִמָּלֵט מִשְּׂאֵתְךָ אָיֹם
לְמִשְׁפָּטֶיךָ עָמְדוּ הַיּוֹם.

שֹׁמְרֵי מִצְוֹת עֵדֶיךָ וַעֲבָדֶיךָ / נַטְּלֵם וְנַשְּׂאֵם לְהַרְבּוֹת כְּבוֹדֶךָ
כִּי הַכֹּל עֲבָדֶיךָ / קָדוֹשׁ.

זְכֹר דּוֹרְשֶׁיךָ לִתְחִי לְעוֹדְדֵם / וְהָרֵם קַרְנָם בְּרַחֲמֶיךָ לְהַקְדֵּם
זְכוֹר עֲדָתְךָ קָנִיתָ קֶּדֶם.

זְכֹר הַמְשׁוּכָה אַחֲרֶיךָ בְּאַהַב לְחַלּוֹתֶךָ / נִסְמֶכֶת בְּשַׁעֲשׁוּעַ דָּת נַחֲלָתֶךָ
גָּאַלְתָּ שֵׁבֶט נַחֲלָתֶךָ.

זְכֹר וּמַהֵר יוֹם יֶשְׁעֲךָ לְקָרְבוֹ / בִּדְבִירְךָ לְהִשְׁתַּחֲווֹת וּבְמִשְׁכְּנוֹתֶיךָ לָבוֹא
הַר צִיּוֹן זֶה שָׁכַנְתָּ בּוֹ.

בְּרַחֲמִים יַקֵּר צְעִירֵי הַצֹּאן / חַקֵּם הַטְרִיפֵם פְּנִימִי וְחִיצוֹן
וַאֲנִי תְפִלָּתִי לְךָ יי עֵת רָצוֹן / קָדוֹשׁ.

שׁוֹפָר זְמַנּוֹ בָּא תִּקּוֹעַ בְּעִנְיָנָיו / בְּקֶרֶן אַיִל לְהִזָּכֵר בְּחוּנָיו
אַחַר נֶאֱחַז בַּסְּבַךְ בְּקַרְנָיו.

שׁוֹפָר חָרַד הַמַּחֲנֶה מֵרָחוֹק לַעֲמֹד / רַחוּם זָכְרֵהוּ וּלְצַדְּקֵהוּ תַּחְמֹד
הַשֹּׁפָר הוֹלֵךְ וְחָזֵק מְאֹד.

שׁוֹפָר טִכַּסְתָּ בַּכֶּסֶה לְמִי מָנָה עָפָר / יְשׁוּבוּן מֵאָוֶן בְּכִפּוּר לְהִתְכַּפֵּר
תִּקְעוּ בַחֹדֶשׁ שׁוֹפָר.

אֵל חָנַן נַחֲלָתוֹ בְּנֹעַם לְהַשְׁפֵּר / יֹדְעֵם קְרוֹא קָרְבְּנוֹתָיו בְּמִסְפָּר
וְתִיטַב לַיי מִשּׁוֹר פָּר / קָדוֹשׁ.

מֶלֶךְ יִשְׁפֹּט עַמִּים בְּמֵישָׁרִים לְנַשְּׂאוֹ / צוֹפֶה לְדַקְדֵּק בְּדִינָם בְּהִתְנַשְּׂאוֹ
כּוֹנֵן לַמִּשְׁפָּט כִּסְאוֹ.
מֶלֶךְ כַּבִּיר נִקְדָּשׁ בִּצְדָקָה לְבַדּוֹ / חַי יִגְבַּהּ בַּמִּשְׁפָּט בְּהִתְכַּבְּדוֹ
לַעֲשׂוֹת מִשְׁפַּט עַבְדּוֹ.
מֶלֶךְ לְרֹגֶז רַחֵם יִזְכֹּר כִּנְאֻמוֹ / קָרוֹב לְהַצְדִּיק עַם הַמְיַחֲדִים שְׁמוֹ
עַמּוֹ יִשְׂרָאֵל דְּבַר יוֹם בְּיוֹמוֹ.

יֵרָאֶה פָעָלְךָ וַהֲדָרְךָ לִתְמִימִים / חֱיוֹת בְּצִלְּךָ לְאֹרֶךְ יָמִים
מַלְכוּתְךָ מַלְכוּת כָּל עֹלָמִים / קָדוֹשׁ.

זְכֹר מְקַוֶּיךָ נַחַת שֻׁלְחָנְךָ לְעָרְכָה / אֶדֶר תְּהִלָּתְךָ בְּפִימוֹ לְהִתְבָּרְכָה
זֵכֶר צַדִּיק לִבְרָכָה.
זְכֹר נְדִיבֵי עַמִּים אֲבוֹת הָעוֹלָם / חֲשֹׂךְ עֲבָדֶיךָ מִזָּדוֹן וְנֶעְלָם
וְחֶסֶד יי מֵעוֹלָם וְעַד עוֹלָם.
זְכֹר סֻכַּת שָׁלֵם הַיּוֹשֶׁבֶת בְּדוּדָה / חוּשָׁה לְהָכִין אוֹתָהּ וּלְסַעֲדָהּ
יִשְׂמַח הַר צִיּוֹן תָּגֵלְנָה בְּנוֹת יְהוּדָה.

לְחַיֵּי עוֹלָם יִכָּתְבוּ אֱמוּנַי / יִזְכּוּ לַחֲזוֹת בְּנֹעַם יי
לְזִכָּרוֹן בְּהֵיכַל יי / קָדוֹשׁ.

שׁוֹפָר עֶבְרַת קוֹלוֹ נִשְׁמַע בְּאַשּׁוּר / לְהָעֵטוֹת שִׂמְחַת עוֹלָם בְּקִשּׁוּר
וּבָאוּ הָאֹבְדִים בְּאֶרֶץ אַשּׁוּר.
שׁוֹפָר פּוֹצֵץ קוֹלוֹ בְּעֶבְרֵי נְהָרִים / חֵרוּת לְהַשְׁמִיעַ יְהוּדָה וְאֶפְרָיִם
וְהַנִּדָּחִים בְּאֶרֶץ מִצְרָיִם.
שׁוֹפָר צָרְפַת וּסְפָרַד יִצְרַח לְהִתְקַדֵּשׁ / נְפוּצִים בְּאַרְבַּע נֶצַח יְחַדֵּשׁ
וְהִשְׁתַּחֲווּ לַיי בְּהַר הַקֹּדֶשׁ.

אִמְרֵי נְחוּמֶיךָ יְשַׁעַשְׁעוּנוּ בְּכִפְלַיִם / סֶלָה לְעָבְדְּךָ בְּכָל גְּבוּלַיִם
בְּהַר הַקֹּדֶשׁ בִּירוּשָׁלָיִם / קָדוֹשׁ.

מֶלֶךְ קָדוֹשׁ שׁוֹכֵן שְׁמֵי עֶרֶץ / נַחֵץ מְבַשֵּׂר עֲלוֹת הַפֶּרֶץ
יי מָלָךְ תָּגֵל הָאָרֶץ.
מֶלֶךְ רָם וְנִשָּׂא הַיּוֹדֵעַ וָעֵד / בְּנֵה קִרְיָתְךָ כִּי בָא מוֹעֵד
יי יִמְלֹךְ לְעֹלָם וָעֶד.
מֶלֶךְ שִׁלְטוֹנְךָ לָעַד בַּכֹּל מֹשֵׁלָה / יַשֵּׁר לִירֵאֶיךָ דַּרְכְּךָ לְהוֹעִילָם
יִמְלֹךְ יי לְעוֹלָם.

תְּנַהֲגֵנוּ בְּאַרְצוֹת הַחַיִּים לְהִתְהַלְּכָה / בְּאוֹר יי לְכוּ וְנֵלְכָה
וְהָיְתָה לַיי הַמְּלוּכָה / קָדוֹשׁ.

אופן

סימן: א״ב. [מיוחס לר׳ אלעזר ב״ר קליר.]

כְּבוֹדוֹ אִהֵל כְּהַיּוֹם בְּרַחֲמִים מֶלֶךְ / בּוֹחֵן כָּל עֶשְׁתּוֹנוֹת צָעִיר וָרַב מֶלֶךְ
גֵּאוּת וָעֹז הִתְאַזֵּר מֶלֶךְ / דּוֹק וָחֶלֶד יֶחֱרְדוּן מֵאֵימַת מֶלֶךְ
הַיּוֹצֵר יַחַד לִבָּם יָחוֹן מֶלֶךְ / וּמֵבִין אֶל כָּל מַעֲשֵׂיהֶם יַצְדִּיק מֶלֶךְ
זִכָּרוֹן הוּא יוֹם תְּרוּעַת מֶלֶךְ / חֹק לְיִשְׂרָאֵל הוּא לְזַכּוֹתָם מֶלֶךְ
טֶרֶף נָתַן לִירֵאָיו מַמְלִיךְ כָּל מֶלֶךְ / יִזְכֹּר לְעוֹלָם בְּרִיתוֹ בְּזִכְרוֹן טוֹב מֶלֶךְ
כָּלָה אַל תַּעַשׂ לִשְׁאֵרִית בְּנֵי מֶלֶךְ / לָכֵן אִתָּנוּ לְךָ מַלְכֵּנוּ מֶלֶךְ
מֵאֶתְמוֹל קִדַּמְנוּךָ לְחַלּוֹתְךָ מֶלֶךְ
נָא נְצוֹר חֶסֶד לְנִינֵי שֶׁלְּחוּ לוֹ שְׁלֹשֶׁת אֵילֵי מֶלֶךְ
סֻכּוֹת בָּאֵי בְּתַחַן לְמַר בְּכוּ אֶרְאֶלֵּי מֶלֶךְ
עֱנוּתָם בַּל תִּבֶז לָלֶן בִּמְקוֹם עָלוּ וְיָרְדוּ בוֹ מַלְאֲכֵי מֶלֶךְ
פְּדֵם הַיּוֹם מִדִּין גָּמוּר מְלַחֲיְבָם מֶלֶךְ / צַדְּקֵם בְּרַחֲמִים לְפָקְדָם לְטוֹבָה מֶלֶךְ
קְשֹׁב קוֹל תְּקִיעָה מְתוֹקְעֵי (בשבת: קְשׁוֹב זִכְרוֹן תְּקִיעָה מַזְכִּרֵי) לְךָ הַיּוֹם מֶלֶךְ
רַחֲמִים תְּעוֹרֵר לִמְחַכֶּיךָ מֶלֶךְ
שְׁעֵה שַׁוְעַת עַם מְשַׁחֲרֶיךָ מֶלֶךְ
תֵּפֶן בְּתוֹמְכֵי בָּרוּךְ וְנִבָרֶכְךָ אֱלֹהִים חַיִּים וָמֶלֶךְ.

אם אומרים "אופן" נוהגים לומר נוסח זה:

וְהַחַיּוֹת יְשׁוֹרֵרוּ / וּכְרוּבִים יְפָאֵרוּ
וּשְׂרָפִים יָרֹנּוּ וְאֶרְאֶלִּים יְבָרֵכוּ
פְּנֵי כָל חַיָּה וְאוֹפָן וּכְרוּב / לְעֻמַּת שְׂרָפִים,
לְעֻמָּתָם מְשַׁבְּחִים וְאוֹמְרִים.

סלוק (ליום ראשון)

כתים בלתי סוים בארכס, מהס מחורזים בחרוז אחיד ומהס מסתיימים טוריהס במלה אחידה.

מֶלֶךְ בְּמִשְׁפָּט יַעֲמִיד אָרֶץ / עֶלְיוֹן עַל כָּל הָאָרֶץ
יַכִּירוּ וְיֵדְעוּ כָּל הָאָרֶץ / כָּל יוֹשְׁבֵי תֵבֵל וְשׁוֹכְנֵי אָרֶץ
מִקְצֵה הָאָרֶץ וְעַד קְצֵה הָאָרֶץ / כִּי הוּא בּוֹרֵא קְצוֹת כָּל הָאָרֶץ
עוֹשֶׂה מִשְׁפָּט וּצְדָקָה בָּאָרֶץ / בְּקוּמוֹ לַמִּשְׁפָּט יַשְׁקִיט הָאָרֶץ
לְהוֹשִׁיעַ כָּל עַנְוֵי הָאָרֶץ / לַעֲשׂוֹת כַּתֹּהוּ שׁוֹפְטֵי הָאָרֶץ
לֶאֱחֹז בְּאַרְבַּע כַּנְפוֹת הָאָרֶץ / לְנַעֵר כָּל רִשְׁעֵי אָרֶץ
וְקוֹל יַשְׁמִיעוּ בַּשָּׁמַיִם וּבָאָרֶץ / מָה אַדִּיר שִׁמְךָ בְּכָל הָאָרֶץ
וּבְמָלְכוֹ עַל כָּל הָאָרֶץ / אָז יָרִיעוּ תַּחְתִּיּוֹת אָרֶץ
יִשְׂמְחוּ הַשָּׁמַיִם וְתָגֵל הָאָרֶץ / וַאֲשֶׁר בַּשָּׁמַיִם מִמַּעַל לָאָרֶץ
וַאֲשֶׁר בַּמַּיִם מִתַּחַת לָאָרֶץ / וְאָז יִפְצְחוּ רֶנֶן בָּעֶרֶץ
כְּבוֹדוֹ מְלֹא כָל הָאָרֶץ / יי מָלָךְ תָּגֵל הָאָרֶץ
וּבְכֵן יְשַׁלֵּשׁ שׁוֹפָרוֹת עֶרֶץ / וִיפַחִיד חוֹרֵי יוֹשְׁבֵי הָאָרֶץ
וַיַּהֲפֹךְ כִּסֵּא מַמְלְכוֹת הָאָרֶץ / וְיֹאמַר כָּל אֲשֶׁר נְשָׁמָה בְּאַפּוֹ בָּאָרֶץ
מָה אַדִּיר שִׁמְךָ בְּכָל הָאָרֶץ / וְיִכּוֹנֵן מְשׂוֹשׂ כָּל הָאָרֶץ
וִיעוֹרֵר כָּל יְשֵׁנֵי אָרֶץ / וְיַעֲלוּ זְמִירוֹת מִכְּנַף הָאָרֶץ
שִׁירוּ לַיי כָּל הָאָרֶץ.

אֶרֶץ וְדָרֶיהָ יְצַפּוּ לַדִּין / וְיֵחַתּוּ וְיֶחֶרְדוּ מֵאֵימַת הַדִּין
כִּי גָדוֹל יוֹם הַדִּין / וּמִי יְכִילֶנּוּ לְהִצְטַדֵּק בַּדִּין
וְכָל יוֹשְׁבֵי עַל מִדִּין / וְכָל יוֹדְעֵי דָת וָדִין
וְכָל שֶׁנַּעֲשָׂה בּוֹ דִין / אוּלַי יֵחָנֵן בִּשְׁעַת הַדִּין

כִּי אֵין רַחֲמִים בַּדִּין / וְלֹא יִשָּׂא פָּנִים בַּדִּין
וְהוּא עֵד וּבַעַל דִּין / לָדַעַת בָּאָרֶץ מַעֲשֵׂהוּ בַּדִּין
וּבְיַד כָּל אָדָם יַחְתֹּם דִּין / וּלְפִי מִשְׁטָרוֹ יֵעָשֶׂה לוֹ דִין
וּכְפָעֳלוֹ יִפְעַל לוֹ דִין / וּמַעֲשָׂיו יוֹכִיחוּ אוֹתוֹ בַּדִּין
וְאֶבֶן מִקִּיר תִּזְעַק בַּדִּין / וְכָפִיס מֵעֵץ יַעֲנֶנָּה בַּדִּין
הַכֹּל בֶּאֱמֶת וְהַכֹּל בַּדִּין / בְּמִדַּת רַחֲמִים וּבְמִדַּת הַדִּין
וְהַיּוֹם הוּכַן עַמִּים בּוֹ לָדִין / לַעֲשׂוֹת אוֹת לְיוֹם הַדִּין
וְכָל נְפָשׁוֹת בּוֹ יָדִין.

וְהוּא עָשׂוּי חֹק זִכָּרוֹן / לְיוֹם רִאשׁוֹן וּלְיוֹם אַחֲרוֹן
לְהִזָּכֵר בּוֹ יְשֵׁנֵי חֶבְרוֹן / בְּצִלָּם לְהִתְחַבְּאוֹת חֲבַצֶּלֶת הַשָּׁרוֹן
בָּם לְהַצְדִּיק שָׁבִים לְבִצָּרוֹן / תּוֹקְעֵי בְשׁוֹפָר וְקוֹרְאֵי בְגָרוֹן
לִמְצוֹא בְּצִדְקָם מַעֲשֶׂה כִשְׁרוֹן / בָּם לְהִנָּצֵל מֵאַף וְחָרוֹן.

וּכְשָׁמַר אָב דֶּרֶךְ מִשְׁפָּט וּצְדָקָה / יַעֲשֶׂה לְנִינָיו מִשְׁפָּט וּצְדָקָה
וּכְיוֹנַת אֵלֶם זָרַע לִצְדָקָה / יִקְצְרוּ נִינָיו אֱמֶת וּצְדָקָה
וּכְנָתַן לַתָּם בֶּאֱמֶת צְדָקָה / יִנָּתֵן לְנִינָיו אֱמֶת וּצְדָקָה
וְכִסֵּא כָבוֹד מְתֻקָּן בִּצְדָקָה / לְפָנָיו יַעֲמֹד מֵלִיץ וִילַמֵּד צְדָקָה
וְכַעֲלוֹת שׁוֹפָר מִדַּלֵּי צְדָקָה / יְחַנְּנוּ וְיַפְגִּיעוּ אָבוֹת הַצְּדָקָה
וְיֹאמְרוּ לִפְנֵי אוֹהֵב צְדָקָה / חָלִילָה לְּךָ מְדַבֵּר בִּצְדָקָה
מֵעֲשׂוֹת מִשְׁפָּט בְּלֹא צְדָקָה / וּבִמְקוֹם מִשְׁפָּט אֵין צְדָקָה
וּבְאֵין מִשְׁפָּט יֵשׁ צְדָקָה / וְאַתָּה בְמִשְׁפָּט תַּעֲשֶׂה צְדָקָה
לִשְׁפּוֹט תֵּבֵל בְּמַעֲשֵׂה הַצְּדָקָה / וּמְכוֹן כִּסְאֲךָ מִשְׁפָּט וּצְדָקָה
וּבְחָפְשְׂךָ מַעֲשִׂים מִבְּלִי צְדָקָה / הִזָּכֵר לְטוֹב מְעַט בִּצְדָקָה
וּבְמַתְּנַת חִנָּם תַּעֲשֶׂה צְדָקָה / לִפְתּוֹחַ לָמוֹ אוֹצְרוֹת הַצְּדָקָה.

וְאִם יָצְאָה גְזֵרָה דְחוּקָה / לְחַבֵּל יוֹשְׁבֵי אַרְקָא
בְּבוּקָה וּמְבוּקָה וּמְבֻלָּקָה / הִסְתַּכֵּל בְּתַבְנִית אֲשֶׁר בְּכִסֵּא חֲקוּקָה
וּבַתֵּבָה אֲשֶׁר תַּחְתָּיו פְּקוּקָה / וְנַפְשׁוֹת צוּרִים בְּתוֹכָהּ נְקוּקָה
וּבָעֲטָרָה אֲשֶׁר בְּרֹאשְׁךָ זְקוּקָה / וּבְשֵׁם יִשְׂרָאֵל בְּכִנּוּי מְחֻקָּקָה
וּבִדְמוּת שְׁבָטִים מְעֻזָּקָה / וּבֵין כְּתֵפָיו שָׁכַן בַּחֲזָקָה
בָּם אֶשָּׁעֵנָה וּבָם אֶתְחַזְּקָה.

כִּי בְשִׁבְתּוֹ בְּכִסֵּא לְשָׁפְטִי / יַעַמְדוּ כֻלָּם לִפְנֵי שׁוֹפְטִי
לְהַדְמִים בְּשׁוֹפָר בַּעַל מִשְׁפָּטִי / לְהָלִיץ בַּעֲדִי וְלִזְכוּת יִשְׁפְּטִי
וּבְמִשְׁפְּטֵי הַגּוֹיִם בְּלִי לְשָׁפְטִי / כִּי לָאוֹר יוֹצִיא מִשְׁפָּטִי
וְנֹגַהּ כָּאוֹר תִּהְיֶה בְּהִשָּׁפְטִי.

רֹאשׁוֹ כֶּתֶם פָּז לְצַדִּיקַי / לְבוּשֵׁהּ כִּתְלַג חִוָּר לְנַקִּי
וּשְׂעַר רֵאשֵׁהּ כַּעֲמַר נְקִי / בְּנַקֵּה לֹא יְנַקֶּה לְנַקִּי
בְּאֹמֶר יְמַלֵּט אִי נָקִי / וְהוּא רוֹכֵב בָּעֲרָבוֹת מַבְהִיקִי
וְיוֹשֵׁב בְּחַדְרֵי תֵימָן כְּבָקִי / בִּגְבוּל בִּנְיָמִין בְּצֶלְצַח לְנַקִּי.

וְרַגְלֵי הַחַיּוֹת אֲשֶׁר בְּמִישׁוֹר עֲרָבוֹת / וְעַד לְמַעְלָה לְמַעְלָה רָבוֹת
וְסִלְסוּל לְבָרוּךְ מִמְּקוֹמוֹ מַרְבּוֹת / וּפוֹרְדוֹת וּמַשִּׁיקוֹת סְלִיחָה לְהַרְבּוֹת
לְהַצְדִּיק בְּמִשְׁפָּט אַלְפֵי רְבָבוֹת / כְּמַרְאֵה בָזָק רָצוֹת וָשָׁבוֹת
וּמַרְאוֹת תְּמוּנַת דִּמְיוֹן מִתְחַבְּאוֹת / וּמְטִיפוֹת כְּנֶפֶת רִשְׁפֵּי שַׁלְהָבוֹת
לְהֵעָשׂוֹת נְהַר דִּינוּר אֵשׁ וְלֶהָבוֹת.

וְעַל רָאשֵׁיהֶם נָטוּי בְּמוֹרָא / דְּמוּת רָקִיעַ כְּקֶרַח הַנּוֹרָא
וּשְׁמֵי מְעוֹנָה מְקוֹם מַה נּוֹרָא / וְשָׁם אִתּוֹ שְׁרֵא נְהוֹרָא
וּמִמַּעַל לָרָקִיעַ כְּאֶבֶן יְקָרָה / כְּמַרְאֵה סַפִּיר כֵּס תִּפְאָרָה
וּבוֹ יוֹשֵׁב עוֹטֶה אוֹרָה / חוֹצֵב מִפִּיו תַּלְמוּד תּוֹרָה
וּמִשָּׁם שׁוֹמֵעַ שַׁוְעַת עֲתִירָה / וּמִימִינוֹ אֵשׁ דָּת כְּתוּרָה.

וְשָׁם בְּיָמִין יֵשׁ חֲלוֹנוֹת / בְּצַד רָאשֵׁי הַכְּרוּבִים בִּמְעוֹנוֹת
כִּי דֶרֶךְ אוֹתָן הַחַלּוֹנוֹת / יַאֲזִין תְּפִלּוֹת וְיַקְשִׁיב תְּחִנּוֹת
פְּעָמִים פְּתוּחוֹת וּפְעָמִים צְפוּנוֹת / בְּכֵן עִתִּים הֵם לְהִתְעַנּוֹת
בְּעֵת רָצוֹן לְהִפָּתֵחַ וְלְהֵעָנוֹת / וּכְשֶׁיַּחְפֹּץ רַחוּם לִשְׁעוֹת וְלַעֲנוֹת
יִגְזֹר וְיִפָּתְחוּ אוֹתָן הַחַלּוֹנוֹת.

וְיֵצְאוּ בָם אֶלֶף וּשְׁמוֹנֶה מֵאוֹת / הַמְּלִיצִים יֹשֶׁר מִשְׁפָּט לְנָאוֹת
וִיקַבְּלוּ תְפִלּוֹת מִלְּבוֹת בָּאוֹת / וְיִתְּנוּם בְּרֹאשׁ אֱלֹהֵי צְבָאוֹת
בְּכֶתֶר וָנֵזֶר בְּרֹאשׁוֹ לְהֵרָאוֹת / עֲשׂוֹת בָּמוֹ לְטוֹבָה אוֹת
בְּיוֹם תְּרוּעָה מוֹפֵת לְהַרְאוֹת.

וְאָז אֵלִים יְשַׁלְּשׁוּ קְדֻשּׁוֹת / שְׁתַּיִם לְעַם קָדוֹשׁ מִתְפָּרְשׁוֹת
וְאַחַת בְּרֹאשׁ קָדוֹשׁ מַקְדִּישׁוֹת / קָדוֹשׁ בְּכָל מִינֵי קְדֻשּׁוֹת
וּמִיָּדוֹ נָתַן שְׁתֵּי קְדֻשּׁוֹת / וְיִקְדַּשׁ בְּאַחַת בִּשְׁלוֹשׁ קְדֻשּׁוֹת
וְיֶעֱרַב לוֹ מִלְּמַטָּה שְׁלוֹשׁ תְּקִיעוֹת / כְּמוֹ מִלְּמַעְלָה שְׁלוֹשׁ קְדֻשּׁוֹת.

סלוק (ליום שני)

בכמה חלקים בעלי חרוז מבריח.

אֲשֶׁר מִי יַעֲשֶׂה כְּמַעֲשֶׂיךָ וְכִגְבוּרֹתֶיךָ / וּמִי יְהַרְהֵר אַחַר מִדּוֹתֶיךָ
וּמִי יְמַלֵּל קְצַת תִּפְאַרְתֶּךָ / וּמִי יַשְׁמִיעַ כָּל תְּהִלָּתֶךָ
וּמִי יַעֲרִיץ הוֹד קְדֻשָּׁתֶךָ / שָׁמַיִם וּשְׁמֵי הַשָּׁמַיִם לֹא יְכַלְכְּלוּ אֵימָתֶךָ
הָאָרֶץ וְעַמּוּדֶיהָ יִתְפַּלָּצוּן מִגַּעֲרָתֶךָ / אֵין כָּמוֹךָ וְאֵין כְּעֶרְכֶּךָ וְאֵין בִּלְתֶּךָ
אַתָּה רִאשׁוֹן וְאַתָּה אַחֲרוֹן וְאֶפֶס זוּלָתֶךָ / אֵין קֵץ וְחֵקֶר וְסוֹף לִתְבוּנָתֶךָ
צָפוּן וְנֶעְלָם וְנִסְתָּר גְּלוּיִים לְעֻמָּתֶךָ / לְךָ הַהוֹד וְהַתִּפְאֶרֶת וְהַנֵּצַח הֲדָרָתֶךָ
לְךָ הַגְּדֻלָּה וְהַגְּבוּרָה וּכְיִרְאָתְךָ עֶבְרָתֶךָ

מֵאֵין כָּמוֹךָ יי גָּדוֹל אַתָּה וְגָדוֹל שִׁמְךָ בִּגְדֻלָּתֶךָ
לְךָ הַשָּׁמַיִם וְכָל צְבָאָם נִבְרְאוּ לְשָׁרְתֶךָ / לְךָ הָאָרֶץ וּמְלוֹאָהּ הֲדֹם מַרְגְּלוֹתֶיךָ
לְךָ הַיָּם וְהַיַּבָּשָׁה וְהַכֹּל כּוֹנְנוּ אֶצְבְּעוֹתֶיךָ / לְךָ הַכֶּסֶף וְהַזָּהָב וְכָל שְׂכִיּוֹת חֶמְדָּתֶךָ
לְךָ כָּל הַנְּפָשׁוֹת יַחַד מֻפְקָדוֹת בְּאוֹצְרוֹתֶיךָ

לְךָ הַחָכְמָה וְהַתְּבוּנָה וְהַשֵּׂכֶל מִבִּינָתֶךָ
חֲכַם לֵבָב וְאַמִּיץ כֹּחַ וּתְתַנְהֵג בַּחֲסִידוּתֶךָ / כִּי מִי בַשַּׁחַק יַעֲרָךְ לְךָ לִדְמוּתֶךָ
מִי כָמוֹךָ חֲסִין יָהּ אוֹת בִּצְבָאוֹתֶיךָ
אֵל נַעֲרָץ בְּסוֹד קְדֹשִׁים רַבָּה וְנוֹרָא עַל כָּל סְבִיבוֹתֶיךָ
חֹשֶׁךְ סִתְרְךָ וַעֲרָפֶל סֻכָּתֶךָ / מִנֹּגַהּ נֶגְדְּךָ בָּרָד וְאֵשׁ גַּחֲלָתֶךָ
הָאֵל הַנֶּאֱמָן שֹׁמֵר הַבְּרִית וְהַחֶסֶד בְּמִשְׁמַרְתֶּךָ

לָתֵת לְאִישׁ כִּדְרָכָיו בְּשַׁלֶּמְךָ מַשְׂכֻּרְתֶּךָ

הַצּוּר תָּמִים פָּעֳלוֹ וְאֵין עָוֶל אֱמֶת פְּעֻלָּתֶךָ

מִשְׁפָּטֶיךָ תְּהוֹם רַבָּה וּכְהַרְרֵי אֵל צִדְקָתֶךָ

עוֹזֵר וְסוֹמֵךְ לְכָל מְהִירֵי מְלַאכְתֶּךָ / אֶת הַכֹּל עָשִׂיתָ יָפֶה בְעִתּוֹ בְּחָכְמָתֶךָ

בְּטֶרֶם הָרִים יֻלָּדוּ וַתְּחוֹלֵל אַדְמָתְךָ / בָּרָאתָ תְשׁוּבָה לְמַרְפֵּא אֲרוּכָתְךָ
וְעַד לֹא מַכָּה הִקְדַּמְתָּ תְּעָלָתְךָ / וְעַד לֹא מָזוֹר הִגְהִיתָ רְפוּאָתְךָ
כִּי גָלוּי וְצָפוּי לְפָנֵי כֵּס שְׁכִינָתֶךָ / כִּי אָדָם אֵין צַדִּיק בָּאָרֶץ לְהִזָּהֵר מַגַּחַלְתֶּךָ
אֲשֶׁר יַעֲשֶׂה טוֹב וְלֹא יַעֲבֹר מִתּוֹרָתֶךָ / כִּי לֹא תַאֲמִין בַּעֲבָדֶיךָ וּבִמְשָׁרְתֶיךָ
וְתָהֳלָה תָשִׂים בִּגְדוּדֵי מַחֲנוֹתֶיךָ / אַף שֹׁכְנֵי בָתֵּי חֹמֶר עֲפָרוֹתֶיךָ
הַגְּדֵלִים בְּעָוֹן וְעוֹבְרִים עַל מִצְוֹתֶיךָ / וְתָשֵׂם בַּסַּד רַגְלָם כִּי יָסוּרוּ מֵאָרְחוֹתֶיךָ
וּבְיַד כָּל אָדָם יַחְתֹּם בִּגְזֵרוֹתֶיךָ / וְתַגֵּד לָהֶם פִּשְׁעָם בְּתוֹכְחוֹתֶיךָ
וְהִתְוַדּוּ אֶת עֲוֹנָם וְיַצְדִּיקוּ דִּין אֲמִתֶּךָ / וְלָכֵן הִקְדַּמְתָּ צֳרִי לִטְרִיָּתֶךָ
כִּי יָשׁוּבוּן מֵאָוֶן וִיבַקְשׁוּ מְחִילָתֶךָ / וְאַתָּה קָרוֹב לְקוֹרְאֶיךָ לְהָשִׁיב מֵהֶם חֲמָתֶךָ
וְיוֹם זֶה בָּחַרְתָּ לֵישֵׁב בְּמִשְׁפָּט עַל בְּרִיּוֹתֶיךָ / וְכִבְנֵי מָרוֹן יַעַבְרוּן לְפָנֶיךָ בְּסִפְרָתֶךָ
וְכֻלָּם נִסְקָרִין בִּסְקִירַת צְפִיָּתֶךָ / וְתִרְאֶה יַחַד לִבָּם בִּרְאִיָּתֶךָ
וְתִגְזוֹר עֲלֵיהֶם כָּל גְּזֵרוֹתֶיךָ / וְתִקְצֹב מְזוֹנוֹתֵיהֶם וּפַרְנָסָתָם בְּאִמְרָתֶךָ
וְעַמְּךָ בְּחִנּוּנָם מִתְוַעֲדִים לְחַלּוֹתֶךָ / וְתוֹקְעִים וּמְרִיעִים כָּאָמוּר בְּתוֹרָתֶךָ
וּמְעַרְבְּבִים קָטֵגוֹר בְּלִי לְהַשְׂטִינָם לִקְרָאתֶךָ / וְתִזְכֹּר לָמוֹ עֲקֵדַת יִצְחָק כִּשְׁבוּעָתֶךָ
וְתַהֲפֹךְ מִדַּת הַדִּין לְרַחֲמִים כִּי כֵן מִדָּתֶךָ
וּתְרַחֵם עֲלֵיהֶם בְּרֹב חֶמְלָתֶךָ כִּי הֵם בָּנֶיךָ וְצֹאן מַרְעִיתֶךָ.
וְהַיּוֹם יִפָּתְחוּ שְׁלֹשָׁה סְפָרִים מְנֻקָּדִים / שֶׁל צַדִּיקִים שׁוֹמְרֵי פִקּוּדִים
שֶׁל בֵּינוֹנִים וְשֶׁל זֵדִים / צַדִּיקִים נִכְתָּבִים לְחַיֵּי עַד שְׁקוּדִים
וּרְשָׁעִים נִכְתָּבִים לְתַבְעֵרַת יְקוֹדִים / וּבֵינוֹנִים עַד יוֹם כִּפּוּר תְּלוּיִים וְעוֹמְדִים
אִם יָשׁוּבוּ מִמַּעֲשֵׂיהֶם הָרָעִים וְיִהְיוּ חֲרֵדִים / וִיתַקְּנוּ מַעַלְלֵיהֶם וְיֵיטִיבוּ צְעָדִים
חֶלְקָם בַּחַיִּים יִזְכּוּ נֶחֱמָדִים / וְאִם לֹא זָכוּ לְמִיתָה יִהְיוּ נֶאֱחָדִים
וּכְמוֹ כֵן יֵעָשֶׂה לְיוֹם הַדִּין / וְיָבֹאוּ מַעֲשֵׂיהֶם לְהָעִיד כְּעֵדִים
וּבְמֹאזְנַיִם יַעֲלוּ מִשְּׁנֵי צְדָדִים / אִם יַכְרִיעוּ טוֹבִים עַל הָרָעִים לִהְיוֹת כְּבֵדִים
בְּעָלִים יִהְיוּ בְטוּחִים וְלֹא פְחוּדִים / וְאִם מֶחֱצָה עַל מֶחֱצָה יִהְיוּ אֲגוּדִים
וְרַב חֶסֶד מַטֶּה כְּלַפֵּי חֲסָדִים / יָשׁוּב יְרַחֵם יִכְבּשׁ עֲוֹן מוֹרְדִים
וְיִשָּׂא עָוֹן וְיַגְבִּיהַּ מְרָדִים / וְיַכְרִיעוּ נְעִימִים וַעֲנוּדִים
וְיַעֲבִיר רִאשׁוֹן רִאשׁוֹן אֲחָדִים / כִּי צַדִּיק יי בְּכָל דְּרָכָיו וּמַעֲשָׂיו חֲסָדִים
רוֹצֶה בִּתְשׁוּבָה מִכָּל עוֹלוֹת וּתְמִידִים
הַתְּשׁוּבָה וּמַעֲשֶׂה הַטּוֹב כְּתָרִיס בִּפְנֵי שׁוֹדְדִים.

אָנָּא אָדוֹן מָלֵא רַחֲמִים / בְּקוּמְךָ לַמִּשְׁפָּט עַל יְצוּרֵי עוֹלָמִים
רְגַז בַּל תָּעִיר עַל מְעוּטֵי עַמִּים / הַמְיַחֲדִים שִׁמְךָ לֵילוֹת וְיָמִים
וּלְנַצְּחָךְ תָּמִיד מַעֲרִיבִים וּמַשְׁכִּימִים / וּכְאָב עַל בֵּן יִכָּמְרוּ רַחֲמֶיךָ בְּנִחוּמִים
לְנַקּוֹתָם מִכֹּבֶד עָוֹן וַאֲשָׁמִים / וְהִזָּכֵר לִבְרִית שְׁלֹשֶׁת תְּמִימִים
וּלְאַב הָמוֹן אֲשֶׁר הָיָה תָמִים / וְנִתְנַסָּה בַּעֲשָׂרָה נִסְיוֹנוֹת עֲצוּמִים
וְנִמְצָא שָׁלֵם בְּכָל פְּעָמִים.

הַנֵּס הָרִאשׁוֹן בְּהִוָּלְדוֹ נִתְיָעֲצוּ הַחַרְטֻמִּים
וּבִקְשׁוּ לְהָרְגוֹ גְּדוֹלֵי הַמַּלְכוּת וְהַקּוֹסְמִים
וְנֶחְבָּא בָּאָרֶץ שְׁלֹשׁ עֶשְׂרֵה שָׁנָה שְׁלֵמִים / וְלֹא רָאָה שֶׁמֶשׁ וְיָרֵחַ וְכוֹכְבֵי מְרוֹמִים
וּלְאַחַר שְׁלֹשׁ עֶשְׂרֵה שָׁנָה יָצָא מְחֻכָּם בַּחֲכוּמִים / וּמָאַס אֱלִילִים וְשִׁקֵּץ צְלָמִים
וּבָטַח בְּיוֹצְרוֹ וְנָפַל חֶבְלוֹ בַּנְּעִימִים / הַשֵּׁנִי הִשְׁלִיכוּהוּ לְכִבְשַׁן אֵשׁ פֶּחָמִים
וּמֶלֶךְ הַכָּבוֹד פָּשַׁט יְמִינוֹ וְהִצִּילוֹ בְּרַחֲמִים

וְנַם אֲנִי יי אֲשֶׁר הוֹצֵאתִיךָ מֵאוּר כַּשְׂדִּים בִּנְאוּמִים
הַשְּׁלִישִׁי הִגְלָהוּ מִמּוֹלַדְתּוֹ הֲגָלַת שְׁלוּמִים / הָרְבִיעִי הֵבִיא רָעָב בְּאוֹתָן הַיָּמִים
הוּא הָרָעָב הָרִאשׁוֹן אֲשֶׁר בָּא לְעוֹלָמִים / וְלֹא בְּכָל הָאֲרָצוֹת וּבְכָל הַתְּחוּמִים
כִּי אִם בְּאֶרֶץ כְּנַעַן לְנַסּוֹתוֹ וּלְהוֹרִידוֹ לְאַדְמַת עֲנָמִים

הַחֲמִישִׁי נִלְקְחָה שָׂרָה לְמוֹשֵׁל עַמִּים
בְּלֵיל שִׁמֻּרִים הַנִּשְׁמָר לִבְכוֹרֵי חָמִים / וַיְנַגַּע יי אֶת פַּרְעֹה נְגָעִים גְּדוֹלִים וְאֵימִים
וַיָּגָר בְּאֶרֶץ פְּלִשְׁתִּים רַבִּים יָמִים / וְשָׁלַח מֶלֶךְ גְּרָר וְלָקַח יְפַת פְּעָמִים
וְנַעֲשָׂה הוּא וְכָל בְּנֵי בֵיתוֹ טְמְטוּמִים / וַיֵּרֶד מִיכָאֵל הַמַּלְאָךְ לְהָרְגוֹ בִּזְעָמִים
וְזָעַק הַגּוֹי גַּם צַדִּיק תַּהֲרֹג וְתִשְׁפֹּךְ דָּמִים

וְאָמַר לוֹ הָשֵׁב אֵשֶׁת הָאִישׁ כִּי נָבִיא הוּא וְאַב לַחֲכָמִים
וְלָקַח צֹאן וּבָקָר וַעֲבָדִים וּשְׁפָחוֹת וְהֵשִׁיב לוֹ תַּשְׁלוּמִים

וַיִּתְפַּלֵּל אַבְרָהָם אֶל הָאֱלֹהִים וַיֵּעָתֵר לוֹ מִמְּרוֹמִים
וַיִּרְפָּא אֹתָם מֵעֲצִירַת רְחָמִים / הַשִּׁשִּׁי בְּבוֹא עָלָיו הַמְּלָכִים הַקְּדוּמִים
עִם כְּדָרְלָעֹמֶר מֶלֶךְ עֵילָמִים / וּבְבֶן אָחִיו הִתְחִילוּ תְּחִלָּה שׁוֹטְמִים
וּבִשְׁבִילוֹ לָקְחוּ אֶת כָּל רְכוּשׁ סְדוֹמִים / וַיָּבֹא הַפָּלִיט וְהִגִּיד מַה עָשׂוּ קָמִים
וַיָּרֶק אֶת חֲנִיכָיו יְלִידֵי בֵיתוֹ רְשׁוּמִים / הֵם עָנֵר אֶשְׁכֹּל וּמַמְרֵא וֶאֱלִיעֶזֶר מְסֻיָּמִים
וַיֵּחָלֵק עֲלֵיהֶם לַיְלָה וַיַּכֵּם בְּמַהֲלֻמִּים / הוּא הַלַּיְלָה אֲשֶׁר הָיָה מִקְּדוּמִים
וַיָּשֶׁב אֶת כָּל הָרְכוּשׁ בְּעֶזְרַת מַשְׁפִּיל רָמִים.

הַשְּׁבִיעִי כְּשֶׁנִּדְבַּר עִמּוֹ בֵּין הַבְּתָרִים / וְהֶרְאָהוּ אַרְבַּע מַלְכֻיּוֹת כַּבִּירִים
שֶׁמּוֹשְׁלִים בִּזְמַנָּם וְיֹאבְדוּ לְדוֹר דּוֹרִים / עֶגְלָה מְשֻׁלֶּשֶׁת זוֹ מַלְכוּת אֱדוֹמִים אֲרוּרִים
אֲשֶׁר הִיא כְּעֶגְלָה דָשָׁה וְכַחֲזִירֵי יְעָרִים
וְעֵז מְשֻׁלֶּשֶׁת אֵלּוּ יְוָנִים שֶׁנִּמְשְׁלוּ לִצְפִירִים
וְאַיִל מְשֻׁלָּשׁ זוֹ מַלְכוּת מָדַי וּפָרַס חֲבֵרִים
כְּעִנְיָן שֶׁנֶּאֱמַר הָאַיִל אֲשֶׁר רָאִיתָ בִּבְרוּרִים
וְתוֹר אֵלּוּ בְּנֵי יִשְׁמָעֵאל שֶׁנִּמְשְׁלוּ לְשׁוֹרִים
וְגוֹזָל אֵלּוּ יִשְׂרָאֵל שֶׁנִּמְשְׁלוּ לְיוֹנִים וְתֹרִים
כְּעִנְיָן שֶׁנֶּאֱמַר יוֹנָתִי בְּחַגְוֵי הַסֶּלַע וּבַסְּתָרִים / וְלָקַח וּבִתַּרְם לִשְׁנֵי בְתָרִים
כְּדֵי לְהַתִּישׁ כֹּחָם וְזִכְרָם לְהַחְרִים / וַיֵּרֶד הָעַיִט לְאַבְּדָם זֶה דָּוִד רֹאשׁ הַגִּבּוֹרִים
כְּצֵאת הַשֶּׁמֶשׁ הָיָה מֵנִיף עֲלֵיהֶם בִּסְדָרִים
שֶׁלֹּא יִמְשֹׁל בָּהֶם הָעַיִט עַד הָעֶרֶב כְּסוֹד מוֹרִים
לְהוֹדִיעַ שֶׁאֵין מוֹשְׁלִים אֶלָּא יוֹם אֶחָד מִיּוֹמוֹ שֶׁל יוֹצֵר הָרִים
חוּץ מִשְּׁתֵּי יָדוֹת שָׁעָה בִּשְׁעוּרִים
כְּשֶׁהַחַמָּה נוֹטָה לַמַּעֲרָב שְׁתֵּי יָדוֹת שָׁעָה מַכְהָה אוֹרִים
כֵּן עַד שֶׁלֹּא יָבֹא הָעֶרֶב יִצְמַח אוֹר לַיְשָׁרִים
וְהָיָה לְעֵת עֶרֶב יִהְיֶה אוֹר לַהֲדוּרִים / הַשְּׁמִינִי בְּהִמּוֹלוֹ עָרְלַת בְּשָׂרִים
בֶּעָשׂוֹר לַחֹדֶשׁ בְּיוֹם הַכִּפּוּרִים / וּבְכָל שָׁנָה נִרְאֵית דַּם מִילָתוֹ כְּדַם פָּרִים וְאֵמוּרִים
וּמְכַפֵּר עֲוֹנוֹת עַמּוֹ לְהַצְדִּיקָם כִּישָׁרִים
הַתְּשִׁיעִי בְּשַׁלְּחוֹ יִשְׁמָעֵאל וְאִמּוֹ לַמִּדְבָּרִים
מֵעַל יָחִיד הַנַּעֲלֶה בְּאַחַד הֶהָרִים / מִזֶּה וְלָבֹא לְדוֹר דּוֹרִים.
הָעֲשִׂירִי הָיָה אַחַר הַדְּבָרִים הָאֵלֶּה בְּמִלָּה
וְנִסָּהוּ קַח נָא אֶת בִּנְךָ וְהַעֲלֵהוּ לִי לְעֹלָה
וְהֵשִׁיבוּ לְאֵיזֶה בֵּן לְבֶן הָעָרְלָה אוֹ לְבֶן הַמִּילָה / אֶת יְחִידְךָ אֲשֶׁר אָהַבְתָּ בְּחֶמְלָה
עַל הָהָר אֲשֶׁר עָלָיו שְׁכִינָה מְכֻלָּלָה / וְהִשְׁכִּים בַּבֹּקֶר וְלֹא נִתְעַצֵּל בְּעַצְלָה
וְחָבַשׁ הַחֲמוֹר בְּעַצְמוֹ בְּגִילָה / הוּא הַחֲמוֹר אֲשֶׁר רָכַב עָלָיו דָּלָה דָּלָה
וְהוּא שֶׁעָתִיד עָנִי לִרְכּוֹב עָלָיו בְּעֵת הַגְּאֻלָּה / וְהָלְכוּ לְדַרְכָּם בְּיֹשֶׁר מְסִלָּה
כְּשֶׁהִגִּיעוּ לְצוֹפִים רָאוּ שַׁלְהֶבֶת תְּלוּלָה / וְהֵבִין כִּי הוּא הָהָר לִתְהִלָּה
וּבְאֶצְבַּע הֶרְאָהוּ הַמִּזְבֵּחַ שֶׁל שׁוֹכֵן מַעְלָה / הוּא הַמִּזְבֵּחַ אֲשֶׁר הָיָה מִתְּחִלָּה
וְצִוָּה יָחִיד לִקְשׁוֹר יָדָיו וְרַגְלָיו לְרַגְלָה / שֶׁלֹּא יִבְעַט מִצְוַת כָּבֵד לְחַלְּלָה
וַעֲקָדוֹ עַל הַמִּזְבֵּחַ כְּטָלֶה עֹלָה / וְעָרַךְ הָאֵשׁ וְהָעֵצִים הֶעֱלָה

וְלָקַח הַמַּאֲכֶלֶת לְשָׁחֲטוֹ בְּחַלְחָלָה / וּכְכֹהֵן גָּדוֹל הִגִּישׁ מִנְחָה בְּלוּלָה
וְיוֹשֵׁב וְרוֹאֶה נוֹרָא עֲלִילָה / הָאָב מַעֲקִיד וְהַבֵּן נֶעֱקָד בְּחִילָה
הֵן אֶרְאֶלָּם צָעֲקוּ חוּצָה בְּיִלְלָה / וְהַשְׁמַע אַל תִּשְׁלַח יָדְךָ אֶל הַנַּעַר לַעֲשׂוֹתוֹ כָלָה
וְהָאַיִל אֲשֶׁר הַצְּפַּן מִשֵּׁשֶׁת יְמֵי בְרֵאשִׁית לְעוֹלָה
נִתַּן כָּפְרוֹ וְהֵחָשֵׁב לוֹ לְשֵׁם וְלִתְהִלָּה

וְנִשְׁבַּע לְבָרְכוֹ בִּבְרָכָה מְעֻלָּה / וְלִזְכּוֹר עֲקֵדָתוֹ לְאֹם נִדְגָּלָה
לְמַלְּטָם מִכָּל עָוֹן וְעַוְלָה / וּלְקְנוֹתָם לִהְיוֹת לוֹ לְעַם סְגֻלָּה
לִהְיוֹת יְשׁוּעָתֵנוּ וְעֶזְרָתֵנוּ סֶלָה.

וְהַיּוֹם הַזֶּה לְפָנֶיךָ יִפָּקֵד כֹּשֶׁר מִפְעֲלוֹת עוֹקֵד וְנֶעֱקָד
וִישִׁיבַת הַתָּם אָהֳלֶיךָ שָׁקֵד / זְכוֹר אָדוֹן בְּרַחֲמִים לִפְקֹד
וְתַרְשִׁישֵׁי חַשְׁמַל חֲשָׁשֵׁי יְקַד / יִכְרְעוּ וְיִשְׁתַּחֲווּ לְפָנֶיךָ לִקֹּד.

וְזֶה אֶל זֶה יַעֲרִיצוּ / וְזֶה אֶל זֶה יַקְדִּישׁוּ
וּשְׁלוֹשׁ קְדֻשָּׁה לַקָּדוֹשׁ מַקְדִּישִׁים.

תקיעתא

מלכויות (ליום ראשון)

סימן: א"ב (מרובע). [ומחברו: אלעזר ב"ר קליר.]

אַנְסִיכָה מַלְכִּי / לְפָנָיו בְּהִתְהַלְּכִי / אָמְצוֹ בְּהַמְלִיכִי / יֶאְזוֹר עֹז וְיִמְלֹךְ.
אֱלִיל בְּהַשְׁלִיכִי / לִפְנֵי בּוֹא יוֹם מַלְכִּי / אִישׁ מַלְאָכִי / יִשְׁלַח וְאָז יִמְלֹךְ.

בְּבוֹאוֹ לַהֲלוֹךְ / נִתַּשׁ חֲנֵף מִמְּלוֹךְ / בֵּית גֵּאִים בְּלִי מְלוֹךְ / יְסַח לְבַל יִמְלֹךְ.
בְּתוֹכִי יְהַלֵּךְ / בְּהוֹפִיעוֹ לִמְלוֹךְ / בְּמַלְכוּתוֹ אֶמְלֹךְ / וְאָז יִמְלֹךְ.

גְּבֶרֶת מַמְלָכוֹת / בְּמַגְּרוֹ מַמְלָכוֹת / גּוֹיִם וּמַמְלָכוֹת / יָהֹם וְהוּא יִמְלֹךְ.
גִּלְיוֹן הֲלִיכוֹת / וְסֵפֶר תַּהֲלוּכוֹת / גַּל הַיּוֹם לִזְכּוֹת / חוֹכָיו לִמְלוֹךְ.

דּוֹרֶכֶת נְסִיכוֹת / בְּחִנּוּן קוֹל בָּכוֹת / דִּבְּרָה אֲנִי בְּמַלְכוּת / וּמִי יוּכַל לִמְלוֹךְ.
דַּכָּאֵי רוּחַ נְמִיכוּת / מְחַפְּשֵׂי בְּיוֹם דִּין זְכוּת / דְּשֵׁה בַּעַל מַלְכוּת / עַד צוּר יִמְלֹךְ.

הִלּוּךְ מַהֲלָךְ / חֲמֵשׁ מֵאוֹת הֵלֶךְ / הַדּוּר עַד הַמֶּלֶךְ / בְּעֹז לִמְלוֹךְ.
הֲבֵל הַמַּמְלִךְ / עַל מָה מָלַךְ / הֲלֹא בְּמִי נִמְלַךְ / כִּי אָץ לִמְלוֹךְ.

וּמִלְּפְנֵי מֶלֶךְ מֶלֶךְ / חַי מִלְּפָנִים מֶלֶךְ / וְעַד תֶּכֶל כָּל מֶלֶךְ / הוּא לְבַד יִמְלֹךְ.
וּמַה יָּעֹז מֶלֶךְ / בְּעֹז מִשְׁפַּט מֶלֶךְ / וְכַעֲבוּר סוּפָה בְּהֵלֶךְ / יַחֲלֹף מִמְּלוֹךְ.

זַךְ דִּין בְּעֶרְכּוֹ / יֹאחֵז דַּרְכּוֹ / זֵדִים בְּדָרְכּוֹ / נָקָם יָעַט וַיִּמְלֹךְ.
זֵר זַד בְּשַׁלְכוֹ / יִתֵּן עֹז לְמַלְכּוֹ / זַכִּים בְּהַמְלִיכוֹ / עַל כֹּל יִמְלֹךְ.

חִדְּשׁוּ מְלוּכָה / כַּדָּת וְכַהֲלָכָה / חֹטֶר מַמְלָכָה / בְּמִישׁוֹר יִמְלֹךְ.
חֹבֶשׁ אֲרוּכָה / לְאֹרֶךְ יוֹם מְבוּכָה / חֲתֻלָּה לְמַכָּה / יָעַל בְּעֵת יִמְלֹךְ.

טֹרַח מַלְכֻיּוֹת / עוֹבְדֵי מַשְׂכִּיּוֹת / טִמְּאוּ חֶמֶד שְׂכִיּוֹת / בְּגַאֲוָה לִמְלוֹךְ.
טֹהַר זָכִיּוֹת / וְשַׁאַג קוֹל בְּכִיּוֹת / טֶבַע צוּל דָּכִיּוֹת / יִפֶן וּבָם יִמְלֹךְ.

יְהַב מַשְׁלִיכִים / עָלָיו בְּנֵי מְלָכִים / יוֹם זֶה לוֹ מְחַכִּים / בֹּא יָבֹא לִמְלוֹךְ.
יַעַבְרוּ מִתְהַלְּכִים / לְפָנָיו כְּמַלְאָכִים / יַחַד מַמְלִיכִים / יי יִמְלֹךְ.

כִּתִּים בְּכַתְּתוֹ / אִיִּים בְּהַכּוֹתוֹ / כֵּס מַמְלַכְתּוֹ / יִכּוֹן וְיִמְלֹךְ.
כְּבוֹד מַלְכוּתוֹ / וְקִדּוּשׁ הֲלִיכָתוֹ / כְּגָמְרוֹ מְלַאכְתּוֹ / לְעֵין כֹּל יִמְלֹךְ.

לְכָל גֹּבַהּ יַפִּיל / וְהַר וְגֶבַע יַשְׁפִּיל / לְכָל אֹם יַאֲפִיל / וּכְאוֹר זְרוֹעַ יִמְלֹךְ.
לְרָאֵי יַקְפִּיל / וַחֲדָשִׁים יַכְפִּיל / לְיוֹם זֶה פּוּר הִפִּיל / מִצִּיּוֹן לִמְלוֹךְ.

מָטוּ גוֹיִם / הָמוּ גֵאִים / מָעֲדוּ מִתְגָּאִים / גֵּאֶה בְּבֹאוֹ לִמְלוֹךְ.
מָלְכוּ דְּגוּיִים / נִטְּלוּ סְגוּיִים / מֶלֶךְ הַגּוֹיִם / עֵת אָתָא לִמְלוֹךְ.

נְדִיבֵי עַמִּים / יֵאָסְפוּ מֵעַמִּים / נָשׂוּא מְעוּטֵי עַמִּים / אֶל מְקוֹמָם לִמְלוֹךְ.
נִגּוּן נְעִימִים / לְמוּלָם מַנְעִימִים / נְשָׂאָם מֵעֲמָמִים / עֲלֵיהֶם לִמְלוֹךְ.

סִכּוּת אֱלִילִים / כִּיּוּן גִּלּוּלִים / סָחוּב כְּמוֹ חֲלָלִים / יֻשְׁלְכוּ בְּלִי לִמְלוֹךְ.
סוֹד אֵל אֵלִים / הָבוּ בְּנֵי אֵלִים / שְׂאוּ זִמְרָה וְהִלּוּלִים / לְאָדוֹן כִּי יִמְלֹךְ.

עִזּוּז יָד בְּהַשִּׂיאוֹ / לַהֲרִים נְשִׂיאוֹ / עֲמוּסָיו בְּנַשְּׂאוֹ / יָעֹז וְיִמְלֹךְ.
עַל רוּם מַשָּׂאוֹ / יְדִידָיו בְּנַשְּׂאוֹ / עַל הוֹד כִּסְאוֹ / יֵשֵׁב וְיִמְלֹךְ.

פּוּר תְּפוֹרַר אֶרֶץ / בְּכִלָּיוֹן וְחֶרֶץ / פַּח בְּיוֹשְׁבֵי הָאָרֶץ / יַרְגִּיז וְיִמְלֹךְ.
פַּחַד שׁוֹפְרוֹת עֶרֶץ / יְשַׁלֵּשׁ וּבָם יֶרֶץ / פְּאֵר מִכְּנַף הָאָרֶץ / יַעֲלוּ כִּי יִמְלֹךְ.

צְבִי מֵהֲדוֹם יָעַל / וְאֶדֶר מִשַּׁעַל / צָהַל מִשְּׁמֵי מַעַל / יְרַנְּנוּ כִּי יִמְלֹךְ.
צִבְאוֹת כָּל פֹּעַל / לְצַלְעָם יִרְטֵי תַעַל / צְפִירַת פְּאֵר לְהַעַל / הֵן לְצֶדֶק יִמְלֹךְ.

קְצִינִים אֲשֶׁר מָלְכוּ / אַדֶּרֶת יַשְׁלִיכוּ / קוֹל יִתְּנוּ וְיַמְלִיכוּ / לַמֶּלֶךְ כִּי יִמְלֹךְ.
קְרוּאִים יִמְלֹכוּ / וְאַחֲרָיו יְהַלֵּכוּ / קוֹמְמִיּוּת יֵלֵכוּ / וּבְרֹאשָׁם יִמְלֹךְ.

רָז הַמְּכֻמָּן / לְיוֹם זֶה מְזֻמָּן / רָשׁוּם לְמוֹעֵד וּזְמָן / וּבוֹ נוֹקֵם יִמְלֹךְ.
רוֹעֶה נֶאֱמָן / בְּבֹאוֹ מִתֵּימָן / רוּחַ יַסְעִיר בְּתֵימָן / בְּגִלְעָד יִמְלֹךְ.

שִׁנְאַן עֶלְיוֹת / וְסוֹד פְּלִיאִיּוֹת / שִׁיר מִתַּלְתַּלִּיּוֹת / יִפְצְחוּ כִּי יִמְלֹךְ.
שְׁאִיּוֹת תַּחְתִּיּוֹת / הוֹד אוֹתִיּוֹת / שְׁאוֹן הֲמוֹן בְּרִיּוֹת / יָרִיעוּ כִּי יִמְלֹךְ.

תֻּכַּן כֵּס כַּשֶּׁמֶשׁ / שְׁמוֹ לִפְנֵי שֶׁמֶשׁ / תָּאֳרוֹ כְּצֵאת הַשֶּׁמֶשׁ / בְּמָלְכוֹ יִמְלֹךְ.
תּוֹמֵךְ מִמִּזְרַח שֶׁמֶשׁ / וְעַד מְבוֹאַת שֶׁמֶשׁ / תַּמָּה בָּרָה כַּשֶּׁמֶשׁ / יְרוֹמֵם וְיִמְלֹךְ.

מלכויות (ליום שני)

סימן: א"ב כפול. [מחברו: יוסי בן יוסי.]

אֲהַלְלָה אֱלֹהַי / אָשִׁירָה עֻזּוֹ / אֲסַפְּרָה כְבוֹדוֹ / אֲאַפְּדֶנּוּ מְלוּכָה.
אֲשַׂגֵּב לְפוֹעֵל / אֲשֶׁר שָׂח וּפָעַל / אַנְוֵהוּ כִּי לוֹ / יָאֲתָה מְלוּכָה.

בְּעֻזּוֹ נֶצַח אֲשַׁנֵּן / כִּי צְבָאוֹ אֲנִי / וְלוֹ נָאֶה שִׂיחַ / גֹּדֶל הַמְּלוּכָה.
בְּקָהָל אֲבַשֵּׂר / בְּרֹב עָם אֲדַבֵּר / לְמִי שְׂאֵת וְיֶתֶר עָז / וּלְמִי הַמְּלוּכָה.

גּוֹשׁוּ גּוֹיִם / וּבוֹאוּ מַמְלָכוֹת / רְאוּ מַה נֶּהְדָּר / בְּמֵזַח הַמְּלוּכָה.
גַּדְּלוּהוּ אִתִּי / וּנְרוֹמְמֶנְהוּ יַחַד / וְאַל תִּתְגָּאוּ / בְּנֵזֶר הַמְּלוּכָה.

דְּרָכִים בְּעֵת / נַעֲשְׂתָה מְצוּלָה / הִתְבּוֹנְנוּ יַחַד / לְמִי נֶזְרְקָה הַמְּלוּכָה.
דָּרַךְ סוּס בַּיָּם / כְּנֶגֶד שֵׁשׁ מֵאוֹת רֶכֶב / וּמַה יּוֹעִיל גֶּבֶר / עָז בִּמְלוּכָה.

הֶאֱזִינוּ רוֹזְנִים / אָז וַיִּרְגָּזוּ / הִבִּיטוּ חִתַּת / וּמָאֲסוּ מְלוּכָה.
הִגִּידוּ כֹּחוֹ / לְאֻמִּים וְדַבְּרוּ / לָזֶה יִכָּתֵב / שֵׁם הַמְּלוּכָה.

וְנִלְחַם רֵאשִׁית גּוֹיִם וְאָבַד / כִּי נִשְׁבַּע חַי / בְּכֵס מְלוּכָה.
וַיְּלַעֵג בְּכָל דּוֹר / כִּי לֹא לָמַד / מִי נִלְחַם בַּיָּם / וְעָטָה מְלוּכָה.

זָד עַל אֲדוֹנָיו / עֶבֶד יוֹשֵׁב נֶגֶב / בְּזֹאת תִּרְגַּז אֶרֶץ / בְּשֵׂאת עֶבֶד מְלוּכָה.
זֶרַע בְּרוּכִים / הֶחֱרִימוּ אֲרוּרִים / כִּי נָתְנוּ קוֹל / לְאַדִּיר הַמְּלוּכָה.

חֶשְׁבּוֹן וּבָשָׁן / עוֹרְרוּ מִלְחֶמֶת / בִּלְתִּי לָתֵת דֶּרֶךְ / לְצִבְאוֹת מְלוּכָה.
חֵילָם נִשְׁמַד / וְאַרְצָם חֻלְּקָה / וּמֵעַל זְרוֹעָם / נָפְלָה מְלוּכָה.

טָפְשׂוּ בְּנֵי כְנַעַן / כִּי נָכְרִים הֵם / בְּאַדְמַת בְּנֵי שֵׁם / זֶרַע הַמְּלוּכָה.
טְבָחָם בִּן נוּן / עַד פִּנָּה אֶרֶץ / לִפְנֵי אֲרוֹן הַבְּרִית / אֲדוֹן הַמְּלוּכָה.

יוֹשְׁבֵי חֲרֹשֶׁת / אָז הִקְשָׁה לַחַץ / עֲזָרוּהוּ בְּלִי בֶצַע / אַפְסֵי מְלוּכָה.
יָהּ הִלְחִים בָּם / צָבָא בְּלִי בֶצַע / כֵּן יֹאבְדוּ שְׁאָר / וְלַיְיָ הַמְּלוּכָה.

כְּאֶרֶז בַּלְּבָנוֹן / אַשּׁוּר גֻּדַּל / וְחֵרֵף אוֹרִיד / כַּבִּיר מְלוּכָה.
כְּלִיל אֵשׁ הֲמָמָם / בְּלֵיל שִׁמּוּרִים / וְאָז יָדְעוּ כֹל / כִּי לָאֵל הַמְּלוּכָה.

לַשַּׁחַת כָּרַע בֵּל / כְּחָשְׁבוּ עֲלוֹת לַשַּׁחַק / וְסָר מֶנּוּ לְבַב אֱנוֹשׁ / וְיָרַד מִמְּלוּכָה.
לְכֵנוּ הוּשַׁב / וְכֹחַ אֵל הִכִּיר / לְמֵרִים וּמַשְׁפִּיל / הִשְׁלִים מְלוּכָה.

מְגֹרָה צֹאן לַטֶּבַח / וְנִתְכְּנוּ עֲלִילוֹת / בִּלְבוּשׁ צָעִיר / רוֹדֵם הַמְּלוּכָה.
מְכוּרֵי בְּלֹא הוֹן / פְּדוּיֵי בְּלֹא כֶסֶף / סִלּוּ לְמַטֵּה כַּמַּיִם / לֵב הַמְּלוּכָה.

נִמְכְּרוּ יוֹנִים / לִבְנֵי יְוָנִים / וְרִחֲקוּם מֵעַל / גְּבוּל הַמְּלוּכָה.
נֵאֲרוּ בְּרִית וָדָת / וְהִמְרִידוּ עַם בְּאֵל / וּמְגֻרִים בְּלֹא כֹחַ / מִכֹּהֲנֵי מְלוּכָה.

שָׂעִיר הֶחֱנִיף / לְהוֹרֵהוּ בְּצִידוֹ / וַיִּירַשׁ בְּקוֹל בֶּכִי / חֶרֶב וּמְלוּכָה.
שֻׁגַּב חֵלֶק / הֱיוֹת גְּבִיר לְאֶחָיו / וְעוֹד תִּסֹּב / לִישֻׁרוּן הַמְּלוּכָה.

עֲשֵׂה לְךָ בְּצִיּוֹן / שֵׁם נוֹרָאוֹת / כְּאָז תַּצְלִיחֶנָּה / בִּכְסֵא מְלוּכָה.
עוֹרֵר וְהָקֵץ / מְשׂוֹשׂ כָּל הָאָרֶץ / וְכוֹנֵן כִּסְאֲךָ / בְּקִרְיַת מְלוּכָה.

פְּנֵי מְאוֹר לְבָנָה / וְחַמָּה תַּחְפִּיר / וְיֵבוֹשׁוּ עוֹבְדֵימוֹ / בְּשֵׂאתְךָ מְלוּכָה.
פְּאֵר עִיר יֹפִי / לְבָרָה כַּחַמָּה / וְגַלֵּה לְנֶגְדֵּנוּ / כְּבוֹד מְלוּכָה.

צִבְאוֹת גְּאוּלֵי צוֹעַן / שׁוֹרְרוּ בְּלֵיל חַג / וְהוּא לַיְלָה נִשְׁמָר / לְסַחֵף מְלוּכָה.
צָעֲדוּ בְּמֵי שֹׁעַל / צָפוּ בְּרוּחַ שֵׂכֶל / אָנָה יִנָּטְעוּ / וִיקַבְּלוּ מְלוּכָה.

קָמְטוּ שַׁעֲרֵי זְבוּל / בֵּית עוֹלָמִים / כִּי מִבֵּינֵימוֹ / שָׁבְתָה מְלוּכָה.
קָדוֹשׁ יָבוֹא בָם / לְעוֹלָמִים / וְאָז יִשְׂאוּ רֹאשׁ / בְּחַדְּשׁוֹ מְלוּכָה.

רִבְצָה עֲדִינָה / שָׁקְטָה מֵאַלְמוֹן / כִּי אָרַךְ לָהּ / קֵץ הַמְּלוּכָה.
רִיבוּ מוֹשִׁיעִים / שְׂאוּ אֶדֶר מֵאֱדוֹם / וְשִׁיתוּ עַל אָדוֹן / הוֹד הַמְּלוּכָה.

שָׁוְא שָׂנֵא אֵל / וְהוּא עַל לְשׁוֹנֵנוּ / בִּקֵּשׁ אֱמֶת וָאַיִן / וְרָחֲקָה מְלוּכָה.
שַׁדַּי הָסֵר / אָוֶן מִצְּבָאֶיךָ / וְיָרִיעוּ לָךְ / תְּרוּעַת מְלוּכָה.

תַּחְגֹּר גֵּאוּת / תִּתְאַזֵּר עֹז / לְבַל יִשְׁתָּרֵר / זָר בִּמְלוּכָה.
תִּכּוֹן תֵּבֵל / כִּי יִנָּעֵר רָשָׁע / וְשָׂם צֶדֶק לְרַגְלָיו / וְיִצְנַף מְלוּכָה.

תָּקֹם גּוֹיִם / תּוֹכִיחַ לְאֻמִּים / תִּשְׁבֹּר מַטֵּה רֶשַׁע / מוֹשֵׁל הַמְּלוּכָה.
תַּחֲלִיף אֱלִילִים / תִּשָּׂגֵב לְבַדֶּךָ / תִּקָּרֵא נֶצַח / יָחִיד בִּמְלוּכָה.

זכרונות (ליום ראשון)

סימן: תשר״ק (מרובע). [מחברו: אלעזר ב״ר קליר.]

זְכֹר תְּחִלַּת כָּל מַעַשׂ / אֲשֶׁר בְּכָל שָׁנָה נַעַשׂ / תּוֹחַלְתָּם לִמְאֹס / יוֹצֵר בַּל יִזְכֹּר.
תּוֹכַחַת מַעַשׂ / אִם יָצְאָה בְּכַעַס / תּוֹמֵךְ לְמַעֲנוֹ יַעַשׂ / וִיצוּרִים יִזְכֹּר.

זְכֹר שֶׁמִּבְּרֵאשִׁית / תְּבוּאַת רֵאשִׁית / שֹׁרֶשׁ בִּכּוּר רֵאשִׁית / יֵרָא וְיִזְכֹּר.
שֶׁצֶף חֲרִישִׁית / אִם חָר לְהָשִׁית / שׁוּבָה אֲשֶׁר הֵשִׁית / לַשּׁוֹבָבִים יִזְכֹּר.

זְכֹר רֹאשׁ עֲפָרוֹת / וְתוֹלְדוֹת סְפוּרוֹת / רִשּׁוּם סְפוּרוֹת / לְמִסְפַּר חוֹל יִזְכֹּר.
רֹבַע מִסְפָּרוֹת / מְחַנְנֵי לְכַפָּרוֹת / רֶגֶשׁ שׁוֹפָרוֹת / לְשַׁפְּרָם יִזְכֹּר.

זְכֹר קְרִיאַת סֵפֶר / אֲשֶׁר גָּלְמֵי שֶׁפֶר / קָצַב לוֹ בַּסֵּפֶר / בְּכָל דּוֹר וָדוֹר לִזְכּוֹר.
קֶצֶף אִם הָחֳרַט בַּסֵּפֶר / לְבִלְתִּי מְצוֹא כֹּפֶר / קִיּוּם זִכְרוֹן זֶה סֵפֶר
לְפָנָיו יִזְכֹּר.

זְכֹר צְפוּן מוֹרְדֵי אוֹר / תְּמִים דּוֹר כָּאוֹר / צִיָּה כִּחֵר לָאוֹר / קְנוּיָיו יִזְכֹּר.
צְפוּפִים פְּנֵי נָאוֹר / מִשְׁפָּטָם תֵּת לָאוֹר / צַחַן רֹעַ שְׂאוֹר / בְּרִיב בַּל יִזְכֹּר.

זְכֹר פְּעֻלַּת אֶזְרָח / הַעֲרָתָהּ מִמִּזְרָח / פָּעֳלוֹ יִזְרַח / בְּקֶרֶב שָׁנִים יִזְכֹּר.
פַּח אִם הִטְרַח / פְּרָחָיו לִמְרַח / פִּלּוּלוֹ יִצְרַח / בְּעַדָם יִזְכֹּר.

זְכֹר עֲקֵדַת מוֹרִיָּה / כְּהִית רְאִיָּה / עֲדֵי עֵרֹם וְעֶרְיָה / סִבּוּכוֹ יִזְכֹּר.
עֶצֶב טְרִיָּה / אִם כּוֹאֲבָה פּוֹרִיָּה / עֲתָרוֹ לִרְאִיָּה / וְלִזְכוּת יִזְכֹּר.

זְכֹר סֻלָּם חֲלֹם / וְעָלָיו מְחוֹלְלִם / שָׂרֵי אַרְבַּע וְעֵלָם / בּוֹ כְּמָאז יִזְכֹּר.
שְׂרִיגָיו בְּמֶעֱלָם / וַיֹּאמַר לְנֶעְלָם / שִׂיחוּ יוֹעִילָם / בְּרִית לִזְכּוֹר.

זְכֹר נְקוּבֵי מַטּוֹת / שְׁבוּעוֹת מַטּוֹת / נְדִידוֹת הַמִּטּוֹת / לְאַמְּצָם יִזְכֹּר.
נוֹשְׂאֵי עַל מוֹטוֹת / אִם פִּץ לְהַמְטוֹת / נֶפֶץ חֲדַר הַמִּטּוֹת / לְכַפּוּר יִזְכֹּר.

זְכֹר מְצוּקִים / יְסוֹד מוּצָקִים / מִפְּעָלָם לְצוֹעֲקִים / בְּפוּט חָשׁ לִזְכּוֹר.
מִפִּי יוֹנְקִים / אֲשֶׁר בַּסּוּף נוֹאֲקִים / מַאֲמַר בְּרִית וְחֻקִּים / דְּבַר קָדְשׁוֹ יִזְכֹּר.

זְכֹר לִין כְּפָרִים / וְאִמְרֵי שְׁפָרִים / לִמְשַׁלְּמֵי פָרִים / בְּשָׂפָה יִזְכֹּר.
לְעֵת בִּקּוּר סְפָרִים / סְתָרִים מְסַפְּרִים / לִשְׁנֵי עֳפָרִים / לְצֶדֶק יִזְכֹּר.

זְכֹר כְּבוֹד מִשְׁכָּן / מְקוֹם דּוֹד שָׁכַן / כְּרוּבִים בּוֹ שִׁכַּן / חֶסֶד נְעוּרִים יִזְכֹּר.
כִּיּוֹר עִם כַּן / וְנֹעַם קוֹל דוֹכָן / כַּבִּיר בְּיוֹם מוּכָן / לִנְבוֹנִים יִזְכֹּר.

זְכֹר יְלִיד נוּן / וּמִשְׁפְּטֵי אוּרֵי אָפְנוּן / יִזְכְּרוּ בְרִנּוּן / פִּלְאָם לִזְכּוֹר.
יֶקֶשׁ בְּרַק הַשָּׁנוּן / אִם הִשְׁלִף לְתַאֲנוּן / יַקְשִׁיב תַּחֲנוּן / חֲנוּנָיו לִזְכּוֹר.

זְכֹר טַעַם שׁוֹפְטִים / וְאוֹת קְצִיר חִטִּים / טֶפֶשׂ שׁוֹטִים / יְחִתַּל מִלִּזְכּוֹר.
טֹרַח אַרְבַּעַת שְׁפָטִים / אִם נֶעֶנְשׁוּ נִשְׁפָּטִים / טֶבַע מִשְׁפָּטִים
אֲשֶׁר שָׂם יִזְכֹּר.

זְכֹר חֲצוֹת לַיְלָה / וְתוֹדוֹת מִשְׁפְּטֵי לַיְלָה / חֹשֶׁךְ בְּאִישׁוֹן לַיְלָה / נִגּוּנוֹ יִזְכֹּר.
חֵקֶר מִפְקַד לַיְלָה / יְגִיעַ בְּלַהַב לַיְלָה / חֹק הָגָה יוֹמָם וְלַיְלָה / לְגִיהָם יִזְכֹּר.

זְכֹר זֶה זְבוּל / אֲשֶׁר בְּבִצְעֵי חָבוּל / זְדוֹנוֹת סָבוּל / עוֹד בַּל יִזְכֹּר.
זַעַם כַּמַּבּוּל / אִם יָצָא לַחְבּוֹל / זִכְרוֹן יֶרַח בּוּל / לְחֶמְלָה יִזְכֹּר.

זְכֹר וָכַח כָּל פֹּעַל / בְּקַו וָפֶלֶס יַעַל / וְאִם בְּמֶרֶד וְאִם בְּמַעַל / רַב חֶסֶד יִזְכֹּר.
וְאִם טוֹב וְאִם רַע / אֲשֶׁר בּוֹ יֶאֱרַע / וְסִתּוֹ יִפְרַע / בְּסַאסְּאָה מִלִּזְכּוֹר.

זְכֹר הַחַיִּים / עַד כַּמָּה הֵם חַיִּים / הֵן אִם לָמוּת אִם לַחַיִּים / חַי חַי יִזְכֹּר.
הֲמוֹן שְׁאוֹן בְּרוּאִים / יַעַבְרוּ לְפָנָיו כִּמְרִיאִים / הֲלֹא כְּמוֹ רְאוּיִים
לְכָל אֶחָד יִזְכֹּר.

זֵכֶר דַּלּוּת וָעֹשֶׁר / בַּצֹּרֶת וְחֹשֶׁר / דֹּפִי וְגַם יֹשֶׁר / בַּדִּין הוּא יִזָּכֵר.
דְּבַר גָּלוּי וָסֵתֶר / בִּנְיָנוֹת וְסוֹתֵר / דֵּי חָסֵר וְיָתֵר / לְקֶצֶב יִזָּכֵר.

זֵכֶר גְּנוּנִים לְיֵשֵׁב / בַּמִּדְבָּר וְיוֹשֵׁב / גֶּשֶׁם וְרוּחַ לְנַשֵּׁב / מֵהַיּוֹם יִזָּכֵר.
גָּרוֹן לְהַקְשֵׁב / מֵעַם שְׁמוֹ חוֹשֵׁב / גָּלֻיּוֹת לְהָשֵׁב / בְּיוֹם תֵּקַע יִזָּכֵר.

זֵכֶר בֶּהָל וְחֵמָה / קְרָב וּמִלְחָמָה / בְּקוֹעַ חוֹמָה / לְחוֹמַת יָם יִזָּכֵר.
בָּאָדָם וּבַבְּהֵמָה / אִם הֻקְנַס מְהוּמָה / בְּצוּר קוֹל הוֹמֶה / לָאֲדָמָה יִזָּכֵר.

זֵכֶר אֱמוּנָה וָשֶׁקֶר / אֹזֶן שִׂיחַ וָסֶקֶר / אוֹת פְּקֻדַּת בֹּקֶר / לִרְגָעִים יִזָּכֵר.
אִם לְזוּל אִם לְיֹקֶר / אִם לָטַעַת אִם לַעֲקֹר / אֱנוֹשׁ בְּדִקְדּוּק וָחֵקֶר
לַמִּשְׁפָּט יִזָּכֵר.

בימי הבינים נהגו בק״ק להוסיף כאן לזכר הקדושים חרוזים אלה

זֵכֶר בַּחֲוֹנֵי שְׁמַד / טֶבַח זֵד מְשַׁמֵּד / בְּיוֹם תַּעַן וּמַעֲמָד / זִכְרוֹנָם לְפָנֶיךָ יַעֲמֹד לִזְכּוֹר.
כִּמְלֹא גְּוִיּוֹת בְּנֵי נֵכָר / דָּמָם הֱיוֹת מֻכָּר / בְּהַבִּילוּ בְּנֵי נֵכָר / דֹּרֵשׁ דָּמִים אוֹתָם זָכַר וְיִזָּכֵר.
זֵכֶר בָּאֵי בָאֵשׁ וּבַמַּיִם / נוֹשְׂאֵי לְךָ עַיִן לַשָּׁמַיִם / בְּיוֹם מִיּוֹמַיִם / זִכְרוֹן פְּגִיעַת פַּעֲמַיִם יִזָּכֵר.
בְּרַחֲמֵי מִדָּתֶךָ / תִּשְׁפֹּט יְחִידָתֶךָ / בִּרְצוֹן עֲבוֹדָתֶךָ / קִנְיַן עֲדָתֶךָ זָכוֹר תִּזְכֹּר.

זכרונות (ליום שני)

סימן: א״ב כפול.

אֶפְחַד בְּמַעֲשַׂי / אֶדְאַג בְּכָל עֵת / אִירָא מִיּוֹם דִּין / בְּבוֹאִי לְזִכָּרוֹן.
אֶדְרֹשׁ לְחַנּוּן / אֲחַלֶּה לְרַחוּם / אֶחַנַּן לְחֹק לִי / יוֹם זִכָּרוֹן.
בְּבוֹאִי לַמִּשְׁפָּט / בְּמִי אֶשָּׁעֵן / וּמִי יְחַפֵּשׂ לִי / צֶדֶק לְזִכָּרוֹן.
בָּאָבוֹת בָּטַחְתִּי / וּפָעֳלָם אָכַלְתִּי / וְהֵם הָיוּ לִי / קֶדֶם לְזִכָּרוֹן.
גְּבוּרָה זְרוֹעִי / כְּשַׁח מַחְנִי נָא / לְבַל יִמַּח מֶנִּי / שֵׁם וְזִכָּרוֹן.
גֶּבֶר אִם יַעֲמֹד / לְפָנָיו הֲיוֹעִיל / בְּעֵת יְבַקֵּשׁ מֶנִּי / זְכוּת לְזִכָּרוֹן.
דַּעְתִּי בְּלוֹבֵשׁ אֵפוֹד / וְחֹשֶׁן הַמִּשְׁפָּט / אֲשֶׁר בָּם הוּחַק / שְׁמִי לְזִכָּרוֹן.
דִּלֵּג בְּמַחְתָּה / עַד יֵעָצַר נֶגֶף / בְּגֶשֶׁת זָר מְכַהֵן / יָקוּד לְזִכָּרוֹן.
הַבִּיטָה אֵל / בְּעָמְדִי לְפָנֶיךָ / אֵין בְּקִרְבִּי אֱנוֹשׁ / תָּוִי לְזִכָּרוֹן.
הֲיֵשׁ מִי יְפַלֵּל / וְיָשִׁיב חֵמָה / וְיוּחַק לְדוֹרוֹת / שְׁמוֹ לְזִכָּרוֹן.
וּמִי שׂוֹנֵא בֶצַע / יְדַבֵּר עֲנוּ בִּי / וְיַעַן וְיֹאמַר עֵד / אָדוֹן לְזִכָּרוֹן.
וּבִטְלֵה חָלָב / יְכַפֵּר בַּעֲדֵנוּ / וּכְנֶגֶד שְׁנֵי עֳפָרִים / יַעַל לְזִכָּרוֹן.

זַעַף יֵרָא וַיֹּאמַר / תְּהִי יָדְךָ בִּי / אֲשֶׁר כְּלֵב אֱלֹהָיו / הוּא לְזִכָּרוֹן.
זָעַק וְהֵשִׁיב / חֶרֶב אֶל נְדָנָהּ / וְהוּשַׁת לוֹ כַּשֶּׁמֶשׁ / כֵּס לְזִכָּרוֹן.
חִכִּיתִי בְּעֵת עֹצֶר / לְפוֹתֵחַ וּמַמְטִיר / כְּמֵשִׁיב רוּחַ לַיֶּלֶד / אָבוֹד מִזִּכָּרוֹן.
חַי לִרְאוֹת בְּרִית / בְּדַבְּרוֹ קַנֹּאתִי / כִּי עָזְבוּ עָם / בְּרִית וְזִכָּרוֹן.
טֶרֶם הָיָה לִי / מְכַפֵּר פָּנִים / מִנְחָה הוֹלֶכֶת / כְּשֹׁחַד לְזִכָּרוֹן.
טֶרֶף נֵרְדְּ וּסַמִּים / לְמֵסַב חֲדָרָיו / דָּם וְחֵלֶב לְנִיחוֹחַ וְלֶחֶם לְזִכָּרוֹן.
יִצַּגְתִּי וְהוּשַׁמְתִּי / עַל גַּחֲלֵי רִקָּה / כִּי לֹא אַלְמָן / שַׁתִּי לְזִכָּרוֹן.
יָהּ אֶבְטַח בָּךְ / וְלֹא בִנְדִיבִים / כִּי הֵם בַּקֶּבֶר / וְלָנֶצַח שִׁמְךָ לְזִכָּרוֹן.
כָּל אֵלֶּה סְמָכוּנִי / וְרַחֲמֶיךָ בְּקָשְׁתִּי / לוּלֵי הֵם תַּמְתִּי / וְאֵינִי לְזִכָּרוֹן.
כִּי הֵם בִּזְרוֹעַ / עָדֶיךָ לֹא בָאוּ / וְרוֹמְמוֹתֶיךָ בְּפִיהֶם שָׂמוּ לְזִכָּרוֹן.
לְיוֹם זֶה נִכְמָס / סֶכֶם חֶשְׁבּוֹנוֹת / תְּחִלָּה לְיָמִים וְרֹאשׁ לְזִכָּרוֹן.
לְהִקָּרֵא בוֹ / כְּתָב עֵט וְשָׁמִיר / גָּלוּי וּבָאֵר / וְיִדּוּעַ לְזִכָּרוֹן.
מָוֶת וְחַיִּים / שָׁלוֹם וּמִלְחָמָה / צַחְצָחוֹת וָשֹׂבַע / בָּאוּ לְזִכָּרוֹן.
מַעְלְלֵי גֶבֶר / וּמִסְפַּר צְעָדָיו / נִשְׁכָּחוּ מֵאֱנוֹשׁ / וְלָאֵל לְזִכָּרוֹן.
נִסְתְּרָה דַרְכִּי / מִי יוּכַל שִׂיחַ / לְשָׁוְא נִכְתַּב לִי / חֵטְא לְזִכָּרוֹן.
נֶגֶד פְּנֵי גֶבֶר / מַעֲשָׂיו יוֹכִיחוּ / וְיַעֲנֶה בּוֹ כַּחְשׁוֹ / עֵד לְזִכָּרוֹן.
שִׂיחוּ מְזִמּוֹת אֵל / יַחַד כָּל בְּנֵי אִישׁ / עוֹבְרֵי תַּחַת שֵׁבֶט / כַּצֹּאן לְזִכָּרוֹן.
סוֹגֵר דֶּלֶת / בְּעַד תְּמִימִים בְּזַעַם / עַד בּוֹא קֵצָם / צֵאת לְזִכָּרוֹן.
עֲשֵׂה פֶלֶא לַחַיִּים / לְבַל יִהְיוּ כַּמֵּתִים / הֲיֵשׁ אֲמִתְּךָ / בַּקֶּבֶר לְזִכָּרוֹן.
עוֹרַרְתָּ אָז בְּפֹעַל / עוֹרְרֵנוּ / בְּלֹא פֹעַל / הֲלֹא לְנִפְלְאוֹתֶיךָ / תַּעַשׂ זִכָּרוֹן.
פְּנֵה אֱלֹהִים / בְּיוֹשְׁבֵי גַנִּים / מַקְשִׁיב לְנִדְבָּרֵימוֹ / בְּדַת לְזִכָּרוֹן.
פְּעָלֵם לְפָנֶיךָ / וּשְׂכָרָם אִתְּךָ / אוֹכְלֵי לֶחֶם הָעֲצָבִים / בְּסֵפֶר לְזִכָּרוֹן.
צִצּוּ שׁוּעָלִים / מְחַבְּלִים כְּרָמִים / לְהַכְרִית מִגֶּפֶן / שֹׁרֶשׁ וְזִכָּרוֹן.
צְרוּרִים בְּפֶרֶךְ / נָאֲקוּ וְנוֹשָׁעוּ / בְּכֹשֶׁר הָרְרֵי קֶדֶם / הוּחַק לְזִכָּרוֹן.
קֶדֶם בְּנָתְּךָ לַדּוֹרוֹת / נִמְתָּה אֵין בָּהֶם חֵפֶץ / חִלַּפְתָּם וְאִבַּדְתָּם / מֵהְיוֹת לְזִכָּרוֹן.
קְחִתָּה דּוֹר מֵאֶלֶף / אֲמָרֶיךָ הִנְחַלְתָּם / לְמַעֲנָם בְּכָל דּוֹר / חַקֹּתָ לְזִכָּרוֹן.
רָם חָשַׁק מְאֹד / בִּכְלֻלַּת נְעוּרִים / הֲרוּגָה וַעֲנִיָּה / תְּתָהּ לְזִכָּרוֹן.
רָצָה אַחֲרֶיךָ / בְּגֵיא צִיָּה וְצַלְמָוֶת / אַהֲבַת כְּלוּלוֹתֶיהָ / תַּעַשׂ לְזִכָּרוֹן.
שִׁחֲתוּ עָם / שְׂאֵת שִׁמְצָה בְּקָמֵיהֶם / שָׂם פֶּסֶל וְלֹא אֵל / שָׁתוּ לְזִכָּרוֹן.
שֻׁכְּלוּ כִּמְעַט רֶגַע / לוּלֵא קָם בַּפֶּרֶץ / מְעוֹרֵר שְׁבוּעָה / וּבְרִית לְזִכָּרוֹן.

תִּעַבְתָּ מֵאָז / עֲדַת כָּל לְאֻמִּים / חֲשַׁקְתָּנוּ מֵהֶם / עֵדוּת לְזִכָּרוֹן.
תְּמוּר כֶּסֶף נִמְאָס / דּוֹר נִשְׁכַּח קֵהָתָה / קְנֵנוּ שֵׁנִית / כִּי שְׁכַחְנוּ מִזִּכָּרוֹן.
תָּר אִישׁ תָּם / בְּמִי זַרְעוֹ יִכָּנֶה / שִׂכֵּל יָדָיו / לְאוֹת וְזִכָּרוֹן.
תְּרַפֵּק מְשׁוּל אֶפְרַיִם / בְּשַׁעֲשׁוּעַ יֶלֶד / כְּיֶלֶד וּבֵן יַקִּיר / חַקְּתָהּ לְזִכָּרוֹן.

שופרות (ליום ראשון)

סימן: א"ב (מרובע).

אֶשָּׂא דֵעִי בְּצֶדֶק / תֵּת לְפוֹעֲלִי צֶדֶק / אֶשְׁאָלָה מִשְׁפְּטֵי צֶדֶק
קוֹל לְהָרִים כַּשּׁוֹפָר.
אֵין קוֹרֵא בְצֶדֶק / רוֹדֵף צֶדֶק צֶדֶק / אֶקְרָא שִׁמְעָה צֶדֶק / בְּקוֹל בָּלוּל בַּשּׁוֹפָר.
בַּנְתִּי בְּמַדָּעִי / לְמֵרָחוֹק שְׂאֵת דֵּעִי / בְּטוּי תְּרוּעָה בְּיָדְעִי / בְּקוֹל מַתַּן שׁוֹפָר.
בּוֹ בַּהֲרִיעִי / אֲרַצֶּה לִי רוֹעִי / בְּאַמְּצוֹ זְרוֹעִי / בְּקוֹל כֹּחַ שׁוֹפָר.
גַּשְׁתִּי בְּיוֹם דִּין / לְהִתְוַכֵּחַ בַּדִּין / גּוֹלֶה עֹמֶק הַדִּין / בְּקוֹל קִפָּאוֹן שׁוֹפָר.
גְּזֵרַת דָּת וָדִין / אִם חִיַּבְתִּי בַדִּין / גְּרוֹנִי יְעַכֵּב מוֹרַע דִּין / בְּקוֹל עִם שׁוֹפָר.
דְּרֹשׁ וְהָעֵל רְטִיָּה / לִפְנֵי טְרִיָּה / דַּעַת לִטְרוּיָה / בְּקוֹל חֹבֵשׁ שׁוֹפָר.
דָּחוּי לִבְרוּיָה / בְּעַד נָכְרִיָּה / דְּרוֹר לְכָל בְּרִיָּה / בְּקוֹל עֲבֵרַת שׁוֹפָר.
הִכָּשֵׁל בְּנַאֲפוּף / בְּזֵרַת גִּפּוּף / הֻצַּג בְּרִיב צָפוּף / בְּקוֹל חֲרָדַת שׁוֹפָר.
הֶעֱנַשׁ בְּאִפּוּף / וְשָׁב הֱיוֹת חָפוּף / הוֹעִילוֹ לֵב כָּפוּף / בְּקוֹל כְּפִיפַת שׁוֹפָר.
וְאִם שׁוֹד יַעֲלְזוּ / וּבְדִין יְלִיזוּ / וְצֶדֶק יָרוּץ לֶאֱחוֹז / בְּקוֹל חִיל שׁוֹפָר.
וּכְמוֹ מַכְנִיס בְּזוֹ / וּמוֹצִיא בְזוֹ / וְכֵן מִנּוּ יְגִיזוּ / בְּקוֹל רוּחַ שׁוֹפָר.
זֶה מִכָּל קוֹלוֹת / אֲשֶׁר בְּמַקְהֵלוֹת / זִקֵּק לִקְהִלּוֹת / קוֹל תֹּקַע שׁוֹפָר.
זְמַמֵּי עֲקַלְקַלּוֹת / מְחִיבֵי סְקִילוֹת / זָעוּ בְּגִדּוּעַ מַקְלוֹת / בְּקוֹל שֶׁמַע שׁוֹפָר.
חַי מִכָּל שָׁנָה / יוֹם זֶה שָׁנָה / חָקוּק לְשׁוֹשַׁנָּה / בְּקוֹל חֵרוּת שׁוֹפָר.
חִבָּתוֹ מִשְׁנָה / שְׁנִיָּה מֵרִאשׁוֹנָה / חֵטְא כָּל הַשָּׁנָה / דְּחוֹת בְּקוֹל שׁוֹפָר.
טֶבַע בְּרָכוֹת תֵּשַׁע / מוּל שׁוֹפָרוֹת תֵּשַׁע / טָהוֹר מֵהֶם יִשַׁע / בְּקוֹל דָּת שׁוֹפָר.
טֶנֶף צְחוֹנֵי רֶשַׁע / בְּשׁוּבָם מִפֶּשַׁע / טְרִיָּתָם תְּשַׁעֲשַׁע / בְּקוֹל שֶׁוַע שׁוֹפָר.

יוֹטֵב מִשּׁוֹר פָּר / וּמֵאִיל הַמְשֻׁפָּר / יוֹם הַמִּסְפָּר / לְקוֹל חִדּוּשׁ שׁוֹפָר.
יֹקֶשׁ יוֹפַר / וְסוֹטֵן יֻחְפַּר / יֹשֶׁר לֵב יְשֻׁפַּר / בְּקוֹל שִׁפּוּר שׁוֹפָר.

כְּעֵת הֵם תּוֹקְעִים / גַּיְא מְבַקְּעִים / כְּרוּבִים מַשְׁקִיעִים / בְּקוֹל שְׁאוֹן שׁוֹפָר.
כָּל הֲמוֹן מְרֵעִים / בְּחִילוּ מִתְרוֹעֲעִים / כַּאֲשֶׁר הֵם מְתְרִיעִים / קוֹל יָרִיעַ כַּשּׁוֹפָר.

לְקוֹלוֹ כִּיקָשֵׁב / יִבְעַת כָּל מוֹשָׁב / לְאֻמִּים בְּסַעַר יֵשָׁב / בְּקוֹל סַעֲרַת שׁוֹפָר.
לְיוֹדְעָיו יוֹשֵׁב / לְאוֹת טוֹב יִתְחַשֵּׁב / לְעֵת יִתְיַשֵּׁב / בְּקוֹל טַעַם שׁוֹפָר.

מוֹאֲסָיו לְהַבְקִיעַ / בּוֹגְדָיו לְקַעְקֵעַ / מוֹרְדָיו לְהַשְׁקִיעַ / בְּקוֹל חִזּוּק שׁוֹפָר.
מַאֲרִיךְ בְּהַתְקֵעַ / מְקַצֵּר בְּהַבְקֵעַ / מֵרִיעַ וְתוֹקֵעַ / בְּקוֹל שִׁלּוּשׁ שׁוֹפָר.

נוֹתֵן אֵימוֹת / מַחְפִּיז אֻמּוֹת / נוֹסוּ נוֹאֲמוֹת / מִקּוֹל בּוּךְ שׁוֹפָר.
נוֹתֵן חוֹמוֹת / מַשְׁבִּית מִלְחָמוֹת / נוֹהֵם כַּהֲמוֹת / בְּקוֹל שַׁאַג שׁוֹפָר.

סוֹדוֹ כְּגִלָּה / בְּסִין לִסְגֻלָּה / סִיּוּם מְגִלָּה / בְּקוֹל הִלּוּךְ שׁוֹפָר.
סוֹד יוֹם גְּאֻלָּה / בְּחֶסְפּוֹ לִדְגוּלָה / שָׂשׂוֹן וְגִילָה / בְּקוֹל יַשְׁמִיעַ שׁוֹפָר.

עָשׁוּר דּוֹחֶה / עֹנֶג מַדְחֶה / עֲבֵרוֹת מְמַחֶה / בְּקוֹל צָרַח שׁוֹפָר.
עֲוֹנוֹת מוֹחֶה / עֲבֵדוֹת מִנְחָה / עֲבוֹדוֹת מֵאַחֶה / קוֹל חָצוּר שׁוֹפָר.

פֵּגֶר וְהַסְּעִיר / מַמְלְכוּת שֵׂעִיר / פִּשְׁעָהּ תָּעִיר / בְּקוֹל קוֹלוֹת שׁוֹפָר.
פִּתְחֵי הָעִיר / תַּשְׁקִיעַ וְתַבְעִיר / פַּחַד רַב וְצָעִיר / מִקּוֹל הָמִית שׁוֹפָר.

צִיּוּן רֶמֶז אוֹת / שׁוֹפָרוֹת שְׁלֹשׁ מֵאוֹת / צְוָחָה בְּמִדְיָן דָּאוֹת / בְּקוֹל שִׁתּוּף שׁוֹפָר.
צִפְצְפוּ צְבָאוֹת / כְּשֵׁרוּ פְלָאוֹת / צוּר כְּעֵשׂ נִפְלָאוֹת / בְּקוֹל עָרֵב שׁוֹפָר.

קוֹל חֲלוּשָׁה / בְּאַרְקָא חֲלָשָׁה / קוֹלוֹת מַתַּן שְׁלֹשָׁה / קוֹלוֹת כְּנִתְּנוּ בַּשּׁוֹפָר.
קֶרֶן מְשֻׁלָּשָׁה / הַיּוֹם לְזֵכֶר אֲשִׁישָׁה / קָרוֹא עוֹד שְׁלֹשָׁה / בְּקוֹל עִתּוּד שׁוֹפָר.

רָחַשְׁתִּי לַעֲלִיּוֹת / וְעֵינַי תְּלוּיוֹת / רְאוֹת כִּנּוּס גָּלֻיּוֹת / בְּקוֹל גֹּדֶל שׁוֹפָר.
רְבִיעִית חַיּוֹת / לִיקּוּד לִהְיוֹת / רֶשֶׁף שַׁלְהֲבִיּוֹת / בְּקוֹל לַהַב שׁוֹפָר.

שֵׁנָה תְעוֹרֵר / לְשַׁלֵּם גְּמוּל לְצוֹרֵר / שְׁאוֹנוֹ תְפוֹרֵר / בְּקוֹל גְּבוּרוֹת שׁוֹפָר.
שׁוֹשָׁן תַּדְרֵר / גְּאֻלָּה תְבָרֵר / שׁוֹכְנִים תְּזוֹרֵר / בְּקוֹל הֶעָרַת שׁוֹפָר.

תְּיַשֵּׁר מֶחֶרְמוֹן / לְרוֹעֵעַ אַדְמוֹן / תַּשְׁלֵג בְּצַלְמוֹן / בְּקוֹל הֲמוֹן שׁוֹפָר.
תִּצְעַד כְּבִישִׁימוֹן / בְּמַתַּן אָמוֹן / תַּשְׁמִיעַ בְּאַרְמוֹן / קוֹל קוֹרֵא כַּשּׁוֹפָר.

שופרות (ליום שני)

סימן: א"ב כפול. בלי חרוז.

אָנוּסָה לְעֶזְרָה / אֶמְצָא נֶגְדִּי / אֵל קָרוֹב לִי / בְּעֵת קָרְאִי בְּקוֹל.
אֲשֶׁר בַּעֲדַת אֵל / בְּקִרְבִּי נִצָּב / פֹּה בְּמִקְדָּשׁ מְעַט / אֲצַפְצֵף לוֹ בְּקוֹל.

בַּקְּרָנַי דְּרָשַׁנִי / שֶׂה פְזוּרָה אֲנִי / נִגְזַזְתִּי וְנֶאֱלַמְתִּי / בְּלִי לְהָרִים קוֹל.
בְּאֵמֶר גּוֹזְזַי / נִדָּחָה הִיא / שׁוֹמְרָה וְצִלָּהּ / לֹא יִשָּׂא בְּקוֹל.

גִּלִּיתִי שִׂיחַ בְּחֵקוֹ / וְחִכִּי עָרֵב / כְּהַטֵּה אֹזֶן וָשָׁח / הַשְׁמִיעֵנִי קוֹל.
גָּז וּבָרַח מִנִּי / כְּעֹפֶר עַל הָרֵי בָתֶר / בְּבַקְשׁוֹ דָּת וָאוֹת / בְּמִשְׁכְּנוֹתַי וְאֵין קוֹל.

דִּלֵּג מִבֶּתֶר לְבֶתֶר / הֲשִׁיבֵהוּ אֵלַי / אוּלַי יִשָּׂא פָנֶיךָ / עֵקֶב שָׁמְעֲךָ בְּקוֹל.
דְּרוֹשׁ טוֹבָה לְמוֹרָאָה / וּרְאֵה שֵׂה מוֹרִיָּה / אִלֵּם פִּיהוּ יְהִי צֶדֶק לְלֹא שָׁמְעָה בְּקוֹל.

הָסֵר מַחֲלָק / יָדַיִם שְׂעִירוֹת / הוֹגֶה בְּתַחֲנוּנִים / כִּי לְךָ הַקּוֹל.
הוֹשַׁע אֲשֶׁר / לֹא תִשָּׁכַח עֵדוּת / וּמִפִּי זַרְעוֹ / לֹא יָסוּף קוֹל.

וְחוֹזַי וּמְלִיצַי / הֵם בְּנֵי אִמִּי / אָז נִחֲרוּ בִי / לְמַעַן אַשְׁמִעַ קוֹל.
וְעַל מִשְׁמַרְתָּם / יַעַמְדוּ וְיִזְעָקוּ / וְגַל לָהֶם סוֹד / וְהוּא יַעֲנֵם בְּקוֹל.

זֶה חָמַק מִנִּי / אֲסוֹבֵב וַאֲבַקְשֶׁנּוּ / בְּכָל מְקוֹם הוּא / אָנָה אֶשָּׂא קוֹל.
זֵכֶר דּוֹדִי לְמַטָּה / אַדִּיר בַּמָּרוֹם / מְלֹא כָל הָאָרֶץ כְּבוֹדוֹ לְמַעְלָה קוֹרְאִים בְּקוֹל.

חֵילֵי מַיִם / אֲשֶׁר בָּם תִּכֵּן שְׁבִילוֹ / דִּבְּרוּ תְּמוּנָה לֹא שָׁרְנוּ / זוּלָתִי קוֹל.
חִפַּשְׂתִּי יְשִׁימוֹן הַיֵּשׁ / וְאָמַר אַיִן / קֶדֶם תִּתּוֹ עֹז / בְּעָתְנִי קוֹל.

טָהוֹר דִּלֵּג / הָרִים וְעָבַר / וּמִמְּעוֹן הַר מוֹר / אָז נָתַן קוֹל.
טִמֵּאתִי יְדִידוּת / שִׁכְנוֹ וְעָלָה / לְיוֹם כֶּסֶא יָבוֹא / בְּאָזְנַי קוֹל.

יָקַרְתִּי בְּעֵינָיו / וְנִלְוָה לִי בַּשֶּׁבִי / עִמּוֹ אָנֹכִי / הִבְטִיחַנִי בְּקוֹל.
יָרַד לְשִׁנְעָר / וְשָׂם כֵּס בְּעֵילָם / הִשְׁמִיעַ כַּאֲרִי / וְכִנְחָשׁ קוֹל.

כִּלָּה מִנִּי דֹב / כְּהִתְרַפָּה מִמְלֶכֶת / אֲשֶׁר חָק בְּמִכְתָּב / וַיַּעֲבִר קוֹל.
כָּבַשׁ לִי / אַרְבָּעָה רָאשֵׁי נָמֵר / וְגַם אֲנִי בְּהוֹדָיוֹת סֶלָה / אַשְׁמִיעַ לוֹ קוֹל.

לְחַיַּת קָנֶה / אָז מָכַר אֶרֶץ / מִי לִי בַשָּׁמַיִם / אָז הֵרִימָה קוֹל.
לֵאלֹהֵי יִשְׁעִי / מִשִּׁנֵּי בַרְזֶל שַׁוְעָתִי / וּמֶרֶגֶל עַבְטִיט / הִצְרַחְתִּי בְקוֹל.

מִדַּת קִצִּי / לֹא הוֹדִיעַנִי / מָתַי בְּאַרְצִי / תּוֹר יַשְׁמִיעַ קוֹל.
מְיוֹדְעֵי סֵפֶר / חָתַם קִצִּי / לְבַל דַּעַת צוֹפַי / עֵת יִשְׂאוּ קוֹל.

נָא הַבֵּט וּרְאֵה / עָנְיִי וּמְרוּדִי / אֵין לִי מַכִּיר / לְמִי אֶשָּׂא קוֹל.
נֶצַח אֲקַוֶּה / כִּי לֹא יִפֹּל דָּבָר / מִמְּקַשְׁיבַי / דְּמָמָה וָקוֹל.

שׂוֹשׂ יָשִׂישׂ / לִבִּי בְקִרְבִּי / בְּשָׁמְעִי דוֹדִי / דּוֹפֵק עַל פְּתָחַי בְּקוֹל.
סֶלָה יְשִׂימֵנִי / כַּחוֹתָם עַל לֵב / כְּאָז תַּחַת הַתַּפּוּחַ / עוֹרַרְנִי בְקוֹל.

עֲלִיתַנִי אֵל / עַל כָּל בָּנוֹת / כִּי בַעֲבוּרִי / בְּחוֹרֵב תַּתָּה קוֹל.
עַל כָּל אֱלֹהִים / מְאֹד נִתְעַלֵּיתָה / וְנֶצַח תִּתְעַלֶּה / בִּתְרוּעַת קוֹל.

פָּעָה מִמִּדְבָּר / צִפּוֹר מִמִּצְרַיִם / וְיוֹנָה הִשְׁמִיעָה / מֵאַשּׁוּר קוֹל.
פְּקֹד צִפּוֹר בַּיִת / דְּרֹשׁ יוֹנַת אֵלֶם / תְּקַע לָמוֹ בַּשּׁוֹפָר / וּשְׁרֹק לָמוֹ בְקוֹל.

צוּר חֻקִּים מְנִי / בַּל יָעוּפוּ כַנֶּשֶׁר / וּבַל יִכָּנְפוּ / מַשְׁמִיעֵי קוֹל.
צְרוּפָה אֲלַמֵּד / וְעֵינַי לְמוֹרַי / כְּאָז צִיר מְדַבֵּר / וְאֵל מְשִׁיבוֹ בְקוֹל.

קָרֵב קֵץ / בָּא עֵת מִשְׁפָּט / קָם מֵלִיץ יֹשֶׁר / לְהִתְחַנֵּן בְּקוֹל.
קַדֵּשׁ חֹדֶשׁ / וְהוּכַן מוֹעֵד / אֶתְקַע בַּשּׁוֹפָר / וְיַעֲנֶה לִי בְקוֹל.

רֶגֶשׁ מִקֶּבֶר / צְוָחָה מִסֶּלַע / בְּתֵת יְבֵשֵׁי עֶצֶם / מֵעָפָר קוֹל.
רְאוּ נֵס בֶּהָרִים / וְקוֹל שׁוֹפָר בָּאָרֶץ / לְהַשְׁמִיעַ רֶנֶן / מִדְּמוּמֵי קוֹל.

שֶׁגֶג לֵב הוּתַל / עוֹד בַּל יַטֵּנוּ / בְּלִי לְהַכְבִּיד אֹזֶן / מִשְּׁמוֹעַ קוֹל.
שׁוֹבֵב לִי כְקֶדֶם / דָּת מוֹרָשָׁה / אֲשֶׁר בָּהּ עִלַּפְתַּנִי / בְּלַפִּדִים וְקוֹל.

תְּבוּנָה הֵפִיק / אִישׁ נְבוֹן דָּבָר / וְחֵק נֹעַם זְמִירוֹת / בִּנְעִימוֹת קוֹל.
תְּהִלָּה יִתֵּנוּ / אָז לְכֹל הִשְׁמִיעַ / לָאֵל מוֹשֵׁל בַּכֹּל / יַמְתִּיקוּ קוֹל.

תַּחַת בְּנֵי צִיּוֹן / בְּנֵי יָוָן שָׁחוּ / הִבְרַקְתָּ חִצִּים / וַתְּהֻמֵּם בְּקוֹל.
תָּרִיעַ לְבוֹזְזַי / תִּתְקַע בַּשּׁוֹפָר / בְּסַעֲרוֹת תֵּימָן / אָז יֵלֵךְ קוֹל.